Betriebs-Berater Schriftenreihe

Persönliche Haftung von Managern und Aufsichtsräten

Haftungsrisiken bei Managementfehlern, Risikobegrenzung und D&O-Versicherung

Prof. Dr. Roderich C. Thümmel
LL.M. (Harvard), Attorney at Law (New York)
Rechtsanwalt in Stuttgart
Honorarprofessor an der Universität Tübingen

6., völlig neu bearbeitete Auflage 2024

Fachmedien Recht und Wirtschaft | dfv Mediengruppe | Frankfurt am Main

Alle im Buch verwendeten Begriffe verstehen sich geschlechterneutral. Aus Gründen der besseren Lesbarkeit wird auf eine geschlechtsspezifische Differenzierung verzichtet – entsprechende Begriffe gelten im Sinne der Gleichbehandlung grundsätzlich für alle Geschlechter. Die verkürzte Sprachform hat lediglich redaktionelle Gründe und beinhaltet keine Wertung.

Bibliografische Information Der Deutschen Nationalbibliothek

Die Deutsche Nationalbibliothek verzeichnet diese Publikation in der Deutschen Nationalbibliografie; detaillierte bibliografische Daten sind im Internet über http://dnb.de abrufbar.

ISBN 978-3-8005-1890-6

dfv Mediengruppe

www.ruw.de

Druck: Beltz Grafische Betriebe GmbH, 99947 Bad Langensalza

Printed in Germany

Vorwort

Das Haftungsrecht der Unternehmensorgane unterliegt stetiger Weiterentwicklung, die sich einerseits aus den regulatorischen Vorgaben des – deutschen und europäischen – Gesetzgebers, andererseits aus der gerichtlichen Praxis speist. Dabei bestätigt sich der Befund, dass Vorstände und Geschäftsführer ein durchaus signifikantes Haftungsrisiko tragen, Aufsichtsorgane aber zunehmend auch in den Fokus von Anspruchstellern geraten. Hierfür gibt es verschiedene Ursachen, zu denen neben dem schon im Ausgangspunkt strengen Haftungsregime die zunehmenden gesetzlichen Vorgaben an Unternehmen und ihre Organe, Skandale (Diesel, Wirecard), Erwartungen von Investoren wie auch eine kritischere Haltung der Öffentlichkeit zu Managemententscheidungen auf höchster Ebene gehören.

Neben bekannten Risiken wie Insolvenzen und Unternehmensschieflagen tragen auch neue Themen zu einer Erhöhung der Gefährdungslage bei. Sie verbinden sich mit den Begriffen Compliance, ESG (Environmental, Social, Governance) und Digitalisierung, die je für sich auf Unternehmensleitungen und ihre Aufsichtsorgane einwirken.

So war es an der Zeit, das vorliegende Buch wieder auf den neuesten Stand zu bringen. Sein Anspruch bleibt unverändert, dem Rechtsanwender – aber auch den betroffenen Organen selbst – in einer zunehmend unübersichtlicher werdenden Rechtsmaterie Orientierung zu bieten und dabei insbesondere die praktisch wichtigen Themen anzusprechen. Hierzu gehören die relevanten Haftungstatbestände und deren Überformung durch gerichtliche Entscheidungen wie auch die neueren Entwicklungen in der D&O-Versicherung. Gerade letztere ist für Manager und Aufsichtsorgane immer wichtiger geworden, auch wenn sie neben ihrer Schutzfunktion zu einer steigenden Anspruchsmentalität beiträgt.

Sehr herzlich danken möchte ich Herrn Assessor Roman Pfleiderer, der mir bei der Überarbeitung des Textes und den notwendigen Korrekturen wertvolle Hilfe geleistet hat.

Stuttgart, im März 2024 Roderich C. Thümmel

Aus dem Vorwort zur 1. Auflage (1996)

Die persönliche Haftung von Managern und Aufsichtsräten für Fehlentwicklungen, die in ihrem Unternehmen eingetreten sind, ist in Deutschland ein verhältnismäßig junges Thema. Obwohl entsprechende gesetzliche Grundlagen durchaus vorhanden sind, wurden diese in der Vergangenheit nur selten angewendet. Für den unsorgfältigen oder gar leichtfertigen Manager lag das Hauptrisiko im Wesentlichen darin, entlassen zu werden. Soweit Geschäftspartner oder Kunden des Unternehmens Ansprüche wegen eines Fehlverhaltens des Managers anmeldeten, wurden diese meist von dem Unternehmen getragen.

Die Situation hat sich gründlich gewandelt. Bei vielen Unternehmensinsolvenzen ist deutlich geworden, dass nicht nur glücklos, sondern unter Außerachtlassung aller Regeln der Kunst und oft auch kriminell gehandelt wurde. Die wegen ihrer enormen wirtschaftlichen Auswirkungen öffentlich diskutierten Fälle (z.B. Vulkan, Schneider, Balsam, Metallgesellschaft etc.) legen hiervon beredtes Zeugnis ab. Dementsprechend versuchen Insolvenzverwalter und leer ausgehende Gläubiger zunehmend, die handelnden Personen in die Pflicht zu nehmen. Aber auch außerhalb von Insolvenzen sind Unternehmen und ihre Eigner immer weniger bereit, durch das Management verursachte Schäden ohne Weiteres hinzunehmen.

Ziel dieses Buches ist es, die sehr zerstreuten und disparaten Haftungstatbestände zusammenzuführen und Unternehmensleitern ein möglichst klares und umfassendes Bild ihrer Haftungssituation und der besonderen Risikofelder zu vermitteln. Hierzu gehört eine detaillierte Zusammenstellung der Verhaltensanforderungen, welche an Manager und Aufsichtsräte gestellt werden. Breiter Raum ist dabei den Möglichkeiten der Haftungsvermeidung und der Befreiung von Haftungsrisiken gewidmet. Schließlich werden die zur Verfügung stehenden Versicherungslösungen und deren Reichweite erläutert.

Inhaltsverzeichnis

B. Innenhaftung

C. Außenhaftung

D. Versicherung

Abkürzungsverzeichnis

A.	Atlantic Reporter
a.A.	anderer Ansicht
aaO.	am angegebenen Ort
Abs.	Absatz
aE.	am Ende
AG	Amtsgericht, Aktiengesellschaft, Die Aktiengesellschaft (Jahr, Seite)
AktG	Aktiengesetz
Anh.	Anhang
Anm.	Anmerkung
AO	Abgabenordnung
Art.	Artikel
Aufl.	Auflage
BaFin	Bundesanstalt für Finanzdienstleistungsaufsicht
BAG	Bundesarbeitsgericht
BayObLGZ	Entscheidungen des Bayerischen Obersten Landesgerichts in Zivilsachen (Band, Seite)
BB	Betriebs-Berater (Jahr, Seite)
Bd.	Band
BeckRS	Beck-Rechtsprechung (Jahr, Nummer)
betr.	betreffend
BFH	Bundesfinanzhof
BGB	Bürgerliches Gesetzbuch
BGH	Bundesgerichtshof
BGHSt	Entscheidungen des Bundesgerichtshofs in Strafsachen (Band, Seite)
BGHZ	Entscheidungen des Bundesgerichtshofs in Zivilsachen (Band, Seite)
BJR	Business Jugdment Rule
BKR	Zeitschrift für Bank- und Kapitalmarktrecht (Jahr, Seite)
BörsG	Börsengesetz
bzw.	beziehungsweise

CCZ	Corporate Compliance Zeitschrift (Jahr, Seite)
DB	Der Betrieb (Jahr, Seite)
DCGK	Deutscher Corporate Governance Kodex
Del. (Ch.)	Delaware (Chancery)
ders.	derselbe
DesignG	Gesetz über den rechtlichen Schutz von Design
d. h.	das heißt
dies.	dieselbe(n)
DNotZ	Deutsche Notar-Zeitschrift (Jahr, Seite)
D&O	Directors and Officers
DrittelbG	Drittelbeteiligungsgesetz
DStR	Deutsches Steuerrecht (Jahr, Seite)
DZWir	Deutsche Zeitschrift für Wirtschaftsrecht (Jahr, Seite)
EGBGB	Einführungsgesetz zum Bürgerlichen Gesetzbuch
Einl.	Einleitung
etc.	et cetera
EU	Europäische Union
EuGH	Gerichtshof der Europäischen Gemeinschaften
EuGVVO	Verordnung (EU) Nr. 1215/2012 über die gerichtliche Zuständigkeit und die Anerkennung und Vollstreckung von Entscheidungen in Zivil- und Handelssachen vom 12.12.2012 (Brüssel Ia-VO)
EuGVÜ	Brüsseler EWG-Übereinkommen über die gerichtliche Zuständigkeit und die Vollstreckung gerichtlicher Entscheidungen in Zivil- und Handelssachen vom 27.9.1968
EuZW	Europäische Zeitschrift für Wirtschaftsrecht (Jahr, Seite)
EWiR	Entscheidungen zum Wirtschaftsrecht
f., ff.	folgende
FAZ	Frankfurter Allgemeine Zeitung
Fn.	Fußnote
Fed.R.Civ.P.	Federal Rules of Civil Procedure
GDV	Gesamtverband der Deutschen Versicherungswirtschaft e. V.
gem.	gemäß

GenG	Gesetz betreffend die Erwerbs- und Wirtschaftsgenossenschaften
ggf.	gegebenenfalls
GmbH	Gesellschaft mit beschränkter Haftung
GmbHG	Gesetz betreffend die Gesellschaften mit beschränkter Haftung
GmbHR	GmbH-Rundschau (Jahr, Seite)
GoB	Grundsätze ordnungsgemäßer Buchführung
GWB	Gesetz gegen Wettbewerbsbeschränkungen (Kartellgesetz)
HGB	Handelsgesetzbuch
h. M.	herrschende Meinung
Hrsg.	Herausgeber
Hs.	Halbsatz
InsO	Insolvenzordnung
IntBusL	International Business Lawyer (Jahr, Seite)
IPR	Internationales Privatrecht
IPRax	Praxis des Internationalen Privat- und Verfahrensrechts (Jahr, Seite)
i. S.	im Sinne
i. V. m.	in Verbindung mit
i. w. S.	im weiteren Sinne
JZ	Juristen-Zeitung (Jahr, Seite)
KAGB	Kapitalanlagegesetzbuch
Kap.	Kapitel
KapMuG	Gesetz über Musterverfahren in kapitalmarktrechtlichen Streitigkeiten
KG	Kommanditgesellschaft
KGaA	Kommanditgesellschaft auf Aktien
KO	Konkursordnung
KonTraG	Gesetz zur Kontrolle und Transparenz im Unternehmensbereich vom 5.3.1998
LG	Landgericht
lit.	litera (Buchstabe)
MAR	Market Abuse Regulation/Marktmissbrauchsverordnung (VO (EU) Nr. 596/2014)

MarkenG	Markengesetz
MitbG	Mitbestimmungsgesetz
MoMiG	Gesetz zur Modernisierung des GmbH-Rechts und zur Bekämpfung von Missbräuchen vom 23.10.2008
m. w. N.	mit weiteren Nachweisen
n. F.	neue Fassung
NJW	Neue Juristische Wochenschrift (Jahr, Seite)
NJW-RR	NJW-Rechtsprechungs-Report Zivilrecht (Jahr, Seite)
Nr.	Nummer
NZG	Neue Zeitschrift für Gesellschaftsrecht (Jahr, Seite)
o.	oben
OHG	offene Handelsgesellschaft
OLG	Oberlandesgericht
OWiG	Gesetz über Ordnungswidrigkeiten
PatG	Patentgesetz
PHi	Produkt- und Umwelthaftpflicht international – Recht und Versicherung (Jahr, Seite)
r+s	recht und schaden – Unabhängige monatliche Informationsschrift für Versicherungsrecht und Schadenersatz (Jahr, Seite)
Rn.	Randnummer
RGZ	Entscheidungen des Reichsgerichts in Zivilsachen (Band, Seite)
RIW	Recht der internationalen Wirtschaft (Jahr, Seite)
Rspr.	Rechtsprechung
RVO	Reichsversicherungsordnung
S.	Satz, Seite
s.	siehe
SE	Europäische Aktiengesellschaft (societas europaea)
SEAG	Gesetz zur Ausführung der Verordnung (EG) Nr. 2157/2001 des Rates vom 8. Oktober 2001 über das Statut der Europäischen Gesellschaft (SE) (SE-Ausführungsgesetz)
SE-VO	Verordnung (EG) Nr. 2157/2001 des Rates vom 8. Oktober 2001 über das Statut der Europäischen Gesellschaft (SE)
SGB	Sozialgesetzbuch

StGB	Strafgesetzbuch
str.	streitig
StuB	Steuern und Bilanzen (Jahr, Seite)
TransPuG	Gesetz zur weiteren Reform des Aktien- und Bilanzrechts, zu Transparenz und Publizität (Transparenz- und Publizitätsgesetz) vom 19.7.2002
u. a.	und andere
UMAG	Gesetz zur Unternehmensintegrität und Modernisierung des Anfechtungsrechts vom 22.9.2005
UmwG	Umwandlungsgesetz
UrhG	Urheberrechtsgesetz
usw.	und so weiter
UWG	Gesetz gegen den unlauteren Wettbewerb
v.	von
VermAnlG	Gesetz über Vermögensanlagen vom 6.12.2011
VersR	Juristische Rundschau für die Individualversicherung (Jahr, Seite)
VersW	Versicherungswirtschaft, Halbmonatsschrift der deutschen Individualversicherung (Jahr, Seite)
vgl.	vergleiche
VorstAG	Gesetz zur Angemessenheit der Vorstandsvergütung vom 18.6.2009
vs.	versus (gegen)
VVaG	Versicherungsverein auf Gegenseitigkeit
VVG	Gesetz über den Versicherungsvertrag
WHG	Wasserhaushaltsgesetz
WiB	Wirtschaftsrechtliche Beratung, Zeitschrift für Wirtschaftsanwälte und Unternehmensjuristen (Jahr, Seite)
WM	Zeitschrift für Wirtschafts- und Bankrecht, Wertpapier-Mitteilungen (Jahr, Seite)
WpHG	Gesetz über den Wertpapierhandel
WpPG	Wertpapierprospektgesetz vom 22.6.2005
WpÜG	Wertpapiererwerbs- und Übernahmegesetz
WuW/E	Wirtschaft und Wettbewerb, Entscheidungssammlung zum Kartellrecht

z. B.	zum Beispiel
ZfV	Zeitschrift für Versicherung (Jahr, Seite)
ZRP	Zeitschrift für Rechtspolitik
ZGR	Zeitschrift für Unternehmens- und Gesellschaftsrecht (Band, Jahr, Seite)
ZHR	Zeitschrift für das gesamte Handels- und Wirtschaftsrecht (Band, Jahr, Seite)
ZIP	Zeitschrift für Wirtschaftsrecht (Jahr, Seite)
ZPO	Zivilprozessordnung
ZVglRWiss	Zeitschrift für Vergleichende Rechtswissenschaft (Band, Seite)

A. Grundlagen

1. Kapitel
Management und Aufsichtsorgane im Haftungsrecht

Übersicht

I. Einführung

1. Managerhaftung im Wandel der Zeit

1 Unternehmerische Tätigkeit bezieht sich auf Zukunftszeiträume, beruht auf Prognosen und Einschätzungen und ist folglich mit Risiken verbunden. Noch bis vor wenigen Jahrzehnten entsprach es allgemeiner Überzeugung, dass Schäden und Verluste, die sich aus der Verwirklichung solcher Risiken ergaben, von Ausnahmefällen abgesehen allein die Eigentümer der Unternehmen trafen. Soweit angestellte Manager oder gar Aufsichtsorgane durch Fehlverhalten oder mangelnde Sorgfalt bei der Ausübung ihrer Tätigkeit Schäden verursacht hatten, lag die Konsequenz allenfalls darin, dass sie ihr Amt verloren. Eine Haftung wurde nur bei krassen Regelverstößen eingefordert. Deshalb konnte noch in den 1980er Jahren in Fachveröffentlichungen konstatiert werden, dass Schadenersatzansprüche gegen Manager, die mit der Missachtung von Sorgfaltsstandards bei der Unternehmensführung begründet wurden, in der Bundesrepublik Deutschland „rechtstatsächlich kaum eine nennenswerte Rolle“ spielten und die

entsprechenden Haftungsnormen hierzulande daher „kein lebendes Recht“ darstellten.[1]

Dieses Bild hat sich deutlich gewandelt.[2] Für Schäden persönlich in Anspruch genommen zu werden, gehört heute zu den großen Berufsrisiken von Vorständen, Geschäftsführern und Aufsichtsräten.[3] Äußerlich erkennbar wird der Umschwung an den in der Wirtschaftspresse vielfach und regelmäßig geführten Diskussionen um vermeintliches oder tatsächliches Versagen von Managern und Aufsichtsorganen, vor allem im Zusammenhang mit Unternehmensschieflagen oder -zusammenbrüchen, an der zunehmenden Zahl veröffentlichter Gerichtsentscheidungen, der Flut von Beiträgen in Fachzeitschriften und an der flächendeckenden Verbreitung einer bis vor zwei Jahrzehnten noch wenig bekannten Versicherungsgattung, nämlich der Managerhaftpflichtversicherung (Directors’ und Officers’, kurz: D&O-Versicherung). Mit dieser wird im Unterschied zu der früher schon erhältlichen Rechtsschutzversicherung (die lediglich die in einem gerichtlichen Verfahren entstehenden Prozesskosten abdeckt) zusätzlich die Deckung des Haftpflichtrisikos selbst angeboten, welchem Unternehmensleiter bei ihrer Tätigkeit ausgesetzt sind. **2**

Die veränderte Wahrnehmung und verschärfte Umsetzung der Managerhaftung hat verschiedene Ursachen.[4] Zu nennen ist die Globalisierung der Märkte und die hieraus folgende zunehmende internationale Verflechtung von Unternehmen. Diese hat den Blick für die sehr unterschiedlichen Risikopotenziale geschärft, die Unternehmensleiter in den verschiedenen Weltregionen zu gewärtigen haben. Der Grund für solche Unterschiede liegt in voneinander abweichenden rechtlichen Konzepten,[5] aber auch in Mentalitätsunterschieden bei der Anwendung und Durchsetzung vorhandener rechtlicher Normen. Einflüsse anderer Rechtsordnungen auf das deutsche Managerhaftungsrecht sind unverkennbar. Europäische Vorgaben können ebenso als Beispiel genannt werden wie bestimmte Regelungstechniken des US-Rechts.[6] In diesem Zusammenhang ebenfalls von großer Bedeutung sind die internationalen Kapitalmärkte, die in erheblichem Umfang Kontrollfunktion **3**

---

1 Vgl. *v. Werder*, DB 1987, 2265; *Wiedemann*, Gesellschaftsrecht, S. 624; vgl. auch *Trescher*, DB 1995, 661 ff.

2 Siehe auch *Reuter*, ZIP 2016, 597 ff.

3 Vgl. den Überblick über Zwischenstände der Rechtslage bei *Thümmel*, AG 2004, 83 ff.; *ders.*, Der Aufsichtsrat 2009, 84 ff.; PHi 1998, 29 ff.; *ders.*, StuB Rechtsrundschau 2001, 48 ff.

4 Vgl. zu den tatsächlichen Entwicklungen und ihren Ursachen *Sieg*, DB 2002, 1759, 1760 ff.

5 Einen rechtsvergleichenden Überblick verschafft etwa *Kreuzer* (Hrsg.), Die Haftung der Leitungsorgane von Kapitalgesellschaften.

6 Vgl. etwa §§ 148, 149 AktG, die sich an das Konzept des *derivative suit* des US-amerikanischen Kapitalgesellschaftsrechts anlehnen.

wahrnehmen[7] und vergleichbare Standards für die Verantwortlichkeit von Unternehmensleitern anmahnen. Sichtbares Zeichen hierfür sind die Corporate-Governance-Regularien, wie etwa der Deutsche Corporate Governance Kodex,[8] die sich in wichtigen Märkten finden und jeweils ähnliche Fragen ansprechen.[9] Überhaupt ist weltweit die Zunahme von Regelwerken zu beobachten, die Unternehmen und ihr Führungspersonal betreffen. Parallel hierzu führt ein geschärfter Blick für regelkonformes Verhalten in und von Unternehmen, das an den Grenzen von Jurisdiktionen nicht Halt macht, zu verstärkten Compliance-Anforderungen, deren Verletzung Haftungsrisiken begründen können.

4 Neben dem Einfluss von außen gibt es aber auch interne Entwicklungen, welche die Managerhaftung stärker in den Blickpunkt öffentlichen Interesses gerückt haben. Angesprochen sind damit die nicht wenigen Fälle tatsächlich oder vermeintlich schadensverursachender Fehlentscheidungen von Managern, die wegen ihrer gesamtwirtschaftlichen Bedeutung in den vergangenen Jahrzehnten öffentliche Beachtung gefunden haben (ohne Anspruch auf Vollständigkeit: Bremer Vulkan, HypoVereinsbank, Balsam, Holzmann, Babcock, Bankgesellschaft Berlin, EM.TV, Infomatec, ComRoad, Mannesmann, WestLB, DaimlerChrysler („Hochzeit im Himmel"), Infineon, Siemens („schwarze Kassen"), Deutsche Bank („Breuer-Zitat"), VW („Diesel") oder Wirecard). Forderungen aus der Politik, dass Manager stärker als bisher für ihre Fehlentscheidungen geradestehen müssten, waren dabei nur noch die Zusammenfassung der ohnehin sich in dieser Richtung bewegenden öffentlichen Debatte. Ins Kreuzfeuer der Kritik geraten sind im Übrigen in den erwähnten Fällen nicht nur die eigentlichen Akteure (Vorstände, Geschäftsführer), sondern zunehmend auch deren Überwacher (Aufsichtsräte). Letztere stehen in jüngster Zeit verstärkt unter Druck. Von ihnen wird nicht nur eine effektive Überwachung, sondern vor allem eine überzeugende Personalauswahl verbunden mit angemessenen Vergütungszusagen und, wenn erforderlich, die Durchsetzung von Haftungsansprüchen gegenüber den operativ tätigen Organen erwartet.

5 Hinzu kommt, dass in Zeiten wirtschaftlicher Krisen oder auch nur eingetretener Stagnation die Neigung aller Beteiligten wächst, nach weiteren Verantwortlichen Ausschau zu halten, die für eingetretene Schäden oder Verluste geradestehen könnten. Dies gilt etwa für Gläubiger insolvent gewordener Unternehmen, die mangels hinreichender Insolvenzquote ihr Heil in der persönlichen Inanspruchnahme der Unternehmensleiter suchen, für Insol-

7 Siehe zur Bedeutung der Märkte als Kontrollinstanz vor allem in den USA *Escher-Weingart*, ZvglRWiss 99 (2000), 387, 396 ff.

8 Der Text des DCGK ist im Anhang abgedruckt.

9 Siehe zur Konvergenz von Corporate-Governance-Prinzipien in Europa *Förster*, ZIP 2006, 162 ff.

venzverwalter, die hier eine Chance für die Mehrung der Masse sehen, für Anleger, die ihre Ersparnisse verloren haben und die Vorstände hierfür haftbar machen, oder für in die Verlustzone geratene Familienunternehmen, die zur Verbesserung der Situation ihre Geschäftsführer in die Pflicht nehmen wollen. Auch diese Entwicklung ist eine Erklärung für die zu beobachtende Belebung des Rechts der Managerhaftung.

Nicht zu unterschätzen ist schließlich der Einfluss der D&O-Versicherung **6** auf das Verhalten der Beteiligten. Eine bestehende Versicherungsdeckung verstärkt den Impuls möglicher Geschädigter, Schadenersatzansprüche auch tatsächlich durchzusetzen. Bestehende Skrupel wegen der häufig enormen Schadensumfänge werden zurückgestellt, weil die Erwartung besteht, dass Ersatzleistungen die Versicherung, nicht aber den Unternehmensleiter persönlich belasten. Dies kann so weit gehen, dass von dem betroffenen Unternehmensleiter Kooperation im Hinblick auf die Einforderung der Versicherungsleistung erwartet wird („freundliche Inanspruchnahme"). Gerade in Fällen vermuteter Kooperation wird die Versicherung aber mit Leistungen zurückhaltend sein, solange die Einstandspflicht des Managers nicht abschließend feststeht, was in der Regel erst der Fall sein wird, wenn eine gerichtliche Entscheidung vorliegt. So entsteht eine paradoxe Lage: Die Versicherungsdeckung fordert die Geltendmachung von Ansprüchen geradezu heraus, wo sie doch eigentlich den Schutz des Managers bezweckt. Praktisch bedeutet dies, dass sich der Manager in den vielen Fällen unklarer Sachverhalte und zweifelhafter Ansprüche – ein markantes Beispiel ist die verbreitete Geltendmachung von Schäden, die auf angeblich mangelnder Compliance beruhen – oft einem (belastenden) gerichtlichen Verfahren stellen muss, wenn sich Geschädigter und Versicherung nicht frühzeitig auf eine (Teil-)Regulierung einigen können.

2. Entwicklungen im US-Recht

Für die Leitungsorgane US-amerikanischer Unternehmen ist die Manager- **7** haftung (und damit auch die D&O-Versicherung)[10] ein alltägliches und vertrautes Thema. Die „litigious society" – wie die US-amerikanische Gesellschaft wegen ihrer besonderen Prozessfreudigkeit gern genannt wird – hat mit der persönlichen Inanspruchnahme von Directors und Officers reiche Erfahrung, wobei den potenziellen Anspruchstellern prozessuale Besonderheiten des US-Rechts entgegenkommen. Hierzu gehört z.B. die Möglichkeit der direkten Geltendmachung von Schadenersatzansprüchen durch die Akti-

10 Vgl. *Ihlas*, S. 35 ff.; *Uwe H. Schneider/Ihlas*, DB 1994, 1123, 1125, *Sieg*, DB 2002, 1759 ff. sowie allgemein *Scheifele* und *Wollny*.

onäre (shareholder derivative suit),[11] der verfassungsrechtlich verbürgte Anspruch des Klägers auf eine Entscheidung durch Geschworene (jury trial), die mögliche Verhängung eines über den tatsächlichen Schaden hinausgehenden Strafschadenersatzes (punitive damages) oder die erfolgsabhängige Anwaltshonorierung (contingency fee). Auch die class action ist in diesem Zusammenhang zu erwähnen, die vor allem im Bereich der Anlegerklagen (securities actions) Bedeutung hat. Die Voraussetzungen des shareholder derivative suit variieren je nach anwendbarer einzelstaatlicher Rechtsordnung, die bundesgesetzliche Regelung ist in Rule 23.1 Fed. R.Civ. P.[12] enthalten.

7a In der Regel ist erforderlich, dass der Kläger zum Zeitpunkt des Management-Fehlverhaltens Aktionär der Gesellschaft war und das Management (den Board of Directors) vor der Klageerhebung vergeblich aufgefordert hatte, selbst die erforderlichen Maßnahmen zu ergreifen (demand).[13] Das demand-Erfordernis ist entbehrlich, wenn sich die Organe in einem Interessenkonflikt befinden.[14] Die Klage wird im eigenen Namen des Aktionärs

11 Siehe hierzu eingehend *Merkt*, Rn. 1126 ff.; *Wiedemann*, S. 44 f.; Beispielsfälle aus neuerer Zeit wären etwa Brehm et al. v. Eisner et al., Del.Supr., 746 A.2d 244 (2000) sowie In re Caremark International Inc. Derivative Litigation, Del. Ch., 698 A.2d 959 (1996).

12 Federal Rules of Civil Procedure.
Der Text lautet wie folgt:
Rule 23.1. Derivative Actions
(a) Prerequisites. This rule applies when one or more shareholders or members of a corporation or an unincorporated association bring a derivative action to enforce a right that the corporation or association may properly assert but has failed to enforce. The derivative action may not be maintained if it appears that the plaintiff does not fairly and adequately represent the interests of shareholders or members who are similarly situated in enforcing the right of the corporation or association.
(b) Pleading Requirements. The complaint must be verified and must:
(1) allege that the plaintiff was a shareholder or member at the time of the transaction complained of, or that the plaintiff's share or membership later devolved on it by operation of law;
(2) allege that the action is not a collusive one to confer jurisdiction that the court would otherwise lack; and
(3) state with particularity:
(A) any effort by the plaintiff to obtain the desired action from the directors or comparable authority and, if necessary, from the shareholders or members; and
(B) the reasons for not obtaining the action or not making the effort.
(c) Settlement, Dismissal, and Compromise. A derivative action may be settled, voluntarily dismissed, or compromised only with the court's approval. Notice of a proposed settlement, voluntary dismissal, or compromise must be given to shareholders or members in the manner that the court orders.

13 Die Gesellschaftsorgane müssen es zu Unrecht abgelehnt haben, selbst tätig zu werden. Weisen sie die *demand* ohne Verletzung ihrer *duty of care* zurück, ist dem Aktionär die Klagemöglichkeit genommen, vgl. *Knepper/Bailey*, Liability of Corporate Officers and Directors, 7th ed., § 18.09(1).

14 Siehe Aronson v. Lewis, 473 A.2d 805, 811, 812 (Del. 1984).

erhoben, richtet sich aber grundsätzlich auf Schadenersatzleistung an die Gesellschaft.

Das Verfahren zur Durchsetzung von Managerhaftpflichtansprüchen in den **8**
USA weicht daher recht deutlich von dem rechtlichen Rahmen ab, der in Deutschland gegeben ist. Dies erklärt, weshalb das Haftpflichtrisiko von Managern hierzulande noch immer weniger bedrohlich erscheint als in den USA. Dort handelt es sich typischerweise um Außenhaftung, während es in der deutschen Rechtspraxis in der Mehrzahl der Fälle um Innenhaftung geht. Und tatsächlich führen die genannten prozessualen Besonderheiten des US-Rechts oft zu sehr hohen Schadenersatzzahlungen, meist im Wege des Vergleichs. Dennoch gibt es Parallelen: So sieht die Aktionärsklage nach § 148 AktG eine Art shareholder derivative suit vor.[15] Der duty of care,[16] der Directors und Officers unterliegen, steht die „Sorgfalt eines ordentlichen und gewissenhaften Geschäftsleiters" (§ 93 Abs. 1 Satz 1 AktG) gegenüber, der duty of loyalty[17] die Treuepflicht, die sich etwa in der Verschwiegenheitspflicht (§ 93 Abs. 1 Satz 3 AktG) oder im Wettbewerbsverbot (§ 88 AktG) manifestiert. Die Business Judgment Rule[18] schließlich findet zu weiten Teilen ihre Entsprechung im unternehmerischen Ermessen des deutschen Rechts. Dieses wurde erst 2005 kodifiziert und in § 93 Abs. 1 Satz 2 AktG aufgenommen.[19] Auch andere Rechtsordnungen weisen hier Übereinstimmungen auf.[20] Insgesamt ist die Vorbildfunktion des US-Rechts bei der Managerhaftpflicht unverkennbar, was sich vor allem bei der Gestaltung und Anwendung von D&O-Versicherungskonzepten zeigt (unten Rn. 451 ff.).

3. Änderungen des rechtlichen Umfelds

a) Rechtsprechung

Die Veränderungen in der Wahrnehmung und Anwendung des Manager- **9**
haftungsrechts sind von der Rechtsprechung begleitet und maßgeblich vorangetrieben worden. Der Bundesgerichtshof hat gerade in den letzten

15 Siehe *Thümmel*, in: Gottwald (Hrsg.), Europäisches Insolvenzrecht – kollektiver Rechtsschutz, S. 235 ff.

16 Siehe z. B. In re Caremark International Inc. Derivative Litigation, Del. Ch., 698 A.2d 959, 964 (1996); *Merkt*, Rn. 904 ff.; *v. Werder/Feld*, RIW 1996, 481 ff.

17 Siehe *Merkt*, Rn. 958 ff.

18 Siehe *Merkt*, Rn. 922 ff.; v. *Werder/Feld*, RIW 1996, 481, 482.

19 Zuvor lediglich in der Rechtsprechung verankert, siehe insb. BGHZ 135, 244 „*ARAG*".

20 Vgl. etwa für Frankreich: *Fleischer*, RIW 1999, 576; *Maul*, RIW 2000, 364; *Becker*, GmbHR 2003, 162; für Luxemburg: *Steffen/Vezina*, IntBusL 1998, 23: für England: *Fleischer*, ZGR 2000, 152; für Spanien: *Meyer*, RIW 1999, 450; *Sanchez*, GmbHR 2003, 760; *Martinez-Pujalte/Rentsch*, RIW 2008, 29; für Tschechien: *Loges/Nedelka*, RIW 1998, 454; für Italien: *Casper/Reiß*, RIW 2004, 428; für skandinavische Länder: *Dotevall*, 37 Int. Lawyer 7.

Jahrzehnten in einigen Leitentscheidungen juristisches Neuland betreten und das Leben für Manager und Aufsichtsräte risikoreicher gemacht. Beispielhaft zu nennen ist hier die „*Baustoff*“-Entscheidung[21] aus dem Jahr 1990, mit der die Anforderungen an die Pflicht des Unternehmensleiters zur ordnungsgemäßen Organisation des Betriebes deutlich angehoben wurden. Aus dem Unternehmen heraus begangene Rechtsverletzungen sind dem Manager damit leichter zurechenbar, auch wenn er an der schadensstiftenden Maßnahme persönlich gar nicht mitgewirkt hatte. Heute spielt dieser Gesichtspunkt bei den Compliance-Fällen eine große Rolle. Erhebliche Auswirkungen hat ferner die Entscheidung zur Insolvenzverschleppung[22] aus dem Jahr 1994, die das Haftungsrisiko von Vorständen und Geschäftsführern bei verspäteter (oder überhaupt unterlassener) Insolvenzantragstellung verschärft hat.

10 Besonders hervorzuheben ist die „*ARAG*“-Entscheidung[23] aus dem Jahre 1997, die den Pflichtenkreis des Aufsichtsrats erweitert und den Begriff des unternehmerischen Ermessens präzisiert hat. Der Aufsichtsrat ist danach grundsätzlich gehalten, die Geschäftsleitung nicht nur zu kontrollieren, sondern namens der Gesellschaft auch auf Schadenersatz in Anspruch zu nehmen, wenn ein entsprechendes Fehlverhalten erkennbar ist. Ein Ermessen steht dem Aufsichtsrat insoweit nicht zu; verzichtet er auf die Geltendmachung von Ansprüchen, setzt er sich selbst einem Haftungsrisiko aus. Die „*ARAG*“-Entscheidung hat als Blaupause für die deutsche Business Judgment Rule (BJR) gedient, die 2005 kodifiziert wurde (§ 93 Abs. 1 Satz 2 AktG). Weiterhin ist die „*Mannesmann*“-Entscheidung[24] des BGH aus dem Jahr 2005 bemerkenswert. Zwar ging es hier um strafrechtliche Vorwürfe, diese haben aber auf die zivilrechtliche Haftung insbesondere des Aufsichtsrats erheblichen Einfluss. Der BGH betont die Fremdnützigkeit der Aufsichtsratstätigkeit und ihre Bindung an das Unternehmensinteresse („Gutsverwalter, nicht Gutsherr“), die es verbiete, Vermögen der Gesellschaft nutzlos hinzugeben. Auch die „*ISION*“-Entscheidung[25] des BGH aus dem Jahr 2011 ist an dieser Stelle zu erwähnen, weil sie konturiert hat, unter welchen Voraussetzungen sich Unternehmensleiter auf (rechtliche) Beratung verlassen dürfen und durch diese exkulpiert werden. Ebenso bedeutsam ist die „*Schloss Eller*“-Entscheidung[26] des BGH aus dem Jahr 2018, die es dem

21 BGHZ 109, 297; vgl. näher hierzu Rn. 387 ff.
22 BGHZ 126, 181; vgl. näher hierzu Rn. 380, 382 ff.
23 BGHZ 135, 244; vgl. näher hierzu Rn. 185 ff., 251 f., 270 ff. und *Thümmel*, DB 1997, 1117 ff.
24 BGHSt 50, 331; Vorinstanz LG Düsseldorf, NJW 2004, 3275.
25 AG 2011, 876.
26 NZG 2018, 1189.

Unternehmensleiter ermöglichte, seine Haftung mit der schadensrechtlichen Rechtsfigur des rechtmäßigen Alternativverhaltens abzuwenden.

Die Instanzgerichte haben den Rechtsstoff im Einzelfall handhabbar gemacht und dem Managerhaftungsrecht dadurch Kontur gegeben. Allerdings zeigt sich dabei auch immer wieder, wie schwierig es ist, in der Vergangenheit getroffene unternehmerische Entscheidungen allein im Kontext der damals zur Verfügung stehenden Informationen zu bewerten, so wie es die Business Judgment Rule im Kern fordert. Stattdessen spielt das psychologische Phänomen des „*hindsight bias*“ oft eine maßgebliche Rolle. Der nach der behaupteten Pflichtverletzung des Unternehmensleiters entstandene Erkenntnisgewinn (insbesondere der tatsächliche Schadensverlauf) fließt unbewusst in die Beurteilung des Vorgangs ein, sodass am Ende zuweilen ein nicht mehr realistischer Maßstab an die Erkenntnismöglichkeiten der betroffenen Personen angelegt wird. **10a**

b) Gesetzgebung

In großem Umfang tätig geworden ist der Gesetzgeber. Den Beginn markiert das am 1.5.1998 in Kraft getretene Gesetz zur Kontrolle und Transparenz im Unternehmensbereich (KonTraG). Das KonTraG, mit dem verschiedene Bestimmungen des AktG und des GmbHG reformiert wurden, nahm „gezielte Korrekturen“ des Kontrollsystems für die Leitungsorgane von Kapitalgesellschaften vor.[27] Hierzu gehörten insbesondere Änderungen im Recht des Aufsichtsrats und bei den Pflichten des Vorstands, die Stärkung der Kontrolle durch die Hauptversammlung und die Verbesserung der Qualität der Abschlussprüfung. Im Rahmen der Managerhaftung von Bedeutung ist die Erweiterung der Berichtspflicht des Vorstands im Hinblick auf die Unternehmensplanung (§ 90 Abs. 1 Nr. 1 AktG), die Verpflichtung des Vorstands zur Einrichtung eines Überwachungssystems, mit dem bestandsgefährdende Risiken für das Unternehmen frühzeitig erkannt werden (§ 91 Abs. 2 AktG, Risikomanagement) und die – inzwischen wieder aufgehobene[28] – Erleichterung der Geltendmachung von Haftungsansprüchen gegenüber Vorstand oder Aufsichtsrat auf Initiative von Aktionären durch Herabsetzung des Quorums bei groben Pflichtverletzungen (§ 147 Abs. 3 AktG a. F.).[29] Die Veränderungen im Recht der Abschlussprüfung, insbesondere die stärkere Anbindung der Abschlussprüfer an den Aufsichtsrat (Auftragserteilung durch Aufsichtsrat, Teilnahme an Bilanzsitzung des Aufsichtsrats, §§ 318 Abs. 1 **11**

27 Siehe die Allgemeine Begründung zu dem Regierungsentwurf des KonTraG und *Thümmel*, DB 1997, 261; vgl. auch *ders.*, in: Söffing/Thümmel, Kap. 3, Rn. 1 ff.

28 Ersetzt durch §§ 148, 149 AktG.

29 Näher zum Pflichtenkreis des Vorstands unten Rn. 106 ff.; zur Geltendmachung von Haftungsansprüchen Rn. 296 ff.; kritisch zur Wirksamkeit der Neuregelung *Thümmel*, DB 1997, 261 ff.

Satz 4 HGB, 171 Abs. 1 Satz 2 AktG) und die erhöhten Anforderungen an den Prüfungsinhalt haben mittelbare Auswirkungen auf die Managerhaftung. Der verbesserte Informationsstand der Beteiligten kann die Durchsetzung von Haftungsansprüchen erleichtern, weil Fehler offenkundiger werden und die Sachverhaltsbasis möglicher Ansprüche deutlicher zutage tritt.[30]

12 Das Vierte Finanzmarktförderungsgesetz,[31] in Kraft getreten am 1.7.2002, hat das Börsengesetz neu gefasst und das Wertpapierhandelsgesetz sowie weitere kapitalmarktrelevante Gesetze reformiert. Für die Managerhaftung bedeutsam geblieben sind die in das WpHG aufgenommenen Haftungsregelungen bei unterlassenen oder falschen Ad-hoc-Meldungen (ursprünglich §§ 37b, 37c WpHG, heute §§ 97, 98 WpHG), die allerdings nach außen nur die Gesellschaft, nicht die Unternehmensleitung treffen. Weiter zu erwähnen sind die in Art. 19 MAR niedergelegten Mitteilungs- und Veröffentlichungspflichten des Führungspersonals des Emittenten, insbesondere von Vorständen und Aufsichtsräten, bei Eigengeschäften mit Aktien der Gesellschaft („Directors' Dealings"). Die Mitteilung hat an die Gesellschaft und die BaFin, die Veröffentlichung im Internet (Website der Gesellschaft) oder einem Börsenpflichtblatt zu erfolgen. Geschäfte, die über bestimmte nahe Angehörige abgewickelt werden, sind ebenfalls erfasst. Verstöße sind zwar bußgeldpflichtig (§ 120 WpHG), bieten aber keine Basis für Schadenersatzansprüche (keine Schutzgesetzverletzung).

13 Von wesentlicher Bedeutung ist ferner das am 26.7.2002 in Kraft getretene Gesetz zur weiteren Reform des Aktien- und Bilanzrechts, zu Transparenz und Publizität (TransPuG),[32] das eine Reihe von Änderungen des AktG sowie der HGB-Bestimmungen zur Abschlussprüfung gebracht hat. Die Regelungen verstärken erneut die Position (und damit die Verantwortlichkeit) des Aufsichtsrats sowie der Hauptversammlung und begründen für börsennotierte Gesellschaften die Verpflichtung der Unternehmensorgane zur Abgabe einer Erklärung zum Deutschen Corporate Governance Kodex (§ 161 AktG). Die erste Fassung des Kodex selbst ist kurz vor Erlass des TransPuG veröffentlicht worden.

14 Weiterhin zu erwähnen sind das am 1.1.2002 in Kraft getretene WpÜG,[33] das Verhaltensregeln für die Unternehmensleitung in Übernahmesituationen enthält, sowie das am 1.11.2005 in Kraft getretene Gesetz über Musterverfahren in kapitalmarktrechtlichen Streitigkeiten (KapMuG).[34] Letzteres ermöglicht unter bestimmten Voraussetzungen den Erlass von Musterentscheiden durch die Oberlandesgerichte, wodurch Massenverfahren leichter

30 *Thümmel*, DB 1997, 261, 264.
31 BGBl. I, S. 2010 ff.
32 BGBl. I, S. 2681 ff.
33 WpÜG vom 20.12.2001, BGBl. I, S. 3822.
34 KapMuG vom 16.8.2005, BGBl. I, S. 2437.

handhabbar werden sollten. Im Rahmen des Managerhaftungsrechts hätte das KapMuG bei Anlegerklagen eine Rolle spielen können, ist bisher aber kaum zur Anwendung gekommen.

15 Einen weiteren Eingriff des Gesetzgebers im Bereich des Managerhaftungsrechts stellt das am 1.11.2005 in Kraft getretene Gesetz zur Unternehmensintegrität und Modernisierung des Anfechtungsrechts (UMAG)[35] dar. Das UMAG führte die Aktionärsklage in das deutsche Aktienrecht ein (§§ 148, 149 AktG) und sorgte für eine Kodifizierung des unternehmerischen Ermessens und damit der Business Judgment Rule (§ 93 Abs. 1 Satz 2 AktG). Die Aktionärsklage, die Ähnlichkeiten mit dem shareholder derivative suit des US-Rechts aufweist,[36] steht allerdings unter dem Vorbehalt gerichtlicher Zulassung, die an verschiedene Voraussetzungen geknüpft ist. Hierzu gehört insbesondere der Verdacht einer qualifizierten Pflichtverletzung.

16 Für den Regelungsbereich des Managerhaftungsrechts sind ferner das am 1.11.2008 in Kraft getretene Gesetz zur Modernisierung des GmbH-Rechts und zur Bekämpfung von Missbräuchen (MoMiG)[37] sowie das am 5.8.2009 in Kraft getretene Gesetz zur Angemessenheit der Vorstandsvergütung (VorstAG)[38] von Bedeutung. Ersteres hat Auswirkungen auf die Haftung von Unternehmensorganen in der Insolvenz, letzteres auf das Maß der Versicherbarkeit der Organhaftung (Selbstbehaltsanforderung, § 93 Abs. 2 Satz 3 AktG) und die Haftung des Aufsichtsrats für unangemessene Vergütungszusagen. Das Restrukturierungsgesetz vom 9.12.2010 (RStruktG)[39], am 1.1.2011 in Kraft getreten, hat schließlich die Verjährungsfrist für Schadenersatzansprüche gegen Organe von Kreditinstituten und (sonstigen) börsennotierten Gesellschaften auf zehn Jahre verlängert (§ 93 Abs. 6 AktG).

16a Weitere gesetzgeberische Aktivitäten, insbesondere auch auf europäischer Ebene, betreffen Themen aus dem großen ESG-Spektrum (Environmental, Social, Governance). Zu erwähnen ist die Corporate Sustainability Reporting Directive der EU (CSRD),[40] die zu einer Fortentwicklung und Erweiterung der Anforderungen an die nichtfinanzielle Berichterstattung von Unternehmen führt und damit Nachhaltigkeitsthemen in den Fokus nimmt. Die nichtfinanzielle Berichterstattung unterliegt ebenso wie die finanzielle

35 UMAG vom 22.9.2005, BGBl. I, S. 2802.

36 Siehe die vergleichende Darstellung bei *Thümmel*, in: Gottwald (Hrsg.), Europäisches Insolvenzrecht – Kollektiver Rechtsschutz, S. 235 ff.

37 BGBl. I, S. 2026.

38 BGBl. I, S. 2509.

39 BGBl. I, S. 1900.

40 Richtlinie (EU) 2022/2464 des Europäischen Parlaments und des Rates vom 14. Dezember 2022 zur Änderung der Verordnung (EU) Nr. 537/2014 und der Richtlinien 2004/109/EG und 2013/34/EU hinsichtlich der Nachhaltigkeitsberichterstattung von Unternehmen, ABl. EU Nr. L 322, 15.

Berichterstattung der Prüfung durch den Abschlussprüfer (zunächst allerdings nur mit „begrenzter Sicherheit“, später mit „hinreichender Sicherheit“) und der Prüfung durch den Aufsichtsrat (§ 171 AktG). Grundsatz 6 DCGK betont, dass die Überwachung und Beratung durch den Aufsichtsrat insbesondere auch Nachhaltigkeitsfragen betrifft. Auch wenn insoweit nur Berichtspflichten adressiert sind, ergeben sich hieraus perspektivisch auch Verhaltenspflichten von Unternehmensorganen und damit Haftungsrisiken. Deutlich wird dies an der europäischen Corporate Sustainability Due Diligence Directive (CSDDD) aus dem Jahr 2022, die in ihrem Art. 25 Abs. 1 bei unternehmerischen Entscheidungen die Berücksichtigung von Nachhaltigkeitsaspekten fordert.[41] Auch das Lieferkettensorgfaltspflichtengesetz (LkSG) aus dem Jahr 2021[42] enthält Verhaltensanforderungen, die die Überwachung der vom Unternehmen genutzten Lieferketten im Hinblick auf die Verletzung menschenrechtlicher und umweltbezogener Grundstandards betreffen. Allerdings schließt § 3 Abs. 3 LkSG eine zivilrechtliche Haftung wegen der Verletzung der entsprechenden Sorgfaltspflichten ausdrücklich aus.[43] Dies könnte sich ändern, wenn die EU-Lieferketten-Richtlinie in Kraft tritt.

c) Reform

16b Insgesamt wird die Organhaftung, so wie sie sich in den gesetzlichen Regelungen und deren Anwendung in der Gerichtspraxis zeigt, als streng empfunden. Hierzu tragen vor allem der Grundsatz der Haftung für jeden Grad an Fahrlässigkeit, die langen Verjährungsfristen und die Umkehr der Beweislast im Hinblick auf Pflichtverletzung und Verschulden (§ 93 Abs. 2 Satz 2 AktG) im Bereich der Innenhaftung sowie die weitreichenden Compliance-Pflichten im Bereich der Außenhaftung bei. Schon als verhältnismäßig geringfügig erscheinende Pflichtverletzungen ziehen so oftmals sehr hohe Schadenersatzforderungen nach sich. Es hat daher immer wieder Überlegungen dazu gegeben, ob das Haftungsregime für Manager abgemildert werden sollte.[44] Zuletzt hat sich der 70. Deutsche Juristentag des Themas angenommen, sich dabei allerdings nicht für bahnbrechende Veränderungen des bestehenden Systems ausgesprochen. Beschlossen wurde lediglich, dass die aktienrechtliche Innenhaftung durch Satzungsregelung begrenzbar sein soll (wie es bei der GmbH schon geltendem Recht entspricht), etwa durch Absenkung des Haftungsmaßstabs oder durch Haftungshöchstbeträge (jeweils allerdings auf fünf Jahre begrenzt). Außerdem soll die Beweislastregel des § 93 Abs. 2 Satz 2 entschärft, das Ressortprinzip gestärkt, die Verjäh-

41 Näher hierzu *Lieder/Döhrn*, AG 2023, 722, 725.
42 BGBl. I 2021, S. 2959.
43 Siehe hierzu *Fleischer*, DB 2022, 920 ff.
44 Vgl. auch *Spindler*, AG 2013, 889, 894 ff.

rungsfrist den allgemeinen Regeln (§§ 195, 199 BGB) unterworfen und auf höchstens drei Jahre nach Ausscheiden des Organmitglieds begrenzt und die Verzichts- und Vergleichsfrist des § 93 Abs. 4 Satz 3 AktG abgeschafft werden.[45] Ob der Gesetzgeber Schlussfolgerungen aus den Empfehlungen des 70. DJT zieht, bleibt abzuwarten.

4. Corporate Governance

Die vielfältigen Bemühungen des Gesetzgebers um eine bessere Unterneh- **17** menskontrolle, wie sie in den Regelungen des KonTraG, des TransPuG, des UMAG oder auch in den Anforderungen an das Risikomanagement, die interne Revision, das interne Kontrollsystem (IKS) und die Compliance zum Ausdruck kommen, machen deutlich, dass die Managerhaftung nur einen Teilaspekt aus einer breiteren Diskussion darstellt, die um das Thema Corporate Governance[46] geführt wird. Corporate Governance betrifft die Organisation des Unternehmens und beschreibt die Voraussetzungen und Mechanismen einer angemessenen Führung und Kontrolle des Unternehmensgeschehens. Im Fokus stehen damit die Aufgaben des Managements und der Aufsichtsgremien. Eine wichtige Rolle bei der Kontrollaufgabe spielen ferner der Abschlussprüfer und natürlich die Anteilseigner, an deren Interessen sich die Unternehmensleitung bei ihrer Tätigkeit in erster Linie zu orientieren hat. Ob es neben dem shareholder value weitere Messlatten für gute Unternehmensführung gibt, mag in der Theorie umstritten sein.[47] In der Praxis spielt dies jedenfalls dann kaum eine Rolle, wenn das Anteilseignerinteresse langfristig definiert wird, weil es eben auch bei den sonstigen denkbaren Stakeholdern vor allem um die Sicherung der langfristigen Ertragskraft des Unternehmens geht. Zunehmend diskutiert wird, ob und in welchem Maße sich das Management bei seinen Entscheidungen – ggf. im Konflikt mit den Interessen der Anteilseigner – auch von Nachhaltigkeits-, insbesondere Klimaschutzanforderungen leiten lassen muss oder darf.[48]

Corporate Governance stellt in erster Linie ein Instrument des Anlegerschut- **18** zes dar. Es geht folglich darum, die Unternehmensleitung so zu organisieren, dass die Gefahr einer Schädigung des Unternehmens und der Anleger möglichst gering ist. Im Vordergrund steht damit die Kontrollfunktion, die im deutschen Gesellschaftsrecht durch Aufsichtsgremien, Abschlussprüfer

45 Siehe im Einzelnen Rn. 343 ff.

46 Vgl. zum Begriff etwa *Escher-Weingart*, ZvglRWiss 99 (2000), 387 ff. m. w. N.

47 Vgl. näher *Wiedemann*, Organverantwortung und Gesellschafterklage in der Aktiengesellschaft, S. 31 ff.; *Malik*, Wirksame Unternehmensaufsicht, S. 91 ff., 105 ff.

48 Vgl. hierzu Art. 25 des Entwurfs der Europäischen Kommission zur Corporate Sustainability Due Diligence Directive (CSDDD) und *Fest*, AG 2023, 713 ff.; siehe auch Rn. 16a.

und Anteilseigner wahrgenommen wird. Die Professionalisierung der Aufsichtsratstätigkeit ist bei allen Überlegungen zur Verbesserung der Unternehmenskontrolle ein wesentliches Stichwort. Dabei geht es – neben der Auswahl der richtigen Personen[49] – einerseits um die stärkere Einbeziehung des Aufsichtsrats in das Unternehmensgeschehen, etwa durch Präzisierung der Berichtspflichten der Geschäftsführung,[50] durch die Verpflichtung zur Aufstellung von Zustimmungsvorbehalten (§ 111 Abs. 4 AktG) und damit zur Teilnahme an wesentlichen Entscheidungen oder durch die klarere Erfassung seiner Zuständigkeiten im Hinblick auf die strategische Ausrichtung des Unternehmens.[51] Andererseits ist der verbesserte Kontrollzugriff angesprochen, wie er seit der Neuregelung durch das KonTraG sinnfällig in der Anbindung des Abschlussprüfers an den Aufsichtsrat zum Ausdruck kommt.[52]

19 Die Maßnahmen des Gesetzgebers zur Umsetzung von Corporate-Governance-Überlegungen sind notwendigerweise eher abstrakt. Deshalb hat es schon seit längerem verschiedene Initiativen[53] gegeben, im Sinne eines Code of Best Practice die Verhaltensanforderungen an die beteiligten Personenkreise aufzufächern und praxisgerechte Anleitungen für eine gute Unternehmensführung zu geben. Von besonderer Bedeutung ist der Deutsche Corporate Governance Kodex,[54] der von einer hochrangig besetzten Regierungskommission unter der Leitung des damaligen Vorsitzenden *Cromme* erarbeitet und im Februar 2002 erstmals veröffentlicht wurde (und gegenwärtig in der Überarbeitung des Jahres 2022 vorliegt). Die Idee des Kodex ist es, die in Deutschland geltenden Regeln zur Unternehmensleitung und -überwachung für internationale wie nationale Anleger transparent zu

---

49 Siehe hierzu etwa *Kopelke*, DB 2023, 1972 ff.; *v. Werder*, AG 2013, 340 ff.; *Thümmel*, Der Aufsichtsrat 2007, S. 65.

50 Siehe z. B. den durch das KonTraG sowie erneut durch das TransPuG reformierten § 90 Abs. 1 Nr. 1 AktG, der nun ausdrücklich die Unternehmensplanung mit entsprechender Nachverfolgung zum Gegenstand der Berichtspflicht macht; siehe eingehend *Theisen*, Grundsätze einer ordnungsmäßigen Information des Aufsichtsrats, S. 19 ff.

51 Vgl. BGHZ 135, 244 „*ARAG*" sowie BGHZ 114, 127, wo jeweils deutlich zwischen der vergangenheitsbezogenen Kontrollaufgabe und der „in die Zukunft gerichteten Kontrolle", also der strategischen Begleitung der operativ tätigen Organe unterschieden wird.

52 Der Prüfungsauftrag wird vom Aufsichtsrat erteilt, der Abschlussprüfer hat diesem zu berichten und an der Bilanzbesprechung des Aufsichtsrats teilzunehmen, §§ 318 Abs. 1 Satz 4, 321 Abs. 5 Satz 2 HGB, 171 Abs. 1 Satz 2 AktG.

53 Siehe etwa *Schneider/Strenger*, AG 2000, 106 zu den Ergebnissen des German Panel on Corporate Governance; ferner *Peltzer/v. Werder*, AG 2001, 1 ff. zu den Ergebnissen des Berliner Initiativkreises (Berlin Center of Corporate Governance).

54 Der Text des Deutschen Corporate Governance Kodex ist im Anhang abgedruckt und in seiner jeweiligen Fassung unter *www.corporate-governance-code.de* im Internet abrufbar.

machen und Standards für unterschiedliche Aspekte einer guten Unternehmensführung zu setzen, die von den Unternehmen, die die Anforderungen erfüllen, als Gütesiegel gegenüber Anlegern eingesetzt werden können.

Der Kodex wiederholt und interpretiert zum Teil gesetzliche Regelungen und 20
ergänzt diese in Form von Empfehlungen („soll") und Anregungen („sollte"). Er betrifft zunächst börsennotierte Gesellschaften, soll aber auch auf nichtbörsennotierte Gesellschaften und Unternehmen anderer Rechtsform mittelbare Auswirkungen haben („Ausstrahlungswirkung"). Die Regeln des Kodex bewirken keine direkte rechtliche Bindung von Unternehmen oder Unternehmensleitern (soweit nicht gesetzliche Regelungen wiederholt werden). Der Kodex wird aber in dem durch das TransPuG eingeführten § 161 AktG vorausgesetzt, woran erkennbar wird, welche Bedeutung der Gesetzgeber ihm zumisst. Nach dieser Bestimmung sind Vorstand und Aufsichtsrat der börsennotierten Gesellschaft gehalten, öffentlich zu erklären, ob sie den Empfehlungen (nicht den Anregungen) des Kodex in seiner jeweiligen, im elektronischen Bundesanzeiger veröffentlichten Fassung gefolgt sind und folgen werden oder an welchen Punkten Abweichungen vorliegen. Abweichungen sind dann zu erläutern („comply or explain"). Die disziplinierende Wirkung des Kodex, der regelmäßig überarbeitet wird, ist deshalb erheblich. Die darin enthaltenen Empfehlungen und Anregungen konkretisieren die Rollenverteilung zwischen Geschäftsführung und Aufsichtsrat, akzentuieren Berichts- und Kooperationspflichten und versuchen, Interessenkonflikte weitgehend auszuräumen. Allerdings haben die Autorität des Kodex und seine praktische Bedeutung durch verschiedene überholende gesetzgeberische Eingriffe abgenommen. Dennoch dürften inzwischen viele Empfehlungen und Anregungen zum Standard einer guten Unternehmensführung gehören.

Auch auf die Haftungssituation von Managern und Aufsichtsräten bleibt 21
der Kodex nicht ohne Auswirkungen.[55] Soweit seine Regelungen allgemein akzeptiert sind,[56] kann im Regelfalle erwartet werden, dass ihnen auch entsprochen wird. Damit aber gewinnen sie wesentlichen Einfluss auf die äußeren Grenzen des unternehmerischen Ermessens, in dessen Rahmen der Unternehmensleiter haftungsfrei agieren kann. Wenn die Kodex-Regeln den Standard guter Unternehmensführung abbilden – und der Gesetzgeber bestätigt dies durch die Einführung der Compliance-Erklärung (§ 161 AktG) –, so kann ihre Verletzung einen Ermessensfehler darstellen, wenn nicht besondere Umstände ein solches Abweichen rechtfertigen. Außerdem kann davon ausgegangen werden, dass Abweichungen von den in wesentlichen Teilen organisatorischen Empfehlungen und Anregungen des Kodex im Einzelfall

55 Siehe auch *Ettinger/Grützediek*, AG 2003, 353; *Lutter*, ZHR 166 (2002), 523; *Bachmann*, WM 2002, 2137; *Berg/Stöcker*, WM 2002, 1569.

56 Vgl. zur Akzeptanz des Kodex den regelmäßigen Report des Berlin Center of Corporate Governance, etwa *v. Werder/Talaulicar*, DB 2005, 841.

die Annahme eines Organisationsverschuldens rechtfertigen können, das für die Außenhaftung des Unternehmensleiters von Bedeutung ist.[57]

5. Haftung von Aufsichtsgremien

22 Unternehmensschieflagen und -zusammenbrüche der jüngeren Vergangenheit haben immer wieder deutliche Kontrollmängel zu Tage gefördert. Aus diesem Grunde hat der Gesetzgeber verschiedentlich die Verbesserung der Unternehmenskontrolle in den Mittelpunkt seiner Bemühungen gestellt. Die Ausübung der Kontrollfunktion im Unternehmen und die Sicherung der Effizienz solcher Kontrolle stellt auch ein zentrales Thema des Deutschen Corporate Governance Kodex dar.[58] Zuständig für die Kontrolle des Unternehmensgeschehens sind in erster Linie die Aufsichtsgremien, also Aufsichtsräte und ähnlich strukturierte Organe wie etwa Beiräte, jeweils in Zusammenarbeit mit dem Abschlussprüfer.

23 Die Verantwortlichkeit der Aufsichtsgremien, ihr gelegentlich beklagtes Versagen, die Mängel in ihrer Zusammensetzung und in ihrer Arbeitsmethode sind zu Recht Gegenstand einer intensiven und noch anhaltenden Diskussion geworden.[59] Diese erstreckt sich auch auf die Frage der Haftung, die ein notwendiges Korrelat zu gesteigerter Verantwortung darstellt. Waren von dem verstärkten Interesse an der Managerhaftung zunächst nur Vorstände und Geschäftsführer betroffen, sind es nun ebenso die Aufsichtsräte[60] (und Beiräte). Die hiermit verbundenen Risiken werden von den Beteiligten nur verzögert wahrgenommen. Gelegentlich fehlt es noch an einer wirklich professionellen Besetzung von Aufsichtsräten, in denen sich die verschiedenen für das Unternehmen relevanten Kompetenzen und Diversitätsanforderungen spiegeln. Häufig gesucht werden Digitalkompetenz, Nachhaltigkeitskompetenz oder internationale Erfahrung. Weiter wird zuweilen die konsequente Vermeidung von Interessenkonflikten und Abhängigkeiten gegenüber dem Management[61] und die klare Ausrichtung der Tätigkeit am Unternehmensinteresse[62] statt an Partikularinteressen nicht

57 Vgl. etwa BGHZ 109, 297 „*Baustoff*“ und unten Rn. 387 ff.

58 Siehe insb. Grundsätze 6, 13, 15 und 18 des Kodex, die sich mit dem Aufsichtsrat, dessen Zusammenarbeit mit dem Vorstand und der Abschlussprüfung beschäftigen.

59 Vgl. etwa *Bea/Scheurer*, DB 1994, 2145 ff.; *dies.*, DB 1995, 1289 ff.; *Henze*, NJW 1998, 3309 ff.; *Wiese*, DB 2000, 1901 ff.; *Feddersen*, AG 2000, 385 ff.; *Thümmel*, DB 1999, 885 ff.; *ders.*, DB 1999, 1891 ff.; *ders.*, FAZ v. 26.6.2002, S. 22; siehe auch BGHZ 135, 244, 252 ff. „*ARAG*“.

60 Siehe etwa LG Bielefeld, BB 1999, 2630 m. Anm. *Thümmel*, DB 1999, 2633 ff.; LG Stuttgart, DB 1999, 2462; LG Dortmund, DB 2001, 2591; *Thümmel*, DB 1999, 885 ff.; *Pielorz/Sieg*, PHi 2000, 77 ff.; *Reichert/Weller*, ZRP 2002, 49 ff.

61 Insb. hierzu *Heermann*, WM 1997, 1689 ff.; *Thümmel*, FAZ v. 26.6.2002, S. 22 und FAZ v. 11.4.2001, S. 30.

62 Siehe hierzu insb. BGHSt 50, 331 „*Mannesmann*“.

ausreichend in den Blick genommen. Dies sind aber wesentliche Voraussetzungen einer effizienten Kontrolltätigkeit und damit einer Verminderung von Haftungsrisiken.

II. Gegenstand und Einteilung der Managerhaftung

1. Inhalt der Haftung

Der Begriff der Managerhaftung betrifft die Verpflichtung des Unterneh- **24**
mensleiters, für durch seine Tätigkeit oder Untätigkeit verursachte, bei seinem Unternehmen oder Dritten eingetretene Schäden Ersatz zu leisten. Soweit das Unternehmen betroffen ist, liegen solche Schäden darin, dass dort Vermögensminderungen in Form von verminderten Aktiva oder erhöhten Passiva (Belastung mit Verbindlichkeiten) eingetreten sind. Bei Dritten können Schäden entstehen, wenn diese ihre Forderungen gegen das Unternehmen wegen dessen Insolvenz nicht mehr durchsetzen können oder in ihren absolut geschützten Rechtsgütern (Leben, körperliche Unversehrtheit, Eigentum, gewerbliche Schutzrechte) oder sonst an ihrem Vermögen beeinträchtigt sind. Ist der Unternehmensleiter haftbar, so hat er diese Schäden nach §§ 249 ff. BGB – d. h. soweit möglich durch Naturalrestitution, ansonsten durch Geldleistung – aus seinem persönlichen Vermögen auszugleichen. Von der zivilrechtlichen Haftung zu trennen ist eine etwa daneben bestehende strafrechtliche Verantwortlichkeit (Rn. 77 ff.), die dazu führen kann, dass der Unternehmensleiter zu Geld- oder Freiheitsstrafe verurteilt wird.

2. Innenhaftung

a) Begriff der Innenhaftung

Das Recht der Managerhaftung zeichnet sich dadurch aus, dass es kein in **25**
sich geschlossenes System darstellt, sondern nur für Teilbereiche spezielle gesetzliche Regelungen bereithält. Dies bedingt eine Zweiteilung der Haftungsfelder. Auf der einen Seite steht der klassische und weitgehend geregelte Bereich der Innenhaftung. Mit ihr wird die Haftung des Unternehmensleiters dem Unternehmen gegenüber beschrieben, für das er tätig ist. Der andere im Detail weitgehend ungeregelte und aus dem allgemeinen Haftungsrecht entwickelte Bereich ist die Außenhaftung, d. h. die Haftung des Unternehmensleiters allen anderen möglichen Anspruchsberechtigten gegenüber (vgl. Abb. 1).

Innenhaftungsansprüche setzen ein Organverhältnis zwischen anspruchstel- **26**
lendem Unternehmen und Manager voraus. Dies ist auch in Konzernbeziehungen zu beachten, wo die Inanspruchnahme des Managements von Ober- oder Untergesellschaften nicht in den Bereich der Innenhaftung fällt. Bei der

gesellschaftsrechtlichen Mischform der GmbH & Co. KG würde diese enge Definition allerdings zu Unzuträglichkeiten führen, weil die Geschäftsführer des Unternehmens formal Organ der Komplementär-GmbH sind, Schäden aber typischerweise bei der KG als dem eigentlichen Unternehmensträger eintreten. Der BGH[63] hat der KG hier ausdrücklich einen Direktanspruch gegenüber der Geschäftsführung eingeräumt, wobei er das Organ- und Anstellungsverhältnis mit der GmbH als Vertrag mit Schutzwirkung zugunsten Dritter (nämlich der KG) qualifiziert. Auch der Direktanspruch der KG ist daher ein Innenanspruch im Sinne der obigen Definition. Gleiches gilt, wenn die Rechtsformen der AG & Co. KG oder SE & Co. KG[64] Verwendung finden.

b) Innenhaftung als gesetzlich geregelte Organhaftung

27 Die Innenhaftung ist bei den Kapitalgesellschaften gesetzlich geregelt. Sie ergibt sich für die Vorstände der Aktiengesellschaft aus § 93 AktG (mit weiteren Spezialregelungen), für die Aufsichtsräte der Aktiengesellschaft aus § 116 AktG (mit einem Verweis auf § 93 AktG), für die Geschäftsführer der GmbH aus § 43 GmbHG (mit weiteren Spezialregelungen), für die Aufsichtsräte der GmbH aus §§ 52 Abs. 1 GmbHG, 116 AktG sowie für die Vorstände und Aufsichtsräte der Genossenschaften aus §§ 34, 41 GenG. Nicht gesetzlich geregelt ist die Innenhaftung des Beirats bei der GmbH (und GmbH & Co. KG), die sich in Analogie zur Aufsichtsratshaftung ergibt.[65]

28 Bei der Rechtsform der SE ist zwischen dualistischem und monistischem Organaufbau zu unterscheiden.[66] Soweit Leitung und Kontrolle bei Vorstand und Aufsichtsrat liegen, kommen bei der im Inland ansässigen SE die aktienrechtlichen Bestimmungen, also §§ 93, 116 AktG zur Anwendung (Art. 51 SE-VO). Dasselbe gilt für die Mitglieder des Verwaltungsrats bei monistischer Organstruktur, die insoweit wie Vorstandsmitglieder zu behandeln sind (Art. 51 SE-VO, § 39 SEAG). Auch die geschäftsführenden Direktoren unterfallen kraft ausdrücklicher gesetzlicher Anordnung den Haftungsregelungen für den Vorstand (§ 40 Abs. 9 SEAG).

---

63 BGHZ 75, 321, 322; BGHZ 76, 326, 337 f.; BGH, GmbHR 2002, 588, 589; BGH, DB 2023, 1209; vgl. Rn. 61; zur parallelen Problematik der Beiratshaftung bei der GmbH & Co. KG vgl. *Ruter/Thümmel*, Rn. 323.

64 Vgl. zur Zulässigkeit dieser Rechtsform *Reichert/Ott*, in: Bergmann u. a., 10 Jahre SE, Erreichter Stand-verbleibende Anwendungsfragen-Perspektiven, S. 154, 165 f.

65 *Ruter/Thümmel*, Rn. 319 ff.; zum Begriff des Beirats *dies.*, Rn. 142 ff.; siehe im Übrigen unten Rn. 283 ff.

66 Vgl. z. B. *Teichmann*, in: Krieger/Uwe H. Schneider (Hrsg.), Handbuch Managerhaftung, § 6; *Thümmel*, Die Europäische Aktiengesellschaft (SE), Rn. 146 ff.

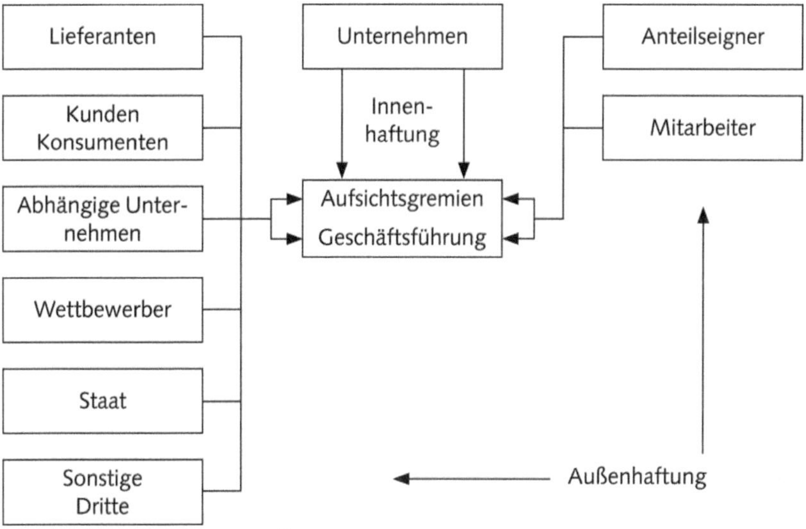

Abb. 1: Managerhaftung im Überblick

Für die Innenhaftung bei der Personengesellschaft existieren keine den §§ 93 AktG, 43 GmbHG entsprechenden Regelungen. Dies erklärt sich daraus, dass die Personengesellschaften des deutschen Rechts, nämlich die OHG, die KG und die BGB-Gesellschaft, im Ausgangspunkt nicht als juristische Personen konzipiert waren, die eine Organstruktur benötigen. Die Rechtsprechung hat zwar eine Angleichung dieser Rechtsformen an die juristische Person vorgenommen und ihnen insbesondere die Rechtsfähigkeit zuerkannt. Auch das am 1.1.2024 in Kraft getretene Gesetz zur Modernisierung des Personengesellschaftsrechts (MoPeG) hat diese Entwicklung nachgezeichnet und weitergeführt. Dennoch liegt die Geschäftsführung der Personengesellschaft in ihrer Grundstruktur nicht in der Hand von Dritten, sondern der Gesellschafter selbst. Haftung für fehlerhafte Geschäftsführung ist folgerichtig bei der Personengesellschaft eine Haftung, die im Gesellschaftsverhältnis und der sich hieraus ergebenden Treuepflicht wurzelt (näher Rn. 58 ff.). Einer gesonderten gesetzlichen Regelung bedarf es daher nicht. Soweit gesellschaftsfremde Manager tätig sind, haften sie nicht als Organ, sondern im Rahmen ihrer jeweiligen Anstellungsverträge. **29**

Innenansprüche sind, wie sich aus Vorstehendem ergibt, in erster Linie gesetzliche Ansprüche. Sie bedürfen keines vertraglichen Bandes zwischen den Beteiligten. Auch wenn der Vorstand oder Geschäftsführer mit seinem Unternehmen keinen Dienstvertrag abgeschlossen hat, haftet er diesem bei Pflichtverletzungen auf Schadenersatz. Deutlich wird dies auch beim Auf- **30** sichtsrat, den typischerweise mit dem Unternehmen keine Vertragsbeziehung verbindet. Erforderlich und genügend ist die Organstellung.[67]

c) Innenhaftung und dienstvertragliche Haftung

31 Da Unternehmensorgane jedoch sehr häufig auch Dienstverträge mit ihrem Unternehmen abschließen, kann neben die gesetzliche Organhaftung auch eine Vertragshaftung des Organs treten, die sich auf die Verletzung von Pflichten aus dem Dienstvertrag (§§ 241 Abs. 2, 280 Abs. 1 BGB) stützt. Die Behandlung der vertraglichen Ansprüche ist umstritten. Einerseits[68] wird die Meinung vertreten, die Organhaftung nehme die Vertragshaftung in sich auf, sodass für letztere kein eigenständiger Regelungsbereich verbleibe. Auf der anderen Seite steht die Auffassung,[69] dass beide Anspruchsgrundlagen grundsätzlich selbstständig nebeneinander stünden und getrennt zu prüfen seien (Anspruchskonkurrenz). Eine Ausnahme bildet auch nach dieser Auffassung die Regelung der Verjährung. Die in §§ 93 Abs. 6 AktG, 43 Abs. 4 GmbHG vorgesehene fünfjährige (bzw. zehnjährige) Verjährung erstreckt sich danach auch auf konkurrierende vertragliche Schadenersatzansprüche.

32 Ansonsten ist die Streitfrage verhältnismäßig bedeutungslos. Auch bei den Befürwortern der Anspruchskonkurrenz besteht Einigkeit dahin, dass vertragliche Ansprüche überhaupt nur dann eigenständige Bedeutung gewinnen können, wenn es um die Verletzung von Pflichten geht, die allein im Anstellungsvertrag geregelt sind und nicht gleichzeitig Verstöße gegen allgemeine Organpflichten darstellen. Dies wird beim Vorstand der AG selten in Betracht kommen, beim Geschäftsführer der GmbH wären solche weitergehenden dienstvertraglichen Pflichten angesichts der größeren Flexibilität der Rechtsform eher vorstellbar. In jedem Falle wird man davon ausgehen können, dass die allgemeinen Sorgfaltspflichten des Organs auch dahin gehen, besondere anstellungsvertragliche Regelungen (ebenso wie etwa auch Weisungen der Gesellschafter der GmbH) zu beachten. Dann decken sich Organhaftungsansprüche und anstellungsvertragliche Ansprüche ohnehin. Bei der AG bleibt der Grundsatz der Satzungsstrenge zu beachten (§ 23 Abs. 5 AktG), der eine qualitative Veränderung des organschaftlichen Pflichtenumfangs nicht erlaubt.[70] Erkennt man dennoch bei vertraglichen Ansprüchen einen eigenständigen Regelungsbereich, so wäre dieser Teil der Innenhaftung des Unternehmensleiters. Von praktischer Bedeutung ist die allerdings nur bei der GmbH bestehende Möglichkeit, durch dienstvertragliche Regelun-

67 Es genügt grundsätzlich die faktische Organstellung, siehe näher Rn. 51, 54, 436.

68 So die inzwischen wohl h. M., BGH, NJW 1997, 741; BGH, NJW-RR 1989, 1255; *Hopt/Roth,* in: Großkomm. AktG, § 93 Rn. 46; *Beurskens,* in: Noack/Servatius/Haas, § 43 Rn. 111; *Verse*, in: Scholz, § 43 Rn. 15; *Fleck*, ZIP 1991, 1270.

69 *Hübner*, S. 37 f.; vgl. auch BGHZ 75, 321; BGH, ZIP 1988, 568.

70 *Hopt/Roth,* in: Großkomm. AktG, § 93 Rn. 321.

gen den Haftungsmaßstab zugunsten des Geschäftsführers herabsetzen, z. B. auf Vorsatz oder grobe Fahrlässigkeit. Dies gilt dann nicht nur für dienstvertragliche Ansprüche, sondern auch für die gesetzliche Organhaftung.

3. Außenhaftung

a) Begriff der Außenhaftung

Die Außenhaftung des Unternehmensleiters beschreibt die Haftung gegen- 33
über Dritten, d. h. solchen Personen, zu denen der Unternehmensleiter in keiner Organbeziehung steht (siehe Abb. 1). Dritte können damit Gesellschafter oder Aktionäre des Unternehmens, abhängige Unternehmen (Konzernunternehmen), Arbeitnehmer, Lieferanten und Kunden, Wettbewerber, allgemein Gläubiger des Unternehmens oder sonstige völlig unbeteiligte Personen sein.[71] Gemeinsame Basis ihrer Ansprüche gegen den Manager ist, dass dieser bei der Erfüllung seiner Aufgaben in geschützte Rechtspositionen der Genannten eingegriffen, gegen Schutzgesetze verstoßen oder Rechtsscheintatbestände gesetzt hat. Zumeist geht es dabei um Ansprüche, die sich auch gegen das Unternehmen selbst richten. Soweit nämlich der Unternehmensleiter in Ausführung der ihm zustehenden Verrichtungen bei Dritten Schäden verursacht, hat hierfür nach § 31 BGB die Körperschaft einzutreten, für die er als Organ gehandelt hat, d. h. also das Unternehmen.[72] Stützt sich die Haftung des Unternehmensleiters auf Rechtsscheintatbestände, geht es um die Mithaftung für Forderungen, die sich von vornherein gegen das Unternehmen selbst richteten.

b) Außenhaftung und Insolvenz

Gemeinsames Merkmal der Außenhaftung ist daher, dass die Verpflichtung 34
des Managers sich mit derjenigen des Unternehmens regelmäßig überschneidet. Dies ist ein Teil der Erklärung für die zunehmende Aufmerksamkeit, die der Außenhaftung in der Praxis entgegengebracht wird. Denn entfällt das Unternehmen infolge einer Insolvenz als Schuldner, so richtet sich der Blick auf andere möglicherweise Einstandspflichtige. Im Ergebnis führt die Außenhaftung daher meist dazu, dass dem Gläubiger des Unternehmens im Falle der Insolvenz ein weiterer Schuldner zur Verfügung steht.[73]

---

71 Vgl. zu den verschiedenen Tatbeständen der Außenhaftung etwa *Stapelfeld,* GmbHR 1991, 94; *Uwe H. Schneider,* DB 1993, 1909; *Medicus,* GmbHR 1993, 533; *Lutter,* DB 1994, 129; *Wellkamp,* DB 1994, 869; *Thamm,* DB 1994, 1021; *Keßler,* GmbHR 1994, 429; *Altmeppen,* ZIP 1995, 881; *Westermann/Mutter,* DZWir 1995, 184; *Maser/Sommer,* BB 1996, 65, 67 ff.; *Thümmel/Sparberg,* DB 1995, 1013, 1015 ff.

72 Dies gilt auch für die Personengesellschaft, siehe BGHZ 154, 88; *Altmeppen,* NJW 2003, 1553.

73 Vgl. auch *Westermann/Mutter,* DZWir 1995, 184.

Deutlich wird dies etwa an der Rechtsprechung des BGH[74] zur Schadenersatzpflicht des GmbH-Geschäftsführers wegen der Verletzung der Insolvenzantragspflicht, die dazu führt, dass der Geschäftsführer Neugläubigern gegenüber (dies sind solche, die erst nach Insolvenzreife mit dem Unternehmen in geschäftlichen Kontakt getreten sind) in vollem Umfang für deren Vertrauensschaden aus dem mit dem insolventen Unternehmen abgeschlossenen Geschäft haftet. Ebenfalls bemerkenswert sind der „*Lederspray*"-[75] und der „*Baustoff*"-Fall[76] des BGH, die den Unternehmensleiter persönlich für Drittschäden in die Pflicht nehmen, die aus von ihm zu verantwortenden Organisationsmängeln des (inzwischen insolventen) Unternehmens herrühren. Außenhaftung realisiert sich damit weitgehend dann, wenn das Unternehmen zu einer Befriedigung des Gläubigers nicht mehr in der Lage ist.

c) Außenhaftung als Anknüpfungspunkt für die Innenhaftung

35 Außerhalb von Insolvenztatbeständen ist eine indirekte Realisierung der Außenhaftung denkbar. Wenn geschädigte Dritte ihre Ansprüche nicht gegen das handelnde Organ, sondern im Hinblick auf § 31 BGB gegen das Unternehmen geltend machen und von diesem befriedigt werden, können dem Unternehmen Regressansprüche gegenüber dem Organ zustehen. Voraussetzung wäre, dass das Fehlverhalten des Managers und der Eingriff in die Rechte des geschädigten Dritten gleichzeitig eine Sorgfaltspflichtverletzung im Innenverhältnis darstellen. Der Regressanspruch ist ein Fall der Innenhaftung, allerdings mit der Besonderheit, dass ein Anspruch im Außenverhältnis zugrunde liegt. Die Konstellation ist häufig, weil Rechtsverstöße im Außen- und im Innenverhältnis oft parallel laufen (vgl. Rn. 366).

d) Haftung für Verbindlichkeiten des Unternehmens und für Eingriffe in geschützte Rechtspositionen Dritter

36 Im Übrigen bietet sich eine weitere Unterteilung der Außenhaftung an: Auf der einen Seite geht es um die Befriedigung von Verbindlichkeiten des Unternehmens, die unabhängig von der schädigenden Handlung des Unternehmensleiters begründet worden sind, d. h. um die Haftung des Unternehmens-

---

74 BGHZ 126, 181; BGH, NJW 1995, 398; vgl. auch den Vorlagebeschluss BGH, ZIP 1993, 1543; aus der zahlreichen Literatur zur Insolvenzverschleppungshaftung etwa *K. Schmidt,* ZIP 1988, 1497; *Wilhelm,* ZIP 1993, 1833; *Müsgen,* DZWir 1994, 455; *Flume,* ZIP 1994, 337; *Uhlenbruck,* ZIP 1994, 1153; *ders.,* GmbHR 1997, R 225; *Grunewald,* GmbHR 1994, 665; *G. Müller,* GmbHR 1994, 209; *Karollus,* ZIP 1995, 269; *Altmeppen,* ZIP 1997, 1173; siehe auch unten Rn. 379 ff.

75 BGHSt 37, 106, betrifft die strafrechtliche Verantwortlichkeit, aus der sich die zivilrechtliche Haftungsfolge aber zwanglos ableiten lässt.

76 BGHZ 109, 297.

leiters für bestehende Schulden seines Unternehmens. Beispiele wären die Einstandspflicht des Organs für Steuern und Arbeitnehmer-Sozialversicherungsbeiträge oder für Schulden der später nicht in das Handelsregister eingetragenen Vorgesellschaft (§§ 41 Abs. 1 Satz 2 AktG, 11 Abs. 2 GmbHG). Auf der anderen Seite steht die Haftung des Unternehmensleiters für ein Verhalten, das erst den Anspruch des Dritten gegen ihn und das Unternehmen (über § 31 BGB) begründet. Beispielsfälle sind die Verletzung absolut geschützter Rechtspositionen, wie etwa der Eingriff in die körperliche Unversehrtheit bei der Produkt-, Umwelt- und Arbeitssicherheitshaftung oder der Verstoß gegen ein Schutzgesetz i. S. des § 823 Abs. 2 BGB, wie etwa die Verletzung der Insolvenzantragspflicht.

e) Haftungsbegründende Normen

Die haftungsbegründenden Normen bei der Außenhaftung sind verstreut (vgl. Abb. 9, S. 229). Eine in sich geschlossene gesetzliche Regelung – wie sie bei der Innenhaftung vorliegt – fehlt. Spezialgesetzlich geregelt sind einzelne Fallkonstellationen, so z. B. die Haftung für Verbindlichkeiten der später nicht eingetragenen Vorgesellschaft (§§ 41 Abs. 1 Satz 2 AktG, 11 Abs. 2 GmbHG) oder für Steuerverpflichtungen des Unternehmens (§§ 34, 69 AO), das Gläubiger-Verfolgungsrecht nach § 93 Abs. 5 AktG,[77] die börsenrechtliche Prospekthaftung (§§ 8 ff. WpPG) sowie konzernrechtliche Haftungstatbestände (z. B. §§ 309, 310, 317, 318 AktG). 37

Daneben kommen die allgemeinen Rechtsinstitute wie die culpa in contrahendo (Verschulden bei Vertragsschluss, §§ 311 Abs. 2, 241 Abs. 2, 280 BGB) und vor allem das Deliktsrecht (§ 823 Abs. 1 und 2 BGB) zur Anwendung. Letzteres ist von der Rechtsprechung vielfach nutzbar gemacht worden und liegt heute dem weitaus größten Teil der Außenhaftungsfälle zugrunde. In diesem Bereich sind in der Vergangenheit mehrfach Grenzen zulasten der Unternehmensleiter verschoben worden. Dies gilt für die Bestimmung der geschützten Rechtsgüter (z. B. Mitgliedschaft des Anteilseigners als absolut geschütztes Recht nach § 823 Abs. 1 BGB)[78] und des Kreises der Schutzgesetze i. S. des § 823 Abs. 2 BGB (z. B. Pflicht zur Insolvenzantragstellung als Schutzgesetz),[79] ferner für die Anforderungen an die Organi- 38

77 Betrifft das Recht von Gläubigern des Unternehmens, Innenhaftungsansprüche im eigenen Namen geltend zu machen, soweit von dem Unternehmen keine Befriedigung zu erlangen ist; vgl. unten Rn. 390 ff.
78 BGHZ 83, 122, 133 ff. „*Holzmüller*“; siehe auch BGHZ 110, 323.
79 Siehe etwa BGHZ 29, 100, 102 ff.; BGHZ 126, 181, 190.

sation des Betriebes zur Vermeidung von Schädigungen Dritter[80] und für die Voraussetzungen vorsätzlichen und sittenwidrigen Verhaltens.[81]

4. Typische Haftungsszenarien

a) Insolvenz

39 Welches sind die Fälle, in denen sich die persönliche Haftung von Unternehmensleitern vornehmlich realisiert? Unterscheiden lassen sich vor allem vier Szenarien (siehe Abb. 2): Eine wesentliche Rolle spielt – für Innen- wie für Außenhaftung – die Insolvenz des Unternehmens. Solange das Unternehmen leistungsfähig ist, werden sich Gläubiger von Außenhaftungsansprüchen in aller Regel an dieses wenden (§ 31 BGB). Erst im Falle der Insolvenz gerät der Manager persönlich ins Blickfeld des Gläubigers. Dies gilt auch für den Fiskus und den Gläubiger von Arbeitnehmer-Sozialbeiträgen.

40 Auch Innenhaftungsansprüche gewinnen in der Insolvenz Bedeutung. Der Insolvenzverwalter ist an einer Vergrößerung der Masse interessiert und wird schon bei nur möglichem Fehlverhalten des ehemaligen Managements (und bei Vorliegen einer D&O-Versicherung) frühere Vorstände oder Geschäftsführer in Anspruch nehmen. Das Risiko, Fehler zu machen, ist gerade in der Krise des Unternehmens recht hoch, weil rechtliche Anforderungen bei der Suche nach einer Lösung der drängenden Liquiditätsprobleme praktisch oft in den Hintergrund treten.[82] Bedeutsam sind in diesem Zusammenhang auch Leistungen in Konzernverhältnissen, also das Cash-Pooling und die Abführung von liquiden Mitteln im Rahmen von Unternehmensverträgen. Die Erfahrung zeigt, dass der Insolvenzverwalter der für den Unternehmensleiter gefährlichste Anspruchsteller ist, weil seine Interessenlage klar und nicht – wie oft bei anderen Beteiligten, etwa den sonst zuständigen Aufsichtsgremien – durch miteinander konkurrierende Gesichtspunkte geprägt ist.

b) Regress

41 Ebenfalls typisch ist die Regresssituation, d. h. der Rückgriff des Unternehmens auf das eigene Management nach einer Inanspruchnahme durch Dritte.

---

80 BGHZ 109, 297, 303 ff. „*Baustoff*".

81 Z. B. BGH, GmbHR 1994, 464: Sittenwidrige Schädigung angenommen bei Veranlassung eines Kunden des Unternehmens zur Erbringung weitgehender Vorleistungen ohne auch nur einigermaßen hinreichende Sicherheit, Leistungen später bezahlen zu können; OLG Düsseldorf, NJW 1995, 404, 405: Sittenwidrige Schädigung angenommen bei Veranlassung eines Kunden des Unternehmens zum Abschluss von Börsentermingeschäften ohne ausreichende Aufklärung; siehe auch BGHZ 105, 108, 109 und BGH, NJW 1994, 997.

82 Vgl. *Thümmel,* BB 2002, 1105 ff.

Die Konstellation ist dadurch gekennzeichnet, dass Dritte gegenüber dem Unternehmen (und möglicherweise gleichzeitig gegenüber dem Unternehmensleiter persönlich) Ansprüche geltend machen, die ihren Grund in einem Fehlverhalten des Unternehmensleiters haben. Befriedigt das Unternehmen den Dritten, entsteht hierdurch ein Schaden, für den das Unternehmen dann bei dem Unternehmensleiter Regress nimmt. Es handelt sich daher um einen Fall der Innenhaftung, dem allerdings (von dem Unternehmen befriedigte) Ansprüche im Außenverhältnis zugrunde liegen. Welche Rechtsgrundlage die Außenansprüche haben, spielt keine Rolle. So kommen etwa auch vor US-amerikanischen Gerichten verfolgte Schadenersatzansprüche von Anlegern (securities claims) oder von Konsumenten (products liability) in Betracht. Diese haben wegen der prozessrechtlichen Besonderheiten des US-Rechts[83] und der hierauf beruhenden Neigung, substanzielle Vergleiche abzuschließen, ein hohes Risikopotenzial.

c) Vermögensminderungen

Praktisch bedeutsam ist auch die Verlustsituation. Die Gesellschafter des Unternehmens (oder der Aufsichtsrat) machen Minderungen des Gesellschaftsvermögens an bestimmten Managemententscheidungen fest und drängen darauf, die negativen bilanziellen Auswirkungen durch Inanspruchnahme der Unternehmensorgane (im Wege der Innenhaftung) zu kompensieren. Nach der „*ARAG*"-Entscheidung des BGH[84] hat die Bedeutung dieser Konstellation auch bei börsennotierten Unternehmen zugenommen, weil der Aufsichtsrat zur Verfolgung von Ansprüchen gegenüber dem Vorstand grundsätzlich verpflichtet ist, wenn Hinweise auf Pflichtverletzungen des Managements vorliegen. Der in der jüngeren Vergangenheit im Rahmen von Aktionärsstreitigkeiten wichtiger gewordene besondere Vertreter nach § 147 Abs. 2 AktG gehört ebenfalls in diesen Kontext, denn er macht namens des Unternehmens Ansprüche geltend, die auf den Ausgleich von Vermögensverlusten wegen angeblicher Pflichtverletzungen beruhen. Dasselbe gilt für die Aktionärsklage nach § 148 AktG, die es einer Minderheit von 1 % des Grundkapitals (oder einem anteiligen Betrag von 100.000 Euro) ermöglicht, bei Erfüllung der Voraussetzungen für die Klagezulassung Innenhaftungsansprüche im eigenen Namen, aber zugunsten des Unternehmens geltend zu machen. Generell ist zu konstatieren, dass ein personeller Wechsel auf Seiten potenzieller Anspruchsteller und deren Vertreter (Aktionäre, Gesellschafter, Aufsichtsrat, Insolvenzverwalter, besonderer Vertreter) das Risiko von Haftungsansprüchen spürbar erhöht. 42

---

83 Z. B. das *jury trial* oder die *class action*, vgl. oben Rn. 7 ff.
84 BGHZ 135, 244.

d) Trennung

43 Schließlich ist die Trennungssituation von Bedeutung. Hier geht es darum, dass Innenhaftungsansprüche wegen angeblichen Pflichtverletzungen vornehmlich aus verhandlungstaktischen Gründen erhoben werden, um Abfindungs- oder Restvergütungsansprüchen des ausgeschiedenen Unternehmensleiters ein Gegengewicht entgegensetzen zu können. Auf diese Weise sollen die effektiven Zahlungsverpflichtungen reduziert werden. Wegen der Vergleichsbeschränkungen des § 93 Abs. 4 Satz 3 AktG spielt diese Konstellation allerdings weniger bei der AG und eher bei der GmbH eine Rolle.

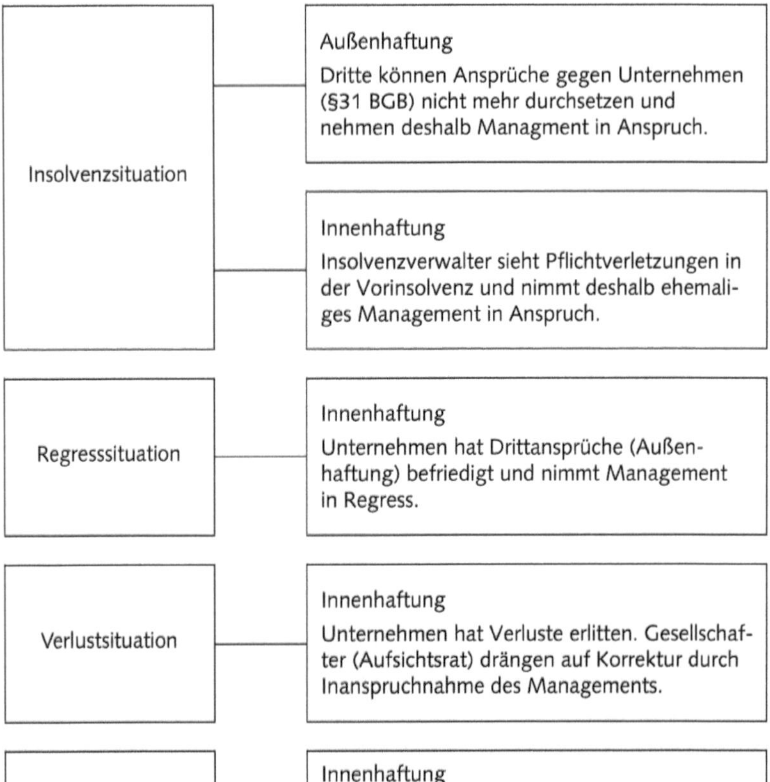

Abb. 2: Typische Szenarien der Managerhaftung

III. Kreis der Haftpflichtigen und der Anspruchsberechtigten

1. Anspruchsberechtigte

a) Das Unternehmen und Dritte

Von den möglichen Anspruchsberechtigten im Rahmen der Managerhaftung 44 war bereits bei der Grundeinteilung in Innen- und Außenhaftung die Rede. Ansprüche wegen Fehlverhaltens des Unternehmensleiters können bei Vorliegen der jeweiligen Voraussetzungen einerseits das Unternehmen, dessen Organ er ist, andererseits Dritte geltend machen. Als Dritte gelten auch andere „Unternehmensangehörige" wie Anteilseigner, Mitarbeiter oder zum Konzern gehörige Unternehmen. Neben diesen kommen Lieferanten des Unternehmens, Kunden, Benutzer der Produkte des Unternehmens (Konsumenten), Wettbewerber oder auch der Staat als Anspruchsberechtigte in Betracht (siehe Abb. 1, S. 19). Sämtliche dieser Berechtigten machen etwaige Ansprüche grundsätzlich im eigenen Namen und zu eigenen Gunsten geltend. Dies gilt auch für Aktionäre und Gesellschafter, es sei denn die Voraussetzungen für eine Aktionärsklage nach § 148 AktG lägen vor. Dieser Fall entspricht in seinen Grundzügen dem shareholder derivative suit des US-Rechts.[85] Allerdings können Anteilseigner nur dann Leistung an sich selbst verlangen, wenn ihnen ein über die Schädigung des Unternehmens hinausgehender Schaden entstanden ist. Beschränkungen ergeben sich, wenn sich ihr Schaden lediglich als Reflex des bei dem Unternehmen eingetretenen Schadens zeigt, ihre Beteiligung durch die schädigende Handlung also einen Wertverlust erlitten hat. Dann können sie nur mit einer Klage auf Leistung an das Unternehmen beanspruchen, dass dessen Schaden ausgeglichen wird, womit auch ihr Entwertungsschaden entfällt.[86]

b) Vertretung des anspruchsberechtigten Unternehmens

Auf der Seite des Unternehmens stellt sich die Frage, durch welches Organ 45 es bei der Geltendmachung von Innenhaftungsansprüchen vertreten wird. Die Interessenkollisionslage ist offenkundig, weil es um Ansprüche gegen denjenigen Personenkreis geht, der gleichzeitig für die Vertretung des Unternehmens zuständig ist. Deshalb gibt es Sonderregeln. Bei der Aktiengesellschaft ist der Aufsichtsrat (§ 112 AktG) zur Vertretung der Gesellschaft

85 Hierbei geht es um die Geltendmachung von Haftungsansprüchen gegenüber Unternehmensleitern durch Anteilseigner, die von dem Unternehmen „abgeleitet" sind. Damit wird in den USA im Ergebnis die Verwirklichung der Innenhaftung weitgehend in die Hände der Aktionäre gelegt, vgl. *Merkt,* Rn. 1126 ff.; *Henn/Alexander,* §§ 361 ff.; vgl. im Übrigen jetzt § 148 AktG und oben Rn. 10.

86 BGHZ 65, 15 „ITT"; BGH, AG 1987, 126, 128; vgl. auch *Thümmel/Sparberg,* DB 1995, 1013, 1016.

gegenüber dem Vorstand berufen, und zwar nach h. M.[87] sowohl gegenüber noch amtierenden als auch gegenüber ausgeschiedenen Vorstandsmitgliedern. Im Übrigen kann die Hauptversammlung nach § 147 Abs. 2 AktG besondere Vertreter bestellen und mit der Geltendmachung von Ansprüchen gegenüber Vorstand oder Aufsichtsrat betrauen. Hat die Hauptversammlung die Geltendmachung von Ansprüchen beschlossen, kann auch eine Minderheit von 10 % des Grundkapitals (oder einem Anteil von 1 Mio. Euro) besondere Vertreter gerichtlich bestellen lassen. Steht eine Pflichtverletzung des Aufsichtsrats in Rede, könnte der Vorstand als allgemeines Vertretungsorgan (§ 78 AktG) tätig werden. Sehr häufig wird sich ein Kontrollmangel des Aufsichtsrats aber auf eine Pflichtverletzung des Vorstands beziehen, sodass die Haftung beider Organe in Betracht kommt. Deshalb wird man bei Pflichtverletzungen des Aufsichtsrats oft nicht ohne die Bestellung eines besonderen Vertreters auskommen. Kein Vertreter der Gesellschaft ist die Aktionärsminderheit des § 148 Abs. 1 AktG, denn diese macht Ansprüche im eigenen Namen geltend, nicht namens der Gesellschaft (allerdings zu ihren Gunsten).

46 Die Bestimmungen des AktG gelten mit Art. 9 Abs. 1 lit. c) ii), 51 SE-VO sowie den Ausführungsbestimmungen des SEAG auch für die Organe der im Inland ansässigen SE.[88] Dies bedeutet, dass im dualistischen System Ansprüche gegenüber dem Vorstand durch den Aufsichtsrat, gegenüber dem Aufsichtsrat durch den Vorstand oder einen von der Aktionärsmehrheit (oder nach Minderheitenantrag – § 147 Abs. 2 Satz 2 AktG – gerichtlich) bestellten besonderen Vertreter verfolgt werden. Im monistischen System liegt die Zuständigkeit zur Verfolgung von Ansprüchen gegenüber den geschäftsführenden Direktoren beim Verwaltungsrat (siehe § 41 Abs. 5 SEAG). Soweit der Verwaltungsrat betroffen ist, dürfte nur ein von den Aktionären bestellter besonderer Vertreter Ansprüche geltend machen können.[89] Die geschäftsführenden Direktoren werden nicht in Betracht kommen, weil sie dem Verwaltungsrat gegenüber weisungsgebunden sind (§ 44 Abs. 2 SEAG). Die Aktionärsklage nach § 148 AktG ist auch bei der SE möglich, und zwar gegenüber sämtlichen Organen, unabhängig davon, ob die Gesellschaft monistisch oder dualistisch strukturiert ist.

47 Bei der eingetragenen Genossenschaft gelten ähnliche Regeln wie bei der AG, allerdings ohne gesonderte Minderheitenrechte (§ 39 Abs. 1 bis 3 GenG).[90] Daher können Minderheiten der Generalversammlung weder die

---

87 BGH, AG 1991, 269; BGH, NJW 1989, 2055; *Koch,* § 112 Rn. 4.

88 So auch *Teichmann*, in: Krieger/Uwe H. Schneider (Hrsg.), Handbuch Managerhaftung, § 6 Rn. 6.9 ff.

89 Siehe *Thümmel*, Die Europäische Aktiengesellschaft (SE), Rn. 224.

90 BGHZ 130, 108, 110; BGH, NZG 2005, 560, 561; KG, NZG 2007, 312, 314; vgl. die parallele Rechtsprechung im Falle einer Sparkasse (auch gegenüber früheren Vorstandsmitgliedern erfolgt Vertretung durch Verwaltungsrat): BGH, WM 1997, 1657.

Vertretung der Genossenschaft bei der Geltendmachung von Haftpflichtansprüchen beeinflussen, noch im eigenen Namen solche Ansprüche verfolgen. Gegenüber dem Vorstand, auch dem ausgeschiedenen, ist der Aufsichtsrat zuständig,[91] ansonsten kann die Generalversammlung durch Mehrheitsbeschluss Bevollmächtigte bestellen. Auch wenn ein Aufsichtsrat zuständig ist, unterliegt die Geltendmachung von Ansprüchen der Beschlussfassung der Generalversammlung, wenn die Satzung Entsprechendes vorsieht (§ 39 Abs. 1 Satz 3 GenG), während im Fall der AG der Aufsichtsrat nach der „*ARAG*"-Entscheidung des BGH[92] in jedem Fall aus eigenem Antrieb tätig zu werden hat.

Bei der GmbH ging man bisher davon aus, dass die Gesellschaft gegenüber ausgeschiedenen Geschäftsführern (und sonstigen Haftpflichtigen wie Aufsichtsräten und Beiräten) durch die aktuelle Geschäftsführung (§ 35 Abs. 1 GmbHG) vertreten wird. Im Anschluss an die neuere Rechtsprechung zum Aktien- und Genossenschaftsrecht dürfte zutreffender sein, dass die Gesellschaft sowohl gegenüber ausgeschiedenen als auch gegenüber noch im Amt befindlichen Geschäftsführern durch den Aufsichtsrat, falls ein solcher vorhanden ist (§§ 52 Abs. 1 GmbHG, 112 AktG),[93] ansonsten durch einen von der Gesellschafterversammlung nach § 46 Nr. 8 GmbHG bestellten besonderen Vertreter vertreten wird.[94] Erforderlich ist in jedem Fall ein Gesellschafterbeschluss. Andernfalls kann der Anspruch nicht geltend gemacht werden; eine entsprechende Klage wäre unbegründet.[95] Minderheitenrechte sind nicht vorgesehen. Bei der Personengesellschaft stellt sich die Frage der Vertretung mangels organschaftlichen Innenhaftungsansprüchen (siehe oben Rn. 29 und unten Rn. 58 ff.) nicht. **48**

2. Haftungsadressaten

a) Ausgangspunkt: Organmitglieder

Bei den bisherigen Überlegungen blieb der Begriff des Unternehmensleiters als dem möglichen Haftpflichtigen noch unscharf. Er bedarf genauerer Betrachtung, weil es sich um eine Funktionsbeschreibung ohne rechtliche Konturierung handelt. Die gesetzlichen Regelungen zur Innenhaftung benennen jeweils die Organmitglieder als Haftungsadressaten (Organhaftung). Das Aktiengesetz spricht von der Haftung der Vorstandsmitglieder (§ 93 Abs. 1 **49**

---

91 Und zwar das Organ insgesamt, nicht einzelne seiner Mitglieder, auf die die Vertretungsmacht auch nicht delegiert werden kann (lediglich die Durchführung eines bereits beschlossenen Vertretungsgeschäfts), KG, NZG 2007, 312, 314.

92 BGHZ 135, 244.

93 Auch durch den fakultativen Aufsichtsrat, BGH, NJW-RR 2004, 330.

94 Vgl. *Noack*, in: Noack/Servatius/Haas, § 46 Rn. 67 m. w. N.; siehe auch Rn. 325.

95 BGHZ 97, 390; BGH, ZIP 1993, 1076, 1078.

AktG) und der Aufsichtsratsmitglieder (§ 116 AktG), das GmbH-Gesetz von der Haftung der Geschäftsführer (§ 43 Abs. 2 GmbHG). Andere Personen, etwa leitende Angestellte, sind nicht angesprochen.[96] Bei der Außenhaftung ist die betroffene Personengruppe – abgesehen von Einzelfällen (etwa §§ 34, 69 AO) – nicht näher definiert. In Anlehnung an die Unterscheidung zwischen Organen und Nichtorganen, die der gesetzlichen Regelung der Innenhaftung zugrunde liegt, liegt es nahe, den Begriff Managerhaftung lediglich für die speziellen Haftungsverhältnisse von Mitgliedern der zur Vertretung von Handelsgesellschaften berufenen Organe zu verwenden (Abb. 3). Davon zu trennen ist die Haftung der leitenden Angestellten, die je nach Definition des Begriffes eine große Personengruppe innerhalb des Unternehmens ausmachen. Die Abgrenzung rechtfertigt sich daraus, dass die Haftung leitender Angestellter dem eigenen Unternehmen und Dritten gegenüber weitgehend von arbeitsrechtlichen Grundsätzen geprägt ist (hierzu unten Rn. 69 ff.).

b) Haftungsadressaten bei der AG

aa) Vorstand

50 Zu den für Innen- wie Außenhaftung als Haftungsadressaten in Betracht kommenden Personen zählen bei der Aktiengesellschaft deren Vorstandsmitglieder und die nach § 94 AktG gleichgestellten stellvertretenden Vorstandsmitglieder. Die Stellvertretereigenschaft hat demgemäß nur interne Bedeutung, nach außen hin handelt es sich um Vorstandsmitglieder mit vollen Rechten und Pflichten.[97] Allerdings mag der Zuständigkeitsbereich des stellvertretenden Vorstandsmitglieds kleiner und aus diesem Grunde seine Haftungsexposition geringer als beim ordentlichen Vorstandsmitglied sein.

96 Vgl. BGHZ 148, 167, 169f. zum Prokuristen, der nicht Adressat des Auszahlungsverbots nach § 30 GmbHG ist.
97 Siehe z. B. *Koch,* § 94 Rn. 2.

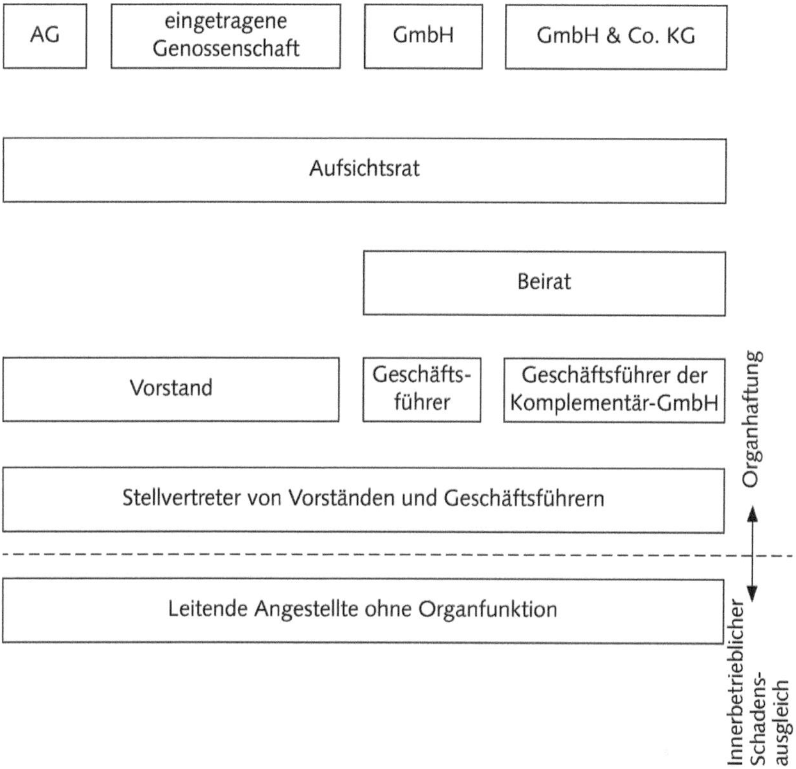

Abb. 3: Mögliche Haftpflichtige

Als Vorstandsmitglied gilt, wer als solches bestellt worden ist. Auf die Wirksamkeit oder Fehlerhaftigkeit der Bestellung kommt es hierbei nicht an.[98] Entscheidend ist allein, dass ein Bestellvorgang stattgefunden hat und das – wenn auch fehlerhaft – bestellte Vorstandsmitglied tatsächlich als solches tätig geworden ist. Noch weitergehender wird für die GmbH von der Rechtsprechung angenommen,[99] dass auch derjenige als Geschäftsführer haftpflichtig werden kann, der – ohne je bestellt worden zu sein – wie ein Organ auftritt, insbesondere die Geschicke der Gesellschaft durch eigenes Handeln im Außenverhältnis, das die Tätigkeit des rechtlichen Geschäftsführungsorgans nachhaltig prägt, maßgeblich in die Hand nimmt (faktisches Organ). 51

98 BGHZ 41, 282, 287; *Koch,* § 93 Rn. 72.
99 BGHZ 104, 44, 46 ff., BGHZ 150, 61; BGH, DB 2005, 1787; BGH, DB 2005, 1897; OLG München, BeckRS 2019, 552.

Dasselbe dürfte für den Vorstand der AG zutreffen.[100] Ein praktisch denkbarer Fall wäre etwa die faktische Geschäftsführung durch den Hauptaktionär. Auch ein Prokurist kann als faktischer Geschäftsführer haften, wenn er anstelle eines formal bestellten Geschäftsführers handelt.[101] Unerheblich ist in jedem Falle, ob ein Anstellungsvertrag abgeschlossen worden oder ein abgeschlossener Vertrag wirksam geworden ist.

Praxistipp:

Geschäftsführer und Vorstände sollten stets sorgfältig darauf achten, dass ihre tatsächliche Tätigkeit mit der „Papierlage" übereinstimmt. Der Bestellungsbeschluss und möglichst auch die Anmeldung zum Handelsregister sollten der Aufnahme der Tätigkeit vorausgehen. Ebenso sollte die Tätigkeit mit einem etwaigen Abberufungsbeschluss enden oder sich jedenfalls so verändern, dass die Aufgabe der Organfunktion auch nach außen deutlich wird. Schließlich sollten Gesellschafter, Aufsichtsorgane und andere Personen jeden Anschein vermeiden, sie führten das Unternehmen (anstelle bestellter Organe) operativ. Dies ist vor allem bei Gesprächen mit Geschäftspartnern zu beachten.

bb) Aufsichtsrat

52 Neben den Vorstandsmitgliedern sind die Mitglieder des Aufsichtsrats (§ 116 AktG) mögliche Haftungsadressaten. Für die Frage der Bestellung gelten dieselben Überlegungen wie im Falle des Vorstands, wobei der faktische Aufsichtsrat mangels eigenen Handelns im Außenverhältnis kaum vorstellbar ist. Theoretisch in Betracht kommen als Haftpflichtige auch die Mitglieder eines Beirats, wenn – was bei der AG selten sein wird[102] – ein solcher bestellt ist. Die Außenhaftungsrisiken von Aufsichtsgremien sind grundsätzlich geringer als diejenigen der operativen Organe. Dies liegt daran, dass ihre Tätigkeit meist keine Außenwirkung entfaltet und ein Eingriff in geschützte Rechtspositionen Dritter daher weniger naheliegend ist. Relevanz kann die Außenhaftung allerdings auch für Aufsichtsorgane gewinnen, wenn diese an Entscheidungen der Geschäftsführung als Anstifter oder Gehilfe mitwirken, die einen rechtswidrigen Eingriff in Rechtspositionen Dritter verursachen.

---

100 Vgl. *Spindler*, in: MünchKommAktG, § 93 Rn. 18; *Hopt/Roth*, in: Großkomm. AktG, § 93 Rn. 362 f., die allerdings zumindest Kenntnis des Aufsichtsrats von der Tätigkeit des faktischen Vorstands verlangen; *Koch*, § 93 Rn. 73.

101 OLG München, BeckRS 2019, 552.

102 Vgl. *Ruter/Thümmel*, Rn. 150, 151.

Praxistipp:

Vor allem dann, wenn das Aufsichtsgremium in Entscheidungen einbezogen wird, die für Dritte kritisch sind, ist Vorsicht geboten. Beispiele wären Entscheidungen zu Maßnahmen, die als wettbewerbswidrig eingestuft werden könnten, zur Inkaufnahme von Produktrisiken oder zur Fortsetzung von Sanierungsbemühungen trotz möglicher Insolvenzlage. In solchen Fällen sollte das Aufsichtsgremium eigenständig prüfen (lassen), ob das Risiko einer Rechtsverletzung bei Dritten (Gläubiger, Wettbewerber, Konsumenten) besteht.

c) Haftungsadressaten bei der GmbH

aa) Geschäftsführer

Bei der Rechtsform der GmbH gibt es nur ein zwingendes Organ – es sei 53
denn, es handelte sich um eine mitbestimmte GmbH, die einen Aufsichtsrat zu bilden hat[103] –, welches haftpflichtig werden könnte, nämlich die Geschäftsführung. Hierzu zählen kraft ausdrücklicher gesetzlicher Anordnung (§ 44 GmbHG) auch die stellvertretenden Mitglieder. Wie bei der AG wird in aller Regel der Zuständigkeitsbereich der Stellvertreter enger sein, sodass sich hieraus eine gewisse Abmilderung des Haftungsrisikos ergibt. Dies gilt allerdings nicht für die zentralen, vom Gesetz angeordneten Aufgaben wie die Pflicht zur Verschwiegenheit, Loyalität, Kapitalerhaltung, ordnungsgemäßen Buchführung oder zur rechtzeitigen Insolvenzantragstellung. Hier trifft den stellvertretenden Geschäftsführer derselbe Maßstab, dem auch der ordentliche Geschäftsführer unterworfen ist.

Für die Eigenschaft als Geschäftsführer kommt es – wiederum wie bei der 54
AG – nicht auf die Wirksamkeit des Bestellungsakts, sondern allein darauf an, ob der Betreffende auf der Grundlage einer wenn auch unwirksamen Bestellung als Organ gehandelt hat.[104] Dies gilt auch nach rechtlicher Beendigung der Organstellung, wenn diese de facto fortgesetzt wird.[105] Ebenfalls der Organhaftung unterfällt der faktische Geschäftsführer, also derjenige, der ohne je bestellt worden zu sein als Geschäftsführer tätig wird.[106] Er-

103 Bei mehr als 500 Mitarbeitern drittelparitätisch besetzter Aufsichtsrat nach §§ 1, 4 DrittelbG, bei mehr als 2.000 Mitarbeitern (bei Montanunternehmen mehr als 1.000 Mitarbeiter) paritätisch besetzter Aufsichtsrat nach §§ 1, 7 MitbG.

104 *Beurskens*, in: Noack/Servatius/Haas, § 43 Rn. 2 m. w. N.; *Verse*, in: Scholz, § 43 Rn. 19.

105 BGHZ 47, 341, 343.

106 Siehe BGHZ 104, 44, 46 ff., BGHZ 150, 61; BGH, DB 2005, 1787; BGH, DB 2005, 1897; BayObLG, BB 1997, 850; OLG München, BeckRS 2019, 552; *Beurskens*, in: Noack/Servatius/Haas, § 43 Rn. 5; *Verse*, in: Scholz, § 43 Rn. 19; *K. Schmidt*, ZIP 1988, 1497; ablehnend soweit es um die Erfüllung von Straftatbeständen geht (§ 14 Abs. 1 Nr. 1 StGB): KG, NJW-RR 1997, 1126.

forderlich ist aber, dass der Betreffende nach außen hin geschäftsführertypisch agiert, insbesondere durch eigenes Handeln im Außenverhältnis die Geschicke der Gesellschaft maßgeblich in die Hand nimmt. Eine interne Einwirkung auf die satzungsmäßigen Geschäftsführer oder auch eine Beherrschung des Unternehmens im Innenverhältnis (etwa als Alleingesellschafter) genügen nicht.

bb) Fakultative Organe: Aufsichtsrat und Beirat

55 Neben den Geschäftsführern und ihren Stellvertretern kann die GmbH fakultative Organe haben, die auch den Grundsätzen der Organhaftung unterliegen, wenn sie durch Satzungsbestimmung eingerichtet worden sind. Zu nennen ist hier zunächst der Aufsichtsrat, der nach § 52 Abs. 1 GmbHG – mangels abweichender gesellschaftsvertraglicher Regelung – dem Aufsichtsrat der AG nachgebildet ist. Kraft gesetzlicher Verweisung kommt damit auch die Bestimmung des § 116 AktG zur Anwendung, die die Innenhaftung des Aufsichtsrats normiert. Gleiches gilt für einen zwingenden Aufsichtsrat in der mitbestimmten GmbH. Häufig findet man statt eines Aufsichtsrats einen Beirat. Hierbei handelt es sich um ein sehr flexibles Organ, das je nach Ausgestaltung Beratungs-, Überwachungs- und Vermittlungsfunktionen in sich vereint.[107] Für die Haftung der Beiratsmitglieder existiert keine gesetzliche Regelung. Im Wege einer Gesamtanalogie lässt sich aber die Organhaftung des fakultativen Aufsichtsrats auf den Beirat übertragen, sodass dessen Mitglieder wie Aufsichtsräte Haftungsadressaten sein können.[108] Im Vordergrund steht die Innenhaftung, weil ein Aufsichtsrat oder Beirat als Innenorgan mit seinen Entscheidungen seltener in geschützte Rechtspositionen Dritter eingreifen kann (siehe aber zur möglichen Anstifter- oder Gehilfenhaftung Rn. 52).

d) Haftungsadressaten bei der SE

aa) Dualistische Organstruktur

56 Welche Organstruktur[109] bei der im Inland ansässigen SE maßgeblich ist, ergibt sich aus ihrer Satzung. Ist die SE dualistisch aufgebaut, verfügt sie über einen operativ tätigen Vorstand und einen überwachenden Aufsichtsrat nach dem Vorbild der AG. Die auf die SE anwendbaren Normen sehen im Hinblick auf die Organhaftung Verweisungen auf die aktienrechtlichen

---

107 Vgl. zu den Funktionen des Beirats im Einzelnen *Ruter/Thümmel,* Rn. 38 ff., 172 ff. m. w. N.

108 Hierzu im Einzelnen *Ruter/Thümmel,* Rn. 322 ff. (Innenhaftung), 332 f. (Außenhaftung).

109 Siehe die Übersicht bei *Thümmel,* Die Europäische Aktiengesellschaft (SE), Rn. 146 ff.

Bestimmungen vor (Art. 51 SE-VO). Dementsprechend kommen bei der dualistischen SE Vorstand und Aufsichtsrat nach §§ 93, 116 AktG als haftpflichtig in Betracht.

bb) Monistische Organstruktur

Bei monistischer Organstruktur weist die im Inland ansässige SE einen Verwaltungsrat mit Leitungs- und Kontrollfunktion sowie geschäftsführende Direktoren auf, denen die Geschäftsführung der Gesellschaft obliegt. Zur Haftung des Verwaltungsrats bestimmt § 39 SEAG, dass § 93 AktG entsprechend anwendbar ist. Für die geschäftsführenden Direktoren ergibt sich aus § 40 Abs. 9 SEAG dieselbe Rechtsfolge. Somit unterfallen sowohl die Mitglieder des Verwaltungsrats wie auch die geschäftsführenden Direktoren der Organhaftung nach den Bestimmungen, die für den Vorstand der AG gelten. **57**

e) Haftungsadressaten bei der Personengesellschaft

aa) Geschäftsführende Gesellschafter

In der Personengesellschaft (BGB-Gesellschaft, OHG, KG) besteht keine Organhaftung wie sie bei der Kapitalgesellschaft vorgesehen ist. Die verschiedenen Gesellschaftsformen sind zwar juristischen Personen in vielfacher Beziehung angenähert und insbesondere rechtsfähig.[110] Dennoch gilt für sie der Grundsatz der Selbstorganschaft, sodass die Geschäftsführung den Gesellschaftern obliegt (bei der KG sind allein die persönlich haftenden Gesellschafter zur Geschäftsführung berufen, § 170 HGB). Das Bild vom angestellten Manager ist der Personengesellschaft daher in der Theorie fremd. In der Praxis werden Managementaufgaben in größeren Personengesellschaften durch Prokuristen und Generalbevollmächtigte wahrgenommen, für die dann allerdings die Grundsätze der Arbeitnehmerhaftung, nicht diejenigen der Organhaftung Geltung beanspruchen. **58**

Dennoch können auch geschäftsführende Gesellschafter ihrer Gesellschaft gegenüber für Fehlleistungen haftbar werden. Grundlage derartiger Ansprüche des Unternehmens gegen einen (geschäftsführenden) Mitgesellschafter ist das Gesellschaftsverhältnis. Hieraus sind die anwendbaren Pflichten zu entwickeln. Es besteht Einvernehmen darüber, dass auch bei der Personengesellschaft die geschäftsführenden Gesellschafter der Verpflichtung zu ordnungsgemäßer Geschäftsführung, zur Loyalität und zur Verschwiegenheit unterliegen. Die sich hieraus ergebenden Einzelpflichten entsprechen weitgehend denjenigen, welche für die Organe von Kapitalgesellschaften gelten, mit Ausnahme der spezifisch aktien- und GmbH-rechtlichen Kapi- **59**

110 Siehe §§ 124 Abs. 1 HGB, 705 Abs. 2 BGB (Neuregelung durch das MoPeG); BGHZ 146, 341 zur Parteifähigkeit der GbR; hierzu auch *Elsing*, BB 2003, 909.

talerhaltungspflichten.[111] Man kann daher von einer organhaftungsähnlichen Situation bei der Personengesellschaft sprechen.

bb) Verschuldensmaßstab

60 Die frühere Regelung des § 708 BGB, die für die geschäftsführenden Gesellschafter von Personengesellschaften eine Reduzierung des Verschuldensmaßstabs auf diejenige Sorgfalt, die sie in eigenen Angelegenheiten anzuwenden pflegen, vorsah[112], ist im Zuge der Umsetzung des MoPeG zum 1.1.2024 entfallen. In der bisherigen Regelung lag eine erhebliche Milderung des Haftungsrisikos im Vergleich zum Vorstand der AG oder zum Geschäftsführer der GmbH, die sich an der Sorgfalt eines ordentlichen und gewissenhaften Geschäftsleiters zu orientieren haben. Während es sich dabei um einen streng objektiven Maßstab handelt, bestimmte sich die eigenübliche Sorgfalt nach den Fähigkeiten und Kenntnissen des betroffenen geschäftsführenden Gesellschafters und war damit ein individueller Verschuldensmaßstab. Der Entfall dieses Privilegs führt dazu, dass für die geschäftsführenden Gesellschafter zukünftig der allgemeine Maßstab des § 276 Abs. 2 BGB gilt, der die Einhaltung der im Verkehr erforderlichen Sorgfalt erfordert. Dies galt bei Kapitalanlagegesellschaften mit einem großen Kreis von Anlegern, die in der Rechtsform der KG geführt werden (Publikums-KG), nach der Rechtsprechung[113] schon bisher.

cc) GmbH & Co. KG

61 Die GmbH & Co. KG ist im Ausgangspunkt zwar Personengesellschaft, allerdings mit der Besonderheit, dass die Komplementärin eine GmbH ist. Die Geschäftsführung ist damit organschaftlich strukturiert und liegt in der Hand des Geschäftsführers der Komplementär-GmbH. Haftungsrechtlich hätte dies eigentlich zur Folge, dass die Komplementär-GmbH der KG für etwaige im Rahmen der Geschäftsführung dort verursachte Schäden aus dem Gesellschaftsverhältnis einstandspflichtig wäre und sich ihrerseits bei ihrem Geschäftsführer nach Organhaftungsgrundsätzen erholen könnte. Die Rechtsprechung[114] hat diesen Weg schon früh abgekürzt, indem sie der KG als der eigentlichen Unternehmensträgerin gegenüber den Geschäftsführern der Komplementär-GmbH einen Direktanspruch nach dem Maßstab des § 43 GmbHG gewährt hat. Ein Gesellschafterbeschluss nach § 46 Nr. 8 GmbHG ist für die Geltendmachung eines solchen Anspruchs allerdings weder auf

111 Vgl. etwa *Roth*, in: Hopt, § 116 Rn. 15.
112 Vgl. BGH, DB 1997, 153.
113 BGHZ 69, 207, 209.
114 BGH, DB 2023, 1209; BGHZ 75, 321, 322; BGHZ 76, 326, 337; BGH, GmbHR 2002, 588, 589; BGH, DB 2013, 1959, 1960f.; KG, CCZ 2011, 235.

der Ebene der GmbH noch – in analoger Anwendung – auf derjenigen der KG erforderlich.[115] Voraussetzung ist allein, dass die wesentliche Aufgabe der Komplementär-GmbH in der Führung der Geschäfte der KG besteht. Die rechtliche Grundlage hierfür liegt in der drittschützenden Wirkung (zugunsten der KG) des Organverhältnisses zwischen Komplementär-GmbH und deren Geschäftsführern. Diese unterliegen daher auch gegenüber der KG der ungeschmälerten Organhaftung. Dies gilt auch dann, wenn die GmbH Komplementärin verschiedener KGs ist.[116] Eine pflichtwidrige haftungsbegründende Handlung kann konsequenterweise dann nicht angenommen werden, wenn sämtliche Gesellschafter der KG (und nicht notwendig der GmbH) mit dem Handeln des Geschäftsführers der Komplementär-GmbH einverstanden waren.[117]

f) Haftungsadressaten bei sonstigen Unternehmensformen

aa) Eingetragene Genossenschaft

Bei der eingetragenen Genossenschaft kommen Vorstand (§ 34 GenG) und Aufsichtsrat (§ 41 GenG) als Haftpflichtige in Betracht. Vor allem bei Genossenschaftsbanken sind Vorstände, teilweise auch Aufsichtsräte, häufiger in Anspruch genommen worden.[118] Es gelten im Wesentlichen die aktienrechtlichen Grundsätze, wobei im Unterschied hierzu die Inanspruchnahme, falls satzungsmäßig vorgesehen (§ 39 Abs. 1 Satz 3 GenG), eines entsprechenden Beschlusses der Generalversammlung bedarf, der den Anspruch hinreichend deutlich konkretisiert.[119] **62**

bb) Eingetragener Verein

Auch beim eingetragenen Verein kann der Vorstand haftbar werden, allerdings nicht nach den Grundsätzen der gesetzlichen Organhaftung (mangels entsprechender Regelungen), sondern nach den allgemeinen Vorschriften. Auf das Rechtsverhältnis zwischen Vorstand und Verein finden die für den Auftrag geltenden Vorschriften (§§ 662 ff. BGB) Anwendung (§ 27 Abs. 3 BGB). Dies gilt sowohl für den unentgeltlich wie auch für den gegen Entgelt tätigen Vorstand (§ 675 BGB),[120] wobei der Vorstand nur bei entsprechender Satzungsregelung eine Vergütung für seine Tätigkeit erhalten darf **63**

---

115 BGH, DB 2013, 1959, 1961.

116 BGH, DB 2023, 1209.

117 BGH, DB 2013, 1959, 1962 f.

118 Vgl. etwa BGH, NZG 2005, 562; BGH, DB 2004, 534 (auch Aufsichtsrat); OLG Rostock, WM 2003, 1525; speziell zur Organhaftung des Vorstands einer Genossenschaftsbank *Großfeld/Noelle,* AG 1986, 275 ff.

119 BGH, DB 2003, 821.

120 Siehe näher *Unger*, NJW 2009, 3269, 3270; *Ehlers*, NJW 2011, 2689 ff. mit Beispielen.

(§§ 27 Abs. 3 Satz 2, 40 Satz 1 BGB). Möglich ist danach ein Schadenersatzanspruch des Vereins aus der Verletzung von Pflichten (§§ 241 Abs. 2, 280 BGB) des Rechtsverhältnisses zwischen Vorstand und Verein,[121] wenn dem Verein durch das pflichtwidrige und schuldhafte Verhalten des Vorstands Schaden entstanden ist. Das 2009 in Kraft getretene (und 2013 nochmals überarbeitete) Gesetz zur Begrenzung der Haftung von ehrenamtlich tätigen Vereinsvorständen[122] hat allerdings zugunsten der Organe erhebliche Erleichterungen geschaffen. Soweit Vorstände oder sonstige Organmitglieder (z. B. Geschäftsführer) von Vereinen unentgeltlich oder nur gegen geringe Vergütung (bis zu 840 Euro pro Jahr) tätig sind, haften sie nach § 31a Abs. 1 BGB nur für Vorsatz und grobe Fahrlässigkeit. Zur Beweislast ist – abweichend von der Regelung des § 93 Abs. 2 Satz 2 AktG – für diesen Fall klargestellt, dass der Verein diese auch für Pflichtverstoß und Verschulden des Vorstands trägt (§ 31a Abs. 1 Satz 3 BGB). Die Unentgeltlichkeit der Tätigkeit wird nicht dadurch aufgehoben, dass der Vorstand eine Aufwandsentschädigung erhält.[123] Vereinsvorstände, deren Vergütung oberhalb der beschriebenen Grenze liegt, haften dem Verein allerdings für jedes Verschulden nach dem Maßstab eines ordentlichen und gewissenhaften Vorstands, wobei insoweit auch die Grundsätze des unternehmerischen Ermessens (§ 93 Abs. 1 Satz 2 AktG) in analoger Weise zur Anwendung kommen.[124] Auch eine Ressortaufteilung bei einem mehrgliedrigen Vorstand kann zu einer Verringerung des Haftungsrisikos beitragen (vgl. Rn. 202 ff.).[125] Möglich bleibt schließlich eine satzungsmäßige Beschränkung der Innenhaftung.

Praxistipp:

Wenn Vorstände von Vereinen neben einer Aufwandsentschädigung auch eine echte Vergütung von mehr als 840 Euro jährlich erhalten, ist zu erwägen, ob nicht die Haftungsbeschränkung des § 31a BGB in die Satzung des Vereins aufgenommen werden sollte. Für alle Arten von Vereinsvorständen kommt auch eine in die Satzung aufgenommene summenmäßige Haftungsbeschränkung in Betracht, ggf. nach Vergütungshöhe differenzierend.

63a Die Haftungsbegrenzung für ehrenamtlich tätige Vereinsvorstände (im oben beschriebenen Sinne) setzt sich auch bei der Außenhaftung fort. Die Haftungsbeschränkung des § 31a Abs. 1 BGB gilt kraft ausdrücklicher Anordnung (Satz 2) auch zulasten von Vereinsmitgliedern, also Dritten, die allerdings über die Satzung eine Sonderverbindung zum Verein und seinen

---

121 Vgl. *Hadding*, in: *Soergel*, § 27 Rn. 23; *Ries/Peiniger*, Haftung und Versicherung von Managern, S. 77 ff.

122 BGBl. I, S. 3161.

123 *Heermann*, NJW 2016, 1687, 1689 ff.; *Unger*, NJW 2009, 3269, 3271.

124 *Unger*, NJW 2009, 3269.

125 *Heermann*, NJW 2016, 1687, 1688.

Organen haben. Ansonsten unterliegen Vereinsvorstände zwar den allgemeinen deliktsrechtlichen Regelungen und haften geschädigten Dritten daher grundsätzlich unbeschränkt. Jedoch steht den unentgeltlich Tätigen gegenüber dem Verein ein Freistellungsanspruch zu, wenn sie den Schaden bei Wahrnehmung ihrer Pflichten verursacht haben und ihnen weder Vorsatz noch grobe Fahrlässigkeit zur Last fällt (§ 31a Abs. 2 BGB). Im Insolvenzfall läuft der Freistellungsanspruch allerdings jenseits einer etwaigen Quote leer. Unentgeltlich wie entgeltlich tätige Vereinsvorstände unterliegen im Übrigen der Pflicht zur rechtzeitigen Stellung eines Insolvenzantrags (§ 42 Abs. 2 BGB). Versäumen sie dies und fällt ihnen ein Verschulden zur Last, haften sie Gläubigern gesamtschuldnerisch für deren Schaden (§ 42 Abs. 2 Satz 2 BGB). Jedoch unterliegen Vereinsvorstände keiner Haftung für masseschmälernde Zahlungen nach Eintritt der Insolvenzreife (§§ 15a Abs. 7, 15b InsO).[126]

cc) Stiftungen

Die Stiftung ist eine mitgliederlose juristische Person (§ 80 Abs. 1 BGB), **63b**
die von einem Vorstand geleitet wird (§ 84 Abs. 1 BGB). Die Neufassung des Stiftungsrechts zum 1.7.2023 hat erhebliche Änderungen des bisherigen Rechts herbeigeführt. Hiervon ist auch die Haftung von Stiftungsvorständen betroffen. Klargestellt wurde, dass für Vorstände und sonstige Organe von Stiftungen (Stiftungsräte, Beiräte, Kuratorien) Auftragsrecht anwendbar ist (§ 84a Abs. 1 BGB) und sie grundsätzlich demselben Haftungsregime wie Vereinsvorstände unterliegen (§§ 84a Abs. 3, 31a BGB). Je nachdem ob sie unentgeltlich (bis 840 Euro Jahresvergütung und eine Aufwandsentschädigung sind unschädlich) oder entgeltlich tätig sind, haften sie der Stiftung nur für Vorsatz und grobe Fahrlässigkeit oder aber unbeschränkt (§§ 84a Abs. 3, 31a Abs. 1 BGB). Bei Schädigung Dritter in Wahrnehmung ihrer Aufgaben haben die unentgeltlich Tätigen einen Freistellungsanspruch gegen das Stiftungsvermögen, wenn ihnen nicht Vorsatz oder grobe Fahrlässigkeit zur Last fällt (§§ 84a Abs. 3, 31a Abs. 2 BGB). Von dieser Privilegierung kann die Satzung allerdings abweichen (§ 84a Abs. 3 Satz 2 BGB). Es gilt der Sorgfaltsmaßstab des ordentlichen Geschäftsführers (§ 84a Abs. 2 Satz 1 BGB). Neu eingeführt wurde die Business Judgment Rule (§ 84a Abs. 2 Satz 2 BGB), auf die sich nun auch Stiftungsorgane bei ihren häufig finanziell bedeutsamen Entscheidungen berufen können und die dem aktienrechtlichen Vorbild (§ 93 Abs. 1 Satz 2 AktG) weitgehend entspricht. Die vorstehenden Regelungen gelten allerdings nicht für unselbständige Stiftungen und auch

126 So schon vor der gesetzlichen Neuregelung in der InsO: BGH, WM 2010, 936; OLG Karlsruhe, ZIP 2009, 1716.

nicht für die Stiftungs-GmbH.[127] Die Geschäftsführer letzterer haften nach den für die GmbH geltenden Vorschriften grundsätzlich unbeschränkt. Stiftungssatzungen können weitergehende Haftungsbeschränkungen vorsehen, etwa eine Reduzierung des Haftungsmaßstabs auch für entgeltlich tätige Organe (§ 84a Abs. 1 Satz 3 BGB). Grundsätzlich sind die Haftungsrisiken von Stiftungsvorständen höher als diejenigen von Vereinsvorständen einzuschätzen. Bei Pflichtverletzungen ist die Stiftungsaufsicht gehalten, zugunsten des Stiftungsvermögens zu intervenieren, während die Mitglieder eines Vereins bei der Durchsetzung einer etwaigen Haftung gegenüber dem Vorstand zurückhaltender sein können.[128]

dd) Anstalten öffentlichen Rechts

63c Die öffentliche Hand kann Unternehmen nicht nur in den Rechtsformen, die das Gesellschaftsrecht vorgibt, sondern auch als Anstalten öffentlichen Rechts führen. Hier stellt sich die Frage nach dem anwendbaren Haftungsregime und den Haftungsadressaten, die vor allem im Zusammenhang mit Landesbanken und Sparkassen relevant geworden ist.[129] Die gesetzlichen Regelungen sind rudimentär. § 89 BGB sieht mit der Verweisung auf § 31 BGB die Haftung der Anstalt des öffentlichen Rechts für das Handeln ihrer Organe vor (Abs. 1) und begründet mit der Verweisung auf § 42 Abs. 2 BGB eine Insovenzantragspflicht für die Organe bei Überschuldung und Zahlungsunfähigkeit sowie eine Haftung bei Insolvenzverschleppung (Abs. 2). Nachdem das öffentliche Korporationsrecht keine weiteren Regelungen hierzu bereithält, bietet sich eine analoge Anwendung der gesellschaftsrechtlichen Organhaftung an.[130] Damit richtet sich die Haftung von Vorständen und vergleichbaren Organen sowie von Aufsichtsgremien solcher Unternehmen nach den Anforderungen der §§ 93, 116 AktG bzw. 43, 52 GmbHG.

ee) Einzelkaufmännisches Unternehmen

64 Beim einzelkaufmännischen Unternehmen scheidet die Managerhaftung in dem hier verstandenen Sinne (Haftung der gesondert bestellten Organmitglieder von Unternehmen) generell aus, weil diese Unternehmensform keine von dem Unternehmensträger getrennten Organe, sondern nur den Geschäftsinhaber selbst kennt. Dessen Haftung (etwa gegenüber geschädigten Dritten) ist mit der Haftung des Unternehmens identisch. Unberührt bleibt die Haftung der leitenden Angestellten, die auch beim einzelkaufmänni-

---

127 Siehe näher *Sobotta/von Cube*, DB 2009, 2082, 2083.
128 Siehe *Sobotta/von Cube*, DB 2009, 2082, 2083.
129 Vgl. *Lutter*, BB 2009, 786.
130 *Lutter*, BB 2009, 786, 791.

schen Unternehmen möglich ist und sich nach arbeitsrechtlichen Grundsätzen richtet (siehe Rn. 69 ff.).

3. Mehrere Haftpflichtige

a) Grundsatz der Gesamtschuld

65 Die verschiedenen gesetzlichen Regelungen zur Innenhaftung ordnen an, dass mehrere Haftpflichtige gesamtschuldnerisch für den eingetretenen Schaden einzustehen haben (vgl. § 93 Abs. 2 Satz 1 AktG, 43 Abs. 2 GmbHG). Gesamtschuld bedeutet, dass jeder der betroffenen Unternehmensleiter dem geschädigten Unternehmen gegenüber in vollem Umfang zur Erbringung der Ersatzleistung verpflichtet ist, während das Unternehmen sie nur einmal fordern kann (§ 421 BGB). Dasselbe Prinzip gilt im Grundsatz auch bei der Außenhaftung, leitet sich dort aber aus den allgemeinen deliktsrechtlichen Vorschriften ab (§ 840 Abs. 1 BGB). Voraussetzung für die Gesamtschuld ist immer, dass jedes der betroffenen Organmitglieder eine Haftpflicht trifft. Wer nicht haftet, also selbst keine zu einem Schaden führende Pflichtverletzung begangen hat, kann auch nicht Gesamtschuldner sein.[131] Dies ist vor allem bei Gremienentscheidungen zu beachten, bei denen das Abstimmungsverhalten einzelner Mitglieder für die Frage, ob sie Pflichten verletzt haben, eine Rolle spielen kann.

b) Innenausgleich

66 Wird der Anspruch der Gesellschaft oder des Dritten von einem der gesamtschuldnerisch Verpflichteten erfüllt, so hat der Zahlende gegenüber den weiteren Beteiligten Anspruch auf Ausgleich (§ 426 Abs. 1 BGB).[132] Dabei sind sich die Beteiligten grundsätzlich zu gleichen Anteilen (d. h. nach Kopfteilen) verpflichtet. Dies gilt allerdings nur, wo die Verantwortlichkeiten der Vorstände oder Geschäftsführer auf gleicher Stufe stehen. Soweit ein Organmitglied lediglich Überwachungspflichten verletzt hat, wird ihm das ressortführende Organmitglied, das die direkt zum Schaden führende Pflichtverletzung begangen hat, in vollem Umfange ausgleichspflichtig sein.[133]

67 Haften Vorstand und Aufsichtsrat gesamtschuldnerisch, weil der Vorstand pflichtwidrig ein nachteiliges Geschäft abgeschlossen hat, das einem Zustimmungsvorbehalt des Aufsichtsrats unterlag, und hat der Aufsichtsrat

---

131 Vgl. *Kraft/Hoffmann-Becking*, in: Münchener Handbuch des Gesellschaftsrechts, § 26 Rn. 26.

132 Der Ausgleichsanspruch wird noch verstärkt durch die nach § 426 Abs. 2 BGB angeordnete Legalzession des Schadenersatzanspruches des Geschädigten gegen die übrigen Verpflichteten an den Zahlenden.

133 Vgl. *Beurskens*, in: Noack/Servatius/Haas, § 43 Rn. 62; *Verse*, in: Scholz, § 43 Rn. 349.

diesem auch pflichtwidrig zugestimmt, so ist die Frage nach dem angemessenen Innenausgleich nicht leicht zu beantworten[134]. Zunächst scheidet eine Verteilung nach Kopfteilen aus, weil der Haftungsanteil des einzelnen Organmitglieds sonst von dem zufälligen Umstand abhinge, mit wie vielen Personen Vorstand und Aufsichtsrat jeweils besetzt sind. Also wird man zunächst die Haftungsverteilung zwischen den beiden Gremien festzustellen haben, um im Anschluss den jeweiligen Anteil auf Köpfe zu verteilen.[135] Stellt man allein auf die Überwachungsfunktion des Aufsichtsrats ab, so läge nahe, dass dieser dem Vorstand keinen Ausgleich zu leisten hätte, selbst gegenüber dem Vorstand aber einen vollen Ausgleichsanspruch geltend machen könnte. Denn bei dieser Sichtweise läge der Schwerpunkt der Pflichtverletzung beim Vorstand. Allerdings greift dieser Ansatz zu kurz, weil bei Zustimmungsentscheidungen auch der Aufsichtsrat unternehmerisch und damit operativ tätig wird. Zutreffend dürfte daher sein, einen quotalen Ausgleich zu gewähren, der den geringeren Einfluss des Aufsichtsrats auf die Entscheidung über das Geschäft berücksichtigt. Dies gilt allerdings nur solange, wie der Aufsichtsrat nicht durch Fehlinformationen des Vorstands zu einer pflichtwidrigen Entscheidung bewegt worden ist, denn dann muss es bei einer vollständigen Ausgleichsverpflichtung des Vorstands verbleiben.

c) Entscheidungen von Kollegialorganen

68 Aus dem beschriebenen Grundsatz, dass als Gesamtschuldner nur haften kann, wer eine eigene Pflichtverletzung begangen hat und wem ein persönliches Verschulden zur Last fällt, folgt: Bei kollegial verfassten Unternehmensorganen gibt es weder nach innen (gegenüber dem Unternehmen) noch nach außen (gegenüber Dritten) eine Mithaftung der nicht an der Pflichtverletzung beteiligten Mitglieder des Kollegiums oder eine Einstandspflicht für fremdes Verschulden.[136] Allerdings kann die Beteiligung und das eigene Verschulden darin liegen, dass ein Mitglied des Kollegiums an pflichtwidrigen und schadensstiftenden Beschlüssen durch Zustimmung teilnimmt. Dann ist dieses Mitglied auch persönlich einstandspflichtig. Ob sich dies durch eine Stimmenthaltung vermeiden lässt oder hierzu eine ablehnende Stimmabgabe oder gar weitere Aktivitäten erforderlich sind, hängt von dem konkreten Fall ab.[137] Je evidenter die Pflichtverletzung und je größer das Schadenspotenzial ist, umso mehr wird das Organmitglied tun müssen, um die eigene Haftung zu vermeiden. In der Regel wird es notwendig sein, dass

134 Siehe hierzu *Haubold*, in: Festschrift Thümmel, 2020, S. 331, 343 ff.

135 *Haubold*, in: Festschrift Thümmel, 2020, S. 331, 344.

136 Weder § 278 BGB noch § 831 BGB sind im Verhältnis der Organmitglieder untereinander anwendbar, vgl. *Beurskens*, in: Noack/Servatius/Haas, § 43 Rn. 48.

137 Vgl. zu den Pflichten des in der Minderheit stehenden Aufsichtsratsmitglieds *Vetter*, DB 2004, 2623 ff.

das Organmitglied – ggf. nach Einholung von Rat und dem Einsatz von Argumenten – eine förmliche Abstimmung verlangt und gegen die umstrittene Maßnahme stimmt. Daneben kommen die Einschaltung des Aufsichtsrats oder der Anteilseigner und schließlich die Amtsniederlegung in Betracht, die bei Straftaten geboten sein kann. Außerdem kann ein Organmitglied eine eigene Pflichtverletzung begehen, wenn es seinen Aufsichts- und Überwachungspflichten den Kollegen gegenüber nicht ordnungsgemäß nachkommt und es damit zulässt, dass Kollegen Pflichtverletzungen begehen.[138] Dies gilt insbesondere bei einer Ressortaufteilung gegenüber dem jeweiligen Ressortführer (unten Rn. 205 ff.).

Praxistipp:

Kollegialentscheidungen, die von erheblicher Bedeutung für das Unternehmen sind oder die kontrovers diskutiert werden, sollten ausreichend dokumentiert sein. Hierzu erforderlich ist ein Sitzungsprotokoll, das die Entscheidung selbst, ihre Grundlagen, die wesentlichen Eckpunkte der Diskussion, relevante Statements der Sitzungsteilnehmer und das Abstimmungsverhalten – ggf. namentlich – wiedergibt. Auch Berichte aus einzelnen Ressorts und die hierzu geführten Diskussionen oder aufgekommene Fragen sollten sich in wesentlichen Grundzügen in Protokollen wiederfinden. Zentrale Unterlagen sollten als Anlagen beigefügt sein.

IV. Überblick über die Haftung leitender Angestellter

1. Haftung gegenüber dem Unternehmen

a) Haftungsgrundlage: Verletzung von Pflichten aus dem Arbeitsvertrag

Der Begriff der Managerhaftung wird üblicherweise für die Haftung der Or- 69
ganmitglieder von Unternehmen verwendet. Auf diesen Personenkreis sind die gesellschaftsrechtlichen Regelungen zugeschnitten. Auch in der Praxis konzentriert sich die Frage der Haftpflicht von Unternehmensleitern hierauf. Managementaufgaben werden aber in ganz wesentlichem Umfang von Personen unterhalb der Vorstands- oder Geschäftsleitungsebene von Unternehmen wahrgenommen. Die Rede ist insoweit meist von leitenden Angestellten, ohne dass hiermit eine für das Haftungsrecht maßgebliche Abgrenzung gegenüber sonstigen Arbeitnehmern mit Managementfunktion verbunden wäre.[139] Der leitende Angestellte unterliegt im Grundsatz den allgemein für

138 Vgl. *Cahn*, in: Kölner Kommentar, § 93 Rn. 97.

139 Es gibt ohnehin keinen einheitlichen arbeitsrechtlichen Begriff des leitenden Angestellten. So weicht etwa seine Definition im betriebsverfassungsrechtlichen Sinne von derjenigen im kündigungsschutzrechtlichen Sinne ab, was durch die unterschiedliche Zielsetzung der jeweiligen Regelungsbereiche bedingt ist. Auf den kleinsten gemein-

Arbeitnehmer geltenden Haftungsbestimmungen. Unterschiede hinsichtlich des Pflichtenkreises und der Sorgfaltsanforderungen ergeben sich aus der jeweiligen Funktion und dem Tätigkeitsbereich des Betroffenen und knüpfen nicht an den (betriebsverfassungsrechtlichen oder kündigungsschutzrechtlichen) Begriff des leitenden Angestellten an. Wenn im Folgenden dennoch dieser Begriff verwendet wird, soll hierunter allgemein der Angestellte mit Managementaufgaben verstanden werden.

70 Den leitenden Angestellten als Arbeitnehmer verbindet mit dem Unternehmen kein Organverhältnis, sondern der Arbeitsvertrag. Dies gilt auch für den Prokuristen, dem zwar besondere Vollmachten erteilt sind (§ 49 HGB), der aber dennoch keine Organfunktion innehat. Eine Schadenersatzhaftung gegenüber dem Unternehmen kommt daher immer nur dann in Betracht, wenn arbeitsvertragliche Pflichten schuldhaft verletzt werden und dem Unternehmen dadurch ein Schaden erwächst. Haftungsgrundlage ist die Verletzung von Vertragspflichten (§§ 241, 280 BGB).

b) Pflichtenkreis

71 Von entscheidender Bedeutung für die Frage, ob eine Vertragsverletzung vorliegt, ist der Umfang des Pflichtenkreises des betroffenen leitenden Angestellten. Je breitgefächerter und verantwortungsvoller seine Aufgaben sind, umso eher kommt eine Pflichtverletzung in Betracht. Der Aufgabenumfang ergibt sich aus dem Arbeitsvertrag sowie dem Zuschnitt der tatsächlich ausgeübten Funktion. Neben der Verpflichtung zu ordnungsgemäßer Arbeitsleistung obliegen dem leitenden Angestellten Loyalitäts-, Obhuts- und Verschwiegenheitspflichten. Er hat ebenso wie der Vorstand oder Geschäftsführer die Vermögensinteressen des Unternehmens in dem Bereich zu wahren, auf den sich seine Zuständigkeit bezieht und auf den er Einfluss hat. Der Verantwortungsbereich und die Entscheidungskompetenzen sind daher die maßgeblichen Parameter, die den Pflichtenkreis erweitern oder begrenzen können. Im Unterschied zur Geschäftsführung wird der leitende Angestellte im Regelfalle lediglich eine Teilzuständigkeit haben; hieraus folgt dann auch nur eine Teilverantwortlichkeit. Je nach Hierarchieebene gehen auch die Schutz-, Treue- und Obhutspflichten unterschiedlich weit. So werden einem Prokuristen in diesem Bereich deutlich mehr Pflichten zugewiesen sein als einem Handlungsgehilfen.

---

samen Nenner gebracht handelt es sich um Arbeitnehmer, die typische Unternehmerfunktionen mit einem eigenen erheblichen Entscheidungsspielraum wahrnehmen, vgl. *Rinck*, in: Schaub, Arbeitsrechts-Handbuch, § 13 Rn. 1.

c) Verschulden, Mitverschulden des Arbeitgebers

72 Der Pflichtverstoß muss seitens des betreffenden leitenden Angestellten schuldhaft begangen worden sein, um eine Haftung zu begründen. Sorgfaltsmaßstab ist die allgemeine Regel des §276 Abs. 2 BGB, d.h. die verkehrsübliche Sorgfalt ist zu beachten. Dies ist – auch im Rahmen der Arbeitnehmerhaftung – ein objektiver Maßstab, der sich an den Anforderungen der übernommenen Aufgabe orientiert. Soweit auf Weisung von Vorgesetzten gehandelt wurde, kann das Verschulden des leitenden Angestellten wegen (überwiegendem) Mitverschulden des geschädigten Unternehmens ganz oder teilweise entfallen (§254 Abs. 1 BGB). Ein solches Mitverschulden wird vor allem dann in Betracht kommen, wenn das schadensstiftende Verhalten des leitenden Angestellten durch Entscheidungen von Vorgesetzten begünstigt wurde. So wird ein haftungsbeschränkendes oder gar -ausschließendes Mitverschulden des Unternehmens vorliegen, wenn notwendige Vorgaben nicht gegeben oder Anweisungen nicht erteilt werden, eine notwendige Überwachung des leitenden Angestellten unterbleibt, die Arbeit nicht hinreichend organisiert oder auf die Gefahr eines ungewöhnlich hohen Schadens nicht hingewiesen wird (vgl. §254 Abs. 2 BGB).[140]

d) Grundsätze des innerbetrieblichen Schadensausgleichs

73 Im Unterschied zur Organhaftung handelt es sich bei der Arbeitnehmerhaftung um eine beschränkte Haftung. Zur Anwendung kommen die Grundsätze des innerbetrieblichen Schadensausgleichs, die eine Haftungsmilderung in Abhängigkeit vom Grad des dem Arbeitnehmer vorwerfbaren Verschuldens vorsehen.[141] Ursprünglich kam die Haftungsprivilegierung nur bei sog. gefahrgeneigter Arbeit zur Anwendung. Hiervon ist die höchstrichterliche Rechtsprechung[142] später abgerückt. Stattdessen kommen nun alle Arbeitnehmer in den Genuss der Privilegierung, soweit die schadenstiftende Tätigkeit betrieblich veranlasst war. Ihre Grundlage findet sie in der Überlegung, dass die Organisationshoheit wie auch das Betriebsrisiko beim Unternehmen liegt, das sich deshalb ein entsprechendes Mitverschulden anrechnen lassen muss. Die Grundsätze gelten für sämtliche Arbeitnehmergruppen, auch für leitende Angestellte.[143] Sie besagen, dass lediglich bei Vorsatz und

---

140 Vgl. *Linck*, in: Schaub, Arbeitsrechts-Handbuch, §59 Rn. 36 f.

141 BGH, WM 1975, 467, 469 f.; *Linck*, in: Schaub, Arbeitsrechts-Handbuch, §59 Rn. 24 ff.; *Wimmer*, NJW 1996, 2546, 2550; für Anwendung auf die Organhaftung in Teilbereichen etwa *Pullen*, BB 1984, 989 ff.; *Uwe H. Schneider*, in: Festschrift *Werner*, S. 795, 804 ff.; *Köhl*, DB 1996, 2597, 2601 ff.

142 BAG, NJW 1993, 1732; BGH, NJW 1994, 856.

143 BAG, AP Nr. 80 zu §611 BGB; BGH, NJW 2001, 3123; *Hanau*, in: Festschrift Lorenz, 2004, S. 284 m.w.N.

gröbster Fahrlässigkeit in vollem Umfange gehaftet wird,[144] während bei leichtester Fahrlässigkeit die Haftung überhaupt entfällt und es bei mittlerer bis grober Fahrlässigkeit zu einer quotalen Aufteilung der Haftung – in Abhängigkeit vom Grad der Fahrlässigkeit und Erwägungen zur Zumutbarkeit und Versicherbarkeit – kommt.[145] Typischerweise beschränkt sich das Haftungsrisiko bei mittlerer Fahrlässigkeit auf ein Monatsgehalt, bei gröberer Fahrlässigkeit auf drei Monatsgehälter. Der Grad der Gefahrgeneigtheit der Tätigkeit kann allerdings bei der Gewichtung des Verschuldens und damit für das Ausmaß der Haftungserleichterung eine Rolle spielen.[146] Insgesamt liegt in der vom Grad des Verschuldens abhängigen Einstandspflicht eine erhebliche Erleichterung auch für leitende Angestellte mit großem Verantwortungsbereich, da mittlere und grobe Fahrlässigkeit im Regelfall deutliche Fehlleistungen erfordern.

73a Verschiedentlich diskutiert wurde die Frage, ob der Abschluss einer D&O-Versicherung auch zugunsten leitender Angestellter die Haftungsprivilegierung entfallen lässt. Hierfür könnte sprechen, dass der beabsichtigte Arbeitnehmerschutz durch die D&O-Versicherung (jedenfalls bei Schäden, die im Rahmen der Deckungssumme liegen) weitgehend erreicht und eine Privilegierung der Versicherung nicht gewünscht ist.[147] Und in der Tat ist anerkannt, dass jedenfalls eine gesetzliche Pflichtversicherung die Haftungsprivilegierung des Arbeitnehmers verdrängt.[148] Umgekehrt gilt allerdings auch, dass freiwillig abgeschlossene private Haftpflichtversicherungen des Arbeitnehmers die Haftungsprivilegierung unberührt lassen.[149] Insgesamt spricht mehr dafür, dass auch eine bestehende D&O-Versicherung die Anwendbarkeit der Haftungsmilderungsgrundsätze nicht beeinträchtigt: Die Unabdingbarkeit des Arbeitnehmerschutzes verbietet es bereits, den Arbeitnehmer den Beschwernissen eines Haftpflichtprozesses auszusetzen und ihn auf die Geltendmachung von Deckungsansprüchen gegenüber der Versicherung zu verweisen. Weiter ist Grundpfeiler jeder Haftpflichtversicherung das Trennungsprinzip, welches einer Vermischung von Haftpflicht und Deckung entgegensteht. Der Umstand einer bestehenden Versiche-

144 Wobei sich das Verschulden auch auf den Schaden, nicht nur die Pflichtverletzung beziehen muss, BAG, ZIP 2002, 1909.

145 Vgl. im Einzelnen *Linck*, in: Schaub, Arbeitsrechts-Handbuch, § 59 Rn. 30 ff.; bei deutlichem Missverhältnis zwischen Verdienst und Schadensrisiko kommen auch bei sehr grober Fahrlässigkeit Haftungserleichterungen in Betracht, vgl. BAG, DB 1998, 135.

146 BGH, NJW 1994, 856.

147 Vgl. *Otto*, in: Festschrift 50 Jahre BAG, 2004, S. 97, 118 ff.

148 BAG, AP Nr. 36 zu § 611 BGB; BGH, AP Nr. 68 zu § 611 BGB; gilt nicht, wenn die Pflichtversicherung aus Gründen, die der Arbeitgeber zu vertreten hat, eingeschränkt ist, BAG, NZA 1989, 181.

149 BAG, NZA 2011, 345; BAG, NZA 1998, 310.

rungsdeckung darf danach nicht den Umfang der Haftpflicht beeinflussen. Die abweichende Beurteilung einer Pflichtversicherung erklärt sich daraus, dass es hier eine gesetzliche Grundlage gibt, die bei der D&O-Versicherung gerade fehlt.

Praxistipp:

Es empfiehlt sich aus Arbeitnehmersicht, die Frage im Arbeitsvertrag klarzustellen. Dies kann dadurch geschehen, dass die Fortgeltung der Haftungsprivilegierung trotz bestehender D&O-Versicherung ausdrücklich vereinbart wird. Aus der Sicht des Versicherers wäre zu erwägen, den Deckungsumfang bei leitenden Angestellten auf die gesetzliche Haftpflicht unter Berücksichtigung der arbeitsrechtlichen Privilegierung zu beschränken.

e) Erleichterungen bei der Beweislastverteilung

Schließlich obliegt im Unterschied zur Organhaftung[150] dem Unterneh- **74**
men bei der Arbeitnehmerhaftung die volle Darlegungs- und Beweislast für Pflichtverletzung, Verschulden, Kausalität und Schaden. Wenn auch dem Unternehmen gelegentlich zivilprozessrechtliche Erleichterungen (Beweis des ersten Anscheins, sekundäre Darlegungslast) zur Hilfe kommen können, so liegt doch auch in der Beweislastverteilung eine wichtige Erleichterung für den leitenden Angestellten im Vergleich zu einem Vorstand oder Geschäftsführer, der den Entlastungsbeweis führen muss (§ 93 Abs. 2 Satz 2 AktG). Insgesamt ist daher festzustellen, dass nur der Unternehmensleiter in Organstellung dem scharfen Schwert der Innenhaftung unterliegt, während leitende Angestellte – in gradueller Abhängigkeit von ihrer Position und ihrem Aufgabenfeld – ein deutlich geringeres Risiko tragen.

2. Haftung gegenüber Dritten

a) Geringere Einwirkungsmöglichkeiten auf Rechte Dritter

Auch Dritten gegenüber (Außenhaftung) können leitende Angestellte für **75**
deren Schäden haftbar werden. Zur Anwendung kommen dieselben Rechtsgrundlagen, die für Organmitglieder gelten, allerdings mit der Einschränkung, dass eine ganze Reihe von Pflichten mit drittschützender Wirkung (deren Verletzung über § 823 Abs. 2 BGB Schadenersatzansprüche auslösen kann) von vornherein nur Organe betreffen. Dies gilt etwa für die Insolvenzantragspflicht oder die Pflicht zur Abgabe von Steuererklärungen für

150 Dort Beweislastumkehr zulasten des Unternehmensleiters, vgl. § 93 Abs. 2 Satz 2 AktG, dessen Regelung auf den GmbH-Geschäftsführer analog zur Anwendung kommt; siehe BGH, WM 1985, 1293; BGH, DB 1974, 1619; näher unter Rn. 226 ff.; zur Beweislastverteilung bei der Arbeitnehmerhaftung etwa BAG, DB 1998, 135.

das Unternehmen. Im Übrigen werden die Voraussetzungen der ansonsten anwendbaren allgemeinen Vorschriften seltener gegeben sein. So wird eine Haftung aus Verschulden bei Vertragsschluss (§§241 Abs.2, 280, 311 Abs.2 BGB, vgl. Rn.375ff.) für den leitenden Angestellten mangels Inanspruchnahme besonderen persönlichen Vertrauens bei Dritten bzw. mangels erheblichen wirtschaftlichen Eigeninteresses kaum in Betracht kommen. Auch die deliktische Schadenersatzhaftung ist wegen des häufig beschränkteren Pflichtenkreises des leitenden Angestellten und dem sich hieraus ergebenden geringeren Maß an faktischer Einwirkungsmöglichkeit auf absolut geschützte Rechte Dritter weniger relevant als für Organwalter.

b) Freistellungsanspruch

76 Hinzu kommt, dass dem leitenden Angestellten gegenüber seinem Arbeitgeber nach den beschriebenen Grundsätzen des innerbetrieblichen Schadensausgleichs in weitem Umfang ein Freistellungsanspruch bei Inanspruchnahmen durch Dritte zusteht.[151] Das Ausmaß des Freistellungsanspruches bemisst sich danach, inwieweit bei unmittelbarer Schädigung des Arbeitgebers dessen Schadenersatzanspruch nach diesen Grundsätzen entfiele. Das bedeutet volle Freistellung, falls der Arbeitgeber keinen Anspruch hätte (bei leichtester Fahrlässigkeit des leitenden Angestellten), ansonsten ein quotaler Freistellungsanspruch. Kein Freistellungsanspruch besteht bei gröbster Fahrlässigkeit oder Vorsatz. Der wirtschaftliche Wert des Freistellungsanspruchs entfällt allerdings faktisch in der Insolvenz des Unternehmens. Damit trägt der leitende Angestellte im Rahmen der Außenhaftung das Insolvenzrisiko seines Arbeitgebers.

V. Strafrechtliche Verantwortlichkeit

1. Anwendbare Tatbestände

77 Neben der zivilrechtlichen Haftung gewinnt mehr und mehr auch die strafrechtliche Verantwortlichkeit von Unternehmensleitern Bedeutung. Durch ihren Einfluss auf im Unternehmen zu treffende Entscheidungen und den Gestaltungsspielraum, den ihre Position regelmäßig mit sich bringt, haben Manager unmittelbaren Zugriff auf strafrechtlich geschützte Rechtspositionen Dritter. Für das Vermögen der Gesellschaft, das sie treuhänderisch verwalten, ist dies offensichtlich. Die „*Mannesmann*“-Entscheidung[152] des BGH hat diesen Zusammenhang für den Aufsichtsrat nochmals deutlich

151 Vgl. BAG, BB 1966, 534; BAG NJW 1989, 854; *Preis/Greiner*, in: Erfurter Kommentar zum Arbeitsrecht, §619a BGB, Rn.26; *Henssler*, in: MünchKommBGB, §619a Rn.25.

152 BGHSt 50, 331; siehe oben Rn.10.

hervorgehoben. Dasselbe gilt aber für das Leben und die körperliche Unversehrtheit von Arbeitnehmern, die in dem Unternehmen tätig sind, für Konsumenten, die mit den Produkten des Unternehmens in Kontakt kommen, sowie für die Vermögensinteressen von Gläubigern und Geschäftspartnern. Aus den vielfältigen, vor allem auch im Nebenstrafrecht enthaltenen Straftatbeständen seien folgende besonders häufig betroffene herausgegriffen:

- Unterschlagung, Betrug und Untreue (§§ 246, 263, 266 StGB), begangen gegenüber dem eigenen Unternehmen oder gegenüber Dritten. Praktische Beispiele sind die Inanspruchnahme von Leistungen, die dem Manager nicht zustehen (Spesenbetrug, private Nutzung von Betriebsmitteln), die Veranlassung von Dritten zu schädigenden Verfügungen zum Nachteil des Unternehmens oder zu deren eigenem Nachteil (Banken, sonstige Kreditgeber) oder die nutzlose Verschwendung von Gesellschaftsvermögen, etwa auch im Rahmen von Vergütungsentscheidungen des Aufsichtsrats zugunsten des Vorstands[153] oder des Vorstands zugunsten von Betriebsräten.[154] **78**
- Spezielle auf Unternehmensleiter zugeschnittene Betrugs- und Untreuetatbestände wie etwa der Subventionsbetrug (§ 264 StGB), der Kapitalanlagebetrug (§ 264a StGB), der Versicherungsmissbrauch (§ 265 StGB), der Kreditbetrug (§ 265b StGB) oder das Vorenthalten und Veruntreuen von Arbeitsentgelt (§ 266a StGB). **79**
- Steuerstraftaten (§ 370 AO) sowie Insolvenzstraftaten wie der Bankrott (§§ 283, 283a StGB), die Verletzung der Buchführungspflicht (§ 283b StGB), die Gläubiger- oder die Schuldnerbegünstigung (§§ 283c, 283d StGB). **80**
- Verletzung der Pflicht zur Verlustanzeige oder der Insolvenzantragspflicht (z. B. §§ 401 AktG, 84 GmbHG, 15a Abs. 4 und 5 InsO). **81**
- Körperverletzungsdelikte (§§ 223 ff., 229 StGB), die insbesondere im Produkthaftungs-, Umwelt- und Arbeitssicherheitsrecht relevant werden können. **82**
- Verschiedene Umweltstraftaten, wie die Verunreinigung im Hinblick auf Gewässer, Boden und Luft (§§ 324, 324a, 325, 325a StGB), der unerlaubte Umgang mit gefährlichen Abfällen (§ 326 StGB), das unerlaubte Betreiben gefährlicher Anlagen (§ 327 StGB), der unerlaubte Umgang mit gefährlichen Stoffen (§ 328 StGB), die Gefährdung schutzbedürftiger Gebiete (§ 329 StGB) und die Freisetzung von Giften (§ 330a StGB). Sämtliche Tatbestände können auch fahrlässig begangen werden. **83**

---

153 BGHSt 50, 331, 337 „*Mannesmann*“.
154 BGH, DB 2023, 1146.

84 – Der Gründungsschwindel (§§ 399 Abs. 1 AktG, 82 Abs. 1 GmbHG), d.h. die Abgabe unwahrer Versicherungen oder das Unterbreiten falscher Angaben gegenüber dem Handelsregister im Zusammenhang mit der Gründung einer Kapitalgesellschaft oder der Erhöhung des Grund- bzw. Stammkapitals.

85 – Die Verletzung verschiedener bilanz- und aktienrechtlicher Offenbarungs- oder Geheimhaltungspflichten (z.B. §§ 331 ff. HGB, 401 ff. AktG, 85 GmbHG, 346 ff. UmwG). Die Strafandrohung für die Verletzung der Geheimhaltungspflicht von Vorstand und Aufsichtsrat (§ 404 AktG) ist bei börsennotierten Gesellschaften verschärft.

86 – Kartellverstöße (Ordnungswidrigkeiten, § 81 GWB).

87 – Insiderverstöße (§§ 119, 120 WpHG), welche durch Offenbarung von Insidertatsachen oder durch Erwerb von Insiderpapieren unter Ausnutzung der Kenntnis von Insidertatsachen begangen werden.

88 – Eingriffe in gewerbliche Schutzrechte (z.B. § 142 PatG).

89 Festzustellen ist insgesamt, dass die Neigung von Staatsanwaltschaften und Gerichten zunimmt, Manager strafrechtlich in die Pflicht zu nehmen. Im Zentrum steht der Untreuetatbestand, dessen Konturlosigkeit zwar beklagt, vom BVerfG aber nicht beanstandet wurde.[155] Die Anwendung des Tatbestandes erfordert in weitem Umfang die Behandlung zivilrechtlicher Vorfragen. Dies gilt vor allem für die Pflichtwidrigkeit unternehmerischer Entscheidungen. Hier gilt zunächst, dass die Zustimmung aller Anteilseigner die Pflichtwidrigkeit einer Maßnahme und damit auch eine Strafbarkeit entfallen lässt, soweit es nicht um Bereiche geht, die der Dispositionsbefugnis der Gesellschafter entzogen sind.[156] Im Übrigen ist im Sinne einer negativen Akzessorietät anerkannt, dass ein gesellschaftsrechtlich zulässiges Verhalten eine Strafbarkeit nicht begründen kann.[157] Umgekehrt ist die gesellschaftsrechtliche Unzulässigkeit einer Maßnahme zwar eine notwendige, nicht immer[158] aber eine hinreichende Bedingung für die Verwirklichung des Untreuetatbestandes. Hinzukommen muss, dass es sich um einen gravierenden Pflichtenverstoß handelt.[159] Diese Grundsätze eröffnen Beurteilungsspielräume, wie verschiedene höchstrichterliche Entscheidungen[160] zeigen. Weitere Fragen ergeben sich im Zusammenhang mit der Feststellung des erforderlichen (zumindest bedingten) Vorsatzes. Insgesamt handelt es sich um ein für Unternehmensleiter unübersichtliches Feld.

155 BVerfG, NJW 2009, 2370 ff.
156 Siehe BGH, AG 2009, 787, 788.
157 Siehe *Seibt/Schwarz*, AG 2010, 301, 304 ff. m. w. N.
158 Vgl. *Brand/Sperling*, AG 2011, 233 ff.
159 *Seibt/Schwarz*, AG 2010, 301, 310 ff.
160 So z.B. BGHSt 50, 331 „*Mannesmann*“; BGH, AG 2006, 85 „*Kinowelt*“; BGH, ZIP 2009, 1854 „*WestLB*“.

Auch im Produkthaftungs- und Umweltbereich ist eine Verschärfung der Anforderungen festzustellen.[161] So wird vom Management erwartet, dass es den Betrieb in einer Art und Weise organisiert und kontrolliert, dass Schädigungen Dritter durch fehlerhafte Produkte[162] oder Umweltbeeinträchtigungen[163] unterbleiben. Die mangelhafte Organisation kann – wenn hierdurch eine Schädigung bei Dritten eintritt – die Strafbarkeit des Managements begründen. Generell wird dem Unternehmensleiter eine Garantenstellung gegenüber Dritten auferlegt, soweit durch den Betrieb des Unternehmens eine Gefahrenlage entsteht. Dies bedeutet, dass der Manager an der zum schädigenden Ereignis führenden Entscheidung gar nicht selbst beteiligt gewesen sein muss. Seine strafrechtliche Verantwortung kann sich bereits daraus ergeben, dass er es im Rahmen seiner Zuständigkeit unterlassen hat, den Schadenseintritt zu verhindern,[164] etwa einen gebotenen Produktrückruf einzuleiten. 89a

2. Wirkung der strafrechtlichen Normen

Die Wirkung der strafrechtlichen Normen auf die zivilrechtliche Managerhaftung ist eine doppelte: Teilweise dienen sie als Schutzgesetze im Rahmen des § 823 Abs. 2 BGB und wirken damit haftungsbegründend. Dies gilt z. B. für das Nichtabführen von Arbeitnehmersozialbeiträgen (§ 266a StGB). Zum größeren Teil stehen sie unabhängig neben der ohnehin gegebenen zivilrechtlichen Haftung, wirken insoweit aber wegen der effektiveren Methoden der Sachverhaltsaufklärung im strafrechtlichen Ermittlungsverfahren praktisch haftungsverstärkend. Voneinander zu trennen bleiben in jedem Fall die Rechtsfolgen: Bei der zivilrechtlichen Haftung geht es um den Ausgleich eingetretener Schäden, während die strafrechtliche Verantwortung darüber hinausgehend Geld- oder Freiheitsstrafe sowie eine Gewinnabschöpfung nach sich ziehen kann. Zu beachten ist schließlich, dass die Straftatbestände beim Unternehmensleiter in subjektiver Hinsicht zumeist Vorsatz erfordern, während zur Begründung der zivilrechtlichen Haftung Fahrlässigkeit genügt. Nicht zu unterschätzen ist die Wirkung strafbaren Verhaltens auf die D&O-Versicherung: Soweit im Strafverfahren (direkter) Vorsatz bei dem Unternehmensleiter festgestellt wird, entfällt der Versicherungsschutz. 90

161 Vgl. zu diesem Bereich etwa *Schmidt-Salzer*, NJW 1996, 1 ff.; siehe auch *Uwe H. Schneider*, DB 1993, 1909; *Ihlas*, S. 315.

162 Z. B. BGHSt 37, 106 „*Lederspray*"; BGHSt 41, 206 „*Holzschutzmittel*".

163 Z. B. BGHSt 37, 333 „*Pyrolyseöl*"; AG Frankfurt, MDR 1988, 338.

164 Siehe auch BGHSt 37, 106 „*Lederspray*"; AG Frankfurt, MDR 1988, 338; *Schmidt-Salzer*, NJW 1996, 1, 4.

VI. Internationale Aspekte der Managerhaftung

1. Ausgangspunkt

91 Die Wahrnehmung von Managementaufgaben macht in aller Regel nicht an den Landesgrenzen Halt. Im Zeitalter der Globalisierung der Märkte sind nicht nur große, sondern auch mittelständische Unternehmen darauf angewiesen, ihren Einkauf und Vertrieb oder auch ihre Produktion weltweit zu organisieren. Unternehmen und ihr Führungspersonal sind daher mit ganz unterschiedlichen Rechtsordnungen konfrontiert. Hieraus ergibt sich die Frage, wie sich die grenzüberschreitende Tätigkeit auf das persönliche Haftungsrisiko der Unternehmensleiter auswirkt, insbesondere wenn Ansprüche von Personen mit Sitz, Wohnsitz oder Niederlassung im Ausland geltend gemacht werden.[165] Von praktischer Bedeutung sind insoweit Ansprüche von Kunden, Konsumenten, Wettbewerbern und Anteilseignern. Weitere Fragen ergeben sich, wenn das Unternehmen einer ausländischen Rechtsform unterliegt, etwa als irische Limited mit dem Verwaltungssitz im Inland[166] agiert.

2. Internationale Zuständigkeit

92 Zu überlegen ist zunächst, wo Geschädigte ihre Ansprüche gerichtlich geltend machen könnten. Dies ist die Frage nach der internationalen Zuständigkeit, die nach der lex fori, d. h. nach den am Gerichtsort geltenden Regeln bestimmt wird.[167] Aus deutscher und europäischer Sicht sind zur Ermittlung der eigenen internationalen Zuständigkeit die Regelungen der EuGVVO, soweit der Sachverhalt einen Bezug zu EU-Mitgliedstaaten aufweist, ansonsten die innerstaatlichen Bestimmungen zur (örtlichen) Zuständigkeit heranzuziehen. Hieraus folgt, dass deutsche Gerichte international zuständig sind, wenn der in Anspruch genommene Manager einen inländischen Wohnsitz unterhält (Art. 4 EuGVVO, §§ 12, 13 ZPO). Dies wird bei deutschen Gesellschaften zwar der Regelfall sein, ist aber nicht zwingend. Auch Ausländer (mit ausländischem Wohnsitz) können grundsätzlich zu Vorständen oder Geschäftsführern deutscher Aktiengesellschaften oder GmbHs berufen werden.[168] Auch in solchen Fällen wird man die inländische internationale Zu-

---

165 Siehe hierzu auch *Kiethe*, RIW 2004, 21 ff.

166 Die Möglichkeit, dass Unternehmen einer innerhalb der EU zulässigen Rechtsform ihren Verwaltungssitz im Inland nehmen, ist seit der Entscheidung des EuGH vom 30.09.2003, NJW 2003, 3331 „Inspire Art"anerkannt.

167 Vgl. etwa *Schack*, Rn. 236 ff.; *Schütze*, S. 13 ff.

168 Eingeschränkt dahingehend, dass die betreffenden Personen die Möglichkeit der Einreise ins Inland haben müssen, weil sonst nicht sichergestellt ist, dass sie ihren gesetzlichen Pflichten nachkommen können, OLG Zweibrücken, GmbHR 2001, 435, 436 (Geschäftsführerbestellung abgelehnt bei einem Rumänen); OLG Frankfurt, GmbHR 2001, 433, 434 (Geschäftsführerbestellung bestätigt bei einem US-Amerikaner).

ständigkeit regelmäßig bejahen können, wenn Innenhaftungsansprüche im Raum stehen. Der maßgebliche Anknüpfungspunkt wäre der Erfüllungsort (Art. 7 Nr. 1 EuGVVO, § 29 ZPO), der für die Verpflichtungen des Organs seinem Unternehmen gegenüber am Sitz des Unternehmens liegt.[169] Bei Außenhaftungsansprüchen wird man hierauf nicht zurückgreifen können, weil es um Pflichtverletzungen Dritten gegenüber geht. Hier kann aber der deliktische Gerichtsstand (Art. 7 Nr. 2 EuGVVO, § 32 ZPO) helfen.

Möglich ist auch, dass die Prozessordnung des Wohnsitzlandes des Geschädigten bei den eigenen Gerichten einen Gerichtsstand begründet. Dann hätte der Geschädigte die Wahl. Diese Gefahr besteht insbesondere in den USA, wo die (einzelstaatlichen) Rules of Civil Procedure teilweise sehr weitgehende Zuständigkeiten zugunsten der eigenen Bürger statuieren.[170] Dies gilt soweit die deliktische Haftung in Rede steht (Körperverletzungen, Eingriffe in sonstige absolut geschützte Rechtspositionen) auch in anderen Ländern.[171] Bei im Ausland eingetretenen Schäden muss der Unternehmensleiter daher damit rechnen, sich auch dort gerichtlich verantworten zu müssen. Zur Anwendung kommen in diesem Fall die am Gerichtsort geltenden Regeln zum Verfahrensablauf. Diese sind dem Unternehmensleiter meist nicht nur unbekannt, sondern können sich je nach Land auch ungünstig auf das Prozessergebnis auswirken.[172] Ein Beispiel sind Anlegerklagen wegen unzutreffender Information der Kapitalmärkte, die deliktisch strukturiert sind. Soweit deutsche Unternehmen an der New Yorker Börse notiert sind, können ihre Organe daher von Anlegern vor US-amerikanischen Gerichten wegen Verstößen gegen Bestimmungen des Securities Exchange Act und der hierzu ergangenen Regelwerke in Anspruch genommen werden (securities actions). 93

3. Anwendbares Recht

a) Maßgeblich: IPR des Gerichtsorts

An die Prüfung des Gerichtsstandes schließt sich die Frage an, nach welchem materiellen Recht sich der geltend gemachte Schadenersatzanspruch beurteilt. Dies bestimmt sich nach den am Gerichtsort geltenden Regeln des internationalen Privatrechts. Liegt der Gerichtsort im Ausland, ist das 94

169 Siehe OLG München, RIW 2000, 143 (entschieden zu Art. 5 Nr. 1 LugÜ) mit Anm. *Haubold*, IPRax 2000, 375 ff.

170 „Long arm jurisdiction“, vgl. hierzu etwa *Lange/Black*, Der Zivilprozess in den Vereinigten Staaten, Rn. 32 ff.; für den US-Staat New York z. B. 301 ff. CPLR (Civil Practice Law and Rules).

171 Vgl. Art. 7 Nr. 2 EuGVVO für die EU.

172 Siehe etwa die nach den anwendbaren US-Prozessordnungen durchzuführende *pretrial discovery*, die Möglichkeit des *jury trial*, der *class action* oder der erfolgsabhängigen Honorierung des Kläger-Anwalts, vgl. Rn. 7.

dortige internationale Privatrecht anwendbar. Eine Aussage darüber, ob deutsches oder ausländisches Recht den Schadenersatzanspruch inhaltlich bestimmt, kann daher erst getroffen werden, wenn der Gerichtsort konkret feststeht. Jedenfalls muss der Unternehmensleiter bei ausländischem Gerichtsort damit rechnen, dass seine Haftung auch nach dem ausländischen Sachrecht beurteilt wird.

b) Anwendbares Recht nach deutschem IPR

aa) Innenhaftung

95 Bei deutschem Gerichtsort kommt das deutsche internationale Privatrecht zur Anwendung (Art. 3 ff. EGBGB). Soweit Ansprüche aus dem Gesellschaftsverhältnis in Rede stehen – hierzu gehören vor allem die Innenhaftungs- und die konzernrechtlichen Ansprüche – ist das Gesellschaftsstatut zu ermitteln, das positivrechtlich bisher nicht geregelt ist. Seit der „Inspire Art"-Entscheidung[173] des EuGH aus dem Jahr 2003 steht fest, dass innerhalb der EU nicht mehr die „Sitztheorie",[174] sondern die „Gründungstheorie" maßgeblich ist. Das Gesellschaftsstatut ist danach der Rechtsordnung zu entnehmen, die für die Gründung der Gesellschaft bestimmend war, unabhängig davon, wo sich inzwischen der Sitz ihrer Hauptverwaltung befindet. Innenhaftungsansprüche gegen Organe der im Inland ansässigen österreichischen oder schwedischen Kapitalgesellschaft unterliegen daher österreichischem bzw. schwedischem Recht. Für die Organe der deutschen AG oder GmbH bleibt es bei deutschem Recht. Soweit Gesellschaften betroffen sind, die nicht nach den Regelwerken von EU-Mitgliedstaaten gegründet wurden (dies betrifft nach dem Brexit auch die englische Limited), ist allerdings weiterhin die Sitztheorie anwendbar. Maßgeblich ist danach die Rechtsordnung des Staates, in dem sich der „effektive Verwaltungssitz" der Gesellschaft befindet. Bei solchen ausländischen Gesellschaften richtet sich die Organhaftung daher nach deutschem Recht, solange sie maßgeblich aus Deutschland geführt wird, ansonsten nach dem Recht des Sitzlandes.

bb) Außenhaftung

96 Außenhaftungsansprüche sind weitgehend deliktische Ansprüche, die sich einschließlich etwaiger Ansprüche wegen Verschuldens bei Vertragsschluss nach dem Deliktsstatut richten.[175] Nach Art. 4 Abs. 1 der Rom II-Verord-

173 NJW 2003, 3331; vgl. auch die Vorläuferentscheidungen EuGH, NJW 2002, 1164 „Überseering" und EuGH, NJW 1999, 2027 „Centros"; in der Folge BGH, DB 2005, 1047; hierzu auch *Wachter*, DStR 2005, 1817; *Lieder*, DZWiR 2005, 399.

174 Vgl. hierzu *Kindler*, in: MünchKommBGB, IntGesR, Rn. 5.

175 Z. B. *v. Bar*, Rn. 559, 641; *Kreuzer*, IPRax 1988, 16, 20; siehe auch OLG Köln, NJW-RR 1998, 756 (zu § 31 BGB); LG Kiel, NZG 2006, 672 (zu § 64 Abs. 1 GmbHG a. F.).

nung[176] ist grundsätzlich der Ort des Schadenseintritts maßgeblich, unabhängig davon, wo das schädigende Ereignis stattgefunden hat. Bei im Ausland ansässigen Geschädigten – z. B. getäuschten Kapitalanlegern oder geschädigten Konsumenten – wäre von deutschen Gerichten damit das jeweilige ausländische Recht anzuwenden. Zwar wird sich das Schadensereignis auch hier meist auf ein im Inland begangenes Tun oder Unterlassen des Unternehmensleiters zurückführen lassen, der Schaden selbst tritt dann aber bei den Betroffenen an ihrem Heimatort ein. Die Ausweichklausel des Art. 4 Abs. 3 Rom II-Verordnung („offensichtlich engere Verbindung“) kann im Einzelfall zu einem anderen Ergebnis führen. Insbesondere bei Anlegern wäre zu überlegen, ob ihre Eigenschaft als Aktionäre der im Inland ansässigen Gesellschaft eine engere Verbindung zur inländischen Rechtsordnung schafft. Soweit ausländisches Recht zur Anwendung kommt, bestimmen dessen Normen Voraussetzungen, Inhalt und Umfang des geltend gemachten Schadenersatzanspruchs. Der Inhalt des ausländischen Rechts ist im Streitfall auf Anordnung des Gerichts von Sachverständigen zu ermitteln (§ 293 ZPO).

cc) Auswirkungen

Unterschiede zum deutschen Recht können sich vor allem im Hinblick auf **97**
den Kreis der von dem Unternehmensleiter zu beachtenden Handlungs- und Unterlassungspflichten, den anwendbaren Sorgfaltsmaßstab, die Höhe des gewährten Schadenersatzes, Verjährungsfristen und die möglichen Anspruchsberechtigten ergeben. Dies gilt für die Innenhaftung[177] wie auch für die Außenhaftung.

dd) Insolvenz des Unternehmens

Besonderheiten ergeben sich, wenn das betroffene Unternehmen in die In- **97a**
solvenz fällt. Hier können je nach Fallgestaltung auch mehrere Rechtsordnungen nebeneinander anwendbar sein. Dies gilt etwa im Falle der Insolvenz einer im Inland ansässigen Gesellschaft, die nach dem Recht eines anderen EU-Staates gegründet wurde. Hier unterliegen Innenhaftungsansprüche grundsätzlich dem Recht des Gründungsstaates. Die Insolvenz wäre dage-

176 Verordnung (EG) Nr. 864/2007 des Europäischen Parlaments und des Rates vom 11. Juli 2007 über das auf außervertragliche Schuldverhältnisse anzuwendende Recht.

177 Vgl. etwa für Frankreich: *Maul*, RIW 2000, 364; *Fleischer*, RIW 1999, 576; *Becker*, GmbHR 2003, 162; für Luxemburg: *Steffen/Vezina*, IntBusL 1998, 23: für England: *Fleischer*, ZGR 2000, 152; für Spanien: *Meyer*, RIW 1999, 450; *Sanchez*, GmbHR 2003, 760; für Tschechien: *Loges/Nedelka*, RIW 1998, 454; für Italien: *Casper/Reiß*, RIW 2004, 428; für skandinavische Länder: *Dotevall*, 37 Int. Lawyer 7; von Bedeutung sind insoweit auch die nach US-Recht üblichen weit höheren Schmerzensgelder bei Körperverletzungen.

gen nach Art. 4 der Europäischen Insolvenzverordnung[178] nach deutschem Recht abzuwickeln, wenn man unterstellt, dass auch deutsche Gerichte für die Eröffnung des Verfahrens zuständig sind.[179] Auf Ansprüche des Insolvenzverwalters gegenüber den Unternehmensleitern wegen Insolvenzverschleppung kommt nach h. M.[180] ebenfalls deutsches Recht zur Anwendung, weil es um einen insolvenzrechtlich zu qualifizierenden Anspruch geht und damit das Insolvenzstatut, nicht das Gesellschaftsstatut maßgeblich ist. Die aus einer Insolvenzverschleppung möglicherweise folgenden Ansprüche von Gläubigern wiederum könnten nach dem anwendbaren Deliktsstatut auch ausländischem Recht unterfallen, wenn der Schaden am ausländischen Wohnsitz der Gläubiger eingetreten ist.

4. Vollstreckbarkeit im Ausland erwirkter Titel

98 Sofern Anteilseigner oder sonstige Dritte vor einem ausländischen Gericht ein Schadenersatzurteil gegenüber dem deutschen Unternehmensleiter erwirkt haben, stellt sich die Frage der Vollstreckbarkeit eines solchen Urteils im Inland. Der Grundsatz lautet, dass ein ausländisches Urteil nicht automatisch vollstreckbar ist, sondern es hierzu eines deutschen Vollstreckungsurteils bedarf (§§ 722, 723 ZPO). Dieses wird auf eine entsprechende Klage des Gläubigers von dem zuständigen deutschen Gericht (am Wohnsitz des Unternehmensleiters) ohne Prüfung der Rechtmäßigkeit der Entscheidung des ausländischen Gerichts erlassen, wenn das ausländische Urteil nach § 328 ZPO anerkennungsfähig ist. § 328 ZPO normiert verschiedene Voraussetzungen für die Anerkennung, u. a. die Zuständigkeit des ausländischen Gerichts aus deutscher Sicht (§ 328 Abs. 1 Nr. 1 ZPO), ausreichendes rechtliches Gehör des Schuldners (d. h. des Unternehmensleiters) vor dem ausländischen Gericht (§ 328 Abs. 1 Nr. 2 ZPO), die Vereinbarkeit des Urteils mit dem deutschen ordre public (§ 328 Abs. 1 Nr. 4 ZPO) und die Verbürgung der Gegenseitigkeit (§ 328 Abs. 1 Nr. 5 ZPO). Staatsvertragliche Regelungen können im Einzelfall zu abweichenden Anforderungen führen. Im Geltungs-

---

178 Verordnung (EG) Nr. 1346/2000 des Rates vom 29. Mai 2000 über Insolvenzverfahren.

179 Nach Art. 3 der Europäischen Insolvenzverordnung wäre dies der Fall, wenn der „Mittelpunkt der hauptsächlichen Interessen" des Insolvenzschuldners in Deutschland liegt; hiervon dürfte bei einer im Inland ansässigen Gesellschaft ausländischer Rechtsform auszugehen sein.

180 BGH, DB 2015, 58, 60; LG Kiel, NZG 2006, 672; siehe auch *Müller*, DB 2006, 824, 827; *Poertzgen*, GmbHR 2007, 1258, 1259.

bereich der EuGVVO,[181] also innerhalb der EU-Mitgliedstaaten,[182] bedarf es keiner Vollstreckbarerklärung (Art. 36, 39 EuGVVO). Stattdessen kann sich der Gläubiger direkt an die zuständige inländische Vollstreckungsbehörde wenden und dort unter Vorlage einer Ausfertigung der Entscheidung sowie eine Bescheinigung des erlassenden Gerichts über die Vollstreckbarkeit (Art. 42 EuGVVO) Vollstreckungsmaßnahmen beantragen. Dem Schuldner stehen Rechtsbehelfe zur Verfügung, mit denen er die Versagung der Anerkennung und Vollstreckung beantragen kann (Art. 45 ff. EuGVVO). Der einzige Versagungsgrund von praktischer Bedeutung ist fehlendes rechtliches Gehör (Art. 45 Abs. 1 lit. b) EuGVVO).

Wesentliche Schwierigkeiten ergeben sich für den vollstreckenden Gläubiger aus vorgenannten Bestimmungen in aller Regel (insbesondere bei ordnungsgemäßem Verfahrensablauf) nicht. Dies gilt insbesondere für Urteile aus EU-Mitgliedstaaten. Ansonsten ist die Verbürgung der Gegenseitigkeit je nach Staat gelegentlich ein Problem. Der ordre-public-Vorbehalt verhindert z. B. die Vollstreckung US-amerikanischer punitive-damages-Urteile.[183] Insgesamt muss der Unternehmensleiter aber damit rechnen, dass das ausländische Urteil gegen ihn nicht nur im Herkunftsland vollstreckbar ist, sondern auch an seinem Wohnsitz für vollstreckbar erklärt wird. **99**

VII. Schiedsgerichtliche Streitbeilegung

Werden Managerhaftungsansprüche streitig, müssen sie vor staatlichen Gerichten, sei es im Inland oder im Ausland, ausgefochten werden. Jedenfalls bei Innenhaftungsfällen wird dies von den Beteiligten oft als unangenehm empfunden, werden doch in erheblichem Umfang Unternehmensinterna nach außen getragen. Als Alternative bietet sich das schiedsgerichtliche Verfahren an.[184] Schiedsgerichte unterliegen als private Gerichte anders als die staatliche Gerichtsbarkeit (§ 169 GVG) keiner Öffentlichkeit. Das Verfahren findet hinter verschlossenen Türen statt, was insbesondere eine Beobachtung und Berichterstattung durch die Medien ausschließt. Geht es um grobes Fehlverhalten der Unternehmensleitung, um erhebliche Schäden des Unternehmens oder um große Namen bei den Beteiligten, ist gerade dieser **100**

181 Verordnung (EG) Nr. 44/2001 des Rates der EU (nach Art. 65 EGV), ersetzt seit 1.3.2002 das Brüsseler EWG-Übereinkommen über die gerichtliche Zuständigkeit und die Vollstreckung gerichtlicher Entscheidungen in Zivil- und Handelssachen vom 27.09.1968 i. d.F. vom 26.5.1989 (EuGVÜ).

182 Durch das Lugano-Übereinkommen sind die Regelungen noch in einigen weiteren Ländern (Schweiz, Norwegen, Island) anwendbar.

183 BGHZ 118, 312.

184 Vgl. hierzu z. B. *Haarmann*, in: Festschrift Crezelius, 2018, S. 137 ff.; *Thümmel*, in: Festschrift Geimer, 2002, S. 1331 ff., auch zu den sonstigen Vorteilen der Schiedsgerichtsbarkeit im Rahmen der Managerhaftung.

Gesichtspunkt von Bedeutung. Die Durchführung eines Schiedsverfahrens setzt eine entsprechende Vereinbarung zwischen den betroffenen Parteien, bei Innenhaftungsansprüchen also zwischen Unternehmen und Manager voraus (§§ 1029 ff. ZPO). Diese kann bei Aufnahme des Organverhältnisses (etwa zusammen mit dem Dienstvertrag) oder später abgeschlossen werden. Sie bedarf der Schriftform und muss, da Unternehmensleiter insoweit als „Verbraucher" anzusehen sind,[185] in einer gesonderten Urkunde enthalten sein (§ 1031 Abs. 5 ZPO). Vertragspartner der Schiedsvereinbarung ist die Gesellschaft, die je nach Rechtsform vom Aufsichtsrat (soweit es um den Vorstand der AG geht), von der Gesellschafterversammlung (soweit es um den GmbH-Geschäftsführer geht) oder vom Vorstand mit Zustimmung der Hauptversammlung (soweit es um den Aufsichtsrat der AG geht) vertreten wird.[186]

Praxistipp:

Da die Schiedsvereinbarung bei Vorständen und Geschäftsführern nicht in den Dienstvertrag aufgenommen werden kann (es sei denn dieser würde beurkundet, § 1031 Abs. 5 Satz 3, 2. Hs. ZPO), es aber trotzdem wünschenswert ist, diese im Zusammenhang mit dem Dienstvertrag abzuschließen, bietet sich folgender Weg an: Der Dienstvertrag verweist auf eine Schiedsvereinbarung, die diesem als Anlage beigefügt wird. Die Anlage bezieht sich auf den Dienstvertrag, enthält aber ausschließlich die Schiedsvereinbarung und wird von den Parteien nochmals gesondert unterzeichnet.

VIII. Entwicklung von Versicherungskonzepten

101 Das für den Manager steigende Risiko persönlicher Inanspruchnahme hat die Frage nach einer angemessenen Versicherungsdeckung in den Vordergrund gerückt. Ursprünglich standen auf dem deutschen Markt lediglich Rechtsschutzpolicen zur Verfügung. Diese können von dem Unternehmen für seine Organe oder von diesen selbst abgeschlossen werden. Sie decken allerdings nur die in einem Haftungsfall (oder im Falle einer Strafverfolgung) entstehenden Prozesskosten, nehmen dem Unternehmensleiter aber nicht das Risiko des geltend gemachten Vermögensschadens ab. Diese Situation wurde zunehmend als unbefriedigend empfunden, weshalb Managerhaftpflicht-Policen inzwischen auch in Deutschland zum Standard gehören. Ihren Ausgangspunkt nahm die Entwicklung von Versicherungskonzepten

185 BGHZ 133, 71, 77; BGH, NJW 2006, 431 (je zum GmbH-Geschäftsführer); OLG Hamm, AG 2007, 910 (zum Vorstand der AG); *Umbeck*, SchiedsVZ 2009, 143, 145; *Herresthal*, ZIP 2014, 345, 349; *Thümmel*, aaO., S. 1335; *ders*, in: Festschrift Schütze, 2014, S. 633, 640.

186 Vgl. *Thümmel*, aaO., S. 1336.

freilich in den USA, wo sich die D&O (Directors'-and-Officers')-Deckung seit langer Zeit von selbst versteht. Von hier ausgehend hat sich die besondere Vermögensschadenhaftpflicht-Versicherung für Manager seit Anfang der 1970er Jahre annähernd weltweit durchgesetzt.[187]

In Deutschland werden derartige Policen seit etwa Mitte der 1990er Jahre **102**
angeboten.[188] Am Anfang waren es einige ausländische Versicherer, die den ersten Schritt wagten, deutsche Versicherungsunternehmen haben sich dann aber bald angeschlossen. Dabei war ursprünglich versucht worden, das US-Konzept als Vorlage zu verwenden. Wegen der unterschiedlichen Rahmenbedingungen, die die verschiedenen Rechtsordnungen im Bereich der Haftung von Unternehmensleitern setzen, war eine schlichte Übernahme dieses Konzepts aber nicht möglich.[189] Vielmehr bedurfte es einer an die deutsche Haftungssituation angepassten Lösung, die sämtliche Anbieter inzwischen entwickelt haben. Der Gesamtverband der Deutschen Versicherungswirtschaft e. V. (GDV) hat bereits 1997 Musterbedingungen vorgelegt und inzwischen mehrfach überarbeitet (die aktuelle Fassung ist unter Rn. 475 abgedruckt), die allerdings im Markt nur wenig Berücksichtigung finden. Die Versicherer bevorzugen eigene Bedingungswerke, die oft auf den Einzelfall zugeschnitten werden. Eine wichtige Rolle spielen insoweit auch Maklerunternehmen und inhouse broker, die teilweise mit eigenen Formulierungen maßgeschneiderte Deckungskonzepte erstellen und für ihre Kunden einfordern.

---

187 Vgl. zur Entwicklung *Thümmel/Sparberg*, DB 1995, 1013, 1016; *Scheifele*, Die Vermögensschaden-Haftpflichtversicherung für Manager in den Vereinigten Staaten von Amerika, S. 114 ff.; *Ihlas*, S. 35 ff.; vgl. ferner unten Rn. 451 ff.

188 Siehe etwa den Bericht in der *Börsenzeitung* vom 6.10.1995 („Schäden durch Management-Fehlverhalten absichern"); *Ihlas*, S. 54ff.; siehe auch *Thümmel*, Auslandskurier Heft 12/1995, S. 36f.

189 Vgl. *Thümmel/Sparberg*, DB 1995, 1013, 1018.

B. Innenhaftung

2. Kapitel
Innenhaftung der Vorstände und Geschäftsführer

Übersicht

I. Übersicht

103 Bei der Innenhaftung geht es nach der vorliegend verwendeten und üblichen Einteilung der Haftungsfelder (vgl. Rn. 24 ff.) um die dem Unternehmen gegenüber bestehende, aus einer Pflichtverletzung resultierende Einstandspflicht der Organe einer Gesellschaft für von ihnen verursachte Schäden. Der objektive Tatbestand des Haftungsanspruchs setzt eine Pflichtverletzung des Organs, einen Schaden bei der Gesellschaft sowie die kausale Verknüpfung beider voraus. Subjektiv muss dem Organ ein Verschulden vorzuwerfen sein. Der Gesellschaft als Anspruchstellerin obliegt die Darlegungs- und Beweislast für ein Verhalten des Unternehmensleiters, das zu einem bei ihr eingetretenen Schaden geführt hat, während sich der Unternehmensleiter vom Vorwurf der Pflichtwidrigkeit und des Verschuldens entlasten muss.[1] Dieses Grundschema folgt für die AG aus § 93 Abs. 2 und 3 AktG, für die GmbH aus § 43 Abs. 2 und 3 GmbHG und für die Genossenschaft[2] aus § 34 Abs. 2 und 3 GenG (vgl. Abb. 4). Für die operativ tätigen Organe der inländischen SE (Vorstand, Verwaltungsrat, geschäftsführende Direktoren) gelten

1 BGHZ 152, 280 (zur GmbH).
2 Vgl. speziell zur Innenhaftung des Vorstands einer Genossenschaftsbank *Großfeld/Noelle*, AG 1986, 275 ff.

kraft gesetzlicher Verweisung (Art. 51 SE-VO, §§ 39, 40 Abs. 9 SEAG) die aktienrechtlichen Bestimmungen entsprechend.[3]

Im Folgenden werden die einzelnen Tatbestandsmerkmale des Innenhaftungsanspruchs gegenüber Vorständen der AG und GmbH-Geschäftsführern näher dargestellt. Die Feststellung einer Pflichtverletzung setzt voraus, dass Klarheit über die Verhaltenspflichten besteht, denen Manager dem Unternehmen gegenüber unterliegen. Deshalb wird zunächst der maßgebliche Pflichtenkreis abgesteckt, so wie er sich aus den Regelungen des Aktiengesetzes, des GmbH-Gesetzes und anderer Regelwerke ergibt. Den Ausgangspunkt hierfür bildet die allgemeine Pflicht zur ordnungsgemäßen Geschäftsführung, die sich aus der Leitungsaufgabe des Geschäftsführungsorgans (§ 76 Abs. 1 AktG) und den Verhaltensanforderungen der §§ 93 Abs. 1 AktG, 43 Abs. 1 GmbHG ergibt. **104**

Dabei ist zwischen mehreren Pflichtenkategorien zu unterscheiden: Auf der einen Seite steht die *Legalitätspflicht* des Unternehmensleiters[4], also die Verpflichtung, denjenigen Vorgaben nachzukommen, die in gesetzlichen Regelungen, in hiervon abgeleiteten statutarischen Regelwerken (z. B. der Satzung) oder richterrechtlich ausformuliert sind. Hierzu gehören die enumerativ aufgelisteten Sonderpflichten der §§ 93 Abs. 3 AktG, 43 Abs. 3 GmbHG, deren Verletzung zu einer verschärften Haftung des Organs führt. Daneben gibt es eine Vielzahl gesetzlich oder auch durch Satzung definierter Einzelpflichten, die im Falle ihrer Verletzung Haftungsansprüche nach den allgemeinen Regeln der §§ 93 Abs. 2 AktG, 43 Abs. 2 GmbHG auslösen. Schließlich können sich aus dem Verhaltensstandard des ordentlichen und gewissenhaften Geschäftsleiters weitergehende Pflichten ergeben. **104a**

Daneben steht die *unternehmerische Tätigkeit* der Leitungsorgane. Sie ist dadurch gekennzeichnet, dass dem Unternehmensleiter verschiedene Handlungsoptionen zur Verfügung stehen, die er anhand prognostischer Erwägungen ordnet und danach eine Auswahl trifft. Anders als im Bereich der Legalitätspflicht sind seine Entscheidungen nicht durch rechtliche Vorgaben gebunden. Stattdessen hat er in bestimmten Grenzen Gestaltungsspielraum, der als unternehmerisches Ermessen bezeichnet wird. Dieses Ermessen darf und muss er unter Beachtung seiner Begrenzungen, die in der Business Judgment Rule (§ 93 Abs. 1 Satz 2 AktG) zusammengefasst sind, ordnungsgemäß ausüben. Die Missachtung dieser Grenzen begründet ebenfalls eine Haftung des Unternehmensleiters nach §§ 93 Abs. 2 Satz 1 AktG, 43 Abs. 1 GmbHG. **105**

---

3 Vgl. *Thümmel*, Die Europäische Aktiengesellschaft (SE), Rn. 168 ff., 181 f., 224 f., 248; siehe oben Rn. 28, 56 f.

4 *Sailer-Coceani*, in: Karsten Schmidt/Lutter, § 93 Rn. 7; *Koch*, § 93 Rn. 9.

105a Im Folgenden werden zunächst wesentliche spezifische gesetzliche Verhaltenspflichten, die Innenhaftungsansprüche begründen können, für Vorstände der AG und Geschäftsführer der GmbH gesondert dargestellt (Rn. 106 ff. und 159 ff.). Im Anschluss wird das Pflichtenprogramm erörtert, das sich aus der Aufgabe ordnungsgemäßer Geschäftsführung für Unternehmensorgane generell ergibt (Rn. 185 ff.). Hierzu gehört auch die ordnungsgemäße Ausübung des unternehmerischen Ermessens. Im Anschluss an den Pflichtenkreis werden die weiteren Tatbestandsmerkmale der Innenhaftung, nämlich Verschulden (Rn. 219 ff.), Kausalität und Schaden (Rn. 222 ff.) sowie Fragen der Beweislastverteilung (Rn. 226 ff.) und der Verjährung von Ansprüchen (Rn. 231 ff.) erörtert.

II. Pflichtverletzung

1. Vorstand der AG

a) Sondertatbestände des § 93 Abs. 3 AktG

106 Das Aktiengesetz nennt in seinem § 93 Abs. 3 acht Einzeltatbestände, deren Erfüllung „namentlich“ eine Schadenersatzpflicht des Vorstands gegenüber der Gesellschaft auslöst. Die Aufzählung ist keineswegs abschließend, wie sich schon aus der gewählten Formulierung und daraus ergibt, dass die Regelung neben dem allgemeinen Haftungstatbestand (§ 93 Abs. 2 Satz 1 AktG) steht. Die Gemeinsamkeit der in der Bestimmung genannten Fälle liegt darin, dass ihnen die Pflicht des Vorstands zur Kapitalerhaltung, d. h. zur Verhinderung von unzulässigen Kapitalabflüssen insbesondere an Aktionäre (aber auch an Vorstände oder Aufsichtsräte) zugrunde liegt. Die acht Tatbestände unterscheiden sich von dem allgemeinen Haftungstatbestand des § 93 Abs. 2 Satz 1 AktG dadurch, dass auf entsprechende Schadenersatzansprüche nicht zulasten von Gläubigern der Gesellschaft verzichtet werden kann und Gläubiger selbst zur Geltendmachung der Ansprüche befugt sind, wenn sie von der Gesellschaft auf ihre Forderungen keine Befriedigung erlangen können (§ 93 Abs. 5 AktG). Ein weiterer haftungsverschärfender Umstand liegt darin, dass die Gesellschaft keinen Schaden nachweisen muss, das Gesetz vielmehr an das pflichtwidrige Verhalten des Vorstands die widerlegliche Vermutung knüpft, dass ein entsprechender Schaden entstanden ist. Die Höhe des Schadens bemisst sich nach der Höhe der an den Aktionär oder den Dritten entgegen der Pflicht zur Kapitalerhaltung gewährten Leistung, also dem tatsächlichen Mittelabfluss.[5] Insoweit handelt es sich um einen gesetzlich vermuteten Mindestschaden. Auf die sonst im Schadens-

5 Dem Vorstand bleibt es unbenommen nachzuweisen, dass kein Schaden entstanden ist, etwa weil die Gesellschaft den gewährten Vorteil wiedererlangt hat, vgl. *Koch*, § 93 Rn. 68; *Hopt/Roth*, in: Großkomm. AktG, § 93 Rn. 339 ff.

recht erforderliche Gesamtvermögensbilanz (Differenzhypothese) kommt es hier nicht an. Die Vermutung kann nur dadurch widerlegt werden, dass die entsprechenden Beträge der Gesellschaft (wieder) zugeflossen sind.[6] Im Einzelnen geht es um folgende Pflichten:

aa) Einlagenrückgewähr

Nach § 57 Abs. 1 AktG ist es dem Vorstand verwehrt, Einlagen an Aktionäre **107**
zurück zu gewähren. Damit ist jede Leistung der AG, die wegen der Mitgliedschaft einzelner oder aller Aktionäre erbracht wird, verboten, solange sie nicht aus dem Bilanzgewinn erfolgt oder ausnahmsweise gesetzlich zugelassen ist.[7] Entscheidend ist also nicht die Frage, ob das Zurückgewährte ursprünglich eine Einlage i. S. des § 54 AktG war, sondern ob das Gesellschaftsvermögen außerhalb der Verteilung des Bilanzgewinns wertmäßig beeinträchtigt wird, und zwar im Hinblick auf die Mitgliedschaft von Aktionären. Auch Dividendenzahlungen können verboten sein, wenn der Gewinnverwendungsbeschluss unwirksam ist.[8] Leistungen an Dritte können ebenfalls eine Einlagenrückgewähr darstellen, wenn die Leistung auf Veranlassung eines Aktionärs an eine ihm nahestehende Person erfolgt.[9] Schließlich werden auch verdeckte Leistungen von der Vorschrift des § 57 Abs. 1 AktG erfasst, etwa wenn bei einem Leistungsaustausch zwischen AG und Aktionär Leistung und Gegenleistung in einem objektiven Missverhältnis zueinander stehen.[10] Der Vorstand wird daher bei Geschäften mit Aktionären vorsichtig sein und sich streng an bestehenden Marktpreisen orientieren. § 93 Abs. 3 Nr. 1 AktG stützt auf die verbotene Einlagenrückgewähr ausdrücklich einen entsprechenden Schadenersatzanspruch der AG. Dieser ist darauf gerichtet, dass der Vorstand der Gesellschaft die dem Aktionär aus dem Gesellschaftsvermögen gewährten Vorteile ersetzt.[11] Durch das MoMiG wurde § 57 Abs. 1 AktG dahin klargestellt, dass das Rückzahlungsverbot nicht im Rahmen eines Beherrschungs- oder Gewinnabführungsvertrags gilt und auch nicht zur Anwendung kommt, wenn der Zahlung ein vollwer-

---

6 BGH, NJW 2009, 68; OLG Stuttgart, AG 2010, 133; *Koch*, § 93 Rn. 149.

7 H.M., vgl. KG, AG 1999, 319; *Koch*, § 57 Rn. 4 m. w. N.

8 Vgl. *Haertlein*, ZHR 168 (2004), 437, 447 ff.: Ist der Gewinnverwendungsbeschluss anfechtbar, muss der Vorstand anfechten und die Auszahlung unter Verweis hierauf verweigern.

9 BGH, WM 1957, 61.

10 Vgl. OLG Frankfurt, AG 1992, 194; OLG Koblenz, AG 1977, 231; umstritten ist, ob das objektive Missverhältnis genügt oder subjektive Elemente (Vorteilsgewährung aufgrund Aktionärsstellung) hinzutreten müssen, vgl. für objektive Betrachtung BGH, NJW 1987, 1194, 1195 (GmbH); *Koch*, § 57 Rn. 26.

11 OLG Hamm, AG 1995, 512; vgl. zur Haftung des Aufsichtsrats in derselben Fallgestaltung LG Dortmund, DB 2001, 2591.

tiger Gegenanspruch gegenüber steht oder es um die Rückzahlung eines Aktionärsdarlehens geht.

Fallbeispiel:[12]

Der Vorstand einer AG vergab an ihre mittelbare Muttergesellschaft, die OHAG, ein ungesichertes Darlehen, das diese zur Sanierung einer weiteren Konzerngesellschaft verwenden wollte. Die OHAG geriet in Vermögensverfall. Die AG machte gegen ihren inzwischen ausgeschiedenen Vorstand Schadenersatzansprüche wegen des nicht mehr realisierbaren Darlehensrückzahlungsanspruchs geltend. Das OLG sah in der fehlenden Besicherung eine gesellschaftsbedingte Bevorzugung der OHAG, die einem vergleichbaren Dritten nicht eingeräumt worden wäre. Hierin liege eine verdeckte Einlagenrückgewähr. Demgemäß wurde der Vorstand zu Schadenersatz verurteilt.

Praxistipp:

Das Verbot der Einlagenrückgewähr ist eine gefährliche Klippe, insbesondere für Vorstände von Gesellschaften mit beschränktem Aktionärskreis und konzernierten Gesellschaften. Dort sind Transaktionen zwischen Gesellschaft und Aktionär durchaus häufig. Der Vorstand sollte darauf achten, dass sämtliche Transaktionen sorgfältig dokumentiert sind und keine anderen Konditionen als solche, die auch unter fremden Dritten üblich sind, aufweisen. Die Marktüblichkeit von Werten sollten jeweils durch unabhängige Gutachten belegt sein.

12 OLG Hamm, AG 1995, 512.

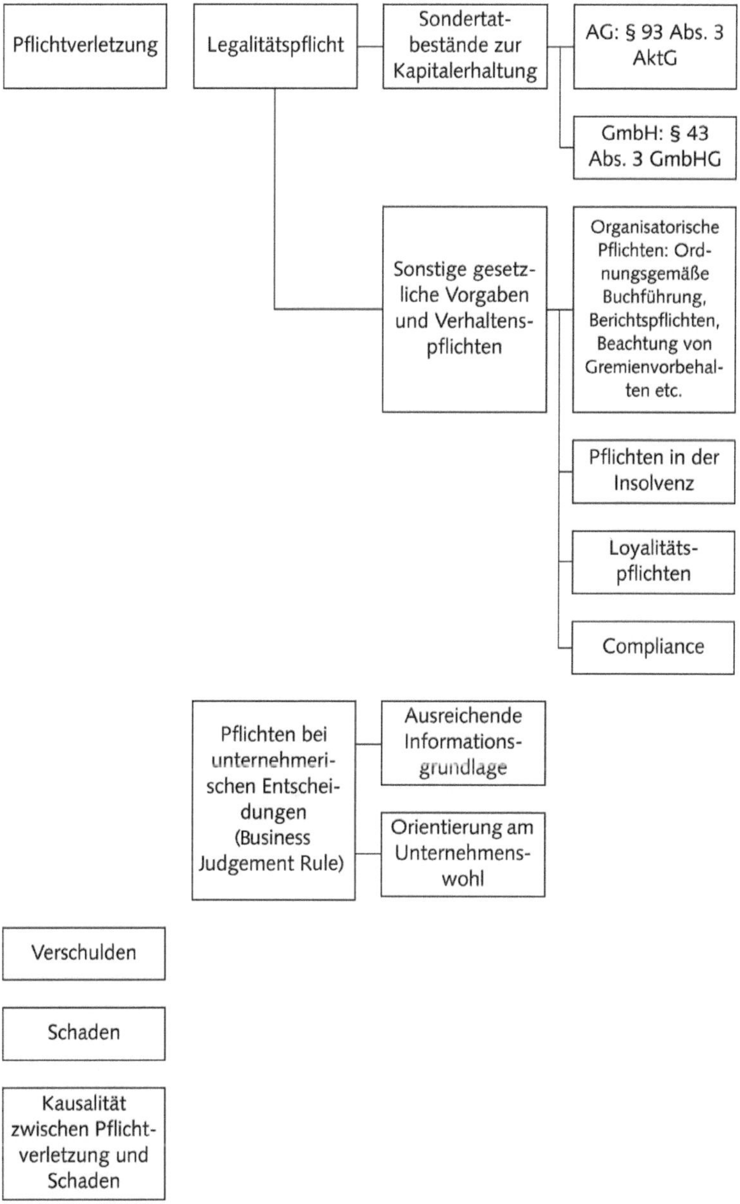

Abb. 4: Voraussetzungen der Innenhaftung bei Vorständen der AG und Geschäftsführern der GmbH

bb) Zahlung von Zinsen oder Gewinnanteilen an Aktionäre

108 Ergänzend zum Verbot der Einlagenrückgewähr bestimmt § 57 Abs. 2 AktG, dass Aktionären Zinsen (auf ihre Einlagen) weder zugesagt noch ausgezahlt werden dürfen. § 57 Abs. 3 AktG stellt ferner klar, dass vor Auflösung der Gesellschaft aus dem Gesellschaftsvermögen nur der ausschüttungsfähige Bilanzgewinn ausgezahlt werden darf. Welches der ausschüttungsfähige Gewinn ist und wie er ermittelt wird, ergibt sich aus verschiedenen Vorschriften des Aktiengesetzes (z. B. §§ 58 ff., 233 AktG) sowie den Bilanzierungsvorschriften des HGB (§§ 238 ff. HGB). Im Grunde geht es um eine Konkretisierung des Verbots der Einlagenrückgewähr, ohne dass den genannten Pflichten eigenständige Bedeutung zukäme. Verletzt der Vorstand diese speziellen Pflichten, macht er sich nach § 93 Abs. 3 Nr. 2 AktG schadenersatzpflichtig.

cc) Erwerb eigener Anteile

109 Dem Vorstand ist es nach § 56 Abs. 1 AktG untersagt, im Namen der Gesellschaft eigene Anteile oder Anteile an einer herrschenden oder an ihr mit Mehrheit beteiligten Gesellschaft zu zeichnen. Damit ist der originäre Erwerb von Aktien – insbesondere junger Aktien bei Kapitalerhöhungen oder bei der Verwendung eines genehmigten Kapitals – gemeint. Verstöße hiergegen machen den Vorstand nach § 56 Abs. 4 AktG persönlich zum Einlageschuldner; daneben kommt § 93 Abs. 3 Nr. 3 AktG als Haftungstatbestand zur Anwendung. Ferner darf der Vorstand namens der Gesellschaft grundsätzlich keine eigenen Anteile erwerben (abgeleiteter Erwerb), es sei denn, eine der Ausnahmen des § 71 AktG (insbesondere: Notwendigkeit zur Abwehr schweren Schadens, Ermöglichung von Belegschaftsaktien, Eigenhandel bei Banken, Ermächtigung durch Hauptversammlung[13]) oder der §§ 237 ff. AktG (Kapitalherabsetzung durch Einziehung von Aktien) läge vor. Ein Verstoß hiergegen macht den Vorstand ebenfalls nach § 93 Abs. 3 Nr. 3 AktG haftbar.

dd) Ausgabe von Aktien

110 § 10 Abs. 1 AktG sieht vor, dass Aktien als Namensaktien oder als Inhaberaktien ausgegeben werden können, wobei die Wahl der Aktienform in der Satzung vorgenommen werden muss (§ 23 Abs. 3 Nr. 5 AktG). Sind Inhaberaktien vorgesehen, so dürfen diese nicht vor der vollständigen Leistung der Einlage (und eines etwa geschuldeten Agios) ausgegeben werden. Dies ergibt sich aus der Umkehrung des § 10 Abs. 2 AktG, der bei Namensakti-

13 § 71 Abs. 1 Nr. 8 AktG wurde durch das KonTraG zum Zwecke der Erleichterung des Eigenerwerbs neu eingefügt.

en eine Ausgabe vor Volleinzahlung zulässt, allerdings in diesem Falle verlangt, dass der Betrag der erbrachten Teilleistungen auf der Aktie vermerkt wird. Der Zweck der Bestimmung liegt darin, dass die AG ihre Schuldner problemlos feststellen kann und bei einer Weiterveräußerung (der Namensaktie) der gute Glaube des Erwerbers an die Volleinzahlung ausgeschlossen wird.[14] Eine vorzeitige Ausgabe von Inhaberaktien oder von Namensaktien (ohne Teileinzahlungsvermerk) macht den Vorstand nach § 93 Abs. 3 Nr. 4 AktG schadenersatzpflichtig.

ee) Verteilung von Gesellschaftsvermögen

Gesellschaftsvermögen darf nach verschiedenen Bestimmungen des Ak- **111**
tiengesetzes nur verteilt werden, wenn dem Gläubigerschutz ausreichend Rechnung getragen worden ist. So darf nach § 57 Abs. 3 AktG eine Verteilung außerhalb der Gewinnausschüttung erst nach förmlicher Auflösung der Gesellschaft und Einhaltung der entsprechenden Gläubigerschutzregularien (§§ 271, 272 AktG: zunächst Berichtigung der Verbindlichkeiten, Sperrfrist von einem Jahr) stattfinden. Parallel hierzu dürfen nach § 225 Abs. 2 AktG aufgrund der ordentlichen Herabsetzung des Grundkapitals Zahlungen an Aktionäre erst geleistet werden, wenn sechs Monate seit der Bekanntmachung verstrichen sind und Gläubigern, die sich gemeldet haben, wegen ihrer Forderungen Sicherheit geleistet worden ist. Dasselbe gilt bei der Einziehung von Aktien (§ 237 Abs. 2 AktG). § 230 AktG verbietet Zahlungen an die Aktionäre aus der Auflösung von Kapital- oder Gewinnrücklagen oder aus der vereinfachten Kapitalherabsetzung des § 229 AktG. Sämtlichen dieser Vorschriften ist gemeinsam, dass sie das Verbot der Einlagenrückgewähr präzisieren. Ihre Verletzung durch den Vorstand macht diesen nach § 93 Abs. 3 Nr. 5 AktG der Gesellschaft gegenüber schadenersatzpflichtig.

ff) Vergütung an Aufsichtsräte

Aufsichtsratsmitgliedern darf für ihre Tätigkeit nach § 113 AktG keine Ver- **112**
gütung gewährt werden, die über die satzungsmäßig oder durch Hauptversammlungsbeschluss bewilligte hinausgeht. Außerdem darf der Vorstand auf Dienst- oder Werkverträge (Beraterverträge) mit einzelnen Aufsichtsratsmitgliedern keine Vergütungen zahlen und muss bereits gezahlte Beträge unverzüglich zurückfordern (§ 114 AktG). Etwas anderes gilt nur, wenn sich der Gegenstand solcher Verträge von der ohnehin geschuldeten Organtätigkeit qualitativ klar abgrenzen lässt und die Verträge ihrem gesamten Inhalt nach

---

14 Vgl. *Koch*, § 10 Rn. 8 m. w. N.

durch Beschluss des Aufsichtsrats genehmigt worden sind.[15] Zweck der Vorschriften ist der Schutz der Gläubiger vor gegenseitiger „Selbstbedienung" von Vorstand und Aufsichtsrat zulasten des Gesellschaftsvermögens sowie die Verhinderung von unsachlicher Beeinflussung der Aufsichtsratsmitglieder. Verbotswidrige Zahlungen machen den Vorstand nach § 93 Abs. 3 Nr. 7 AktG ersatzpflichtig, wobei von Aufsichtsratsmitgliedern vorgenommene Rückzahlungen schadensmindernd wirken.

hh) Kreditgewährung an Vorstände und Aufsichtsräte

113 Die Möglichkeiten der Kreditgewährung an Vorstandsmitglieder (sowie Prokuristen und Handlungsbevollmächtigte) durch die Gesellschaft sind durch § 89 AktG eingeschränkt. Erforderlich ist ein Beschluss des Aufsichtsrats, der sich zeitnah (keine Vorratsbeschlüsse für mehr als drei Monate) auf konkrete Kreditgeschäfte bezieht und die Verzinsung sowie Rückzahlung ausdrücklich regelt. Der Begriff des Kredits umfasst neben Darlehen auch Stundungen, die Bestellung von Sicherheiten und die Gewährung von Vorschüssen. Ausgenommen sind Kleinkredite, deren Wert ein Monatsgehalt nicht übersteigt. Eine parallele Regelung enthält § 115 AktG für Aufsichtsräte. Werden seitens des Vorstands Kredite aus dem Gesellschaftsvermögen an Vorstands- oder Aufsichtsratsmitglieder ohne entsprechenden Aufsichtsratsbeschluss gewährt, so sind diese Kredite sofort zur Rückzahlung fällig (§§ 89 Abs. 5, 115 Abs. 4 AktG). Daneben haftet der kreditgewährende Vorstand der Gesellschaft nach § 93 Abs. 3 Nr. 8 AktG persönlich für den Schaden, der eintritt, wenn eine Rückzahlung nicht oder nicht sofort erlangt werden kann.

gg) Ausgabe von Bezugsaktien bei bedingter Kapitalerhöhung

114 Bei der bedingten Kapitalerhöhung (§ 192 ff. AktG) entstehen Umtausch- oder Bezugsrechte bezüglich der neuen Aktien (Bezugsaktien). Nach § 199 AktG darf der Vorstand Bezugsaktien nur unter bestimmten Bedingungen, insbesondere nur gegen volle Leistung des Gegenwerts (oder des Unterschiedsbetrages bei der Wandelschuldverschreibung) durch den Bezugsberechtigten ausgeben. Verstößt er hiergegen, macht er sich nach § 93 Abs. 3 Nr. 9 AktG der Gesellschaft gegenüber schadenersatzpflichtig.

---

15 Insbesondere die jüngere Rechtsprechung ist streng: BGH, NZG 2007, 103, 104; BGH, NZG 2006, 712, 714 f.; OLG Frankfurt, DB 2006, 942, 943f.; OLG Hamburg, NZG 2007, 470, 471; siehe auch *Werner*, DB 2006, 935 ff.

b) Weitere Legalitätspflichten des Vorstands

aa) Einberufung der Hauptversammlung bei Verlust

Bei Eintritt eines Verlusts der Gesellschaft in Höhe der Hälfte ihres Grundkapitals hat der Vorstand unverzüglich die Hauptversammlung einzuberufen und ihr dies anzuzeigen (§ 92 AktG). Gemeint ist, dass der Wert des Gesellschaftsvermögens, also des Eigenkapitals, unter die Hälfte des Grundkapitals absinkt; welchen Betrag der konkret zum Beurteilungszeitpunkt eingetretene Verlust ausmacht, ist gleichgültig. Die ordnungsgemäße Einberufung erfordert die Aufnahme der Verlustanzeige in die Tagesordnung, welche bei der Einberufung bekannt zu machen ist (§ 121 Abs. 3 Satz 2 AktG).[16] **115**

Die Feststellung des Verlusts kann dadurch erfolgen, dass er sich aus der Jahresbilanz oder einer Zwischenbilanz ergibt oder nach pflichtgemäßem Ermessen des Vorstands anzunehmen ist. Der Vorstand unterliegt einer laufenden Überwachungspflicht bezüglich des Zahlenwerks der Gesellschaft.[17] Bei der Bewertung der Vermögensgegenstände anzusetzen sind regelmäßig die Fortführungswerte;[18] stille Reserven dürfen nur insoweit aufgelöst werden, als dies nach den auch für den Jahresabschluss geltenden Regeln möglich ist.[19] Die Einberufung der Hauptversammlung ist nicht mehr notwendig, wenn bereits ein Insolvenzantrag gestellt wurde, weil die Aktionäre in diesem Falle ohnehin keine Reaktionsmöglichkeit mehr haben. **116**

Beruft der Vorstand die Hauptversammlung trotz des Vorliegens der Voraussetzungen des § 92 AktG nicht rechtzeitig ein, so macht er sich nach der allgemeinen Haftungsnorm des § 93 Abs. 2 AktG der Gesellschaft gegenüber schadenersatzpflichtig, wenn ihm ein Verschulden zur Last fällt. Hieran kann es fehlen, wenn der Vorstand etwa auf die sofortige Einberufung verzichtet hat, um konkrete und aussichtsreiche Sanierungsverhandlungen nicht zu gefährden.[20] Ein die Ersatzpflicht begründender Pflichtverstoß kann auch in der nicht ordnungsgemäßen Einberufung liegen (z. B. ohne Angabe der Verlustanzeige in der Tagesordnung), wenngleich in diesem Falle der Nachweis eines hierauf beruhenden Schadens nur schwer vorstellbar ist. Auch sonst dürfte der Schadensnachweis für die Gesellschaft ein Problem darstellen, weil die Reaktionsmöglichkeiten der Hauptversammlung auf die Einberufung hin im Wesentlichen auf Kapitalmaßnahmen oder die Auflösung **117**

---

16 *Cahn*, in: Kölner Kommentar, § 92 Rn. 20.

17 Vgl. *Priester*, ZGR 1999, 533, 538 f.

18 *Beurskens*, in: Noack/Servatius/Haas, § 84 Rn. 5; *Seibt*, in: Scholz, § 49 Rn. 24; a. A. (bei negativer Fortbestehensprognose Liquidationswerte) *Koch*, § 92 Rn. 6; *Cahn*, in: Kölner Kommentar, § 92 Rn. 11 ff.; *Bayer*, in: Lutter/Hommelhoff, § 49 Rn. 15; *Priester*, ZGR 1999, 533, 539 ff.

19 Vgl. *Bayer*, in: Lutter/Hommelhoff, § 49 Rn. 15; *Koch*, § 92 Rn. 7.

20 Vgl. *Koch*, § 92 Rn. 10; *Cahn*, in: Kölner Kommentar, § 92 Rn. 15.

der Gesellschaft beschränkt sind. Dargelegt werden müsste also, dass bei rechtzeitigem Zusammentritt der Aktionäre eine solche Maßnahme ergriffen worden wäre und diese die Entstehung eines Schadens abgewendet hätte.

bb) Insolvenzantragspflicht

118 Bei Eintritt der Insolvenzreife hat der Vorstand nach § 15a Abs. 1 InsO unverzüglich die Eröffnung des Insolvenzverfahrens zu beantragen. Im Höchstfall steht ihm ein Zeitrahmen von drei Wochen im Falle der Zahlungsunfähigkeit und sechs Wochen im Falle der Überschuldung zur Verfügung, während dessen er noch Sanierungsbemühungen entfalten kann. Die Fristen dürfen allerdings nicht in jedem Falle ausgenutzt werden, sondern nur dann, wenn tatsächlich erfolgversprechende Aussichten auf eine Sanierung bestehen.[21] In keinem Fall darf sie überschritten werden.[22] Insolvenzreife bedeutet Zahlungsunfähigkeit (§ 17 InsO) oder Überschuldung (§ 19 InsO). Nur diese beiden Anknüpfungspunkte lösen die Insolvenzantragspflicht aus. Die drohende Zahlungsunfähigkeit nach § 18 InsO berechtigt den Vorstand zwar zur Beantragung des Insolvenzverfahrens, verpflichtet ihn aber nicht dazu. Jedes einzelne Vorstandsmitglied unterliegt der Antragspflicht. Stellt einer von ihnen den Antrag, so sind die übrigen befreit (solange der Antrag nicht zurückgenommen wird). Ein Gläubigerantrag dagegen lässt die Antragspflicht des Vorstands unberührt, solange das Verfahren nicht eröffnet wird.[23] Zu den Begriffen der Zahlungsunfähigkeit und der Überschuldung siehe Rn. 125 ff. Kenntnis des Vorstands von der Zahlungsunfähigkeit oder Überschuldung ist zur Begründung der Antragspflicht nicht erforderlich, ausreichend ist Erkennbarkeit.[24] Der Vorstand muss das Zahlenwerk der Gesellschaft laufend beobachten und handeln, sobald hierbei die Illiquidität oder die Überschuldung offenbar wird.

119 Die wesentliche Bedeutung der Insolvenzantragspflicht liegt im Verhältnis zu Gläubigern der Gesellschaft, deren Schutz die Vorschrift auch in erster Linie bezweckt. § 15a Abs. 1 InsO ist Schutzgesetz i. S. d. § 823 Abs. 2 BGB.[25] Gesellschaftsgläubiger haben daher gegenüber dem Vorstand Anspruch auf Ersatz ihrer durch eine verspätete Insolvenzantragstellung eingetretenen Schäden. Bei Neugläubigern, d. h. solchen, die erst nach Eintritt der Insolvenzreife mit der Gesellschaft kontrahiert haben, besteht der Schaden in den Aufwendungen, die sie im Vertrauen auf die Solvenz der Gesellschaft

---

21 Vgl. BGHZ 75, 96, 111 „*Herstatt*“; *Habersack/Foerster*, in: Großkomm. AktG, § 92 Rn. 93.

22 BGHZ 75, 96, 108 „*Herstatt*“.

23 Siehe *Habersack/Foerster*, in: Großkomm. AktG, § 92 Rn. 96.

24 Str., siehe im Einzelnen Rn. 130 m. w. N.

25 Etwa BGHZ 75, 96, 106 „*Herstatt*“; BGHZ 100, 19, 21; BGHZ 126, 181, 190 (zu § 64 Abs. 1 GmbHG).

getätigt haben (negatives Interesse), bei Altgläubigern in deren Quotenverlust.[26] Aber auch der Gesellschaft selbst können Schadenersatzansprüche gegen den Vorstand aus der schuldhaften Verletzung der Insolvenzantragspflicht zustehen, und zwar aus der Generalklausel des § 93 Abs. 2 AktG. Der Schaden kann in der nach Insolvenzreife eingetretenen weiteren Verminderung des Gesellschaftsvermögens liegen. Meist wird der Anspruch mit demjenigen aus § 15b Abs. 4 InsO (unzulässige Zahlungen nach Insolvenzreife) konkurrieren, kann aber, etwa bei der Eingehung von Verbindlichkeiten, über diesen hinausgehen. Beide Ansprüche werden durch den Insolvenzverwalter geltend gemacht.

cc) Zahlungsverbot bei Insolvenzreife

α) Inhalt des Zahlungsverbots

Ab Eintritt der Insolvenzreife der Gesellschaft unterliegt der Vorstand be- **120**
sonderen Sorgfaltsanforderungen.[27] Nach der (für alle Rechtsformen seit 1.1.2021 einheitlichen[28]) Regelung des § 15b Abs. 1 InsO, die § 92 Abs. 2 a. F. AktG ersetzt, darf der Organwalter (bei Führungslosigkeit der Gesellschaft können auch die Aufsichtsratsmitglieder betroffen sein, § 15b Abs. 6 InsO) ab diesem Zeitpunkt keine Zahlungen mehr an Dritte leisten. Das Verbot betrifft auch Zahlungen an Aktionäre, die zu Zahlungsunfähigkeit der Gesellschaft geführt haben und führen mussten (§ 15b Abs. 5 InsO), also den Eintritt der Insolvenzreife erst (mit-)verursacht haben. Verbotswidrig erbrachte Zahlungen begründen nach § 15b Abs. 4 InsO einen Erstattungsanspruch der Gesellschaft in Höhe der Abflüsse. Ansprüche dieser Art werden in der Regel vom Insolvenzverwalter geltend zu machen sein. Bei masselosen Insolvenzen kommt auch die Verfolgung durch einzelne Gläubiger in Betracht, wenn der Anspruch nach Pfändung und Überweisung auf sie übergegangen ist.[29] Der Zweck des Zahlungsverbots liegt in der Verhinderung einer Schmälerung der späteren Insolvenzmasse sowie in der weitgehenden Sicherstellung einer Gleichbehandlung der Gläubiger in der Vorinsolvenz.[30] Ein bilanzieller Schaden der Gesellschaft wird durch verbotswidrige Zahlungsabflüsse in aller Regel nicht eintreten, weil hierdurch zumeist eine Verbindlichkeit getilgt wird. An dem Ersatzanspruch der Gesellschaft ge-

26 So die neuere Rechtsprechung, BGHZ 126, 181, 192.

27 Vgl. zu den Pflichten des Managements in der Krise des Unternehmens *Thümmel*, BB 2002, 1105 ff.

28 Siehe den Überblick über die Neuregelung bei *Gehrlein*, DB 2020, 2393 ff.

29 BGH, WM 2000, 2158.

30 Statt der Befriedigung nur eines Gläubigers durch die verbotswidrige Zahlung gelangen im Falle normgerechten Verhaltens des Vorstands, jedenfalls bei massehaltigen Insolvenzen, alle Gläubiger anteilig in den Genuss des dann nicht abgeflossenen Betrages, *Habersack/Foerster*, in: Großkomm. AktG, § 92 Rn. 123.

richtet auf Wiedereinzahlung des abgeflossenen Betrages ändert dies nichts, weil es nur auf den Abfluss und die Schädigung der Gläubigergemeinschaft ankommt.[31] Wenn der Gläubigergemeinschaft ein geringerer Schaden entstanden ist (etwa durch im Zusammenhang mit Zahlungen erfolgte Mittelzuflüsse), beschränkt sich der Erstattungsanspruch hierauf (§ 15b Abs. 4 Satz 2 InsO). Hierfür trägt allerdings das Organ die Beweislast.[32]

121 Die entscheidenden Anknüpfungspunkte für die Insolvenzreife sind Zahlungsunfähigkeit oder Überschuldung (§ 15a Abs. 1 InsO). Der sich aus § 18 InsO ergebende weitere Insolvenzgrund der drohenden Zahlungsunfähigkeit löst das Zahlungsverbot dagegen noch nicht aus.[33] Eine Karenzzeit besteht im Übrigen grundsätzlich nicht. Das Zahlungsverbot wirkt unmittelbar ab dem Zeitpunkt der Insolvenzreife, nicht erst nach Ablauf der für die Insolvenzantragsstellung vorgesehenen Fristen (im Höchstfall drei bzw. sechs Wochen). Dies ist auch nachvollziehbar, weil das Zahlungsverbot als Schutzinstrument gerade in der Zeit bis zur Antragstellung benötigt wird. Allerdings sieht § 15b Abs. 2 InsO eine Privilegierung für solche Zahlungen vor, die im ordentlichen Geschäftsgang erfolgen, insbesondere der Aufrechterhaltung des Geschäftsbetriebs dienen. Dies gilt nur, solange die Organe gleichzeitig Maßnahmen zur nachhaltigen Beseitigung der Insolvenzlage oder zur Vorbereitung eines Insolvenzantrags ergreifen.[34] Die Privilegierung entfällt, wenn die Organe den Zeitpunkt der Insolvenzreife verpasst haben, sich also im Stadium der verschleppten Insolvenz befinden (§ 15b Abs. 3 InsO).

122 Auch fällige Lohn- oder Umsatzsteuer[35] oder Sozialversicherungsbeiträge dürften im Grundsatz nicht mehr abgeführt werden. Dies kann den Vorstand in die missliche Lage bringen, zwischen Skylla und Charybdis wählen zu müssen, weil er bei einem Nichtabführen der Steuern oder Beiträge nach §§ 34, 69 AO, 823 Abs. 2 BGB i. V. m. 266a StGB dem Fiskus oder Sozialversicherungsträger gegenüber schadenersatzpflichtig werden und sich ggf. strafbar machen könnte (weil er unzureichende Vorsorge getroffen hatte),[36] bei Zahlung dagegen der Gesellschaft nach § 15b Abs. 4 InsO die abgeflossenen Beträge ersetzen müsste. Der BGH[37] hatte das Problem erkannt und

31 Vgl. schon zum alten Recht BGH, NZG 2007, 678, 679; BGH, WM 2001, 317 und OLG Jena, ZIP 2002, 986, 987 zum Vorbehalt möglicher Gegenansprüche des Unternehmensleiters.
32 *Gehrlein*, DB 2020, 2393, 2397.
33 Vgl. *Uhlenbruck*, GmbHR 1999, 313, 317; *Altmeppen*, Anh. § 60 Rn. 26; *Altmeppen*, ZIP 1997, 1173, 1174.
34 Siehe zur Kritik an letzterer Alternative *Gehrlein*, DB 2020, 2393, 2394.
35 OLG Köln, GmbHR 1995, 828, 829.
36 Siehe im Einzelnen unten Rn. 433 ff.
37 NZG 2007, 545; noch anders BGH, NZG 2005, 600, vgl. auch *Sontheimer*, DStR 2004, 1005.

nach anfänglichem Schwanken dadurch gelöst, dass er die Zahlung von fälligen Sozialbeiträgen und Steuern, die nach den anwendbaren Bestimmungen zu entrichten sind, für mit der Sorgfalt eines ordentlichen Geschäftsleiters vereinbar erklärt hat. Die Pflichtenkollision wurde damit zugunsten der Sozialversicherungsträger und Steuerbehörden aufgelöst. Inzwischen hat der Gesetzgeber die Frage jedenfalls für Steuerabführungspflichten anders entschieden und der Pflicht zum Masseerhalt den Vorrang gegeben. Nach § 15b Abs. 8 InsO sind die steuerlichen Pflichten der Organe in der Zeit zwischen Insolvenzreife und Antragstellung suspendiert, sodass die Einhaltung des Zahlungsverbots zu keiner Pflichtverletzung führt. Dies gilt allerdings nur, wenn der Insolvenzantrag rechtzeitig gestellt wird. Ob die Suspendierung (analog) auch für die (strafbewehrte) Verpflichtung zur Abführung von Arbeitnehmersozialbeiträgen gilt, ist unklar, aber wohl zu bejahen.[38] Arbeitgebersozialbeiträge unterliegen den allgemeinen Regeln für Gläubiger.

Das Zahlungsverbot betrifft im Übrigen Zahlungen jeglicher Art, an wen **123**
und wie diese auch immer geleistet werden sollen. Umstritten ist, ob sich das Zahlungsverbot nur auf Zahlungen in Geld oder auch auf sonstige Leistungen oder die Begründung neuer Verbindlichkeiten bezieht.[39] Die ursprünglich eher enge Interpretation der Regelung[40] weicht zunehmend einer weiteren Auslegung,[41] wobei verschiedene Tatbestände zu unterscheiden sind. Erfasst sind neben baren selbstverständlich auch unbare Geldleistungen.[42] Hieraus folgt, dass etwa Daueraufträge und Lastschriftermächtigungen sowie Bankvollmachten widerrufen werden müssen.[43] Zu einem bestimmten Zweck von Dritten überlassene Mittel dürfen vom Vorstand nicht weitergeleitet werden.[44] Als Zahlung gilt ferner die Einreichung eines Kundenschecks auf ein debitorisches Geschäftskonto der Gesellschaft.[45] Hierdurch kommt es zu einer Befriedigung der Bank zulasten des Gesellschaftsvermögens, die durch Einreichung des Schecks auf ein neues Konto bei einem anderen Kreditinstitut zu verhindern gewesen wäre. Dasselbe gilt für den Einzug von Forderungen auf ein solches debitorisch geführtes Konto, es sei denn die Forderungen waren von einer Globalabtretung erfasst.[46] Keine Zahlung liegt dagegen vor, wenn die Bank (weitere) Kreditmitteln auf

38 Vgl. *Cahn*, in: Kölner Kommentar, § 92 Anh. B (§ 15b InsO) Rn. 25.
39 Siehe zum Zahlungsbegriff den Überblick bei *Geißler*, NZG 2007, 645 ff.
40 Siehe RGZ 159, 211, 234; *Fleck*, GmbHR 1974, 224, 230 f.
41 Siehe hierzu *Lange*, GmbHR 2015, 1009, 1012 mit Beispielen.
42 Siehe *Habersack/Foerster*, in: Großkomm. AktG, § 92 Rn. 128.
43 Vgl. LG Köln, GmbHR 1990, 136; *Hoffmann/Liebs*, Rn. 6048.
44 BGH, ZIP 2003, 1005 (zu § 64 Abs. 2 GmbHG a. F.).
45 BGHZ 143, 184, 186; BGH, WM 2000, 2158; OLG Düsseldorf, NJW-RR 1999, 1411; OLG Hamburg, ZIP 1995, 913.
46 BGHZ 143, 184, 186 f.; OLG Hamburg, DB 2015, 1095, 1096.

einem debitorisch geführten Bankkonto zur Verfügung stellt.[47] Ob die Bitte an einen Kunden zur Zahlung auf ein bestimmtes Konto der Gesellschaft dazu ausreicht, die Annahme einer verbotswidrigen Zahlung zu vermeiden, ist zweifelhaft, denn der Vorstand muss dafür sorgen, dass Zahlungen auf ein debitorisch geführtes Konto effektiv unterbleiben.[48] Die routinemäßige Angabe von Kontonummern auf dem Briefbogen des Unternehmens dürfte jedenfalls nicht genügen.[49] Nicht unter den Zahlungsbegriff fällt das Eingehen neuer Verbindlichkeiten.[50] Dies erklärt sich zwanglos daraus, dass es bei dem Zahlungsverbot um den Schutz der verteilbaren Masse geht, die durch Verbindlichkeiten nicht beeinträchtigt wird. Im Übrigen wäre dem Vorstand andernfalls jeder Handlungsspielraum im Rahmen von Sanierungsbemühungen genommen. Im Hinblick auf den Schutzzweck des § 15b Abs. 4 InsO sind auch Sach- oder Dienstleistungen wie Zahlungen zu behandeln.[51] An einer haftungsbegründenden Zahlung fehlt es, wenn der Vorstand eine solche nicht veranlasst hat und sie auch (durch entsprechende Organisation des Geschäftsbetriebs) nicht verhindern konnte, wie etwa im Falle einer Kontenpfändung.[52]

β) Ausnahmen vom Zahlungsverbot

124 Zahlungen nach Eintritt der Insolvenzreife sind nach § 15b Abs. 1 Satz 2 InsO gerechtfertigt,[53] wenn sie auch nach diesem Zeitpunkt mit der Sorgfalt eines ordentlichen und gewissenhaften Geschäftsleiters vereinbar sind. Hiervon ist bei Zahlungen auszugehen, die zu keiner Masseschmälerung führen,[54] denen also eine angemessene, dem Gesellschaftsvermögen effektiv zufließende Gegenleistung gegenübersteht (Aktiventausch). Wertneutrale Austauschgeschäfte bleiben damit möglich. Ferner entfällt die Ersatzpflicht nach der Rechtsprechung des BGH[55] auch dann, wenn dem Masseabfluss ein in unmittelbarem Zusammenhang hiermit stehender Zufluss gegenüber steht (ohne dass es sich um eine direkte Gegenleistung handelt), auch wenn der Gegenstand des Zuflusses bei Insolvenzeröffnung nicht mehr vorhan-

47 Siehe BGH, DB 2007, 1186, 1187 (zu §§ 130a HGB, 64 Abs. 2 GmbHG a. F.).
48 BGH, DB 2007, 1186, 1188 (zu §§ 130a HGB, 64 Abs. 2 GmbHG a. F.).
49 Vgl. *K. Schmidt*, GmbHR 2000, 1225.
50 BGHZ 138, 211, 217; OLG Hamburg, NZG 2005, 1008, 1012; *Goette*, DStR 1998, 1308, 1311; *Habersack/Foerster*, in: Großkomm. AktG, § 92 Rn. 130.
51 So auch OLG Düsseldorf, NJW-RR 1996, 1443; *Haas*, in: Noack/Servatius/Haas, § 64 Rn. 97; *Koch*, § 92 Rn. 46; *Habersack/Foerster*, in: Großkomm. AktG, § 92 Rn. 128; *Müller/Jegutidse*, S. 213; *Altmeppen*, ZIP 1997, 1173.
52 BGH, GmbHR 2009, 937, 938 (zum GmbH-Geschäftsführer).
53 Zum Verständnis der Norm als Rechtfertigungsklausel *Liebs*, in: Festschrift Rittner, 1991, S. 369, 374 ff.
54 So ausdrücklich BGHZ 146, 264, 275.
55 BGH, DB 2015, 55, 56.

den ist. Im Hinblick auf die kurzen Fristen des § 15a Abs. 1 InsO müssen auch solche Zahlungen gedeckt sein, die notwendig sind, um realistische Sanierungsbemühungen noch verfolgen und damit größere Nachteile für die Insolvenzmasse abwenden zu können.[56] Allerdings trägt grundsätzlich der Vorstand die Beweislast dafür, dass die Zahlungen nicht sorgfaltswidrig waren.[57] Die einseitige Erfüllung von Verbindlichkeiten ist dagegen grundsätzlich nicht gerechtfertigt. Dies gilt auch für Zahlungen an Sozialversicherungsträger und Steuerbehörden (siehe Rn. 122).

γ) Insolvenzreife: Zahlungsunfähigkeit oder Überschuldung

αα) Zahlungsunfähigkeit

Eine wesentliche Schwierigkeit für den Vorstand bei der Erfüllung seiner **125**
Pflichten nach § 15b Abs. 1 InsO liegt in der Feststellung der Insolvenzreife.[58] Dabei geht es um die Überschuldung (§ 19 InsO) und die Zahlungsunfähigkeit (§ 17 InsO), wobei letztere leichter erkennbar ist. Sie liegt vor, wenn die Gesellschaft nicht mehr in der Lage ist, ihre fälligen Verbindlichkeiten zu erfüllen. Damit geht es allein um die fälligen und durchsetzbaren Geldschulden, nicht dagegen um solche Ansprüche von Gläubigern, die gestundet oder sonst einredebehaftet sind.[59] Nach außen mag die Zahlungsunfähigkeit durch Zahlungseinstellung offenbar werden (§ 17 Abs. 2 Satz 2 InsO),[60] wenn also etwa Löhne und Gehälter oder Sozialversicherungsbeiträge[61] nicht mehr gezahlt oder nur noch Neuschulden beglichen werden.[62] Leistet die Gesellschaft dennoch vereinzelt kleinere Zahlungen, so ändert sich an dieser Beurteilung nichts.[63] Auf der anderen Seite führen Zahlungsstockungen, die erkennbar vorübergehender Natur sind, noch nicht zur Zahlungsunfähigkeit.[64] Unter der Geltung der Insolvenzordnung ist allerdings im Hinblick auf Formulierungsänderungen bei der Legaldefinition der Zahlungsunfähigkeit (§ 17 Abs. 2 InsO gegenüber § 102 Abs. 2 KO) insoweit eine restriktive Auslegung angezeigt. Eine über einen längeren, etwa

---

56 BGHZ 146, 264, 274 ff.; BGH, ZIP 2008, 72, 73; *Habersack/Foerster*, in: Großkomm. AktG, § 92 Rn. 132.
57 BGH, NZG 2007, 678, 679; BGHZ 146, 264, 275; OLG Düsseldorf, NJW-RR 1999, 1411, 1412.
58 Vgl. hierzu auch *Thümmel*, BB 2002, 1105, 1106.
59 Siehe *Habersack/Foerster*, in: Großkomm. AktG, § 92 Rn. 49.
60 Vgl. auch BGH, ZIP 2002, 853, 855, wonach eine Auflistung fälliger Forderungen, die den Kassenbestand und das Anlagevermögen weit übersteigen, zur Substantiierung der Zahlungsunfähigkeit zum Zeitpunkt des Erwerbs des Unternehmens ausreicht.
61 Vgl. BGH, ZIP 2002, 853, 855.
62 OLG Hamburg, GmbHR 2004, 797, 798.
63 BGH, WM 1985, 396.
64 *Lutter*, ZIP 1999, 641, 642; *Habersack/Foerster*, in: Großkomm. AktG, § 92 Rn. 51.

mehrwöchigen Zeitraum andauernde Illiquidität, die in einem „Schieben" von Zahlungen zum Ausdruck kommen kann, wird daher nicht mehr als vorübergehend anzusehen sein. Auch ist die Zahlungsunfähigkeit nicht mehr auf den Fall wesentlicher Liquiditätslücken beschränkt. Dennoch dürften geringfügige Zahlungsrückstände nach wie vor unberücksichtigt bleiben.[65] Der BGH[66] hat eine generelle Leitlinie dahin aufgestellt, dass fehlende Zahlungsfähigkeit für einen Zeitraum von bis zu drei Wochen und eine danach verbleibende Liquiditätslücke von bis zu 10% noch unter den Begriff der Zahlungsstockung, nicht der Zahlungsunfähigkeit fällt.

126 Maßgebend ist im Übrigen die Zeitpunkt-Illiquidität.[67] Der Gesetzgeber hat dies durch Einführung der drohenden Zahlungsunfähigkeit als weiteres (fakultatives) Anknüpfungsmerkmal für einen Insolvenzantrag deutlich gemacht.[68] Eine prognostische Gegenüberstellung künftiger Zahlungseingänge und fällig werdender Verbindlichkeiten ist daher nur im Rahmen des § 18 InsO erlaubt und geboten. Für die Zahlungsunfähigkeit i. S. des § 17 InsO kommt es dagegen allein auf den Beurteilungszeitpunkt an, wobei allenfalls zur Feststellung einer außer Betracht bleibenden Zahlungsstockung ein prognostisches Element („vorübergehend") zu berücksichtigen ist. Dabei ist von einem Zeitraum von bis zu drei Wochen auszugehen, innerhalb dessen eine Beseitigung der Liquiditätslücke bis auf höchstens 10% möglich sein muss.[69] Zu diesem Zweck ist eine Liquiditätsbilanz aufzustellen, die den sofort verfügbaren flüssigen Mittel (Aktiva I) und den innerhalb höchstens drei Wochen mobilisierbaren flüssigen Mitteln (Aktiva II) die fälligen und eingeforderten Verbindlichkeiten (Passiva I) und die innerhalb von drei Wochen fällig werdenden und eingeforderten Verbindlichkeiten (Passiva II) gegenüber stellt.[70] Vermieden oder beendet werden kann der Eintritt der Zahlungsunfähigkeit durch die Stundung von Verbindlichkeiten seitens der betroffenen Gläubiger, wenn ansonsten die Gesellschaft ihren Zahlungsverpflichtungen nachkommt.[71]

---

65 *Habersack/Foerster*, in: Großkomm. AktG, § 92 Rn. 51.

66 BGHZ 163, 134, 139, 145.

67 Vgl. hierzu schon RGZ 100, 62, 65; BGH, NJW 1962, 102; BGH, WM 1997, 2134, 2135; *Cahn*, in: Kölner Kommentar, § 92 Anh. A (§ 15a InsO) Rn. 11; *Koch*, § 92 Rn. 35; *Wimmer*, NJW 1996, 2546, 2547; *Habersack/Foerster*, in: Großkomm. AktG, § 92 Rn. 52.

68 Vgl. *Lutter*, ZIP 1999, 641, 642.

69 BGH 217, 129, 139; *Cahn*, in: Kölner Kommentar, § 92 Anh. A (§ 15a InsO) Rn. 12.

70 Vgl. *Cahn*, in: Kölner Kommentar, § 92 Anh. A (§ 15a InsO) Rn. 12.

71 BGH, BB 1952, 868; *Müller/Jegutidse*, S. 212.

ββ) Überschuldung

127 Überschuldung liegt vor, wenn das Vermögen der Gesellschaft ihre Verbindlichkeiten nicht mehr deckt (§ 19 Abs. 2 Satz 1 InsO). Erforderlich ist also eine bilanzielle Betrachtung der Vermögenslage des Unternehmens. Maßgeblich ist dabei nicht die Jahresbilanz oder eine nach den Regeln des HGB aufgestellte Zwischenbilanz. Diese haben allerdings indizielle Bedeutung, sodass weitere Darlegungen des Insolvenzverwalters zur Begründung einer Überschuldungslage solange entbehrlich sind als keine Anhaltspunkte für stille Reserven bestehen oder vom Vorstand behauptet werden.[72] Zugrunde zu legen ist ansonsten eine Überschuldungsbilanz, die den insolvenzrechtlichen Belangen Rechnung trägt.[73] Zum Ansatz kommen damit die tatsächlichen Werte der Vermögensgegenstände und Verbindlichkeiten, wobei stille Reserven aufzudecken sind.[74] Verbindlichkeiten aus Gesellschafterdarlehen sind – unabhängig von einer Rangrücktrittserklärung[75] – nicht in den Überschuldungstatus aufzunehmen (§ 19 Abs. 2 Satz 2 InsO), wenn sie nach § 39 Abs. 1 Nr. 5 InsO nachrangig sind. Die „harte“ Patronatserklärung eines Dritten, etwa der Obergesellschaft, beseitigt eine Überschuldung, nicht jedoch eine Erklärung, die keinen verbindlichen Ausstattungsanspruch des betroffenen Unternehmens begründet („weiche“ Patronatserklärung“).[76]

128 Nach dem bisher geltenden zweistufigen Überschuldungsbegriff waren grundsätzlich Liquidationswerte zum Ansatz zu bringen, so wie sie bei einer Zerschlagung des Unternehmens realisiert werden könnten. Der Vorstand war jedoch gehalten, eine Fortführungsprognose zu erstellen, und zwar in dem Augenblick, in dem ihm die rechnerische Überschuldung bekannt wird.[77] Fiel diese positiv aus, war also die Fortführung des Unternehmens überwiegend wahrscheinlich, konnten die in der Regel höheren Fortführungswerte zugrunde gelegt werden. Nach der – zunächst befristeten, später endgültigen – Neuregelung des § 19 Abs. 2 Satz 1 InsO kommt es auf die Unterscheidung von Zerschlagungs- und Fortführungswerten nicht mehr an. Zentral ist nun die positive Fortführungsprognose, die den Insolvenzgrund der Überschuldung entfallen lässt, auch wenn bei Verwendung von Fortführungswerten noch immer eine rechnerische Überschuldung verbleibt. Die Beweislast für die Überschuldung trägt der Insolvenzverwalter,[78] für eine positive Fortführungsprognose wie auch für das Vorhandensein stiller Reser-

72 BGH, BB 2001, 1005; OLG Celle, DB 2008, 2353.
73 BGHZ 146, 264 ff.
74 Vgl. BGH, NJW 1983, 676, 677; BGHZ 119, 201, 214.
75 Siehe hierzu BGHZ 146, 264 ff.
76 BGH, DB 2021, 1864, 1872 ff.
77 So OLG Köln, GmbHR 2001, 574.
78 OLG Koblenz, GmbHR 2003, 419 (zur GmbH).

ven ist dagegen der Vorstand darlegungs- und beweispflichtig.[79] Der Beweis lässt sich im Regelfalle nur durch Gutachten von Sanierungs- und Insolvenzexperten erbringen. Eine positive Fortführungsprognose liegt vor, wenn die Fortführung der Gesellschaft in den nächsten 12 Monaten überwiegend wahrscheinlich ist (§ 19 Abs. 2 Satz 1 InsO). Hiervon ist auszugehen, wenn die Fortführung beabsichtigt ist und auf der Grundlage der Zahlenbasis eines plausiblen Businessplans durchführbar erscheint.[80]

129 Der Vorstand ist nicht gehalten, zu jedem denkbaren Zeitpunkt eine Überschuldungsbilanz aufzustellen. Da für die Feststellung der Überschuldung aber die tatsächlichen Verhältnisse und nicht Bilanzstichtage maßgeblich sind, wird er die wirtschaftliche Lage des Unternehmens laufend beobachten und sich bei Anzeichen einer krisenhaften Entwicklung durch Aufstellen einer Zwischenbilanz oder eines Vermögensstatus einen Überblick über den Vermögensstand verschaffen müssen.[81] Der Vorstand hat im Übrigen für eine Organisation zu sorgen, die ihm die erforderliche Übersicht über die wirtschaftliche und finanzielle Situation der Gesellschaft jederzeit ermöglicht.

Fallbeispiel:[82]

Eine GmbH nimmt ihren ehemaligen Geschäftsführer u. a. deswegen auf Schadenersatz in Anspruch, weil dieser es versäumt habe, die Gesellschafter rechtzeitig über den eingetretenen Verlust des gesamten Stammkapitals zu informieren. Der Geschäftsführer verteidigt sich damit, dass die Buchhaltung nicht am Sitz der Gesellschaft und auch nicht durch deren Personal vorgenommen wurde. Vielmehr sei es üblich gewesen, dass die vorsortierten Belege zu der Mehrheitsgesellschafterin geschickt wurden und die Buchhaltung sowie ein Teil des Zahlungsverkehrs durch deren Personal erledigt wurde. Dem Geschäftsführer sei deshalb und infolge der auch sonst nicht leicht zu durchschauenden Geschäftspraktiken der Mehrheitsgesellschafterin ein eindeutiger Überblick über die wirtschaftliche Situation des Unternehmens nicht möglich gewesen. Der BGH entschied, dass dies den Geschäftsführer nicht entlastet, er vielmehr für die notwendigen organisatorischen Voraussetzungen zu sorgen gehabt hätte, die ihm einen ausreichenden Überblick über die Geschäftslage des Unternehmens ermöglichten.

---

79 BGH, DB 2010, 2661, 2662; LG München, BB 2000, 428, 429.
80 OLG Schleswig, AG 2022, 293, 294; *Cahn*, in: Kölner Kommentar, § 92 Anh. A (§ 15a InsO) Rn. 23.
81 BGH, NJW-RR 1995, 669 zur parallelen Situation bei der GmbH.
82 BGH, NJW-RR 1995, 669.

γγ) Kenntnis vom Insolvenzgrund erforderlich?

Die Verletzung des Zahlungsverbots macht den Vorstand nach § 15b Abs. 4 InsO ersatzpflichtig. Streitig ist der Grad des beim Vorstand erforderlichen Verschuldens bezüglich des Eintritts der Insolvenzreife. Die überwiegende Meinung[83] geht davon aus, dass – wie bei dem allgemeinen Haftungstatbestand des § 93 Abs. 2 AktG – einfache Fahrlässigkeit genügt. Ausreichend ist danach, dass die Insolvenzreife für den Vorstand erkennbar war, wobei nach Auffassung des BGH[84] ein entsprechendes Verschulden zu vermuten ist, der Vorstand also die fehlende Erkennbarkeit darlegen und notfalls beweisen muss.[85] Nach anderer Auffassung[86] ist Kenntnis oder böswillige Unkenntnis vom Eintritt des Insolvenzgrundes erforderlich. Dies dürfte nicht zutreffend sein, weil die Nachverfolgung der Vermögens- und Liquiditätslage zu den Kernaufgaben des Vorstands gehört und deshalb in dieser Beziehung eine erhebliche Pflichtenanspannung zu fordern ist. Außerdem entstünde ein Wertungswiderspruch zu § 15a Abs. 5 InsO, der die auch fahrlässige Unterlassung eines Insolvenzantrags unter Strafe stellt.[87] Fahrlässige Unkenntnis liegt auch dann vor, wenn der Vorstand seiner Beobachtungspflicht nicht nachkommt, insbesondere nach Verlust der Hälfte des Grundkapitals keinen Überschuldungsstatus aufstellt und deshalb die eingetretene Überschuldung nicht erkennt.[88] Der in Anspruch genommene Vorstand ist für sein fehlendes Verschulden beweispflichtig. Fehlendes Verschulden kann sich daraus ergeben, dass der Vorstand für den kaufmännischen Bereich nicht zuständig ist und auch faktisch keinen Einblick in die Hintergründe des Zahlenwerkes der Gesellschaft hat.[89] **130**

δδ) Schaden

Gegenstand der Ersatzpflicht nach § 15b Abs. 4 InsO ist die durch die verbotswidrige Zahlung eingetretene Verminderung der den Gläubigern der Gesellschaft zur Verfügung stehenden Masse. In dieser Höhe wird der Schadenseintritt vermutet; dem Vorstand steht der Gegenbeweis offen. Maßgeb- **131**

---

83 BGHZ 126, 181, 199; BGHZ 75, 96, 111; BGHSt 15, 306, 310; OLG Düsseldorf, ZIP 1992, 767, 769; OLG Düsseldorf, GmbHR 1993, 159; OLG Hamburg, NJW-RR 1995, 1506 (zu § 64 Abs. 2 GmbHG a. F.); *Bitter*, in: Scholz, § 64 Rn. 187; *Wimmer*, NJW 1996, 2546, 2547; *Altmeppen*, ZIP 1997, 1173, 1177.

84 BGHZ 143, 184, 185 (zu § 64 GmbHG a. F.).

85 Siehe hierzu auch *Lange*, GmbHR 2015, 1009, 1012.

86 Vgl. BGHZ 75, 96, 110 f. „*Herstatt*" (zur Insolvenzantragspflicht); OLG Frankfurt, NZG 2004, 1157, 1159; OLG Düsseldorf, ZIP 1985, 876, 886; *Cahn*, in: Kölner Kommentar, § 92 Anh. B (§ 15b InsO) Rn. 26 f.

87 Vgl. auch *Habersack/Foerster*, in: Großkomm. AktG, § 92 Rn. 86.

88 OLG Celle, DB 2008, 2353.

89 OLG München, DB 2008, 457, 459.

lich ist allerdings die Perspektive der Gläubiger, nicht diejenige der Gesellschaft. Letztere hat keinen Schaden, wenn die Zahlung, was die Regel sein dürfte, der Schuldentilgung diente. Deswegen spricht der BGH[90] (bezogen auf die Vorgängernorm des § 92 Abs. 2 AktG) auch von einem „Ersatzanspruch eigener Art“. Die Vermutung kann nur durch den Nachweis der Wiedereinzahlung in die Masse widerlegt werden. Auch eine Rückerstattung der Zahlung nach erfolgreicher Anfechtung durch den Insolvenzverwalter lässt die Schadensvermutung entfallen.[91] Das Versäumnis des Insolvenzverwalters, rechtzeitig Insolvenzanfechtungsrechte geltend zu machen, entlastet den Vorstand nicht.[92] Abzusetzen sind ferner etwaige Zuflüsse, z. B. in Form einer von dem Zahlungsempfänger erbrachten Gegenleistung.[93] Bei vollwertiger Gegenleistung fehlt es allerdings, wie erwähnt, bereits an einer Pflichtverletzung (oben Rn. 124). Nicht abzusetzen ist die fiktive Insolvenzquote des Gläubigers, der die Zahlung erhalten hat, da es nicht um Schadenersatz i. S. der Differenzhypothese, sondern um die Erstattung verbotswidrig geleisteter Zahlungen geht.[94] Der Vorstand kann aber die auf den wieder eingelegten Betrag entfallende Insolvenzquote der Gesellschaftsgläubiger seinerseits geltend machen.

Praxistipp:[95]

Die Haftung des Vorstands für masseschmälernde Zahlungen nach Eintritt der Insolvenzreife ist von hoher praktischer Bedeutung. Ein sehr großer Teil der bei D&O-Versicherern gemeldeten Schadensfälle betrifft diesen Haftungstatbestand. Deshalb muss der Vorstand ausgesprochen sensibel reagieren, wenn Zahlungsunfähigkeit oder Überschuldung auch nur in Sichtweite geraten. Empfehlenswert ist die frühe Einbeziehung von Sanierungs- und Insolvenzexperten, deren Beurteilungen und Ratschläge auch in schriftlicher Form vorliegen sollten. Rollierende Liquiditätspläne und monatliche (oder häufiger aufgestellte) Überschuldungsbilanzen, jeweils auf Basis realistischer Annahmen, gehören zum Standard. Notfalls muss der Insolvenzantrag auch gegen Mitvorstände oder den Aufsichtsrat durchgesetzt werden. Als letzter Ausweg ist an die (rechtzeitige) Amtsniederlegung zu denken.

---

90 BHG, NJW 2011, 221, 222 „*Doberlug*“; *Kiefner/Langen*, NJW 2011, 192, 194.
91 BGH, DB 2015, 55, 56.
92 BGHZ 131, 325.
93 BGH, NJW 1974, 1088, 1089; OLG Hamm, GmbHR 1993, 584, 585 (zu § 64 Abs. 2 GmbHG).
94 BGHZ 146, 264, 278; BGH, NZG 2007, 678, 679.
95 Vgl. die ausführlichen Vorschläge zum Selbstschutz von Managern bei *Lange*, GmbHR 2015, 1009, 1013 ff.

dd) Vorbereitung und Ausführung von Hauptversammlungsbeschlüssen

Soweit die Hauptversammlung für die Gesellschaft betreffende Maßnahmen zuständig ist, hat der Vorstand solche Maßnahmen auf Verlangen der Hauptversammlung vorzubereiten und deren Beschlüsse auszuführen (§ 83 AktG).[96] Außerdem muss er (zusammen mit dem Aufsichtsrat) der Hauptversammlung geeignete Beschlussvorschläge unterbreiten (§ 124 Abs. 3 Satz 1 AktG).[97] Die Zuständigkeiten der Hauptversammlung ergeben sich insbesondere aus dem Katalog des § 119 AktG. Hervorzuheben sind die Personalzuständigkeit für den Aufsichtsrat, die Zuständigkeit für den Gewinnverwendungsbeschluss und für Satzungsänderungen. Die praktische Notwendigkeit für die technische Vorbereitung und Durchführung der entsprechenden Beschlüsse durch den Vorstand ist hier offensichtlich, denn der Hauptversammlung fehlt der notwendige „Apparat", d. h. ein Exekutivorgan mit Zugriff auf ein Sekretariat etc. **132**

Geschäftsführungsfragen dürfen von der Hauptversammlung nur entschieden werden, wenn der Vorstand dies verlangt (§ 119 Abs. 2 AktG) oder wenn eine wesentliche Strukturveränderung bei der Gesellschaft geplant ist, die in ihrer Wirkung einer Satzungsänderung nahe kommt („*Holzmüller*"-Situation).[98] Allein in diesen Fällen muss der Vorstand einer Weisung der Hauptversammlung folgen. Auch bei einer Entscheidung nach § 119 Abs. 2 AktG besteht keine Folgepflicht, wenn die Hauptversammlung lediglich eine Empfehlung ausspricht.[99] Liegt ein wirksamer Hauptversammlungsbeschluss vor, ist der Vorstand nach § 93 Abs. 4 Satz 1 AktG von seinem Innenhaftungsrisiko befreit. Verstöße gegen gesetzmäßig zustande gekommene, zulässige Weisungen der Hauptversammlung oder gegen die Verpflichtung zur ordnungsgemäßen Vorbereitung und Durchführung von Beschlüssen machen den Vorstand nach der Generalklausel des § 93 Abs. 2 AktG der Gesellschaft gegenüber ersatzpflichtig. Ein Schaden mag dann entstehen, wenn weisungsgemäßes Verhalten oder die rechtzeitige Vorbereitung oder Durchführung eines Beschlusses nach § 119 Abs. 1 AktG die Gesellschaft vor Verlust bewahrt hätte. **133**

96 Vgl. *Hoffmann-Becking*, in: Münchener Handbuch des Gesellschaftsrechts, § 25 Rn. 90 ff.

97 Siehe BGHZ 149, 158, der diese Aufgabe dem Gesamtvorstand zuweist.

98 BGHZ 83, 122 „*Holzmüller*"; BGHZ 159, 30 „*Gelatine*"; BGH, ZIP 2004, 1001.

99 Vgl. *Koch*, § 119 Rn. 15 m. w. N.; auch bei Empfehlungen kann aber eine faktische Bindungswirkung dadurch eintreten, dass abweichendes Verhalten des Vorstands im Hinblick auf dessen Pflicht zur ordnungsgemäßen Geschäftsführung einem höheren Rechtfertigungszwang ausgesetzt ist.

ee) Pflichten bei Gründung

134 Im Rahmen der Gründung der Gesellschaft treffen den Vorstand (und Aufsichtsrat) besondere Sorgfaltspflichten. So hat er neben den Gründern (§ 46 Abs. 1 AktG) dafür zu sorgen, dass die zum Zwecke der Gründung gemachten Angaben (vor allem gegenüber dem Registergericht) vollständig und richtig sind (§§ 36 ff. AktG) sowie eine geeignete Zahlstelle zur Annahme von Einzahlungen auf das Grundkapital ausgewählt wird (§ 54 Abs. 3 AktG). Der Zweck der letzteren Bestimmung liegt darin, dass die Wahl eines in seiner Solvenz zweifelhaften Kreditinstituts vermieden wird. Ferner ist der Vorstand, wiederum neben den Gründern, dafür verantwortlich, dass die eingezahlten Beträge zu seiner freien Verfügung stehen (§ 48 AktG). Außerdem hat er den Hergang der Gründung im Hinblick auf alle tatsächlichen und rechtlichen Vorgänge, vor allem bezüglich erbrachter oder zu erbringender Einlagen zu prüfen (§§ 33 Abs. 1, 34 AktG). Die Prüfungspflicht gewinnt bei Sachgründungen besondere Relevanz, da sie sich auch auf den Wert der Sacheinlagen bezieht. Soweit sich die Bewertung der Einlagegegenstände an Marktpreisen orientieren kann, kommt ein vereinfachtes Prüfungsverfahren zur Anwendung (§ 33a AktG[100]). Bei der Nachgründung, d. h. der Begründung erheblicher Erwerbspflichten für die AG gegenüber Gründern oder mit mehr als 10 % am Grundkapital beteiligten Aktionären[101] innerhalb der ersten zwei Jahre nach Gründung (§ 52 AktG), bestehen für den Vorstand entsprechende Sorgfaltspflichten (§ 53 AktG).

135 Eine schuldhafte Verletzung der Pflichten bei Gründung oder Nachgründung löst den Schadenersatzanspruch der Gesellschaft nach § 48 AktG aus. Dieser begründet eine gesamtschuldnerische Haftung der Vorstandsmitglieder zusammen mit den Gründern (nicht bei Nachgründung) für den eingetretenen Schaden. Im Übrigen kommen die Regelungen des § 93 AktG zur Anwendung mit Ausnahme der Vorschriften zum Verzicht und zur Verjährung, die durch Sonderregeln (§§ 50, 51 AktG) ersetzt sind. Ein Verzicht seitens der Gesellschaft ist danach nur unter (gegenüber § 93 Abs. 4 Satz 3 AktG modifizierten) erschwerten Umständen möglich, nämlich erst drei Jahre nach Eintragung der Gesellschaft (oder der Nachgründung) im Handelsregister und mit Zustimmung der Hauptversammlung (ohne dass gleichzeitig Aktionäre mit einer mindestens 10 %-Beteiligung am Grundkapital Widerspruch zur Niederschrift erheben). Der Anspruch verjährt fünf Jahre seit Begehung der zum Ersatz verpflichtenden Handlung, frühestens fünf Jahre seit Eintragung der Gesellschaft im Handelsregister.

100 Eingeführt durch das ARUG (2009).

101 Die Einschränkung der Nachgründung auf den Fall der Erwerbspflicht gegenüber Gründern oder Aktionären mit einer wesentlichen Beteiligung ist durch das NaStraG vom 18.1.2001 mit Wirkung zum 1.1.2000 eingeführt worden (BGBl. I, S. 123).

ff) Wettbewerbsverbot

α) Zeitlicher Geltungsbereich

Der Vorstand unterliegt nach § 88 Abs. 1 AktG einem umfassenden Wettbewerbsverbot während seiner Tätigkeit. Die Regelung dient dem Schutz der Gesellschaft vor Wettbewerbshandlungen und vor anderweitigem Einsatz der Arbeitskraft ihrer Vorstandsmitglieder.[102] Das gesetzliche Wettbewerbsverbot beginnt mit der Bestellung des Vorstands und endet mit der Beendigung seines Organ- und Anstellungsverhältnisses. Wird also die Bestellung widerrufen, so wirkt das Wettbewerbsverbot bis zum Ablauf des Dienstvertrags fort.[103] Legt das Vorstandsmitglied sein Amt nieder, so kommt es darauf an, ob die Amtsniederlegung berechtigt ist und zu welchem Zeitpunkt sie wirkt; das Risiko vorzeitiger und damit unberechtigter Amtsniederlegung trägt dabei das Vorstandsmitglied.[104] **136**

Nach Beendigung von Organ- und Anstellungsverhältnis ist der Vorstand frei, anderweitig tätig zu werden, es sei denn im Dienstvertrag wäre ein nachvertragliches Wettbewerbsverbot vereinbart. Die Beschränkungen der §§ 74 ff. HGB kommen im Hinblick auf die Unternehmerfunktion des Vorstands nicht zur Anwendung.[105] Dennoch ist das Verbot nur wirksam, wenn es einem berechtigten Interesse der Gesellschaft dient und sich in seiner zeitlichen, sachlichen und örtlichen Begrenzung hieran orientiert.[106] Eine exakte Beschreibung des verbotenen Tätigkeitsfeldes empfiehlt sich. Bis zu zwei Jahren sind eine übliche und noch zulässige zeitliche Begrenzung,[107] wenn der sachliche und geografische Geltungsbereich angemessen gestaltet wird.[108] Ob und in welchen Fällen eine Karenzentschädigung vereinbart werden muss, ist umstritten.[109] In jedem Fall kann eine solche Vereinbarung aber Zweifel an der Angemessenheit des nachvertraglichen Wettbewerbsverbots vermindern. **137**

102 BGH, WM 1997, 1015, 1016; BGH, WM 2001, 1067, 1068.

103 So *Spindler*, in: MünchKommAktG, § 88 Rn. 10 f.; *Cahn*, in: Kölner Kommentar, § 88 Rn. 7; a.A. *Koch*, § 88 Rn. 2: Zweck der Vorschrift liegt vorrangig im Schutz der AG vor anderweitigem Einsatz der Arbeitskraft ihrer Vorstandsmitglieder.

104 *Koch*, § 88 Rn. 2 m.w.N.

105 Vgl. BGHZ 91, 1, 3 ff. für die GmbH; *Cahn*, in: Kölner Kommentar, § 88 Rn. 41 ff.

106 BGHZ 91, 1, 5; OLG Düsseldorf, DB 1990, 1960; *Koch*, § 88 Rn. 10.

107 BGH, WM 1974, 74, 76; BGH, NJW 1994, 384, 385.

108 Vgl. OLG Düsseldorf, BB 2001, 956: Generelles Verbot der Konkurrenztätigkeit über zwei Jahre ist nichtig; OLG Celle, GmbHR 2000, 1258: 1-jähriges Verbot für Benelux-Staaten und Deutschland kann wirksam sein.

109 Siehe *Thüsing*, NZG 2004, 9, 11 f. m.w.N.

Praxistipp:

Das Wettbewerbsverbot des Vorstands ist streitanfällig. Deshalb empfiehlt sich eine sorgfältige Dokumentation. Dies gilt zunächst für das gesetzliche Wettbewerbsverbot des § 88 AktG, bezüglich dessen Umfang (welches ist genau der Geschäftszweig der Gesellschaft?), etwaige Ausnahmen und die zeitliche Erstreckung (bis zur Beendigung des Dienstvertrags) im Dienstvertrag geregelt werden sollten. Beim nachvertraglichen Wettbewerbsverbot sind die sachliche, zeitliche und örtliche Erstreckung sowie die Höhe einer Karenzentschädigung regelungsbedürftig. Ebenso sollten die Motive für die Regelung, also insbesondere das berechtigte Interesse der Gesellschaft und die Abwägung gegenüber den Interessen des Vorstands angesprochen werden.

β) Wettbewerbshandlungen

138 Inhaltlich geht es in § 88 Abs. 1 AktG um drei verschiedene Fälle. Zunächst ist dem Vorstand der Betrieb eines eigenen Handelsgewerbes (nicht einer sonstigen gewerblichen oder freiberuflichen Tätigkeit) untersagt, wobei es auf den Geschäftszweig nicht ankommt. Des Weiteren darf der Vorstand in dem tatsächlich von der AG verfolgten Geschäftszweig[110] keine Geschäfte für eigene oder fremde Rechnung machen. Schließlich ist auch die Tätigkeit als Vorstand, Geschäftsführer oder persönlich haftender Gesellschafter einer anderen Gesellschaft, wieder ohne Rücksicht auf den Geschäftszweig, untersagt. Eine Tätigkeit als Aufsichtsrat ist nicht von der Bestimmung betroffen. Von sämtlichen Beschränkungen des gesetzlichen Wettbewerbsverbots kann der Aufsichtsrat der AG befreien, allerdings nicht generell, sondern nur bezogen auf konkrete Tätigkeiten (§ 88 Abs. 1 Satz 3 AktG).

Fallbeispiel:[111]

Der Vorstand einer AG, die sich mit dem Handel und der Verwaltung von Immobilien beschäftigte, sah in dem Erwerb und der sofortigen Veräußerung eines Grundstücks eine für die Gesellschaft günstige Geschäftschance, die er in Abstimmung mit dem Aufsichtsrat und einem Hauptaktionär wahrnahm. Der Hauptaktionär, der wirtschaftlich der Verkäufer des Grundstücks war, wendete dem Vorstand daraufhin eine „Provision" zu. Nachdem die AG in die Insolvenz gegangen war, verlangte der Insolvenzverwalter den gezahlten Betrag von dem früheren Vorstand heraus. Die Vorinstanzen gaben der Klage statt, der BGH hob auf und verwies zurück. Jedenfalls auf § 88 Abs. 1, 2 Satz 2 AktG lasse sich der Anspruch

110 Der satzungsmäßige Geschäftszweig ist unmaßgeblich, BGHZ 70, 331, 332 f.; BGHZ 89, 162, 170; vgl. zum Begriff des „Geschäftemachens" BGH, WM 1997, 1015; BGH, WM 2001, 1067, 1068 (Vorinstanz: OLG Köln, AG 1999, 573).

111 BGH, WM 2001, 1067 (Vorinstanz: OLG Köln, AG 1999, 573).

nicht stützen, weil die „Vermittlungstätigkeit" des Vorstands nicht in den Geschäftszweig der AG falle. Allenfalls als „Schmiergeld" könne der Betrag nach § 667 BGB herausverlangt werden.[112]

γ) Schadenersatzansprüche

Für den Fall der Verletzung des Wettbewerbsverbots hält § 88 Abs. 2 Satz 1 **139** AktG einen eigenständigen Schadenersatzanspruch bereit, der nach Voraussetzungen (insbesondere im Hinblick auf das Verschulden) und Inhalt aber demjenigen des § 93 Abs. 2 AktG entspricht. Lediglich die Verjährung ist in § 88 Abs. 3 AktG gesondert geregelt.[113] Ein Schaden ist im Regelfalle allerdings schwer darstellbar. Deswegen sieht § 88 Abs. 2 Satz 2 AktG anstelle des Schadenersatzanspruches – jedenfalls bei im Geschäftszweig der Gesellschaft getätigten Eigen- oder Fremdgeschäften (2. Alternative des § 88 Abs. 1 AktG) – alternativ ein Eintrittsrecht der Gesellschaft vor. Diese kann daher den Gewinn des Vorstands aus der verbotenen Tätigkeit an sich ziehen, es sei denn, die Tätigkeit wäre auch aus Sicht der Gesellschaft gesetzwidrig gewesen.[114] Bei Verstößen gegen nachvertragliche (dienstvertraglich vereinbarte) Wettbewerbsverbote kommen Schadenersatzansprüche aus §§ 241 Abs. 1, 280 BGB oder, falls vereinbart, Ansprüche auf die Zahlung von Vertragsstrafen (§§ 339 ff. BGB) in Betracht.

gg) Berichtspflichten

Der Vorstand ist in weitem Umfange dem Aufsichtsrat gegenüber berichts- **140** pflichtig. § 90 Abs. 1 und 2 AktG sehen regelmäßige Berichte in festen zeitlichen Intervallen oder zu bestimmten Sitzungen des Aufsichtsrats vor, die ohne Anforderung zu erstatten sind und sich mit der beabsichtigten Geschäftspolitik (strategische Planung), der Rentabilität der Gesellschaft, dem Gang der Geschäfte (Vergleich Planwerte zu Ist-Werten) und wesentlichen Einzelgeschäften befassen.[115] Im Zuge des KonTraG eingeführte redaktionelle Ergänzungen des § 90 Abs. 1 Nr. 1 AktG stellen zu Recht die Unternehmensplanung stärker in den Mittelpunkt der Berichtspflicht. Der Vorstand soll danach regelmäßig auch über die Finanz-, Investitions- und Personal-

112 Siehe hierzu auch OLG Düsseldorf, WM 2000, 1393, insb. 1397.

113 Kurze Verjährung von drei Monaten ab Kenntnis sämtlicher Vorstands- und Aufsichtsratsmitglieder von den anspruchsbegründenden Tatsachen bzw. ohne Rücksicht auf Kenntnis fünf Jahre ab Anspruchsentstehung.

114 Z. B. bei Verstoß gegen Außenwirtschaftsrecht, vgl. *Koch*, § 88 Rn. 7.

115 Vgl. im Einzelnen *Theisen*, Grundsätze einer ordnungsmäßigen Information des Aufsichtsrats, S. 19 ff.; *Sina*, NJW 1990, 1016, 1017 ff. zu den Grenzen der Berichtspflicht; *Hoffmann-Becking*, in: Münchener Handbuch des Gesellschaftsrechts, § 25 Rn. 64 ff.

planung berichten.[116] Zu einer weiteren Klarstellung hat das TransPuG beigetragen. Nach § 90 Abs. 1 Nr. 1 AktG müssen sich die Berichte über die Unternehmensplanung ausdrücklich auch auf Abweichungen zu früher berichteten Planzielen beziehen und die Gründe für solche Abweichungen angeben (Abweichungsberichterstattung). Ferner müssen sämtliche Berichte Tochter- und Joint-Venture-Unternehmen einbeziehen (§ 90 Abs. 1 Satz 2 AktG). Die Berichtspflichten werden durch die Grundsätze 15 und 16 des Deutschen Corporate Governance Kodex (DCGK) weiter konkretisiert. Dort wird die Verpflichtung des Vorstands zur „regelmäßigen, zeitnahen und umfassenden" Berichterstattung betont, die sich auf „alle für das Unternehmen relevanten Fragen" beziehen soll. Dazu gehören insbesondere die Planung, die Geschäftsentwicklung, Planabweichungen (mit Gründen), die Risikolage, das Risikomanagement und die Compliance.

141 Außerdem ist dem Vorsitzenden des Aufsichtsrats über sonstige wichtige Ereignisse zu berichten, die sich auf das Unternehmen negativ auswirken könnten. Dies wird auch in Grundsatz 16 DCGK unterstrichen, der im Übrigen deutlich macht, dass der Aufsichtsratsvorsitzende seine Erkenntnisse mit dem Gesamtaufsichtsrat teilen muss. Daneben haben der Aufsichtsrat als Organ und seine einzelnen Mitglieder das Recht, Berichte (an den Aufsichtsrat insgesamt) zu bestimmten, näher umrissenen Fragestellungen anzufordern (§ 90 Abs. 3 AktG).[117] Das früher bestehende Ablehnungsrecht des Vorstands, das nur durch die Unterstützung des Berichtsverlangens durch ein weiteres Aufsichtsratsmitglied überwunden werden konnte, wurde im Zuge des TransPuG aus dem Gesetz gestrichen. Die Berichtspflicht des Vorstands endet nun erst, wenn das Recht, Berichte anzufordern, missbräuchlich ausgeübt wird; das ist etwa der Fall, wenn das Berichtsverlangen ausschließlich persönlichen Motiven einzelner Aufsichtsratsmitglieder entspringt[118] oder vornehmlich der Belästigung des Vorstands dient.

142 Die Berichte des Vorstands müssen den Grundsätzen einer gewissenhaften und getreuen Rechenschaft entsprechen (§ 90 Abs. 4 Satz 1 AktG). Dies bedeutet, dass sie dem Berichtszweck (Ermöglichung der Überwachung) entsprechend vollständig, sachlich richtig und klar gegliedert sein müssen. § 90 Abs. 4 Satz 2 AktG, im Zuge des TransPuG in das Gesetz eingefügt, hebt die Rechtzeitigkeit der Berichterstattung besonders hervor und macht die Vorlage „in Textform" zur Regel, wobei die Berichte in dieser Form auch den einzelnen Mitgliedern des Aufsichtsrats grundsätzlich „zu übermitteln" sind (§ 90 Abs. 5 AktG).

---

116 Vgl. *Thümmel*, DB 1997, 261, 262.

117 Zur erforderlichen Präzisierung des Berichtsgegenstands vgl. OLG Köln, AG 1987, 24, 25.

118 *Sina*, NJW 1990, 1016, 1018 ff.

143 Verstößt der Vorstand schuldhaft gegen seine Berichtspflichten, etwa indem er angeforderte oder ohne Anforderung geschuldete Berichte nicht oder inhaltlich unzutreffend oder unvollständig erstattet, so macht er sich nach der Generalklausel des § 93 Abs. 2 AktG schadenersatzpflichtig. Ein sich aus dem Verstoß konkret ergebender Schaden wird allerdings eher selten sein. Die Gesellschaft müsste darlegen und beweisen können, dass bei rechtzeitigem oder zutreffendem Bericht sogleich konkrete Maßnahmen eingeleitet worden wären, die sie vor Schaden bewahrt hätte. Dies ist schwierig, weil der Aufsichtsrat dem Vorstand gegenüber kein Weisungsrecht besitzt. Allerdings kann und muss er sein Überwachungsinstrumentarium (Rn. 255 ff.) einsetzen, etwa durch Begründung von Zustimmungsvorbehalten (§ 111 Abs. 4 AktG) oder durch Einleitung von Prüfungsmaßnahmen (§ 111 Abs. 2 AktG). Außerdem bleibt ihm die argumentative Einflussnahme auf den Vorstand.

Praxistipp:

Die Berichtspflicht ist, obwohl für den Vorstand oft durchaus lästig, eine zentrale Voraussetzung für die ordnungsgemäße Wahrnehmung der Überwachungsaufgabe durch den Aufsichtsrat. Berichte müssen daher im Hinblick auf Inhalt und Umfang so gestaltet sein, dass die Mitglieder des Aufsichtsrats hieraus die wesentlichen Problembereiche und Herausforderungen des Unternehmens sowie die Überlegungen des Vorstands hierzu erkennen können und in die Lage versetzt werden, hierüber sinnvoll zu diskutieren. Das Zahlenmaterial sollte daher einen maßvollen Umfang haben und kommentiert werden, Prosa ist wichtig und sollte sich nicht in Einzelheiten verlieren. Schaubilder ohne Erläuterung sind nutzlos. Insgesamt gilt der Grundsatz: Weniger ist mehr, und nicht: „cover your ass“.

hh) Ordnungsgemäße Buchführung

144 Die Verpflichtung zur ordnungsgemäßen Buchführung ist in § 91 Abs. 1 AktG ausdrücklich erwähnt, ergibt sich aber im Übrigen aus der Leitungsaufgabe des Vorstands (§ 76 Abs. 1 AktG) und aus der Verpflichtung zu ordnungsgemäßer Geschäftsführung (§ 93 Abs. 1 Satz 1 AktG). Konkretisiert wird die Buchführungspflicht durch die Bestimmungen des HGB (§§ 238 ff. HGB), ergänzt um die Grundsätze ordnungsgemäßer Buchführung (GoB) bzw. der International Financial Reporting Standards (IFRS). Die Verantwortung liegt insoweit beim Gesamtvorstand und kann nicht delegiert werden, wohl aber – was auch die Regel ist – die technische Abwicklung.[119] Der Vorstand muss sicherstellen, dass die Buchführungspflicht in einer Weise

119 Vgl. *Spindler*, in: MünchKommAktG, § 91 Rn. 6 f.

erfüllt wird, die ihm die jederzeitige Übersicht über die finanzielle Lage des Unternehmens ermöglicht.[120]

145 Verstöße gegen die Buchführungspflicht sind klare kaufmännische Kunstfehler und verpflichten den Vorstand bei Verschulden nach § 93 Abs. 2 AktG zum Schadenersatz. Fehler von Mitarbeitern entlasten den Vorstand nur, wenn diese sorgfältig ausgewählt und überwacht waren. Ferner muss organisatorisch sichergestellt sein, dass etwaige Fehler frühzeitig erkannt werden und der Vorstand in der Lage ist, jederzeit einzugreifen. Der Schaden der Gesellschaft wird meist darin liegen, dass infolge unzutreffender Gewinnermittlung zu viel an Steuern bezahlt oder fälschlich Gewinn ausgeschüttet wurde. Neben dem möglicherweise eintretenden Zinsverlust mögen die entsprechenden Beträge selbst nicht mehr zurückholbar sein, wofür der Vorstand dann einzustehen hat. Unter bestimmten Umständen ist die Verletzung der Buchführungspflicht auch strafbar (§§ 283b, 283 Abs. 1 Nr. 5 bis 7 StGB).

ii) Risikofrüherkennungssystem

146 § 91 Abs. 2 AktG verpflichtet den Vorstand zur Einrichtung eines Überwachungssystems, das es ihm ermöglichen soll, den Fortbestand des Unternehmens gefährdende Entwicklungen frühzeitig zu erkennen. Es handelt sich hierbei um die Konkretisierung der allgemeinen Pflicht des Vorstands, Schäden vom Unternehmen fernzuhalten. Als potenziell das Unternehmen und seinen Fortbestand gefährdende Entwicklungen sieht die Gesetzesbegründung zum KonTraG vor allem risikobehaftete Geschäfte, Mängel in der Rechnungslegung und Verstöße gegen gesetzliche Vorschriften an. Insgesamt gehört das Früherkennungssystem zu den Instrumenten der corporate compliance,[121] deren Ziel es ist sicherzustellen, dass sich das Unternehmen, seine Führung und Mitarbeiter in Übereinstimmung mit anwendbaren Regelwerken befinden und rechtmäßig verhalten. Ergänzt wird die Regelung durch den Grundsatz 4 und die Empfehlung A.2 des DCGK, die ein Risikomanagementsystem und ein Compliancemanagementsystem[122] (samt Whistleblowerfunktion) vorsehen. § 91 Abs. 3 AktG verpflichtet den Vorstand einer börsennotierten Gesellschaft dazuhin, ein wirksames internes Kontrollsystem (IKS) und Risikomanagementsystem einzurichten, das der Geschäftstätigkeit und Risikolage des Unternehmens angemessen ist.

---

120 Vgl. *Biletzki*, ZIP 1997, 9, 10.

121 Zu den Anwendungsfeldern der Compliance s. das Handbuch von *Hauschka/Moosmayer/Lösler*, Corporate Compliance.

122 Siehe hierzu auch OLG Nürnberg, DB 2022, 2153 mit Anm. *Seulen/Makcovic*, DB 2022, 2592.

Wie das Früherkennungssystem konkret auszusehen hat, sagt die Regelung nicht. Die entsprechenden Maßnahmen hängen von der Größe des Unternehmens, der betreffenden Branche, seiner Risikoexposition und der jeweiligen Leitungsstruktur ab.[123] Entscheidend ist, dass es um die Früherkennung (und fortlaufende Beobachtung[124]) bestandsgefährdender Entwicklungen geht, nicht um ein allgemeines Risikomanagement,[125] das allerdings bei der börsennotierten Gesellschaft erforderlich ist (§ 91 Abs. 3 AktG). Neben den gängigen Systemen interner Revision wird vor allem eine Kombination geeigneter (Rahmen-)Anweisungen mit einem möglichst lückenlosen Berichtswesen in Betracht kommen.[126] Letztendlich geht es um ein planmäßiges Vorgehen bei der Erkennung, Bewertung und Weitermeldung von bestandsgefährdenden Risiken sowie um die Überwachung der insoweit getroffenen Maßnahmen.[127] Bei börsennotierten Gesellschaften ist das Frühwarnsystem Gegenstand der Abschlussprüfung (§ 317 Abs. 4 HGB). Unterlässt es der Vorstand, ein funktionsfähiges Frühwarnsystem einzurichten und entsteht der Gesellschaft hierdurch Schaden, kann er sich nach § 93 Abs. 2 AktG schadenersatzpflichtig machen. **147**

Ein Verbot, abstrakt bestandsgefährdende Risiken einzugehen (also sich in einer bestimmten, risikoreichen Geschäftsart zu engagieren), ergibt sich aus § 91 Abs. 2 AktG allerdings nicht.[128] Maßgebliche Leitlinie ist insoweit die Business Judgment Rule des § 93 Abs. 1 Satz 2 AktG (siehe Rn. 185 ff.). Zu prüfen ist daher jeweils im Einzelfall, ob die Grenzen des unternehmerischen Ermessens eingehalten worden sind. Konkret bestandsgefährdende Geschäfte führen danach grundsätzlich zur Haftung.[129] **147a**

jj) Verschwiegenheitspflicht

Der Vorstand hat über vertrauliche Angaben sowie Betriebs- und Geschäftsgeheimnisse der Gesellschaft, die ihm durch seine Tätigkeit bekannt geworden sind, Stillschweigen zu bewahren (§ 93 Abs. 1 Satz 3 AktG). Die Verschwiegenheitspflicht bezieht sich auf sämtliche Informationen, deren Geheimhaltung oder vertrauliche Behandlung im Interesse der Gesellschaft liegt, unabhängig davon, ob sie als vertraulich bezeichnet waren. In Betracht **148**

---

123 Vgl. etwa *Drygala/Drygala*, ZIP 2000, 297 ff.; *Vogler/Engelhard/Gundert*, DB 2000, 1425 ff.; *Gernoth*, DStR 2001, 299 ff.

124 *Fleischer*, NJW 2010, 1504, 1506.

125 Siehe OLG Celle, AG 2008, 711, 712; *Koch*, § 91 Rn. 10 ff. m. w. N., auch zu dem weitergehenden Verständnis in der betriebswirtschaftlichen Literatur.

126 Vgl. *Thümmel*, DB 1997, 261, 262.

127 So zutreffend *Drygala/Drygala*, ZIP 2000, 297, 305.

128 So zutreffend *Redeke*, ZIP 2010, 159, 161 f.; *Fleischer*, NJW 2010, 1504, 1506; anders etwa *Lutter*, GmbHR 2000, 301, 305.

129 Siehe *Redeke*, ZIP 2010, 159, 160 m. w. N.

kommen technische Daten der Produkte oder der verwendeten Herstellungsverfahren, Unternehmensplanungen, finanzielle Daten der Gesellschaft, soweit sie nicht öffentlich bekannt sind, Vertriebsdaten (Kundenstamm etc.), Personaldaten oder Meinungsäußerungen und Stimmabgaben in Vorstand oder Aufsichtsrat.[130]

149 Die Pflicht zur Verschwiegenheit kann auch gegenüber dem Betriebsrat oder Wirtschaftsausschuss bestehen (außer bei ausdrücklichen Informationspflichten nach den betriebsverfassungsrechtlichen Bestimmungen), nicht aber innerhalb des Vorstands oder gegenüber dem Aufsichtsrat,[131] auch nicht gegenüber den Abschlussprüfern oder sonstigen Beratern. Gegenüber Aktionären gilt § 131 AktG, der den Vorstand grundsätzlich zur Auskunft nur in der Hauptversammlung verpflichtet, gleichzeitig zum Schutz der Gesellschaft auch bestimmte Auskunftsverweigerungsrechte enthält (§ 131 Abs. 3 AktG).[132] Die Verschwiegenheitspflicht endet nicht mit dem Ausscheiden des Vorstandsmitgliedes aus dem Amt, sondern besteht fort. Ihre schuldhafte Verletzung macht den Vorstand nach § 93 Abs. 2 AktG der Gesellschaft gegenüber schadenersatzpflichtig. Ein Schaden wird allerdings nur selten konkret feststellbar sein, allenfalls dann, wenn relevante Informationen an einen Wettbewerber weitergegeben wurden, der diese sogleich zum Schaden des Unternehmens nutzt. Der Verstoß ist aber nach § 404 Abs. 1 Nr. 1, Abs. 2 AktG auch strafbar und mag ein Grund für den Widerruf der Bestellung des Vorstands sein.

150 Besondere Probleme stellen sich, wenn im Rahmen einer due diligence Unternehmensdaten an potenzielle Erwerber von Aktien oder Unternehmensteilen weitergegeben werden sollen.[133] Ein Verstoß gegen die Verschwiegenheitspflicht wird in diesen Fällen solange nicht vorliegen, als die geplante Transaktion im Unternehmensinteresse liegt und der Vorstand die nach seinem pflichtgemäßen Ermessen erforderlichen Vorkehrungen (z. B. selektive Weitergabe von Informationen, Data-Room-Verfahren, Vertraulichkeitsvereinbarungen) getroffen hat.[134] Im Rahmen eines asset deals ist dies in der Regel unproblematisch, weil die Gesellschaft der Verkäufer ist und deshalb der Vorstand die Transaktion kontrolliert. Beim share deal ist die Gesellschaft an der Transaktion gar nicht beteiligt, sodass die Bereitstellung von Informationen hier nur in Betracht kommen wird, wenn das Geschäft nicht allein im Interesse des veräußernden Aktionärs, sondern gerade auch im In-

---

130 BGHZ 64, 325, 332.

131 Vgl. BGHZ 20, 239, 246; *Koch*, § 93 Rn. 65; teilweise weitergehend *Cahn*, in: Kölner Kommentar, § 93 Rn. 133 ff.

132 Vgl. *Menke*, NZG 2004, 697 ff., der die regelmäßige Information eines Aktionärspools außerhalb der Hauptversammlung für zulässig hält.

133 Vgl. hierzu etwa *Ziegler*, DStR 2000, 249 ff.; *Ziemons*, AG 1999, 492 ff.

134 Vgl. *Hopt/Roth*, in: Großkomm. AktG, § 93 Rn. 304.

teresse der Gesellschaft liegt,[135] was insbesondere bei geplanten Kontrollwechseln möglich ist.

kk) Unterlassung schädigender Einflussnahme (§ 117 AktG)

Nach § 117 AktG können Dritte der Gesellschaft (und ihren Aktionären) **151** schadenersatzpflichtig werden, wenn sie vorsätzlich unter Benutzung ihres Einflusses Verwaltungsmitglieder oder leitende Angestellte zu einer die AG oder ihre Aktionäre schädigenden Handlung veranlassen. Aber auch Vorstände selbst kommen als Täter im Sinne der Vorschrift in Betracht, wenn sie leitende Angestellte des Unternehmens entsprechend beeinflussen. Im Übrigen haben sie die Pflicht, selbst derartigen Einflussversuchen Dritter zu widerstehen und, soweit andere Personen innerhalb der Gesellschaft betroffen sind, diese abzuwehren. Verstoßen sie gegen diese Pflichten, machen sie sich nach § 93 Abs. 2 AktG und zusätzlich nach § 117 Abs. 1 oder Abs. 2 AktG schadenersatzpflichtig. § 117 Abs. 2 AktG ordnet Gesamtschuld des Vorstands bzw. Aufsichtsrats mit denjenigen an, die den Einfluss aktiv genommen haben, wenn der Vorstand oder Aufsichtsrat diese Einflussnahme pflichtwidrig nicht verhindert hat. Wegen der Parallelität mit § 93 Abs. 2 AktG ist die Vorschrift im Rahmen der Innenhaftung bedeutungslos. Ihre Relevanz liegt in dem sich aus § 117 Abs. 1 Satz 2 AktG ergebenden Direktanspruch der Aktionäre (hierzu unten Rn. 395 f.).

ll) Abgabe der Entsprechenserklärung (§ 161 AktG)

Der durch das TransPuG eingeführte und seitdem mehrfach veränderte § 161 **152** AktG sieht für Vorstand und Aufsichtsrat börsennotierter Gesellschaften (sowie weiterer Gesellschaften mit Kapitalmarktzugang, § 161 Abs. 1 Satz 2 AktG) die Verpflichtung vor, alljährlich eine Erklärung dazu abzugeben, ob den Empfehlungen des Deutschen Corporate Governance Kodex (siehe hierzu Rn. 19 f.) entsprochen wurde und wird oder in welcher Beziehung dies nicht der Fall ist. Soweit den Empfehlungen nicht entsprochen wird, müssen die Gründe hierfür erläutert werden („comply or explain“). Hieraus folgt, dass von den Empfehlungen des DCGK („Soll“-Bestimmungen) durchaus abgewichen werden darf, die Abweichung aber jeweils kommuniziert werden muss. Im Übrigen hat die Compliance-Erklärung eine vergangenheits- und eine zukunftsbezogene Komponente. Sie ist daher einerseits Wissenserklärung (Verhalten in der Vergangenheit), andererseits Absichtserklärung (Verhalten in der Zukunft).[136] Soweit von dieser Absicht abgewichen wird,

135 Vgl. *Ziemons*, AG 1999, 492, 498 f.
136 Siehe *Koch*, § 161 Rn. 14 f., 20 f.; *Thümmel*, CCZ 2008, 141.

muss die Entsprechenserklärung auch unterjährig aktualisiert werden.[137] Anregungen des DCGK („Sollte"-Bestimmungen) unterliegen § 161 AktG nicht, von ihnen kann daher ohne Erklärung abgewichen werden. Soweit der DCGK zwingendes Gesetzesrecht wiederholt, ist dieses selbstverständlich ohne Abweichungsmöglichkeit zu beachten. Maßgeblich ist der DCGK in seiner jeweils vom Bundesjustizministerium im amtlichen Teil des elektronischen Bundesanzeigers bekannt gemachten Fassung (die gegenwärtig gültige Fassung ist im Anhang abgedruckt). Die Entsprechenserklärung ist auf der Internetseite der Gesellschaft dauerhaft öffentlich zugänglich zu machen (§ 161 Abs. 2 AktG).

153 Die haftungsrechtlichen Konsequenzen eines Verstoßes gegen die Verpflichtungen aus § 161 AktG sind eher gering.[138] Naheliegend ist, dass eine falsche oder unterlassene Erklärung einen Sorgfaltsverstoß darstellt, der dem Grunde nach zu einer Haftung der Organe nach § 93 Abs. 2 AktG führt. Ein Schaden der Gesellschaft wird sich hieraus allerdings kaum ableiten lassen. Er würde voraussetzen, dass bei zutreffender Erklärung Maßnahmen eingeleitet worden wären, die zu einer Verbesserung der Vermögenslage der Gesellschaft geführt hätten. Im Übrigen kann der auf die Zukunft gerichtete Erklärungsteil als Absichtserklärung keine Bindungswirkung und damit auch kein Haftungspotenzial entfalten.[139] Bedeutsamer wird sein, dass sich die Empfehlungen und möglicherweise auch die Anregungen des DCGK zu einem Standard guter Unternehmensführung entwickeln, der insoweit zu einer Reduzierung des unternehmerischen Ermessens (vgl. Rn. 20, 185 ff.) der Organe führt und Abweichungen ohne plausible Begründung erschwert.[140] Sollte also organisatorischen Empfehlungen des DCGK wie etwa denjenigen, die auf die nähere Festlegung der Berichtspflichten des Vorstands (Grundsätze 15 und 16), auf den Erlass von Geschäftsordnungen für Vorstand und Aufsichtsrat (Empfehlung D.1), auf die Begründung von Zustimmungsvorbehalten für wesentliche Geschäfte (Grundsatz 6), auf die Einrichtung von Ausschüssen (Grundsatz 14 und Empfehlungen D.2 bis D.5) oder auf die Offenlegung von Interessenkonflikten (Grundsatz 19 und Empfehlungen E.1 bis E.3) gerichtet sind, nicht gefolgt werden, so wäre der Eintritt eines Schadens bei der Gesellschaft und damit eine Haftung der Organe durchaus vorstellbar,[141] etwa bei Abweichungen von den Regeln über Interessenkonflikte.

---

137 OLG München, ZIP 2009, 133.

138 Vgl. LG München, BB 2008, 10 mit Anm. *Thümmel*, S. 11 ff.; siehe auch *Lutter*, ZHR 166 (2002), 523 ff., 540 ff.; *Theusinger/Liese*, DB 2008, 1419, 1420 f.; *Thümmel*, CCZ 2008, 141, 143.

139 So zutreffend LG München, BB 2008, 10 f.

140 Siehe hierzu *Thümmel*, BB 2008, 11 ff.; dagegen *Theusinger/Liese*, DB 2008, 1419, 1420.

141 Zurückhaltend *Ettinger/Grützediek*, AG 2003, 353, 354 ff.

Praxistipp:

Auch wenn die Haftungsrisiken begrenzt sind, so empfiehlt sich wegen ihrer Sichtbarkeit (auf der Website) und zur Vermeidung von Anfechtungsrisiken[142] doch eine sorgfältige Handhabung der Entsprechenserklärung. Zu jeder Empfehlung des Kodex ist zu überlegen, ob ihr in der Vergangenheit entsprochen wurde und ob die Absicht besteht, hiermit fortzufahren. Soweit dies nicht der Fall ist, muss eine Begründung gegeben werden, die möglichst kurz und prägnant ausfallen sollte. Bei wenig belastenden Empfehlungen ist die Herstellung der Kodexkonformität einer Abweichungsmeldung (samt Begründung) vorzuziehen.

mm) Besondere Pflichten im Konzern

α) Übersicht

Besteht zwischen einer abhängigen Gesellschaft i.S. der §§17, 18 AktG und der herrschenden Gesellschaft ein Beherrschungsvertrag (§291 AktG), so spricht man von einem Vertragskonzern. Die §§308ff. AktG sehen für den Vertragskonzern Regelungen zu den Pflichten und zur Haftung der Geschäftsleiter des herrschenden Unternehmens wie auch der abhängigen Gesellschaft vor, soweit es sich bei Letzterer um eine AG handelt. Fehlt es an einem Beherrschungsvertrag, so liegt eine faktische Konzernierung vor. Die Geschäftsleiter des herrschenden Unternehmens unterliegen in diesem Fall den Haftungsregeln des §317 AktG, der Vorstand der abhängigen AG denjenigen des §318 AktG. Handelt es sich bei der abhängigen Gesellschaft um eine GmbH, so gelten im Vertragskonzern die §§308ff. AktG weitgehend analog.[143] Im faktischen GmbH-Konzern (mit der GmbH als Obergesellschaft) hingegen bleibt es bei der allgemeinen Regel des §43 GmbHG. Das Weisungsrecht der Obergesellschaft findet seine Grenze insbesondere in §43 Abs.3 GmbHG.[144] Eine Managerhaftung im Konzern kann sich in mehrfacher Richtung ergeben: Zu betrachten ist zunächst die Haftung des Geschäftsleiters der Obergesellschaft dem abhängigen Unternehmen gegenüber (§§309, 317 AktG). Hierbei handelt es sich um Außenhaftungstatbestände, die an anderer Stelle anzusprechen sind.[145] Daneben geht es um die Haftung des Vorstands der abhängigen Gesellschaft dieser gegenüber **154**

---

142 Siehe hierzu OLG München, ZIP 2009, 133, 134.

143 Siehe *Altmeppen*, Die Haftung des Managers im Konzern, S.2, 73f.

144 Näher *Altmeppen*, aaO., S.74ff., auch zu dem früher vertretenen Konzept der Haftung im qualifiziert faktischen Konzern, bei der es sich um eine Haftung des beherrschenden Gesellschafters handelt, zu der eine Haftung des handelnden Geschäftsleiters nach allgemeinen Grundsätzen (§§93 Abs.2 AktG, 43 Abs.2 GmbHG) hinzutreten kann.

145 Siehe hierzu Rn.441ff.

(§§ 310, 318 AktG). Damit sind Innenhaftungstatbestände angesprochen, die im Folgenden behandelt werden.

β) Vertragskonzern

155 Im Vertragskonzern steht der Vorstand der abhängigen AG in einem besonderen Interessenkonflikt, weil er einerseits zur Wahrung der Interessen seiner Gesellschaft, andererseits zur Befolgung der Weisungen der herrschenden Gesellschaft verpflichtet ist. Hieraus folgt seine Verpflichtung zur sorgfältigen Prüfung von Weisungen der Obergesellschaft im Hinblick auf ihre Rechtmäßigkeit[146] und zur Verweigerung der Ausführung rechtswidriger Weisungen. Rechtswidrigkeit läge etwa vor, wenn kein wirksamer Beherrschungsvertrag (mehr) bestünde, die Angelegenheit nicht weisungsfähig oder der Verlustausgleichsanspruch nach § 302 AktG wegen drohender Insolvenz der Obergesellschaft erkennbar gefährdet wäre.[147] Verletzt der Vorstand seine Prüfungspflicht schuldhaft, so macht er sich der AG gegenüber nach der speziellen Bestimmung des § 310 Abs. 1 AktG schadenersatzpflichtig.[148] Eine etwaige Billigung des Vorstandsverhaltens durch den Aufsichtsrat (§ 310 Abs. 2 AktG) oder die Hauptversammlung[149] beseitigt die Haftung nicht.

γ) Konzernverhältnis ohne Beherrschungsvertrag

156 Besteht ein Abhängigkeitsverhältnis nach §§ 17, 18 AktG ohne Vorliegen eines Beherrschungsvertrags (faktische Konzernierung), so darf das herrschende Unternehmen seinen Einfluss nicht dazu benutzen, die abhängige Gesellschaft zur Vornahme eines ihr nachteiligen Rechtsgeschäfts ohne entsprechenden Ausgleich zu veranlassen (§ 311 Abs. 1 AktG). Tut sie es dennoch, haftet sie gesamtschuldnerisch mit ihren Organen der abhängigen Gesellschaft nach § 317 Abs. 1, 3 AktG (Außenhaftung, siehe Rn. 443).

157 Den Vorstand der abhängigen Gesellschaft trifft die Verpflichtung, einen Bericht über die Beziehungen zu der herrschenden Gesellschaft und anderen verbundenen Unternehmen in den ersten drei Monaten eines jeden Geschäftsjahres aufzustellen und in diesem Bericht sämtliche Rechtsgeschäfte und Maßnahmen, die auf Veranlassung des herrschenden Unternehmens vorgenommen wurden, hiermit verbundene Nachteile und einen etwaigen Nachteilsausgleich aufzuführen. Sind auf Veranlassung der herrschenden

146 Vgl. *Emmerich/Habersack/Lüdeking*, § 23 Rn. 45 ff. m. w. N.

147 Vgl. *Sven H. Schneider/Uwe H. Schneider*, AG 2005, 57, 63 f.

148 Vgl. *Altmeppen*, aaO., S. 47 ff.; der gleiche Ersatzanspruch würde sich auch aus § 93 Abs. 2 AktG ergeben, der jedoch von der spezielleren Norm verdrängt wird.

149 *Emmerich/Habersack/Lüdeking*, § 23 Rn. 78; *Koch*, § 310 Rn. 5 m. w. N.; *Altmeppen*, aaO., S. 49.

Gesellschaft nachteilige Rechtsgeschäfte oder Maßnahmen vorgenommen worden und hat der Vorstand der abhängigen Gesellschaft seine vorgenannten Berichtspflichten schuldhaft verletzt, so ist er dieser nach der ausdrücklichen Anordnung des § 318 Abs. 1 AktG persönlich zum Schadenersatz verpflichtet.

Die Bestimmung ist wegen der ausschließlichen Anknüpfung an die Ver- **158**
letzung von Berichtspflichten relativ bedeutungslos. Es bleibt jedoch daneben § 93 Abs. 2 AktG anwendbar, der zu einer Haftung des Vorstands führt, wenn dieser die Gesellschaft im Rahmen von Einflussnahmen der Obergesellschaft nicht vor Schaden bewahrt.[150] Für das Unternehmen nachteilige (aber im Konzerninteresse liegende) Geschäfte darf der Vorstand daher nur ausführen, wenn er den Nachteilsausgleich nach § 311 Abs. 2 AktG sichergestellt hat.[151]

Praxistipp:

Der Vorstand der abhängigen Gesellschaft befindet sich, vor allem im faktischen Konzern, in einer schwierigen Lage. Die Konzernobergesellschaft wird in aller Regel ihren Willen durchsetzen wollen, vor allem um Synergien zu heben und ein effizientes Cash-Management zu betreiben. Das Management der abhängigen Gesellschaft sieht sich insoweit in der Regel entsprechendem Druck ausgesetzt. Die Maßnahmen können zu einer Veränderung der Ertrags- und Risikolage der abhängigen Gesellschaft führen. Minderheitsaktionäre und ein möglicher späterer Insolvenzverwalter werden versuchen, hierauf Haftungsansprüche zu gründen. Deshalb empfiehlt es sich für den Vorstand der abhängigen Gesellschaft, insbesondere bei (grundsätzlich zulässigen, § 57 Abs. 1 Satz 3 AktG) Upstream-Darlehen auf einer weitgehenden Sicherung durch die Obergesellschaft und Informationsversorgung zu deren Bonität[152] zu bestehen. Auch bei der Aufteilung von Geschäftsfeldern (und entsprechendem Personal) zwischen Ober- und Untergesellschaft ist Zurückhaltung geboten. In jedem Fall muss der Vorstand auf eine angemessene Gegenleistung oder die Sicherstellung eines entsprechenden Nachteilsausgleichs bedacht sein.

nn) Satzungsregelungen

Im Rahmen seiner Legalitätspflicht ist der Vorstand auch an Regelungen **158a**
der Gesellschaftssatzung und hiervon abgeleiteter Regelwerke gebunden,

---

150 Vgl. *Koch*, § 318 Rn. 9; *Koppensteiner*, in: Kölner Kommentar, § 318 Rn. 10; *Altmeppen*, aaO., S. 68; *Sven H. Schneider/Uwe H. Schneider*, AG 2005, 57, 63.

151 Was durch entsprechende Vereinbarung, notfalls mit späterer Zahlungsklage geschehen könnte, vgl. *Altmeppen*, aaO., S. 69.

152 Siehe hierzu BGH, NJW 2009, 850, 853.

soweit sie für sein Verhalten relevant sind. Zu den abgeleiteten Regelwerken gehören Geschäftsordnungen für den Vorstand und Beschlüsse des Aufsichtsrats, insbesondere solche, die Zustimmungsvorbehalte für Geschäftsführungsmaßnahmen vorsehen (§ 111 Abs. 4 Satz 2 AktG). Gelegentlich finden sich solche Zustimmungsvorbehalte zugunsten des Aufsichtsrats auch in der Satzung selbst. Verstößt der Vorstand gegen solche Zustimmungsvorbehaltsregelungen, indem er Geschäftsführungsmaßnahmen ohne Zustimmung umsetzt, begeht er bereits hierdurch eine Pflichtverletzung, unabhängig davon, ob für den Geschäftsabschluss plausible Gründe sprachen oder besonderer Zeitdruck bestand. Allein der Einwand rechtmäßigen Alternativverhaltens vermag die Haftungsfolge zu beseitigen.[153] Rechtmäßiges Alternativverhalten liegt vor, wenn der Aufsichtsrat, wäre er gefragt worden, die Zustimmung erteilt hätte (hypothetischer Kausalverlauf), was i. d. R. nur durch Indizien dargelegt und bewiesen werden kann. Solche mögen in früheren Beschlüssen oder sonstigen Kommunikationen des Aufsichtsrats und in einer hohen Plausibilität der Geschäftsführungsmaßnahme liegen. Die Berufung auf rechtmäßiges Alternativverhalten scheidet aus, wenn der Aufsichtsrat mit einer Zustimmung selbst pflichtwidrig gehandelt hätte.[154]

Praxistipp:

Zustimmungsvorbehalte sind für den Vorstand gefährlich, weil sie oft unscharf formuliert sind und der Aufsichtsrat gelegentlich nicht schnell genug greifbar ist. Deshalb sollte der Vorstand sich sehr detailliert mit den in der Satzung aufgeführten und/oder ihm durch Geschäftsordnung oder sonstigen Beschlüssen des Aufsichtsrats aufgegebenen Zustimmungsvorbehalten befassen und sich diese immer wieder vor Augen führen. Bei Unklarheiten sollte er auf Klarstellung drängen. Im Zweifel ist immer vorzulegen. Manche Zustimmungsbeschlüsse, etwa zu Transaktionen, können über mehrere Sitzungen des Aufsichtsrats so vorbereitet werden, dass der Schlusspunkt durch einen Umlaufbeschluss gesetzt werden kann. Notfalls muss der Aufsichtsratsvorsitzende zur Einberufung einer Sondersitzung veranlasst werden. Die Zustimmung kann auch durch einen beschließenden Ausschuss erteilt werden, wenn ihm diese Zuständigkeit vom Plenum übertragen wurde, nicht aber vom Aufsichtsratsvorsitzenden allein.[155]

---

153 BGH, DB 2018, 2428 ff. „*Schloss Eller*"; BGH, NZG 2008, 783; *Fleischer*, DB 2018, 2619 ff.; *ders.*, NJW 2009, 2337, 2339; *Koch*, § 111 Rn. 72 m. w. N.; *Henzler*, in: Festschrift Thümmel, 2020, S. 351 ff.; *Grobecker/Wagner*, in: Festschrift Thümmel, 2020, S. 243, 249; *Scholz*, AG 2020, 453 ff.

154 *Scholz*, AG 2020, 453, 455.

155 BGH, DB 2018, 2423, 2425 „*Schloss Eller*".

Ebenfalls pflichtwidrig sind Geschäfte, die vom Gesellschaftszweck nicht gedeckt sind.[156] Dieser ergibt sich aus dem in der Satzung angegebenen Unternehmensgegenstand (§ 23 Abs. 3 Nr. 2 AktG). Unmaßgeblich ist, welchen Geschäften die Gesellschaft tatsächlich nachgeht. Alles was sich innerhalb des Unternehmensgegenstandes hält, ist zulässig, alles was darüber hinausgeht unzulässig. Gelegentlich ist die Abgrenzung schwierig, etwa wenn Zinsderivatgeschäfte als Sicherungsgeschäfte erlaubt sind, als Spekulationsgeschäfte dagegen außerhalb des Satzungszwecks liegen.[157] Auch mit den nach Satzung oder Gesetz bestehenden Vertretungsregelungen nicht zu vereinbarende Geschäftsabschlüsse sind pflichtwidrig. **158b**

Fallbeispiel:[158]

Eine AG hatte im maßgeblichen Zeitraum zwei Vorstandsmitglieder. Vom Gesetz abweichende Satzungsregelungen zur Geschäftsführungsbefugnis bestanden nicht. Einer der beiden Vorstände veranlasste allein eine Überweisung von dem Geschäftskonto der AG an einen Geschäftspartner, ohne dass die vereinbarten Voraussetzungen für die Zahlung vorlagen. Der Geschäftspartner geriet in Vermögensverfall. Die AG nahm das verfügende Vorstandsmitglied auf Schadenersatz in Anspruch und erhielt Recht. Das Vorstandsmitglied war nach § 77 Abs. 1 Satz 1 AktG nur gesamtgeschäftsführungsbefugt. Mit der Überweisung verstieß es gegen die gesetzliche Geschäftsführungsregelung.

2. Geschäftsführer der GmbH

a) Sondertatbestände des § 43 Abs. 3 GmbHG

In ähnlicher Weise wie im Aktienrecht sieht § 43 Abs. 3 GmbHG eine gesonderte Schadenersatzpflicht der Geschäftsführer für den Fall des Verstoßes gegen die Pflicht zur Kapitalerhaltung vor. Die Haftung ist dadurch gegenüber der Generalklausel des § 43 Abs. 2 GmbHG verschärft, dass der Verzicht der Gesellschaft auf Schadenersatzansprüche beschränkt ist (Verweis auf § 9b Abs. 1 GmbHG). Ein Verzicht oder Vergleich ist unwirksam, soweit der Ersatz zur Befriedigung von Gesellschaftsgläubigern erforderlich ist. In derartigen Fällen entlastet auch eine Gesellschafterweisung, die den Pflichtverstoß anordnet, den Geschäftsführer nicht. Folgende Tatbestände sind in § 43 Abs. 3 GmbHG geregelt: **159**

156 BGHZ 119, 305, 332; BGH, NJW 2013, 1958.
157 Vgl. BGH, NJW 2013, 1958, 1960.
158 OLG München, AG 1993, 285.

aa) Rückzahlung von Stammkapital

α) Inhalt des Rückzahlungsverbots

160 Dem Geschäftsführer ist es nach § 30 Abs. 1 Satz 1 GmbHG untersagt, Zahlungen an Gesellschafter zu leisten, wenn dadurch das Gesellschaftsvermögen unter den Betrag des Stammkapitals absinken würde, d. h. eine Unterbilanz entstünde. Der durch das MoMiG eingeführte § 30 Abs. 1 Satz 2 GmbHG stellt klar, dass Leistungen aufgrund eines Beherrschungs- und Gewinnabführungsvertrags, Leistungen, denen ein vollwertiger Gegenanspruch gegenübersteht und die Rückgewähr von Gesellschafterdarlehen nicht unter das Verbot fallen. Die Vorschrift bezweckt in ähnlicher Weise wie § 57 AktG für die AG (hierzu oben Rn. 107) den Erhalt des Gesellschaftsvermögens im Interesse der Gesellschaftsgläubiger und Gesellschafter. Allerdings besteht ein erheblicher Unterschied der beiden Regelungen darin, dass § 57 AktG praktisch jede Leistung außerhalb der jährlichen Gewinnverwendungsbeschlüsse verbietet, während § 30 Abs. 1 Satz 1 GmbHG lediglich Leistungen untersagt, die zu einer Unterbilanz führen würden.[159] Solange das Stammkapital erhalten bleibt, sind Auszahlungen dagegen erlaubt. Ob eine Unterbilanz entsteht, ist nach allgemeinen Bilanzierungsgrundsätzen zu ermitteln; maßgeblich ist die Handelsbilanz mit den darin in Ansatz gebrachten Buchwerten.

161 Ebenso wie bei § 57 AktG erfasst der Begriff der Auszahlung Leistungen aller Art, die das Gesellschaftsvermögen schmälern, wie etwa Sachleistungen, die Bestellung von Sicherheiten, das Eingehen einer schuldrechtlichen Verpflichtung oder wertmäßig unausgewogene Austauschgeschäfte.[160] Auch Auszahlungen an Dritte, die dem Gesellschafter tatsächlich oder rechtlich nahe stehen, können den Tatbestand der unzulässigen Auszahlung erfüllen.[161]

β) Gesellschafterdarlehen

162 Das Rückzahlungsverbot galt bis zum Erlass des MoMiG auch für eigenkapitalersetzende Darlehen in der Krise der Gesellschaft.[162] Hierbei handelt es sich um Darlehensgewährungen von Gesellschaftern, die anstelle der Zuführung von Eigenkapital im Krisenfall erfolgt sind (§ 32a GmbHG

---

159 *Servatius*, in: Noack/Servatius/Haas, § 30 Rn. 2; *Hommelhoff*, in: Lutter/Hommelhoff, § 30 Rn. 4; *Verse*, in: Scholz, § 30 Rn. 7.

160 *Hommelhoff*, in: Lutter/Hommelhoff, § 30 Rn. 8 m. w. N.

161 *Servatius*, in: Noack/Servatius/Haas, § 30 Rn. 27 f.; nicht der Fall, wenn Drittzuwendung lediglich private Gefälligkeit des Gesellschafter-Geschäftsführers darstellt, ohne dass es sich um verdeckte Zuwendung an ihn selbst handelt, OLG Köln, NJW-RR 1995, 930, 931.

162 Siehe *Hommelhoff*, in: Lutter/Hommelhoff, § 30 Rn. 5.

a. F.). Inzwischen sind die Regelungen der §§ 32a, 32b GmbHG allerdings ersatzlos entfallen. Eigenkapitalersetzende Darlehen sind daher nicht mehr wie Stammkapital gebunden. Der Schutz der Gesellschaftsgläubiger wird allein über das Insolvenzrecht (§§ 15b, 39 Abs. 1 Nr. 5, 135 InsO) gewährleistet. Die Rückzahlung von Gesellschafterdarlehen unterliegt innerhalb der insolvenzrechtlichen Fristen (ein Jahr vor dem Eröffnungsantrag) der Insolvenzanfechtung (§ 135 InsO). Ferner darf keine Rückzahlung erfolgen, wenn eine solche zur Zahlungsunfähigkeit der Gesellschaft führt. Die Qualifizierung eines Darlehens als eigenkapitalersetzend ist nicht mehr relevant.

γ) Nachschüsse

Eingezahlte Nachschüsse der Gesellschafter dürfen nach § 30 Abs. 2 **163**
GmbHG zurückgezahlt werden, soweit sie nicht zur Deckung eines Verlusts am Stammkapital erforderlich sind und das Stammkapital voll eingezahlt ist. Ferner ist eine Wartefrist von drei Monaten seit Bekanntmachung des Rückzahlungsbeschlusses einzuhalten.

δ) Schaden

Der schuldhafte Verstoß gegen das Auszahlungsverbot macht die Geschäfts- **164**
führer nach § 43 Abs. 3 GmbHG der Gesellschaft gegenüber schadenersatzpflichtig. Der Anspruch wird zumeist vom Insolvenzverwalter geltend gemacht werden. Bei verbotswidrigen Rückzahlungen steht der Gesellschaft ein Rückforderungsanspruch gegenüber dem Begünstigten nach § 31 Abs. 1 GmbHG zu. Ein Schaden entsteht ihr daher insbesondere dann, wenn der Rückforderungsanspruch gegenüber dem Empfänger der verbotswidrigen Leistung wegen dessen fehlender Leistungsfähigkeit nicht realisierbar ist. Die Gesellschaft muss sich allerdings nicht darauf verweisen lassen, zunächst den Leistungsempfänger in Anspruch zu nehmen.

ε) Rückzahlungsverbot bei der GmbH & Co. KG

Bei der GmbH & Co. KG gilt das Verbot der Rückzahlung von Stammka- **165**
pital entsprechend, jedenfalls soweit Leistungen aus der KG an Kommanditisten betroffen sind, die gleichzeitig Gesellschafter der Komplementär-GmbH sind.[163] Erforderlich ist aber, dass Gesellschaftsvermögen der Komplementär-GmbH mittelbar angegriffen wird.[164] Ist dies der Fall, haftet der Geschäftsführer der Komplementär-GmbH der KG direkt nach § 43 Abs. 3 GmbHG. Ohne Beeinträchtigung des GmbH-Vermögens bleibt es bei

163 H. M., vgl. BGHZ 60, 324, 328; BGHZ 95, 188, 191; weitergehend (auch Nichtgesellschafter) BGHZ 110, 342, 355 ff.

164 Vgl. hierzu näher *Servatius*, in: Noack/Servatius/Haas, § 30 Rn. 68 ff.

den Regeln des KG-Rechts, die vorsehen, dass bei Rückzahlung der Kommanditeinlage die persönliche Haftung der Kommanditisten wiederauflebt (§§ 171, 172 HGB). Eine persönliche Haftung des GmbH-Geschäftsführers scheidet in diesem Falle aus.

bb) Erwerb eigener Geschäftsanteile

166 Der GmbH-Geschäftsführer darf namens der Gesellschaft keine eigenen Geschäftsanteile erwerben oder als Pfand nehmen, die nicht voll einbezahlt sind (§ 33 Abs. 1 GmbHG).[165] Voll eingezahlte eigene Geschäftsanteile darf er nur erwerben, soweit der Erwerb aus freien, nicht zur Erhaltung des Stammkapitals (oder gesetzlicher oder satzungsmäßiger Rücklagen) erforderlichen Mitteln möglich ist. Die Inpfandnahme voll eingezahlter Anteile unterliegt entsprechenden Beschränkungen (§ 33 Abs. 2 GmbHG). Ein schuldhafter Verstoß gegen die Erwerbsbeschränkungen führt zur Schadenersatzpflicht des Geschäftsführers nach § 43 Abs. 3 GmbHG. Der Schaden liegt in den von der Gesellschaft für den Erwerb aufgewendeten Mitteln. Zwar ist das schuldrechtliche Erwerbsgeschäft infolge des Verstoßes gegen § 33 GmbHG nichtig (auch das Verfügungsgeschäft im Falle des § 33 Abs. 1 GmbHG). Dies führt aber im Hinblick auf die erbrachte Gegenleistung lediglich zu einem Bereicherungsanspruch der Gesellschaft gegenüber dem Veräußerer des Geschäftsanteils. Ist der Veräußerer insolvent oder entreichert (§ 818 Abs. 3 BGB), verbleibt ein Schaden, weil der Anspruch gegen ihn nicht mehr realisiert werden kann.

b) Weitere Legalitätspflichten des Geschäftsführers

aa) Pflichten bei Verlust und Insolvenzreife

167 Die Verhaltensanforderungen des Geschäftsführers in der Krise entsprechen denjenigen des Vorstands. Die insolvenzrechtlichen Regelungen gelten rechtsformübergreifend. Nach § 15a Abs. 1 InsO muss der Geschäftsführer bei Zahlungsunfähigkeit oder Überschuldung unverzüglich, spätestens innerhalb von drei Wochen ab Eintritt der Insolvenzreife die Eröffnung des Insolvenzverfahrens beantragen.[166] Ist die Hälfte des Stammkapitals verloren, muss er nach § 49 Abs. 3 GmbHG die Gesellschafterversammlung unverzüglich einberufen. Schließlich ist es ihm nach § 15b Abs. 1 InsO verboten, nach Eintritt der Insolvenzreife der Gesellschaft noch Zahlungen aus deren Vermögen zu leisten. Ferner darf er keine Zahlungen an Gesellschafter er-

---

165 Mit der Ausnahme des § 33 Abs. 3 GmbHG (Erwerb im Rahmen einer Umwandlung der Gesellschaft zum Zwecke der Abfindung von Minderheitsgesellschaftern).

166 Vgl. zum subjektiven Tatbestand etwa *Altmeppen*, Anh. § 60 Rn. 93 ff.; siehe ferner oben Rn. 130.

bringen, die zur Zahlungsunfähigkeit der Gesellschaft führen (§ 15b Abs. 5 InsO).

Fallbeispiel:[167]

Die Geschäftsführer einer GmbH haben Zahlungen an die Steuerbehörden geleistet, obwohl die Gesellschaft schon zum Ende des Vorjahres überschuldet war. Mit ihrer Tochtergesellschaft, ebenfalls eine GmbH, verband sie ein steuerliches Organschaftsverhältnis. Die Mittel zur Begleichung der fälligen Umsatz- und Gewerbesteuern wurden immer durch Überweisung von der Tochter-GmbH bereitgestellt. Sofort nach Gutschrift der Beträge stellte die Gesellschaft Schecks aus, die den Steuerbehörden übersandt wurden. Der BGH verwarf das Argument, die Bereitstellung der Mittel durch die Tochter-GmbH schlösse eine Masseverkürzung aus, und bejahte eine Haftung der Geschäftsführer nach § 64 Abs. 2 GmbHG a. F.

Im Hinblick auf die drei Regelungsbereiche – Insolvenzantragspflicht, Pflicht zur Einberufung der Gesellschafterversammlung und Zahlungsverbot – gelten die Ausführungen zum Vorstand der AG (oben Rn. 115 ff.) entsprechend. Dies gilt insbesondere für die Feststellung von Zahlungsunfähigkeit und Überschuldung sowie den Umfang der jeweiligen Organpflichten. Für die GmbH & Co. KG und ihre Vertretungsorgane, d. h. die Geschäftsführer der Komplementär-GmbH, begründet § 15a Abs. 1 InsO die Insolvenzantragspflicht in der gleichen Weise. Das Zahlungsverbot nach Eintritt der Insolvenzreife und die Ersatzpflicht des Geschäftsführers der Komplementär-GmbH ergeben sich ebenso aus §§ 15a Abs. 1, 15b Abs. 1 und 4 InsO. Verbotene Zahlungen sind dabei auch solche, die der Geschäftsführer aus der Kasse der Komplementär-GmbH an die GmbH & Co. KG veranlasst.[168] **168**

Schuldhafte Verstöße gegen die Verpflichtung zur Einberufung der Gesellschafterversammlung oder die Insolvenzantragspflicht führen zu Schadenersatzansprüchen der Gesellschaft nach § 43 Abs. 2 GmbHG (Generalklausel). Verbotswidrige Zahlungen nach Insolvenzreife begründen einen eigenständigen Ersatzanspruch nach § 15b Abs. 4 InsO mit den dort genannten Beschränkungen im Hinblick auf Verzicht und Vergleich sowie auf die Entlastungswirkung eines Gesellschafterbeschlusses (§ 15b Abs. 4 Satz 3 und 4 InsO). Die Eigenständigkeit des Anspruchs[169] zeigt sich insbesondere daran, dass er nicht den Ausgleich eines Schadens i. S. der Differenzhypothese bezweckt, denn ein solcher wäre bei der gebotenen bilanziellen Betrachtung meist gar nicht gegeben. Vielmehr geht es allein um die Erstattung abgeflossener Zahlungen. Der Anspruch entfällt, wenn die Zahlungen auch nach **169**

167 BGH, ZIP 2003, 1005.
168 OLG Celle, GmbHR 2008, 101.
169 Siehe BGHZ 146, 264, 278 f.; *Haas*, NZG 2004, 737, 738.

Insolvenzeintritt mit der Sorgfalt eines ordentlichen Geschäftsmanns vereinbar sind (§ 15b Abs. 1 Satz 2 InsO). Dies gilt insbesondere für Zahlungen, die zur Aufrechterhaltung des Betriebs und damit des Werterhalts der Insolvenzmasse oder zur Ermöglichung (realistischer) Sanierungsversuche geleistet werden (§ 15b Abs. 2 InsO).[170]

169a Ein Insolvenzantrag kann auch bei nur drohender Zahlungsunfähigkeit in Betracht kommen (§ 18 InsO). Hier unterliegt der Geschäftsführer allerdings engen Bindungen. Einerseits muss der Eintritt der Zahlungsunfähigkeit innerhalb des Prognosezeitraums überwiegend wahrscheinlich sein.[171] Maßgeblich ist dabei der Zeitraum ab dem Stichtag bis zur spätesten Fälligkeit der schon zum Stichtag bestehenden Verbindlichkeiten.[172] Insoweit steht dem Geschäftsführer ein Beurteilungsspielraum zu. Allerdings darf er keinen Insolvenzantrag wegen nur drohender Zahlungsunfähigkeit stellen, wenn die Gesellschafter dem nicht zugestimmt haben.[173] Andernfalls macht er sich der Gesellschaft gegenüber nach § 43 Abs. 2 GmbHG schadenersatzpflichtig.

bb) Pflichten bei Gründung

170 Nach § 9a GmbHG sind die Geschäftsführer neben den Gesellschaftern und Gründern für die Richtigkeit und Vollständigkeit der zum Zwecke der Gründung gemachten Angaben verantwortlich. Betroffen sind vor allem die Angaben der Geschäftsführer als Anmelder der Gesellschaft dem Registergericht gegenüber, und zwar im Hinblick auf die Übernahme von Einlagen, deren Wert (wichtig bei Sacheinlagen), die freie Verfügbarkeit und fehlende Vorbelastung der eingezahlten Beträge und den Gründungsaufwand. Falsche Angaben führen bei Verschulden der betroffenen Geschäftsführer zu einem Schadenersatzanspruch der Gesellschaft nach § 9a Abs. 1 GmbHG. Er richtet sich insbesondere auf die Erstattung fehlender Einzahlungen[174] und nicht als Gründungsaufwand ausgewiesener Vergütungen sowie auf den Ersatz sämtlicher sonstiger Schäden, die aus den fehlerhaften Angaben resultieren.

171 Durch Verweisung (§ 57 Abs. 4 GmbHG) kommt § 9a Abs. 1 GmbHG bei der Kapitalerhöhung entsprechend zur Anwendung. Hier hat die Bestimmung einen größeren praktischen Anwendungsbereich, weil die Geschäftsführer einer bereits existierenden Gesellschaft, manchmal von Mehrheitsgesellschaftern hierzu veranlasst, die Registerangaben gelegentlich nicht mit der gebotenen Sorgfalt behandeln. Bestätigen sie etwa die freie Verfügbarkeit

170 OLG Celle, GmbHR 2008, 101, 102.
171 OLG München, DB 2013, 1596, 1598.
172 OLG Hamm, ZInsO 2010, 1004.
173 OLG München, DB 2013, 1596, 1598.
174 OLG Celle, GmbHR 2001, 243.

eingezahlter Beträge, obwohl lediglich eine (unzulässige) Verrechnung stattfand (vgl. § 19 GmbHG), so sind sie der Gesellschaft gegenüber zur Erstattung der fehlenden Einzahlung verpflichtet, wenn diese von dem Einlageschuldner nicht mehr erlangt werden kann.

cc) Ordnungsgemäße Buchführung

Ebenso wie der Vorstand der AG (Rn. 144 f.) sind die Geschäftsführer der GmbH verpflichtet, für eine ordnungsgemäße Buchführung und Bilanzierung der Gesellschaft Sorge zu tragen (§§ 41, 42 GmbHG). Der Inhalt der Verpflichtung wird durch die handelsrechtlichen Vorschriften der §§ 238 ff. HGB i. V. m. den Grundsätzen ordnungsgemäßer Buchführung (GoB) bzw. der International Financial Reporting Standards (IFRS) konkretisiert. Von der Buchführungspflicht können die Geschäftsführer weder durch Gesellschaftsvertrag noch Gesellschafterbeschluss befreit werden; allenfalls ergänzende Regelungen können getroffen werden.[175] **172**

Nicht in das GmbHG übernommen wurde die Verpflichtung, ein Überwachungssystem einzurichten, mit dessen Hilfe bestandsgefährdende Entwicklungen frühzeitig erkannt werden können (wie für den Vorstand der AG vorgesehen, § 91 Abs. 2 AktG). Dennoch erstreckt sich die Pflicht zur ordnungsgemäßen Buchführung auch darauf, für eine schnelle Entdeckung möglicher (vor allem substanzieller) Fehler und Risiken jedenfalls im Bereich der Rechnungslegung Sorge zu tragen. Auch die allgemeine Sorgfaltspflicht des § 43 Abs. 1 GmbHG gebietet die Schaffung einer Unternehmensorganisation, die die Rechtmäßigkeit und Effizienz der unternehmerischen Tätigkeit gewährleistet und eine Schädigung der Gesellschaft vermeidet.[176] Ein Früherkennungssystem i. S. des § 91 Abs. 2 AktG dürfte bei der GmbH daher grundsätzlich ebenfalls einzurichten sein. Wie dieses auszusehen hat, hängt vor allem von der Größe und dem Tätigkeitsbereich des Unternehmens ab.[177] Im Prinzip besteht ein sachlicher Unterschied zwischen AG und GmbH insoweit nicht.[178] **172a**

Ein Verstoß gegen die Buchführungspflicht (keine oder falsche Buchführung) begründet bei Verschulden der Geschäftsführer einen Schadenersatzanspruch der GmbH nach § 43 Abs. 2 GmbHG. Die Geschäftsführer können sich nicht durch Delegation von ihrer Verantwortung für die ordnungsgemäße Buchführung befreien; bei Fehlern von Mitarbeitern liegt ihr Verschulden in der Regel in mangelhafter Überwachung und Kontrol- **173**

---

175 *Kersting*, in: Noack/Servatius/Haas, § 41 Rn. 1; siehe auch BGH, WM 1974, 392, 393.
176 OLG Nürnberg, AG 2022, 908, 911.
177 Vgl. *Drygala/Drygala*, ZIP 2000, 297, 305, die § 91 Abs. 2 AktG nur auf Großunternehmen in der Rechtsform der GmbH analog anwenden wollen.
178 Vgl. *Thümmel*, DB 1997, 261, 262.

le. Weisungen der Gesellschafter vermögen die Geschäftsführer nicht vom Vorwurf der Pflichtverletzung zu entlasten, weil § 41 GmbHG zwingendes Recht darstellt, das auch dem Gläubigerschutz dient und von dem die Gesellschafterversammlung nicht dispensieren kann.[179] Allerdings können die Gesellschafter auf bereits entstandene Schadenersatzansprüche verzichten. Eine Weisung kann ggf. als ein solcher Verzicht verstanden werden. Bezüglich des Schadens gilt dasselbe wie bei § 91 Abs. 1 AktG (oben Rn. 145). Die Verletzung der Buchführungspflicht ist im Übrigen unter bestimmten Voraussetzungen strafbar (§ 283b StGB, im Stadium der Krise qualifiziert: § 283 Abs. 1 Nr. 5 bis 7 StGB). Sie begründet mangels Schutzgesetzcharakter der §§ 41, 42 GmbHG[180] aber keine Außenhaftung, es sei denn, einer der genannten Straftatbestände wäre anwendbar.

dd) Befolgung von Gesellschafterweisungen

α) Weisungsrecht und Folgepflicht

174 Die Gesellschafter der GmbH haben nicht nur das Recht, die Geschäftsführer zu kontrollieren (§ 46 Nr. 6 GmbHG); sie können ihnen durch Gesellschafterbeschluss auch Weisungen erteilen.[181] Dieses Recht folgt aus § 37 Abs. 1 GmbHG. Dem Weisungsrecht der Gesellschafter entspricht die Folgepflicht der Geschäftsführer. Sie betrifft allerdings nur rechtlich zulässige und wirksame Weisungen. Unwirksame Beschlüsse begründen keine Folgepflicht für die Geschäftsführer.[182] Die Unwirksamkeit kann sich daraus ergeben, dass der Beschluss nicht nach den Regeln des GmbHG oder der Satzung zustande gekommen ist, einen unzulässigen Inhalt hat oder seine Ausführung zu einer Verletzung zwingender gesetzlicher Bestimmungen durch die Geschäftsführung führt. Dies wäre der Fall, wenn mit Ausführung der Weisung gegen das Kapitalerhaltungsgebot (§ 30 GmbHG) oder das Zahlungsverbot nach Eintritt der Insolvenzreife (§ 15b Abs. 1 InsO) verstoßen würde.[183] Auch existenzvernichtende Weisungen sind unzulässig.[184] Eine Schädigung der Gesellschaft durch die Weisung reicht dagegen nicht aus,[185] solange nicht

---

179 A.A. offenbar OLG Stuttgart, GmbHR 2000, 1048.

180 BGHZ 125, 366, 377; BGH, NJW 1974, 1468; *Kersting*, in: Noack/Servatius/Haas, § 41 Rn. 19 ff.; *Verse*, in: Scholz, § 43 Rn. 473; a.A. *Stapelfeld*, GmbHR 1991, 94 ff.; *Biletzki*, ZIP 1997, 9 ff.

181 Vgl. etwa OLG Düsseldorf, ZIP 1984, 1476; OLG Frankfurt, NJW-RR 1997, 736; *Hoffmann/Liebs*, Rn. 4000 ff., 3036; *Beurskens*, in: Noack/Servatius/Haas, § 37 Rn. 35.

182 *Uwe H. Schneider*, in: Krieger/Uwe H. Schneider (Hrsg.), Handbuch Managerhaftung, § 2 Rn. 2.27 ff.; *Hoffmann/Liebs*, Rn. 4000 ff.; vgl. auch *Ebert*, GmbHR 2003, 444 ff.

183 BGH, NJW 2010, 64.

184 Zum Begriff des existenzvernichtenden Eingriffs: BGHZ 173, 246 „*Trihotel*“ mit neuem Haftungskonzept (§ 826 BGB).

185 So aber *Fleck*, ZHR 149 (1985), 387, 408.

gleichzeitig Gläubigerschutzvorschriften verletzt sind oder mit der Weisung ein existenzvernichtender Eingriff verbunden ist.[186] Das Weisungsrecht der Gesellschafter unterscheidet die Rechtslage bei der GmbH deutlich von derjenigen bei der AG. Der Vorstand wird in eigener Verantwortung tätig (§ 76 Abs. 1 AktG) und hat grundsätzlich weder Weisungen der Hauptversammlung noch des Aufsichtsrats zu folgen.[187]

Bei der Befolgung von Weisungen der Gesellschafterversammlung steht den Geschäftsführern kein Ermessen zu. Auch in ihren Augen nutzlose oder schädliche Beschlüsse müssen sie ausführen, solange sie nicht unwirksam sind (Rn. 174). Im Übrigen ist zwischen nichtigen und nur anfechtbaren Beschlüssen zu unterscheiden. Während nichtige Weisungen keine Bindungswirkung entfalten und in der Regel nicht befolgt werden dürfen, muss die Geschäftsführung bei anfechtbaren Beschlüssen – solange die Anfechtung noch erfolgen kann und auch noch keine rechtskräftige Entscheidung über eine erhobene Anfechtungsklage vorliegt – sorgfältig prüfen und abwägen, ob die entsprechende Maßnahme durchgeführt werden soll.[188] Insoweit kommen die Grundsätze des unternehmerischen Ermessens zur Anwendung (Rn. 185 ff.). In die Abwägung einzubeziehen ist die Frage, ob tatsächlich angefochten wurde oder die Anfechtung unmittelbar bevorsteht und mit welcher Wahrscheinlichkeit der Beschluss für nichtig erklärt wird. Auch während der Anhängigkeit einer Anfechtungs- oder Nichtigkeitsklage muss die Geschäftsführung die Bedeutung der Maßnahme, die Auswirkungen des Zeitablaufs und den wahrscheinlichen Verfahrensausgang gegeneinander abwägen; die Durchführung der Verfahren suspendiert die Folgepflicht nicht automatisch.[189] Ist die Anfechtung nicht mehr möglich, besteht die Folgepflicht uneingeschränkt, weil der Beschluss endgültig wirksam bleibt. Leidet ein nichtiger Beschluss lediglich an formalen Mängeln, kann die Geschäftsführung die entsprechende Maßnahme in eigener Verantwortung umsetzen, wenn sie vom unternehmerischen Ermessen gedeckt ist. **175**

Im Übrigen darf von Weisungen dann abgewichen werden, wenn sich die Verhältnisse nach Erteilung der Weisung wesentlich verändert haben (§ 665 BGB).[190] Allerdings sind die Geschäftsführer auch verpflichtet, von vornherein auf Probleme und Risiken, die bei der Durchführung eines Beschlusses entstehen könnten, hinzuweisen und ggf. zumutbare Versuche zu unternehmen, die Gesellschafter umzustimmen.[191] **176**

186 Vgl. auch BGHZ 151, 181; BGHZ 149, 10; OLG Frankfurt, NJW-RR 1997, 736.
187 Es sei denn, der Fall des § 119 Abs. 2 AktG (Anrufung der Hauptversammlung) oder des § 111 Abs. 4 AktG (Zustimmungsvorbehalte des Aufsichtsrats) läge vor.
188 Vgl. *Verse*, in: Scholz, § 43 Rn. 260 ff.
189 Vgl. *Beurskens*, in: Noack/Servatius/Haas, § 37 Rn. 40.
190 *Beurskens*, in: Noack/Servatius/Haas, § 37 Rn. 36.
191 *Hoffmann/Liebs*, Rn. 7036.

β) Schadenersatzpflicht

177 Weisungswidriges Verhalten der Geschäftsführung begründet den Schadenersatzanspruch nach §43 Abs. 2 GmbHG. Das erforderliche Verschulden mag auf Seiten der Geschäftsführer aber im Einzelfall fehlen, wenn sie berechtigterweise annehmen durften, dass ein Beschluss einen anderen Inhalt hatte, als die Gesellschafter ihm beilegen wollten, er nichtig war oder nach Anfechtung aufgehoben würde. In letzteren beiden Fällen kann es aber auch schon an einer Pflichtverletzung fehlen, wenn sich die Geschäftsführung bei der Prognose über den Ausgang eines Nichtigkeits- oder Anfechtungsverfahrens im Rahmen ihres unternehmerischen Ermessens gehalten hatte. Zum Schaden muss die Gesellschaft darlegen, dass die Befolgung der Weisung zu einer Vermehrung des Gesellschaftsvermögens im Vergleich zu der tatsächlich eingetretenen Situation geführt hätte.

γ) Entlastungswirkung von Weisungen

178 Der Begleiteffekt der Folgepflicht ist, dass die Weisung für die Geschäftsführer in ihrem Verhältnis zur Gesellschaft haftungsbefreiende Wirkung hat, ihnen also nicht mehr der Vorwurf eines Sorgfaltsverstoßes gemacht werden kann.[192] Voraussetzung ist allerdings, dass es sich um eine wirksame Weisung handelt und die Geschäftsführer ihr tatsächlich gefolgt sind. Nichtige Beschlüsse haben keine haftungsbefreiende Wirkung; der Schadenersatzanspruch der Gesellschaft mag aber an mangelndem Verschulden scheitern, wenn die Nichtigkeit für den Geschäftsführer nicht erkennbar war. Anfechtbare Beschlüsse – und in diese Kategorie fallen die meisten mangelhaften Beschlüsse – haben entlastende Wirkung, wenn die Anfechtungsfrist verstrichen ist. War mit einer Anfechtung nicht zu rechnen, mag bei Ausführung des Beschlusses die Pflichtwidrigkeit oder das Verschulden fehlen (siehe Rn. 175 ff.) und eine Haftung aus diesem Grunde entfallen, auch wenn der Beschluss später doch noch aufgehoben wird und deshalb keine Entlastungswirkung hat. Ein eigenes Anfechtungsrecht muss der Geschäftsführer nicht ausüben.[193]

ee) Beachtung von Satzungsregelungen

178a Ebenso wie der Vorstand ist auch der Geschäftsführer an Regelungen der Satzung oder hiervon abgeleiteter Regelwerke gebunden (siehe Rn. 158a f.). Von großer praktischer Bedeutung sind auch hier Zustimmungsvorbehalte, die entweder zugunsten eines (bei mitbestimmten Gesellschaften) obliga-

---

192 BGHZ 122, 333, 336; *Beurskens*, in: Noack/Servatius/Haas, §43 Rn. 16.

193 Ob ein solches überhaupt besteht, ist str., vgl. *Noack*, in: Noack/Servatius/Haas, Anh. §47 Rn. 140 m. w. N.

torischen oder aber fakultativen (§ 52 GmbHG) Aufsichtsgremiums oder – was häufiger ist – der Gesellschafterversammlung bestehen. Verstöße hiergegen stellen Pflichtverstöße dar und begründen eine Schadenersatzpflicht des Geschäftsführers nach § 43 Abs. 2 GmbHG. Der Pflichtverstoß entfällt rückwirkend, wenn die Maßnahme nachträglich genehmigt wird.[194] Ansonsten steht dem Geschäftsführer allenfalls der Einwand rechtmäßigen Alternativverhaltens zur Verfügung (siehe Rn. 158a).

Fallbeispiel:[195]

Der Geschäftsführer einer GmbH schloss namens der Gesellschaft einen langfristigen Vertrag (30-monatige Laufzeit) über die Anmietung eines Lkw mit Fahrer ab. Nach der Satzung der GmbH hätte der Abschluss eines solchen Vertrags der vorherigen Zustimmung der Gesellschafterversammlung bedurft, die aber von dem Geschäftsführer nicht eingeholt worden war. Der BGH hat der Schadenersatzklage der GmbH, gerichtet auf Ersatz der Aufwendungen im Zusammenhang mit dem (offenbar unnötigen) Vertrag, stattgegeben, obwohl es sich (so das Berufungsgericht) um einen „untergeordneten Vertrag" im Vergleich zu den sonstigen Geschäften des Unternehmens gehandelt habe. Allein ausschlaggebend war der Satzungsverstoß.

ff) Wettbewerbsverbot, Verschwiegenheitspflicht

Im Gegensatz zum Aktienrecht enthält das GmbHG kein ausdrückliches **179**
Wettbewerbsverbot des Geschäftsführers. Auch die Verschwiegenheitspflicht ist nicht geregelt. Jedoch enthält § 85 GmbHG eine Strafvorschrift, die das Offenbaren von Geschäftsgeheimnissen pönalisiert und damit vom Bestand einer entsprechenden Verpflichtung ausgeht. Es ist daher einhellige Meinung, dass der GmbH-Geschäftsführer denselben Geheimhaltungspflichten unterliegt wie der Vorstand der AG.[196] Auch beim Wettbewerbsverbot gelten entsprechende Regeln wie im Falle der AG, die bei der GmbH aus der allgemeinen Treuepflicht des Geschäftsführers hergeleitet werden.[197] Die schuldhafte Verletzung dieser Pflichten begründet Schadenersatzansprüche der Gesellschaft nach § 43 Abs. 2 GmbHG. Zu Inhalt und Umfang der Ansprüche kann auf die Ausführungen zur AG verwiesen werden (Rn. 139).

---

194 OLG München, GmbHR 2009, 315, 316 (zur KG).

195 BGH, NJW-RR 1995, 669; vgl. für die Personengesellschaft auch BGH, DB 1997, 153.

196 Siehe hierzu oben Rn. 148 ff.; vgl. *Beurskens*, in: Noack/Servatius/Haas, § 37 Rn. 93.

197 *Beurskens*, in: Noack/Servatius/Haas, § 37 Rn. 83 ff. m. w. N.

gg) Besondere Pflichten im GmbH-Konzern

180 Die bereits näher beschriebenen (Rn. 154 ff.) konzernrechtlichen Pflichten der Geschäftsleitung einer abhängigen Gesellschaft (§§ 310, 318 AktG) kommen unmittelbar nur dann zur Anwendung, wenn es sich bei dem abhängigen Unternehmen um eine AG handelt (wobei die Rechtsform der herrschenden Gesellschaft unmaßgeblich ist).[198] Ist die Untergesellschaft eine GmbH, so ist zu differenzieren: Die Regelungen über Beherrschungs- und Gewinnabführungsverträge sind nach gefestigter Rechtsprechung[199] weitgehend entsprechend anwendbar. Dies gilt auch für die Haftungsbestimmungen der §§ 309, 310 AktG.[200] Die Auswirkungen ihrer analogen Anwendung sind jedoch eher gering (siehe auch Rn. 157 f.). Denn unabhängig hiervon wäre die Geschäftsführung einer abhängigen GmbH ohnehin verpflichtet, die aufgrund des Beherrschungsvertrags erteilten Weisungen auf ihre Rechtmäßigkeit hin zu prüfen. Verletzt sie diese Pflicht schuldhaft, ergibt sich hieraus der Schadenersatzanspruch des § 43 Abs. 2 GmbHG. Die analoge Anwendung des § 310 Abs. 1 AktG führt lediglich insoweit zu einer gesteigerten Verantwortlichkeit, als die Verzichtsmöglichkeiten der Gesellschaft nach §§ 310 Abs. 4, 309 Abs. 3 AktG beschränkt sind. Die Regeln über die faktische Konzernierung (§§ 311 ff. AktG) sind dagegen nicht auf die GmbH als Untergesellschaft übertragbar,[201] sodass ein Anspruch aus § 318 Abs. 1 AktG gegen die Geschäftsführung von vornherein ausscheidet. Hier bleibt es bei dem allgemeinen, aus § 37 Abs. 1 GmbHG folgenden Weisungsrecht der Obergesellschaft und den in diesem Zusammenhang bestehenden Sorgfaltspflichten der Geschäftsführung, bei deren Verletzung sich eine Haftung aus § 43 Abs. 2 GmbHG ergeben kann (oben Rn. 174 ff.).

181 Praktische Bedeutung gewinnt die Innenhaftung im GmbH-Konzern vor allem in der Insolvenz von Konzerngesellschaften. Haben die Geschäftsführer der beherrschten Gesellschaft aufgrund von Weisungen im Rahmen eines Beherrschungsvertrags Leistungen an andere Konzerngesellschaften erbracht, die von dort wegen der Insolvenz nicht mehr zurückgeholt werden können, ist das Haftungsrisiko hoch. Der Insolvenzverwalter der Untergesellschaft wird prüfen, ob die erteilten Weisungen rechtmäßig waren und die Geschäftsführer ihnen folgen durften. Hiervon ist nicht auszugehen, wenn offenkundig war, dass die Obergesellschaft ihrer Verlustausgleichspflicht nach § 302 Abs. 1 AktG nicht mehr würde nachkommen können. Unklar ist

---

198 § 291 Abs. 1 Satz 1 AktG spricht von einem „anderen Unternehmen“, vgl. auch *Koch*, § 291 Rn. 8.

199 BGHZ 103, 1; BGHZ 105, 324, 330 f. „*Supermarkt*“.

200 Vgl. *Hübner*, S. 59; *Sven H. Schneider*, in: Krieger/Uwe H. Schneider (Hrsg.), Handbuch Managerhaftung, § 9 Rn. 9.101.

201 *Sven H. Schneider*, in: Krieger/Uwe H. Schneider (Hrsg.), Handbuch Managerhaftung, § 9 Rn. 9.102.

insoweit, in welchem Umfang die Geschäftsführer eigene Nachforschungen über die wirtschaftliche Situation der Obergesellschaft anstellen müssen. Hier ist Zurückhaltung geboten, will man nicht das Weisungsrecht des § 308 Abs. 2 AktG weitgehend entwerten.

hh) Existenzvernichtung

Die Haftungsfigur des existenzvernichtenden Eingriffs betrifft grundsätzlich nur den Gesellschafter der GmbH, der seiner Gesellschaft notwendige Mittel entzieht. Für Geschäftsführer hat sie Relevanz, wenn diese gleichzeitig auch Anteilseigner sind oder zugunsten von Anteilseignern agieren, also an dem existenzvernichtenden Eingriff mitwirken oder diesen zumindest fahrlässig nicht verhindern.[202] Ursprünglich ging es darum, dass sich der Gesellschafter im Falle eines existenzvernichtenden Eingriffs einem Haftungsdurchgriff der Gläubiger ausgesetzt sah, also ein Fall der Außenhaftung vorlag. Mit der „*Trihotel*"-Entscheidung[203] hat der BGH diese Konstruktion allerdings fallen gelassen. Er ordnet die Existenzvernichtungshaftung nun als Fall des § 826 BGB ein, wobei der Schadenersatzanspruch nicht den Gläubigern, sondern der Gesellschaft selbst oder ihrem Insolvenzverwalter zusteht. Sie stellt daher einen Fall der Innenhaftung dar.[204] Der haftungsauslösende existenzvernichtende Eingriff setzt für den Geschäftsführer voraus, dass er in das im Gläubigerinteresse zweckgebundene Gesellschaftsvermögen zugunsten eines Gesellschafters kompensationslos und missbräuchlich eingreift oder einen solchen Eingriff zulässt und dieser Eingriff zur Insolvenz der Gesellschaft führt oder diese vertieft. Das Unterlassen einer hinreichenden Kapitalausstattung ist hierfür grundsätzlich nicht ausreichend.[205] Die Existenzvernichtungshaftung kommt auch dann nicht in Betracht, wenn der Eingriff auf einer unternehmerischen Entscheidung im Rahmen des Geschäftsbetriebs beruht.[206] Erforderlich ist die (auch mittelbare) Begünstigung eines Gesellschafters. Diese ist nicht gegeben, wenn der Gesellschafter Forderungen der Gesellschaft auf ein eigenes Konto einzieht, gleichzeitig aber auch deren Verbindlichkeiten aus eigenem Vermögen tilgt.[207] **181a**

202 *Paefgen*, DB 2007, 1907, 1910 f.
203 BGHZ 173, 246.
204 BGH, NJW-RR 2008, 1417, 1418; *Paefgen*, DB 2007, 1907, 1908.
205 BGH, NJW 2008, 2437 ff. „*GAMMA*".
206 BGH, NZG 2005, 214, 215; *Paefgen*, DB 2007, 1907, 1909.
207 BGH, NJW-RR 2008, 1417.

3. Die Pflicht zur ordnungsgemäßen Geschäftsführung

a) Ausgangspunkt

182 Die oben angeführten Vorstands- und Geschäftsführerpflichten einschließlich der hiermit verbundenen Haftungstatbestände ergeben sich aus den gesetzlichen (und richterrechtlich ausgeformten) Vorgaben sowie den damit in Zusammenhang stehenden Satzungsregelungen (Legalitätspflicht). Sie umschreiben die Verhaltensanforderungen an Unternehmensleiter jedoch nicht abschließend. Vielmehr sind die generellen Bestimmungen der §§93 Abs. 1 Satz 1 AktG, 43 Abs. 1 GmbHG und 34 GenG Quelle weiterer, allgemeiner Pflichten der Leitungsorgane der Gesellschaften. Die genannten Vorschriften normieren einen Sorgfaltsstandard („Sorgfalt eines ordentlichen und gewissenhaften Geschäftsleiters") und scheinen damit auf den ersten Blick den anwendbaren Verschuldensmaßstab zu regeln. Es ist aber anerkannt, dass sie eine Doppelfunktion haben und neben dem Verschuldensmaßstab die allgemeinen Verhaltenspflichten der Unternehmensleiter in Form einer Generalklausel umschreiben.[208] Wesentliche Kontur erhalten die Regelungen allerdings erst, wenn man bei ihrer Anwendung die Aufgabe einbezieht, die Unternehmensleiter zu erfüllen hat. Diese wird für die AG in §76 Abs. 1 AktG (Leitung der Gesellschaft unter eigener Verantwortung) und für die GmbH in §§35, 37 GmbHG (Geschäftsführung im Rahmen des Gesellschaftsvertrags und der Gesellschafterbeschlüsse) angesprochen. Inhalt und Umfang hängen von der Art des Geschäfts, der Größe des betroffenen Unternehmens und seiner jeweiligen konkreten Situation ab.

183 Die sich hieraus ergebenden Pflichten des Unternehmensleiters können dahin zusammengefasst werden, dass er wie ein Treuhänder[209] die Interessen des Unternehmens zu wahren und alles zu unterlassen hat, was dieses schädigen könnte.[210] Hiervon ausgehend, lassen sich zwei zentrale Pflichtenkreise unterscheiden, nämlich die Pflicht zur ordnungsgemäßen Wahrnehmung der Organfunktion im Rahmen unternehmerischer Entscheidungen[211] und

---

208 *Hübner*, S. 8; *Koch*, §93 Rn. 7; *Spindler*, in: MünchKommAktG, §93 Rn. 21; *Cahn*, in: Kölner Kommentar, §93 Rn. 11; *Verse*, in: Scholz, §43 Rn. 4; *Hopt/Roth*, in: Großkomm. AktG, §93 Rn. 43 ff. 52; *Hoffmann-Becking*, in: Münchener Handbuch des Gesellschaftsrechts, §25 Rn. 1; *Müller/Jegutidse*, S. 185 ff.; *Ebenroth/Lange*, GmbHR 1992, 69, 70; *Beurskens*, in: Noack/Servatius/Haas, §43 Rn. 7.

209 Vgl. die *fiduciary duties*, denen der Board of Directos in der US-Corporation unterworfen ist: *Henn/Alexander*, §§235 ff.; *v. Werder/Feld*, RIW 1996, 481 ff.; vgl. auch OLG Bremen, GmbHR 1964, 8.

210 Vgl. etwa OLG Hamm, BB 1997, 1062; *K. Schmidt*, Gesellschaftsrecht, §28 II.4.a); *Cahn*, in: Kölner Kommentar, §93 Rn. 82 ff.; *Kossen*, DB 1988, 1785.

211 Siehe zum Begriff näher *Scholl*, Vorstandshaftung und Vorstandsermessen, S. 191 ff.

die Treuepflicht, d.h. die Pflicht zum loyalen Einsatz für die Gesellschaft.[212] Auf diese beiden Säulen können die verschiedenen Verhaltensanforderungen, die im Einzelfall zur Anwendung kommen, jeweils zurückgeführt werden. Zu beachten bleibt, dass die Regelungen des Organhaftungsrechts nur zur Anwendung kommen, wenn gegen Pflichten verstoßen wird, die zum Pflichtenkreis des Organs gehören. Tätigkeiten, die nur bei Gelegenheit der Geschäftsführung ausgeführt werden (z.B. Führen eines Kraftfahrzeugs), führen deshalb in der Regel nicht zu Organpflichtverstößen, können aber eine Haftung nach allgemeinen Regeln begründen.[213]

b) Unternehmerische Entscheidungen

aa) Leitung des Unternehmens

Wesentlicher Schwerpunkt der Pflicht zur ordnungsgemäßen Wahrnehmung **184**
der Organfunktion ist die Leitung des Unternehmens unter Berücksichtigung des Unternehmensziels[214] sowie gesicherter und bewährter betriebswirtschaftlicher Erkenntnisse.[215] Ferner gehört dazu die Einhaltung rechtlicher Vorgaben sowie die Sorge für ein insgesamt rechtmäßiges und den anerkannten Grundsätzen der Geschäftsmoral entsprechendes Verhalten der Gesellschaft gegenüber Dritten (Legalitätskontrollpflicht). Insbesondere das „lawinenartige Anwachsen" öffentlich-rechtlicher Verhaltenspflichten,[216] die dem Unternehmen und damit ihrem Management auferlegt werden, macht die Erfüllung dieser Aufgabe zunehmend schwerer. Die Bestimmung des Unternehmenszieles mag im Spannungsfeld zwischen Gewinnmaximierung und Verfolgung der Interessen aller Stakeholder sowie der Berücksichtigung von Nachhaltigkeitsaspekten in der Theorie schwierig sein.[217] Praktisch geht es vor allem um die Sicherung langfristiger Ertragskraft des Unternehmens im Interesse von Anteilseignern und weiteren Stakeholdern,

---

212 Vgl. *Scholl*, Vorstandshaftung und Vorstandsermessen, S. 56 ff.; *Verse*, in: Scholz, § 43 Rn. 47 ff., 177 ff.; *Beurskens*, in: Noack/Servatius/Haas, § 37 Rn. 78 ff.; *Cahn*, in: Kölner Kommentar, § 93 Rn. 82 ff., 112 ff.; *Thümmel/Sparberg*, DB 1995, 1013, 1014.

213 Vgl. OLG Zweibrücken, Urteil v. 18.8.2022 – 4 U 198/21 zu Überweisungen im Zusammenhang mit Phishing-E-Mails, mit Anm. *Punte/Klemens*, DB 2023, 1338; a.A. OLG Koblenz, DB 1999, 522.

214 Zum Begriff und zur Schwierigkeit einer Definition etwa *Wiedemann*, ZGR 1975, 385, 412 ff.; *Raiser*, ZHR 144 (1980), 206, 207 ff.; *Kossen*, DB 1988, 1785; *Ebenroth/Lange*, GmbHR 1992, 69, 71 f.; siehe auch *Malik*, S. 105 ff. und oben Rn. 10, 15.

215 *Ebenroth/Lange*, GmbHR 1992, 69, 71; hierzu gehört etwa bei einer beabsichtigten Verschmelzung die Pflicht der Organe des übertragenden Rechtsträgers zur sorgfältigen Prüfung der wirtschaftlichen Zweckmäßigkeit der Verschmelzung und der Angemessenheit des Umtauschverhältnisses (§ 25 UmwG), vgl. hierzu auch Rn. 398 ff.

216 *Uwe H. Schneider*, DB 1993, 1909 m.w.N.

217 *Wiedemann*, Organverantwortung und Gesellschafterklage in der Aktiengesellschaft, S. 31 ff.; *Malik*, S. 105 ff.

wobei der gesetzlich, satzungsmäßig und dienstvertraglich festgelegte Tätigkeitsbereich den Rahmen vorgibt, innerhalb dessen sich die Geschäftsleitung bewegen darf.

bb) Unternehmerischer Gestaltungsspielraum (Business Judgment Rule)

α) Übersicht

185 Aus betriebswirtschaftlichen Regeln und Erkenntnissen lassen sich in der Regel keine verbindlichen Handlungsanweisungen ableiten, die bei mehreren möglichen Verhaltensweisen immer nur eine bestimmte Maßnahme als zulässig erscheinen lassen. Vielmehr stecken sie – zusammen mit den rechtlichen Vorgaben – einen Rahmen ab, innerhalb dessen der Unternehmensleiter einen Gestaltungsspielraum, also Ermessen hat. Dies hat der BGH in der „*ARAG*"-Entscheidung ausdrücklich anerkannt[218] und zutreffend festgestellt, dass ohne einen weiten Handlungsspielraum unternehmerische Tätigkeit schlechterdings nicht denkbar sei. Dazu gehöre das bewusste Eingehen geschäftlicher Risiken und die Gefahr von Fehleinschätzungen, die auch bei noch so verantwortungsbewusstem Verhalten unvermeidbar sei. Der Sachverhalt hat im US-amerikanischen Gesellschaftsrecht unter dem Stichwort „Business Judgment Rule" eine eingehende Behandlung erfahren.[219] Eine entsprechende Regelung ist in § 93 Abs. 1 Satz 2 AktG aufgenommen worden.[220] Sie unternimmt es, die Grundgedanken der „*ARAG*"-Rechtsprechung zu kodifizieren.[221] Die im US-Recht gewonnenen Erkenntnisse lassen sich für die Auslegung der deutschen Business Judgment Rule (BJR) fruchtbar machen.

186 Die Bedeutung der BJR liegt darin, dass Maßnahmen der Geschäftsleitung, die sich im Rahmen des Gestaltungsspielraumes halten, nicht zu einer Haftung der Organe führen, auch wenn der Gesellschaft dadurch Vermögensnachteile entstanden sind („sicherer Hafen"). Der nur glücklose Manager ist demnach niemals haftpflichtig. Die genaue Bestimmung des Spielraumes ist schwierig und vom Einzelfall, vor allem vom Tätigkeitsfeld des Unternehmens[222] und von den jeweiligen Chancen und Risiken abhängig. Je

218 BGHZ 135, 244, 253 „*ARAG*".

219 Siehe etwa *Merkt*, Rn. 922 ff.; *Wiedemann*, aaO., S. 13; *v. Werder/Feld*, RIW 1996, 481, 482; für die deutsche Situation *Horn*, ZIP 1997, 1129, 1133 ff.

220 Eingefügt mit Wirkung zum 1.11.2005 durch das UMAG.

221 Vgl. zu den Vor- und Nachteilen *Schäfer*, ZIP 2005, 1253 ff.; *Fleischer*, ZIP 2004, 685 ff.; *Roth*, DB 2004, 1066 ff.; *Paefgen*, AG 2004, 245 ff.; *Kock/Dinkel*, NZG 2004, 441 ff.; *Thümmel*, DB 2004, 471 f.

222 Siehe z. B. für die Anforderungen an Kreditentscheidungen von Bankvorständen OLG Köln, AG 2001, 363; *Graef*, GmbHR 2004, 327 ff.; *Kiethe*, WM 2003, 861 ff.

höher das Risiko eines Geschäfts ist, desto eher wird man an die Grenzen des Gestaltungsspielraumes stoßen, auch wenn im Erfolgsfalle dem Unternehmen hohe Prämien winken. Im Grundsatz besteht aber im Anschluss an die „*ARAG*"-Rechtsprechung Einigkeit darüber, dass der Unternehmensleiter in vernünftigem Rahmen auch zur Vornahme risikoreicherer Geschäfte berechtigt ist. Sind die Grenzen des Ermessens überschritten, begründet dies die Vermutung für eine Pflichtverletzung,[223] die allerdings vom Organ widerlegt werden kann, etwa wenn die getroffene Entscheidung objektiv dem Unternehmenswohl entspricht. Der unternehmerische Gestaltungsspielraum kommt Unternehmensleitern in Gesellschaften aller Rechtsformen zugute. Obwohl sich die „*ARAG*"-Entscheidung wie auch § 93 Abs. 1 Satz 2 AktG zunächst nur auf den Vorstand der AG beziehen, sind die Regelungsinhalte auch auf die Organe der GmbH, Genossenschaft oder anderer Gesellschaftsformen anzuwenden.[224]

β) Grenzen des Gestaltungsspielraums

Bei der Mehrzahl aller Innenhaftungsfälle geht es um die Frage, ob das be- **187**
anstandete Verhalten der Geschäftsleitung noch im Rahmen des unternehmerischen Ermessens lag. Von wesentlicher praktischer Bedeutung ist daher die Ermittlung seiner Grenzen. Die Rechtsprechung neigt dazu, behauptete Sorgfaltsverstöße einzelfallbezogen und ergebnisorientiert zu beurteilen.[225] Konkrete Leitlinien sind nur selten zu finden.[226] Gelegentlich wird die gebotene ex ante-Betrachtung durch eine unzulässige ex post-Betrachtung ersetzt. Hierunter leiden Rechtssicherheit und Vorhersehbarkeit von Entscheidungen. Deshalb war es richtig, in § 93 Abs. 1 Satz 2 AktG die wesentlichen Eckpfeiler der BJR textlich zu erfassen und damit zu dokumentieren, dass Organmitglieder keine Erfolgshaftung trifft,[227] auch wenn der Bestimmung

---

223 BGH, NJW 2017, 578, 579 f. „*HSH Nordbank*"; *Spindler*, in: MünchKommAktG, § 93 Rn. 47 m. w. N.

224 Vgl. z. B. OLG Oldenburg, GmbHR 2001, 76; *Uwe H. Schneider*, in: Krieger/Uwe H. Schneider (Hrsg.), Handbuch Managerhaftung, § 2 Rn. 2.17; *Fleischer*, NJW 2009, 2337, 2339; *Brömmelmeyer*, WM 2005, 2065 ff.

225 Siehe z. B. BGHSt 46, 30 (zu § 266 StGB); OLG Thüringen, GmbHR 2001, 243 (zu § 43 GmbHG); OLG Saarbrücken, AG 2001, 483 (zu § 93 AktG); OLG Oldenburg, GmbHR 2000, 76 (zu § 43 GmbHG); OLG Koblenz, NJW-RR 2000, 483 (zu § 43 GmbHG); OLG Hamm, NJW-RR 1999, 1715 (zu § 43 GmbHG).

226 Vgl. *Hopt/Roth*, in: Großkomm. AktG, § 93 Rn. 85; *Roth*, Unternehmerisches Ermessen und Haftung des Vorstands, S. 9 ff., der zu Recht darauf verweist, dass die Einordnung des unternehmerischen Ermessens in die allgemeinen Sorgfaltsanforderungen des Vorstands wenig geklärt ist.

227 Entsprechend dem Vorschlag der Regierungskommission Corporate Governance, siehe bei *Baums*, Bericht der Regierungskommission Corporate Governance, Rn. 70.

vor dem Hintergrund der „*ARAG*"-Entscheidung weitgehend deklaratorische Bedeutung zukommt.[228]

188 Die Regelung des § 93 Abs. 1 Satz 2 AktG schließt an die „*ARAG*"-Entscheidung[229] an und macht deutlich, dass die Inanspruchnahme des unternehmerischen Ermessens und damit des Haftungsfreiraums im Kern dreierlei voraussetzt:[230] Es muss eine unternehmerische Entscheidung betroffen sein, rechtlich also ein Handlungsspielraum bestehen. Dies ist bei Entscheidungen, die rechtlich geboten sind (gebundene, der Legalitätspflicht unterliegende Entscheidungen) nicht der Fall. Weiter muss das Unternehmenswohl im Entscheidungszeitpunkt die Leitlinie für die Entscheidung gewesen sein, sodass Maßnahmen von Unternehmensleitern, die Interessenkonflikten unterliegen oder deren Schädlichkeit auf der Hand liegt, ausscheiden. Schließlich muss die Entscheidung auf der Basis einer angemessenen Informationsgrundlage getroffen worden sein.

189 Aus dem „*ARAG*"-Urteil selbst ergibt sich als zentrale Aussage,[231] dass eine Haftung des Unternehmensleiters in Betracht kommt, wenn „die Grenzen, in denen sich ein von Verantwortungsbewusstsein getragenes, ausschließlich am Unternehmenswohl orientiertes, auf sorgfältiger Ermittlung der Entscheidungsgrundlagen beruhendes unternehmerisches Handeln bewegen muss, deutlich überschritten sind, die Bereitschaft, unternehmerische Risiken einzugehen, in unverantwortlicher Weise überspannt worden ist oder das Verhalten des Vorstands aus anderen Gründen als pflichtwidrig gelten muss". Dies stimmt mit § 93 Abs. 1 Satz 2 AktG insoweit überein, als sich hieraus ebenfalls ableiten lässt, dass der Vorstand nur dann unternehmerisches Ermessen in Anspruch nehmen kann,[232] wenn er seine Entscheidung auf einer ausreichend breiten Informationsgrundlage getroffen, sich am Unternehmenswohl (und nicht an Eigeninteressen) orientiert und nicht gegen zwingende gesetzliche Vorgaben („…aus anderen Gründen als pflichtwidrig gelten muss.") verstoßen hatte.[233] Auch die Vorgaben der Business Judgment Rule des amerikanischen Rechts sind damit weitgehend berücksichtigt.[234]

190 Allerdings spricht der BGH noch ein wertendes Element an („…deutlich überschritten…", „…in unverantwortlicher Weise überspannt…"), das die Frage aufwirft, ob hier ein weiterer Prüfungsschritt erforderlich ist.[235] Ge-

228 Vgl. *Krieger*, in: Krieger/Uwe H. Schneider (Hrsg.), Handbuch Managerhaftung, § 4 Rn. 4.10.
229 BGHZ 135, 244.
230 Siehe auch *Paefgen*, AG 2004, 245 ff. zu den dogmatischen Grundlagen.
231 BGHZ 135, 244, 253/254.
232 *Koch*, § 93 Rn. 27.
233 Siehe *Sailer-Coceani*, in: Karsten Schmidt/Lutter, § 93 Rn. 13 ff.
234 Siehe näher *Hopt/Roth*, in: Großkomm. AktG, § 93 Rn. 85.
235 Siehe hierzu auch *Roth*, aaO., S. 97 ff.

setzeskonformität, angemessene Informationsgrundlage („informierte Entscheidung") und Orientierung am Unternehmenswohl sind jedoch bei zutreffender Auslegung ausreichende Kriterien, die es erlauben, nicht mehr von der BJR gedeckte Verhaltensweisen des Vorstands von solchen zu unterscheiden, die deren Anforderungen erfüllen und damit (unwiderleglich) sorgfaltsgemäß sind. Die Kriterien für eine angemessene Informationsgrundlage und für eine Entscheidung im Interesse des Unternehmenswohls unterliegen Wertungen, die eine nochmalige Überprüfung am Maßstab der Unverantwortlichkeit überflüssig machen sollte. Jedes der drei Kriterien ist gesondert zu prüfen und kann je für sich zu einer Ermessensüberschreitung führen. Zu bedenken ist hierbei, dass der Vorstand die Darlegungs- und Beweislast (siehe Rn. 226 ff.) dafür trägt, dass die Ermessensgrenzen beachtet worden sind. Im Streitfall muss er daher den Entscheidungsablauf darstellen können.

γ) Einzelheiten der Business Judgment Rule (§ 93 Abs. 1 Satz 2 AktG)

αα) Unternehmerische Entscheidung

Nur unternehmerische Entscheidungen unterfallen der Privilegierung der BJR. Dies sind Entscheidungen, bei denen aus rechtlicher Sicht Handlungsspielräume bestehen und die nach Zweckmäßigkeitsgesichtspunkten getroffen werden.[236] Sieht die Rechtsordnung ein Handlungsgebot oder Handlungsverbot vor, muss sich der Unternehmensleiter dementsprechend verhalten (Legalitätspflicht), hat also rechtlich keine Alternativen. In diesen Fällen spricht man im Gegensatz zu unternehmerischen von gebundenen Entscheidungen. Die Inanspruchnahme unternehmerischen Ermessens setzt daher voraus, dass sich die Entscheidung innerhalb des Rahmens hält, den die Rechtsordnung setzt. Ein Abweichen hiervon kann niemals durch die BJR gerechtfertigt sein, weil es eben an einer unternehmerischen Entscheidung fehlt. 191

Zu dem maßgeblichen Rechtsrahmen gehören – wie bereits dargestellt (Rn. 106 ff.) – die zwingenden Vorschriften des Aktien- und GmbH-Rechts ebenso wie die sonstigen vielfältigen, insbesondere auf öffentlichem Recht beruhenden Vorschriften, die das Verhalten von Unternehmensleitern reglementieren.[237] Auch die Satzung der Gesellschaft und die sonstigen nach den anwendbaren Regeln wirksam begründeten Vorgaben wie Geschäftsordnungen und Beschlüsse von Aufsichtsrat oder Gesellschaftern binden den 192

236 Vgl. *Krieger*, in: Krieger/Uwe H. Schneider (Hrsg.), Handbuch Managerhaftung, § 4 Rn. 4.12; *Sailer-Coceani*, in: Karsten Schmidt/Lutter, § 93 Rn. 15; *Sven H. Schneider*, DB 2005, 707, 709 ff.

237 Etwa Verstöße gegen das Hypothekenbankgesetz, wobei die Pflichtwidrigkeit bei behördlicher Duldung entfallen kann, vgl. LG Frankfurt, AG 2006, 510.

Unternehmensleiter, weil sie auf gesetzlichen Ermächtigungen beruhen. Sie zählen daher ebenso zu dem Rechtsrahmen, der in jedem Fall zu beachten ist.

ββ) Gesellschaftswohl

193 Das Wohl der Gesellschaft verlangt zunächst den uneigennützigen Unternehmensleiter.[238] Orientiert er Entscheidungen an Eigeninteressen oder den Interessen Dritter, hat er die Grenzen des unternehmerischen Ermessens überschritten. Der Unternehmensleiter muss „disinterested" sein,[239] wobei hier ein objektiver Maßstab anzulegen ist. Befindet sich der Unternehmensleiter in einem Interessenwiderstreit, so verliert er nach zutreffender Auffassung[240] dadurch nicht automatisch das Privileg der BJR. Entscheidend ist, dass er sich bei der Entscheidung nicht von seinen Sonderinteressen leiten lässt, sondern ausschließlich vom Unternehmensinteresse (das im Übrigen gelegentlich auch mit solchen Sonderinteressen übereinstimmen kann[241]). Auf keinen Fall führen (nicht offenbarte) Sonderinteressen eines Vorstandsmitglieds dazu, dass sich etwa auch die anderen Mitglieder eines mehrgliedrigen Organs nicht mehr auf das unternehmerische Ermessen berufen könnten.[242] Ein objektiv bestehender Interessenkonflikt begründet allerdings eine Vermutung dahingehend, dass der betroffene Unternehmensleiter nicht mehr losgelöst hiervon entscheiden kann und befangen ist. Er kann den Gegenbeweis antreten, was in der Regel schwierig sein wird.

193a Die Bestimmung eines relevanten Interessenkonflikts ist nicht immer leicht. Zwar liegt ein solcher bei widerstreitenden Rechtspflichten, Insichgeschäften, einer Regresslage, der Wahrnehmung von Geschäftschancen der Gesellschaft oder Vermögensstraftaten des Organs offen zu Tage. Anders ist es in den häufigen Fällen, in denen Organmitglieder mit Vorgängen befasst waren, die zu einem späteren Zeitpunkt Ansprüche von Geschäftspartnern auslösen.[243] Ein Beispiel wären Gewährleistungsansprüche von Kunden, die auf vertraglichen Zusagen beruhen, die der Unternehmensleiter gemacht hatte. In solchen Fällen ist die Frage, ob dieser sich bei der Abwicklung des

---

238 Siehe hierzu OLG Düsseldorf mit Anm. *Haas*, DStR 2001, 2223: Stützungsmaßnahme zugunsten einer anderen, zu einer Arbeitsgemeinschaft gehörenden Gesellschaft, an der der Geschäftsführer eine Mehrheitsbeteiligung hielt.

239 So die Anforderung der *Business Judgment Rule* US-amerikanischer Prägung, vgl. etwa *Merkt*, Rn. 935 ff.

240 *Sailer-Coceani*, in: Karsten Schmidt/Lutter, § 93 Rn. 19.

241 Ein Beispiel hierfür sind variable Vergütungsbestandteile des Unternehmensleiters, die von bestimmten Parametern abhängig sind, deren Erreichung auch im Unternehmensinteresse liegt.

242 *Sailer-Coceani*, in: Karsten Schmidt/Lutter, § 93 Rn. 19.

243 *Selzner/Daghles*, AG 2022, 466 ff.

Gewährleistungsfalls – etwa einem Vergleichsabschluss – noch auf die BJR berufen kann. Waren die Maßnahmen im Rahmen der Vorbefassung – also bei dem ursprünglichen Vertragsabschluss – ermessensgerecht und damit pflichtgemäß, so besteht kein Anlass dafür, dem Unternehmensleiter den Schutz der BJR bei der späteren Abwicklung zu entziehen. Muss er allerdings einen Regress befürchten, weil der Vertragsabschluss pflichtwidrig war, so liegt ein relevanter Interessenkonflikt vor.[244]

Das Wohl der Gesellschaft spielt auch im Übrigen bei der Abgrenzung der vom unternehmerischen Ermessen noch gedeckten Maßnahmen von Ermessensüberschreitungen eine wichtige Rolle. Die Förderung des Gesellschaftswohls muss das Motiv für die in Rede stehende Maßnahme sein, sodass etwa die sinnlose Verschwendung von Gesellschaftsvermögen den zulässigen Rahmen sprengt. Ferner muss der Unternehmensleiter „vernünftigerweise annehmen" (§ 93 Abs. 1 Satz 2 AktG) dürfen, dass die Maßnahme das Unternehmenswohl fördert. Dies wird nur der Fall sein, wenn sie sich an den bewährten betriebswirtschaftlichen und kaufmännischen Grundregeln orientiert[245] und eine nachvollziehbare Abwägung der Alternativen vorgenommen worden ist. Dies ist bei Maßnahmen, die das Unternehmen konkret in seinem Bestand gefährden, nie der Fall, bei abstrakter Bestandsgefährdung – also bei Entscheidungen mit potenziell erheblichen finanziellen Auswirkungen – müssen die Risiken sorgfältig abgewogen werden.[246] Sind ursprünglich vernünftige Unternehmensziele offenkundig nicht mehr zu erreichen und tätigt der Unternehmensleiter dennoch die entsprechenden Investitionen, ist dies vom unternehmerischen Ermessen daher nicht mehr gedeckt,[247] ebenso wenn bei Misslingen des Geschäfts eine erhebliche Gefährdung für den Bestand des Unternehmens droht.[248] **194**

Fallbeispiel 1:[249]

Eine Ingenieurgesellschaft hatte über längere Zeit gegenüber einer GmbH, an der sie beteiligt war, Planungsleistungen erbracht, diese aber nur teilweise abgerechnet. Der Geschäftsführer der GmbH, der gleichzeitig auch Geschäftsführer der Ingenieurgesellschaft war, hatte nach Streitigkeiten mit seinen Mitgeschäftsführern und Gesellschaftern einen größeren Pauschalbetrag vom Konto der GmbH abgehoben und auf ein Konto der Ingenieurgesellschaft eingezahlt. Die Zahlung wurde beidseits als Zahlung auf nicht näher spezifizierte Rechnungen verbucht. Auf die Schadenersatzklage der GmbH gegen ihren (inzwischen abgelös-

244 So zu Recht *Selzner/Daghles,* AG 2022, 466, 471 ff.
245 Siehe auch *Seibt/Wollenschläger*, DB 2009, 1579, 1580.
246 *Redeke*, ZIP 2010, 159, 165 ff.; *Balthasar/Hamelmann*, WM 2010, 589, 590.
247 Vgl. BGH, AG 2006, 85, 86 f. „*Kinowelt*" (zu § 266 StGB).
248 OLG Thüringen, GmbHR 2001, 243.
249 OLG Koblenz, NJW-RR 2000, 483.

ten) Geschäftsführer stellte das OLG fest, dass es sich jedenfalls um eine vorfällige Zahlung gehandelt habe, die eine Pflichtverletzung des Geschäftsführers darstelle. Dieser hafte daher für den Zinsschaden und die Beträge, für die eine materielle Berechtigung der Ingenieurgesellschaft nicht festgestellt werden könne.

Fallbeispiel 2:[250]

Der Vorstandsvorsitzende einer AG hatte in erheblichem Umfang die Lieferung von sog. Stahlwerksbären an eine Kundin veranlasst. Bei dieser Kundin handelte es sich um eine zum damaligen Zeitpunkt bereits insolvenzreife GmbH. Zu der finanziellen Situation der GmbH lagen dem Vorstandsvorsitzenden zumindest Anhaltspunkte vor, was sich daraus ergab, dass er selbst gewisse Verbindungen zu der GmbH unterhielt. Bezüglich der Lieferung waren keine üblichen Zahlungsbedingungen vereinbart worden, vielmehr sollte die GmbH später für die AG Entsorgungsleistungen erbringen. Das Gericht verurteilte den Vorstandsvorsitzenden u. a. wegen des Forderungsausfalles zum Schadenersatz, weil er einem wirtschaftlich angeschlagenen Unternehmen ohne jede absichernde Vorsorge einen Warenkredit eingeräumt hatte.

Fallbeispiel 3:[251]

Die Geschäftsführerin einer GmbH hatte mit einem Rechtsreferendar einen Beratervertrag abgeschlossen. Der Rechtsreferendar sollte für die GmbH fortlaufend Beratungsleistungen auf kaufmännischem Gebiet, insbesondere in Fragen des Marketings und des Vertriebes, erbringen. Für die Beratung wurde ein größerer Betrag bezahlt. Die GmbH nahm ihre Geschäftsführerin in Höhe dieses Betrages auf Schadenersatz nach § 43 Abs. 1 GmbHG mit der Begründung in Anspruch, die Beratungsleistungen seien unbrauchbar gewesen und im Übrigen nicht in dem abgerechneten Umfang erbracht worden. Der BGH verwies darauf, dass nach allgemeiner Lebenserfahrung ein Rechtsreferendar kaum in der Lage sei, eine qualifizierte Unternehmensberatung auf dem hier maßgeblichen Gebiet anzubieten. Auch habe er praktisch keine schriftlichen Unterlagen vorgelegt. Dennoch habe die Geschäftsführerin ihm erhebliche Honorare bezahlt. Bei dieser Sachlage läge es an ihr, darzulegen und zu beweisen, dass der Berater dem Honorar angemessene Leistungen erbracht habe, die zu konkreten Ergebnissen geführt und sich zum Wohle des Unternehmens ausgewirkt hätten. Gelänge ihr dies nicht, so habe sie sich schadenersatzpflichtig gemacht.

---

250 LG Bochum, ZIP 1989, 1557; ähnlich OLG Düsseldorf, ZIP 1997, 27 „*ARAG/Garmenbeck*“: Veranlassung erheblicher Zahlungen ohne vorherige Stellung vereinbarter Sicherheiten.

251 BGH, NJW 1997, 741.

In der Regel nicht mehr innerhalb der Verfolgung des Gesellschaftswohls liegt es, wenn der Unternehmensleiter ohne Grund auf klare rechtliche Positionen verzichtet oder rechtliche Möglichkeiten – z. B. die Berufung auf die Unwirksamkeit eines das Unternehmen belastenden Vertrags[252] – nicht nutzt. Dasselbe wird in der Regel gelten, wenn erhebliche Leistungen (vor allem ins Ausland) ohne angemessene Sicherstellung der Gegenleistung erbracht[253] oder wirtschaftlich unsinnige Verträge abgeschlossen werden oder auf die Durchsetzung von ohne Weiteres realisierbaren Ansprüchen gegenüber Dritten ohne Begründung verzichtet wird.[254] Der Verzicht auf die Besicherung eines Darlehens dagegen kann durchaus ermessensgerecht sein.[255] **195**

Soziale Aufwendungen und *Spenden* sind dennoch zulässig, wenn sie der Vermögens- und Ertragslage des Unternehmens angemessen sind, ein ausreichender Bezug zum Unternehmensgegenstand besteht, keine sachwidrigen Motive vorliegen und der Vorgang auf Geschäftsleitungsebene transparent ist.[256] Auch die begründete Preisgabe von Ansprüchen, etwa um einen anderweitigen, sich möglicherweise erst in der Zukunft realisierenden Vorteil zu erhalten, ist dem Unternehmensleiter trotz ihrer vermögensmindernden Wirkung nicht von vornherein verwehrt.[257] **196**

Erwägungen zum *Klimaschutz* und zur *Nachhaltigkeit* führen zu weiteren Facetten in der Betrachtung des Unternehmenswohls. Soweit der Gesetzgeber hierzu Vorgaben macht, ist das zunächst unproblematisch, weil die Unternehmensorgane sich hieran halten müssen (Legalitätspflicht). Allerdings stellen einerseits Investoren, andererseits die Gesellschaft insgesamt zunehmend Forderungen an die Unternehmen als *good corporate citizen*, Klimaschutzanstrengungen zu verstärken. Diese kosten in der Regel Geld und stehen damit in einem potenziellen Konflikt mit dem Interesse an der Maximierung des Unternehmensertrags. Dennoch ist einhellige Meinung, dass Unternehmensleiter im Rahmen ihres Leitungsermessens auch ambitionierte (und mit Kosten verbundene) Klimaziele verfolgen dürfen.[258] Dies erklärt sich schon daraus, dass die Sicherstellung nachhaltiger und langfristiger Ertragskraft des Unternehmens auch Klimaschutzinvestitionen jenseits **196a**

---

252 Vgl. *Autenrieth*, GmbHR 1990, 113 ff. zum Fall eines nicht beurkundeten und nicht im Handelsregister eingetragenen Gewinnabführungsvertrags; zur Frage, ob und wann der Vorstand einer beherrschten AG verpflichtet ist, den Beherrschungsvertrag zu kündigen: *Riegger/Mutter*, DB 1997, 1603 ff.

253 Vgl. BGH, ZIP 2000, 135; OLG Düsseldorf, ZIP 1997, 27, 30 ff. „*ARAG/Garmenbeck*".

254 Vgl. *Ebenroth/Lange*, GmbHR 1992, 69, 72.

255 OLG Celle, AG 2008, 711, 713.

256 Vgl. BGHSt 47, 187 f.; *Fleischer*, AG 2001, 171 ff.; *Laub*, AG 2002, 308 ff.

257 Vgl. *Cahn*, in: Kölner Kommentar, § 93 Rn. 106 ff.; *Ziemons*, in: Ziemons/Binnewies, Handbuch Aktiengesellschaft, Rn. 8.700.

258 Vgl. zum Ganzen *Fleischer,* AG 2023, 833 ff.

des gesetzlich Vorgeschriebenen erfordern kann. Inwieweit Unternehmensorgane zur Berücksichtigung von Klimazielen im Rahmen ihrer Leitungsaufgabe verpflichtet sein können, ist ungeklärt, *de lege lata* aber wohl zu verneinen. Ändern könnte sich dies durch Art. 25 der Corporate Sustainability Due Diligence Directive (CSDDD) der Europäischen Kommission. Die Mitgliedstaaten sollen danach sicherstellen, dass Unternehmensleiter bei ihren unternehmerischen Entscheidungen deren Folgen für Nachhaltigkeitsaspekte einschließlich Menschenrechten, Klimawandel und Umwelt berücksichtigen.[259]

γγ) Angemessene Information und Abwägung

197 Der Unternehmensleiter kann sich nur dann auf unternehmerisches Ermessen berufen, wenn er vernünftigerweise annehmen durfte, auf der Grundlage angemessener Information zu handeln (§ 93 Abs. 1 Satz 2 AktG). Er muss also eine informierte Entscheidung getroffen haben. Dies setzt voraus, dass der Unternehmensleiter sich eine aus der ex ante-Betrachtung heraus ausreichend breite Entscheidungsgrundlage beschafft.[260] Hierzu gehört, dass er ihm zur Verfügung stehende Erkenntnisquellen ausschöpft und, soweit ihm selbst die Fachkunde fehlt, den Rat von Fachleuten innerhalb oder außerhalb des Unternehmens einholt.[261] Dabei muss er nicht „alle verfügbaren" Informationsquellen[262] ausschöpfen, sondern nur die unter den gegebenen Umständen (auch angesichts etwa bestehenden Zeitdrucks) vernünftigerweise erreichbaren (und voraussichtlich zielführenden) Informationen beschaffen.[263] Die Informationsbeschaffung muss sich sowohl auf die Faktenlage wie auch auf deren Bewertung beziehen. Je komplexer ein Geschäft und je höher die Risiken für das Unternehmen, desto weiter geht die Informationspflicht, zu deren Erfüllung dann auch der Aufbau einer geeigneten Organisation (z. B. Schaffung einer entsprechenden Abteilung im Unternehmen) gehören kann. Etwa wird die Geschäftsleitung, die bei einer Un-

---

259 Siehe hierzu *Fest*, AG 2023, 713, 715 ff.

260 *Sailer-Coceani,* in: Karsten Schmidt/Lutter, § 93 Rn. 17; *Seibt/Wollenschläger*, DB 2009, 1579, 1580; zur Entscheidungsfundierung aus betriebswirtschaftlicher Sicht *Grundei/v. Werder*, AG 2005, 825, 828 ff.; siehe auch *Kinzl*, DB 2004, 1653.

261 Vgl. auch *Hopt/Roth*, in: Großkomm. AktG, § 93 Rn. 105 ff.

262 So allerdings im Ausgangspunkt der 5. Strafsenat des BGH, DB 2017, 578, 580, jedoch unter Berücksichtigung der Erfordernisse der konkreten Entscheidungssituation (Zeit, Kosten/Nutzen-Relation); siehe auch BGH, DB 2022, 2655, 2656 (3. Strafsenat).

263 So ist wohl auch der BGH, NJW 2008, 3361, 3362 zu verstehen, da er sich auf die konkrete Entscheidungssituation bezieht; in diesem Sinne auch OLG Celle, AG 2008, 711; *Sailer-Coceani,* in: Karsten Schmidt/Lutter, § 93 Rn. 17; *Spindler*, AG 2013, 889, 892 f.; *Balthasar/Hamelmann*, WM 2010, 589, 591; *Brömmelmeyer*, WM 2005, 2065, 2067.

ternehmensakquisition auf eine fachgerechte due diligence verzichtet, ihrer Informationspflicht in der Regel nicht gerecht.[264]

Ob dem Unternehmensleiter hinsichtlich des Umfangs der zu beschaffenden Informationen ein Ermessen zusteht, ergibt sich aus dem Wortlaut des § 93 Abs. 1 Satz 2 AktG nicht, weil unklar ist, ob sich der Satzteil „vernünftigerweise annehmen durfte" auch auf die Informationsbeschaffung oder nur auf den Abwägungsprozess bezieht.[265] Zutreffend dürfte sein, ein diesbezügliches Ermessen abzulehnen, weil andernfalls der erforderliche Informationsumfang gerichtlicher Kontrolle entzogen wäre. Allerdings wird man dem Unternehmensleiter einen (gerichtlich überprüfbaren) Beurteilungsspielraum einräumen können, der sich auf die Frage bezieht, welche Informationen im Angesicht etwa bestehenden Zeitdrucks und unter Kosten/Nutzen-Erwartungen als verfügbar zu gelten haben. **197a**

Soweit der Unternehmensleiter fachkundigen Rat einholt, kann ihn dies vom Vorwurf der Pflichtverletzung entlasten, da er dann aufgrund angemessener Informationsgrundlage entschieden und die Grenzen unternehmerischen Ermessens nicht überschritten hat. Dies gilt allerdings nur, wenn der Berater fachlich qualifiziert und unabhängig ist, ihm die zugrunde liegenden Fakten umfassend dargestellt wurden, der Unternehmensleiter die Plausibilität der Ausarbeitungen des Beraters sorgfältig geprüft und den Rat auch entsprechend umgesetzt hat.[266] Nicht erforderlich ist, dass sich der Beratungsauftrag ausdrücklich auf die konkrete Rechtsfrage bezogen hat, die sich später als relevant herausstellt, wenn zu erwarten war, dass sich eine fachkundige Beratung unter den gegebenen Umständen auch auf diese Frage erstreckt.[267] Ob unternehmensexterner Rat einzuholen ist, hängt von der Verfügbarkeit entsprechender Sachkunde im Unternehmen ab. An die Qualität dieser Sachkunde und die Unabhängigkeit des Urteils sind umso höhere Anforderungen zu stellen, je bedeutsamer die zu treffende Entscheidung ist. Dies gilt auch für unternehmensinternen Rechtsrat, hinsichtlich dessen mangelnde Unabhängigkeit nicht abstrakt vermutet werden darf.[268] Inwieweit sonstige externe Auskunftsquellen den Anforderungen an eine angemessene Informationsgrundlage genügen, hängt vom Einzelfall ab. Die Bewertungen von **197b**

---

264 Vgl. OLG Oldenburg, NZG 2007, 434, 436 ff.; *Böttcher*, NZG 2007, 481 ff.; *ders.*, NZG 2005, 49 ff.; *Mutschler/Mersmann*, DB 2003, 79 ff.; *Werner*, ZIP 2000, 989, 990 ff.; *Redeke*, ZIP 2011, 59, 62.

265 Siehe hierzu *Baur/Holle*, AG 2017, 597 ff.

266 BGH, NZG 2015, 792; BGH, DB 2011, 2484, 2486 f. „*ISION*"; OLG Stuttgart, AG 2010, 133, 135; *Müller*, DB 2014, 1301 ff.; *Uwe H. Schneider*, DB 2011, 99, 102 f.; *Binder*, AG 2008, 274 ff.

267 BGH, NZG 2015, 792, 795.

268 Hierzu *Klöhn*, DB 2013, 1535, 1537 ff.; *Müller*, DB 2014, 1301, 1303 ff.

Ratingagenturen sind für sich jedenfalls keine ausreichende Entscheidungsbasis für Wertpapierankäufe.[269]

198 Neben der Informationsbeschaffung erforderlich ist ein Abwägungsprozess, der die möglichen Alternativen mit ihren Auswirkungen in Betracht zieht.[270] Ohne Abwägung wäre die Informationsbeschaffung wertlos, weil die Entscheidung willkürlich ausfiele. Eine solche Entscheidung „aus dem Bauch" stellt das Gegenstück zu einer informierten Entscheidung dar. Das Abwägungserfordernis ergibt sich auch aus der notwendigen Orientierung der Entscheidung am Gesellschaftswohl (Rn. 193 ff.). Insoweit unterliegt der Abwägungsprozess – nicht das Abwägungsergebnis – der vollen gerichtlichen Kontrolle.[271] Der Unternehmensleiter kann nur dann vernünftigerweise davon ausgehen, zum Wohle des Unternehmens zu handeln, wenn er ordnungsgemäß abgewogen hat. Hierzu gehört auch, dass das Abwägungsergebnis nachvollziehbar ist, also erkennbar wird, warum der Unternehmensleiter die getroffene Entscheidung für die vorteilhafteste hielt. Die angestellten Erwägungen dürfen auf der Basis der gegebenen Informationslage nicht in Widerspruch zu den Denkgesetzen oder gängigen betriebswirtschaftlichen oder technischen Lehren stehen. Je riskanter eine unternehmerische Entscheidung ist, umso höher die Begründungslast, die sich dann auch auf argumentative Details beziehen muss.[272] Dabei spielen Nachvollziehbarkeit und Vertretbarkeit eine wichtige Rolle.[273] Auf letztere kommt es insbesondere bei rechtlichen Unsicherheiten an, die sich aus unbestimmten Rechtsbegriffen oder einer fehlenden gefestigten Rechtsprechung ergeben können.[274] Im Hinblick auf ausländisches Recht dürfte insoweit ein großzügiger Maßstab anzulegen sein.[275]

Fallbeispiel 1:[276]

Die Vorstände einer Baugenossenschaft hatten dem Aufsichtsrat ein Bauprojekt vorgeschlagen, dem dieser zustimmte. Der Investitionsplan sah vor, dass die zu errichtenden Wohnungen zu einem bestimmten Durchschnittsmietpreis an Mitglieder der Genossenschaft vermietet werden. Dabei gingen die Vorstände davon aus (ohne dies offen zu legen), dass diese Miethöhe erst nach einiger Zeit werde erreicht werden kön-

---

269 OLG Düsseldorf, NZG 2010, 306 „IKB"; *Spindler*, NZG 2010, 281, 283 f.

270 Vgl. zur Risikoabwägung etwa BGHSt 46, 30 (Kreditvergabe durch Sparkassenvorstände); BGH, NJW 2008, 3361, 3362; BGH, AG 2009, 117; OLG Düsseldorf mit Anm. *Haas*, DStR 2001, 2223 (Stützungsaktion gegenüber Partnergesellschaft).

271 *Redeke*, ZIP 2011, 59, 61.

272 *Seibt/Wollenschläger*, DB 2009, 1579, 1580.

273 *Redeke*, ZIP 2011, 59, 62.

274 Vgl. *Spindler*, AG 2013, 889, 893.

275 *Sailer-Coceani*, in: Karsten Schmidt/Lutter, § 93 Rn. 16.

276 OLG Brandenburg, AG 2021, 20.

nen. Tatsächlich konnten die fertiggestellten Wohnungen nur zu einem geringeren Preis vermietet werden, der die Kosten der Genossenschaft (Darlehenszinsen etc.) nicht deckte. Das OLG, befasst mit Schadensersatzansprüchen der Genossenschaft, versagte den Vorständen die Privilegierung der BJR, weil die Unsicherheit, wann die kalkulierte Miethöhe erreicht würde, ein unvertretbares Risiko darstelle, das sie nicht hätten eingehen dürfen.

Fallbeispiel 2:[277]

Der Geschäftsführer einer GmbH, die im Vertrieb tätig war, schloss mit einem Geschäftspartner einen neuen Rahmenvertrag, der ihre Zusammenarbeit regelte. Ein vorausgegangener Vertrag, der offenbar geendet hatte, enthielt eine Kundenschutzklausel zugunsten der GmbH. Bei dem neuen Vertrag verzichtete der Geschäftsführer auf eine solche Regelung, wobei unklar blieb, ob dies auf Verlangen des Geschäftspartners geschah. Die Folge war, dass der Geschäftspartner nun gefahrlos den ihm bekannten Kundenstamm der GmbH selbst nutzen konnte. Das OLG hatte über Schadensersatzansprüche der GmbH gegen ihren Geschäftsführer zu befinden und sah in dem Abschluss des neuen Vertrags ohne Kundenschutzklausel eine Pflichtverletzung. Die BJR greife nicht, weil von dem Geschäftsführer keine am Unternehmenswohl orientierte Abwägung dargelegt wurde. Der Wegfall der Kundenschutzklausel begründete erhebliche Risiken für die GmbH, der keine ersichtlichen Vorteile gegenüber standen.

Der Prozess der Informationsbeschaffung samt Abwägung muss innerhalb **199**
der zuständigen Abteilungen und Gremien (z. B. Gesamtvorstand) stattgefunden haben. Soweit etwa Gremienvorbehalte nicht beachtet oder regelwidrig Abteilungen nicht eingeschaltet wurden, fehlt es wegen der Regelverstöße bereits an einer unternehmerischen Entscheidung (Rn. 191 f.), sodass der mögliche Rahmen unternehmerischen Ermessens von vornherein gesprengt ist. Bei bedeutsameren Projekten sollten die einzelnen Schritte, die zu der Entscheidung geführt haben, zum Schutz des Unternehmensleiters auch dokumentiert werden. Damit kann er den ihm obliegenden Beweis (§ 93 Abs. 2 Satz 2 AktG) antreten, dass die Ermessensgrenzen eingehalten worden sind.

Praxistipp:

Dreh- und Angelpunkt der Inanspruchnahme unternehmerischen Ermessens ist meist der durch das Organ im Nachhinein zu erbringende Nachweis einer angemessenen Informationsgrundlage. Die Verteidigungssituation für das Organ hängt typischerweise sehr wesentlich von

277 OLG München, DB 2018, 1659.

der Qualität[278] und Menge an Unterlagen ab, die die zugrunde liegende Daten- und Faktenlage belegen. Hierzu gehören Berichte und Gutachten von beauftragten Beratern, interne Berichte und Vorlagen, Protokolle von Gremiensitzungen, Kommunikationen (z.B. per E-Mail) zwischen den Beteiligten und eigene Aufzeichnungen des Organs. Aus diesen Unterlagen sollte sich ergeben, auf welcher Informationsbasis die jeweiligen Feststellungen beruhen und wie es zu bestimmten Schlussfolgerungen und Vorschlägen kommt. Je verständlicher die Ausführungen sind, umso besser für das Organ. Auch der eigene Abwägungsprozess des Organs sollte möglichst gut dokumentiert sein.

cc) Unternehmensorganisation

α) Grundsatz

200 Zur ordnungsgemäßen Wahrnehmung der Organfunktion gehört die Schaffung einer angemessenen Unternehmensorganisation. Es besteht Einvernehmen darüber, dass es sich jedenfalls im Hinblick auf ihre konkrete Ausgestaltung um eine unternehmerische Entscheidung handelt.[279] Insoweit bestehen ganz unterschiedliche Möglichkeiten, die je nach Branche, Unternehmensgröße, Risikoprofil, Personalreserve und Zweckmäßigkeit auf die Bedürfnisse des jeweiligen Unternehmens zuzuschneiden sind. Der Unternehmensleiter kann sich hier auf unternehmerisches Ermessen berufen. Die Pflicht des Unternehmensleiters, für eine angemessene Organisation Sorge zu tragen, hat enge Bezüge zum Begriff Compliance (siehe Rn. 201 f.). Danach ist er gehalten, sein Unternehmen so zu organisieren, dass Schäden vom Unternehmen ferngehalten werden und für die Erfüllung aller Rechtspflichten gegenüber Dritten Sorge getragen ist.[280] Für Ermessen ist an dieser Stelle kein Raum.[281] Die Grenze zwischen dem „ob" angemessener Organisation (gebundene Entscheidung) und dem „wie" (Ermessensentscheidung) ist fließend und kann nur im Einzelfall gezogen werden. Bei konkreten Anlässen, die auf Mängel hindeuten, wird man sich eher im Bereich von Handlungspflichten bewegen.[282] Die durch solche Anlässe eintretende Ermessensreduzierung kann so weit gehen, dass am Ende nur noch eine be-

278 Vgl. BGH, AG 2011, 378 (fehlende schriftliche Umsatzplanung, fehlende konkrete betriebswirtschaftliche Daten).
279 Vgl. hierzu ausführlich *Nietsch*, ZGR 44 (2015), 631, 644 ff.; *Meier-Greve*, BB 2009, 2555, 2557 f.
280 Vgl. zu dieser Ausprägung der Legalitätspflicht ausführlich *Thole*, ZHR 173 (2009), 504, 509 ff.
281 Vgl. *Meier-Greve*, BB 2009, 2555.
282 Vgl. *Nietsch*, ZGR 44 (2015), 631, 658 ff.

stimmte organisatorische Maßnahme möglich ist, also die Situation einer gebundenen Entscheidung besteht.

Außerdem muss die Organisation so gestaltet sein, dass sie dem Unternehmensleiter jederzeit eine Übersicht über die wirtschaftliche und finanzielle Situation der Gesellschaft ermöglicht.[283] Schließlich gehört auch die Pflicht zur kollegialen Zusammenarbeit,[284] also zur angemessenen Nutzung der Organisation, in diesen Zusammenhang. Unterlässt es der Unternehmensleiter im Rahmen seines unternehmerischen Ermessens, die entsprechenden organisatorischen Vorkehrungen zu treffen, so ist er dem Unternehmen ersatzpflichtig, wenn sich hieraus ein Schaden ergibt. **200a**

Fallbeispiel:[285]

Der Insolvenzverwalter einer GmbH nimmt deren Alleingeschäftsführerin auf Schadenersatz in Anspruch, weil diese nichts dagegen unternommen habe, dass ihr ebenfalls bei der GmbH angestellter Sohn unberechtigt verschiedene erhebliche Abhebungen von den Geschäftskonten der Gesellschaft vorgenommen hat. Der Sohn hatte im maßgeblichen Zeitraum Bankvollmacht. Das OLG entschied, dass die Geschäftsführerin für alle auf die erste unberechtigte Abhebung folgenden Verfügungen des Sohnes einstandspflichtig sei, weil sie die erste Abhebung hätte zum Anlass nehmen müssen, das finanzielle Verhalten des Sohnes zu überwachen und die erteilte Bankvollmacht zu widerrufen.

β) Compliance – Legalitätskontrollpflicht

Ein Teilaspekt der Organisationspflicht ergibt sich aus § 130 OWiG, wonach der Unternehmensleiter eine Ordnungswidrigkeit begeht, wenn er Aufsichtsmaßnahmen unterlässt, die erforderlich sind, um die Verletzung von strafbewehrten Pflichten (z. B. aus dem Bereich des Bau-, Gewerbe- oder Umweltrechts) durch das Unternehmen selbst zu verhindern. Im Übrigen sind die Anforderungen der Rechtsprechung an die Organisation des Unternehmens seit der „*Baustoff*“-Entscheidung des BGH[286] streng. Wenn auch diese Rechtsprechung (und § 130 OWiG) explizit nur die Außenhaftung des Managers betrifft, so kommt ihr doch auch für seine Innenhaftung Bedeutung zu, etwa dort, wo es um die Verhinderung von Fehlentscheidungen oder von Rechtsverletzungen auf unterer Hierarchieebene geht.[287] Die Schaffung einer Organisationsstruktur zur Verhinderung von durch Rechtsverstöße **201**

283 BGH, NJW-RR 1995, 669.

284 Vgl. *Verse*, in: Scholz, § 43 Rn. 131.

285 OLG Koblenz, ZIP 1990, 870.

286 BGHZ 109, 297; OLG Nürnberg, DB 2022, 2153; *Unmuth,* AG 2022, 893.

287 Siehe hierzu *Thole*, ZHR 173 (2009), 504, 509 ff., 517 ff., der diesen Bereich allerdings von der Legalitätspflicht unterscheidet.

verursachte Schäden ist Gegenstand der Compliance, die eine wichtige Leitungsaufgabe darstellt[288] und unter dem Begriff der Legalitätskontrollpflicht zusammengefasst wird.

201a Wesentliche Bedeutung hat Compliance im Zusammenhang mit Korruptionstaten und Kartellverstößen erlangt, die aus dem Unternehmen heraus begangen werden. Hieraus können dem Unternehmen erhebliche Schäden entstehen, die sich zumeist aus Aufklärungskosten, Bußgeldern, Gewinnabschöpfungen,[289] Steuernachzahlungen und Schadenersatzverbindlichkeiten Dritten gegenüber zusammensetzen. Aber auch viele andere Bereiche sind betroffen, etwa Verstöße gegen Datenschutzbestimmungen, Umweltschutzvorgaben oder Regelungen aus dem wachsenden Feld des ESG-Spektrums („Environment, Social, Governance"). Vorstände und Geschäftsführer können für Schäden des Unternehmens, die aus Inanspruchnahmen von dritter Seite entstehen, einstandspflichtig werden, wenn die Organisationsstruktur des Unternehmens generell ungeeignet war, solche Taten zu verhindern, oder aber wenn auf konkrete Vorfälle nicht angemessen reagiert wurde. Unternehmensleiter sind im Rahmen ihrer Organisationsaufgabe dazu verpflichtet, ein den Anforderungen des Unternehmens – unter Berücksichtigung seiner Größe, Komplexität, Marktausrichtung (insbesondere geografisch) und Personalstruktur – angemessenes Compliance-Management-System einzurichten[290] und dieses orientiert am Marktumfeld (benchmark-Betrachtung) sowie an konkreten Vorfällen laufend zu optimieren. Für börsennotierte Gesellschaften ist diese Pflicht in § 91 Abs. 3 AktG angesprochen. Dazu gehören ein klares Regelwerk mit strukturellen Vorgaben (z. B. Vier-Augen-Prinzip[291]) und Verhaltensanweisungen, das in alle relevanten Bereiche kommuniziert wird, eine funktionsfähige interne Revision und eine regelmäßige Überwachung. Die konkrete Ausgestaltung des Überwachungssystems liegt dabei im unternehmerischen Ermessen des Unternehmensleiters, nicht aber seine Einrichtung überhaupt (abgesehen von sehr kleinen Einheiten).[292] Werden Verdachtsfälle nicht oder nur schleppend untersucht und aufgeklärt, so liegt hierin ein Pflichtverstoß des zuständigen Organs; dies ist typischerweise der Gesamtvorstand.[293]

---

288 Siehe hierzu *Hauschka/Moosmayer/Lösler*, Corporate Compliance; für Trennung von der Legalitätspflicht *Thole*, ZHR 173 (2009), 504, 517 f.

289 Siehe hierzu *Rieder/Holzmann*, AG 2011, 265, 270.

290 LG München I, DB 2014, 766, 768 „*Siemens/Neubürger*"; *Rieder/Holzmann*, AG 2011, 265, 270; zu Recht kritisch zu den teilweise sehr weitgehend formulierten Anforderungen der „*Siemens/Neubürger*"-Entscheidung: *Bachmann*, Praxis und Lehre im Wirtschaftsrecht – 10 Jahre Österberg Seminare, S. 71 ff.

291 OLG Nürnberg, DB 2022, 2153.

292 *Grunewald*, NZG 2013, 841, 842; *Sailer-Coceani*, in: Karsten Schmidt/Lutter, § 93 Rn. 8.

293 LG München I, DB 2014, 766, 769 „*Siemens/Neubürger*".

Praxistipp:

Compliance-Verstöße stellen ein hohes Risiko für Unternehmensleiter dar. Gerade bei komplexen Organisationen mit vielen, in der Regel recht unabhängig agierenden Landesgesellschaften, ist es schwer, Rechtsverstöße der beschriebenen Art vollständig auszuschließen. Compliance sollte daher straff organisiert sein: Ein Vorstandsmitglied sollte die Verantwortung für den Konzern insgesamt übernehmen und dem Gesamtvorstand (wie auch dem Aufsichtsrat) in regelmäßigen Abständen berichten. Unter seiner Leitung sollte eine task force eingerichtet werden, die auf die Struktur des Unternehmens abgestimmt ist. Bei der Einrichtung und Optimierung des Compliance-Systems sollte externer fachkundiger Rat in Anspruch genommen werden. Bestimmte korruptionsanfällige Geschäftsarten (z.B. Beraterverträge) sollten zentral verwaltet werden.[294] Interne wie externe Verbesserungsvorschläge müssen sorgfältig und zügig abgearbeitet werden. Verdachtsfälle, auch anonym gemeldete, bedürfen besonderer Aufmerksamkeit: Einerseits müssen sie lückenlos aufgeklärt, andererseits muss über notwendige Schlussfolgerungen nachgedacht werden. Zunehmende Digitalisierung und der Einsatz von künstlicher Intelligenz (KI) kann der Unternehmensleitung die Aufgabe erleichtern, aber auch zum Standard einer guten Organisationsstruktur werden, deren unzureichende Anwendung wiederum einen Pflichtverstoß begründen könnte.

dd) Delegation und Ressortaufteilung

α) Ausgangspunkt: Gesamtverantwortung

Zu einer angemessenen Unternehmensorganisation gehört auch, dass arbeitsteilige Prozesse strukturiert werden. Das gesetzliche Grundmodell geht davon aus, dass die Organe von Gesellschaften für sämtliche Geschäfte innerhalb des Unternehmens zuständig sind (Allzuständigkeit). Gleichzeitig tragen mehrere Organmitglieder gemeinsam die Verantwortung für deren Erledigung (Gesamtverantwortung).[295] Beides entspricht nicht den Anforderungen der komplexen unternehmerischen Wirklichkeit, weshalb Aufgaben delegiert werden. Von vertikaler Delegation spricht man, wenn Aufgaben auf nachgeordnete Hierarchiestufen verlagert werden, von horizontaler Delegation, wenn die Aufgabenverteilung innerhalb derselben Hierarchiestufe stattfindet. Auf Unternehmensleitungsebene führt die horizontale Delegati- 202

294 Vgl. LG München I, DB 2014, 766, 769 „*Siemens/Neubürger*".
295 Vgl. etwa § 77 Abs. 1 AktG; siehe näher *Schmidt-Husson*, in: Hauschka/*Moosmayer*/*Lösler*, Corporate Compliance, § 6 Rn. 4.

on zur Ressortaufteilung. Ziel der Delegation ist die Weitergabe der Zuständigkeit und Verantwortung für die hiervon betroffenen Tätigkeitsbereiche.

β) Zulässigkeit der Delegation

203 Nicht alle Aufgaben können delegiert werden. Dies gilt zunächst für die Leitungsaufgabe der Organe, also ihre Verpflichtung zur Steuerung des Unternehmensgeschehens, zur Organisation, zur Planung und Kontrolle.[296] Auch verschiedene gesetzliche Pflichten von Vorstand oder Geschäftsführung sind der Delegation nicht zugänglich. Hierzu gehören z. B. die Buchführungspflicht (§ 91 Abs. 1 AktG) im Sinne der Verantwortung für das gesamte Finanzgeschehen innerhalb des Unternehmens, die Insolvenzantragspflicht, die Pflicht zur Einrichtung und Überwachung eines Risikofrüherkennungssystems (§ 91 Abs. 2 AktG), die Berichtspflicht gegenüber dem Aufsichtsrat (§ 90 AktG), verschiedene Pflichten gegenüber anderen Gesellschaftsorganen (z. B. der Hauptversammlung)[297] sowie öffentlich-rechtliche Pflichten. Auch in Bereichen, die nicht delegationsfähig sind, kann sich der Unternehmensleiter von Kollegen oder Mitarbeitern unterstützen lassen. Die Verantwortung bleibt allerdings bei ihm.

γ) Vertikale Delegation

204 Soweit die Delegation zulässig ist, muss sie von der Unternehmensleitung mit der erforderlichen Sorgfalt vorgenommen werden. Dies gilt zunächst für die Auswahl des Delegatars, der über die entsprechende Befähigung verfügen muss. Dieser muss sodann ordnungsgemäß eingewiesen und überwacht werden.[298] Sorgfaltsmängel, z. B. die unzureichende Überwachung von Mitarbeitern, können Innenhaftungsansprüche begründen. Die Konstellation ist praktisch bedeutsam, wobei Inhalt und Grenzen der Überwachungspflicht im Einzelfall schwer zu bestimmen sind. Hinweise auf ein mögliches Fehlverhalten von Mitarbeitern, schlechte Erfahrungen oder die besondere Bedeutung eines einzelnen Geschäfts können eine gesteigerte Überwachungsdichte erforderlich machen.

---

296 Vgl. *Fleischer*, ZIP 2003, 1, 5; *Schmidt-Husson*, in: Hauschka/Moosmayer/Lösler, Corporate Compliance, § 6 Rn. 18 f.

297 Näher *Schmidt-Husson*, in: Hauschka/Moosmayer/Lösler, Corporate Compliance, § 6 Rn. 19.

298 Näher zu den Anforderungen *Schmidt-Husson*, in: Hauschka/Moosmayer/Lösler, Corporate Compliance, § 6 Rn. 28 ff.

Fallbeispiel:[299]

Der Handelsvorstand einer Wertpapierhandelsbank hatte von einem Mitarbeiter, der für den Rentenhandel zuständig war, gehört, dass nach einem „Marktgerücht" ein sehr großer Posten an bestimmten Rentenpapieren einen Abnehmer suche. Auch das Volumen war von dem Mitarbeiter genannt worden. Es war klar, dass dieses Volumen nach den Regularien der Wertpapierhandelsbank nicht (oder höchstens zu einem kleinen Anteil) im Eigenhandel hätte übernommen, sondern allenfalls gemakelt werden dürfen. Einige Tage später berichtete der Mitarbeiter „zwischen Tür und Angel", dass das Geschäft nun konkret werde. Der Handelsvorstand nahm dies entgegen und ging dabei davon aus, dass der Mitarbeiter das ihm bekannte Regelwerk beachten werde. Der Mitarbeiter schloss ein Eigengeschäft ab, das mit erheblichen Verlusten endete. Das Landgericht verurteilte den Handelsvorstand mit der Begründung zum Schadenersatz, er habe seine Kontrollpflichten verletzt, weil schon die schiere Größe des angekündigten Geschäftsvolumens ihn zu konkreter Nachfrage und engmaschiger Überwachung hätte veranlassen müssen.

δ) Ressortaufteilung

Werden im Rahmen einer Ressortaufteilung Aufgaben übertragen, die der **205**
Delegation nicht zugänglich sind, bleibt es bei der Gesamtverantwortung des Kollegialorgans. Kommt es zu einer Pflichtverletzung durch den angeblichen Ressortführer, der z. B. entgegen dem Zahlungsverbot nach § 15b Abs. 1 InsO nach Insolvenzreife Rechnungen beglichen hat, so betrifft diese Pflichtverletzung sämtliche Mitglieder des Kollegialorgans. Diese sind dann, soweit jeweils Verschulden vorliegt, für den Erstattungsanspruch gesamtschuldnerisch einstandspflichtig.

Ist die Ressortaufteilung zulässig, wandelt sich die Pflicht zur ordnungs- **206**
gemäßen Geschäftsführung bei dem nicht ressortführenden Organ in eine Überwachungspflicht.[300] Diese verpflichtet ihn zum Eingreifen, wenn Anhaltspunkte dafür bestehen, dass der Ressortführer die ihm übertragenen Aufgaben nicht ordnungsgemäß erfüllt. Insbesondere in Krisensituationen verdichtet sich die Überwachungspflicht. Nicht die schadensstiftende Handlung, sondern mangelhafte Überwachung kann dann Grundlage eines Haftungsanspruches der Gesellschaft sein.

Voraussetzung für die Reduzierung des Pflichtenkreises bei den nicht res- **207**
sortführenden Organmitgliedern ist, dass eine wirksame Ressortaufteilung

299 LG Frankfurt vom 18.1.2006, Az. 3/9 O 27/05 (unveröffentlicht).

300 BGH, NJW 1986, 54, 55; BGHZ 133, 370, 377 f.; BFH, GmbHR 1998, 203; OLG Köln, AG 2001, 363, 364; *Heimbach/Boll*, VersR 2001, 801, 803; *Hoffmann/Liebs*, Rn. 7013; *Peters*, GmbHR 2008, 682, 684.

vorgenommen wurde. Hieran sind formale und inhaltliche Anforderungen zu stellen.[301] Der BGH[302] hat diese Anforderungen jüngst präzisiert. Danach ist eine klare und eindeutige Abgrenzung der Geschäftsführungsbereiche erforderlich, die sämtliche Geschäftsführungsaufgaben erfasst, von sämtlichen Organmitgliedern mitgetragen (und gelebt) wird und die Zuständigkeit des Gesamtorgans für nicht delegierbare Aufgaben wahrt. Außerdem müssen die Aufgaben fachlich geeigneten Personen zugewiesen werden. Nicht erforderlich ist dagegen eine ausdrückliche Vereinbarung oder schriftliche Fixierung der Ressortaufteilung. So wäre auch eine faktische Arbeitsteilung ausreichend.[303] Da im Hinblick auf die Erfüllung steuerlicher Pflichten eine schriftliche Fassung erforderlich bleibt[304] und diese zu Beweiszwecken ohnehin hilfreich sein kann, sollte hierauf allerdings trotzdem nicht verzichtet werden. Dasjenige Organmitglied, das sich mit dem Argument, er sei nicht der Ressortführer, entlasten will, trägt für die von ihm geltend gemachte Ressortaufteilung die Beweislast.

208 Die Erfüllung der Überwachungspflicht erfordert, dass sich der nicht ressortführende Unternehmensleiter laufend von dem Ressortführer über die dessen Ressort betreffenden Angelegenheiten informiert. Der Ressortführer ist zur Unterrichtung der anderen Geschäftsleitungsmitglieder verpflichtet.[305] Frequenz und Umfang der Berichterstattung hängen von den Umständen des Einzelfalls ab.[306] Bleibt das Bild unvollständig, muss der nicht ressortführende Unternehmensleiter nachhaken und notfalls auch selbst Erkundigungen – etwa durch Einsicht in die Buchführung – einziehen.[307] Er darf sich auf den Bericht des Kollegen bei offenbaren Lücken oder Mängeln nicht blind verlassen. Gibt es allerdings für ihn keinen Anlass zu Zweifeln an der Ordnungsmäßigkeit der Ressortführung, ist er entlastet. Eine besondere Verantwortung bestimmter „sachnaher" Ressorts und die Annahme gesteigerter Überwachungspflichten bei dem jeweiligen Ressortführer[308] ist abzulehnen, weil ansonsten das Ressortprinzip faktisch außer Kraft gesetzt würde.[309]

---

301 Vgl. OLG Koblenz, NZG 1998, 953; *Müller/Jegutidse*, S. 182; *Uwe H. Schneider*, DB 1993, 1909, 1912.

302 BGH, NJW 2019, 1067, 1068 ff. „*Weltruf*"; siehe hierzu *Fleischer*, DB 2019, 472 ff.

303 *Fleischer*, DB 2019, 472, 475.

304 Siehe BGH, NJW 2019, 107, 1069 „*Weltruf*".

305 Siehe *Peters*, GmbHR 2008, 682, 685.

306 Z. B. OLG Karlsruhe, NZG 2000, 264: nicht täglich, wenn nicht besondere Umstände dies erfordern.

307 Vgl. auch *Beurskens*, in: Noack/Servatius/Haas, § 43 Rn. 48.

308 So aber VG Frankfurt, WM 2004, 2157: Dem Controlling-Vorstand einer Versicherungsgesellschaft wurden erhöhte Überwachungspflichten im Hinblick auf die Tätigkeit des für Kapitalanlagen zuständigen Kollegen zugewiesen.

309 So zu Recht *Habersack*, WM 2005, 2360, 2363.

Fallbeispiel:[310]

Der Finanzvorstand einer Versicherungsgesellschaft hatte im Einvernehmen mit dem Finanzausschuss des Aufsichtsrats einen Hypothekenkredit an einen Kunden genehmigt, der sich später als Betrüger herausstellte. Nachdem sich der Finanzvorstand das Leben genommen hatte, versuchte der Aufsichtsrat der Gesellschaft, ein mit der Kreditvergabe nicht befasstes weiteres Vorstandsmitglied wegen des eingetretenen Schadens haftbar zu machen. Die Klage wurde abgewiesen. Das OLG verwies darauf, dass der beklagte Vorstand keinen Anlass hatte, Aufsichtsmaßnahmen in Bezug auf das Nachbarressort zu ergreifen.

Zur Überwachungspflicht gehört auch die Pflicht, das Unternehmen so zu **209** organisieren, dass die wirtschaftlichen und finanziellen Daten der Gesellschaft für alle Geschäftsleitungsmitglieder jederzeit verfügbar sind.[311] Fehlende Möglichkeiten der Information wirken daher nur bedingt entlastend. Widerstände von Kollegen muss der nicht ressortführende Unternehmensleiter zu beseitigen versuchen. Wird nachhaltig gemauert, bleibt ihm nur die Einbeziehung anderer Unternehmensgremien, etwa des Aufsichtsrats oder der Anteilseigner, und in gravierenden Fällen die Amtsniederlegung. Hat er alles ihm Zumutbare getan, um die in seinen Augen schadensstiftende Maßnahme des Ressortführers zu verhindern, so ist er haftungsfrei. Dies gilt im Grundsatz auch dann, wenn er innerhalb des Vorstands oder der Geschäftsführung überstimmt worden ist (vgl. Rn. 68).[312]

ε) Haftungsentlastende Wirkung der Delegation

Sind vertikale Delegation oder Ressortaufteilung wirksam vorgenommen **209a** worden, so ergibt sich hieraus für die Geschäftsführungsorgane eine weitgehende Haftungsentlastung.[313] Dies gilt allerdings nicht für den Ressortführer (oder Delegatar), sondern für diejenigen, die Aufgaben im Wege der Delegation (wirksam) abgegeben haben. Ihre Pflichten sind darauf reduziert, für eine geeignete Überwachung des Ressortführers oder Delegatars zu sorgen. Zum Überwachungsinstrumentarium gehören die Anforderung und Entgegennahme von Berichten, die Sicherstellung von Kontrollmaßnahmen (Stichproben) und die Aufklärung bei verbleibenden Unklarheiten oder Widersprüchen. Wird das Überwachungsinstrumentarium sachgerecht eingesetzt, bleibt das Geschäftsführungsorgan haftungsfrei.

310 OLG Köln, AG 2001, 363.
311 BGH, NJW-RR 1995, 669.
312 Vgl. *Hopt/Roth*, in: Großkomm. AktG, § 93 Rn. 370 ff.
313 Siehe auch *Froesch*, DB 2009, 722 ff.

Praxistipp:

Delegation und Ressortaufteilung können wesentlich zur Verteidigung von Unternehmensleitern in Haftungsverfahren beitragen. Um eine effektive Haftungsentlastung zu erreichen, muss allerdings sichergestellt sein, dass die Delegation wirksam vorgenommen wurde. Bei der vertikalen Delegation geht es um Auswahl, Instruktion und Überwachung. Hier sollte möglichst im Detail dokumentiert sein, dass der Delegatar durch Ausbildung und/oder praktische Erfahrung für die Aufgabe geeignet ist. Weiter muss die Aufgabenzuweisung klar geregelt (Organigramm mit Erläuterungen) und kommuniziert sein. Schließlich muss eine Stichprobenkontrolle institutionalisiert werden. – Bei der Ressortaufteilung ist darauf zu achten, dass klare Abgrenzungen sämtlicher Tätigkeitsbereiche vorgenommen werden, Zuweisungen an fachlich geeignete Organmitglieder erfolgen und die Gesamtverantwortung für nicht delegierbare Aufgaben gewahrt wird. Schließlich ist darauf zu achten, dass die Ressortaufteilung auch praktisch gelebt wird.

c) Treuepflichten

aa) Inhalt

210 Die Treuepflicht des Unternehmensleiters verlangt von ihm den loyalen Einsatz für die Gesellschaft. Ihm ist das Gesellschaftsvermögen treuhänderisch anvertraut. Hieraus ergeben sich Schutz- und Fürsorgepflichten. Der Unternehmensleiter muss daher bei der Wahrnehmung der ihm übertragenen Aufgaben ausschließlich das Wohl des Unternehmens im Auge haben. Er darf keinesfalls eigene wirtschaftliche Vorteile verfolgen.[314] Ausdruck hat dieser Gedanke etwa in § 88 AktG (Wettbewerbsverbot) und § 93 Abs. 1 Satz 3 AktG (Verschwiegenheitspflicht) gefunden.

211 Ein unzulässiges Ausnutzen der Organstellung zu eigenen Zwecken läge z. B. in der übermäßigen Inanspruchnahme betrieblicher Mittel, Leistungen oder Vergünstigungen ohne entsprechende dienstvertragliche Zusage. In diesem Bereich kommt auch eine Strafbarkeit aus Unterschlagung (§ 246 StGB) oder Untreue (§ 266 StGB) in Betracht. Allgemein ist jedes Auflösen von Interessenkollisionslagen zulasten der Gesellschaft und zugunsten des Unternehmensleiters (oder eines Dritten)[315] pflichtwidrig. Zu beachten ist dies vor allem auch in Übernahmesituationen (Take-over). Hier werden die handelnden Manager streng darauf zu achten haben, dass etwaige Abwehrstrategien im Interesse der Gesellschaft und nicht lediglich in ihrem

---

314 Vgl. BGH, AG 1989, 354; *Hopt/Roth*, in: Großkomm. AktG, § 93 Rn. 229 ff.

315 Dies ist etwa der Fall der §§ 310, 318 AktG (pflichtwidriges Handeln zugunsten der Obergesellschaft), vgl. oben Rn. 155 ff.

persönlichen Interesse liegen.[316] Auch Verstöße gegen Insider-Recht können eine Verletzung der Treuepflicht darstellen und aus diesem Grund Innenhaftungsansprüche auslösen (vgl. Rn. 418 ff.).

bb) Inbesondere: Die Geschäftschancenlehre

α) Bindung von Geschäftschancen

Von zentraler Bedeutung im Bereich der Treuepflicht ist die Geschäftschancenlehre, die in Anlehnung an die aus dem US-Gesellschaftsrecht bekannte corporate opportunity doctrine entwickelt wurde.[317] Danach darf der Unternehmensleiter Geschäftschancen, die in den Geschäftskreis der Gesellschaft fallen und von denen er geschäftlich oder privat Kenntnis erlangt hat, nicht für sich selbst nutzen. Er darf sie nur (und muss sie möglicherweise) namens der Gesellschaft wahrnehmen. **212**

Die Anwendung der Geschäftschancenlehre erfordert, dass jeweils geklärt wird, ob eine geschäftliche Möglichkeit in den Geschäftskreis der Gesellschaft fällt. Maßgeblich ist hier zunächst der in der Satzung vorgesehene Unternehmenszweck, unabhängig davon, in welchem Maß der Satzungszweck ausgenutzt wird. Ferner zu berücksichtigen ist ein etwa über die Satzung hinausgehender tatsächlich ausgeübter Tätigkeitsbereich.[318] Ist der Satzungszweck oder der tatsächliche Tätigkeitsbereich betroffen, so handelt es sich um eine Geschäftsmöglichkeit der Gesellschaft. Aber auch bei Geschäftschancen, die nicht von vornherein in diesen Bereich fallen, kann ein Treueverstoß gegeben sein, etwa wenn das Geschäft für den Unternehmensleiter erkennbar aus Sicht der Gesellschaft vorteilhaft, notwendig oder wünschenswert wäre. Dies kann z. B. bei außerordentlichen Akquisitionsmöglichkeiten der Fall sein, die mit der bisherigen Tätigkeit der Gesellschaft nichts zu tun haben. **213**

Fallbeispiel:[319]

Der Geschäftsführer einer gemeinnützigen Wohnungs- und Siedlungs-GmbH war gleichzeitig Unterbeteiligter an einem Kommanditanteil einer GmbH & Co. KG, die in der Vermittlung und dem Handel von Grundstücken tätig war. In mehreren Fällen ließ er die Gelegenheit aus, Grund und Boden für die von ihm geführte und mit der Erstellung von

316 Vgl. *Hübner*, S. 77 ff., *Schander/Posten*, ZIP 1997, 1534, 1535 f.; siehe für den Aufsichtsrat auch *Heermann*, WM 1997, 1689 ff.; vgl. auch Rn. 218.

317 Vgl. *Timm*, GmbHR 1981, 177; *K. Schmidt*, Gesellschaftsrecht, § 20 V.3.; *Cahn*, in: Kölner Kommentar, § 93 Rn. 122; *Hopt/Roth*, in: Großkomm. AktG, § 93 Rn. 250 ff.; zum US-Recht: *Merkt*, Rn. 995 ff.

318 *Beurskens*, in: Noack/Servatius/Haas, § 37 Rn. 84.

319 BGH, BB 1989, 1637.

Wohnraum befassten GmbH preisgünstig zu erwerben. Stattdessen überließ er den Erwerb der GmbH & Co. KG, an deren Gewinn er beteiligt war, um dann den Ankauf von diesem Unternehmen durch die GmbH zu einem unverhältnismäßig höheren Preis vorzunehmen. Der BGH sah hierin einen Pflichtverstoß des Geschäftsführers, welcher ihn schadenersatzpflichtig machte.

214 Der sich aus einer schuldhaften Verletzung der Geschäftschancenbindung ergebende Schadenersatzanspruch der Gesellschaft ist auf Ausgleich der Nachteile gerichtet, die dadurch entstanden sind, dass die Geschäftsmöglichkeit nicht wahrgenommen wurde. Die Schadensberechnung fällt hier meist leichter als beim Wettbewerbsverstoß (vgl. Rn. 139). Dennoch kann auch der Rechtsgedanke des § 88 Abs. 2 Satz 2 AktG herangezogen werden.[320] Dieser führt dazu, dass die Gesellschaft dem Unternehmensleiter die Ergebnisse der verbotswidrig wahrgenommenen Geschäftsmöglichkeit entziehen kann.

β) Befreiung von der Geschäftschancenbindung

215 Streitig ist, inwieweit der Unternehmensleiter von seinen aus der Geschäftschancenbindung resultierenden Pflichten befreit werden kann.[321] Der anzulegende Maßstab dürfte jedenfalls nicht strenger sein als derjenige, der auf die Befreiung vom Wettbewerbsverbot nach § 88 Abs. 1 AktG zur Anwendung kommt. Danach kann der Aufsichtsrat für konkrete Geschäfte Befreiung erteilen. Dieselbe Regelung erscheint für die Wahrnehmung von Geschäftschancen durch den Unternehmensleiter durchaus angemessen. Bei der GmbH ohne Aufsichtsrat wäre die Gesellschafterversammlung berufen. Eine abstrakte Regelung (etwa dahin, dass Geschäftschancen in einem bestimmten Bereich generell keiner Bindung unterliegen) kann aber nur in der Satzung getroffen werden.

cc) Treuepflichten in Sondersituationen

α) Management Buy-Out

216 Mit dem Begriff Management Buy-Out wird die Übernahme eines Unternehmens durch sein Management beschrieben, und zwar durch Erwerb aller Anteile oder assets der unternehmenstragenden Gesellschaft.[322] Zu Finanzierungszwecken bedarf es regelmäßig der Beteiligung von Private-Equity-Fonds oder Venture-Capital-Gesellschaften und darüber hinaus der Kreditgewährung durch Banken. Bei Durchführung des Buy-Outs gerät die

---

320 So *Timm*, GmbHR 1981, 177, 185; *Beurskens*, in: Noack/Servatius/Haas, § 37 Rn. 87.
321 Hierzu näher *Beurskens*, in: Noack/Servatius/Haas, § 37 Rn. 90 m. w. N.
322 Vgl. *Wittkowski*, GmbHR 1990, 544, 545; *Otto*, DB 1988, Beilage 12.

Unternehmensleitung typischerweise in Interessenkonflikte, weil sie einerseits die Interessen des Unternehmens und seiner Anteilseigner wahrnehmen muss, andererseits aber als Käufer zusammen mit der Beteiligungsgesellschaft und/oder den Finanzinstituten entgegengesetzte Interessen hat. Ihre Organstellung erfordert von den Managern in dieser Situation, dass sie ihre Loyalitätspflichten strikt einhalten.

Insbesondere sind sie zur Offenbarung von Unternehmensdaten an die an- **217**
deren Beteiligten nur berechtigt, wenn die Anteilseigner eingewilligt haben und das Entstehen eines Schadens für die Gesellschaft hieraus – bei einem Scheitern der Übernahme-Verhandlungen – etwa durch den Abschluss von geeigneten Geheimhaltungsvereinbarungen verhindert wird (siehe Rn. 150). Eine ungesicherte Herausgabe von Informationen kann die Schadenersatzpflicht nach §§ 43 Abs. 2 GmbHG, 93 Abs. 2 AktG nach sich ziehen. Je nach Buy-Out-Modell stehen die Manager des Weiteren in der Gefahr, den Kapitalerhaltungsregeln zuwiderlaufende Zahlungen an die Alt-Gesellschafter aus dem Vermögen der Gesellschaft zu leisten. In diesen Fällen kommt eine Haftung nach §§ 43 Abs. 3 GmbHG, 93 Abs. 3 AktG in Betracht. Ebenfalls riskant sind Auszahlungen, die zu einer Existenzgefährdung der Gesellschaft führen.[323]

β) Übernahmeangebote

In Übernahmesituationen unterliegt das Management der Zielgesellschaft **218**
ebenfalls besonderen Gefährdungen im Hinblick auf ihre Treuepflichten. Je nachdem ob es die Übernahme begrüßt („friendly take-over") oder ablehnt („hostile take-over"), wird es sich anders verhalten und Abwehrmaßnahmen einleiten oder unterlassen. Hierbei können auch Eigeninteressen der Unternehmensleiter eine Rolle spielen, die möglicherweise geneigt sind, die Übernahme zum Nachteil des Bieters zu verhindern. Für das Zielunternehmen kann das Verhalten des Managements mit beachtlichen Kosten verbunden sein, wenn man etwa an die durchaus erheblichen Aufwendungen für eine Abwehrwerbung denkt.[324] Der Gesetzgeber hat die umstrittene Frage,[325] inwieweit sich das Management des Zielunternehmens neutral verhalten muss, im Wertpapiererwerbs- und Übernahmegesetz (WpÜG)[326]

---

323 Siehe *Wittkowski*, GmbHR 1990, 544, 548 ff.

324 Vgl. hierzu *Thümmel*, DB 2000, 461 ff.

325 Siehe etwa LG Düsseldorf, WM 2000, 528 „*Mannesmann/Vodafone*"; *Hopt*, in: Festschrift Lutter, 2000, S. 1361 ff.; *ders.*, ZGR 2002, 333 ff.; *Schander/Posten*, ZIP 1997, 1534 ff.; *Kirchner*, AG 1999, 481 ff.; *ders.*, BB 2000, 105 ff.; *ders.*, WM 2000, 1821 ff.; *Witte*, BB 2000, 2161 ff.; *Maier-Reimer*, ZHR 165 (2001), 258 ff.; *Merkt*, ZHR 165 (2001), 224 ff.; *Kallmeyer*, AG 2000, 553 ff.; *Drygala*, ZIP 2001, 1861 ff.; *Thümmel*, DB 2000, 461 ff.

326 BGBl. I, S. 3822.

dahingehend gelöst, dass zwar grundsätzlich Neutralitätspflicht besteht, die Anteilseigner gleichzeitig aber Anspruch auf eine Stellungnahme des Vorstands zur Qualität des Übernahmeangebots und zu den Auswirkungen einer Übernahme haben (§ 27 WpÜG).[327] Der Vorstand unterliegt grundsätzlich einem Verhinderungsverbot (§ 33 Abs. 1 Satz 1 WpÜG), d. h. er darf nach Veröffentlichung des Angebots keine Handlungen vornehmen, durch die der Erfolg des Angebots verhindert werden könnte, es sei denn die Übernahmeabwehr läge im Interesse der Gesellschaft. Maßgeblich ist die Sicht der Aktionäre, die mit qualifizierter Mehrheit Abwehrmaßnahmen beschließen können (§ 33 Abs. 2 WpÜG). Da der Bieter regelmäßig schon eine erhebliche Beteiligung an der Gesellschaft halten wird, sollte es für die Annahme eines relevanten Abwehrinteresses auch genügen, wenn ein maßgeblicher Anteil der Aktionäre, etwa mindestens eine Sperrminorität,[328] abwehrbereit ist. Dies muss der Vorstand abschätzen und darf dann im Rahmen der BJR und mit Zustimmung des Aufsichtsrats (§ 33 Abs. 1 Satz 2 3. Alt. WpÜG) geeignete Abwehrmaßnahmen ergreifen.[329] Maßnahmen der ordnungsgemäßen Geschäftsführung, die auch außerhalb einer Übernahmesituation vorgenommen worden wären, bleiben ohnehin im Rahmen der BJR zulässig (§ 33 Abs. 1 Satz 2 1. Alt. WpÜG). Schadenersatzansprüche der Gesellschaft können sich dann ergeben, wenn Abwehrmaßnahmen trotz fehlendem relevanten Abwehrinteresse der Aktionäre oder ohne Einbeziehung des Aufsichtsrats vorgenommen wurden oder sich nicht im Rahmen der BJR hielten. Der Schaden der Gesellschaft kann dann insbesondere in den Abwehraufwendungen liegen.[330]

III. Verschulden

1. Sorgfalt eines ordentlichen und gewissenhaften Geschäftsleiters

219 Die Innenhaftung erfordert unabhängig von dem konkreten Haftungstatbestand ein individuelles Verschulden des Unternehmensleiters. Eine verschuldensunabhängige (Gefährdungs-)Haftung für eingetretene Minderungen des Gesellschaftsvermögens ist nicht vorgesehen, wenn auch die noch zu erörternde weitgehende Beweislastumkehr zulasten des Unternehmensleiters (Rn. 226 ff.) sein Haftungsrisiko einer solchen Garantiehaftung zumindest annähert. Der Verschuldensmaßstab ergibt sich aus §§ 93 Abs. 1 Satz 1 AktG, 43 Abs. 1 GmbHG. Eine Pflichtverletzung ist von dem Unternehmensleiter danach nur zu vertreten, wenn er die Sorgfalt eines ordentlichen

327 Insoweit aber auch mit der Verpflichtung zur Neutralität, vgl. OLG Celle, ZIP 2006, 1768.

328 So *Schirrmacher/Hildebrandt,* AG 2021, 220, 224.

329 *Schirrmacher/Hildebrandt,* AG 2021, 220, 225.

330 So *Brandi,* in: Angerer/Brandi/Süßmann, § 33 Rn. 94; *Thümmel,* DB 2000, 461, 463.

und gewissenhaften Geschäftsleiters nicht eingehalten und in diesem Sinne mindestens fahrlässig gehandelt hat. Fremdes Verschulden, insbesondere dasjenige anderer Organmitglieder, wird ihm nicht zugerechnet, entlastet ihn aber auch nicht, wenn er selbst schuldhaft gehandelt hat.[331] Allerdings ergibt sich aus der Pflichtverletzung regelmäßig eine Vermutung dafür, dass der Unternehmensleiter auch schuldhaft gehandelt hat (Indizwirkung), sodass das Verschulden nur in Ausnahmefällen gesonderter Betrachtung bedarf.

Der anwendbare Verschuldensmaßstab ist normativer Natur.[332] Dies be- **220**
deutet, dass er sich nicht an den Kenntnissen und Fähigkeiten des konkret betroffenen Unternehmensleiters orientiert, sondern an seiner Aufgabe als treuhänderischer Verwalter der Vermögensinteressen der Gesellschaft.[333] Besonderheiten der Aufgabe, wie insbesondere Art und Größe des Unternehmens, sind daher zu berücksichtigen. Mangelnde Erfahrung, Fähigkeiten und Kenntnisse des betroffenen Managers entlasten ihn jedoch nicht. Allenfalls ist an ein Mitverschulden der Gesellschaft im Hinblick auf die mangelhafte Auswahl des Managers zu denken, welches je nach Einzelfall seine Haftung betragsmäßig vermindern oder ganz entfallen lassen kann.

2. Fälle fehlenden Verschuldens

Das Verschulden fehlt, wenn auch aus der idealen Sicht eines ordentlichen **221**
und gewissenhaften Geschäftsleiters die Pflichtwidrigkeit nicht erkennbar oder der eingetretene Schaden nicht voraussehbar oder vermeidbar war. Ist die Pflichtwidrigkeit festgestellt, wird damit meist das Verschulden indiziert sein, weil die verschiedenen Verhaltensanforderungen ebenso wie der Verschuldensmaßstab sich aus der Aufgabe des Unternehmensleiters ergeben (Rn. 182 ff.). Fälle mangelnder Erkennbarkeit sind aber dennoch vorstellbar, vor allem soweit es um die Grenzbereiche unternehmerischen Gestaltungsspielraums und um die Wirksamkeit von Weisungen der GmbH-Gesellschafter geht. Hier werden von dem Unternehmensleiter Einschätzungen erwartet, die nicht immer trennscharf getroffen werden können. Sind solche Einschätzungen noch vertretbar, wird es meist schon an einer Pflichtverletzung fehlen. Erweisen sie sich als unzutreffend, kann das Verschulden fehlen, wenn der Unternehmensleiter im Entscheidungszeitpunkt guten Glaubens davon ausgehen konnte, dass seine Bewertung zutreffend ist. In der Regel wird hierfür die Einholung fachkundigen Rats erforderlich sein, auf

331 *Sailer-Coceani*, in: Karsten Schmidt/Lutter, § 93 Rn. 35.
332 *Sailer-Coceani*, in: Karsten Schmidt/Lutter, § 93 Rn. 34.
333 Vgl. OLG Bremen, GmbHR 1964, 8, 9; OLG Koblenz, ZIP 1991, 870, 871; *Cahn*, in: Kölner Kommentar, § 93 Rn. 10; *Kleindiek,* in: Lutter/Hommelhoff, § 43 Rn. 10; *Beurskens*, in: Noack/Servatius/Haas, § 43 Rn. 9.

die die Grundsätze der „*ISION*"-Rechtsprechung[334] (Rn. 197b) zur Anwendung kommen.

221a Ein Mitverschulden der Gesellschaft nach § 254 BGB kann sich aus falschen oder unklaren Vorgaben, mangelhaften Geschäftsverteilungsplänen oder der Auswahl des Unternehmensleiters selbst oder seiner Kollegen ergeben. Pflichtwidriges Verhalten von Kollegen kann den Mitverschuldenseinwand allerdings nicht tragen.[335] Anders ist es, wenn von Amtsvorgängern getroffenen Maßnahmen pflichtwidrig waren und eine Gefahrenlage geschaffen haben, die für den Nachfolger nicht sofort erkennbar war. Mangelnde Überwachung durch den Aufsichtsrat oder einen Beirat entlasten den Unternehmensleiter nicht, können aber zusätzlich deren Haftung und Gesamtschuldnerausgleichsansprüche[336] begründen.

3. Absenkung des Verschuldensmaßstabs

221b Immer wieder diskutiert wird, ob der strenge Verschuldensmaßstab der §§ 93 Abs. 1 Satz 1 AktG, 43 Abs. 1 GmbHG zu einer angemessenen Risikoverteilung zwischen Unternehmen und Organ führt (siehe schon Rn. 16b). Vorschläge,[337] die im Rahmen der Arbeitnehmerhaftung geltenden Grundsätze innerbetrieblichen Schadensausgleichs auf bestimmte Konstellationen der Organhaftung zur Anwendung zu bringen, sind von der Rechtsprechung bisher nicht aufgegriffen worden.[338] Dies ist durchaus konsequent, weil Organmitglieder anders als (auch hochrangige) Arbeitnehmer typischerweise die Gesamt- und Letztverantwortung für das Unternehmen tragen und entsprechend vergütet werden.[339] Bei Unternehmen in der Rechtsform der GmbH kann der Verschuldensmaßstab durch eine entsprechende Satzungsregelung zugunsten der Geschäftsführer dennoch abgesenkt werden, etwa auf grobe Fahrlässigkeit oder Vorsatz. Bei der AG ist dies wegen des Grundsatzes der Satzungsstrenge nicht möglich (§ 23 Abs. 5 AktG).

IV. Schaden

1. Kausalität

222 Die Schadenersatzpflicht des Unternehmensleiters setzt voraus, dass ein auf seiner Pflichtverletzung beruhender Schaden bei der Gesellschaft eingetreten ist. Als Schaden in Betracht kommt jede Beeinträchtigung des

---

334 BGH, DB 2011, 2484.
335 BGH, NJW 1983, 1856.
336 Siehe hierzu *Haubold*, in: Festschrift Thümmel, 2020, S. 331 ff.
337 Z. B. *Bachmann,* ZIP 2017, 841; *Wilhelmi,* NZG 2017, 681.
338 Etwa BGHZ 89, 153, 159; OLG Koblenz, NZG 2008, 280.
339 Siehe auch *Podewils,* DB 2018, 2304, 2306 f.

Gesellschaftsvermögens. Festzustellen ist diese in Anwendung der Differenzhypothese durch einen Vergleich des Ist-Zustandes (aktuelles Gesellschaftsvermögen) mit dem Soll-Zustand (fiktives Gesellschaftsvermögen), der bestünde, wenn die pflichtwidrige Handlung nicht vorgenommen worden wäre oder sich der Unternehmensleiter in rechtmäßiger Weise alternativ verhalten hätte. Die Feststellung einer Differenz erfolgt regelmäßig durch den Vergleich der aktuellen mit der entsprechenden hypothetischen Unternehmensbilanz. Damit ist sichergestellt, dass sowohl die negativen wie auch etwaige positive Auswirkungen des pflichtwidrigen Organverhaltens berücksichtigt werden. Bei pflichtwidrigen Geschäftsabschlüssen (z. B. Hereinnahme eines falsch kalkulierten Auftrags) mögen sich positive Bilanzeffekte aus Einsparungen variabler Kosten ergeben. Die erforderliche Kausalität zwischen Pflichtwidrigkeit und Schaden ist im Übrigen nach der Adäquanz- und Schutzzwecklehre[340] zu ermitteln. Zu prüfen ist also, ob die Pflichtverletzung nach dem gewöhnlichen Lauf der Dinge geeignet war, eine Beeinträchtigung der eingetretenen Art herbeizuführen und ob diese Beeinträchtigung noch unter den Schutzzweck der Innenhaftungsnormen fällt. Typischerweise ergeben sich hieraus keine Einschränkungen der Haftung, weil das Verhalten der Geschäftsleitung generell geeignet ist, Vermögensschäden bei dem Unternehmen herbeizuführen, und es Zweck der Innenhaftung ist, diese mögliche Schädigung aufzufangen.

Fallbeispiel:[341]

Der Geschäftsführer einer Bauträger-GmbH hatte sich Kunden gegenüber zur schlüsselfertigen Erstellung von Wohnungen verpflichtet und zu diesem Zweck verschiedene Bauarbeiten fremdvergeben. Entsprechend dem Baufortschritt zog er von den Kunden Zahlungen ein, leitete diese aber entgegen den Regelungen des Gesetzes zur Sicherung von Bauforderungen nicht an die Handwerker weiter, sondern verwendete sie für andere Zwecke des Unternehmens. Der BGH stellte fest, dass der GmbH hieraus kein Schadenersatzanspruch erwachsen sei, weil die zweckwidrige Verwendung der Gelder infolge der damit bewirkten Tilgung anderer Schulden bei ihr zu keinem Schaden geführt habe.

2. Einzelne Schadenspositionen

a) Zweckverfehlende Aufwendungen

Der Schaden der Gesellschaft kann auch darin liegen, dass der Unterneh- **223**
mensleiter zweckverfehlende Aufwendungen getätigt hat. Zwar mag in diesem Fall der Vermögensvergleich neutral ausfallen, weil die Aufwendung in

340 Hierzu etwa *Lange/Schiemann*, S. 82 ff., 101 ff. m. w. N.
341 BGH, ZIP 1994, 872.

jedem Falle entstanden, nur die damit verbundene Erwartung nicht eingetreten ist. Ein Schaden liegt aber dennoch darin, dass das mit der Aufwendung verfolgte Ziel nicht erreicht worden ist. Zu unterscheiden ist dieser Fall von Fehlinvestitionen, die bei sorgfältiger Vorbereitung gar nicht getätigt worden wären.

Fallbeispiel:[342]

Eine GmbH nimmt ihren früheren Geschäftsführer auf Schadenersatz in Anspruch, weil dieser nur an drei Tagen in der Woche für sie gearbeitet hatte. Der BGH stellte fest, dass nach den dienstvertraglichen Bestimmungen der Geschäftsführer den Einsatz seiner gesamten Arbeitskraft schuldete. Zwar sei er an bestimmte Dienstzeiten nicht gebunden gewesen, die Tätigkeit für ein anderes Unternehmen an zwei Tagen in der Woche stehe aber in deutlichem Widerspruch zu den getroffenen Vereinbarungen. Der Mindestschaden der GmbH bestehe darin, dass ihr geldwerte Dienste, für die sie bezahlt habe, zum Teil entgangen seien. Den entsprechenden Teil der Vergütung könne sie daher als Schaden zurückverlangen.

b) Entgangener Gewinn

224 Eine wichtige mögliche Schadensposition ist ferner entgangener Gewinn (§ 252 BGB). Dieser liegt vor, wenn ohne die Pflichtwidrigkeit nach dem gewöhnlichen Verlauf der Dinge oder nach den besonderen Umständen ein Vermögenszufluss mit Wahrscheinlichkeit hätte erwartet werden können. Ein Beispielsfall wäre, dass der Unternehmensleiter pflichtwidrig den Abschluss eines angebahnten, vorteilhaften Geschäfts ohne hinreichende Begründung unterlässt.

c) Verbindlichkeiten

225 Auch Verbindlichkeiten der Gesellschaft, die der Unternehmensleiter rechtswirksam, aber pflichtwidrig begründet hat, sind ersatzfähiger Schaden. In Betracht kommen z. B. Forderungen von Lieferanten aus Anschaffungen des Unternehmensleiters, die für das Unternehmen unnötig oder ungeeignet sind (siehe auch Rn. 223). Die Ersatzpflicht umfasst hier die Freistellung von den Verbindlichkeiten unter Anrechnung des Verwertungserlöses der angeschafften Gegenstände. Verbindlichkeiten des Unternehmens können sich auch aus Handlungen oder Unterlassungen des Organs ergeben, die zu Schäden bei Dritten führen (§ 31 BGB). Der bei einer Tochtergesellschaft einge-

342 BGH, ZIP 1988, 568.

tretene Vermögensverlust ist ein Schaden der Muttergesellschaft, wenn diese ihn durch nicht mehr rückholbare Zahlungen endgültig ausgeglichen hat.[343]

d) Compliance-Kosten

Im Zusammenhang mit Compliance-Verstößen entstehen dem Unternehmen regelmäßig hohe Kosten. Neben Bußgeldern (hierzu Rn. 225b) geht es um die Kosten der Aufklärung der jeweiligen Sachverhalte. Wenn es sich um Korruptionstaten, Kartellverstöße, Verstöße gegen Arbeitnehmer- oder Konsumentenschutzvorschriften oder Datenschutzverstöße handelt, kann der Aufklärungsaufwand sehr erheblich sein. Die Aufklärung wird von spezialisierten Anwaltskanzleien durchgeführt, die hohe Stundensätze aufrufen.[344] Weiterhin können Compliance-Verstöße zu Steuernachforderungen mit entsprechenden Verzugsstrafen und Schadenersatzansprüchen Betroffener führen. Grundsätzlich ersatzfähig sind sämtliche dieser Kosten, solange sie angemessen sind und nicht ohnehin angefallen wären. Die Angemessenheitsprüfung betrifft vor allem den Aufklärungsaufwand. Ohnehin angefallen sein dürften nachgeforderte Steuern (nicht aber Verzugszinsen) und solche Kosten, die der Herstellung eines angemessenen Compliance-Management-Systems dienen und häufig Teil der Aufklärungskosten sind. **225a**

e) Bußgeldregress

Bei manchen Schadenspositionen ist zu erwägen, ob sie noch unter den Schutzzweck der haftungsbegründenden Norm fallen. Diskutiert wird dies insbesondere im Zusammenhang mit Bußgeldern für Kartellverstöße, die dem Unternehmen, nicht dem Organ auferlegt werden, es betrifft aber auch Bußgelder für andere Arten von Compliance-Verstößen. Zwar führen Bußgelder zu einer Beeinträchtigung des Unternehmensvermögens und sind damit im Grundsatz Schaden.[345] Auf der anderen Seite sind sie an den wirtschaftlichen Verhältnissen des Unternehmens, nicht denjenigen des Unternehmensleiters ausgerichtet (z. B. § 81c Abs. 4 GWB). Mit ihrer Überwälzung auf den Unternehmensleiter wird ihr eigentlicher Zweck (Verhaltenssteuerung auf der Ebene des Unternehmens) verfehlt und diesem zugleich eine Strafe auferlegt, die gesetzlich in dieser Höhe nicht vorgesehen ist. Der Bußgeldrahmen ist für den Unternehmensleiter bei Kartellverstößen deutlich niedriger (§ 81c Abs. 1 GWB). Deshalb spricht viel dafür, die Haf- **225b**

343 BGH, AG 2001, 469.
344 Siehe auch *Ramm,* GWR 2021, 271 ff.
345 Kritisch, weil Bußgelder die Aktionäre träfen, die keinen Beitrag zu den zugrunde liegenden Verstößen geleistet hätten: *Reuter,* BB 2016, 1283 ff. und ZIP 2018, 2298 ff.

tungsnormen mit dem OLG Düsseldorf[346] teleologisch dahin zu reduzieren, dass derartige Bußgelder von der Ersatzfähigkeit ausgeschlossen sind. Eine höchstrichterliche Klärung steht aus.

f) Vorteilsausgleichung

225c Bei der Schadensberechnung sind auch die Grundsätze der Vorteilsausgleichung zu beachten.[347] Von Bedeutung sind sie vor allem bei Kartellverstößen. Soweit von den Kartellbehörden Bußgelder mit oder ohne Gewinnabschöpfungsanteilen verhängt werden, stehen dem entsprechenden Vermögensnachteil unter Umständen der durch das kartellrechtswidrige Verhalten erzielte Übergewinn als Vorteil gegenüber. Korruptionstaten führen häufig zu Geschäftsabschlüssen, die in dieser Form oder mit diesen Konditionen nicht stattgefunden hätten, worin ebenfalls möglicherweise ein Vorteil für das Unternehmen liegt. Grundsätzlich können solche Vorteile zu einer Schadensreduzierung führen. Die Beweislast hierfür liegt allerdings bei dem Organ und wird in der Regel konkret schwer zu führen sein.[348]

V. Darlegungs- und Beweislast

1. Umkehr der Beweislast bei Pflichtwidrigkeit und Verschulden

226 Die Verteilung der Darlegungs- und Beweislast im Haftpflichtprozess kann von ganz erheblicher Bedeutung für das Prozessergebnis sein. Der Grundsatz lautet, dass der Anspruchsteller sämtliche Voraussetzungen seines Anspruches darlegen und – im Ernstfalle – auch beweisen muss, wobei als Beweismittel im Wesentlichen Schriftstücke (Urkunden), Zeugenaussagen und Sachverständigengutachten in Betracht kommen. Im Rahmen der Innenhaftung müsste die Gesellschaft folglich die Pflichtverletzung, das Verschulden, den Schaden und den Kausalzusammenhang zwischen Pflichtverletzung und Schaden konkret darlegen und die einzelnen Tatsachen unter Beweis stellen. Von diesem Grundsatz macht das Gesetz in § 93 Abs. 2 Satz 2 AktG im Hinblick auf die Sorgfaltsanforderungen an das Organ eine wesentliche Ausnahme zugunsten des Unternehmens. Ist nämlich streitig, ob der Vorstand die Sorgfalt eines ordentlichen und gewissenhaften Geschäftsleiters angewandt hat, trifft nach dieser Bestimmung ihn die Beweislast (Beweislastumkehr).

346 OLG Düsseldorf, DB 2023, 1978, 1986 ff.; siehe auch LAG Düsseldorf, ZIP 2015, 829, 830 ff.; *Dreher*, AG 2023, 845; *Schreitter/Lauer*, DB 2023, 2035; ablehnend die bisher h. M., siehe *Sailer-Coceani*, in: Karsten Schmidt/Lutter, § 93 Rn. 37; *Koch*, § 93 Rn. 88, je m. w. N.

347 *Koch*, § 93 Rn. 89 m. w. N.

348 Siehe OLG Düsseldorf, DB 2023, 1978, 1984.

Dabei ist unstreitig, dass sich die Beweislastumkehr sowohl auf die Pflichtverletzung wie auf das Verschulden bezieht.

227 Nach einer Leitentscheidung des BGH[349] aus dem Jahr 2002 ist die Darlegungs- und Beweislast für Organhaftungsansprüche damit wie folgt verteilt: Die Gesellschaft muss ein bestimmtes Verhalten (Tun oder Unterlassen) im Pflichtenkreis des Organs benennen können, das bei ihr zu einem Schaden geführt hat. Für das Verhalten, den Schaden – ggf. mit der Erleichterung des § 287 ZPO – und den Kausalzusammenhang zwischen beiden ist sie darlegungs- und beweispflichtig, während die Pflichtwidrigkeit dieses Verhaltens und das Verschulden zulasten des Organs vermutet werden.[350] Der Vorstand muss sich also vom Vorwurf des Sorgfaltsverstoßes entlasten oder darstellen, dass der Schaden auch bei pflichtgemäßem Alternativverhalten eingetreten wäre. Im Prozess obliegt es ihm, entsprechende Tatsachen vorzutragen und zu beweisen.[351] Hintergrund dieser Regelung ist, dass es der Gesellschaft häufig schwer fallen würde, zu Pflichtwidrigkeit und Verschulden etwas vorzutragen, während der Vorstand hier „sachnäher“ ist. Obwohl das GmbH-Gesetz keine dem Aktienrecht entsprechende Vorschrift zur Beweislastumkehr enthält, kommt diese nach h. M.[352] dort ebenfalls zur Anwendung. Die Beweislastumkehr tritt auch ein, soweit es um die Verletzung der im Gesetz besonders erwähnten Sonderpflichten von Vorständen und Geschäftsführern (§§ 93 Abs. 3 AktG, 43 Abs. 3 GmbHG) geht.[353] Hinzu kommt in diesen Fällen aber eine weitere Erleichterung zugunsten der Gesellschaft, die darin besteht, dass die Entstehung eines Schadens in Höhe der abgeflossenen Mittel widerleglich vermutet wird (vgl. Rn. 106).

228 Die Beweislastumkehr zulasten des Unternehmensleiters scheint die Innenhaftung in die Nähe einer Garantiehaftung für gewinnschmälernde Ge-

---

349 BGHZ 152, 280 ff.; BGH, NZG 2009, 912; BGH, ZIP 2008, 736, 737 (je zur GmbH); OLG Stuttgart, AG 2010, 133 (zur AG); *Fleischer*, in: Festschrift Thümmel, 2020, S. 159, 162.

350 Die Beweislastumkehr betrifft nach h. M. nicht nur den Verschuldensvorwurf, sondern entsprechend der Doppelfunktion des § 93 Abs. 1 Satz 1 AktG als Verschuldensmaßstab und Pflichtenquelle auch die Pflichtwidrigkeit, vgl. BGH, NJW 1963, 46 (zur Genossenschaft); BGH, BB 1974, 994; BGH, NJW 1986, 54 (beide zur GmbH); *Cahn*, in: Kölner Kommentar, § 93 Rn. 158; *Spindler*, in: MünchKommAktG, § 93 Rn. 226; *Koch*, § 93 Rn. 105; Zusammenstellung der Rechtsprechung von RG und BGH bei *Goette*, ZGR 1995, 648 ff., der die Gesellschaft als darlegungspflichtig für ein *möglicherweise pflichtwidriges Verhalten* des Organs ansieht, S. 671 ff.

351 BGHZ 152, 280, 284.

352 BGHZ 152, 280; BGH, NJW 1963, 46 (betreffend die eingetragene Genossenschaft); BGH, DB 1974, 1619; BGH, WM 1985, 1293; *Beurskens*, in: Noack/Servatius/Haas, § 43 Rn. 76 ff.; *Paefgen*, in: Habersack/Casper/Löbbe, § 43 Rn. 205; *Verse*, in: Scholz, § 43 Rn. 332.

353 Vgl. *Born*, in: Krieger/Uwe H. Schneider (Hrsg.), Handbuch Managerhaftung, § 16 Rn. 16.19.

schäftsleitungsmaßnahmen zu rücken.[354] Auf der einen Seite mag dem Unternehmen im Rahmen seiner Darlegungs- und Beweislast für die Kausalität zwischen Organhandeln und Schaden der Beweis des ersten Anscheins helfen. Auf der anderen Seite fällt es dem Manager erfahrungsgemäß schwer, sich im Hinblick auf Pflichtwidrigkeit oder Verschulden zu exkulpieren. Typischerweise muss er darlegen, dass er sich im Rahmen seines unternehmerischen Ermessens gehalten hat. Dies wird nur mit einer entsprechenden Dokumentation der Informationsgrundlage und des Abwägungsvorgangs (vgl. Rn. 197 ff.) möglich sein. Wegen ihrer nachteiligen Wirkung wurde die Regelung auch immer wieder in Frage gestellt (siehe schon Rn. 16b). Änderungen sind jedoch nicht zu erwarten und bei sachgerechter Anwendung auch nicht erforderlich.[355] Je nach Fallgestaltung können höhere oder geringere Anforderungen an die Spezifizierungslast des Unternehmens im Hinblick auf das schadensstiftende Organverhalten gestellt werden. Von dem Organ vorgebrachte Entlastungsargumente können im Sinne des zivilprozessualen Instruments der sekundären Darlegungslast eine substantiierte Entgegnung erfordern.[356] So kann mit einer dynamischen Handhabung eine angemessene Verteilung der Beweislast erreicht werden.

228a Ein Problem für den bereits ausgeschiedenen Unternehmensleiter liegt darin, dass er keinen direkten Zugriff mehr auf Unterlagen der Gesellschaft hat. Meist darf er bei Beendigung seiner Amtstätigkeit keine Geschäftsunterlagen zurückhalten, sondern muss diese der Gesellschaft übergeben.[357] Da der Unternehmensleiter in der Regel auf solche Unterlagen angewiesen ist, um den ihm obliegenden Entlastungsbeweis zu führen, steht ihm im Falle der Inanspruchnahme ein entsprechender materiellrechtlicher Anspruch auf Einsichtnahme zu (§§ 242, 810 BGB).[358] Dieser kann im Haftpflichtverfahren auch im Wege der Widerklage geltend gemacht werden. Dabei muss der Unternehmensleiter die gewünschten Dokumente allerdings recht genau bezeichnen können. Andernfalls kann sich die Gesellschaft darauf zurückziehen, dass es keine zu dem Informationsverlangen passenden Unterlagen gibt. Er muss sich also an mögliche entlastende Unterlagen erinnern. Je nach Art der Unterlagen können allerdings auch generelle Umschreibungen genügen (z. B. „alle Vorstandsprotokolle aus der Zeit von… bis…“).

---

354 Vgl. *Thümmel/Sparberg*, DB 1995, 1013, 1015.
355 *Fleischer*, in: Festschrift Thümmel, 2020, S. 159, 169.
356 Siehe auch *Lange*, in: Festschrift Reuter, 2021, S. 209, 215 ff.
357 Vgl. BGH, WM 2008, 2019 (für den Aufsichtsrat).
358 BGHZ 152, 280, 285; vgl. zur rechtlichen Begründung *Grooterhorst*, AG 2011, 389, 392 ff.

2. Beweislast bei Rechtsnachfolge

Der Hintergrund für die von § 93 Abs. 2 Satz 2 AktG angeordnete Beweislastumkehr liegt in der vermuteten größeren Sachnähe des Organs im Hinblick auf Pflichtverletzung und Verschulden. Diese Überlegung trägt nicht mehr, wenn ein Rechtsnachfolger in die Rechtsstellung des Organs eingetreten ist, wie es beim Erben der Fall ist. Hier spricht deshalb viel dafür, den Rechtsnachfolger von der Notwendigkeit des Entlastungsbeweises zu befreien.[359] Er wird diesen mangels Zugangs zum Geschehen ohnehin kaum führen können. Ob eine entsprechende teleologische Reduktion der aktienrechtlichen Beweislastregel geboten ist, hat die Rechtsprechung bisher offen gelassen.[360] Sie hätte möglicherweise Folgewirkungen auf andere Konstellationen, etwa die Abtretung des Deckungsanspruchs gegen den D&O-Versicherer seitens des Organs an das geschädigte Unternehmen. Auch in diesem Fall entfällt das Argument der Sachnähe, weil nun der D&O-Versicherer vom Unternehmen direkt in Anspruch genommen und sich inzident gegen den Organhaftungsanspruch wehren muss. Klar ist allerdings, dass die Beweislastumkehr auf den ausgeschiedenen Unternehmensleiter trotz seiner möglicherweise schwindenden Sachnähe weiter anwendbar bleibt (siehe Rn. 228a).[361] **229**

3. Einzelfälle

Im Einzelnen gilt: Einen Kassen-[362] oder Warenfehlbestand[363] hat grundsätzlich die Gesellschaft als Bestandteil des Schadens zu beweisen. Erleichterungen können sich daraus ergeben, dass die Art des Schadens typischerweise auf Fehlverhalten der Geschäftsleitung zurückgeht, was ein Anwendungsfall des Anscheinsbeweises wäre. Hiervon kann nicht ausgegangen werden, wenn es um die Verletzung von Überwachungspflichten gegenüber einem ungetreuen Kollegen geht.[364] Ist der Verbleib von Geldern wegen des Verstoßes gegen die Buchführungspflicht nicht mehr aufklärbar, so geht dies zulasten des Unternehmensleiters. Er muss nachweisen, dass er die Gelder pflichtgemäß verwendet hat.[365] **229a**

359 *Koch,* § 93 Rn. 114; *Fleischer/Danninger*, AG 2020, 193, 196 f.; zurückhaltend *Bachmann*, in: Festschrift Thümmel, 2020, S. 27, 39 ff.

360 Z. B. OLG Köln, AG 2020, 103.

361 *Bachmann*, in: Festschrift Thümmel, 2020, S. 27, 37; *Fleischer/Danninger*, AG 2020, 193, 198.

362 BGH, WM 1985, 1293.

363 BGH, BB 1980, 1344.

364 OLG Hamm, GmbHR 1992, 375, 376.

365 BGH, DB 1991, 329; OLG Frankfurt, GmbHR 2009, 317, 319.

Fallbeispiel 1:[366]

Der beklagte Geschäftsführer einer GmbH hatte von dem Geschäftskonto des Unternehmens einen größeren Betrag abgehoben. Ob die Gelder für Zwecke der Gesellschaft verwendet wurden, war streitig. Die GmbH nahm den Beklagten auf Erstattung des abgehobenen Betrages in Anspruch. Der BGH entschied, dass das Unternehmen den eingetretenen Schaden und damit die zweckwidrige Verwendung der Geldbeträge zu beweisen hatte. Anhand der Geschäftsbücher sei es in der Lage festzustellen, ob und in welcher Höhe ein Fehlbestand vorliegt. Die Führung der Bücher falle in die Verantwortung des Geschäftsführers, sodass ihr Inhalt zugunsten der Gesellschaft als zutreffend unterstellt werden könne. In Höhe des festgestellten Fehlbestandes sei zu vermuten, dass die Beträge zweckwidrig verwendet wurden.

Fallbeispiel 2:[367]

Der früheren Gesellschafter-Geschäftsführer einer GmbH hatte die Rückzahlung eines angeblichen Darlehens aus der Kasse der Gesellschaft an ihn selbst veranlasst. Die GmbH nahm ihn daraufhin aus § 43 Abs. 2 GmbHG auf Rückerstattung in Anspruch und berief sich darauf, dass der Rechtsgrund für den Darlehensvertrag weggefallen und die veranlasste Rückzahlung daher pflichtwidrig gewesen sei. Der BGH entschied, dass die Darlegungs- und Beweislast dafür, dass der Geschäftsführer auf einen tatsächlich bestehenden Rückzahlungsanspruch geleistet habe, bei ihm und nicht bei der Gesellschaft lag.

230 Nicht jede denkbare Vermögensminderung ist jedoch ein ersatzfähiger Schaden. So gibt es Aufwendungen, die üblich sind und auch im Gesellschaftsinteresse liegen, denen aber keine Gegenleistung gegenübersteht (nützliche Aufwendungen oder Sozialaufwendungen). Beispiele sind Geschenke an Geschäftspartner, Bewirtungskosten oder Spenden. Dass diese Ausgaben nicht pflichtwidrig sind, wurde bereits festgestellt (Rn. 196). Es wäre aber nicht angemessen, von dem Unternehmensleiter hier den Entlastungsbeweis zu fordern. Deswegen spricht viel dafür, dass bei solchen Vermögensminderungen, die im Gesellschaftsinteresse liegen, die Beweislastumkehr nicht zur Anwendung kommen kann.[368] Schmiergelder sind im Übrigen – auch soweit sie staatliche Stellen oder Geschäftspartner im Ausland betreffen – im Hinblick auf anwendbare Straftatbestände (z. B. § 299 StGB) nie nützliche Aufwendungen und immer pflichtwidrig, sodass insoweit auch ein ersatzfähiger Schaden beim Unternehmen besteht.

---

366 BGH, WM 1985, 1293.

367 BGH, NJW 2009, 2598.

368 *Goette*, ZGR 1995, 649, 673; a. A. *Koch*, § 93 Rn. 107.

VI. Verjährung

Schadenersatzansprüche aus §§ 93 Abs. 2 AktG, 43 Abs. 2 GmbHG verjähren nach ausdrücklicher gesetzlicher Anordnung (§§ 93 Abs. 6 AktG, 43 Abs. 4 GmbHG) in fünf Jahren, bei im Zeitpunkt der Pflichtverletzung börsennotierten Gesellschaften in zehn Jahren.[369] Dieselben Verjährungsfristen gelten für die meisten Sondertatbestände der Innenhaftung (mit Ausnahme z. B. des § 88 Abs. 3 AktG – Verstoß gegen das Wettbewerbsverbot), insbesondere auch für den insolvenzrechtlichen Anspruch auf Erstattung verbotswidriger Zahlungen (§ 15b Abs. 7 InsO). Die Verjährungsfrist beginnt mit der Entstehung des Anspruches zu laufen (§ 200 BGB).[370] Dies ist der Zeitpunkt, zu dem die Gesellschaft den Anspruch erstmals hätte gerichtlich geltend machen können.[371] Hierbei genügt grundsätzlich, dass Feststellungsklage erhoben werden könnte, sodass der Zeitpunkt des Eintritts eines endgültig bezifferbaren Schadens unmaßgeblich ist.[372] Es genügt, wenn ein Teil des Schadens eingetreten oder mit Wahrscheinlichkeit zu erwarten ist. Noch nicht entstanden ist ein Anspruch dagegen, wenn noch offen ist, ob ein pflichtwidriges Verhalten überhaupt zu einem Schaden führt.[373] **231**

Zu unterscheiden ist im Übrigen zwischen punktuellen und fortdauernden Pflichtverletzungen.[374] Im letzteren Fall beginnt die Verjährung im Grundsatz nicht vor der Beendigung der Dauerpflichtverletzung.[375] Eine solche liegt in der Regel vor, wenn es um den Vorwurf pflichtwidrigen Unterlassens geht, etwa um das Verjährenlassen von Ansprüchen oder um den Verzicht auf ein angemessenes Risiko- oder Compliance-Management-System. Bei pflichtwidrigem Tun handelt es sich zumeist um punktuelle Pflichtverletzungen. Die Rechtsprechung neigt dazu, Tätigkeiten in Einzelakte zu zerlegen und diesen Ersatzansprüche mit jeweils gesondertem Verjährungsbeginn zuzuordnen.[376] Im Falle einer durch den Vorstand vorgenommenen pflichtwidrigen Überweisung beginnt die Verjährung nicht mit Erteilung des Überweisungsauftrages, sondern mit Erteilung der Gutschrift beim Zahlungsempfänger.[377] **231a**

---

369 Regelung wurde durch das RStruktG mit Wirkung zum 1.1.2011 in § 93 Abs. 6 eingefügt, siehe hierzu auch *Redeke*, BB 2010, 910 ff.

370 Keine Veränderung durch Schuldrechtsmodernisierung, vgl. *Schmitt-Rolfes/Bergwitz*, NZG 2006, 535.

371 BGHZ 100, 228, 231.

372 BGH, NJW 2009, 68, 70.

373 BGH, AG 2018, 893, 894 „*Easy-Software*".

374 BGH, AG 2018, 893, 894 „*Easy-Software*"; *Jenne/Miller*, AG 2019, 112, 114 ff.

375 Vgl. näher *Sailer-Coceani*, in: Karsten Schmidt/Lutter, § 93 Rn. 77a.

376 OLG München, AG 2019, 221, 223; OLG München, AG 2018, 758, 760.

377 OLG München, DB 1998, 255.

232 Fraglich ist, ob der Verjährungsbeginn mit § 199 Abs. 1 BGB davon abhängt, dass die Gesellschaft Kenntnis von dem Schädiger und dem anspruchsbegründenden Sachverhalt hat oder haben musste. Hiervon ist jedoch nicht auszugehen, da § 199 BGB allein die regelmäßige Verjährung, nicht dagegen Sonderregelungen betrifft.[378] Selbst wenn der anspruchsbegründende Sachverhalt von dem Unternehmensleiter verschwiegen wurde, führt dies daher nicht dazu, dass die Verjährung etwa erst ab dessen Aufdeckung zu laufen beginnt.[379] Schließlich entsteht auch kein neuer (sekundärer) und eigenständig verjährender Anspruch, wenn der GmbH-Geschäftsführer Ansprüche gegen sich selbst verjähren lässt.[380] Eine Sonderregelung enthalten §§25 Abs. 3, 27 UmwG für den Fall von Pflichtverletzungen im Rahmen einer Verschmelzung. Danach beginnt die fünfjährige Verjährungsfrist für Innenhaftungsansprüche gegenüber den Organen des übernehmenden bzw. übertragenden Rechtsträgers in jedem Falle mit dem Tage zu laufen, an dem die Eintragung der Verschmelzung in das Register des übernehmenden Rechtsträgers als bekannt gemacht gilt. Analoge Regelungen gelten für andere Umwandlungsfälle (vgl. §§ 125, 176, 205 Abs. 2 UmwG).

233 Die Verjährung wird durch Rechtsverfolgungsmaßnahmen, insbesondere die Klageerhebung, gehemmt (§ 204 BGB), wobei im Falle des GmbH-Geschäftsführers die Hemmungswirkung auch dann eintritt, wenn der Beschluss nach § 46 Nr. 8 GmbHG noch fehlt.[381] Der Unternehmensleiter ist im Übrigen nicht zur Einleitung verjährungshemmender Maßnahmen gegen sich selbst verpflichtet.[382] Vereinbarungen, die zu einer Verkürzung der Verjährungsfrist führen (etwa Ausschlussfristen für die Geltendmachung), sind bei der AG unzulässig, bei der GmbH dagegen möglich,[383] wobei die Gesellschafterversammlung zustimmen muss. Auch bei der GmbH haben sie keine Wirkung, wenn die Pflichtverletzung des Geschäftsführers darin besteht, dass er entgegen § 43 Abs. 3 GmbHG an der Auszahlung gebundenen Kapitals der GmbH an Gesellschafter mitgewirkt hat.[384]

234 Konkurrierende Schadenersatzansprüche aus Delikt verjähren selbstständig.[385] Zur Anwendung kommt die dreijährige Regelverjährungsfrist (§ 195 BGB), die ab dem Schluss des Jahres läuft, währenddessen der Anspruch entstanden ist und die Gesellschaft von Schädiger und anspruchsbegründen-

378 BGH, GmbHR 2005, 544; *Uwe H. Schneider*, in: Krieger/Uwe H. Schneider (Hrsg.), Handbuch Managerhaftung, § 2 Rn. 2.56; *Fleischer*, NJW 2009, 2337, 2340; *Spindler*, in: MünchKommAktG, § 93 Rn. 355; *Ziemons*, in: Michalski, GmbHG, § 43 Rn. 531.

379 BGH, NJW 2009, 68, 70; *Fleischer*, NJW 2009, 2337, 2340.

380 BGH, NJW 2009, 68, 70.

381 BGH, DStR 1999, 907.

382 OLG Köln, DB 2001, 32.

383 BGH, GmbHR 2002, 1197.

384 BGH, DStR 2002, 2046; enger noch BGH, ZIP 2000, 135, 136.

385 BGHZ 100, 190, 200 ff.; OLG Schleswig, GmbHR 2001, 974.

dem Sachverhalt Kenntnis hat oder die Unkenntnis auf grober Fahrlässigkeit beruht (§ 199 Abs. 1 BGB), im Höchstfall zehn Jahre seit Entstehung des Anspruchs (§ 199 Abs. 3 Nr. 1 BGB).[386] Dies gilt auch, soweit Ansprüche aus Schutzgesetzverletzung (§ 823 Abs. 2 BGB) in Rede stehen und das anwendbare Schutzgesetz aus dem Aktien- oder GmbH-Recht stammt.[387] Für konkurrierende Ansprüche aus der Verletzung des Dienstvertrags bleibt es bei der fünfjährigen Frist (vgl. Rn. 31). Grobe Fahrlässigkeit i. S. des § 199 Abs. 1 Nr. 2 BGB liegt vor, wenn sich dem Gläubiger die anspruchsbegründenden Ansprüche förmlich aufdrängen und er leicht zugängliche Informationsquellen nicht nutzt.[388]

386 BGH, NJW 2011, 2427; OLG Saarbrücken, GmbHR 2008, 1036, 1037.
387 *Beurskens*, in: Noack/Servatius/Haas, § 43 Rn. 101; *Spindler*, in: MünchKommAktG, § 93 Rn. 359.
388 OLG Saarbrücken, GmbHR 2008, 1036, 1038.

3. Kapitel
Innenhaftung der Aufsichtsorgane

Übersicht

I. Übersicht

1. Grundlagen der Haftung

a) Obligatorische und fakultative Aufsichtsgremien

235 Aufsichtsgremien, ob in der Form von zwingenden oder fakultativen Aufsichtsräten oder ähnlichen Gremien wie etwa Beiräten, haben grundsätzlich andere Aufgaben zu erfüllen als die für das operative Geschäft zuständigen Vorstände und Geschäftsführer. Es handelt sich bei ihnen um Innenorgane, deren Tätigkeit sich fast ausschließlich auf das interne Geschehen der Gesellschaft bezieht und die nach außen hin kaum in Erscheinung treten.[1] Ihre Haupttätigkeitsfelder liegen in der Überwachung, strategischen Begleitung und Beratung der Geschäftsleitung (§ 111 AktG) sowie in der Unterrichtung der Anteilseigner.[2] Teilweise, vor allem bei Beiräten, kommen operative Mitentscheidungsrechte und die Wahrnehmung von originären Kompetenzen der Anteilseigner hinzu.[3]

236 Verletzen Aufsichtsräte ihre Pflichten schuldhaft, so haften sie der Gesellschaft für einen sich hieraus ergebenden Schaden in derselben Weise wie der Vorstand. Für die AG ergibt sich dies aus der Vorschrift des § 116 AktG, welche die Regelungen der Vorstandsinnenhaftung (§ 93 AktG) für entsprechend anwendbar erklärt. Für den GmbH-Aufsichtsrat folgt dasselbe aus der Verweisung des § 52 Abs. 1 GmbHG auf die aktienrechtlichen Vorschriften. Bei der inländischen SE kommen auf den Aufsichtsrat (dualistisches System) und auf den Verwaltungsrat (monistisches System) ebenfalls die für die AG maßgeblichen Bestimmungen zur Anwendung (Art. 51 SE-VO).[4] Voraussetzungen der Innenhaftung von Aufsichtsräten sind daher Pflichtverletzung, Verschulden und ein gerade auf der Pflichtverletzung beruhender Schaden (Abb. 5). Besonderheiten bestehen bei der Verletzungshandlung, die sich nur zutreffend einordnen lässt, wenn klar ist, um welche konkrete Aufgabe des Aufsichtsrats es geht (rückschauende oder strategische Kontrolle, Rn. 246). Beim Verschulden stellt sich – anders als bei den operativen

1 *Lutter/Krieger/Verse*, Rechte und Pflichten des Aufsichtsrats, Rn. 40.
2 Vgl. *Lutter/Krieger/Verse*, Rechte und Pflichten des Aufsichtsrats, Rn. 61; *Bea/Scheurer*, DB 1994, 2145 ff.; *dies.*, DB 1995, 1289 ff.; für den Beirat *Ruter/Thümmel*, Rn. 172 ff.
3 *Ruter/Thümmel*, Rn. 178 ff., 183; *Thümmel*, DB 1995, 2461 ff.
4 Siehe im Einzelnen *Thümmel*, Die Europäische Aktiengesellschaft (SE), Rn. 181 f., 224.

Organen – die Frage nach der Berücksichtigung individueller Fähigkeiten (Rn. 294 ff.).[5]

Insgesamt stellt sich das Haftungsrisiko des Aufsichtsrats allerdings im Vergleich zu demjenigen der operativ tätigen Organe als abgeschwächt dar.[6] Dies liegt an den geringeren Einflussmöglichkeiten des Aufsichtsrats auf den Gang der Geschäfte, an dem typischerweise beschränkten Informationsstand und an dem Umstand, dass zumeist ein pflichtwidriges Verhalten des Vorstands im Fokus steht und der Aufsichtsrat, wenn er überhaupt mitgewirkt hat, oft nur als subsidiär Haftpflichtiger wahrgenommen wird. Die praktischen Fälle der Aufsichtsratshaftung betreffen daher in ihrer Mehrzahl Situationen recht deutlichen Fehlverhaltens. Dennoch ist zu konstatieren, dass die höhere Verantwortung, die Aufsichtsräte nach den anwendbaren rechtlichen Regeln und nach der Erwartungshaltung der maßgeblichen Verkehrskreise inzwischen zu tragen haben, auch ihr Haftungsrisiko beeinflusst hat. Die Inanspruchnahme von Aufsichtsräten ist, anders als noch vor ein oder zwei Jahrzehnten, kein Ausnahmefall mehr. **236a**

Grundsätzlich einem Haftungsrisiko ausgesetzt sind auch die Mitglieder fakultativer Aufsichtsgremien. Dies betrifft vor allem den fakultativen Aufsichtsrat der GmbH und der GmbH & Co. KG. § 52 Abs. 1 GmbHG verweist auf die Regelungen der §§ 116, 93 Abs. 1 und 2 Satz 1 und 2 AktG. Hieraus folgt, dass Haftungsmaßstab und -folgen im Falle obligatorischer wie fakultativer Aufsichtsräte grundsätzlich dieselben sind[7], allerdings mit zwei Abweichungen: Zum einen sind die Kompetenzen des fakultativen Aufsichtsrats im Grundmodell eingeschränkt (z. B. keine Personalkompetenz zur Bestellung und Abberufung von Geschäftsführern),[8] was auch das Haftungsrisiko begrenzt. Zum anderen erlaubt § 52 Abs. 1 GmbHG abweichende Regelungen in der Satzung der Gesellschaft, die sich insbesondere auf den anwendbaren Verschuldensmaßstab beziehen können. **236b**

> **Praxistipp:**
>
> Mitglieder fakultativer Aufsichtsgremien sollten auf eine in der Satzung der Gesellschaft verankerte Begrenzung ihrer Haftung bedacht sein. In Betracht kommt dabei vor allem eine Beschränkung auf Vorsatz und/ oder grobe Fahrlässigkeit und damit ein Ausschluss ihrer Haftung für

---

5 Vgl. zur Aufsichtsratshaftung allg. *P. Doralt/W. Doralt*, in: Semler/v. Schenck/Wilsing, Arbeitshandbuch für Aufsichtsratsmitglieder, § 16; *Reichert/Weller*, ZRP 2002, 49 ff.; *Wiese*, DB 2000, 1901 ff.; *Sieg*, PHi 2000, 77 ff.; *Edenfeld/Neufang*, AG 1999, 49 ff. (speziell zu den Arbeitnehmervertretern); *Thümmel*, DB 1999, 885 ff.

6 Siehe *Thümmel*, Der Aufsichtsrat 2013, S. 10.

7 Siehe auch *Vetter*, GmbHR 2012, 181, 183.

8 *Kiefner/Langen*, NJW 2011, 192, 194; kann aber durch Satzung anders geregelt werden.

den Fall einfacher Fahrlässigkeit. Dies erscheint, jedenfalls in Familiengesellschaften, auch sachgemäß. Möglich ist auch eine summenmäßige Beschränkung, u. U. verbunden mit der Verpflichtung der Gesellschaft zum Abschluss einer D&O-Versicherung mit einer Deckungssumme in Höhe der Haftungsbeschränkung.

237 Die Innenhaftung des Beirats ist ungeregelt. Sie ergibt sich aber aus einer allgemein anerkannten[9] Analogie zur Haftung des fakultativen Aufsichtsrats der GmbH. Analogiebasis ist die Überlegung, dass es sich beim Beirat ebenfalls um ein fakultatives Organ handelt, das im Regelfalle zumindest auch Aufsichtsbefugnisse gegenüber der Geschäftsführung wahrnimmt. Wenn diese Annahme im Einzelfall nicht zutrifft, dem Beirat also keine Kontrollaufgaben zugewiesen sind, es sich vielmehr um ein reines Beratungsgremium handelt, wird man die Haftungsregeln der §§ 116, 93 AktG allerdings nicht zur Anwendung bringen können. Dies gilt vor allem für Beiräte, die nicht in der Satzung der Gesellschaft verankert sind (schuldrechtliche Beiräte) und deren Aufgabe in der Beratung des Unternehmers liegt. Hier sind stattdessen die allgemeinen Haftungsregeln (§ 280 BGB) anwendbar.

b) Pflichtenkreis von Aufsichtsgremien

238 Welches die Aufsichtsratspflichten sind, ergibt sich aus verschiedenen Einzelbestimmungen des Aktiengesetzes (insbesondere § 111 AktG) und aus dem allgemeinen Verhaltensstandard eines ordentlichen und gewissenhaften Geschäftsleiters, dem ein Aufsichtsratsmandat anvertraut ist (§§ 93 Abs. 1, 116 Satz 1 AktG).[10] Hierbei handelt es sich wie bei Vorstand und Geschäftsführer um einen Standard mit Doppelfunktion: Einerseits ist er Pflichtenquelle, andererseits ergibt sich aus ihm der anzuwendende Verschuldensmaßstab. Bei der näheren Konkretisierung des Pflichtenkreises von Aufsichtsräten ist immer deren Funktion als Überwachungsorgan und die Tatsache in den Blick zu nehmen, dass seine Mitglieder ihr Amt grundsätzlich nebenberuflich ausüben. Beim Beirat sind die Verhaltensanforderungen aus den Bestimmungen der Satzung sowie der konkreten ihm zugeschriebenen Funktion zu entwickeln.[11]

239 Ein wesentlicher Teil der Diskussion um die Corporate Governance betrifft die Tätigkeit von Aufsichtsräten, deren Qualität im Angesicht von oft über-

---

9 Vgl. BGHZ 87, 84, 87; BGH, BB 1980, 546, 549 (Anwendung der Aufsichtsratsbestimmungen auf den Beirat der Publikums-KG); *Heermann,* in: Habersack/Casper/Löbbe, § 52 Rn. 367 ff.; *Raiser/Veil*, Recht der Kapitalgesellschaften, § 45 Rn. 8; *Verhoeven*, BB 1978, 335, 336; *Großfeld/Brondics*, AG 1987, 293, 305; *Ruter/Thümmel*, Rn. 320.

10 Vgl. *Spindler*, in: Stilz/Spindler, § 116 Rn. 8.

11 *Ruter/Thümmel*, Rn. 307 ff.

raschend eingetretenen Unternehmenszusammenbrüchen immer wieder in Zweifel gezogen worden ist (siehe Rn. 22 f.). Hierbei geht es um die Zusammensetzung der Gremien, die Kompetenz ihrer Mitglieder und die Freiheit von Interessenkonflikten[12] bei diesen sowie schließlich um die Organisation ihrer Arbeit. Viele dieser Gesichtspunkte sind vom Gesetzgeber aufgegriffen worden und auch Gegenstand verschiedener Regeln, Empfehlungen und Anregungen des Deutschen Corporate Governance Kodex (Rn. 17 ff.). Der organisatorische Rahmen der Aufsichtsratstätigkeit hat sich damit deutlich verbessert.[13]

Allerdings mangelt es in der Praxis zuweilen noch an der erforderlichen Optimierung der Kontrolleffizienz des Aufsichtsrats. In ihrer Mehrzahl hängen die auftretenden Mängel mit den handelnden Personen zusammen, die ihrer Aufgabe nicht gewachsen, an dieser nicht ausreichend interessiert oder durch (latente) Abhängigkeiten gegenüber dem Vorstand oder Dritten[14] an effektiver Überwachung gehindert waren. Auch der fehlende Wille zum Abbau von Informationsasymmetrien zwischen Aufsichtsrat und Geschäftsführungsorgan spielt oft eine Rolle. Welchen Einfluss die Arbeitnehmermitbestimmung auf die Qualität der Aufsichtsratsarbeit hat, ist umstritten. Naheliegend scheint, dass in erster Linie die Wahrnehmung von Arbeitnehmerinteressen im Fokus der Arbeitnehmervertreter des Aufsichtsrats steht, die nicht zwingend mit dem Unternehmensinteresse kongruent sind. Auf der anderen Seite kann die größere Nähe zum Unternehmensgeschehen in mancher Beziehung, etwa bei der Entdeckung und Aufarbeitung von Compliance-Mängeln, hilfreich sein. **240**

2. Aufsichtsgremien und ihre Zusammensetzung

Als Gesellschaftsorgan zwingend vorgeschrieben ist der Aufsichtsrat bei der AG. Dort ist er unabhängig von Größe oder Art der Gesellschaft einzurichten. Seine Besetzung hängt von verschiedenen Faktoren ab. Die Mindestgröße beträgt drei Mitglieder. Die Satzung kann eine höhere Zahl festlegen. Die früher erforderliche Teilbarkeit durch drei spielt nur noch bei Gesellschaften eine Rolle, die dem Drittelbeteiligungsgesetz unterfallen. Die Höchstzahl liegt zwischen 9 und 21 Mitglieder, je nach Höhe des Grundkapitals der Gesellschaft (§ 95 Abs. 1 AktG). Bei paritätisch mitbestimmten Gesellschaften liegt die Zahl der Mitglieder je nach Mitarbeiterzahl bei 12, 16 oder 20 (§ 7 Abs. 1 MitbG). Bei Gesellschaften, **241**

12 Vgl. hierzu auch *Thümmel*, FAZ vom 26.6.2002, S. 22.

13 Vgl. auch *Feddersen*, AG 2000, 385 ff. zu den erweiterten gesetzlichen Anforderungen an den Aufsichtsrat.

14 Siehe zur Problematik von Bankenvertretern im Aufsichtsrat in Übernahmesituationen etwa *Herkenroth*, AG 2001, 33 ff.; *Heermann*, WM 1997, 1689 ff.

die nach dem 10.8.1994 erstmals als AG ins Handelsregister eingetragen wurden und die weniger als 500 im Inland regelmäßig beschäftigte Arbeitnehmer aufweisen, setzt sich der Aufsichtsrat nur aus Vertretern der Anteilseigner zusammen.[15] Erst bei mehr als 500 Mitarbeitern kommt es hier zur drittelparitätischen Besetzung (§§ 1 Abs. 1 Nr. 1, 4 Abs. 1 DrittelbG), ebenso wie bei sämtlichen bereits vor dem 10.8.1994 bestehenden Gesellschaften. Der Aufsichtsrat setzt sich in diesen Fällen aus 2/3 Anteilseignervertretern und 1/3 Arbeitnehmervertretern zusammen. Bei mehr als 2.000 Mitarbeitern setzt die paritätische Besetzung (je 50 % Anteilseigner- und Arbeitnehmervertreter) ein. Bei paritätisch mitbestimmten und gleichzeitig börsennotierten Gesellschaften besteht der Aufsichtsrat zu mindestens 30 % aus Frauen und zu ebenfalls mindestens 30 % aus Männern (§ 96 Abs. 2 AktG). Bei Widerspruch einer Seite müssen die Quoten getrennt für Anteilseigner- und Arbeitnehmervertreter erfüllt werden. Wahlen oder Entsendungen, die zu einer Unterschreitung der Quote führen, sind nichtig.

15 Dies ist eine Folge der Deregulierung des Aktienrechts, die durch das Gesetz vom 2.8.1994 (BGBl. I, S. 1961) auf den Weg gebracht wurde, siehe § 1 Nr. 1 DrittelbG.

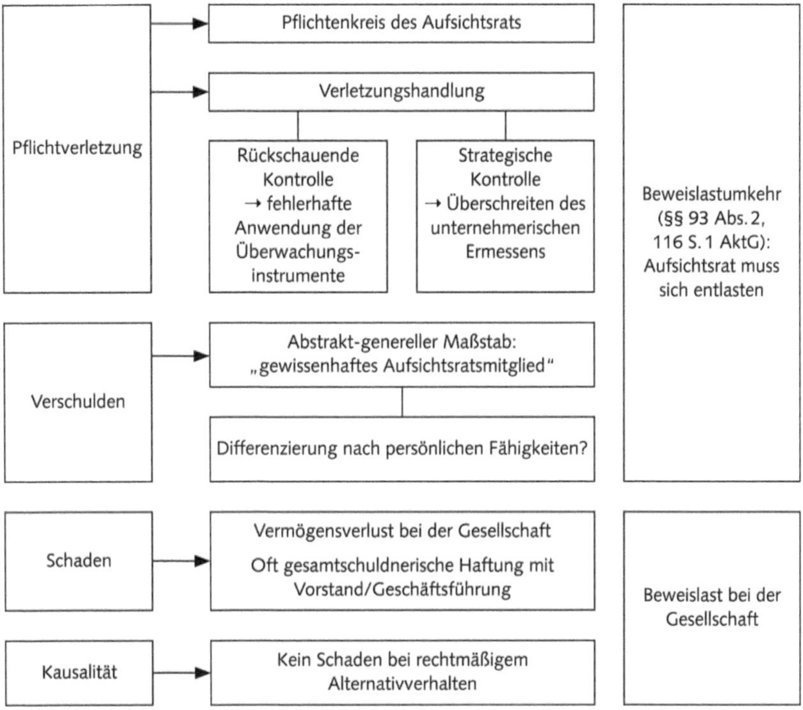

Abb. 5: Struktur der Aufsichtsratshaftung

Bei der GmbH ist der Aufsichtsrat zwingend vorgeschrieben, wenn die Mitbestimmungsgrenzen erreicht sind. Danach hat die GmbH mit mehr als 500 regelmäßig im Inland beschäftigten Mitarbeitern einen drittelparitätisch besetzten Aufsichtsrat einzurichten (§§ 1 Abs. 1 Nr. 3, 4 Abs. 1 DrittelbG). Sind mehr als 2.000 Mitarbeiter regelmäßig bei ihr beschäftigt, ist der Aufsichtsrat paritätisch zu besetzen (§§ 1 Abs. 1, 7 MitbG). Unterhalb dieser Schwellenwerte ist der Aufsichtsrat in der GmbH fakultativ (§ 52 Abs. 1 GmbHG) und setzt sich nur aus Personen zusammen, die von den Gesellschaftern bestimmt werden. In der GmbH & Co. KG ist ein Aufsichtsrat erst bei mehr als 2.000 Mitarbeitern vorgeschrieben, dann aber paritätisch zu besetzen (§§ 1 Abs. 1 Nr. 1, 4, 7 MitbG). Der Beirat ist als Gesellschaftsorgan immer fakultativ.[16] **242**

Für die im Inland ansässige SE gilt, dass diese je nach Satzungsregelung monistisch oder dualistisch strukturiert sein kann (Art. 38 lit. b) SE-VO). **243**

16 Vgl. zur Einrichtung eines Beirats und den entsprechenden Satzungsanforderungen etwa *Ruter/Thümmel*, Rn. 167 ff.

Die dualistische SE verfügt zwingend über einen Aufsichtsrat, dessen Zuständigkeiten weitgehend denjenigen des AG-Aufsichtsrats entsprechen. Die monistische SE hat dagegen kein Organ, das allein Überwachungsaufgaben wahrnimmt. Vielmehr besteht bei ihr in Anlehnung an das anglo-amerikanische Board-System ein Verwaltungsrat, dem die Leitung der Gesellschaft, die Festlegung der Grundlinien ihrer Tätigkeit und die Überwachung ihrer Umsetzung obliegen (§ 22 Abs. 1 SEAG). Der Verwaltungsrat hat damit auch die Aufgabe, das Unternehmensgeschehen, insbesondere die Tätigkeit der für das Tagesgeschäft zuständigen geschäftsführenden Direktoren (§ 40 SEAG) zu überwachen. Die Arbeitnehmerbeteiligung an Aufsichtsrat und Verwaltungsrat ergibt sich entweder aus einer Vereinbarung zwischen Gesellschaft und Arbeitnehmern (§§ 21 ff. SEBG) oder einer gesetzlichen Auffanglösung (§§ 34 ff. SEBG).[17]

3. Größe und Effizienz von Aufsichtsgremien

244 Die Mitbestimmungsregelungen führen dazu, dass Aufsichtsratsgremien verhältnismäßig groß sind (bis zu 21 Personen) und die Tätigkeit zumindest teilweise durch den Interessengegensatz zwischen Anteilseignern und Arbeitnehmern bestimmt wird. Der Effizienz der Arbeit des Gremiums im Hinblick auf die Überwachungsaufgabe ist dies nicht immer dienlich.[18] Ganz generell sind zu große Gremien kritisch zu bewerten, weil das Gefühl des einzelnen Mitglieds für seine (tatsächlich erhebliche) Verantwortung verloren zu gehen droht. Dies gilt es auch bei Gesellschaften im Blick zu behalten, deren Anteile von öffentlich-rechtlichen Körperschaften gehalten werden.[19] Hier ist die Neigung ebenfalls groß, aus Gründen des Proporzes und des politischen Kalküls voluminöse Gremien zu schaffen. Im Gegensatz zu Aufsichtsräten sind Beiräte in der Regel klein und in jedem Falle mitbestimmungsfrei. Die Zahl der jährlichen Pflichtsitzungen des Aufsichtsrats war im Zuge des KonTraG bei börsennotierten Gesellschaften von zwei auf vier heraufgesetzt worden (§ 110 Abs. 3 AktG). Bei nichtbörsennotierten Gesellschaften müssen es nun nach der Neufassung der Bestimmung durch das TransPuG zwei Sitzungen pro Kalenderhalbjahr, also ebenfalls vier pro Jahr sein. Eine Herabsetzung der Frequenz auf eine Sitzung pro Halbjahr kann nur durch gesonderten Beschluss des Aufsichtsrats bewirkt werden. Diese Regelung soll der großen Bedeutung der Überwachungstätigkeit des Aufsichtsrats Rechnung tragen. Tatsächlich ist die Sitzungsfrequenz oft höher, insbesondere wenn das Unternehmen vor besonderen Herausforderungen steht.

---

17 Näher z. B. *Thümmel*, Die Europäische Aktiengesellschaft (SE), Rn. 267 ff.
18 Vgl. auch *Lutter*, AG 1994, 176.
19 Vgl. hierzu *Harder/Ruter*, GmbHR 1995, 813 ff.

II. Pflichtverletzung des Aufsichtsrats

1. Überwachungspflicht

a) Gegenstand der Überwachung

aa) Übersicht

Die Hauptaufgabe und Kernpflicht des Aufsichtsrats gegenüber der Gesellschaft liegt in der Überwachung und Kontrolle der Geschäftsleitung (§ 111 Abs. 1 AktG).[20] Die Überwachungsaufgabe bezieht sich insgesamt auf die Rechtmäßigkeit, Wirtschaftlichkeit und Zweckmäßigkeit der Unternehmensführung.[21] Zum Gegenstand der Überwachung gehören die Leitungsmaßnahmen des Vorstands, insbesondere die Unternehmensplanung und -kontrolle, die Besetzung von Führungspositionen, die Entwicklung von Rentabilität und Liquidität der Gesellschaft, ihre Risikostruktur, Markttrends, Produktentwicklung, Compliance-Themen, Nachhaltigkeitsaspekte, Chancen und Risiken der Digitalisierung sowie wichtige Einzelgeschäfte wie insbesondere Transaktionen.[22] Hieraus folgt, dass der Aufsichtsrat zu prüfen hat, ob Vorstand und Geschäftsführung ihrerseits den weitreichenden Pflichtenkatalog erfüllen, den ihnen das Gesetz oder die Grundsätze ordnungsgemäßer Geschäftsführung (Rn. 184 ff.) aufgeben. **245**

Überwachung und Kontrolle haben eine vergangenheits- und eine zukunftsbezogene Komponente (vgl. Abb. 6). Einerseits ist die bereits von der Unternehmensführung entfaltete Tätigkeit immer wieder rückschauender Kontrolle zu unterwerfen. Andererseits muss der Aufsichtsrat ein wachsamer Begleiter sein, der auch auf die künftige Geschäftspolitik durch Beratung mit dem Vorstand Einfluss nimmt.[23] Der BGH[24] spricht von einer „in die Zukunft gerichteten Kontrolle". Diese wird sich auf das Unternehmen wesentlich berührende Fragen (z. B. strategische Planung, bedeutsame Einzelentscheidungen) konzentrieren. Eine Pflicht zur Stellungnahme zu jedem Vorstandsvorhaben kann man hieraus nicht ableiten.[25] Die zukunftsbezogene Komponente der Aufsichtsratstätigkeit wird durch die Regelung des § 90 Abs. 1 Nr. 1 AktG akzentuiert, mit der die Unternehmensplanung und **246**

---

20 Vgl. die Entscheidungspraxis des BGH zur Prüfungs- und Kontrollaufgabe des Aufsichtsrats bei *Henze*, NJW 1998, 3309 ff.

21 Vgl. BGHZ 114, 127, 129; *Pfannschmidt*, S. 28; *Lutter/Krieger/Verse*, Rechte und Pflichten des Aufsichtsrats, Rn. 73 ff.; vgl. zur Überwachungsaufgabe des Aufsichtsrats beim Einsatz derivativer Finanzinstrumente *v. Westphalen*, Derivatgeschäfte, Risikomanagement und Aufsichtsratshaftung, S. 262 ff.

22 Vgl. LG Stuttgart, DB 1999, 2462, 2463; *Henze*, NJW 1998, 3309.

23 Vgl. zu den beiden Aspekten der Überwachungsaufgabe *Koch*, § 111 Rn. 5 ff.; *Hüffer*, NZG 2007, 47 f.

24 BGHZ 114, 127, 130.

25 *Lutter/Krieger/Verse*, Rechte und Pflichten des Aufsichtsrats, Rn. 107.

ihre Nachverfolgung ausdrücklich zum Gegenstand der Berichtspflicht des Vorstands gemacht werden. Auch der Deutsche Corporate Governance Kodex unterstreicht diesen Aspekt der Aufsichtsratstätigkeit, indem er davon spricht, dass der Vorstand die „strategische Ausrichtung des Unternehmens" mit dem Aufsichtsrat abstimmt (Grundsatz 2 DCGK) und dieser in „Entscheidungen von grundlegender Bedeutung" einzubinden ist (Grundsatz 6 DCGK).

bb) Rechtmäßigkeitskontrolle

247 Einen Schwerpunkt der Aufsichtsratstätigkeit bildet die Rechtmäßigkeitskontrolle. Hierzu gehört, dass der Aufsichtsrat einschreitet, wenn er Compliance-Verstöße, also durch die Unternehmensleitung veranlasste oder nicht unterbundene rechtswidrige Maßnahmen, im Unternehmen erkennt. So ist er etwa gehalten, eine drohende Kartellabsprache mit Wettbewerbern oder eine Patentverletzung zu verhindern, soweit dies in seiner Macht steht. Weitergehend muss er vor dem Hintergrund sich zunehmend verschärfender Anforderungen durch Gesetzgeber und Rechtsprechung an die Compliance auch dafür Sorge tragen, dass in dem Unternehmen geeignete Strukturen geschaffen werden, die die Einhaltung anwendbarer Regelwerke sicherstellen.[26] Dies gilt etwa für die geltenden Umwelt- oder Produktsicherheitsstandards, für das Risikomanagement sowie öffentlich-rechtliche Verhaltensanforderungen aller Art.

cc) Zweckmäßigkeitskontrolle

248 Eine weitere wesentliche Aufgabe des Aufsichtsrats besteht darin, darauf zu achten, dass die Unternehmensleiter ihren unternehmerischen Gestaltungsspielraum (Rn. 185 ff.) nicht überschreiten. Neben der Überprüfung der Entscheidungsprozesse („informierte Entscheidung") gehört hierzu auch die Sicherstellung der Anwendung und Einhaltung betriebswirtschaftlicher Grundregeln („Wirtschaftlichkeit und Zweckmäßigkeit").[27] So muss der Aufsichtsrat sich davon überzeugen, dass das Unternehmen angemessen, d. h. branchen- und größenentsprechend organisiert ist und dass eine in sich stimmige Unternehmensplanung aufgestellt und verfolgt wird. Dies gilt vor allem für die Finanzplanung, die darauf abzuzielen hat, dass der Gesellschaft immer ausreichende Liquidität zur Verfügung steht und die Finanzierung insgesamt angemessen gesichert ist. Dem eigentlichen Unternehmensziel der Herstellung einer langfristigen und angemessenen Ertragskraft gilt das

---

26 *Lutter/Krieger/Verse*, Rechte und Pflichten des Aufsichtsrats, Rn. 74 f.; vgl. auch *Uwe H. Schneider*, DB 1993, 1909.

27 *Sailer-Coceani*, in: Karsten Schmidt/Lutter, § 93 Rn. 10; vgl. auch *Henze*, NJW 1998, 3309, 3310.

besondere Augenmerk des Aufsichtsrats. Dazu gehört auch eine systematische und regelmäßige Befassung mit der Risikolage des Unternehmens. Der Aufsichtsrat muss sich eine von der Geschäftsführung erarbeitete „Risikolandkarte" (*risk map*),[28] aus der sich – abgestuft nach Bedeutung des Risikos für das Unternehmen und Eintrittswahrscheinlichkeit – die wesentlichen Risiken und mögliche Maßnahmen der Mitigierung ergeben, vorlegen lassen. Er prüft diese auf Plausibilität, nimmt an ihrer Fortentwicklung teil und berät mit der Geschäftsführung, welche Schlussfolgerungen hieraus zu ziehen sind. Dies gilt insbesondere auch für neue Risiken wie z. B. das Risiko eines Cyber-Angriffs, das insbesondere für mittelständische Unternehmen eine zunehmende Rolle spielt.

In diesen Zusammenhang gehört auch die Pflicht des Aufsichtsrats zur Prü- **249**
fung des Jahresabschlusses (§ 171 Abs. 1 AktG). Der Abschlussprüfer wird zwar von den Anteilseignern bestellt (§ 119 Abs. 1 Nr. 5 AktG), seine Beauftragung liegt aber in der Hand des Aufsichtsrats. Dementsprechend geht auch der Prüfungsbericht direkt an den Aufsichtsrat (§§ 111 Abs. 2 Satz 3, 171 Abs. 1 AktG, 318 Abs. 1 Satz 4 HGB). Dieser muss den Jahresabschluss samt Prüfbericht, einschließlich des Lageberichts, seinerseits prüfen. Wenn ein Prüfungsausschuss bestellt ist (§ 107 Abs. 3 Satz 2 AktG), ist dieser für die Prüfung zuständig und schlägt dem Plenum bei positivem Ausgang vor, den Jahresabschluss festzustellen. Im Rahmen des Prüfungsauftrages kann der Aufsichtsrat dem Abschlussprüfer auch Schwerpunkte vorgeben, die von ihm zu behandeln sind.[29] Dies wird sich vor allem bei unklaren Entwicklungen in bestimmten Unternehmensbereichen anbieten. Die entsprechende Zuständigkeit des Aufsichtsrats gilt auch für den Konzernabschluss (§§ 111 Abs. 2 Satz 3, 171 Abs. 1 Satz 2, Abs. 2 Satz 5, Abs. 3 Satz 3 AktG).

Eine wichtige Frage geht dahin, wie weit die Verantwortlichkeit des Auf- **249a**
sichtsrats für den Jahresabschluss reicht. Diese hat sich dadurch nochmals verschärft, dass die Anforderungen an den nichtfinanziellen Teil des Lageberichts (Nachhaltigkeitsbericht) durch nationale und europäische Rechtssetzungen zunehmend erweitert werden (siehe Rn. 16a). Dabei ist klar, dass eine eigenständige Nachprüfung des gesamten Rechenwerks vom Aufsichtsrat nicht erwartet werden kann. Er muss sich auf Erkenntnisse des Abschlussprüfers verlassen können, wenn er sich im intensiven Austausch mit diesem von deren Plausibilität (§§ 111 Abs. 2 Satz 3, 171 Abs. 1 AktG, 318 Abs. 1 Satz 4 HGB) überzeugt hat und keine Anhaltspunkte für Fehler vorliegen. Beim Nachhaltigkeitsbericht wird es darauf ankommen, dass sich der Aufsichtsrat von der Funktionsfähigkeit der Systeme überzeugt hat, die die Datengrundlage für den Bericht schaffen, Außerdem müssen auch hier

28 *Thümmel*, Der Aufsichtsrat 2022, 49.
29 Vgl. *Hüffer*, NZG 2007, 47, 53.

die Ausführungen der Unternehmensleitung in jeder Hinsicht plausibel und widerspruchsfrei erscheinen.[30]

dd) Pflichten in der Krise der Gesellschaft

249b In der Krise der Gesellschaft, insbesondere wenn Zahlungsunfähigkeit oder Überschuldung drohen, verdichten sich die Überwachungspflichten des Aufsichtsrats. Er muss von seinen Überwachungsinstrumenten konsequenten Gebrauch machen, um die Lage zu erkennen, Verschlechterungen soweit möglich zu verhindern und Sanierungsoptionen zu fördern. Dazu gehört die engmaschige Nutzung des Informationsrechts, die Teilnahme an wesentlichen Entscheidungen durch Schaffung geeigneter Zustimmungsvorbehalte, die Anberaumung von Aufsichtsratssitzungen,[31] die Einschaltung von Beratern (soweit vom Vorstand noch nicht veranlasst) und die Beratung des Vorstands, insbesondere auch im Hinblick auf die Stellung eines Insolvenzantrags.[32] Schließlich unterliegt jedes Aufsichtsratsmitglied nach § 15a Abs. 3 InsO selbst der Verpflichtung, einen Insolvenzantrag zu stellen, wenn die Gesellschaft führungslos ist, also kein handlungsfähiges Geschäftsführungsorgan existiert. Im Unterschied zu den operativen Organen (Rn. 130) gilt dies allerdings nur, wenn das Aufsichtsratsmitglied Kenntnis von der Zahlungsunfähigkeit und Überschuldung (und der Führungslosigkeit) hat. Fahrlässige Unkenntnis genügt hier nicht.

ee) Unternehmerische Tätigkeit des Aufsichtsrats

250 Der Aufsichtsrat wird auch selbst unternehmerisch tätig, soweit es um die Zukunftskomponente seiner Überwachungsaufgabe geht. Insoweit nimmt er in scheinbarem Widerspruch zu § 111 Abs. 4 Satz 1 AktG am operativen Unternehmensgeschehen teil. Besonders deutlich wird dies bei der Ausübung von Zustimmungsvorbehalten (§ 111 Abs. 4 Satz 2 AktG). Hier entscheidet am Ende der Aufsichtsrat, ob eine bestimmte operative Maßnahme umgesetzt werden darf oder unterbleiben muss. Allerdings fällt dem Aufsichtsrat dabei keinesfalls die Rolle eines Ersatzvorstands zu. Ihm obliegt vielmehr allein die strategische Kontrolle und Begleitung. Dies ist ein kontinuierlicher, informationsverarbeitender Prozess, der parallel zur strategischen Planung des Managements verläuft und das Ziel hat, Abweichungen zwischen Plangrößen und aktuellen Vergleichsgrößen zu ermitteln und Schlüsse hieraus zu ziehen.[33] So gehört es grundsätzlich auch in einer kritischen Phase des Unternehmens nicht zu den Aufgaben des Aufsichtsrats, eigene Sanie-

---

30 Vgl. den etwas schärferen Ansatz bei *Lieder/Döhrn*, AG 2023, 722, 728.
31 LG München, AG 2007, 827.
32 OLG Brandenburg, AG 2009, 662.
33 *Bea/Haas*, S. 268, zum Ganzen S. 259 ff.; vgl. auch *Malik*, S. 155 ff.

rungsvorschläge in Ergänzung zu denjenigen des Vorstands zu entwickeln; seine Aufgabe beschränkt sich vielmehr auf die Überprüfung von Vorschlägen des Vorstands.[34]

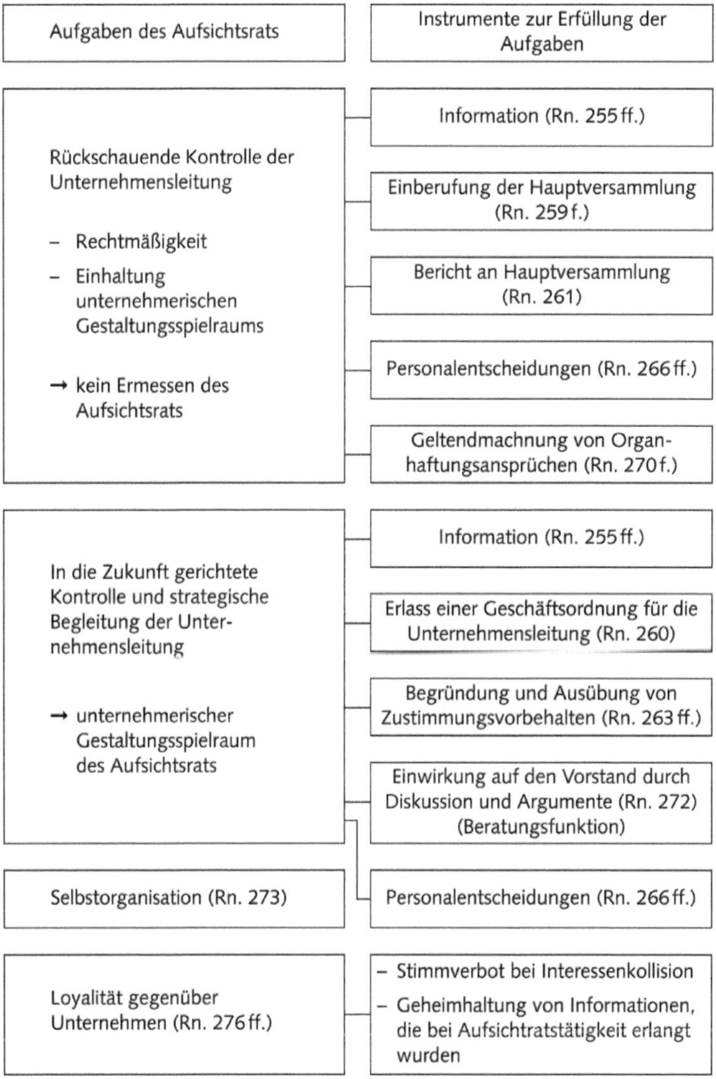

Abb. 6: Aufgaben und Instrumente des Aufsichtsrats im Überblick

34 LG Düsseldorf, AG 1991, 70, 71 „*Girmes AG*".

b) Ermessen des Aufsichtsrats

251 Für die Frage, ob dem Aufsichtsrat bei seiner Tätigkeit ein Ermessen zusteht,[35] kommt es nach der „*ARAG*"-Rechtsprechung des BGH[36] darauf an, ob er unternehmerisch tätig wird oder rückschauend Überwachungsaufgaben erfüllt. Die unternehmerischen Aufgaben liegen zwar ganz wesentlich in der Hand des Vorstands. Wie erwähnt, ist der Aufsichtsrat aber hieran beteiligt, soweit seine Kontrolltätigkeit „in die Zukunft gerichtet" ist. Dies gilt etwa für Personalentscheidungen, die Planung und Strategie oder die Zustimmung zu bedeutsamen Einzelentscheidungen.[37] In diesem Bereich hat auch der Aufsichtsrat unternehmerischen Gestaltungsspielraum. Insoweit gelten dieselben Grundsätze wie im Falle des Vorstands; zur Anwendung kommt also die BJR (§ 93 Abs. 1 Satz 2 AktG).[38] Solange sich Maßnahmen innerhalb des Gestaltungsspielraumes halten, sind sie gerichtlicher Kontrolle entzogen und führen unter keinen Umständen zu einer Haftung des Aufsichtsrats. Dazu muss die Entscheidung auf der Basis einer ausreichenden Informationsgrundlage und zum Wohle der Gesellschaft ohne Berücksichtigung von Eigeninteressen getroffen worden sein (siehe Rn. 185 ff.).

252 Soweit allerdings die rückschauende Kontrolle der Unternehmensleitung in Rede steht, geht es um keine unternehmerische Aufgabe. Hier kommt ein Ermessen nicht in Betracht, weil bereits abgeschlossene Tatbestände zu bewerten sind. Diesem Bereich zuzuordnen sind die Ausübung des Informationsrechts und Personalentscheidungen, soweit Vergangenheitssachverhalte in Rede stehen, sowie grundsätzlich auch die Geltendmachung von Haftungsansprüchen gegenüber dem Vorstand.[39] In allen Fällen verbleiben dem Aufsichtsrat aber gewisse Beurteilungsspielräume, die nur beschränkt gerichtlich überprüfbar sind.

c) Verletzung der Überwachungspflicht

aa) Strategische Überwachung

253 Eine schuldhafte Verletzung der Überwachungspflichten macht den Aufsichtsrat nach §§ 93 Abs. 2, 116 Satz 1 AktG schadenersatzpflichtig.[40] So-

---

35 Vgl. hierzu *Dreher*, ZHR 158 (1994), 614 ff.; *ders.*, ZIP 1995, 628.

36 BGHZ 135, 244 „*ARAG*"; vgl. hierzu *Götz*, NJW 1997, 3275; *Goette*, DStR 1997, 880; *Horn*, ZIP 1997, 1129; *Boujong*, DZWir 1997, 326; *Priester*, EWiR 1997, 677; *Dreher*, JZ 1997, 1071; *Kindler*, ZHR 162 (1998), 101; *Heermann*, AG 1998, 201; *Thümmel*, DB 1997, 1117.

37 Vgl. *Thümmel*, DB 1997, 1117, 1118.

38 *Drygala*, in: Karsten Schmidt/Lutter, § 116 Rn. 13 ff.

39 So BGHZ 135, 244 „*ARAG*".

40 Vgl. auch die Übersicht bei *Kiethe*, WM 2005, 2122 ff., der die Risiken für überschaubar hält.

weit die in die Zukunft gerichtete Kontrolle, also die strategische Überwachungsaufgabe betroffen ist, kommt es darauf an, ob der Aufsichtsrat die Grenzen des ihm zustehenden unternehmerischen Gestaltungsspielraums überschritten hat. Zu prüfen ist also wie im Falle des Vorstands (Rn. 185 ff.), ob der Aufsichtsrat bei Einsatz seiner Überwachungsinstrumente die Kriterien der BJR erfüllt hat (Abb. 5, 6). Der Verstoß gegen gesetzliche Regelungen oder Satzungsbestimmungen, der Verzicht auf die Einhaltung üblicher Entscheidungsabläufe, auf die Schaffung einer geeigneten Entscheidungsgrundlage oder auf die Prüfung – bei fehlender eigener Sachkenntnis unter Einschaltung von Beratern – des Sachverhalts sowie auf die Diskussion der Alternativen im Aufsichtsratsplenum und schließlich die Außerachtlassung des Unternehmenswohls als maßgeblichem Ziel führen in der Regel dazu, dass der Aufsichtsrat sich im Hinblick auf seine Entscheidung nicht auf unternehmerisches Ermessen berufen kann. Ebenso schließt die Verfolgung von Eigeninteressen die Berufung des betroffenen Aufsichtsratsmitglieds auf die BJR aus. Bei relevanten Interessenkonflikten kann und sollte dieses der Abstimmung und Beratung fernbleiben. Nimmt das von einem Interessenkonflikt betroffene Aufsichtsratsmitglied an der Beratung teil, führt dies nicht dazu, dass die übrigen Mitglieder des Aufsichtsrats für sich das Privileg der BJR verlieren. Dies sollte unabhängig davon gelten, ob der Interessenkonflikt offengelegt wurde.[41]

bb) Rückschauende Kontrolltätigkeit

Bei der rückschauenden Kontrolle liegt eine Pflichtverletzung vor, wenn der **254**
Aufsichtsrat seine Überwachungsinstrumente fehlerhaft oder unvollkommen angewendet hat (Abb. 5, 6). Praktisch wird die Aufsichtsratshaftung aus Verletzung der rückschauenden Kontrollaufgabe häufig bei Unternehmenszusammenbrüchen in Betracht kommen, etwa wenn der Aufsichtsrat Verzögerungen bei der Stellung des Insolvenzantrages trotz Kenntnis der Überschuldung unbeanstandet hinnimmt,[42] den Vorstand gewähren lässt, ohne sich von den Aktivitäten der Gesellschaft ein eigenes Bild zu machen[43] oder trotz bestehender Anhaltspunkte die Überprüfung bestimmter Vorgänge unterlässt. Fragen der Ermessensüberschreitung stellen sich in diesem Zusammenhang nicht. Ob der Aufsichtsrat die Überwachungsinstrumente zutreffend eingesetzt hat, unterliegt grundsätzlich unbeschränkter gerichtlicher Kontrolle. Beurteilungsspielräume ergeben sich aber, soweit prognostische Elemente zu berücksichtigen sind (z. B. bei der Geltendmachung von Haftungsansprüchen im Hinblick auf die Durchsetzbarkeit des Anspruchs).

41 Siehe hierzu *Reichert*, in: Festschrift Vetter, 2019, S. 597, 612 ff.
42 BGHZ 75, 96 „*Herstatt*".
43 OLG Düsseldorf, WM 1984, 1080.

cc) Pflichtverletzung bei Kollegialentscheidungen

254a Entscheidungen des Aufsichtsrats sind fast immer Kollegialentscheidungen. Das einzelne Aufsichtsratsmitglied hat – abgesehen vom Vorsitzenden, der zumindest Sitzungen einberufen kann – keine Entscheidungskompetenzen. Das Mittel der Entscheidung ist der Beschluss des Gremiums (§ 108 Abs. 1 AktG), der mit Mehrheit (abseits anderweitiger Regelungen in Gesetz oder Satzung) zustande kommt.[44] Demgegenüber ist die Haftung des Aufsichtsrats individuell; maßgeblich sind Pflichtverstoß und Verschulden des einzelnen Mitglieds.[45] Also kommt es wesentlich auf sein Abstimmungsverhalten an. Wer einem Beschluss pflichtwidrigen Inhalts zugestimmt hat, haftet auch. Dies gilt auch, wenn es auf seine Zustimmung gar nicht ankam.[46] Wer dagegen gestimmt oder sich enthalten[47] hat, haftet jedenfalls dann nicht, wenn er zuvor alle zumutbaren Versuche unternommen hat, seine Kollegen umzustimmen. Bei schwerwiegenden, insbesondere kriminellen Verstößen muss das ablehnend votierende Aufsichtsratsmitglied auch die Umsetzung des Beschlusses verhindern, um haftungsfrei zu sein.[48]

d) Instrumente der Überwachung

aa) Information

255 Überwachung und Kontrolle erfordern Information. Das Aktiengesetz sieht zwei wesentliche Informationsquellen vor: Einmal den Vorstand, der in weitem Umfang nach § 90 AktG dem Aufsichtsrat gegenüber berichtspflichtig ist. Zum anderen die Bücher und Schriften der Gesellschaft sowie deren tatsächlicher Geld-, Waren- und Wertpapierbestand (§ 111 Abs. 2 AktG). Daneben sind im Gesetz (§ 171 Abs. 1 Satz 2 AktG) auch die Abschlussprüfer der Gesellschaft ausdrücklich als Auskunftspersonen (im Hinblick auf den Jahresabschluss) genannt. Die Informationsmöglichkeiten des Aufsichtsrats sind im Zuge des KonTraG dadurch verbessert worden, dass sich die Berichtspflicht des Vorstands auch ausdrücklich auf die Unternehmensplanung bezieht und der Aufsichtsrat durch die Beauftragung des Abschlussprüfers den direkten Zugriff auf diesen hat.[49] Das TransPuG hat die Berichtspflicht auch auf Planabweichungen und die Gründe hierfür (§ 90 Abs. 1 Nr. 1 AktG) sowie auf Tochterunternehmen (§ 90 Abs. 1 Satz 2 AktG) erstreckt. Ergänzt werden die Regelungen durch die Grundsätze 15 und 16 DCGK, die die Be-

44 *Koch*, § 108 Rn. 6.
45 *Kiethe*, WM 2005, 2122, 2127.
46 Siehe *Kiethe*, WM 2005, 2122, 2127 m. w. N.
47 LG Berlin, ZIP 2004, 73, 76.
48 *Vetter*, DB 2004, 2623, 2626; *Kiethe*, WM 2005, 2122, 2127.
49 Vgl. §§ 90 Abs. 1 Nr. 1, 111 Abs. 2 Satz 3 AktG, eingeführt durch das KonTraG, vgl. Rn. 246.

richtspflichten weiter konkretisieren und insbesondere Unternehmensstrategie, Risikolage und Compliance als Berichtsgegenstände benennen. Die Digitalisierung spielt im Rahmen der Informationsversorgung eine zunehmend wichtige Rolle, wobei Missbrauchsrisiken in diesem Zusammenhang besondere Beachtung geschenkt werden muss.

Von Bedeutung ist auch das Recht des Aufsichtsrats, Berichte über Angelegenheiten der Gesellschaft oder mit ihr verbundener Unternehmen anzufordern (§ 90 Abs. 3 AktG).[50] Das Recht hierzu ist gleichzeitig Pflicht, wenn die aus eigenem Antrieb vom Vorstand gegebenen Informationen für eine vernünftige Urteilsbildung nicht ausreichen, lückenhaft sind oder Anlass zu Zweifeln geben. Die Wahrnehmung des Rechts zur Nachfrage ist die eigentliche Kernaufgabe eines Aufsichtsrats, der nicht an der strukturellen Unterlegenheit im Hinblick auf seinen Informationsstand scheitern will. Sie gilt nicht nur für den Aufsichtsrat als Organ (und damit vor allem für den Aufsichtsratsvorsitzenden), sondern im Rahmen des § 90 Abs. 3 Satz 2 AktG für jedes Mitglied, das auch allein die Erteilung weiterer Informationen erzwingen kann. Je schwieriger die wirtschaftliche Situation der Gesellschaft, umso mehr wird der Aufsichtsrat von seinem Fragerecht Gebrauch machen müssen.[51] Ein direktes Informationsrecht des Aufsichtsrats bei Angestellten der Gesellschaft ohne Einbeziehung des Vorstands besteht dagegen im Regelfalle nicht. Allenfalls bei offenkundigen Pflichtverletzungen erheblicher Art oder bei mangelnder Kooperation des Vorstands wird man den Aufsichtsrat für berechtigt und verpflichtet halten, diesen Weg zu gehen.[52] Der DCGK betont in seinem Grundsatz 15, dass die Informationsversorgung zwar grundsätzlich Aufgabe des Vorstands ist, der Aufsichtsrat aber auch selbst sicherstellen muss, dass er angemessen informiert ist. **256**

Das Einsichts- und Prüfungsrecht nach § 111 Abs. 2 AktG steht nur dem Aufsichtsrat als Organ zu.[53] Der Aufsichtsrat kann aber durch Beschluss einzelne seiner Mitglieder ermächtigen, die Prüfung vorzunehmen. Sachverständige, etwa Wirtschaftsprüfer, können von ihm auf Kosten der Gesellschaft beauftragt werden, wenn es bei der Prüfung um konkrete Einzelangelegenheiten wie die Prüfung einer verlustreichen Akquisition geht.[54] Bei derartigen Auftragsvergaben wird die Gesellschaft durch den Aufsichtsrat **257**

50 Vgl. zu den Informationsrechten des Aufsichtsrats in einer Holding AG: *Uwe H. Schneider*, in: Festschrift Kropff, 1997, S. 273 ff.

51 Vgl. *Semler*, S. 87 ff.; *ders.*, AG 1983, 141 f.; *Lutter/Krieger/Verse*, Rechte und Pflichten des Aufsichtsrats, Rn. 92 ff.

52 Vgl. *Koch*, § 90 Rn. 11; *Elsing*, BB 2002, 1705, 1710 f.

53 Vgl. BayObLGZ 1968, 118, 121; *Lutter/Krieger/Verse*, Rechte und Pflichten des Aufsichtsrats, Rn. 241.

54 BGHZ 85, 293, 296; *Koch*, § 111 Rn. 38; *Lutter/Krieger/Verse*, Rechte und Pflichten des Aufsichtsrats, Rn. 242.

vertreten, denn sonst wäre er von der Kooperation des Vorstands abhängig (Annexkompetenz aus § 112 AktG). Die generelle Überlassung des Einsichts- und Prüfungsrechts an sachverständige Dritte ist dagegen nicht möglich, weil dies in Konflikt mit der Höchstpersönlichkeit des Aufsichtsratsmandats (§ 111 Abs. 6 AktG) stünde. Das Recht nach § 111 Abs. 2 AktG gewinnt umso mehr an Bedeutung, desto wortkarger der Vorstand oder desto undurchsichtiger oder problematischer sein Verhalten ist. Das Ermessen des Aufsichtsrats bei der Ausübung des Rechts kann dann zur Pflicht erstarken, sich selbst zu vergewissern. Das Einsichts- und Prüfungsrecht ist daher vor allem in wirtschaftlichen Krisenzeiten des Unternehmens relevant. Es bezieht sich auf sämtliche Unterlagen und Gegenstände, die sich bei der Gesellschaft (nicht bei verbundenen Unternehmen) befinden.[55]

Fallbeispiel:[56]

Der Vorstand einer AG hatte über Jahre entgegen den testierten Bilanzen nicht Jahresüberschüsse, sondern erhebliche Fehlbeträge erwirtschaftet. Die Verluste resultierten zu wesentlichen Teilen aus Devisenoptionsgeschäften und waren durch Luftbuchungen verschleiert worden. Dem Aufsichtsrat war dies entgangen, obwohl ihm Hinweise der Hausbank über Unregelmäßigkeiten, insbesondere Factoringgeschäfte in nicht nachvollziehbarer Größenordnung vorlagen. Nach dem Zusammenbruch der AG nahm der Insolvenzverwalter ein Mitglied des Aufsichtsrats wegen der eingetretenen Schäden in Anspruch. Das LG stellte einen Pflichtverstoß des Aufsichtsrats im Hinblick auf seine Kontrollaufgabe fest. Er hätte nach Auffassung des LG sogleich die Begründung eines Zustimmungsvorbehalts (§ 111 Abs. 4 AktG) im Hinblick auf Factoringgeschäfte anregen müssen, um die Tätigkeit des Vorstands unter Kontrolle zu bringen. Richtiger wäre gewesen, zur Aufklärung des Sachverhalts von den Informationsrechten nach §§ 90 Abs. 3, 111 Abs. 2 AktG Gebrauch zu machen.

bb) Bericht an den Gesamtaufsichtsrat

258 Soweit das einzelne Aufsichtsratsmitglied Kenntnis über Umstände erhält, die ein Einschreiten des Gesamtgremiums erforderlich machen, muss er für die entsprechende Information seiner Kollegen Sorge tragen. Dies gilt insbesondere dann, wenn ein pflichtwidriges Handeln des Vorstands zu befürchten ist.[57] Vor allem betroffen ist der Aufsichtsratsvorsitzende, der auch zwischen den Sitzungen in laufendem Kontakt mit dem Vorstand steht und so eine Scharnierfunktion zwischen Aufsichtsrat und Vorstand wahrnimmt

55 *Lutter/Krieger/Verse*, Rechte und Pflichten des Aufsichtsrats, Rn. 245.

56 LG Bielefeld, DB 1999, 2630 „Balsam" mit Anm. *Thümmel*, BB 1999, 2633 ff., Verfahren wurde beim OLG durch Vergleich beendet.

57 LG Dortmund, DB 2001, 2591.

(Grundsatz 16 DCGK). Zur Erfüllung der Berichtspflicht kann es, je nach Eilbedürftigkeit, notwendig werden, den Aufsichtsrat zu einer Sondersitzung einzuberufen. Der Vorsitzende kann die Einberufung ohne Weiteres selbst verfügen. Aber auch die einzelnen Mitglieder des Aufsichtsrats (und der Vorstand) haben das Recht, unter Angabe des Zwecks die Einberufung zu verlangen (§ 110 Abs. 1 AktG). Kommt der Vorsitzende dem Verlangen nicht zeitnah nach (wobei die Sitzung innerhalb von zwei Wochen nach Einberufung stattfinden muss), so kann jedes Mitglied die Einberufung auch selbst vornehmen (§ 110 Abs. 2 AktG). Um haftungsbegründend zu wirken, muss die verspätete Einberufung allerdings auch zu einem Schaden geführt haben, was schwierige Fragen der hypothetischen Kausalität aufwerfen kann.[58]

cc) Einberufung der Hauptversammlung

259 Nach § 111 Abs. 3 AktG hat der Aufsichtsrat die Pflicht, die Hauptversammlung anzurufen, wenn es das Wohl der Gesellschaft verlangt. Die Möglichkeit hierzu hat nur das Organ insgesamt, nicht das einzelne Mitglied. Dennoch wird man annehmen müssen, dass die einzelnen Aufsichtsratsmitglieder bei Vorliegen der Voraussetzungen des § 111 Abs. 3 AktG verpflichtet sind, einen entsprechenden mit Mehrheit zu fassenden Aufsichtsratsbeschluss herbeizuführen. Die Pflicht zur Einberufung der Hauptversammlung erfordert, dass diese in der konkreten Situation auch tatsächlich etwas für das Wohl der Gesellschaft tun kann. Voraussetzung ist also, dass die vom Aufsichtsrat beabsichtigte Maßnahme in die Beschlusskompetenz der Hauptversammlung fällt (§ 119 AktG). Hierzu gehören z. B. Satzungsänderungen oder Kapitalmaßnahmen, auch der Vertrauensentzug gegenüber dem Vorstand als Voraussetzung für die Abberufung nach § 84 Abs. 3 Satz 2 AktG, nicht aber eine einzelne Geschäftsführungsmaßnahme.

260 Ob die Hauptversammlung zu einer bloßen Erörterung von Geschäftsführungsmaßnahmen einberufen werden kann, ist streitig, wird aber überwiegend bejaht.[59] Die Entscheidung des Aufsichtsrats, vor diesem Hintergrund auf eine Einberufung zu verzichten, wird angesichts der rechtlichen Unklarheit und der potenziellen Wirkungslosigkeit einer Erörterung in der Regel nicht pflichtwidrig sein. Stehen wesentliche tatsächliche oder rechtliche Strukturänderungen der Gesellschaft an („*Holzmüller*“-Situation),[60] so ist der Vorstand gezwungen, das vorherige Votum der Hauptversammlung einzuholen. In diesen Fällen wird man auch den Aufsichtsrat für berechtigt und

58 Vgl. OLG München, AG 2008, 638, 639 f. „*Kloster Andechs*“.

59 Vgl. *Lutter/Krieger/Verse*, Rechte und Pflichten des Aufsichtsrats, Rn. 137; a. A. *Kubis*, in: MünchKommAktG § 121 Rn. 21; *Koch*, § 111 Rn. 49.

60 BGHZ 83, 122 „*Holzmüller*“; BGHZ 159, 30 „*Gelatine*“; BGH, ZIP 2004, 1001.

verpflichtet halten, die Hauptversammlung anzurufen, wenn der Vorstand dies nicht tut.[61]

dd) Bericht an die Hauptversammlung

261 Der Aufsichtsrat hat der Hauptversammlung nach § 171 Abs. 2 AktG einen schriftlichen Bericht vorzulegen. Gegenstand des Berichts ist das Ergebnis der Prüfung des Jahresabschlusses (einschließlich des Konzernabschlusses) im Hinblick auf dessen Recht- und Zweckmäßigkeit, zu der der Aufsichtsrat nach § 171 Abs. 1 AktG verpflichtet ist. Daneben hat der Bericht auch Ausführungen darüber zu enthalten, auf welche Weise und in welchem Umfang der Aufsichtsrat im abgelaufenen Geschäftsjahr die Tätigkeit der Geschäftsführung überwacht hat. Der Sache nach geht es hier um den Tätigkeits- und Rechenschaftsbericht des Aufsichtsrats. Dieser muss umfassend und aussagekräftig sein. Eine formelhafte Verkürzung, wie sie in der Praxis gelegentlich zu beobachten ist, wäre unzulässig, wobei die h. M.[62] insofern zu Recht nach der Situation der Gesellschaft differenziert. Der Bericht bedarf der Schriftform und wird für den Aufsichtsrat von dessen Vorsitzenden erstattet.

ee) Geschäftsordnung für die Geschäftsleitung

262 Der Aufsichtsrat hat das Recht, für den Vorstand eine Geschäftsordnung zu erlassen (§ 77 Abs. 2 AktG). Die in derselben Vorschrift erwähnte Erlasskompetenz des Vorstands ist subsidiär und greift nur ein, soweit die Satzung die Kompetenz nicht ausschließlich dem Aufsichtsrat zuweist oder dieser nicht tätig wird. Der Erlass einer Geschäftsordnung bietet sich dann an, wenn eine organisatorische Regelung der vorstandsinternen Zusammenarbeit und des Zusammenwirkens von Vorstand und Aufsichtsrat zur Steigerung der Effizienz oder der Vermeidung von Reibungsverlusten erforderlich erscheint. Zumindest in größeren Unternehmen mit mehreren Vorstandsressorts gehört sie zum Standard. Hier wird man den Aufsichtsrat auch für verpflichtet halten müssen, eine solche Geschäftsordnung zu erarbeiten, wenn nicht der Vorstand selbst hierfür sorgt oder sonst ausreichende satzungsmäßige Vorgaben bestehen. Ein wichtiger Gegenstand der Geschäftsordnung ist die Ressortabgrenzung, die sämtliche Tätigkeitsbereiche umfassen und Entscheidungen, die nicht ressortfähig sind, dem Gesamtgremium vorbehalten muss (Rn. 207).[63]

---

61 So zu Recht *Koch*, § 111 Rn. 49.

62 Vgl. *Koch*, § 171 Rn. 20; *Lutter/Krieger/Verse*, Rechte und Pflichten des Aufsichtsrats, Rn. 567; *Theisen*, BB 1988, 705 ff.

63 Siehe BGH, NJW 2019, 1067, 1068 ff. „*Weltruf*“.

ff) Begründung und Ausübung von Zustimmungsvorbehalten

Aufgaben der Geschäftsführung sind allein dem Vorstand zugewiesen, der **263** Aufsichtsrat ist demgemäß von Geschäftsführungsmaßnahmen grundsätzlich ausgeschlossen (§ 111 Abs. 4 Satz 1 AktG). Dieser Grundsatz wird aber durch die Möglichkeit eingeschränkt, dass die Satzung oder der Aufsichtsrat selbst Zustimmungsvorbehalte für bestimmte Arten von Geschäften begründen können. Die Folge ist, dass solche zustimmungsbedürftigen Geschäfte vom Vorstand nur vorgenommen werden dürfen, wenn der Aufsichtsrat diesen zuvor zugestimmt hat. Der Aufsichtsrat kann auf diesem Wege – je nach Umfang des Kataloges zustimmungsbedürftiger Geschäfte – tatsächlich erheblichen Einfluss auf die Geschäftsführung gewinnen. Häufig beschränken Zustimmungskataloge die Unternehmensleitung in der Verfügung über wesentliche Vermögenswerte der Gesellschaft, im Abschluss und der Aufhebung bedeutsamerer Dauerschuldverhältnisse, in der Kreditaufnahme und in gewissen Grundlagengeschäften (z. B. Aufnahme neuer Geschäftszweige, Gründung von Tochtergesellschaften). Ihre rechtliche Wirkung geht dahin, dass sich die Vorstände (oder die Geschäftsführer) zwar einer Pflichtverletzung schuldig machen, wenn sie ein zustimmungspflichtiges Geschäft ausführen, ohne den Aufsichtsrat vorher zu fragen, Dritten gegenüber das Geschäft aber grundsätzlich wirksam bleibt.[64]

§ 111 Abs. 4 Satz 2 AktG enthält im Übrigen die Verpflichtung des Auf- **264** sichtsrats, solche Zustimmungsvorbehalte durch Beschluss für sich selbst zu begründen, wenn nicht die Satzung bereits entsprechende Regelungen enthält. Die Frage, ob Zustimmungsvorbehalte beschlossen werden sollen, liegt daher nicht im Ermessen des Aufsichtsrats, sondern allein die Frage, welche Geschäfte hiervon betroffen sein sollen. Das diesbezügliche Ermessen kann im Einzelfall allerdings so reduziert sein, dass der Aufsichtsrat bestimmte Geschäftsarten unter seinen Zustimmungsvorbehalt stellen muss und pflichtwidrig handelt, wenn er dies versäumt.[65] Dies gilt etwa bei zweifelhaftem Verhalten der Geschäftsleitung in der Vergangenheit oder einer krisenhaften Zuspitzung der Situation des Unternehmens, bedingt durch bestimmte risikoreiche Geschäfte. Nähere Hinweise dazu, welche Geschäftsarten einem Zustimmungsvorbehalt unterworfen werden sollten, enthalten weder das Gesetz noch der DCGK (vgl. Grundsatz 6 Abs. 2). Maßgeblich sind die konkreten Verhältnisse des jeweiligen Unternehmens; betroffen sind typischerweise Entscheidungen und Maßnahmen, die die Vermögens-,

---

64 Es sei denn, es läge ein Fall des Vollmachtsmissbrauchs vor, der dann gegeben ist, wenn der Dritte von den internen Beschränkungen Kenntnis hat und sich in kollusivem Zusammenwirken mit dem Unternehmensleiter hierüber hinwegsetzt, vgl. etwa *Beurskens*, in: Noack/Servatius/Haas, § 37 Rn. 70 ff.

65 Vgl. BGHZ 124, 111, 127; LG Bielefeld, DB 1999, 2630 mit Anm. *Thümmel*, S. 2633 ff.; *Koch*, § 111, Rn. 59.

Finanz-, und Ertragslage sowie die Risikoexposition der Gesellschaft wesentlich beeinflussen können (siehe auch Rn. 263). Eine Ausnahme stellt § 111b Abs. 1 AktG dar, der bei der börsennotierten Gesellschaft Geschäfte bestimmter Größenordnung mit nahestehenden Personen einem (gesetzlichen) Zustimmungsvorbehalt unterwirft.

265 Das Recht und die Pflicht, Zustimmungsvorbehalte zu verfügen, wie auch die Entscheidungsbefugnis über zustimmungsbedürftige Geschäfte müssen sorgfaltsgerecht ausgeübt werden. Betroffen ist die zukunftsbezogene Komponente der Überwachungsaufgabe des Aufsichtsrats, da Zustimmungsvorbehalte für die Zukunft beschlossen werden und bei der einzelnen Entscheidung ein noch nicht abgeschlossenes Geschäft in Rede steht. Damit kann der Aufsichtsrat unternehmerischen Gestaltungsspielraum für sich in Anspruch nehmen (vgl. Rn. 251 ff.). Die Entscheidung über die Begründung von Zustimmungsvorbehalten wie auch über die Erteilung oder Verweigerung der Zustimmung muss daher den Maßstäben der BJR (§ 93 Abs. 1 Satz 2 AktG) entsprechen. Sowohl die Aufnahme der „falschen" Zustimmungsvorbehalte in den vom Aufsichtsrat hierzu beschlossenen Katalog wie auch die Verweigerung oder die Erteilung der Zustimmung[66] kann pflichtwidrig sein.

Fallbeispiel:[67]

Eine deutsche AG besaß eine signifikante Beteiligung an einer ausländischen börsennotierten Gesellschaft. Der Vorstand der AG schlug dem Aufsichtsrat vor, die Beteiligung zu veräußern und bat, da es sich um ein zustimmungsbedürftiges Geschäft handelte, zu zwei konkreten Zeitpunkten um dessen Zustimmung. Dabei waren sich alle Beteiligten darüber einig, dass ein Verkauf strategisch durchaus sinnvoll sein könnte. Der Aufsichtsrat lehnte dennoch jeweils ab und begründete dies mit der Erwägung, dass der Aktienkurs kurz zuvor deutlich zurückgegangen sei. Im Übrigen führe die sofortige Veräußerung eines großen Pakets dazu, dass die bei der AG aus regulatorischen Gründen verbleibende Restbeteiligung entwertet würde. Die Veräußerung solle später, wenn sich der Aktienkurs erholt hätte, und in kleinen Tranchen erfolgen. Demgemäß unterblieb der Verkauf. In der Folge ging der Kurs weiter zurück und eine Veräußerung konnte zu einem späteren Zeitpunkt nur zu deutlich schlechteren Konditionen erfolgen. Die Entscheidung des Aufsichtsrats erwies sich also ex post als Fehler. Dennoch entschied das Gericht, dass dieser seine Pflichten nicht verletzt habe. Er könne sich auf die BJR berufen, denn die vom Vorstand vermittelte Informationsgrundlage zu dem Geschäft (Kursverhältnisse, Einschätzungen von Investmentbanken, Re-

66 Vgl. BGH, NZG 2007, 187.

67 LG Bielefeld v. 30.10.2020 – 12 O 71/16, bestätigt vom OLG Hamm, Urteil vom 30.5.2022 – I-8 U 224/20; hierzu *Thümmel*, in: Festschrift Reuter, 2021, S. 461, 470.

gulatorik) sei zutreffend und vollständig gewesen und der Aufsichtsrat habe eine Abwägung im Lichte des Unternehmenswohls vorgenommen.

Ein pflichtgemäßes Verhalten erfordert, dass kein Gesetz- oder Satzungsverstoß vorliegt (unternehmerische Entscheidung), keine Eigeninteressen involviert sind, die Entscheidung am Unternehmenswohl orientiert ist und auf einer ausreichend breiten Informationsgrundlage beruht (siehe Rn. 185 ff.). Die Zustimmung zu einer langen Mietbindung für ein Grundstück der Gesellschaft erfüllt diese Anforderungen nicht, wenn hierdurch der erzielbare Erlös für einen bereits beabsichtigten Verkauf erheblich beeinträchtigt wird.[68] Sie entspricht nicht dem Unternehmenswohl, das wirtschaftlich nachvollziehbare Entscheidungen verlangt. Eine Ermessensüberschreitung kann auch vorliegen, wenn eine Entscheidung über ein zustimmungspflichtiges Geschäft nicht oder nicht rechtzeitig getroffen wird. **265a**

Ein häufiges Problem für den Aufsichtsrat ist die Schaffung einer geeigneten Informationsgrundlage. Üblicherweise wird er seitens des Vorstands mit einer Entscheidungsvorlage versorgt, die das vom Zustimmungsvorbehalt betroffene Geschäft in seinen Grundzügen darstellt und die Bitte um Zustimmung enthält. Die Unterlage wird dann meist noch mündlich erläutert. Weitergehende Informationen stehen dem Aufsichtsrat im Ausgangspunkt nicht zur Verfügung. Hieraus ergibt sich die Frage, ob sich die Mitglieder des Aufsichtsrats bei ihrer Entscheidung auf die ihnen vorgelegten Informationen verlassen dürfen und welche Grenzen es zu beachten gilt. Ausgangspunkt der Betrachtung dürfte sein, dass der Aufsichtsrat nicht gehalten sein kann, die schon vom Vorstand für seine unternehmerische Entscheidung zusammengestellten Daten und Fakten noch einmal zu erheben, dessen Tätigkeit also zu wiederholen. Andererseits wäre blindes Vertrauen auf die Vorlage des Vorstands auch fehl am Platz, weil der Aufsichtsrat damit seine Überwachungsaufgabe verfehlte. Hilfe kann die „*ISION*"-Rechtsprechung des BGH[69] bieten, die sich mit der Frage befasst, unter welchen Umständen sich der Unternehmensleiter auf fachkundigen Rat verlassen darf. Legt man die Kriterien des BGH an die Vorstandsvorlage an, heißt dies, dass der Aufsichtsrat die Angaben des Vorstands auf Plausibilität, Vollständigkeit und Widerspruchsfreiheit prüfen muss. Erfüllt die Vorstandsvorlage diese Anforderungen, stellt sie eine geeignete Informationsgrundlage für die Entscheidung des Aufsichtsrats dar. Andernfalls muss um weitergehende Informationen bitten oder selbst solche einholen.[70] **265b**

---

68 LG Stuttgart, DB 1999, 2462 „*ASS*".
69 DB 2011, 2484 ff.
70 Näher hierzu *Thümmel*, in: Festschrift Reuter, 2021, S. 461, 465 ff.

Praxistipp:

Zustimmungsvorbehalte sind ein komplexes Feld, auf dem leicht Fehler passieren. Der Aufsichtsrat sollte sich daher etwaige satzungsmäßig verankerte Zustimmungsvorbehalte ansehen und prüfen, welche weiteren erforderlich sind. Dabei muss er das Geschäftsfeld der Gesellschaft und hiermit verbundene (gravierende) Risiken, die finanzielle Situation der Gesellschaft, die Auskunfts- und Kooperationsbereitschaft der Vorstände oder Geschäftsführer und übliche Standards der jeweiligen Industrie in den Blick nehmen. Eine krisenhafte Zuspitzung der Lage des Unternehmens, anstehende Großtransaktionen und ein wenig offener Unternehmensleiter sprechen für die Schaffung einer breiten Zustimmungsvorbehaltsliste. Diese muss wirksam beschlossen und auch kommuniziert werden. Eine große Zahl von Zustimmungsvorbehalten erfordert dann auch die Bereitschaft des Aufsichtsrats, sich zeitnah mit den betreffenden Geschäften zu befassen. Notfalls müssen Sondersitzungen einberufen oder Umlaufbeschlüsse gefasst werden. Bei der Beurteilung der Geschäfte kann sich der Aufsichtsrat im Ausgangspunkt auf die Informationsgrundlage des Vorstands stützen, muss aber eigene Untersuchungen anstellen oder in Auftrag geben, wenn sich diese als unzureichend oder widersprüchlich erweist.

gg) Personalentscheidungen

266 Die Personalzuständigkeit für den Vorstand liegt bei der AG in fast vollem Umfange beim Aufsichtsrat (§ 84 AktG). Die Hauptversammlung ist lediglich insoweit beteiligt, als sie dem Vorstand das Vertrauen entziehen und damit eine Voraussetzung für dessen Abberufung durch den Aufsichtsrat schaffen kann (§ 84 Abs. 2 Satz 2 AktG); ein eigenes Abberufungsrecht hat sie nicht. Die Personalzuständigkeit umfasst die Bestellung des Vorstands (auch eines Vorsitzenden), den Widerruf der Bestellung, den Abschluss und die Änderung der Anstellungsverträge der Vorstandsmitglieder sowie deren Kündigung. Zuständig ist das Gesamtorgan. Dies gilt auch für die Festsetzung der Vergütung des Vorstands. Die Verweisung in einen Ausschuss ist nur insoweit zulässig, als es um die Vorbereitung der sonstigen Bestimmungen des Dienstvertrags und die Erarbeitung von Vergütungsvorschlägen für das Plenum geht (§ 107 Abs. 3 AktG). Notwendige Erklärungen werden in der Regel durch den Aufsichtsratsvorsitzenden abgegeben, der hierzu allerdings gesondert ermächtigt sein muss.[71]

267 Im Falle der GmbH liegt die Personalkompetenz für die Geschäftsführer nur dann zwingend beim Aufsichtsrat, wenn dieser nach dem Mitbestimmungs-

71 BGHZ 41, 282, 285.

gesetz obligatorisch ist (§ 31 Abs. 1 MitbG). In allen anderen Fällen, auch beim drittelparitätisch besetzten Aufsichtsrat, gilt dies nur, wenn die Satzung es ausdrücklich so vorsieht, denn § 52 Abs. 1 GmbHG verweist nicht auf § 84 AktG. Andernfalls bleibt es hier bei der Personalkompetenz der Gesellschafterversammlung (§ 46 Nr. 6 GmbHG).

Die Personalkompetenz ist das wichtigste Überwachungsinstrument des **268**
Aufsichtsrats und gibt ihm weitreichenden Einfluss. Umgekehrt ergeben sich für ihn hieraus auch erhebliche Sorgfaltsanforderungen. So hat er im Rahmen der Bestellung die fachliche und persönliche Eignung von möglichen Kandidaten unter Berücksichtigung der konkreten Situation, in der sich das Unternehmen befindet, zu ermitteln und die bestmögliche Wahl zu treffen.[72] Obwohl dem Aufsichtsrat hierbei der unternehmerische Gestaltungsspielraum zusteht, handelt es sich nicht etwa um einen rein intuitiven Vorgang. Vielmehr ist die Auswahl durch geeignete organisatorische Maßnahmen (ggf. Bildung eines Personalausschusses im Aufsichtsrat, Erarbeitung eines Anforderungsprofils, Auswahl geeigneter Personalberater, Abstimmung mit den verbleibenden Vorstandsmitgliedern, Einzelgespräche etc.) professionell vorzubereiten. Mängel in diesem Bereich können zu einer Überschreitung des Gestaltungsspielraums führen und eine Pflichtverletzung des Aufsichtsrats begründen. Ferner hat der Aufsichtsrat die Konditionen der Anstellung (insbesondere die finanziellen Konditionen) zu verhandeln und festzusetzen und hierbei insbesondere das Angemessenheitsgebot (§ 87 Abs. 1 AktG, Abschnitt G. DCGK) zu beachten.[73] § 116 Satz 3 AktG betont die Haftung des Aufsichtsrats für die Gewährung unangemessener Vergütungen (obwohl sich diese schon aus der Generalverweisung auf § 93 Abs. 2 AktG ergibt).[74]

Fallbeispiel:[75]

Die Mitglieder des Präsidiums des Aufsichtsrats der Mannesmann AG hatten in engem zeitlichen Zusammenhang mit der Übernahme der Gesellschaft durch das britische Telekommunikationsunternehmen Vodafone Vorstandsmitgliedern von Mannesmann freiwillige Anerkennungsprämien („appreciation awards") zuerkannt, für die es keine dienstvertragliche Basis gab. Deshalb wurde Strafanzeige erstattet. Der 3. Strafsenat des BGH entschied, dass die Prämienentscheidung der Präsidiumsmitglieder den objektiven Tatbestand der Untreue (§ 266 Abs. 1 StGB) erfülle. Der weite Beurteilungs- und Ermessensspielraum des Aufsichtsrats sei überschritten, wenn die Zahlung ohne Rechtsgrundlage erfolge und

72 Vgl. *Lutter/Krieger/Verse*, Rechte und Pflichten des Aufsichtsrats, Rn. 342; *Lutter*, AG 1979, 85, 90; *Krieger*, S. 22.
73 Vgl. LG München, NZG 2007, 477: weiter Beurteilungs- und Ermessensspielraum.
74 Siehe hierzu *Drygala*, in: Karsten Schmidt/Lutter, § 116 Rn. 61 ff.
75 BGHSt 50, 331 „*Mannesmann*".

für das Unternehmen keinerlei Vorteil ersichtlich sei, der im Einzelfall auch in einer Anreizwirkung („Leistung lohnt sich") bestehen könne. Anders als der Eigentümer-Unternehmer befände sich der Aufsichtsrat nicht in der Lage des Gutsherrn, sondern des Gutsverwalters.

269 Bei der Abberufung und (fristlosen) Kündigung von Vorstandsmitgliedern wird es meist keinen Gestaltungsspielraum geben, weil bei einem Fehlverhalten die rückschauende Kontrollaufgabe betroffen ist. Liegen Widerrufsgründe nach § 84 Abs. 3 AktG vor, muss in der Regel die Bestellung widerrufen werden. Die Maßstäbe sind vergleichbar mit denen, die auf die Geltendmachung von Haftungsansprüchen zur Anwendung kommen. Bei der Frage, ob ein wichtiger Grund für den Widerruf gegeben ist, steht dem Aufsichtsrat allerdings ein Beurteilungsspielraum zu. Der Vertrauensentzug durch die Hauptversammlung allein zwingt den Aufsichtsrat noch nicht zur Abberufung. Anders liegt es, wenn nicht Fehlverhalten, sondern die Erfolglosigkeit des Vorstands den Grund für die Ablösung darstellt. Dann geht es um die Gestaltung der Zukunft mit oder ohne den betreffenden Vorstand. Dementsprechend hat der Aufsichtsrat bei seiner Entscheidung Ermessen und kann sich auf die BJR stützen

hh) Prüfung und Geltendmachung von Ersatzansprüchen

270 Seit der „*ARAG*"-Entscheidung des BGH[76] steht außer Frage, dass auch die Prüfung und Durchsetzung von Innenhaftungsansprüchen gegenüber dem Vorstand zu den Aufgaben des Aufsichtsrats gehört und Teil seines Überwachungsinstrumentariums ist. Dabei muss der Aufsichtsrat die Prüfung von Ansprüchen in eigener Verantwortung vornehmen, darf also nicht auf eine etwaige Entscheidung der Hauptversammlung warten. Anders ist dies beim GmbH-Aufsichtsrat; hier liegt die Letztentscheidung zur Verfolgung von Ansprüchen gegenüber Geschäftsführern – soweit die Satzung nicht anderes vorsieht – in der Hand der Gesellschafterversammlung (§ 46 Nr. 8 GmbHG), die in ihrer Entscheidung frei ist, soweit nicht Treuepflichten der Gesellschafter entgegenstehen. Weiter muss der Aufsichtsrat den etwaigen Ansprüchen zugrunde liegenden Sachverhalt feststellen, rechtlich prüfen und das Prozessrisiko analysieren. Ergibt sich aus der Prüfung ein voraussichtlich durchsetzbarer Anspruch gegenüber dem Vorstand, so ist der Aufsichtsrat in der Regel gehalten, diesen auch geltend zu machen.[77] Ein Ermessen steht ihm dabei nicht zu. Andernfalls entstünde ein offensichtlicher Wertungswi-

---

76 BGHZ 135, 244; die Entscheidung ist vielfach kommentiert worden, siehe etwa *Götz*, NJW 1997, 3275; *Goette*, DStR 1997, 880; *Horn*, ZIP 1997, 1129; *Boujong*, DZWir 1997, 326; *Priester*, EWiR 1997, 677; *Dreher*, JZ 1997, 1071; *Kindler*, ZHR 162 (1998), 101; *Thümmel*, DB 1997, 1117.

77 Siehe im Einzelnen etwa *Reichert*, ZIP 2016, 1189 ff.; *Thümmel*, DB 1997, 1117 ff.

derspruch zu den sehr beschränkten Möglichkeiten des Anspruchsverzichts (§ 93 Abs. 4 AktG).

Allerdings hat der Aufsichtsrat einen Beurteilungsspielraum bei der Frage, ob die Anspruchsvoraussetzungen nachweisbar und die Ansprüche am Ende durchsetzbar sein werden. Kommt es darauf an, ob sich die angegriffene Entscheidung des Vorstands noch im Rahmen seines unternehmerischen Ermessens hielt, kann auch insoweit für den Aufsichtsrat ein Beurteilungsspielraum entstehen. Meist wird der Aufsichtsrat gezwungen sein, externen Rat einzuholen. Verfolgt er voraussichtlich durchsetzbare Ansprüche nicht (oder tritt er gar nicht in die nähere Prüfung ein), so macht er sich selbst nach §§ 93 Abs. 2, 116 AktG für solche Schäden haftbar, die durch die verzögerte Rechtsverfolgung entstehen. Ein Absehen von einer Verfolgung lässt sich nach der zitierten Rechtsprechung des BGH nur rechtfertigen, wenn „gewichtige Gründe des Unternehmenswohls" hierfür sprechen.[78] **271**

In der „*ARAG*"-Entscheidung ist damit eine zweistufige Prüfung angelegt, nach der in einem ersten Schritt die Grundlage möglicher Ansprüche zu ermitteln ist, während im zweiten Schritt die Abwägung gegen die gewichtigen Gründe des Unternehmenswohls stattzufinden hat.[79] Die nachfolgende Rechtsprechung[80] hat diesen Ansatz regelmäßig bekräftigt. Was dies im Einzelnen bedeutet, ist dennoch nicht vollständig klar. Als gesichert kann gelten, dass der Aufsichtsrat immer dann zur Ermittlung und Bewertung von möglicherweise anspruchsbegründenden Sachverhalten gezwungen ist, wenn ausreichende Anhaltspunkte im Sinne eines Anfangsverdachts bestehen. Bei der Feststellung des Anfangsverdachts steht ihm der genannte Beurteilungsspielraum zu. Für die Ermittlung und Bewertung wird er (und muss er sich im Zweifel) externer Hilfe bedienen. Ob die potenziell entgegenstehenden gewichtigen Gründe des Unternehmenswohls (die im Gegensatz zu den „überwiegenden Gründen" des § 148 Abs. 1 Satz 2 Nr. 4 AktG stehen) gewissermaßen als Ausnahme gesondert zu betrachten[81] oder routinemäßig zu ermitteln und gegen die Anspruchserhebung abzuwägen sind, hängt von der Interpretation der „*ARAG*"-Entscheidung ab. Richtig dürfte sein, dem Aufsichtsrat bei der Beantwortung der Frage, ob das Unternehmenswohl einer Anspruchsverfolgung entgegensteht, unternehmerisches Er- **271a**

78 Solche Gründe können etwa die möglicherweise negative Außenwirkung eines Prozesses oder die erhebliche Beeinträchtigung der weiteren Vorstandsarbeit sein, siehe Rn. 271a, kritisch hierzu *Kindler*, ZHR 162 (1998), 101, 113; *Thümmel*, DB 1997, 1117, 1119; für weitergehendes Ermessen *Götz*, AG 1997, 219, 220.

79 *Koch*, § 111 Rn. 7 ff.; *Reichert*, ZIP 2016, 1189, 1190 ff.

80 Z.B. BGH, AG 2018, 893, 896 „*Easy-Software*"; OLG Hamm, AG 2023, 249, 254 „*Arcandor*".

81 So etwa *Koch*, § 111 Rn. 16.

messen einzuräumen.[82] Daraus ergibt sich, dass der Aufsichtsrat nach Feststellung eines durchsetzbaren Anspruchs über dessen Geltendmachung unter Berücksichtigung aller im Lichte des Unternehmenswohl dafür und dagegen sprechenden Umstände (soweit diese vernünftigerweise feststellbar sind) zu entscheiden hat.[83] Sieht er ohne Ermessensverstoß von einer Inanspruchnahme des Vorstands ab, so ist er haftungsfrei. Zu den Gesichtspunkten, die gegen eine Verfolgung sprechen können, gehören vor allem deren Außenwirkung und etwaige Folgewirkungen auf die (vielleicht gewünschte) weitere Tätigkeit des Vorstands im Unternehmen. Diese Aspekte werden in der Abwägung umso höheres Gewicht haben, je geringer die Wahrscheinlichkeit einer Durchsetzung des Anspruchs ist; hier besteht eine Interdependenz der beiden Prüfungsstufen.[84]

Praxistipp:

Der Aufsichtsrat, insbesondere sein Vorsitzender muss ein waches Auge auf finanzielle Nachteile der Gesellschaft haben, die auf möglicherweise pflichtwidrigem Verhalten der Unternehmensleitung beruhen. Dabei sind Judiz und gesunder Menschenverstand gefragt. Treten Verdachtsmomente auf, sollten diese – bei funktionierender Arbeitsbeziehung – zunächst mit dem Vorstand oder der Geschäftsführung erörtert werden. Führt dies zu keiner Klärung oder werden mögliche Fehler gar eingeräumt, bedarf es einer Aufarbeitung durch externe Dritte. Deren Aufgabe liegt darin, einerseits den Sachverhalt zu ermitteln, andererseits eine vorläufige rechtliche Bewertung vorzunehmen. Dazu bedarf es der Mitwirkung der Betroffenen und sonstiger Mitarbeiter. Diese sollten über die Zielrichtung der Aktion nicht im Unklaren gelassen werden, um den späteren Vorwurf einer Täuschung zu vermeiden. Die Arbeitsergebnisse dürfen keine Automatik der Anspruchsverfolgung auslösen. Vielmehr muss jetzt der Abwägungsprozess einsetzen, der nicht durch die Berater, sondern durch den Aufsichtsrat selbst vorzunehmen ist.

271b Gelegentlich diskutiert wurde die Frage, ob Vorstand oder Geschäftsführung gehalten sind, bei der Ermittlung von potenziell haftungsbegründenden Sachverhalten mitzuwirken, sich also gewissermaßen selbst zu bezichtigen. Dies kann Bedeutung etwa für die Verjährung von Ansprüchen haben. Läge in der fehlenden Mitwirkung eine erneute Pflichtverletzung, entstünde möglicherweise auch ein neuer Schadenersatzanspruch, der einen bereits

82 So auch *Sailer-Coceani*, in: Karsten Schmidt/Lutter, § 93 Rn. 46; *Mertens*, in: Festschrift Karsten Schmidt, 2009, S. 1183, 1190 ff.; *Paefgen*, AG 2008, 761, 762 ff.; a. A. *Koch*, § 111 Rn. 16; *Koch*, AG 2009, 93, 94 ff.: Unsicherheiten der Abwägung sind auf Verschuldensebene zu berücksichtigen.

83 Zu den Voraussetzungen *Paefgen*, AG 2008, 761, 766 ff.

84 Siehe *Mertens*, in: Festschrift Karsten Schmidt, 2009, S. 1183, 1190 ff.

verjährten ersetzen könnte.[85] Im Ergebnis ist eine solche Verpflichtung zur Selbstbezichtigung aber abzulehnen, und zwar sowohl für die operativen Organe wie auch für die Mitglieder von Aufsichtsorganen.[86] Niemand ist verpflichtet, potenziellen Anspruchstellern in einem Haftungsprozess Belastungsmaterial zu liefern; anderes kann auch nicht vorprozessual gelten. Externe Ermittler müssen hierauf vor etwaigen Befragungen hinweisen.

ii) Einwirkung durch Beratung

Neben den beschriebenen rechtlichen Instrumenten zur Erfüllung seiner **272**
Kontrollaufgabe hat der Aufsichtsrat das Recht und die Pflicht, den Vorstand mit Argumenten von seiner Auffassung zu überzeugen.[87] Zwar unterliegt der Vorstand keinen Weisungen des Aufsichtsrats und muss dessen Auffassung daher nicht folgen. Anders ist dies beim GmbH-Geschäftsführer, der grundsätzlich den Weisungen der Gesellschafter nachzukommen hat (siehe Rn. 174 ff.). Ein solches Weisungsrecht kann auch auf einen GmbH-Aufsichtsrat übertragen werden, sodass sich die Situation dort dann anders als bei der AG darstellt. Dennoch sind die Kraft des Arguments und die Eigendynamik, die Diskussionen gelegentlich entwickeln, nicht zu unterschätzende Gestaltungsmittel. Der Aufsichtsrat wird immer zunächst den Weg der Diskussion einschlagen, bevor er zu weiteren Maßnahmen greift.

2. Selbstorganisation

Eine wichtige Aufgabe des Aufsichtsrats liegt in der Selbstorganisation sei- **273**
ner Tätigkeit in einer Weise, die sicherstellt, dass optimale Arbeitsergebnisse und größtmögliche Kontrolleffizienz erreicht werden.[88] Dieser Gesichtspunkt hat durch gesetzgeberische Maßnahmen sowie die Empfehlungen und Anregungen des Deutschen Corporate Governance Kodex (Rn. 17 ff.) weiter an Relevanz gewonnen. Zu nennen sind die Verpflichtung zur Wahl eines Vorsitzenden und eines Stellvertreters (§ 107 Abs. 1 AktG), die Empfehlungen des DCGK zum Erlass einer Geschäftsordnung (Empfehlung D.1), zur Bildung von Ausschüssen (Grundsatz 14 und Empfehlungen D.2 bis D.5 i. V. m. § 107 Abs. 3 AktG), zur Aufdeckung von Interessenkonflikten (Grundsatz 19 und Empfehlungen E.1 bis E.3) und zur Prüfung der eigenen Effizienz (Empfehlung D.13), die vorgeschriebene Sitzungsfrequenz von grundsätzlich zwei Sitzungen pro Kalenderhalbjahr (§ 110 Abs. 3 AktG), die Informationsrechte gegenüber dem Vorstand (§ 90 AktG) und gegen-

85 Vgl. hierzu und einen erneuten Anspruch ablehnend BGH, NZG 2008, 909, 910; OLG Köln, NZG 2000, 1137; *Grunewald*, NZG 2013, 841, 843.

86 So auch OLG Düsseldorf, WM 2000, 1393; *Grunewald*, NZG 2013, 841, 845, 846.

87 Siehe auch *Grotheer*, WM 2005, 2070, 2071.

88 Siehe hierzu auch *Hüffer*, NZG 2007, 47, 51 f.

über Ausschüssen (§ 107 Abs. 3 Satz 2 AktG) sowie die erweiterten Einberufungsrechte des einzelnen Aufsichtsratsmitglieds (§ 110 Abs. 1, 2 AktG). Soweit die gesetzlichen Bestimmungen oder diejenigen des DCGK Rechte und Gestaltungsmöglichkeiten beinhalten, müssen diese in einer auf die Bedürfnisse des Unternehmens abgestimmten Weise auch tatsächlich genutzt werden. Insoweit kann der Aufsichtsrat unternehmerisches Ermessen in Anspruch nehmen.

3. Pflicht zur Vertretung der Gesellschaft

274 Nach § 112 AktG ist der Aufsichtsrat anstelle des Vorstands zur Vertretung der Gesellschaft berufen, soweit es um deren Verhältnis zu Vorstandsmitgliedern geht. Die Regelung bezweckt die unbefangene und durch Eigeninteressen unbeeinflusste Wahrnehmung der Gesellschaftsbelange und bezieht sich daher auch auf die Vertretung gegenüber bereits ausgeschiedenen Vorstandsmitgliedern.[89] Betroffen sind sämtliche Personalmaßnahmen (§ 84 AktG), aber auch die Rechtsverfolgung gegen den Vorstand aus dessen Organhaftung. In Haftungsprozessen wird die Gesellschaft daher durch den Aufsichtsrat vertreten, solange nicht ein besonderer Vertreter nach §§ 147 Abs. 2 AktG bestellt ist. Für den fakultativen Aufsichtsrat der GmbH (§ 52 Abs. 1 GmbHG) gilt dies nur, wenn die Personalkompetenz durch Satzungsregelung auf den Aufsichtsrat übertragen ist; sonst ist die Gesellschafterversammlung zuständig, die einen besonderen Vertreter bestellen kann (§ 46 Nr. 8 GmbHG). In Verfahren zur Anfechtung von Hauptversammlungsbeschlüssen wird die Gesellschaft durch Vorstand und Aufsichtsrat gemeinsam vertreten (§ 246 Abs. 2 Satz 2 AktG).

4. Besondere Pflichten im Konzern

275 Ebenso wie den Vorstand (Rn. 154 ff.) treffen auch den Aufsichtsrat abhängiger Unternehmen in Konzernverhältnissen besondere Pflichten, die den Schutz der abhängigen Gesellschaft und außenstehender Aktionäre bezwecken, und deren Verletzung zum Teil eigenständige Schadenersatzansprüche auslöst. Zu nennen sind hier die Bestimmungen der §§ 310, 318 AktG (Rn. 155, 157), die auch auf den Aufsichtsrat zur Anwendung kommen,[90] jedoch dahin modifiziert, dass es allein auf die Verletzung von Überwachungspflichten ankommt (vgl. § 318 Abs. 2 AktG). Insgesamt ist die Rolle des Aufsichtsrats der abhängigen GmbH und der AG, die durch einen Beherrschungsvertrag gebunden ist, infolge des Weisungsrechts der Obergesellschaft allerdings deutlich reduziert. Dementsprechend sind auch seine Verantwortung und sein Haftungsrisiko geringer.

---

89 BGH, AG 1991, 269; *Habersack*, in: MünchKommAktG, § 112 Rn. 14.

90 Vgl. LG München, ZIP 2001, 1415 (fehlender Abhängigkeitsbericht).

5. Treuepflichten

a) Kein Wettbewerbsverbot

Auch der Aufsichtsrat unterliegt einer Treuebindung gegenüber der Gesellschaft, die allerdings nicht so ausgeprägt wie im Falle des Vorstands ist, weil es sich bei der Aufsichtsratstätigkeit typischerweise um eine Nebentätigkeit handelt.[91] Dementsprechend unterliegt das Aufsichtsratsmitglied keinem Wettbewerbsverbot, kann also einem anderen Gewerbe nachgehen (was die Regel ist), und zwar auch im Tätigkeitsfeld der Gesellschaft. Selbst Vertreter direkter Wettbewerber sind vom Aufsichtsratsmandat nach h. M.[92] nicht grundsätzlich ausgeschlossen, unterliegen aber u. U. Teilnahme- und Stimmverboten. Bei nicht lösbarer und anhaltender Pflichtenkollision mag die Abberufung aus wichtigem Grund gerechtfertigt sein. Pflichtenkollisionen dürfen im Übrigen nicht zulasten der Gesellschaft aufgelöst werden. Insbesondere darf der Aufsichtsrat den Vorstand nicht im eigenen Interesse zu nachteiligen Maßnahmen drängen.[93] **276**

b) Geschäftschancenbindung

Auch der Aufsichtsrat unterliegt allerdings der Geschäftschancenbindung (vgl. Rn. 212 ff.), wobei ein geringerer Pflichtenstandard als beim Vorstand zur Anwendung kommt. Geschäftsmöglichkeiten, von denen der Einzelne in seiner Eigenschaft als Aufsichtsrat Kenntnis erhält, darf er nicht anderweitig wahrnehmen. Hier hat das Unternehmensinteresse Vorrang.[94] Soweit er dagegen außerhalb seiner Aufsichtsratstätigkeit hiervon erfährt, unterliegt er keiner Bindung. Die Abgrenzung mag gelegentlich schwierig sein. Tätigkeit in Aufsichtsratseigenschaft liegt jedenfalls immer dann vor, wenn Informationen von der Gesellschaft oder in deren Auftrag von Dritten an das Aufsichtsratsmitglied gegeben werden. **277**

c) Verschwiegenheitspflicht

Ein problematischer Bereich der Treuebindung ist die Verschwiegenheitspflicht, der auch der Aufsichtsrat in vollem Umfange unterliegt. Dies ist in § 116 Satz 2 AktG nochmals klargestellt worden, entsprach aber zuvor schon **278**

91 Siehe *Fleck*, in: Festschrift Heinsius, 1991, S. 89, 91; *Ulmer*, NJW 1980, 1603, 1606; *Koch*, § 116 Rn. 7; *P. Doralt/W. Doralt*, in: Semler/v. Schenck/Wilsing, Arbeitshandbuch für Aufsichtsratsmitglieder, § 16 Rn. 148 ff.

92 BGHZ 39, 116, 123; *Ulmer*, NJW 1980, 1603, 1606 f.; *Habersack*, in: MünchKomm-AktG, § 103 Rn. 42; *Koch*, § 103 Rn. 13b; a. A. *Lutter/Krieger/Verse*, Rechte und Pflichten des Aufsichtsrats, Rn. 21 f.

93 BGH, NJW 1980, 1629.

94 Vgl. *Ulmer*, NJW 1980, 1603, 1605; *Koch*, § 116, Rn. 8.

der h. M.[95] Die Verschwiegenheitspflicht ist gegenüber derjenigen des Vorstands nicht abgeschwächt und kann nicht durch entsprechende Satzungsregelung reduziert werden. Sie ist im Übrigen auch nicht in dem Sinne teilbar, dass sie für bestimmte Aufsichtsratsmitglieder (z. B. Arbeitnehmervertreter) nur in begrenztem Umfang gilt.

Fallbeispiel:[96]

Ein von den Arbeitnehmern gewähltes Aufsichtsratsmitglied einer AG war gleichzeitig Mitglied von deren Betriebsrat. In einer außerordentlichen Aufsichtsratssitzung wurden die Details einer beabsichtigten Firmenübernahme besprochen, die von dem Aufsichtsratsmitglied – teilweise als eigene Schlussfolgerungen vorgetragen – an seine Betriebsratskollegen weitergegeben wurden. Im Unternehmen kursierten zwar Gerüchte über entsprechende Pläne des Vorstands, konkrete Angaben hatte dieser der Belegschaft gegenüber bis dahin aber nicht gemacht. Das OLG sah in dem Verhalten des Aufsichtsratsmitglieds einen wichtigen Grund für dessen Abberufung nach § 103 Abs. 3 AktG, weil die Einzelheiten des Geschäfts und die Tatsache, dass dieses tatsächlich in ein konkretes Stadium getreten war, vertraulich gewesen seien und deshalb nicht – auch nicht in Andeutungen – hätten weitergegeben werden dürfen. Sein Hinweis an die Betriebsratskollegen auf vertrauliche Behandlung entlaste ihn nicht, sondern unterstreiche, dass ihm die Vertraulichkeit der Informationen wohlbewusst war.

279 Die anderweitige, hauptberufliche Tätigkeit der Aufsichtsratsmitglieder macht es zuweilen schwer, die Herkunft von Informationen und damit ihre Vertraulichkeit sicher im Gedächtnis zu behalten oder auf die anderweitige Verwendung von als vertraulich erkannten Informationen zu verzichten. Dennoch ist daran festzuhalten, dass Angaben und Daten,[97] die das einzelne Aufsichtsratsmitglied im Rahmen seiner Tätigkeit erfährt, geheim zu halten sind, wenn dies erkennbar im Interesse der Gesellschaft liegt. Verstöße hiergegen machen das betreffende Aufsichtsratsmitglied nach §§ 93 Abs. 2, 116 AktG schadenersatzpflichtig, wobei diese Rechtsfolge oft nur von beschränktem Wert für das Unternehmen ist. Ein konkret auf der Offenbarung der Information beruhender Schaden wird nur selten nachweisbar sein. Anders liegt es dann, wenn vertrauliche Daten zu Eigengeschäften des Aufsichtsratsmitgliedes verwendet werden; hier mag ein konkreter Schaden leichter darzulegen sein.

---

95 Siehe *Koch*, § 116 Rn. 9 f. m. w. N.; *Lutter/Krieger/Verse*, Rechte und Pflichten des Aufsichtsrats, Rn. 254 ff.; *Lutter*, Information und Vertraulichkeit im Aufsichtsrat, Rn. 409.

96 OLG Stuttgart, NZG 2007, 72.

97 Vgl. zu den betroffenen Informationen z. B. *Lutter/Krieger/Verse*, Rechte und Pflichten des Aufsichtsrats, Rn. 269 ff.

d) Verbot schädigenden Verhaltens

Schließlich ergibt sich aus der allgemeinen Treuebindung des Aufsichtsrats die Pflicht, alles zu unterlassen, was der Gesellschaft schaden könnte. Eine klare Pflichtverletzung ist es daher, wenn der Aufsichtsrat den Vorstand zu gesellschaftsschädlichen Geschäften veranlasst (vgl. § 117 AktG, Rn. 151), insbesondere wenn diese dem von dem betreffenden Aufsichtsratsmitglied im Hauptberuf geführten eigenen Unternehmen dienen sollen.[98] **280**

6. Sonstige Pflichten

Das Aktiengesetz benennt eine Reihe von speziellen Haftungstatbeständen, die den Vorstand und den Aufsichtsrat gleichermaßen treffen. Grundlage hierfür sind jeweils spezielle Einzelpflichten der Organe. Soweit der Aufsichtsrat in Rede steht, muss hierbei immer beachtet werden, dass er typischerweise nicht das handelnde, sondern lediglich das überwachende Organ ist. Mit dieser Einschränkung kommen die Pflichten bei Gründung (Rn. 134), die Kapitalerhaltungspflicht (Rn. 107) und das Verbot unzulässiger Einflussnahme (Rn. 151) mit den entsprechenden Haftungsfolgen (§§ 48, 93 Abs. 3 i. V. m. 116 und 117 AktG) auch auf den Aufsichtsrat zur Anwendung. **281**

Fallbeispiel:[99]

Der Vorstand einer AG verzichtet auf Drängen des Aufsichtsratsvorsitzenden auf die Rückforderung von zu Unrecht an verschiedene Aktionäre ausgezahlten Beträgen. Ein hiervon nicht betroffener Aktionär nimmt den Aufsichtsratsvorsitzenden auf Schadenersatz in Anspruch. Der Aktionär hatte selbst an die AG Darlehen gewährt, die infolge des inzwischen eingetretenen wirtschaftlichen Zusammenbruchs des Unternehmens nicht mehr einbringlich sind. Der BGH wendete § 117 Abs. 1 Satz 2 AktG als Anspruchsgrundlage an. Der Aufsichtsratsvorsitzende habe seinen Einfluss auf die Gesellschaft benutzt, indem er das Gewicht seines Amts gegenüber dem Vorstand zur Geltung gebracht und den Vorstand so zu der schädigenden Handlung veranlasst habe. Dem Aktionär sei auch ein über den reinen Wertverlust seiner Aktien hinausgehender Schaden entstanden, weil sein Darlehensrückzahlungsanspruch nicht mehr realisierbar sei.

Ferner ist der Aufsichtsrat auch außerhalb eines etwa bestehenden Zustimmungskataloges (§ 111 Abs. 4 AktG) in vielfacher Hinsicht durch das Gesetz zu Entscheidungen berufen, die vor allem dispensierende Wirkung haben, d. h. Vorstands- oder Aufsichtsratsmitglieder von gesetzlichen Beschränkun- **282**

98 BGH, NJW 1980, 1629.
99 BGHZ 94, 55.

gen freistellen (z.B. §§89 Abs.1, 114, 115 AktG für Kreditgewährungen und Vergütungen). Diesbezüglich hat er einen unternehmerischen Gestaltungsspielraum, der am Interesse der Gesellschaft orientiert auszuüben ist. Eine Überschreitung des Ermessens (Rn.251 ff.) begründet auch insoweit den Schadenersatzanspruch der §§93 Abs.2, 116 AktG.

III. Pflichtverletzung des Beirats

1. Pflichten aus der Satzung

283 Der Beirat existiert als Gesellschaftsorgan nur dann, wenn er in der Satzung der jeweiligen Gesellschaft verankert ist (fakultatives Organ).[100] Deshalb ist die Satzung, die durch eine auf ihrer Grundlage erlassenen Beiratsordnung[101] ergänzt sein kann, auch der Ausgangspunkt für die Bestimmung der Beiratspflichten. Häufig enthält sie eine detaillierte Aufgabenbeschreibung, aus der sich Einzelpflichten ableiten lassen. In Teilbereichen wird üblicherweise auf die aktienrechtlichen Bestimmungen zum Aufsichtsrat verwiesen. Umgekehrt können einzelne Aufsichtsratsregelungen, die durch Pauschalverweis oder im Analogieschluss anwendbar wären, ausdrücklich ausgeschlossen sein. Die jeweiligen Pflichten der Beiratsmitglieder sind dann aus den verbleibenden anwendbaren Bestimmungen zu erschließen.

2. Pflichten aus der Funktion des Beirats

284 Soweit in der Satzung Einzelpflichten nicht niedergelegt sind, ist auf die Funktion des Beirats im konkreten Fall abzustellen. Steht die Überwachung der Geschäftsleitung im Vordergrund, kann zur Bestimmung des Pflichtenkreises auf die Regelungen des fakultativen GmbH-Aufsichtsrats zurückgegriffen werden.[102] Diese orientieren sich weitgehend an den aktienrechtlichen Bestimmungen (§52 Abs.1 AktG), sodass insoweit auf das oben beschriebene Pflichtengefüge (Rn.245 ff.) verwiesen werden kann. Stehen andere Funktionen wie die Beratung von Geschäftsleitung oder Anteilseignern oder die Wahrnehmung von Geschäftsführungsaufgaben im Vordergrund, folgen hieraus die anwendbaren Verhaltensanforderungen.

---

100 Vgl. zur Möglichkeit eines Beirats auf rein schuldrechtlicher Grundlage *Ruter/Thümmel*, Rn.163ff.

101 Siehe *Ruter/Thümmel*, Rn.307.

102 Vgl.z.B. BGHZ 87, 84, 87; BGH, BB 1980, 546, 549 (betr. beide die Anwendung des Aufsichtsrats-Haftungsregimes auf den Beirat der Publikums-KG); BGH, NJW 1989, 2694 (betr. Stimmrechtsausschluss); OLG München, ZIP 1981, 293, 295 (betr. Protokollpflicht); *Heermann*, in: Habersack/Casper/Löbbe, §52 Rn.367ff.; *Ruter/Thümmel*, Rn.311.

3. Allgemeine organschaftliche Pflichten

Daneben ist unstreitig, dass die Beiratsmitglieder unabhängig von ihrer konkreten Funktion und Aufgabe aus ihrer Organstellung heraus der allgemeinen Treuepflicht unterliegen, die für jedes Gesellschaftsorgan gilt.[103] Von Bedeutung sind vor allem die Verschwiegenheitspflicht, die Pflicht zur kollegialen Zusammenarbeit und das Verbot der Schädigung und Übervorteilung der Gesellschaft. Interessenkollisionslagen sind, soweit sie auf Informationen und Handlungsmöglichkeiten beruhen, die das Beiratsmitglied in seiner amtlichen Eigenschaft erlangt hat, zugunsten des Unternehmensinteresses zu lösen. Zur Anwendung kommen grundsätzlich die Regeln über den Aufsichtsrat (Rn. 276 ff.). 285

4. Haftungsfolgen

Verstößt der Beirat gegen satzungsmäßige, durch Verweisung anwendbare oder sich aus seiner Funktion ergebende Pflichten, setzt er sich dem organschaftlichen Haftungsrisiko analog §§ 93 Abs. 2, 116 AktG, 52 Abs. 1 GmbHG aus. Die organschaftliche Haftung setzt aber voraus, dass der Beirat auch Organeigenschaft hat. Das ist nur der Fall, wenn in der Satzung oder dem Gesellschaftsvertrag Regelungen enthalten sind, die den Beirat als Gesellschaftsorgan vorsehen. Beschäftigt das Unternehmen ein Beratungsgremium, ohne dass dieses in der Satzung als Gesellschaftsorgan ausgewiesen wäre, so kommen allein vertragsrechtliche Haftungsmaßstäbe (§ 280 Abs. 1 BGB) zur Anwendung („schuldrechtlicher Beirat").[104] Haftungsmaßstab und Haftungsfolgen können beim organschaftlichen Beirat in der Satzung, beim schuldrechtlichen Beirat im Beratungsvertrag abweichend von den gesetzlichen Regelungen ausgestaltet werden. 286

Praxistipp:

Mitglieder organschaftlicher Beiräte sollten, vor allem bei einer breiten oder unklaren Aufgabenbeschreibung, zu ihrer Absicherung auf in der Satzung der Gesellschaft verankerte Haftungsbeschränkungen Wert legen, die den Haftungsmaßstab etwa auf grobe Fahrlässigkeit oder Vorsatz herabsetzen. Auch bei kleineren Gesellschaften sollte eine D&O-Versicherung nicht fehlen.

103 *Hölters*, BB 1977, 105, 107; *Heermann*, in: Habersack/Casper/Löbbe, § 52 Rn. 370; *Ruter/Thümmel*, Rn. 314.
104 Vgl. *Ruter/Thümmel*, Rn. 318.

IV. Pflichtverletzung von Aufsichtsorganen bei Gesellschaften mit öffentlich-rechtlichen Anteilseignern

1. Besetzung von Aufsichtsorganen

287 Die öffentliche Hand bedient sich in weiten Bereichen der Leistungsverwaltung aus Gründen der Flexibilität und der Kosteneffizienz privatrechtlicher Organisationsformen. Hierzu gründet sie Gesellschaften in der Rechtsform der AG oder GmbH, deren Aufsichtsgremien sie gelegentlich mit Beamten, meist aber mit politischen Funktionsträgern besetzt. Die Folge ist einmal, dass solche Gremien oft unnatürlich groß und damit im Hinblick auf ihre Aufgabe ineffizient werden. Zum anderen entsteht nicht selten Verwirrung über die Verhaltensanforderungen, denen die Mitglieder unterliegen.[105] Diese haben zumeist starke anderweitige Interessenbindungen, die Loyalitätskonflikte begünstigen.

2. Anwendbare Verhaltenspflichten

a) Grundsatz

288 Die anwendbaren rechtlichen Standards sind keine anderen als diejenigen, die auf Aufsichtsräte und Beiräte in Gesellschaften mit rein privatem Anteilsbesitz zur Anwendung kommen. Maßgeblich ist in jedem Falle das Gesellschaftsrecht, welches die entsprechenden Anforderungen formuliert.[106] Die Gemeinwohlbindung, dem die Tätigkeit der öffentlichen Hand unterliegt, mag ihr Verhalten in der Gesellschafter- oder Hauptversammlung bestimmen.[107] Dementsprechend kann die öffentlich-rechtliche Körperschaft als Anteilseigner in der Satzung (z.B. bei der Beschreibung des Gesellschaftszwecks) oder durch Weisung (in der GmbH) Vorgaben machen, die für die Organe bindend sind. Abgesehen hiervon jedoch darf sich das Aufsichtsorgan von politisch geprägten Motiven nur so lange leiten lassen, als kein Widerstreit mit ihrer nach Gesellschaftsrecht am Unternehmenswohl ausgerichteten Aufgabe entsteht.[108]

---

105 Hierzu *Harder/Ruter*, GmbHR 1995, 813 ff.

106 *Lutter/Grunewald*, WM 1984, 385, 396; *Thümmel*, DB 1999, 1891 ff.

107 Vgl. zum Erfordernis einer nach der anwendbaren Gemeindeordnung ordnungsgemäßen Vertretung der Kommune in der Gesellschafterversammlung OLG Hamm, ZIP 2007, 1907.

108 *Harder/Ruter*, GmbHR 1995, 813, 814; vgl. auch BGHZ 36, 296; *Reichert*, S. 150; *Schwintowski*, NJW 1990, 1009, 1013; *Thümmel*, DB 1999, 1891, 1892; *Wilhelm*, DB 2009, 944, 948.

b) Überwachungspflicht

Folglich obliegt den Mitgliedern der Überwachungsgremien, auch wenn sie als Vertreter von Gebietskörperschaften oder deren Parlamenten entsandt wurden, die volle Aufsichts- und Kontrollpflicht gegenüber der Geschäftsleitung. Die Ausübung ihres Ermessens bei Entscheidungen haben sie am Wohl der Gesellschaft zu orientieren. Dies gilt insbesondere auch für Personalentscheidungen, die nicht nach politischen Nützlichkeitserwägungen, sondern nach fachlicher und persönlicher Eignung des Kandidaten zu treffen sind. Die Mitglieder von Aufsichtsgremien sind der Gesellschaft zur Loyalität verpflichtet und dürfen daher keine die Gesellschaft und ihr Vermögen schädigenden Beschlüsse fassen oder die Geschäftsführung zu schädigenden Maßnahmen veranlassen. **289**

c) Pflicht zur Verschwiegenheit

Die Mitglieder der Aufsichtsgremien sind grundsätzlich in derselben Weise zur Verschwiegenheit verpflichtet wie Aufsichtsräte in Gesellschaften mit privaten Anteilseignern.[109] Demgemäß sind auch öffentliche Sitzungen ausgeschlossen.[110] Eine Ausnahme macht § 394 Satz 1 AktG, der Berichte der auf Veranlassung einer Gebietskörperschaft entsandten oder gewählten Aufsichtsräte an solche Personen zulässt, die mit der Verwaltung der Beteiligung betraut sind.[111] Wer ein zugelassener Empfänger solcher Berichte ist, ergibt sich aus dem Organisationsrecht der jeweiligen Gebietskörperschaft; dies kann auch der Gemeinderat im Ganzen sein.[112] Voraussetzung für das Berichtsprivileg ist, dass eine rechtliche Verpflichtung zur Berichterstattung besteht.[113] Die h. M.[114] ging früher davon aus, dass die Berichtspflicht einer gesetzlichen Grundlage bedarf, was nur vereinzelt[115] der Fall war. § 394 Satz 3 AktG, der seit 1.1.2016 in Kraft ist, lässt nun auch eine auf Satzung beruhende oder rechtsgeschäftliche Verpflichtung genügen. Sind entsandte Aufsichtsräte auf dieser Grundlage der Gebietskörperschaft gegenüber verpflichtet, Berichte zu erstatten, verletzen sie ihre Verschwiegenheitsverpflichtung durch die Offenlegung von vertraulichen Informationen, die sie im Rahmen ihrer Tätigkeit erlangt haben, nicht. Der Sicherstellung einer besonderen Vertraulichkeit beim Berichtsempfänger, sei es in der gesetzlichen Regelung oder in dem zugrunde liegenden Rechtsgeschäft, bedarf es dabei **290**

109 *Wilhelm*, DB 2009, 944, 946; *van Kann/Keiluweit*, DB 2009, 2251 ff.; a.A. bei der kommunalen Einmann-GmbH *Altmeppen*, NJW 2003, 2561, 2566.
110 *Wilhelm*, DB 2009, 944 ff.
111 Hierzu *Schwintowski*, NJW 1990, 1009.
112 OVG Nordrhein-Westfalen, AG 2023, 332, 335.
113 *Huber/Fröhlich*, in: Großkomm. AktG, § 394 Rn. 26.
114 Vgl. zum bisherigen Meinungsstand *Land/Hallermayer*, AG 2011, 114 ff.
115 Vgl. etwa § 113 Abs. 5 Satz 1 GO NRW.

nicht.[116] Von dem Berichtsprivileg ausgenommen sind allerdings Betriebs- und Geschäftsgeheimnisse der Gesellschaft (§ 394 Satz 2 AktG). Unberührt bleiben die gesetzlichen Auskunftsrechte des öffentlich-rechtlichen Anteilseigners gegenüber der Gesellschaft, die sich nach § 51a GmbHG bzw. § 131 AktG richten.

d) Folgepflicht bei Weisungen

291 An Weisungen der jeweiligen Beschlussorgane (Gemeinde-, Landes-, Bundesparlament) oder von Vorgesetzten sind die Aufsichtsratsmitglieder grundsätzlich nicht gebunden. Sie dürfen sie nicht einmal befolgen, es sei denn, sie stünden mit dem Wohl der Gesellschaft in Einklang.[117] Etwas anderes gilt für die Rechtsform der GmbH, wenn die aktienrechtlichen Bestimmungen für den Aufsichtsrat in der Satzung abbedungen sind, und zwar auch dann, wenn ein Weisungsrecht nicht ausdrücklich vorgesehen ist.[118] Darüber hinaus haben (rechtmäßige) Weisungen des Gesellschafters in der GmbH gegenüber den jeweiligen Geschäftsführungen nach allgemeinen Grundsätzen entlastende Wirkung (Rn. 178), die sich auch auf den Aufsichtsrat erstreckt.

3. Haftung

292 Jedes Aufsichtsratsmitglied, das einzelne der vorgenannten Pflichten schuldhaft verletzt, haftet der Gesellschaft persönlich für den eingetretenen Schaden (§§ 93 Abs. 2 Satz 1, 116 Satz 1 AktG). Die Gemeindeordnungen der Länder[119] sehen allerdings Freistellungsansprüche des entsandten Gemeindevertreters für den Fall leichter Fahrlässigkeit vor, sodass nur bei Vorsatz und grober Fahrlässigkeit ein Risiko verbleibt. Soweit auf Weisung der Gemeinde gehandelt wurde, erstreckt sich der Freistellungsanspruch auch auf vorsätzlich oder grob fahrlässig verursachte Schäden. Ein gewisser praktischer Schutz vor einer Inanspruchnahme mag sich ferner daraus ergeben, dass die Initiative hierzu vom öffentlichen Anteilseigner ausgehen müsste, der sich manchmal aus politischen Gründen zurückhält. Soweit ein Vorgang die Öffentlichkeit bereits erreicht hat, können sich politische Entscheidungsträger allerdings auch zum Handeln veranlasst sehen, sodass dann der gegenteilige Effekt eintritt.

---

116 OVG Nordrhein-Westfalen, AG 2023, 332, 335.
117 Vgl. näher *Thümmel*, DB 1999, 1891, 1892.
118 OVG Münster, ZIP 2009, 1718, 1720 f.
119 Z.B. § 104 Abs. 4 bad.-württ. GO.

V. Weitere Voraussetzungen der Haftung

1. Schaden, Kausalität, Beweislast

Die Innenhaftung von Aufsichtsräten und Beiräten setzt neben einem **293** pflichtwidrigen Verhalten voraus, dass das jeweilige Mitglied des Aufsichtsgremiums schuldhaft gehandelt hat und die Pflichtverletzung einen Schaden herbeigeführt hat, der dem Verhalten kausal zugeordnet werden kann (vgl. Abb. 5 auf S. 159). Hierzu wie auch zu der Verteilung der Beweislast kann im Wesentlichen auf die Ausführungen zu Vorstand und Geschäftsführung verwiesen werden (zum Schaden und zur Kausalität Rn. 222 ff., zur Beweislastverteilung im Haftpflichtprozess Rn. 226 ff.), die sinngemäß gelten. Gerade die Kausalität bedarf bei einem Fehlverhalten von Aufsichtsgremien besonderer Beachtung, weil deren Entscheidungen das Unternehmensgeschehen oft nur mittelbar beeinflussen. Zu fragen ist also jeweils, zu welchem Resultat pflichtgemäßes Alternativverhalten voraussichtlich geführt hätte.

2. Verschulden

a) Maßstab

Für das Verschulden von Vorständen und Geschäftsführern gilt der Maß- **294** stab eines ordentlichen und gewissenhaften Geschäftsleiters (§§ 93 Abs. 2 AktG, 43 Abs. 1 GmbHG). Dieser ist rein normativ und lässt damit keine Differenzierungen zu. Bei den Mitgliedern von Aufsichtsgremien wäre das jedoch nicht angemessen. Es handelt sich hierbei typischerweise um eher heterogen zusammengesetzte Organe, in die Mitglieder verschiedener beruflicher Herkunft und Vorbildung aufgenommen werden. Die Gründe hierfür können in dem Wunsch nach Diversität, der Komplettierung von Fachkenntnissen, in Proporzüberlegungen (bei öffentlichen Unternehmen) oder in der betrieblichen Mitbestimmung liegen. Dem ist Rechnung zu tragen. Zwar lautet der Grundsatz, dass jedes Aufsichtsratsmitglied einem Mindeststandard genügen und sich hierzu erforderliche Kenntnisse und Fähigkeiten aneignen muss (etwa Grundkenntnisse der Rechnungslegung).[120] Abgesehen hiervon sind aber Differenzierungen erforderlich.[121] Zu berücksichtigen sind daher Art und Größe des Unternehmens, das Vorhandensein oder Fehlen über den Mindeststandard hinausgehender Fachkenntnisse und die Funktion des Aufsichtsratsmitglieds als Vorsitzender, stellvertretender Vorsitzender,

120 BGHZ 85, 293, 295 *„Hertie"*; *Lutter/Krieger/Verse*, Rechte und Pflichten des Aufsichtsrats, Rn. 1009; *Habersack*, in: MünchKommAktG, § 116 Rn. 24 f.; *Thümmel*, DB 1999, 885, 886.

121 *Lutter/Krieger/Verse*, Rechte und Pflichten des Aufsichtsrats, Rn. 1010 f.; *Koch*, § 116 Rn. 2 ff. m. w. N.

Ausschussvorsitzender oder Ausschussmitglied. Solche Sonderfunktionen steigern die Verantwortung des betreffenden Mitglieds. Auch müssen Aufsichtsratsmitglieder, die über besondere Expertise in bestimmten Bereichen verfügen, ihre Spezialkenntnisse tatsächlich einsetzen. Insoweit unterliegen sie einem erhöhten Sorgfaltsmaßstab.[122]

b) Insbesondere: Ausschüsse des Aufsichtsrats

295 Besondere Fragen stellen sich im Zusammenhang mit Ausschüssen des Aufsichtsrats. Die Bildung von Ausschüssen soll der Effizienzsteigerung der Aufsichtsratsarbeit dienen (vgl. Grundsatz 14 und Empfehlungen D.2 bis D.5 DCGK). Um höhere Effizienz zu erreichen, müssen Fachkenntnisse gebündelt, also fachlich besonders qualifizierte Mitglieder in die Ausschüsse entsandt werden. Geschieht dies, können die Arbeitsergebnisse solcher Ausschüsse dann von den übrigen Aufsichtsratsmitgliedern auch ohne nähere Nachprüfung grundsätzlich akzeptiert werden. Denn andernfalls würde man vom Plenum verlangen, dass es die Ausschusstätigkeit dupliziert, was die gewünschte Effizienzsteigerung konterkarierte. Anderes gilt, wenn die Arbeitsweise des Ausschusses, die Qualifikation seiner Mitglieder oder die Arbeitsergebnisse Anlass zu Zweifeln geben, etwa weil sie Widersprüche oder offenbare Lücken aufweisen. Das Plenum rückt damit in die Position eines „Oberaufsichtsrats", dem die Überwachung der Ausschussarbeit obliegt. Wurde die Überwachungsaufgabe ordnungsgemäß erfüllt, entfällt auch bei nachträglich festgestellten Mängeln der Ausschussarbeit eine Pflichtverletzung, jedenfalls aber das Verschulden.[123] Von den Mitgliedern des Ausschusses ist dagegen eine gesteigerte Pflichtenanspannung zu erwarten.

---

122 BGH, DB 2011, 2484, 2487.

123 Vgl. *Thümmel*, Der Aufsichtsrat 2004, 3, 4.

4. Kapitel
Geltendmachung von Innenhaftungsansprüchen

Übersicht

I. Übersicht

Die Geltendmachung von Schadenersatzansprüchen aus Innenhaftung stellt ein rechtliches Strukturproblem dar. Der Unternehmensleiter ist der Haftungsadressat, gleichzeitig aber gesetzlicher Vertreter des Anspruchsberechtigten, dessen Geschäfte er führt, dessen Vermögensinteressen er wahrnimmt und dem eigentlich niemand näher steht. Es existiert folglich ein weites Feld möglicher Interessenkollisionen,[1] die eine effektive Durchsetzung von Haftungsansprüchen beeinträchtigen können. Das Gesetz hält aus diesem 296

1 Vgl. auch *Trescher*, DB 1995, 661 ff.

Grunde verschiedene Regeln bereit, die das Unternehmensinteresse fördern und die Geltendmachung von Ansprüchen erleichtern sollen (Abb. 7). Bei der AG sind diese weitgehender und auch formaler ausgestaltet als bei der Genossenschaft und der GmbH. Auf die inländische SE kommen dieselben Regeln zur Anwendung, die für die AG gelten (Art. 51 SE-VO).

II. Ansprüche der Aktiengesellschaft

1. Ausgangslage

297 Bei der AG stehen drei Systeme der Geltendmachung von Innenhaftungsansprüchen nebeneinander zur Verfügung (Abb. 7): Eine originäre Zuständigkeit zur Verfolgung von Ansprüchen liegt bei den Organen der Gesellschaft, also bei Vorstand (§ 78 AktG) und Aufsichtsrat (§ 112 AktG), im Insolvenzfall beim Insolvenzverwalter (§ 80 Abs. 1 InsO). Stattdessen können (außerhalb einer Insolvenz) aber auch besondere Vertreter bestellt werden, die anstelle der regulären Gesellschaftsorgane tätig werden und die Gesellschaft im Hinblick auf die Anspruchsverfolgung vertreten (§ 147 AktG). Schließlich kann eine Aktionärsminderheit von 1 % des Grundkapitals (oder anteilig 100.000 Euro) nach gerichtlicher Zulassung im eigenen Namen, aber zugunsten der Gesellschaft Ansprüche geltend machen (§ 148 AktG).

2. Geltendmachung durch die Organe der Gesellschaft

a) Ansprüche gegenüber dem Vorstand

aa) Zuständigkeit des Aufsichtsrats

298 Bei der Geltendmachung von Ansprüchen gegenüber Vorstandsmitgliedern wird die AG generell durch den Aufsichtsrat vertreten (§ 112 AktG), unabhängig davon, ob das betreffende Vorstandsmitglied zum Zeitpunkt der Klageerhebung noch im Amt ist oder zuvor bereits ausgeschieden war.[2] Auch wenn der Rechtsstreit gegen die Erben des Vorstands geführt wird, bleibt der Aufsichtsrat das zuständige Vertretungsorgan.[3] Dasselbe gilt für die Genossenschaft.[4] Auf diese Weise wird der offenkundige Interessenkonflikt bei noch amtierenden und der latente Interessenkonflikt bei ausgeschiedenen Vorständen, gegen den sonst die (ehemaligen) Kollegen tätig werden müssten, vermieden. Zuständig ist das Kollegialorgan, das durch mit einfacher Mehrheit zu fassendem Beschluss über die Anspruchsverfolgung

2 BGH, DB 2009, 779, 780; BGH, AG 1991, 269; BGH, NJW 1989, 2055; *Koch*, § 112 Rn. 4.

3 BGH, DB 2006, 2805.

4 Hierzu BGHZ 130, 108, 111 ff.; bei Sparkassen erfolgt Vertretung durch den Verwaltungsrat, BGH, WM 1997, 1657.

entscheidet. Der Aufsichtsrat kann – anders als im GmbH-Recht (§ 46 Nr. 8 GmbHG) und im Genossenschaftsrecht (§ 39 Abs. 1 Satz 3 GenG) – von sich aus Innenhaftungsansprüche verfolgen, ohne vorher einen entsprechenden Beschluss der Hauptversammlung herbeizuführen. Nach der „*ARAG*"-Rechtsprechung des BGH[5] muss er dies sogar, wenn seine verantwortliche Prüfung ergibt, dass derartige Haftungsansprüche bestehen, voraussichtlich durchsetzbar sind und keine gewichtigen Gründe des Unternehmenswohls entgegenstehen (vgl. im Einzelnen Rn. 270 ff.).

Bei der dualistisch strukturierten SE gilt dasselbe wie bei der AG, d. h. der Aufsichtsrat ist zur Verfolgung von Ansprüchen gegenüber dem Vorstand zuständig. Bei monistischer Struktur liegt die Geltendmachung von Ansprüchen gegenüber den geschäftsführenden Direktoren (§ 40 SEAG) in der Hand des Verwaltungsrats. Soweit der – ebenfalls Vorstandsaufgaben (Leitung der Gesellschaft) wahrnehmende – Verwaltungsrat betroffen ist, bedarf es der Bestellung besonderer Vertreter. Eine Anspruchsverfolgung durch die geschäftsführenden Direktoren scheidet vor dem Hintergrund ihrer Weisungsabhängigkeit (§ 44 Abs. 2 SEAG) aus.[6] **299**

bb) Geltendmachung nach Beschluss der Hauptversammlung

Dennoch können auch die Aktionäre den Aufsichtsrat zur Geltendmachung **300** von Haftungsansprüchen zwingen. Hierzu erforderlich ist ein in der Hauptversammlung gefasster Beschluss (§ 147 Abs. 1 Satz 1 AktG). Die Initiative hierzu wird selten von der Verwaltung ausgehen, da der Vorstand kein Interesse hieran hat und der Aufsichtsrat ohnehin von sich aus tätig werden könnte und auch müsste.[7] Der Beschlussantrag wird daher in der Regel von Aktionärsseite auf die Tagesordnung gebracht werden. Hierzu erforderlich ist ein Quorum von 5 % des Grundkapitals oder ein anteiliger Betrag von 500.000 Euro (§ 122 Abs. 2 AktG). Die Beschlussfassung selbst bedarf der einfachen Mehrheit der abgegebenen Stimmen (§§ 133 Abs. 1, 147 Abs. 1 Satz 1 AktG). Die Ansprüche, deren Verfolgung begehrt wird, müssen darin so genau bezeichnet werden, dass später festgestellt werden kann, ob die tatsächlich erhobenen Ansprüche diesen entsprechen. Die Geltendmachung der Ansprüche soll dann innerhalb von sechs Monaten seit der Hauptversammlung erfolgen (§ 147 Abs. 1 Satz 2 AktG). Versäumt der Aufsichtsrat die Frist, kann hierin je nach Grund für die Verzögerung eine Pflichtverletzung liegen, die den Aufsichtsrat selbst schadenersatzpflichtig macht, etwa

5 BGHZ 135, 244 „*ARAG*"; die Vorinstanz ging noch von einem Ermessen des Aufsichtsrats aus, welches je nach Sachlage auf „Null" reduziert sein könne, vgl. OLG Düsseldorf, WM 1995, 1666 „*ARAG/Garmenbeck*" und Rn. 251 f., 270.

6 Vgl. *Thümmel*, Die Europäische Aktiengesellschaft (SE), Rn. 224.

7 BGHZ 135, 244 „*ARAG*".

wenn der Anspruch inzwischen verjährt sein sollte. Dasselbe gilt, wenn er von einer Anspruchsverfolgung überhaupt Abstand nimmt,[8] es sei denn der Anspruch lässt sich bei der gegebenen Faktenlage nach sachverständiger Einschätzung nicht begründen oder beweisen. Von vornherein aussichtslose Klagen muss der Aufsichtsrat nicht erheben. Allerdings ist die Hauptversammlung dann entsprechend zu unterrichten.

301 Geltendmachung bedeutet gerichtliche Klageerhebung (oder Antrag auf Erlass eines Mahnbescheids);[9] außergerichtliche Maßnahmen wie Mahnung, Fristsetzung oder Klageandrohung genügen nicht. Allein die Klageerhebung als formaler Akt wird allerdings ebenfalls nicht ausreichen. Notwendig ist vielmehr, dass die Klage geeignet ist, zu einer Sachentscheidung zu führen, ferner dass das Verfahren ernsthaft betrieben wird. Wird die Klage später wegen fehlender Prozessvoraussetzungen abgewiesen, wird sie zurückgenommen oder kommt es zu einem faktischen Verfahrensstillstand, so ist der Aufsichtsrat seinen Verpflichtungen nicht ordnungsgemäß nachgekommen.[10] Anders ist es, wenn die Gesellschaft unter Beachtung der Beschränkungen des § 93 Abs. 4 Satz 3 AktG einen Vergleich mit dem betroffenen Organmitglied abschließt. Auch wenn ein solcher Vergleichsabschluss vor Klageerhebung erfolgt, ist damit dem Erfordernis der Geltendmachung Genüge getan.[11] Örtlich zuständig für die Klage ist das Gericht am Wohnsitz des betroffenen Vorstandsmitgliedes (§§ 12, 13 ZPO) oder, da es um die mangelhafte Erfüllung von Vorstandspflichten geht, auch das Gericht am Sitz der Gesellschaft als dem Gerichtsstand des Erfüllungsorts (§ 29 Abs. 1 ZPO).[12]

302 Als Geltendmachung i. S. des § 147 Abs. 1 AktG wird allerdings auch eine Maßnahme des einstweiligen Rechtsschutzes zu qualifizieren sein. Etwa kann der Aufsichtsrat namens der Gesellschaft zur Sicherung von Schadenersatzansprüchen den Arrest nach §§ 916 ff. ZPO gegen das betreffende Vorstandsmitglied beantragen. Da dem Antrag ggf. ohne mündliche Verhandlung entsprochen wird (§ 922 Abs. 1 ZPO), ist auf diesem Wege ein schneller vorläufiger Zugriff auf etwaiges Vermögen des Vorstandsmitgliedes möglich. Voraussetzung für den Erlass des Arrests ist ein Arrestgrund (§ 917 ZPO), der darin liegen kann, dass das Vorstandsmitglied Anstalten trifft, Vermögen ins Ausland zu transferieren oder sonstige Verfügungen über wesentliche Vermögensgegenstände zu treffen (z. B. das von ihm bis-

8 Vgl. *Thümmel*, DB 1997, 1117, 1119.
9 *Koch*, § 147 Rn. 15.
10 Vgl. zu der insoweit parallelen Situation bei § 926 ZPO *Thümmel*, in: Wieczorek/Schütze, § 926 Rn. 20 m. w. N.
11 Siehe *Unmuth*, AG 2021, 905, 911 m. w. N.
12 BGH, GmbHR 1992, 303; siehe zur internationalen Zuständigkeit Rn. 92 f.

her bewohnte Haus zu verkaufen).[13] Beruht der Schadenersatzanspruch auf strafbarem Verhalten des Vorstands gegenüber der Gesellschaft, wird regelmäßig ein Arrestgrund vorliegen.[14] Im Übrigen gilt nach § 917 Abs. 2 ZPO eine später notwendig werdende Auslandsvollstreckung automatisch als Arrestgrund, wenn die Gegenseitigkeit nicht verbürgt ist.

Das früher bestehende Recht einer Minderheit von 10 % des Grundkapitals, die Geltendmachung von Innenhaftungsansprüchen gegenüber Vorstand oder Aufsichtsrat zu verlangen (§ 147 Abs. 1 2. Alt. AktG a. F.), ist mit Inkrafttreten des UMAG[15] entfallen. Stattdessen hat nun eine Aktionärsminderheit von 1 % des Grundkapitals (oder anteilig mindestens 100.000 Euro) das Recht, nach § 148 AktG die Zulassung einer Klage im eigenen Namen, aber zugunsten der Gesellschaft zu betreiben (Rn. 312 ff). **303**

b) Ansprüche gegenüber dem Aufsichtsrat

Stehen Ansprüche gegenüber gegenwärtigen oder ehemaligen Aufsichtsräten im Raum, ist im Ausgangspunkt der Vorstand kraft seiner umfassenden Vertretungsbefugnis (§ 78 Abs. 1 AktG) berufen, solche Ansprüche namens der Gesellschaft geltend zu machen.[16] Im Hinblick auf seine Vermögensbetreuungspflicht muss er dies auch tun, wenn es ausreichende Anhaltspunkte für schadensverursachende Pflichtverletzungen des Aufsichtsrats gibt. Die „*ARAG*"-Grundsätze sind entsprechend anzuwenden (Rn. 270 ff.). Dies gilt im Übrigen auch für Ansprüche gegenüber Gründern (§§ 46, 47 AktG) und einflussnehmenden Dritten (§ 117 AktG), z. B. Aktionären. Ebenso wie beim Aufsichtsrat (Rn. 300 ff.) kann die Hauptversammlung den Vorstand durch Mehrheitsbeschluss zur Geltendmachung von Ansprüchen zwingen (§ 147 Abs. 1 Satz 1 AktG). Dennoch kommt es nur selten vor, dass ein Vorstand Ansprüche gegenüber Aufsichtsratsmitgliedern verfolgt. Der Grund liegt darin, dass sich Pflichtverletzungen des Aufsichtsrats in den meisten Fällen ihrerseits auf Pflichtverletzungen des Vorstands beziehen, sodass gegenüber beiden Organen Ansprüche zu verfolgen sind und der Vorstand sich in einem Interessenkonflikt befindet. Allenfalls bei der Verletzung von Organisations- oder Loyalitätspflichten oder der ermessensfehlerhaften Verweigerung einer Zustimmung (siehe Rn. 265 ff.) ist ein unabhängiges Fehlverhalten des Aufsichtsrats vorstellbar. **304**

13 Vgl. *Thümmel*, in: Wieczorek/Schütze, § 917 Rn. 13 ff.

14 Vgl. OLG München, MDR 1970, 943; *Thümmel*, in: Wieczorek/Schütze, § 917 Rn. 11.

15 UMAG vom 22.9.2005, BGBl. I, S. 2802.

16 Vgl. *Trescher*, DB 1995, 661; dies ergibt sich auch daraus, dass § 147 Abs. 2 AktG die Zuständigkeit des Vorstands durch Hinweis auf § 78 AktG ausdrücklich anspricht.

3. Geltendmachung durch den Insolvenzverwalter

305 Kein Problem der Geltendmachung gegenüber Vorstand oder Aufsichtsrat entsteht, wenn über das Vermögen der Gesellschaft das Insolvenzverfahren eröffnet worden ist. In diesem Fall ist allein der Insolvenzverwalter berechtigt, für die Gesellschaft Haftungsansprüche zu verfolgen (§ 80 Abs. 1 InsO). Je nach Größenordnung des Anspruchs benötigt er die Zustimmung des Gläubigerausschusses bzw. der Gläubigerversammlung (§ 160 Abs. 2 Nr. 3 InsO). Dies gilt auch für den Abschluss eines Vergleichs. Allerdings hat eine etwa fehlende Zustimmung keine Außenwirkung.

4. Geltendmachung durch besondere Vertreter

a) Hauptversammlungsbeschluss

306 Die Zuständigkeit der Gesellschaftsorgane zur Geltendmachung von Innenhaftungsansprüchen ist nicht passend, wenn Interessenkonflikte bestehen. So mögen Vorstand oder Aufsichtsrat dem betreffenden Organmitglied im Einzelfall näher stehen als dem Unternehmen und der anonymen Masse der Aktionäre und deshalb im Hinblick auf eine ernsthafte Anspruchsverfolgung zurückhaltend sein. Ebenso denkbar ist, dass der Aufsichtsrat ein Vorgehen gegenüber dem Vorstand aus Gründen des Selbstschutzes, etwa weil sonst eigene Versäumnisse im Hinblick auf die Überwachung offenbar würden, unterlässt. Die viel kritisierte Realität ist ohnehin, dass Aufsichtsräte ihre Überwachungsaufgabe teilweise wenig effektiv wahrnehmen, aus Zeit- und Informationsmangel oft gar nicht wahrnehmen können. Hieran vermochte bisher auch die „*ARAG*“-Rechtsprechung[17] nichts Entscheidendes zu verändern, obwohl sich in deren Folge der Aufsichtsrat selbst dem Risiko von Schadenersatzansprüchen aussetzt, wenn er durchsetzbare Haftungsansprüche nicht geltend macht.[18] Im Ergebnis ist die Wahrnehmung des Gesellschaftsinteresses durch die Organe daher nicht von vornherein gesichert.

17 BGHZ 135, 244 „*ARAG*“.
18 Siehe z. B. BGH, AG 2018, 893, 894 „*Easy-Software*“.

	AG	GmbH
Organe	**Aufsichtsrat** (§ 112 AktG) → Ansprüche gegenüber Vorstand (Rn. 298 ff.) **Vorstand** (§ 78 Abs. 1 AktG) → Ansprüche gegenüber Aufsichtsrat (Rn. 304) Ggf. nach Beschluss der Hauptversammlung (§ 147 Abs. 1 AktG)	**Aufsichtsrat, Beirat** (falls bestellt) (§ 52 Abs. 1 GmbHG 112 AktG) → Ansprüche gegenüber Geschäftsführern (Rn. 324) **Geschäftsführer** (§ 35 Abs. 1 GmbHG) → Ansprüche gegenüber Aufsichtsrat, Beirat (Rn. 326) Immer Beschluss der Gesellschafterversammlung erforderlich (Rn. 324)
Besondere Vertreter	Bestellung durch Hauptversammlung oder nach HV-Beschluss durch Gericht auf Antrag einer 10 %igen Aktionärsminderheit (§ 147 Abs. 2 AktG) (Rn. 306 ff.) Ansprüche gegenüber Vorstand und/ oder Aufsichtsrat	Bestellung durch Gesellschafterversammlung (§ 46 Abs. 8 GmbHG) (Rn. 325) Ansprüche gegenüber Geschäftsführern, Aufsichtsrat oder Beirat
Anteilseigner	Minderheit von 1 % der Aktionäre (oder 100.000 € Grundkapitel) nach Klagezulassung (§§ 148, 149 AktG) (Rn. 317 ff.)	nicht möglich (Rn. 327)
Insolvenzverwalter	Im Insolvenzverfahren (Rn. 305)	Im Insolvenzverfahren (Rn. 325)

Abb. 7: Kompetenz zur Geltendmachung von Innenhaftungsansprüchen gegenüber Vorständen, Geschäftsführern und Aufsichtsgremien

Deshalb kann die Hauptversammlung durch Mehrheitsbeschluss den Gesellschaftsorganen die Zuständigkeit aus der Hand nehmen und einen oder mehrere besondere Vertreter der Gesellschaft zur Geltendmachung von Schadenersatzansprüchen[19] gegen (ehemalige) Organmitglieder bestellen (§ 147 Abs. 2 Satz 1 AktG). Eine vorherige Aufforderung des Aufsichtsrats zur Anspruchsverfolgung ist nicht erforderlich, die Hauptversammlung kann die Vertreterbestellung sogleich vornehmen. Die besonderen Vertreter müssen nicht Aktionäre sein, auch Dritte kommen in Betracht. Sie verdrängen, wenn sie die Bestellung annehmen, die ansonsten zuständigen Organe in **307**

19 Nicht andere Arten von Ansprüchen, etwa wettbewerbsrechtliche Unterlassungsansprüche, siehe *Wandt/James-Schulz*, AG 2023, 389 ff.

ihrer Vertretungskompetenz, soweit die Anspruchsverfolgung betroffen ist.[20] Die Organstellung ist allerdings hierauf beschränkt; weitergehende Zuständigkeiten – wie etwa die Anfechtungsbefugnis des § 245 Nr. 4 AktG[21] oder die Passivvertretung der Gesellschaft im Honorarprozess mit den von dem besonderen Vertreter beauftragten Rechtsanwälten[22] – stehen dem besonderen Vertreter nicht zu.

307a Welche Rechte der besondere Vertreter im Einzelnen hat, ist umstritten. Einvernehmen besteht darüber, dass er zur Wahrnehmung seiner Aufgabe auf Informationen angewiesen ist und ihm deshalb, gewissermaßen als Annexkompetenz, ein Informationsanspruch gegenüber der Gesellschaft, wohl auch gegenüber dem Vorstand persönlich zusteht.[23] Wie weit dieser Informationsanspruch geht und wie er praktisch umgesetzt wird, ist allerdings unklar. Ein Sonderprüfer mit den Befugnissen nach § 145 AktG ist der besondere Vertreter – schon wegen der unterschiedlichen Voraussetzungen der Bestellung – jedenfalls nicht.[24] Vielmehr stehen beide Rechtsfiguren in einem Stufenverhältnis: Die Ermittlung eines Sachverhalts ist Sache des Sonderprüfers, die Geltendmachung sich hieraus ergebender Ansprüche gegen die Organe (oder auch Aktionäre) Sache des besonderen Vertreters. Dementsprechend müssen ihre Befugnisse aufeinander abgestimmt sein.[25] Etwas anderes ergibt sich auch nicht daraus, dass die unterschiedlichen Regelungen von Stimmverboten bei Ansprüchen, die sich auch gegen Aktionäre richten (§ 142 Abs. 1 Satz 2 zu § 136 Abs. 1 AktG), ein gestuftes Vorgehen (zunächst Sonderprüfung, sodann Bestellung eines besonderen Vertreters) erschweren; eine Veränderung dieser Situation wäre Sache des Gesetzgebers.[26] Informations- und Einsichtsrechte in Unterlagen müssen sich daher auf dasjenige beschränken, was erforderlich ist, um eine schlüssige Klage auf der Basis des im Hauptversammlungsbeschluss umrissenen Sachverhalts zu erheben.[27] Weitergehende Ermittlungen sind dem besonderen Vertreter versagt. Einsichtsrechte betreffen nur relevante Unterlagen; die Prüfung der Relevanz obliegt der Gesellschaft.[28] Zutritts- oder gar Direktionsrechte gegenüber Mitarbeitern hat der besondere Vertreter nicht.[29] Im Übrigen ist

20 BGH, AG 1981, 223.
21 OLG München, WM 2008, 2376, 2377.
22 OLG Karlsruhe, AG 2022, 212.
23 OLG München, DB 2008, 397 „*HVB*"; LG München, AG 2007, 756, 758 f.; OLG München, NJW-RR 1996, 1511.
24 OLG München, DB 2008, 397, 400 „*HVB*"; *Wirth/Pospiech*, DB 2008, 2471, 2475.
25 OLG München, DB 2008, 397, 401 „*HVB*"; *Koch*, § 147 Rn. 24; a.A. *Verhoeven*, ZIP 2008, 245, 246ff.; *Mack*, DB 2008, 393; 396.
26 *Wirth/Pospiech*, DB 2008, 2471, 2475.
27 *Koch*, § 147 Rn. 26.
28 Anders noch LG München, AG 2007, 756, 758 „*HVB*".
29 OLG München, DB 2008, 397, 402 „*HVB*"; a.A. *Verhoeven*, ZIP 2008, 245, 255.

er an den Beschluss der Hauptversammlung gebunden, hat also bezüglich der Geltendmachung der Ansprüche keinen eigenen Beurteilungsspielraum. Er kann lediglich sein Amt niederlegen, wenn er zur Überzeugung gelangt, dass eine Anspruchsverfolgung keine Erfolgsaussichten hat.[30]

b) Gerichtliche Bestellung

Wurde die Verfolgung von Haftungsansprüchen in der Hauptversammlung **308**
beschlossen, kommt auch eine gerichtliche Bestellung besonderer Vertreter auf Antrag einer qualifizierten Minderheit von Aktionären, die 10 % des Grundkapitals oder einen anteiligen Betrag von 1 Mio. Euro auf sich vereinen, in Betracht (§ 147 Abs. 2 Satz 2 ff. AktG). Zuständig ist das Gericht am Sitz der Gesellschaft (§ 14 AktG), und zwar das Amtsgericht (§§ 375 Nr. 3 FamFG, 23a Abs. 2 Nr. 4 GVG).

Die gerichtliche Bestellung nach § 147 Abs. 2 Satz 2 AktG setzt formal vo- **309**
raus, dass die Verfolgung der Ansprüche nach § 147 Abs. 1 AktG von der Hauptversammlung mehrheitlich beschlossen wurde. Ob dabei bereits besondere Vertreter bestellt wurden, ist unerheblich. Das Minderheitenverlangen nach § 147 Abs. 1 Satz 1 AktG a. F., das auf die Geltendmachung der Ansprüche selbst gerichtet werden konnte, ist durch das UMAG entfallen. Ein solches kommt damit auch als Grundlage für eine gerichtliche Bestellung besonderer Vertreter nicht mehr in Betracht. Die Bestellung muss von der in § 147 Abs. 2 Satz 2 AktG genannten qualifizierten Minderheit der Aktionäre bei dem zuständigen Gericht beantragt werden. Das Gericht entspricht dem Antrag, wenn es die Bestellung anderer als der satzungsmäßigen Vertreter oder der von der Hauptversammlung bereits bestellten besonderen Vertreter für zweckmäßig hält.

Das Gericht wird seine Ermessensentscheidung vornehmlich danach aus- **310**
richten, für wie unbefangen und neutral es die sonst berufenen Vertretungsorgane hält.[31] Die Antragsteller werden zweckmäßigerweise in ihrem Antrag die Gründe darlegen, aus denen sich die mangelnde Effizienz oder Neutralität der Organe oder eines von der Hauptversammlung bereits bestellten besonderen Vertreters ergibt und alternative Personalvorschläge unterbreiten. Bestellt das Gericht einen Vertreter, so verdrängt dieser die sonst zuständigen Vertretungsorgane. Er ist zur Anspruchsverfolgung verpflichtet und kann von der Gesellschaft die Erstattung seiner Auslagen sowie eine angemessene Vergütung fordern, die vom Gericht festgesetzt wird. Die Kosten des Bestellungsverfahrens hat die Gesellschaft zu tragen, wenn dem Antrag stattgegeben wird (§ 147 Abs. 2 Satz 3, 5 und 6 AktG).

---

30 LG München, AG 2007, 756, 758 „*HVB*“.
31 Vgl. AG Nürtingen, ZIP 1994, 785, 786.

311 Aktionärsminderheiten können – anders als nach früherem Recht[32] – die Bestellung eines besonderen Vertreters nicht selbst bewirken. Allerdings führt das Stimmverbot des § 136 Abs. 1 AktG gelegentlich dazu, dass faktisch doch eine Minderheit entscheidet. Dies gilt etwa dann, wenn Organhaftungsansprüche mit Ansprüchen gegen Mehrheitsaktionäre wegen unzulässiger Einflussnahme nach § 117 AktG verbunden werden. Da es für den Beschluss der Hauptversammlung nicht darauf ankommt, ob die behaupteten Ansprüche tatsächlich bestehen,[33] nutzen Vertreter von Minderheiten gelegentlich diese Möglichkeit. Die Grenze dürfte bei vollkommen substanzloser und damit rechtsmissbräuchlicher Behauptung von Ansprüchen liegen. Dann wäre der mit den Stimmen der Minderheit gefasste Beschluss zur Geltendmachung anfechtbar. Ansonsten ist der besondere Vertreter wirksam bestellt, auch wenn sich die gegen den Mehrheitsaktionär erhobenen Ansprüche später als haltlos erweisen.

5. Geltendmachung durch Aktionäre

a) Übersicht

312 Die erstmals durch das UMAG im Jahr 2005 eingeführte Aktionärsklage nach §§ 148, 149 AktG ist eine bemerkenswerte Neuerung.[34] Ihr Vorbild ist der shareholder derivative suit des US-amerikanischen Gesellschaftsrechts.[35] Dem deutschen Aktienrecht ist die actio pro societate bisher grundsätzlich fremd.[36] Direktansprüche von Aktionären kommen von Ausnahmen abgesehen[37] nur in Betracht, wenn in ihre Mitgliedschaftsrechte eingegriffen wurde und sie einen eigenen Schaden erlitten haben (§ 823 Abs. 1 BGB),[38] ein Schaden der Gesellschaft also gerade nicht betroffen ist. Das Ziel der Neuregelung geht dahin, einerseits die Durchsetzung berechtigter Haftungsansprüche zu fördern, andererseits aber Missbräuche zu unterbinden. Deshalb ist der Klage ein Zulassungsverfahren vorgeschaltet, das die Klagezulassung an vier Voraussetzungen knüpft (§ 148 Abs. 1 Satz 2 Nr. 1 bis 4 AktG): Die klagewillige Minderheit muss ein Quorum von 1 % (oder 100.000 Euro anteiligem Grundkapital) erreichen und die Aktien vor dem Zeitpunkt erworben haben, zu dem sie von den behaupteten Pflichtverstö-

---

32 Nach § 147 Abs. 1 2. Alt, Abs. 3 AktG, siehe hierzu die 3. Aufl. Rn. 213, 220 f.

33 So BGH, DB 2024, 45.

34 *Thümmel*, in: Gottwald (Hrsg.), Europäisches Insolvenzrecht – Kollektiver Rechtsschutz, S. 235, 236.

35 Vgl. *Merkt*, Rn. 1126 ff.; *Henn/Alexander*, §§ 361 ff.

36 Vgl. *Koch*, § 148 Rn. 2; Ausnahmen bei der Geltendmachung von Reflexschäden (vgl. § 117 Abs. 1 AktG).

37 Z.B. §§ 25, 26 UmwG für den Fall der Verschmelzung.

38 Siehe BGHZ 83, 112 „*Holzmüller*“; vgl. auch *Zöllner*, ZGR 1988, 392, 408; *Hübner*, S. 14 f.

ßen oder dem behaupteten Schaden hätte Kenntnis erlangen müssen. Die Gesellschaft muss unter angemessener Fristsetzung erfolglos aufgefordert worden sein, selbst Klage zu erheben. Es müssen Tatsachen vorliegen, die den Verdacht der Unredlichkeit oder groben Gesetzes- oder Satzungsverletzung durch die betroffenen Organe rechtfertigen. Schließlich dürfen der Geltendmachung des Anspruchs keine überwiegenden Gründe des Gesellschaftswohls entgegenstehen. Dem Zulassungsverfahren folgt das eigentliche Klageverfahren, für das §§ 148, 149 AktG weitere Regelungen vorsehen. Bisher ist die Aktionärsklage allerdings ohne wesentliche praktische Bedeutung geblieben.[39]

b) Voraussetzungen der Klagezulassung

aa) Aktionärseigenschaft (§ 148 Abs. 1 Satz 2 Nr. 1 AktG)

Die Klagezulassung setzt zunächst voraus, dass sich Aktionäre zusammenfinden, die mit mindestens 1 % oder einem anteiligen Nominalbetrag von 100.000 Euro am Grundkapital der Gesellschaft beteiligt sind. Anders als im US-amerikanischen Recht[40] kann ein einzelner Aktionär, der das Quorum nicht erreicht, nicht tätig werden. Das Aktionärsforum im elektronischen Bundesanzeiger (§ 127a AktG) soll es dem einzelnen Aktionär erleichtern, Mitstreiter zu finden, ist aber ohne praktische Bedeutung geblieben. Die alternative Grenze von 100.000 Euro an anteiligem Grundkapital ist bei großen Gesellschaften mit entsprechender Grundkapitalziffer leichter als die prozentuale Beteiligungsschwelle zu erreichen. Die ursprünglich ins Auge gefasste Grenze von 100.000 Euro anteiligem Börsenwert wurde im Laufe des Gesetzgebungsverfahrens wieder fallen gelassen.[41] **313**

Nur solche Aktionäre werden nach § 148 Abs. 1 Satz 2 Nr. 1 AktG berücksichtigt, die ihre Aktien vor dem Zeitpunkt erworben haben, zu dem sie von den behaupteten Pflichtverstößen oder dem behaupteten Schaden aufgrund einer Veröffentlichung Kenntnis erhielten oder hätten erhalten müssen (fahrlässige Unkenntnis).[42] Verhindert werden soll damit, dass Klagewillige ihre Aktien erst im Hinblick auf in Umlauf gesetzte mögliche Pflichtverletzungen von Organen erwerben. Der maßgebliche Zeitpunkt ergibt sich in der Praxis aus der erstmaligen Andeutung von Pflichtverletzungen oder Schäden in den Medien oder durch Ad-hoc-Publizität, weil davon auszugehen ist, **314**

39 Vgl. *Brommer*, AG 2013, 121, 122, auch zu Reformvorschlägen; siehe auch OLG Köln, AG 2019, 395.

40 Siehe Rule 23.1 Fed. R. Civ. P.: „one or more shareholders".

41 Siehe zu den Motiven *Paschos/Neumann*, DB 2005, 1779; *Lochner*, in: Heidel (Hrsg.), Aktien- und Kapitalmarktrecht, § 148 AktG Rn. 5.

42 Vgl. *Thümmel*, in: Gottwald (Hrsg.), Europäisches Insolvenzrecht – Kollektiver Rechtsschutz, S. 235, 243.

dass interessierte Aktionäre hiervon Kenntnis nehmen.[43] Bei Gesamtrechtsnachfolge, etwa Erwerb durch Erbgang, kommt es auf die Kenntnis bzw. fahrlässige Unkenntnis des Rechtsvorgängers an. Die Beteiligung an der Gesellschaft muss im Übrigen jedenfalls bis zum rechtskräftigen Abschluss des Klagezulassungsverfahrens bestehen bleiben.

bb) Aufforderung an die Gesellschaft (§ 148 Abs. 1 Satz 2 Nr. 2 AktG)

315 Eine weitere Zulassungsvoraussetzung liegt darin, dass die Gesellschaft von den klagewilligen Aktionären unter Setzung einer angemessenen Frist vergeblich aufgefordert worden sein muss, selbst Klage zu erheben. Damit wird – ebenso wie mit der nach Zulassung erneut vorgesehenen Aufforderung (§ 148 Abs. 4 Satz 1 AktG) – dem Gedanken Rechnung getragen, dass die Aktionärsklage ein subsidiäres Rechtsinstitut ist und es in erster Linie an der Gesellschaft (und ihren Organen) liegt, ihre Rechte wahrzunehmen. Erst die Untätigkeit der Gesellschaft macht den Weg für die Minderheit frei.[44] Umstritten ist, an wen die Aufforderung gerichtet werden muss. Richtig dürfte sein, sie an die Gesellschaft, nicht an bestimmte Gesellschaftsorgane zu richten.[45] Dies folgt aus der Überlegung, dass Ansprüche möglicherweise durch einen (noch unbekannten) besonderen Vertreter geltend gemacht werden müssen, wenn etwa vorgeworfene Pflichtverletzungen sowohl Vorstand wie Aufsichtsrat betreffen.

cc) Unredlichkeit oder grobe Gesetzes- oder Satzungsverletzung (§ 148 Abs. 1 Satz 2 Nr. 3 AktG)

316 Die klagewilligen Aktionäre müssen, um die Klagezulassung zu erreichen, Tatsachen darlegen, die den Verdacht rechtfertigen, dass die Organe der Gesellschaft durch unredliches oder grob gesetz- oder satzungswidriges Verhalten Schaden zugefügt haben. Unredlichkeit wird nur bei gravierenden, ins Kriminelle reichenden Treuepflichtverstößen vorliegen,[46] eine grobe Verletzung von Gesetz oder Satzung nur bei einem höheren Grad an Verschulden, etwa grob fahrlässigem oder vorsätzlichem Verhalten der Orga-

43 Siehe Begründung des RegE, BT-Drucks. 15/5092, S. 21; *Spindler*, NZG 2005, 865, 866; *Ziemons*, in: Ziemons/Binnewies, Handbuch Aktiengesellschaft, Rn. 11.233; a. A. *Lochner*, in: Heidel (Hrsg.), Aktien- und Kapitalmarktrecht, § 148 AktG Rn. 6.

44 Ganz anders wirkt das demand-Erfordernis im US-Recht: Die berechtigte Ablehnung der Klageerhebung durch die Gesellschaft nimmt dem Aktionär die Möglichkeit, selbst zu klagen. Er ist daher daran interessiert darzulegen, dass eine demand nicht erforderlich ist, vgl. *Thümmel*, in: Gottwald (Hrsg.), Europäisches Insolvenzrecht – Kollektiver Rechtsschutz, S. 235, 243, 244.

45 Vgl. *Thümmel*, DB 2004, 471, 473; a. A. *Ziemons*, in: Ziemons/Binnewies, Handbuch Aktiengesellschaft, Rn. 11.239; *Paschos/Neumann*, DB 2005, 1779, 1780.

46 Siehe Begründung zum RegE, BT-Drucks. 15/5092, S. 22.

ne.[47] Eine Spruchpraxis hierzu gibt es bisher kaum.[48] Damit schränkt § 148 Abs. 1 Satz 2 Nr. 3 AktG den Anwendungsbereich der Aktionärsklage deutlich ein:[49] Einerseits bilden Straftaten und grob fahrlässige Normverstöße in der Praxis eher die Ausnahme, andererseits entfällt bei vorsätzlichem Verhalten die D&O-Deckung und damit ein Anreiz für die Anspruchsverfolgung.

Eine gewisse Erleichterung für die Aktionärsminderheit liegt darin, dass die Unredlichkeit und der grobe Gesetzes- oder Satzungsverstoß nicht nachgewiesen werden müssen, sondern Tatsachen ausreichend sind, die einen dahingehenden Verdacht rechtfertigen. Allerdings verlangt das OLG Köln[50] eine schlüssige Darlegung der tatbestandlichen Voraussetzungen des Organhaftungsanspruchs und des Verdachts der Unredlichkeit oder des groben Gesetzesverstoßes. Letztere dürften nicht nur möglich, sondern müssten wahrscheinlich sein. Nicht für das Vorliegen der entsprechenden Umstände, wohl aber für deren Wahrscheinlichkeit dürfte im Bestreitensfalle Beweis anzutreten sein,[51] weil sonst die schlichte Behauptung groben Fehlverhaltens für die Eröffnung der Aktionärsklage ausreichend wäre. Im Klageverfahren selbst kommt es dann nicht mehr darauf an, ob grobe oder nur einfache Pflichtverstöße vorliegen.[52] **317**

dd) Überwiegende Gründe des Gesellschaftswohls nicht entgegenstehend (§ 148 Abs. 1 Satz 2 Nr. 4 AktG)

Die Aktionärsklage darf nach § 148 Abs. 1 Satz 2 Nr. 4 AktG nur zugelassen werden, wenn ihrer Erhebung nicht überwiegende Gründe des Gesellschaftswohls entgegenstehen. Diese Anforderung scheint dem „*ARAG*“ Urteil[53] entlehnt zu sein. Dort ist allerdings nur von „gewichtigen Gründen des Gesellschaftswohls“ die Rede, die es rechtfertigen können, dass der Aufsichtsrat von einer Anspruchsverfolgung gegenüber dem Vorstand absieht. Daher wird man im Rahmen des Zulassungsverfahrens für die Aktionärsklage von einer höheren Hürde auszugehen haben, die nur in Ausnahmefällen dazu führt, dass der Zulassungsantrag auf dieser Grundlage abgelehnt wer- **318**

---

47 Vgl. *Ziemons*, in: Ziemons/Binnewies, Handbuch Aktiengesellschaft, Rn. 11.49; a.A. *Lochner*, in: Heidel (Hrsg.), Aktien- und Kapitalmarktrecht, § 148 AktG Rn. 14: nur Vorsatz.

48 Siehe aber OLG Köln, AG 2019, 395.

49 Siehe auch *Mock*, AG 2019, 385 ff.

50 AG 2019, 395, 397.

51 Siehe *Thümmel*, in: Gottwald (Hrsg.), Europäisches Insolvenzrecht – Kollektiver Rechtsschutz, S. 235, 245.; *Koch*, § 148 Rn. 49.

52 Siehe *Spindler*, NZG 2005, 865, 867.

53 BGHZ 135, 244 „*ARAG*“.

den kann.[54] Ein weiterer Unterschied liegt darin, dass im Falle einer von der Gesellschaft ausgehenden Klage deren Organe das Gesellschaftswohl (nach den Maßstäben der „*ARAG*"-Rechtsprechung) in ihren Abwägungsprozess einzustellen haben, der von einem Gericht nur auf Ermessensfehler hin überprüft werden kann (Rn. 271a). Bei der Aktionärsklage unterliegen die „überwiegenden Gründe des Gesellschaftswohls" dagegen bei der Zulassungsentscheidung der gerichtlichen Kontrolle. Die Rechtfertigung hierfür mag darin liegen, dass die Zulassung nur bei dargelegtem Verdacht auf unredliches oder grob gesetzwidriges Verhalten in Betracht kommt und in einem solchen Falle der Verzicht auf die Geltendmachung von Ansprüchen auch nach allgemeinen Abwägungsgrundsätzen die Ausnahme darstellt. Dennoch sollte sich die gerichtliche Kontrolle bei § 148 Abs. 1 Satz 2 Nr. 4 AktG auch nur auf Abwägungsfehler beziehen. Betroffen dürften Fälle sein, in denen die Gesellschaft durch die negative Publizität einer Organhaftungsklage oder durch das öffentliche Ausbreiten interner Umstände in ihrer Existenz gefährdet erscheint oder Wettbewerber einen wesentlichen und die Gesellschaft zentral belastenden Informationsvorteil gewinnen. Ob die Zulassung von Mehrfachklagen oder Klagen wegen geringer Schadenssummen mit dem Argument entgegenstehenden Gesellschaftswohls abgelehnt werden kann,[55] ist eher zweifelhaft. Fehlendes Rechtsschutzinteresse oder rechtsmissbräuchliches Verhalten wären die passenderen Anknüpfungspunkte.

c) Weiteres Verfahren

aa) Klagezulassungverfahren

319 Der Antrag der Minderheit auf Zulassung der Aktionärsklage ist beim Landgericht (Kammer für Handelssachen) am Sitz der Gesellschaft zu stellen (§ 148 Abs. 2 Satz 1 und 2 AktG). Antragsgegner sind die Organe, gegen die sich der geltend gemachte Anspruch richtet. Der Zulassungsantrag muss auch einen Klageantrag enthalten, weil sonst unklar bleibt, welche konkrete Klage zugelassen werden soll. Die Gesellschaft ist beizuladen (§ 148 Abs. 2 Satz 9 AktG). Sowohl den Antragsgegnern wie auch der Gesellschaft ist die Gelegenheit zur Stellungnahme einzuräumen. Die Gesellschaft wird insbesondere zu etwa entgegenstehenden überwiegenden Gründen des Gesellschaftswohls Ausführungen machen, möglicherweise auch dazu, warum sie nicht selbst tätig geworden ist. Die Entscheidung über die Zulassung der Klage ergeht durch Beschluss, eine mündliche Verhandlung ist daher nicht erforderlich (§ 128 Abs. 4 ZPO). Sie kann mit der sofortigen Beschwerde

---

54 Siehe auch *Brommer*, AG 2013, 121, 127.

55 So aber Begründung zum RegE, BT-Drucks. 15/5092, S. 22; *Ziemons*, in: Ziemons/Binnewies, Handbuch Aktiengesellschaft, Rn. 11.242 f.

angefochten werden, die Rechtsbeschwerde ist ausgeschlossen (§ 148 Abs. 2 Satz 7 und 8 AktG).

320 Die Gesellschaft hat das Recht, auch während des Klagezulassungsverfahrens jederzeit selbst die Haftungsklage zu erheben. Damit wird der Zulassungsantrag unzulässig, wobei die Antragsteller im Klageverfahren beizuladen sind (§ 148 Abs. 3 AktG). Eine solche Klage kann von der Gesellschaft allerdings nicht mehr ohne Weiteres zurückgenommen werden. Hierzu ist ein Hauptversammlungsbeschluss nach § 93 Abs. 4 Satz 3 AktG erforderlich, wobei die Sperrfrist von drei Jahren nicht zur Anwendung kommt (§ 148 Abs. 6 Satz 4 AktG).

bb) Klageverfahren

321 Wenn die Klage zugelassen wird, müssen die antragstellenden Aktionäre oder zumindest ein Teilausschnitt hieraus, der das Quorum erfüllt, die Klage innerhalb von drei Monaten nach Eintritt der Rechtskraft des Beschlusses erheben; andernfalls wird die Klage unzulässig. Zuvor ist die Gesellschaft erneut aufzufordern, selbst zu klagen (§ 148 Abs. 4 AktG). Die Klage wird von den Aktionären im eigenen Namen erhoben, muss aber auf Leistung an die Gesellschaft gerichtet sein (gesetzlich angeordnete Prozessstandschaft).[56] Zuständig ist das Gericht, welches über die Zulassung entschieden hat. Mehrere von verschiedenen Aktionärsminderheiten erhobene Klagen werden miteinander verbunden. Eine Nebenintervention von Aktionären ist nach Zulassung nicht mehr möglich (§ 148 Abs. 4 Satz 3 AktG). Das Urteil hat erga-omnes-Wirkung, wirkt also zugunsten und zulasten der Gesellschaft und aller Aktionäre (§ 148 Abs. 5 Satz 1 AktG). Bei börsennotierten Gesellschaften sind die Zulassung der Klage sowie die Einzelheiten der Verfahrensbeendigung, insbesondere wenn diese durch Vergleich erfolgt, in den Gesellschaftsblättern bekannt zu machen (§ 149 AktG). Auch nach Erhebung der Klage kann die Gesellschaft das Verfahren bis zu seiner Beendigung jederzeit übernehmen; die bisherigen Kläger sind dann beizuladen (§ 148 Abs. 3 Satz 2 und 3 AktG). Die Beschränkungen für die Klagerücknahme (§ 148 Abs. 6 Satz 4 AktG) gelten auch hier (Rn. 320).

cc) Verfahrenskosten

322 Entsprechend dem Ziel der gesetzlichen Regelung, die Geltendmachung von Organhaftungsansprüchen zu fördern, werden die klagewilligen Aktionäre weitgehend von Verfahrenskosten freigehalten. Ein Kostenrisiko tragen sie nur insoweit, als der Zulassungsantrag abgewiesen wird, weil ihnen dann

56 Vgl. *Koch*, § 148 Rn. 69; *Ziemons*, in: Ziemons/Binnewies, Handbuch Aktiengesellschaft, Rn. 11.255.

die Kosten des Zulassungsverfahrens[57] auferlegt werden. Auch in diesem Fall haben sie aber gegenüber der Gesellschaft einen Kostenerstattungsanspruch, wenn die Abweisung auf entgegenstehenden Gründen des Gesellschaftswohls beruhte und die Gesellschaft diese Gründe vor Antragstellung nicht mitgeteilt hatte, obwohl dies möglich gewesen wäre (§ 148 Abs. 6 Satz 1 und 2 AktG).

323 Wird die Klage zugelassen, gibt es zu diesem Zeitpunkt keinen gesonderten Kostenausspruch. Vielmehr bleibt die Kostenentscheidung dem Endurteil im Klageverfahren vorbehalten (§ 148 Abs. 6 Satz 3 AktG). Dort kommen die §§ 91 ff. ZPO zur Anwendung, sodass im Falle der Verurteilung die Organe die Verfahrenskosten zu tragen haben. Bei Klageabweisung werden die klagenden Aktionäre zunächst mit den Kosten belastet, haben aber gegenüber der Gesellschaft einen Erstattungsanspruch, falls sie die Klagezulassung nicht durch vorsätzlich oder grob fahrlässig falsche Angaben erwirkt hatten. Zur Vermeidung von Missbräuchen werden gemeinsam auftretenden Antragstellern oder in Streitgenossenschaft klagenden Aktionären allerdings jeweils die Kosten nur eines Bevollmächtigten erstattet, es sei denn ein weiterer Bevollmächtigter wäre zur zweckentsprechenden Rechtsverfolgung erforderlich gewesen (§ 148 Abs. 6 Satz 5 und 6 AktG). Erhebt die Gesellschaft selbst Klage oder übernimmt sie ein anhängiges Verfahren, so hat sie den antragstellenden oder klagenden Aktionären ihre bis dahin entstandenen Kosten zu erstatten (§ 148 Abs. 6 Satz 4 AktG). Ungeregelt ist der Fall, dass die Aktionäre trotz Zulassung innerhalb der Frist keine Klage erheben. Hier werden sie ihre eigenen Kosten sowie Gerichtskosten endgültig zu tragen haben. Ferner könnte man erwägen, den Organen wegen ihrer Kosten die Möglichkeit einzuräumen, bei Gericht eine gesonderte Kostenentscheidung gegen die antragstellenden Aktionäre zu erwirken.

III. Ansprüche der GmbH

1. Gesellschafterbeschluss als Anspruchsvoraussetzung

324 Die insgesamt mehr auf die Einwirkungs- und Gestaltungsmöglichkeiten der Gesellschafter zugeschnittenen Regelungen zur GmbH legen die Geltendmachung von Innenhaftungsansprüchen ganz in deren Hände. Nach § 46 Nr. 8 GmbHG setzt jede Verfolgung von Ersatzansprüchen gegen amtierende oder bereits ausgeschiedene Geschäftsführer einen entsprechenden mit Mehrheit zu fassenden Beschluss der Gesellschafterversammlung voraus. Dasselbe gilt für die Inanspruchnahme von Aufsichtsräten oder Beiräten.

---

57 Die Regelungen des GKG sowie des RVG geben für das Zulassungsverfahren wesentliche Kostenbeschränkungen vor, vgl. § 53 Abs. 1 GKG und VV 3325, 3332 zu § 2 Abs. 2 RVG.

Der Beschluss ist materielle Anspruchsvoraussetzung,[58] eine Klage ohne einen solchen wäre daher unbegründet. Inhaltlich erfordert er eine hinreichend genaue Beschreibung der dem Organ vorgeworfenen Pflichtverletzung. Der allgemeine Beschluss, dass Schadenersatzansprüche geltend gemacht werden sollen, genügt nicht.[59] Ist das betroffene Organ zugleich Gesellschafter, so unterliegt es dem Stimmverbot nach § 47 Abs. 4 Satz 2 GmbHG. Minderheiten in der Gesellschafterversammlung können die Geltendmachung von Ansprüchen nicht erzwingen, es sei denn Mehrheitsgesellschafter sind wegen des vorgenannten Stimmverbots von der Beschlussfassung ausgeschlossen. Allerdings kann die Mehrheit unter dem Gesichtspunkt der gesellschaftsrechtlichen Treuepflicht gehalten sein, auf Antrag der Minderheit einen Beschluss zur Inanspruchnahme von Organen mitzutragen. Ein Gesellschafterbeschluss ist nicht erforderlich, wenn über das Vermögen der Gesellschaft das Insolvenzverfahren eröffnet worden ist (dann ist allein der Insolvenzverwalter zuständig) oder die Gesellschaft masselos liquidiert wird.[60]

2. Vertretung der Gesellschaft

Geht es um die Inanspruchnahme von Geschäftsführern, wird die Gesellschaft durch den Aufsichtsrat vertreten, falls ein solcher besteht (§§ 52 Abs. 1 GmbHG, 112 AktG). Die Satzung kann auch die Zuständigkeit eines Beirats hierfür vorsehen.[61] Analog zur AG bezieht sich die Vertretungszuständigkeit auf Ansprüche sowohl gegenüber noch amtierenden wie auch gegenüber ausgeschiedenen Geschäftsführern.[62] Die Gesellschafterversammlung kann im Übrigen nach § 46 Nr. 8 GmbHG auch einen besonderen Vertreter anstelle von Aufsichtsrat oder Beirat bestellen.[63] Existiert kein zuständiges Aufsichtsorgan, kann ebenfalls ein besonderer Vertreter bestellt werden. Geschieht dies nicht, verbleibt es bei der Vertretungsberechtigung der Geschäftsführung, jedenfalls soweit Ansprüche gegenüber ausgeschiedenen Geschäftsführern in Rede stehen.[64] Hierin liegt ein Unterschied zur Rechtslage bei der AG (Rn. 298). Als besondere Vertreter bestellt werden können einzelne Gesellschafter, Geschäftsführer, Aufsichtsräte oder auch **325**

58 BGHZ 97, 382, 390; *Beurskens*, in: Noack/Servatius/Haas, § 43 Rn. 70, *Noack*, in: Noack/Servatius/Haas, § 46 Rn. 61 m. w. N.

59 OLG Düsseldorf, DB 1994, 2610; vgl. aber LG Karlsruhe, DB 2001, 693, 695: keine zu hohen Anforderungen hinsichtlich Detaillierung; vgl. auch BGHZ 152, 280: Wird nicht substantiiert bestritten, kann auch „pauschaler" Beschluss genügen.

60 BGH, NZG 2004, 962.

61 Vgl. *Ruter/Thümmel*, Rn. 195; *Thümmel*, DB 1995, 2461, 2464.

62 OLG München, NJW-RR 2003, 983.

63 Auch bei der mitbestimmten GmbH, vgl. *Noack*, in: Noack/Servatius/Haas, § 46 Rn. 66 m. w. N.

64 BGH, ZIP 1992, 760, 761; BGHZ 152, 280.

fremde Dritte. Im Falle der Insolvenz der Gesellschaft werden Innenhaftungsansprüche durch den Insolvenzverwalter geltend gemacht.

326 Sollen Ansprüche gegenüber Aufsichtsräten oder Beiräten verfolgt werden, so wird die Gesellschaft durch die Geschäftsführer vertreten (§ 35 Abs. 1 GmbHG). Richten sich die Ansprüche auch gegen die (aktuelle) Geschäftsführung, bleibt nur die Möglichkeit der Bestellung eines besonderen Vertreters nach § 46 Nr. 8 GmbHG durch die Gesellschafterversammlung. Minderheiten können die Bestellung eines besonderen Vertreters nur durchsetzen, wenn die gesellschaftsrechtliche Treuepflicht die Mehrheitsgesellschafter zu einer entsprechenden Beschlussfassung zwingt oder sie einem Stimmverbot unterliegen, weil sie selbst betroffen sind (§ 47 Abs. 4 Satz 2 GmbHG).

3. Zuständigkeit einzelner Gesellschafter

327 Eine Geltendmachung von Ansprüchen gegen Geschäftsführer, Aufsichtsräte oder Beiräte durch einzelne Gesellschafter bei Untätigkeit der Mehrheit im Wege einer actio pro socio kommt nach h. M.[65] bei der GmbH im Grundsatz nicht in Betracht. Der Anwendungsbereich der actio pro socio beschränkt sich auf Klagen gegen Mitgesellschafter[66] und ggf. diesen nahe stehende Personen. Nur wenn eigene Rechte verletzt sind (z. B. die Mitgliedschaft als absolut geschütztes Recht), sind Gesellschafter gegenüber dem Organ selbst aktivlegitimiert. Minderheitenrechte wie sie nach §§ 147 Abs. 2 Satz 2, 148 AktG für Aktionärsminderheiten bestehen, sind im Recht der GmbH nicht vorgesehen.[67]

---

65 BGH, DB 2022, 855; BGHZ 94, 55, 58; BGH, WM 1982, 928; *Verse*, in: Scholz, § 43 Rn. 363; *Pentz*, in: Rowedder/Pentz, § 13 Rn. 128 f.; *Altmeppen*, § 13 Rn. 27; *Fastrich*, in: Noack/Servatius/Haas, § 13 Rn. 38; a. A. OLG Köln GmbHR 1993, 816; *Hübner*, S. 37; *Grunewald*, Die Gesellschafterklage, S. 89, 90.

66 So auch in dem „*ARAG*"-Fall, wo es u. a. darum ging, die Schadenersatzpflicht von Mitgesellschaftern einer GmbH wegen treuwidrigen Verhaltens feststellen zu lassen, OLG Düsseldorf ZIP 1996, 1083.

67 Vgl. *Beurskens*, in: Noack/Servatius/Haas, § 43 Rn. 74; *Hübner*, S. 37.

5. Kapitel
Beschränkung der Innenhaftung

Übersicht

I. Übersicht

Die gesetzliche Haftung der Organmitglieder für Schäden der Gesellschaft, die aus pflichtwidrigem Verhalten entstanden sind, ist weitgehend. Dies zeigt sich etwa an dem breit gefächerten Pflichtenkreis, dem die Organe unterliegen, an dem normativen Verschuldensbegriff, der auch leichteste Fahrlässigkeit einschließt und an der gesetzlich angeordneten Beweislastumkehr.[1] In komplexen Unternehmensstrukturen und Konzernverhältnissen sind die Risiken noch deutlicher, weil der Informationsfluss oft durch Matrixstrukturen und ohne spezielle Rücksicht auf die gesetzliche Verantwortung der handelnden Organe gesteuert wird.[2] Dies kann abschreckende Wirkung haben, vor allem auch für die Mitglieder von Aufsichtsräten oder Beiräten, die ihre Ämter nebenberuflich ausüben. Es stellt sich daher die Frage, inwieweit eine Beschränkung der Haftung möglich ist und unter welchen Voraussetzungen die Gesellschaft auf die Einstandspflicht ihrer Organe verzichten oder sich hierüber vergleichen kann. **328**

Zu unterscheiden sind dabei mehrere Problemkreise: Zu überlegen ist einerseits, ob die Haftung entfällt, wenn das betroffene Organ sich Rückendeckung bei einem anderen Gesellschaftsorgan holt, bevor es eine potenziell risikobehaftete Maßnahme ergreift. Die zweite Frage ist, ob die Gesellschaft **329**

---

1 Vgl. im Einzelnen hierzu oben Rn. 103 ff., 219 ff. und 226 ff.

2 Vgl. *Wisskirchen/Dannhorn/Bissels*, DB 2008, 1139, 1142 f.

auf bereits entstandene Innenhaftungsansprüche verzichten oder sich hierüber vergleichen kann und welches Organ hierfür zuständig ist. Weiter bleibt zu erörtern, inwieweit das Organ sich durch haftungsbeschränkende Vereinbarungen Entlastung schaffen kann (vgl. Abb. 8). Schließlich sind Zulässigkeit und Wirkung von Freistellungsvereinbarungen zu betrachten.

II. Billigung pflichtwidrigen Verhaltens

1. Aktiengesellschaft

a) Vorstand

aa) Beschluss des Aufsichtsrats

330 Die Möglichkeit einer Haftungsbefreiung des Vorstands durch Billigung seines Verhaltens im Vorfeld ist in § 93 Abs. 4 Satz 1 und 2 AktG ausdrücklich angesprochen. Satz 2 stellt klar, dass Beschlüsse des Aufsichtsrats auf die Pflichtwidrigkeit von Vorstandsmaßnahmen keinen Einfluss haben. Der Vorstand kann sich daher nicht dadurch von seiner Verantwortlichkeit befreien, dass er die Genehmigung des Aufsichtsrats zu einer bestimmten Maßnahme einholt. Dies ist folgerichtig vor dem Hintergrund, dass der Aufsichtsrat ohnehin dem Vorstand keine bindenden Weisungen erteilen kann (vgl. § 111 Abs. 4 Satz 1 AktG).[3] Auch soweit Zustimmungsvorbehalte bestehen, wird der Vorstand durch die Genehmigung des Geschäfts seitens des Aufsichtsrats nicht entlastet. Es bleibt bei der vollen Verantwortung des Vorstands, die nun aber durch eine Mitverantwortung des Aufsichtsrats ergänzt wird. War das Geschäft pflichtwidrig, können daher beide haften.

---

3 Vgl. *Koch*, § 93 Rn. 157.

		AG	GmbH
Billigung der pflichtverletzenden Handlung im Vorfeld	durch Aufsichtsrat bzw. Beirat	keine haftungsbefreiende Wirkung	haftungsbefreiende Wirkung, soweit Weisungsrecht der GV auf Aufsichtsorgan übertragen wurde
	durch Hauptversammlung bzw. Gesellschafterversammlung	haftungsbefreiende Wirkung, wenn HV-Beschluss auf Verlangen des Vorstands zustande kam	bei wirksamem GV-Beschluss grundsätzlich haftungsbefreiende Wirkung
Nachträglicher Verzicht auf Schadenersatzansprüche	Entlastungsbeschluss der Haupt- bzw. Gesellschafterversammlung	keine Verzichtwirkung, § 120 Abs. 2 S. 2 AktG	Verzichtwirkung für erkennbare Ansprüche (Rn. 346 ff.)
	Verzichtsvereinbarung	nur wirksam nach Ablauf von drei Jahren und mit Zustimmung der HV, ohne dass Minderheit (10 %) widerspricht (§ 93 Abs. 4 S. 3 AktG)	jederzeit möglich mit Zustimmung der Gesellschafterversammlung (außer § 43 Abs. 3 GmbHG)
	faktische Nichtgeltendmachung	wirkt hafungsbefreiend nach Ablauf der Verjährungsfrist (fünf, bei börsennotierten Gesellschaften zehn Jahre)	
Haftungsbeschränkende Vereinbarungen		unwirksam	mit Zustimmung der Gesellschafterversammlung wirksam (Rn. 351 f.)

Abb. 8: Möglichkeiten der Haftungsbeschränkung bei der Innenhaftung (nur Vorstand oder Geschäftsführer)

bb) Beschluss der Hauptversammlung

Anders ist es, wenn die Hauptversammlung die potenziell pflichtwidrige **331**
Maßnahme billigt, bevor der Vorstand sie vornimmt. In diesem Fall tritt grundsätzlich eine Haftungsbefreiung zugunsten des Vorstands ein (§ 93 Abs. 4 Satz 1 AktG). Er ist dann allerdings auch an die Entscheidung der

Hauptversammlung gebunden und muss ihr folgen. Voraussetzung für die Entlastungswirkung ist, dass die Billigung durch einen gesetzmäßigen Hauptversammlungsbeschluss erfolgt, der nicht nur eine Empfehlung, sondern eine Entscheidung beinhaltet. Die Hauptversammlung muss daher zuständig sein, was bei Geschäftsführungsmaßnahmen nach § 119 Abs. 2 AktG nur der Fall ist, wenn ihre Entscheidung vom Vorstand verlangt wird. Der entsprechende Antrag an die Hauptversammlung muss vom Gesamtvorstand ausgehen; das einzelne Vorstandsmitglied ist hierzu nicht berechtigt. Erforderlich ist also eine Kollegialentscheidung, die entweder einstimmig (§ 77 Abs. 1 AktG) oder entsprechend den abweichenden Regelungen von Satzung oder Geschäftsordnung ergeht.

331a Ein Beschluss nach § 111 Abs. 4 Satz 3 bis 5 AktG, der bei zustimmungsbedürftigen Geschäften die Zustimmung des Aufsichtsrats ersetzt, hat allerdings keine entlastende Wirkung. Wie bei der originären Zustimmungsentscheidung liegt der Abschluss des Geschäfts weiter in der Verantwortung des Vorstands.[4] Auch ein Beschluss, der ein bestimmtes Vorstandsverhalten billigt, aber von der Hauptversammlung aus eigenem Antrieb oder auf Antrag Dritter (z. B. des Aufsichtsrats) gefasst wird, hat keine Entlastungswirkung. Anders verhält es sich, wenn eine wesentliche Strukturveränderung zur Debatte steht, für die sich die Zuständigkeit der Hauptversammlung aus der „*Holzmüller*"-Rechtsprechung[5] ergibt. Wird der Transaktion zugestimmt, tritt Haftungsentlastung ein, ohne dass es darauf ankäme, auf wessen Initiative die Hauptversammlung beschlossen hat. In jedem Fall müssen den Aktionären sämtliche Informationen unterbreitet werden, die zu einer sachgerechten Willensbildung erforderlich sind.[6] Im Übrigen wirken nichtige und anfechtbare Hauptversammlungsbeschlüsse nicht haftungsbefreiend, es sei denn es wäre Heilung (§ 242 AktG)[7] oder Unanfechtbarkeit wegen Fristablaufs (§ 246 AktG)[8] eingetreten. Eine nicht erkennbare Nichtigkeit oder Anfechtbarkeit kann den Vorstand aber vom Vorwurf des Verschuldens befreien. Die nachträgliche Billigung durch die Hauptversammlung hilft nicht. Anderes gilt, wenn gleichzeitig ein Verzicht nach den Regeln des § 93 Abs. 4 Satz 3 und 4 AktG beschlossen wird.

332 Die Praktikabilität des Verfahrens ist insgesamt beschränkt. Es ist wenig geeignet, den Organen bei umstrittenen Geschäftsführungsfragen zu helfen. Zunächst muss der Vorstand die Hauptversammlung einberufen, was nicht

---

4 *Haas*, in: Krieger/Uwe H. Schneider (Hrsg.), Handbuch Managerhaftung, § 19 Rn. 19.79.

5 Dann originäre Zuständigkeit der Hauptversammlung nach BGHZ 83, 122 „*Holzmüller*"; BGHZ 159, 30 „*Gelatine*".

6 Vgl. BGH, WM 2001, 569: Informationspflicht erstreckt sich ggf. auf die Vorlage vertraglicher Unterlagen.

7 Str., vgl. BGHZ 33, 175, 176 ff.; *Koch*, § 93 Rn. 155 m. w. N.

8 H. M., vgl. *Spindler*, in: MünchKommAktG, § 93 Rn. 294 m. w. N.

von heute auf morgen geschehen kann (Einberufungsfrist von 30 Tagen, § 123 Abs. 1 AktG), bürokratischen Aufwand erfordert (z. B. Bekanntmachung der Tagesordnung, § 124 AktG) und zumindest bei größeren Gesellschaften eine nicht zu unterschätzende Signalwirkung an die Öffentlichkeit haben kann. Hinzu kommt, dass die haftungsbefreiende Wirkung des Beschlusses entfällt, wenn er pflichtwidrig – vor allem durch unrichtige oder unvollständige Information – vom Vorstand herbeigeführt wurde.[9] Folglich müsste der Vorstand, um Sicherheit zu gewinnen, sämtliche auch nur denkbaren Risiken des Geschäfts vor der Hauptversammlung ausbreiten, was weder seinem eigenen Ansehen noch demjenigen der Gesellschaft immer dienlich ist und am Ende den positiven Beschluss gefährdet. Ernstlich in Betracht kommt das Verfahren daher nur in Ausnahmesituationen und bei beschränktem Aktionärskreis.

Zu beachten ist schließlich, dass auch der billigende Hauptversammlungsbeschluss das Verfolgungsrecht von Gläubigern nach § 93 Abs. 5 AktG nicht beeinträchtigt (dort Satz 3). Soweit also Innenhaftungsansprüche nach § 93 Abs. 3 AktG betroffen sind (Verstöße gegen die Kapitalerhaltungspflicht) oder der Vorstand sonst seine Pflichten mindestens grob fahrlässig verletzt hat, mag zwar die Gesellschaft ihre Ansprüche durch eine vorangegangene Billigung der Maßnahme eingebüßt haben. Gläubiger, die von der Gesellschaft keine Befriedigung zu erlangen vermögen, können in diesem Fall die Ansprüche dennoch weiterverfolgen. **333**

b) Aufsichtsrat

Über die Verweisung des § 116 AktG kommen die Bestimmungen des § 93 Abs. 4 AktG auf den Aufsichtsrat entsprechend zur Anwendung. Dabei versteht sich ohnehin, dass der Aufsichtsrat keine Eigenentlastung vornehmen kann. Die Billigung durch Hauptversammlungsbeschluss ist für den Aufsichtsrat allerdings noch weniger praktikabel als für den Vorstand. Zunächst besteht keine Zuständigkeit der Hauptversammlung zur verbindlichen Entscheidung darüber, ob bestimmte Überwachungsmaßnahmen pflichtgemäß sind. Ferner gibt das Aktiengesetz dem Aufsichtsrat kein dem § 119 Abs. 2 AktG entsprechendes Anrufungsrecht. Zwar kann der Aufsichtsrat die Hauptversammlung einberufen, wenn das Wohl der Gesellschaft dies erfordert. Eine Haftungsbefreiung lässt sich auf diesem Wege jedoch nicht erreichen. **334**

So bleiben drei praktisch vorstellbare Fälle, in denen ein Hauptversammlungsbeschluss für den Aufsichtsrat hilfreich sein kann: Entweder der Vorstand ruft die Hauptversammlung nach § 119 Abs. 2 AktG an und holt für **335**

9 Vgl. OLG München, NJW-RR 1997, 544; *Cahn*, in: Kölner Kommentar, § 93 Rn. 173; *Fleischer*, in: Spindler/Stilz, § 93 Rn. 272; *Koch*, § 93 Rn. 156.

eine Geschäftsführungsmaßnahme deren Billigung ein; dann ist automatisch auch der Aufsichtsrat (etwa im Hinblick auf seine diesbezügliche Zustimmung) entlastet. Oder der Aufsichtsrat beruft die Hauptversammlung ein und bittet um deren Entscheidung über eine anstehende Strukturänderung i. S. der „*Holzmüller*"-Rechtsprechung.[10] Wird der Strukturänderung zugestimmt, ist er diesbezüglich entlastet. Möglich bleibt schließlich, dass der Aufsichtsrat den Beschluss der Hauptversammlung nach § 147 Abs. 1 AktG zur Anspruchsverfolgung gegenüber dem Vorstand einholt. Verlangt die Hauptversammlung, dass Ansprüche geltend gemacht werden, ist der Aufsichtsrat hieran gebunden und gleichzeitig von einem etwaigen Haftungsrisiko befreit, das sich aus einer fehlerhaften Beurteilung der Sachlage (Durchsetzbarkeit von Ansprüchen, Unternehmenswohl) ergeben könnte.

2. GmbH

336 Bei der GmbH sind die Geschäftsführer an die Weisungen der Gesellschafter gebunden (§ 37 Abs. 1 GmbHG), es sei denn solche Weisungen verlangten von der Geschäftsführung ein gesetzwidriges Verhalten (Rn. 174 ff.). Werden daher zulässige Weisungen erteilt oder wird ein bestimmtes beabsichtigtes Verhalten der Geschäftsführung durch Gesellschafterbeschluss gebilligt, so tritt grundsätzlich Haftungsbefreiung zugunsten der Geschäftsführer ein.[11] Hieran ändert sich auch dann nichts, wenn die gebilligten Maßnahmen das Gesellschaftsvermögen schädigen, z. B. zu einer Belastung mit Schadenersatzansprüchen Dritter führen.[12] Dasselbe gilt, soweit das Weisungsrecht anderen (fakultativen) Gesellschaftsorganen wie Aufsichtsrat oder Beirat satzungsmäßig eingeräumt ist[13] und diese dann Geschäftsführungsmaßnahmen billigen. Allerdings mögen sich hieraus Schadenersatzansprüche der Gesellschaft gegen das Organ ergeben, das die schädigenden Handlungen gebilligt hat. Auf der Ebene der Gesellschafter gilt dies nur dann, wenn bei einem Mehrheitsbeschluss Treuepflichten gegenüber der Minderheit verletzt worden sind. Der alleinige Gesellschafter-Geschäftsführer ist grundsätzlich bei allen Maßnahmen freigestellt, weil er in den beiden Funktionen (als Geschäftsführer einerseits und Gesellschafter andererseits) keinen unterschiedlichen Willen haben kann.[14] Dies gilt auch für den Vermögensentzug

---

10 BGHZ 83, 122 „*Holzmüller*"; BGHZ 159, 30 „*Gelatine*".

11 BGHZ 122, 333, 336; BGH, ZIP 2000, 493; *Verse*, in: Scholz, § 43 Rn. 260 ff.; *Beurskens*, in: Noack/Servatius/Haas, § 43 Rn. 16 ff.

12 BGH, ZIP 2000, 493: selbst wenn hierdurch Stammkapital beeinträchtigt wird; siehe hierzu *Altmeppen*, DB 2000, 657 ff.

13 Vgl. zur Übertragung von Gesellschafterkompetenzen auf Aufsichtsrat oder Beirat *Thümmel*, DB 1995, 2461, 2462 ff.

14 BGHZ 119, 257, 261; BGHZ 122, 333, 336; BGHZ 142, 92; OLG Köln, NJW-RR 1995, 930, 931.

zugunsten des Alleingesellschafters, solange nicht das Stammkapital beeinträchtigt wird (§§ 30, 31 GmbHG) oder ein existenzvernichtender Eingriff[15] vorliegt.

Nichtige Beschlüsse entlasten grundsätzlich nicht, anfechtbare dagegen zumindest mit Eintritt der Unanfechtbarkeit.[16] Wie bei der AG vermögen derartige Beschlüsse zwar nicht die Pflichtwidrigkeit des Geschäftsführerverhaltens zu beseitigen, sie können aber Einfluss auf das für die Haftung notwendige Verschulden haben. Das berechtigte Vertrauen auf die Wirksamkeit eines formell oder inhaltlich mangelhaften Gesellschafterbeschlusses wird den Geschäftsführer in der Regel exkulpieren (Rn. 221). Sind solche Mängel allerdings für den Geschäftsführer bei sorgfältiger Prüfung erkennbar, kann er sich auf die entlastende Wirkung des Beschlusses nicht berufen. In Zweifelsfällen muss er fachkundigen Rat einholen, auf den er sich bei Einhaltung der Anforderungen der „*ISION*"-Rechtsprechung[17] verlassen darf (siehe Rn. 197b). **337**

Insgesamt ist die Einholung einer Gesellschafterentscheidung (bzw. Aufsichtsrats- oder Beiratsentscheidung) für den GmbH-Geschäftsführer vor allem in kleineren Gesellschaften ein gangbarer Weg, um das eigene Risiko bei riskanten Geschäften und in Krisensituationen wirksam zu begrenzen. Er kann ebenso in der GmbH & Co. KG angewendet werden. Im Übrigen hat auch ein etwaiger Aufsichtsrat oder Beirat die Möglichkeit, sich durch Gesellschafterbeschluss Entlastung zu verschaffen. **338**

Praxistipp:

Vor allem in Gesellschaften mit kleinem Gesellschafterkreis oder einem weisungsberechtigten Aufsichtsrat oder Beirat empfiehlt es sich für die Geschäftsführung, zu komplexen und/oder in ihren finanziellen Auswirkungen bedeutsamen Geschäften die (vorherige) Zustimmung des jeweils zuständigen Organs einzuholen. Dies ist praktisch leicht umsetzbar, weil in solchen Gesellschaften üblicherweise ohnehin ein enger Informationsaustausch zwischen Geschäftsführung und Aufsichtsorgan oder Gesellschaftern stattfindet. Wichtig ist aber die Formalisierung: Aus dem Sitzungsprotokoll oder dem Text eines Umlaufbeschlusses muss sich der Gegenstand der Entscheidung (mit dem erforderlichen Kontext) und der Beschlussinhalt möglichst genau ergeben. Dazu sollte auf schriftliche Vorlagen oder Ausarbeitungen, die den Gremienmitgliedern übermittelt worden sind, Bezug genommen werden.

---

15 Siehe hierzu BGHZ 173, 246 „*Trihotel*" und Rn. 374.

16 Vgl. *Beurskens*, in: Noack/Servatius/Haas, § 43 Rn. 18 f. m. w. N.; *Haas*, in: Krieger/Uwe H. Schneider (Hrsg.), Handbuch Managerhaftung, § 19 Rn. 19.49.

17 BGH, DB 2011, 2484.

III. Verzicht auf Innenhaftungsansprüche

1. Aktiengesellschaft

a) Wirkung eines Entlastungsbeschlusses

339 Die Hauptversammlung beschließt nach § 120 Abs. 1 AktG alljährlich über die Entlastung des Vorstands und des Aufsichtsrats. Ob sich hieraus ein Anspruch der Organmitglieder auf Entlastung ergibt, ist zweifelhaft,[18] aber angesichts der Außenwirkung nicht erteilter Entlastung wohl zu bejahen. Mit dem Entlastungsbeschluss billigt die Hauptversammlung die Tätigkeit der Verwaltung im abgelaufenen Geschäftsjahr als im Großen und Ganzen gesetzes- und satzungsgemäß; daneben ist sie Vertrauensbeweis für die Zukunft. Nach ausdrücklicher gesetzlicher Anordnung enthält sie aber keinen Verzicht auf etwaige Innenhaftungsansprüche (§ 120 Abs. 2 Satz 2 AktG). Dies wäre auch mit der Regelung des § 93 Abs. 4 AktG und den darin enthaltenen Verzichtsbeschränkungen nicht vereinbar.

b) Verzicht und Vergleich

aa) Faktische Nichtgeltendmachung

340 Macht der Aufsichtsrat bereits entstandene Innenhaftungsansprüche nicht geltend, so greift der Mechanismus des § 147 AktG ein. Die Hauptversammlung kann den Aufsichtsrat zum Tätigwerden zwingen und notfalls besondere Vertreter bestellen (§ 147 Abs. 1 Satz 1, Abs. 2 Satz 1 AktG). Liegt ein Hauptversammlungsbeschluss vor, kann auch eine Aktionärsminderheit von 10 % des Grundkapitals (oder anteilig eine Million Euro) besondere Vertreter gerichtlich bestellen lassen (§ 147 Abs. 2 Satz 2 AktG) (siehe im Einzelnen Rn. 300 ff., 306 ff.). Schließlich kann eine Aktionärsminderheit von 1 % des Grundkapitals (oder anteilig 100.000 Euro) die Zulassung einer Aktionärsklage beantragen (§ 148 AktG). Werden Ansprüche weder vom Aufsichtsrat noch von der Hauptversammlungsmehrheit noch von einer qualifizierten Minderheit verfolgt, hängt die Enthaftung des Vorstands vom Ablauf der Verjährungsfrist des § 93 Abs. 6 AktG ab, die fünf Jahre, bei börsennotierten Gesellschaften zehn Jahre ab Entstehung des Anspruchs beträgt. Danach kann der Vorstand seine Haftung durch die Erhebung der Einrede der Verjährung abwenden. Hierdurch geraten allerdings der nicht rechtzeitig aktiv gewordene Aufsichtsrat oder der besondere Vertreter (nicht aber die Aktionäre) ins Risiko, denn die Nichtgeltendmachung kann ihrerseits einen Pflichtverstoß begründen.

---

18 Vgl. zum Meinungsstand etwa *Koch*, § 120 Rn. 18 f.; Teilentlastung ist im Übrigen unzulässig, OLG Düsseldorf, DB 1996, 615.

bb) Erlass

Der Erlass von bereits entstandenen Innenhaftungsansprüchen erfordert eine entsprechende vertragliche Vereinbarung zwischen Gesellschaft und Organ (§ 397 BGB). Die Gesellschaft wird dabei durch den Aufsichtsrat (§ 112 AktG) oder, falls dieser selbst betroffen ist, durch den Vorstand (§ 78 Abs. 1 AktG) vertreten. Vertretungsberechtigt kann auch ein nach § 147 Abs. 2 AktG bestellter besonderer Vertreter sein. Allerdings ist das Vertretungsorgan durch § 93 Abs. 4 Satz 3 AktG (der über § 116 AktG auch für den Aufsichtsrat gilt) in seiner Handlungsfreiheit eingeschränkt. Die Vorschrift will verhindern, dass sich Vorstand und Aufsichtsrat zum Nachteil der Gesellschaft wechselseitig schonen. **341**

Im Einzelnen ergibt sich aus § 93 Abs. 4 Satz 3 AktG, dass die Gesellschaft auf Innenhaftungsansprüche nur dann wirksam verzichten kann, wenn seit der Entstehung des Anspruches drei Jahre verstrichen sind und die Hauptversammlung mit Mehrheit zugestimmt hat, ohne dass gleichzeitig eine Minderheit von wenigstens 10 % des Grundkapitals zur Niederschrift des Protokolls Widerspruch erhoben hat. Die Dreijahresfrist beginnt ebenso wie die Verjährungsfrist zu dem Zeitpunkt zu laufen, zu dem die Gesellschaft ihre Ansprüche erstmals (auch durch Feststellungsklage) hätte geltend machen können. Durch die Zeitschranke soll verhindert werden, dass auf Ansprüche verzichtet wird, bevor überhaupt das ganze Ausmaß des Schadens erkennbar ist.[19] Das Widerspruchsrecht der Minderheit sollte deren Klageerzwingungsrecht nach § 147 Abs. 1, 2 AktG a. F. erhalten, das durch das UMAG inzwischen beseitigt wurde. Eine Anpassung an das neu eingeführte eigenständige Klagerecht der 1 %-Minderheit nach § 148 AktG (Rn. 312 ff.) hat nicht stattgefunden. Die 1 %-Minderheit kann daher nicht verhindern, dass die Hauptversammlung ihr den Anspruch und damit die Klagemöglichkeit nimmt, indem sie mit Mehrheit einem Verzicht zustimmt. **342**

cc) Vergleich

Die für den Erlass geltenden Beschränkungen kommen auch auf Vergleichsvereinbarungen zwischen Gesellschaft und Organ zur Anwendung, wie sich aus dem Wortlaut des § 93 Abs. 4 Satz 3 AktG ergibt. Eine Ausnahme besteht lediglich insoweit, als die Sperrfrist entfällt, wenn das ersatzpflichtige Organmitglied zahlungsunfähig ist (§ 17 Abs. 2 InsO) und sich mit seinen Gläubigern im Rahmen einer Insolvenz oder außergerichtlich[20] vergleicht, um das Insolvenzverfahren abzuwenden oder zu beenden (§ 93 Abs. 4 **343**

19 Vgl. *Hopt/Roth*, in: Großkomm. AktG, § 93 Rn. 518 ff.; *Koch*, § 93 Rn. 158 m. w. N.

20 H. M., *Spindler*, in: MünchKommAktG, § 93 Rn. 316; *Cahn*, in: Kölner Kommentar, § 93 Rn. 196; *Koch*, § 93 Rn. 169; zu den Anforderungen *Hirte/Stoll*, ZIP 2010, 253, 254 ff.

Satz 4 AktG). Die Frist soll den Gesamtdispositionen des Organmitgliedes in einem solchen Falle, in dem für die Gesellschaft ohnehin ein Teilverlust des Anspruches unausweichlich ist, nicht im Wege stehen. Die Rechte der Hauptversammlung (Zustimmungsentscheidung) bleiben aber unberührt, sodass der Aufsichtsrat auch hier nicht eigenmächtig handeln kann. Der Vergleich ist (ebenso wie der Verzicht) eine Entscheidung, die das zuständige Organ im Rahmen seines unternehmerischen Ermessens trifft.[21] Die Abwägungskriterien müssen der Hauptversammlung im Hinblick auf den dort zu fassenden Zustimmungsbeschluss auch erläutert werden. Um das Risiko der Anfechtbarkeit des Zustimmungsbeschlusses der Hauptversammlung (vgl. § 243 Abs. 4 Satz 1 AktG) zu reduzieren, muss der Vorstand sowohl die faktischen und rechtlichen Grundlagen der Haftungsansprüche als auch die mit einer weiteren Rechtsverfolgung verbundenen Risiken sowie die Abwägungsgesichtspunkte, die einen Vergleich in der vorgeschlagenen Höhe angemessen erscheinen lassen, im Einzelnen darlegen.

344 In der Praxis sind die Beschränkungen des § 93 Abs. 4 Satz 3 AktG, vor allem die Sperrfrist, sehr hinderlich. Innenhaftungsfälle sind oft tatsächlich und rechtlich komplex, der Ausgang eines Prozesses daher ungewiss. Hinzu kommt, dass auch die Vermögenslage des betroffenen Managers (außerhalb einer Versicherungsdeckung) und damit spätere Vollstreckungsmöglichkeiten nur schlecht eingeschätzt werden können. Beide Gesichtspunkte legen in der Mehrzahl der Fälle einen Vergleich nahe, dessen Abschluss vor Ablauf der Sperrfrist und ohne Hauptversammlungsbeschluss oder bei vorliegendem Widerspruch einer 10 %-Minderheit aber unzulässig ist. Dies gilt auch für einen gerichtlichen Vergleich. Ein denkbarer Ausweg könnte in der Abtretung der Innenhaftungsansprüche an einen Dritten liegen, der den Vergleichsbeschränkungen nicht unterliegt. Erforderlich wäre aber jedenfalls eine angemessene Gegenleistung des Dritten (die dem tatsächlichen – nicht notwendig dem nominellen – Wert des Anspruchs entspricht), da sonst eine Umgehung des § 93 Abs. 4 Satz 3 AktG vorläge, die das Geschäft unwirksam machte.[22]

345 Besonderheiten gelten bei der Aktionärsklage nach § 148 AktG. Die antragstellenden und später klagenden Aktionäre sind an § 93 Abs. 4 Satz 3 AktG nicht gebunden, denn es ist nicht die Gesellschaft, die sich vergleicht. Vergleiche können daher in jeder Lage des Verfahrens ohne Beschränkungen abgeschlossen werden. Für und gegen die Gesellschaft wirken sie allerdings erst nach Klagezulassung (§ 148 Abs. 5 Satz 2 AktG). Bei börsennotierten Gesellschaften müssen die Vergleichsbedingungen einschließlich aller Leistungsversprechen und Nebenabreden in den Gesellschaftsblättern bekannt

---

21 *Hasselbach*, DB 2010, 2037, 2040 ff.

22 *Hopt/Roth*, in: Großkomm. AktG, § 93 Rn. 530; *Hasselbach*, DB 2010, 2037, 2040.

gemacht werden. Die Bekanntmachung ist Wirksamkeitsvoraussetzung für die vereinbarten Leistungspflichten (§ 149 Abs. 2 AktG). Das Transparenzgebot soll das Erpressungspotenzial „räuberischer Aktionäre" reduzieren. Erhebt die Gesellschaft nach Klagezulassung selbst Klage oder übernimmt sie das Verfahren, leben die Vergleichsbeschränkungen bis auf die Sperrfrist wieder auf. Dieselben Beschränkungen gelten für eine Klagerücknahme durch die Gesellschaft (§ 148 Abs. 6 Satz 4 AktG).

2. GmbH

a) Wirkung des Entlastungsbeschlusses

Für die GmbH sieht § 46 Nr. 5 GmbHG die regelmäßige Entlastung der Geschäftsführung durch die Gesellschafterversammlung vor. Die Zuständigkeit kann durch Satzungsbestimmung auch auf andere Organe, etwa einen Aufsichtsrat oder Beirat übertragen sein,[23] die dann selbst wiederum zu entlasten sind. Ohne eine solche Übertragung verbleibt es auch im Falle der paritätisch mitbestimmten GmbH bei der Entlastungszuständigkeit der Gesellschafterversammlung, obwohl hier der obligatorische Aufsichtsrat ansonsten die Personalkompetenz innehat (§ 31 Abs. 1 MitbG).[24] Das Bestehen eines Entlastungsanspruches ist streitig,[25] wird aber von der Rechtsprechung im Grundsatz abgelehnt.[26] **346**

Die Wirkung der Entlastung geht bei der GmbH (und auch bei der GmbH & Co. KG) deutlich über diejenige bei der AG (vgl. § 120 Abs. 2 AktG) hinaus.[27] Nach einem wirksamen Entlastungsbeschluss ist die Gesellschaft mit solchen Haftungsansprüchen ausgeschlossen, die für das entlastende Organ, also die Gesellschafter oder ein zuständiges Aufsichtsorgan, aufgrund der Rechenschaftslegung der Geschäftsführung und der sonst zugänglich gemachten Unterlagen und Angaben erkennbar waren.[28] Der Ausschluss betrifft auch solche Ansprüche, deren Erkennbarkeit sich erst nach sorgfältiger Befassung mit vorliegenden Unterlagen,[29] durch die Vornahme von Berech- **347**

---

23 Vgl. *Noack*, in: Noack/Servatius/Haas, § 46 Rn. 48; *Ruter/Thümmel*, Rn. 183; *Thümmel*, DB 1995, 2461, 2464.

24 So zu Recht *Reichert*, in: Festschrift Henssler, 2023, S. 1173, 1174 f.

25 Vgl. zum Streitstand etwa *Noack*, in: Noack/Servatius/Haas, § 46 Rn. 46.

26 BGHZ 94, 324; Geschäftsführer kann negative Feststellungsklage bezüglich möglicher Haftungsansprüche erheben; siehe auch OLG Köln, DB 2001, 31: weiter Ermessensspielraum der Gesellschafter.

27 Vgl. *Nägele/Nestel*, BB 2000, 1253 ff. zu den Unterschieden der Entlastung bei GmbH-Geschäftsführer und AG-Vorstand.

28 BGH, NJW 1959, 192; BGH, WM 1976, 736, 737; BGHZ 97, 382; *Noack*, in: Noack/Servatius/Haas, § 46 Rn. 41; *Bayer*, in: Lutter/Hommelhoff, § 46 Rn. 26; *K. Schmidt*, in: Scholz, § 46 Rn. 94.

29 OLG Hamburg, GmbHR 2000, 1263; *Bayer*, in: Lutter/Hommelhoff, § 46 Rn. 26.

nungen (etwa im Hinblick auf Zahlen im Jahresabschluss)[30] oder infolge naheliegender Nachfragen ergibt. Die Entlastungswirkung tritt allerdings nicht für Ansprüche ein, auf die die Gesellschaft nicht wirksam verzichten kann (§§43 Abs. 3 Satz 2, 9b Abs. 1 GmbHG). Im Übrigen entfaltet ein nichtiger oder anfechtbarer (und fristgemäß angefochtener) Entlastungsbeschluss keine Verzichtswirkung. Insgesamt ist die praktische Bedeutung des Entlastungsbeschlusses als Instrument der Enthaftung für die Gesellschaftsorgane der GmbH und der GmbH & Co. KG erheblich.

Praxistipp:

Die Geschäftsführer der GmbH sollten sicherstellen, dass die zuständigen Organe ihnen routinemäßig, d.h. im Zusammenhang mit der Feststellung des Jahresabschlusses, Entlastung erteilen. Dabei ist darauf zu achten, dass zu allen kritischen Themen in ausreichendem Maße Informationen, insbesondere auch Unterlagen zur Verfügung gestellt und die wesentlichen Positionen des Jahresabschlusses samt eingetretenen Veränderungen erläutert werden. Auch größere Projekte sollten angesprochen werden.

b) Verzicht und Vergleich

348 Anders als die AG unterliegt die GmbH (und die GmbH & Co. KG) hinsichtlich des Erlasses bereits entstandener Innenhaftungsansprüche nur geringen Beschränkungen. Erforderlich ist allerdings in jedem Falle – unabhängig davon, durch welches Organ die Gesellschaft im konkreten Fall vertreten wird – ein mit Mehrheit zu fassender Beschluss der Gesellschafter oder desjenigen Organs (z.B. eines Aufsichtsrats oder Beirats), auf das die Gesellschafterrechte übertragen worden sind.[31] Abgesehen hiervon gibt es anders als nach §93 Abs. 4 Satz 3 AktG weder einen ausdrücklichen Minderheitenschutz[32] noch eine Zeitschranke. Allerdings kann es die gesellschaftsrechtliche Treuepflicht im Einzelfall gebieten, von einem Verzicht abzusehen.[33] Lediglich auf Ansprüche nach §§9a Abs. 1, 57 Abs. 4 GmbHG (Gründerhaftung), 43 Abs. 3 GmbHG (Verstoß gegen Kapitalerhaltungsgebot) und 15b

30 Vgl. OLG Brandenburg, DB 2022, 2271, 2273.

31 BGH, WM 1968, 114; BGH, GmbHR 1998, 278 („Generalbereinigung"); *Altmeppen*, §43 Rn. 120ff.; *Beurskens*, in: Noack/Servatius/Haas, §43 Rn. 68; im Einzelfall ist durch Auslegung zu ermitteln, welche Ansprüche konkret dem Verzicht unterliegen sollten, vgl. BGH, NJW 2001, 223 (nicht Ansprüche auf Rückzahlung von Vorschüssen).

32 Der Verzichtsbeschluss der Mehrheit kann aber treuwidrig sein und unter diesem Aspekt Ansprüche der Minderheitsgesellschafter gegen die Mehrheit (oder das Anfechtungsrecht der Minderheit) begründen, vgl. *Beurskens*, in: Noack/Servatius/Haas, §43 Rn. 68; BGHZ 65, 15 „*ITT*".

33 *Hasselbach*, DB 2010, 2037, 2039.

Abs. 4 InsO (Zahlungen nach Insolvenzreife) kann nicht wirksam verzichtet werden, soweit die Ersatzleistung zur Befriedigung von Gesellschaftsgläubigern erforderlich ist (§§ 9b Abs. 1 GmbHG, 15b Abs. 4 Satz 4 InsO).[34] Dies ist bei Eintritt der Insolvenzreife oder ernsthaften Zahlungsschwierigkeiten der Gesellschaft anzunehmen.[35]

IV. Haftungsbeschränkung durch Vereinbarung

1. Zulässigkeit

Inwieweit das Innenhaftungsrisiko von Unternehmensleitern durch Ver- **349** einbarung mit der Gesellschaft von vornherein ausgeschlossen oder beschränkt werden kann, ist umstritten. Bei der Haftungsbeschränkung geht es um die Reduzierung des Pflichten- und Sorgfaltsmaßstabes, die etwa durch den Ausschluss einfacher Fahrlässigkeit bewirkt werden kann, oder um die Vereinbarung einer zahlenmäßig festgelegten Haftungshöchstgrenze. Ausgangspunkt für eine sachgerechte Analyse dürfte die Überlegung sein, wessen Schutz die gesetzliche Haftungsregelung dient und in welchem Maße ein nachträglicher Anspruchsverzicht möglich ist.[36] Soweit Gläubigerschutzgesichtspunkte im Vordergrund stehen und/oder ein Verzicht nicht oder nur erschwert möglich ist, sollte auch für vereinbarte Beschränkungen der Haftung kein Raum sein.

2. Aktiengesellschaft

Hieraus folgt für die AG, dass die Innenhaftung der Vorstände und Auf- **350** sichtsräte grundsätzlich nicht beschränkbar ist. Der in § 93 Abs. 1 AktG zum Ausdruck kommende Haftungsstandard ist zwingend (§ 23 Abs. 5 AktG), ein Verzicht auf entstandene Ansprüche nur unter erschwerten Bedingungen, insbesondere erst nach Ablauf einer Sperrfrist zulässig (§ 93 Abs. 4 Satz 3 AktG). Dies ist für die Organe, insbesondere für den Aufsichtsrat misslich, weil es sich bei diesem ganz überwiegend um ein Nebenamt handelt. De lege ferenda wäre zu erwägen, eine Minderung des Haftungsmaßstabes – etwa auf grobe Fahrlässigkeit – durch entsprechende Satzungsbestimmung

34 Mit der schon aus § 93 Abs. 4 Satz 4 AktG bekannten Gegenausnahme, dass der Geschäftsführer zahlungsunfähig ist und sich mit seinen Gläubigern vergleichen will, § 9b Abs. 1 Satz 2 GmbHG.

35 Die Pfändung des Ersatzanspruches durch Gläubiger kann als Indiz dafür gelten, dass dieser zur Befriedigung des Gläubigers erforderlich ist, vgl. *Servatius*, in: Noack/Servatius/Haas, § 9b Rn. 2.

36 So zutreffend *Uwe H. Schneider*, GmbHR 1993, 10, 20.

zu erlauben.[37] Auf diese Weise könnte der Struktur und Größe der jeweiligen Gesellschaft Rechnung getragen werden.

3. GmbH

351 Bei der GmbH (und GmbH & Co. KG) sind nach h. M.[38] mit Abweichungen im Detail haftungsbeschränkende Vereinbarungen grundsätzlich zulässig. Entsprechend der Beschränkung des Anspruchsverzichts (§§ 43 Abs. 3, 9b Abs. 1 GmbHG) müssen aber Ansprüche wegen Verstoßes gegen die Kapitalerhaltungspflicht (§ 43 Abs. 3 GmbHG), wegen unzulässiger Zahlungen nach Insolvenzreife (§ 15b Abs. 4 InsO) und aus Gründerhaftung (§§ 9a Abs. 1, 57 Abs. 4 GmbHG) ausgenommen werden. Abgesehen hiervon kommen Beschränkungen des Verschuldensmaßstabes (auf Vorsatz oder grobe Fahrlässigkeit), eine Änderung der gesetzlichen Beweislastregelung (vgl. § 93 Abs. 2 Satz 2 AktG), summenmäßige Beschränkungen[39] und wohl auch ein vollständiger Haftungsausschluss (bis auf Vorsatz, § 276 Abs. 3 BGB) in Betracht.[40] Auch die vereinbarte Verkürzung der Verjährungsfrist hat die Wirkung einer Haftungsbeschränkung und ist nach der Rechtsprechung des BGH[41] wirksam, solange die Pflichtverletzung des Geschäftsführers nicht in einem Verstoß gegen die Kapitalerhaltungspflicht besteht (§ 43 Abs. 3 GmbHG). In Betracht kommen schließlich dienstvertragliche Einschränkungen der Verantwortungsbereiche des Geschäftsführers, die den Kreis möglicher Pflichtverletzungen begrenzt.

352 Vereinbarte Haftungsbeschränkungen erfordern, wie im Falle des nachträglichen Haftungsverzichts, eine Gesellschafterentscheidung. Eine Verankerung in der Satzung ist jedoch nicht notwendig.[42] Ein mit der nach Satzung gebotenen Mehrheit gefasster Gesellschafterbeschluss oder eine anstellungsvertragliche Regelung, die von der Gesellschafterversammlung gebilligt worden ist, reicht aus. Für Aufsichtsräte oder Beiräte bietet sich vor

---

37 Siehe hierzu auch das Gutachten von *Bachmann*, Gutachten E zum 70. Deutschen Juristentag und die daran anschließenden Empfehlungen.

38 Vgl. *Beurskens*, in: Noack/Servatius/Haas, § 43 Rn. 39; *Verse*, in: Scholz, § 43 Rn. 421; *Fleck*, GmbHR 1974, 229; *Haas*, in: Krieger/Uwe H. Schneider (Hrsg.), Handbuch Managerhaftung, § 19 Rn. 19.2 ff.; *Thümmel/Sparberg*, DB 1995, 1013, 1019; *Pentz*, in: Rowedder/Pentz, § 43 Rn. 7 ff.; *Schmitt*, in: Bartl/Bartl/Beine/Koch/Schlarb/Schmitt, § 43 Rn. 4.

39 Siehe zu den verschiedenen Möglichkeiten der Haftungsbeschränkung im Anstellungsvertrag mit Formulierungsvorschlägen *Jula*, GmbHR 2001, 806 ff.

40 Im Einzelnen str., vgl. einerseits *Verse*, in: Scholz, § 43 Rn. 421 ff., andererseits *Beurskens*, in: Noack/Servatius/Haas, § 43 Rn. 39, jeweils m. w. N.

41 BGH, DStR 2002, 2046; enger noch BGH, ZIP 2000, 135; kritisch hierzu *Altmeppen*, DB 2000, 261 ff.

42 *Verse*, in: Scholz, § 43 Rn. 421; *Uwe H. Schneider*, in: Festschrift Werner, 1984, S. 795, 814; *Beurskens*, in: Noack/Servatius/Haas, § 43 Rn. 39.

dem Hintergrund eines fehlenden vertraglichen Bandes eine satzungsmäßige Erfassung an.[43] Die Vereinbarung erstreckt sich im Zweifel auch auf konkurrierende vertragliche oder deliktische Ansprüche.

V. Freistellung

Grundsätzlich zulässig ist die Freistellung der Organe von Haftpflichtverbindlichkeiten durch Dritte, insbesondere durch Gesellschafter oder Aktionäre. Die Beschränkungen des § 93 Abs. 4 Satz 3 AktG sind hier nicht anwendbar.[44] Solche Freistellungszusagen finden sich vor allem in Konzernverhältnissen. Werden bestimmte Unternehmensteile verselbständigt und wird der bisherige Abteilungsleiter zum Geschäftsführer der neuen legalen Einheit bestellt, verändert sich das auf ihn anwendbare Haftungsregime. Die Privilegierung des Arbeitnehmers durch die Regeln zum innerbetrieblichen Schadensausgleich (vgl. Rn. 73 f.) entfällt, an ihre Stelle tritt die Organhaftung. Hier bietet sich eine Freistellung durch die Obergesellschaft an. In Gesellschaften mit Gebietskörperschaften als Anteilseignern bestehen gesetzliche Freistellungsverpflichtungen (bei leicht fahrlässigen Schadensverursachungen oder solchen, die auf Weisung eingetreten sind) zugunsten von entsandten Vertretern, die Organfunktion wahrnehmen.[45] Vorsicht ist bei Freistellungszusagen einzelner Aktionäre geboten: Nimmt der Vorstand auf dieser Grundlage Partikularinteressen des Aktionärs wahr, droht allen Beteiligten die Haftung nach § 117 AktG. **352a**

---

43 Vgl. *Ruter/Thümmel*, Rn. 331.

44 *Hasselbach*, DB 2010, 2037, 2040.

45 Z. B. § 104 Abs. 4 bad.-württ. GO.

C. Außenhaftung

6. Kapitel
Rechtsgrundlagen der Außenhaftung

Übersicht

I. Übersicht

353 Die Haftung des Unternehmensleiters für Schäden, die infolge seiner Tätigkeit bei Dritten – also nicht bei der von ihm repräsentierten Gesellschaft – eintreten, beruht auf keiner einheitlichen Rechtsgrundlage. Neben Rechtsinstituten, die eine Haftung des Vorstands oder Geschäftsführers für Verbindlichkeiten des Unternehmens neben oder anstelle der Gesellschaft anordnen (z. B. §§ 41 Abs. 1 AktG, 11 Abs. 2 GmbHG, Prospekthaftung), sind Sondertatbestände mit ganz unterschiedlichen Zielsetzungen zu beachten (z. B. §§ 34, 69 AO, 93 Abs. 5 AktG, konzern- und umwandlungsrechtliche Haftungsregeln). Im Zentrum steht aber der deliktische Schadenersatzanspruch der §§ 823 ff. BGB, der für die meisten Fälle der Außenhaftung die rechtliche Basis darstellt. Neben dem Eingriff in absolut geschützte Rechtsgüter (§ 823 Abs. 1 BGB) spielt vor allem die Schutzgesetzverletzung (§ 823 Abs. 2 BGB) eine wichtige Rolle (vgl. Abb. 9 sowie Rn. 33 ff.).

354 Die Außenhaftung betrifft in erster Linie die operativ tätigen Organe, also die Vorstände und Geschäftsführer. Sie nehmen durch ihr Handeln oder Unterlassen unmittelbar auf das Unternehmensgeschehen Einfluss und stehen damit auch in dem Risiko, Rechte Dritter zu beeinträchtigen. Dies gilt – in Abhängigkeit von ihrem jeweiligen Aufgabenfeld – auch für leitende Angestellte. Auf die Organstellung kommt es im Rahmen der Außenhaftung mit wenigen Ausnahmen nicht an. Entscheidend ist allein, ob die betreffende Person im Sinne von Täterschaft oder Teilnahme einen ihr zurechenbaren Beitrag zu der vom Anspruchsteller geltend gemachten Rechtsverletzung geleistet hat. Allerdings steht Arbeitnehmern gegenüber der Gesellschaft ein

Freistellungsanspruch nach den Grundsätzen des innerbetrieblichen Schadensausgleichs zu (Rn. 76).

354a Aufsichtsorgane wie Aufsichtsrat oder Beirat haben dagegen ein geringeres Risiko, im Außenverhältnis haftpflichtig zu werden.[1] Es handelt sich bei ihnen um Innenorgane, deren Tätigkeit mangels direkter Außenwirkung seltener mit den Interessen Dritter kollidiert. Dennoch sind auch Aufsichtsräte nicht vor Außenhaftungsrisiken gefeit. Tragen ihre Entscheidungen adäquat kausal zu Rechtsverletzungen Dritter bei, sind sie bei Vorliegen entsprechenden Verschuldens ebenso einstandspflichtig wie die Unternehmensleiter selbst. So haftet ein Aufsichtsrat den Anlegern der Gesellschaft, wenn er an Beschlüssen mitwirkt, mit denen betrügerisches Verhalten des Vorstands gebilligt oder aktiv unterstützt wird.[2] Denn Teil der Überwachungsaufgabe des Aufsichtsrats ist es, Rechtsverstöße des Vorstands zu verhindern. Eine Haftung des Aufsichtsrats kommt auch dann in Betracht, wenn etwa die Verletzung von Schutzgesetzen wie der Insolvenzantragspflicht (§ 15a Abs. 1 InsO), die von ihm in der Regel[3] gar nicht selbst begangen werden kann, in Rede steht. Es genügt, dass der Aufsichtsrat auf die Entscheidung der Geschäftsführung, den Insolvenzantrag zu stellen, zum Schaden der Gläubiger Einfluss nimmt.[4] Die betreffenden Mitglieder des Aufsichtsrats haften dann als Anstifter oder Gehilfen.

II. Deliktische Schadenersatzansprüche

1. Rechtsgutsverletzung (§ 823 Abs. 1 BGB)

355 Der deliktische Schadenersatzanspruch kann sich zunächst aus § 823 Abs. 1 BGB ergeben. Voraussetzung hierfür ist die Verletzung eines der absolut geschützten Rechtsgüter wie des Lebens, der körperlichen Unversehrtheit, des Eigentums, des eingerichteten und ausgeübten Gewerbebetriebes[5] oder auch der Mitgliedschaft[6] in einer Handelsgesellschaft (als Anteilseigner). Die Verletzung allgemeiner Vermögensinteressen erfüllt den Tatbestand des § 823 Abs. 1 BGB dagegen nicht; in diesem Fall entsteht eine Haftung nur bei gleichzeitigem Schutzgesetzverstoß (§ 823 Abs. 2 BGB) oder bei vorsätzlicher und sittenwidriger Schädigung (§ 826 BGB).

---

1 Vgl. *Thümmel*, Der Aufsichtsrat 2013, 10.
2 OLG Karlsruhe, WM 2009, 1147, 1149 ff.; OLG Düsseldorf, DB 2008, 1961, 1962 mit zust. Anm. *Wilsing/Ogorek*, DB 2008, 1963.
3 Siehe aber § 15a Abs. 3 InsO bei Führungslosigkeit der Gesellschaft.
4 Vgl. BGH, NJW 1979, 1829; *Thümmel*, BB 2002, 1105, 1107.
5 Vgl. hierzu BGHZ 166, 84 „*Breuer*".
6 Siehe hierzu insbesondere BGHZ 83, 122, 133 ff. „*Holzmüller*".

Fallbeispiel:[7]

Der Vorstandssprecher der größten deutschen Bank äußerte sich im Rahmen eines Fernsehinterviews skeptisch zu den Aussichten eines Bankkunden, seine finanziellen Probleme zu überwinden. Konkret sagte er: „Was alles man darüber lesen und hören kann, ist ja, dass der Finanzsektor nicht bereit ist, auf unveränderter Basis noch weitere Fremd- oder gar Eigenmittel zur Verfügung zu stellen." Der Bankkunde, eine komplex strukturierte Unternehmensgruppe, fiel in der Folge in die Insolvenz. Der Kläger, Namensgeber und maßgeblicher Gesellschafter der Unternehmensgruppe, begehrte aus eigenem und (von einem Gruppenunternehmen) abgetretenem Recht die Feststellung, dass ihm die Bank und ihr Vorstandssprecher persönlich wegen der Interviewäußerungen Schadenersatz schuldeten. Der BGH sah in den Interviewäußerungen einen rechtswidrigen Eingriff in den eingerichteten und ausgeübten Gewerbebetrieb des (abtretenden) Gruppenunternehmens (nicht des Klägers als Anteilseigner), der – unter Einbeziehung der vertraglichen Verpflichtungen der Bank – auch unter dem Blickwinkel des Art. 5 GG nicht gerechtfertigt sei. Deshalb sei der Vorstandssprecher persönlich zum Schadenersatz verpflichtet.

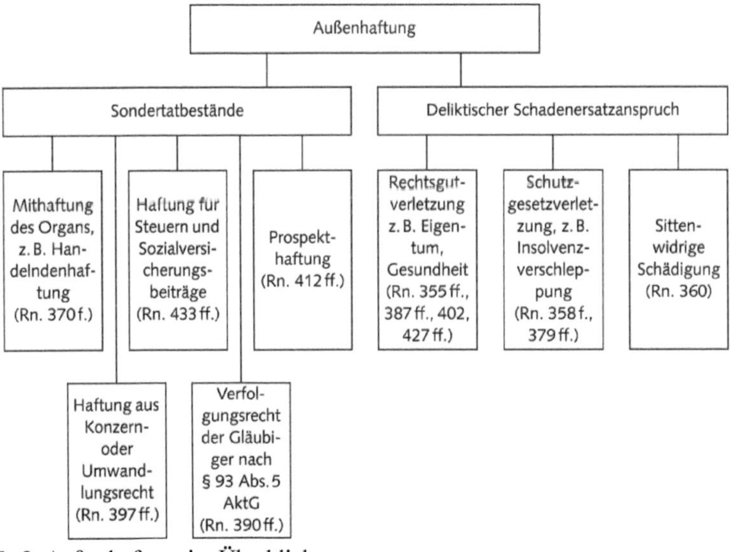

Abb. 9: Außenhaftung im Überblick

7 BGHZ 166, 84 „*Breuer*"; Vorinstanzen: OLG München, ZIP 2004, 19; LG München, NJW 2003, 1046: kritisch hierzu *Möllers*, NZG 2006, 338, 340: Ausweitung vertraglicher Pflichten über die Hintertür des Deliktsrechts.

356 Die Rechtsgutsverletzung kann auch durch Unterlassen begangen werden, wenn eine Rechtspflicht zum Handeln bestand. Handlungspflichten werden durch vielfältige Regelungen begründet, die vom Gesetz- oder Verordnungsgeber (z.B. zur Verhinderung umweltbeeinträchtigender Immissionen) oder auch von Berufsgenossenschaften (z.B. zur Arbeitsplatzsicherheit) ausgehen. Ferner hat die Rechtsprechung Handlungspflichten begründet, so insbesondere die den Unternehmensleiter treffende Pflicht zur Schaffung einer betrieblichen Organisation und eines *Compliance-Managements,* die Rechtsverletzungen aus dem Unternehmen heraus, insbesondere eine Verletzung absoluter Rechtsgüter Dritter weitgehend ausschließt.[8] Der Unternehmensleitung wird damit eine Garantenstellung im Hinblick auf die absolut geschützten Rechtsgüter all derjenigen Dritten zugewiesen, die mit dem Unternehmen oder seinen Erzeugnissen in irgendeiner Weise in Kontakt kommen. Damit obliegt ihr auch die Verkehrssicherungspflicht, die sie durch Auswahl und Überwachung geeigneten Personals organisatorisch absichern muss.[9] Die Rechtsprechung zur Organisationspflicht und Compliance ist sehr weitgehend und bürdet der Unternehmensleitung ein erhebliches Risiko auf, weil die Reichweite der im Einzelfall zu erfüllenden Organisationspflichten nur schwer zu bestimmen ist.[10]

357 Der Schutz absolut geschützter Rechtsgüter durch §823 Abs.1 BGB wird ergänzt durch eine Reihe spezialgesetzlicher Bestimmungen, die Schadenersatzansprüche der Inhaber von Urheberrechten (§97 Abs.1 UrhG) und gewerblichen Schutzrechten (z.B. §§42 DesignG, 14 Abs.6 MarkenG, 139 Abs.2 PatG) begründen. Eigenständige Anspruchsgrundlagen bestehen auch zugunsten von Wettbewerbern (§§3, 9 UWG) und durch Kartellverstöße Geschädigten (§33a GWB). Anspruchsgegner sind jeweils die handelnden Personen oder ihre Gehilfen (§830 BGB), zu denen auch die Gesellschaftsorgane gehören können.

2. Schutzgesetzverletzung (§823 Abs.2 BGB)

358 Deliktische Schadenersatzansprüche gegen Unternehmensleiter können sich auch aus der Verletzung bestimmter Schutzgesetze i.V.m. §823 Abs.2 BGB ergeben. Der Kreis möglicher Schutzgesetze ist groß. In Betracht kommen Strafvorschriften (z.B. Betrug oder Untreue), aber auch sonstige Normen,

---

8 BGHZ 109, 297 „*Baustoff*“; ganz generell treffen den Unternehmensleiter die allgemeinen Verkehrssicherungspflichten, vgl. zu den Haftungsfolgen *Altmeppen*, ZIP 1995, 881ff.; LG München I, DB 2014, 766ff. „*Siemens/Neubürger*“.

9 OLG Stuttgart, NJW 2008, 2514, 2515.

10 Vgl. *Thümmel/Sparberg*, DB 1995, 1013, 1016; kritisch *Westermann/Mutter*, DZWir 1995, 184, 188/189; *Westermann*, DNotZ 1991, 813; *Keßler*, GmbHR 1994, 429, 433ff.; zum Spannungsfeld von Organisation und Haftung auch schon *v. Werder*, DB 1987, 2265ff.

die den Schutz bestimmter Personengruppen – nicht lediglich der Allgemeinheit – beabsichtigen. Zu denken ist hier an bau-, gewerbe-, umwelt-, aber auch kartellrechtliche Bestimmungen. Sorgfältig geprüft werden muss in jedem Einzelfall, ob die Regelung gerade den Schutz des Verletzten vor dem eingetretenen Schaden bezweckt und ob der von dem Schutzgesetz geforderte Verschuldensgrad bei dem Unternehmensleiter vorliegt.[11] Wird die Haftung des Organs als Anstifter oder Gehilfe geltend gemacht, muss auch der entsprechende Vorsatz dargelegt werden.[12] Verstöße gegen das Lieferkettensorgfaltspflichtengesetz können kraft ausdrücklicher gesetzlicher Anordnung (§ 3 Abs. 3 Satz 1 LkSG) keine zivilrechtlichen Ansprüche begründen, sodass es auf die Schutzgesetzeigenschaft der Regelungen nicht ankommt.

Ein wichtiger Anwendungsfall der Verletzung von Schutzgesetzen ist die **359** Insolvenzverschleppung (Schutzgesetz ist die Insolvenzantragspflicht, § 15a Abs. 1 InsO). Daneben gibt es eine Vielzahl weiterer Schutzgesetze, die speziell den Schutz von Gläubigern der Gesellschaft bezwecken. Hierzu gehören die §§ 399 ff. AktG, die verschiedene Verhaltensweisen der Vorstände und Aufsichtsräte unter Strafe stellen. Zu erwähnen sind z. B. der Gründungsschwindel (§ 399 AktG)[13] oder die unrichtige Darstellung der Verhältnisse der Gesellschaft in Bilanzen und sonstigen Berichten gegenüber der Hauptversammlung oder Abschlussprüfern (§ 400 AktG). In diesen Zusammenhang gehören auch die allgemeinen Betrugs- und Untreuetatbestände (§§ 263, 266 StGB) mit ihren sondergesetzlichen Ausprägungen (z. B. §§ 265b, 266a StGB). Keine Schutzgesetze sind § 130 OWiG (Unterlassung von Aufsichtsmaßnahmen) und §§ 41 GmbHG, 91 AktG (Buchführungspflicht, Risikofrüherkennungssystem),[14] ebenso wenig § 40 GmbHG, der die jährliche Einreichung einer Gesellschafterliste durch die Geschäftsführer vorschreibt.[15]

---

11 Vgl. zu letzterem Erfordernis etwa OLG Düsseldorf, DB 1992, 2080, 2081: Die Haftung des Unternehmensleiters für vorsätzlich begangene Straftaten von Mitarbeitern setzt auch bei ihm Vorsatz voraus, anders allerdings bei mangelhafter Compliance-Organisation.

12 BGH, GmbHR 2013, 1321, 1322; OLG Dresden, AG 2023, 749.

13 Typischerweise im Zusammenhang mit Kapitalerhöhungen relevant, BGHZ 105, 121 ff.; BGH, WM 2005, 2095.

14 Vgl. BGH, BB 1964, 1273; LG Bonn, AG 2001, 484, 486; offen gelassen in BGHZ, 125, 366; für Schutzgesetzcharakter der Buchführungspflicht *Stapelfeld*, GmbHR 1991, 94 ff.; *Biletzki*, ZIP 1997, 9 ff.; *ders.*, BB 2000, 521; *Schnorr*, ZHR 170 (2006), 9, 26 ff.

15 Siehe hierzu *Haase*, BB 1996, 2309, 2316.

3. Vorsätzliche und sittenwidrige Schädigung (§ 826 BGB)

360 Der Schadenersatzanspruch aus vorsätzlicher und sittenwidriger Schädigung nach § 826 BGB dient dem Schutz des Vermögens des Geschädigten insgesamt, unabhängig von der Verletzung bestimmter absolut geschützter Rechtsgüter. Er setzt voraus, dass der Täter die Vermögensinteressen des Geschädigten in besonders verwerflicher Weise außer Acht gelassen (Sittenverstoß) und den Eintritt des Schadens zumindest billigend in Kauf genommen (Vorsatz) hat. An die Erfüllung dieses qualifizierten subjektiven Tatbestandes werden allerdings in der Rechtsprechung keine hohen Anforderungen gestellt. So soll etwa die Veranlassung eines Dritten zur Erbringung weitreichender Vorleistungen ohne auch nur einigermaßen hinreichende Sicherheit, die zur Bezahlung erforderlichen Mittel beschaffen zu können,[16] hierfür ebenso ausreichen wie die Veranlassung zum Abschluss von Börsentermingeschäften ohne ausreichende Aufklärung des Kunden[17] oder bewusst unzutreffende Angaben zu Halbjahreszahlen im Rahmen einer Ad-hoc-Mitteilung.[18]

Fallbeispiel:[19]

Der Beklagte war Geschäftsführer einer im Werbebereich tätigen GmbH. Diese war mit der Dekoration von zwei Veranstaltungen eines Rundfunksenders beauftragt. Als Entgelt sollte sie das Recht erhalten, auf eigene Rechnung Werbeverträge bezüglich der Veranstaltungen mit namhaften Unternehmen abzuschließen. Mit der Ausführung der Dekorationsarbeiten beauftragte die GmbH die Klägerin, die die Arbeiten auch durchführte. Da die GmbH nicht in der Lage war, Werbeverträge der genannten Art zu akquirieren, konnte sie die Klägerin nicht bezahlen. Sie ging wenig später in die Insolvenz. Die Klägerin nahm den Geschäftsführer persönlich auf Schadenersatz in Anspruch. Der BGH sah in dem Verhalten des Geschäftsführers eine vorsätzliche und sittenwidrige Schädigung. Er habe die Klägerin zur Ausführung der Arbeiten, die ein erhebliches Volumen hatten, veranlasst, ohne zu diesem Zeitpunkt zur Bezahlung in der Lage gewesen zu sein und ohne auch nur einen einzigen Werbevertrag in der Tasche oder konkrete Aussicht auf den Abschluss eines solchen gehabt zu haben. Damit habe er die Schädigung der Klägerin zumindest billigend in Kauf genommen und hafte dieser aus § 826 BGB.

---

16 BGH, GmbHR 1994, 464; vgl. auch OLG Köln, BB 1997, 112, 114.

17 OLG Düsseldorf, NJW 1995, 404, 405; siehe auch BGHZ 105, 108, 109; BGH, NJW 1994, 997; BGH, DStR 1999, 1117.

18 OLG Frankfurt, AG 2019, 217.

19 BGH, GmbHR 1994, 464.

III. Mithaftung des Unternehmens, Regress auf den Unternehmensleiter

Deliktische Rechtsverletzungen, die von gesetzlichen Vertretern juristischer 361
Personen im Rahmen ihres Pflichtenkreises begangen werden, führen über § 31 BGB zu einer Schadenersatzpflicht auch der juristischen Person selbst. Dasselbe gilt in analoger Anwendung des § 31 BGB auch für Gesellschaften, die nicht als juristische Personen strukturiert sind.[20] Solange der Unternehmensleiter daher die Schädigung des Dritten im Rahmen der Erfüllung seiner Aufgaben[21] bewirkt, haftet immer auch die Gesellschaft. Der Geschädigte wird sich daher regelmäßig an die Gesellschaft als dem Schuldner mit den vermutlich höheren Ressourcen halten.

Soweit der Dritte von dem Unternehmen Befriedigung erlangt, stellt sich die 362
Frage des Regresses der Gesellschaft auf den Unternehmensleiter, der sich nach Innenhaftungsgrundsätzen richtet. Entscheidend ist also, ob die Drittschädigung mit einer Pflichtverletzung des Unternehmensleiters der eigenen Gesellschaft gegenüber verbunden ist. Da der Unternehmensleiter auch für die Rechtmäßigkeit des Handelns der Gesellschaft verantwortlich ist (oben Rn. 184), werden Verstöße gegen gesetzliche Handlungsge- oder -verbote in aller Regel auch eine interne Pflichtverletzung beinhalten und damit den Regress begründen. An einer Pflichtverletzung im Innenverhältnis kann es fehlen, wenn das im Außenverhältnis haftungsauslösende Verhalten des Unternehmensleiters von geringer Schuld getragen war, er im wohlverstandenen Interesse der Gesellschaft gehandelt hatte und sich rechtstreu verhalten wollte.

Häufig werden Gesellschaft und Unternehmensleiter gemeinsam in An- 363
spruch genommen, wobei der Dritte auch in diesem Fall zunächst bei der Gesellschaft Befriedigung suchen wird. Richtet der Dritte seinen Anspruch jedoch allein gegen den Unternehmensleiter oder vollstreckt er bei ihm, stellt sich die Frage, ob ihm gegenüber der Gesellschaft ein Freistellungsanspruch zusteht (Rn. 364 ff.). Allerdings wird dieser Fall in der Regel nur auftreten, wenn die Gesellschaft mangels Solvenz als Haftungsadressat nicht in Betracht kommt. Dann hilft auch eine Freistellung nicht. Anderes gilt, wenn sich der Freistellungsanspruch nicht allein gegen die Gesellschaft, sondern auch gegen Anteilseigner richtet. Solche Freistellungsansprüche können sich aus vertraglicher Vereinbarung oder arbeitsrechtlichen Regelungen er-

20 BGH, NJW 1952, 537; BGHZ 154, 88, 93 ff. für die BGB-Gesellschaft.

21 Dabei ist unerheblich, ob er seine Vertretungsmacht überschritten hat; die Anwendbarkeit des § 31 BGB endet erst, wenn sich das Organ so weit von seinem Aufgabenkreis entfernt hat, dass die Tätigkeit als außerhalb des allgemeinen Rahmens der ihm übertragenen Aufgaben liegend auch für einen Außenstehenden erkennbar war, vgl. BGH, NJW 1980, 115.

geben. So wird die Obergesellschaft zur Freistellung verpflichtet sein, wenn sie einen Mitarbeiter als Organ in eine Untergesellschaft entsendet und der Mitarbeiter in dieser Funktion Dritte schädigt, ohne dass ihm grobe Fahrlässigkeit oder Vorsatz zur Last fällt (vgl. Rn. 76).

IV. Freistellung von der Außenhaftung

1. Zulässigkeit der Freistellung

a) Begriff

364 Freistellung bedeutet, dass die Gesellschaft dem Organ die Last der Drittinanspruchnahme abnimmt. Dies kann dadurch geschehen, dass sie den Dritten anstelle des Unternehmensleiters befriedigt, wenn der Dritte berechtigte Ansprüche geltend macht. Die andere Möglichkeit besteht darin, dass die Gesellschaft dem Unternehmensleiter die von ihm im Zusammenhang mit der Befriedigung des Dritten getätigten Aufwendungen (Schadenersatzleistung, ggf. auch Prozesskosten) erstattet. Da in aller Regel auch das Unternehmen dem geschädigten Dritten verpflichtet ist (§ 31 BGB), stellt sich allerdings im Einzelfall die Frage, ob eine direkte Befriedigung des Dritten Freistellungswirkung haben soll. Wird das Unternehmen selbst effektiv in Anspruch genommen, ist bei Fehlen anderweitiger Anhaltspunkte davon auszugehen, dass die Zahlung des Unternehmens auf eigene Schuld erfolgt und eine Befreiung des Unternehmensleiters nicht beabsichtigt ist. Die Plausibilität dieser Überlegung folgt daraus, dass das Unternehmen zur Zahlung gezwungen ist, hierüber also nicht frei entscheiden kann, und bei Annahme einer Freistellung die Regressmöglichkeit verloren ginge. Wird dagegen nur der Unternehmensleiter in Anspruch genommen, hat das Unternehmen zu diesem Zeitpunkt die Wahl, ob es selbst zahlen will. Entscheidet es sich für die Zahlung, wird man darin gleichzeitig eine Freistellung zu sehen haben.

b) Pflichtverletzung im Innenverhältnis

365 Die Zulässigkeit der Freistellung durch das Unternehmen hängt davon ab, ob dieses selbst Ansprüche gegen den Unternehmensleiter hat – also auch im Innenverhältnis eine Pflichtverletzung vorliegt – und ob es hierauf wirksam verzichten kann (Abb. 10). In dem selteneren Fall, dass die Rechtsverletzung gegenüber dem Dritten nicht gleichzeitig auch einen Pflichtverstoß im Innenverhältnis begründet, kann unbeschränkt freigestellt werden. Es sind dies die Fälle der Mithaftung (Rn. 370 ff.) und der Verletzung von Aufklärungs- und Schutzpflichten im Vertragsanbahnungsverhältnis (Rn. 375 ff.). Beide sind in der Praxis von geringer Bedeutung, weil der Dritte regelmäßig nur bei fehlender Solvenz des Unternehmens auf den Unternehmensleiter zurückgreift. Denn die Frage der Freistellung stellt sich wegen der fehlenden Leistungsfähigkeit des Unternehmens dann gar nicht.

Die sonstigen Eingriffe in Rechtspositionen Dritter werden aber im Re- 366
gelfalle auch im Innenverhältnis einen Pflichtverstoß darstellen, weil der Unternehmensleiter für die Rechtmäßigkeit des Handelns der Gesellschaft verantwortlich ist. Ausnahmen können in rechtlichen oder tatsächlichen Zweifelsfällen vorliegen, in denen der Unternehmensleiter im Interesse der Gesellschaft den ihm günstigeren Rechtsstandpunkt vertreten hatte, dieser sich aber später als unzutreffend herausstellte und sein Verhalten deshalb dem Dritten gegenüber als haftungsauslösend angesehen wurde. Weitere Voraussetzung ist, dass der Unternehmensleiter mit geringer Schuld gehandelt hatte und sich rechtstreu verhalten wollte. Eine Pflichtverletzung im Innenverhältnis kann auch dann fehlen, wenn es zu keiner Klärung der Haftpflicht im Außenverhältnis kommt, weil mit dem Dritten ein Vergleich abgeschlossen wird. Abgesehen von diesen Ausnahmefällen gilt, dass nur freigestellt werden darf, wenn auch ein Haftungsverzicht im Innenverhältnis zulässig ist. Zu beachten sind bei der AG die Beschränkungen des § 93 Abs. 4 AktG (Rn. 341 ff.). Bei der GmbH bedarf es für einen Anspruchsverzicht eines Gesellschafterbeschlusses (Rn. 348).

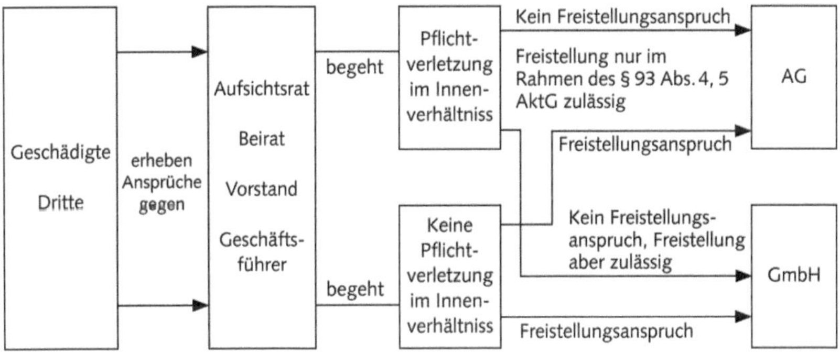

Abb. 10: Freistellung von der Außenhaftung

Der Abschluss einer Vermögensschaden-Haftpflichtversicherung (D&O- 367
Versicherung) oder einer Rechtsschutzversicherung zugunsten des Unternehmensleiters (hierzu Rn. 451 ff.) und die Übernahme der Prämien hierfür unterliegen in keinem Falle etwaigen Freistellungsbeschränkungen.[22] Denn die Versicherung dient auch dem Schutz der Gesellschaft selbst, die auf diesem Weg dem später möglicherweise haftpflichtigen Unternehmensleiter Solvenz und sich selbst einen werthaltigen Schadenersatzanspruch ver-

22 *Wollny*, S. 398 f., 412, 427; *Uwe H. Schneider/Ihlas*, DB 1994, 1123, 1124; *Ihlas*, S. 60.

schafft. Nicht freigestellt werden kann der Unternehmensleiter von Geldstrafen oder Geldbußen. Diese muss er immer selbst tragen.[23]

2. Freistellungsanspruch

368 Ein Freistellungsanspruch des Unternehmensleiters kann sich aus dem allgemeinen Auftragsrecht (§§ 670, 257 Satz 1 BGB) ergeben. Von einem solchen Anspruch ist grundsätzlich auszugehen, wenn das haftungsauslösende Verhalten des Unternehmensleiters nicht auch der Gesellschaft gegenüber als Pflichtverstoß anzusehen ist.[24] Wie erwähnt ist das bei den Mithaftungstatbeständen und den Ansprüchen aus culpa in contrahendo (§§ 311 Abs. 2, 241 Abs. 2, 280 BGB) regelmäßig der Fall (Rn. 365). Außerhalb dieses Bereiches kann in den beschriebenen rechtlichen oder tatsächlichen Zweifelsfällen und in den Fällen nicht festgestellter Außenhaftung (Rn. 366) ebenfalls eine Pflichtverletzung im Innenverhältnis fehlen und damit ein Freistellungsanspruch gegeben sein. Darüber hinaus hat der Unternehmensleiter in Organfunktion keinen Anspruch auf Freistellung. Anders ist dies bei leitenden Angestellten, auf die die Regelungen zum innerbetrieblichen Schadensausgleich zur Anwendung kommen (Rn. 73, 76)

23 *Cahn*, in: Kölner Kommentar, § 84 Rn. 96.

24 Vgl. *Beurskens*, in: Noack/Servatius/Haas, § 43 Rn. 168; *Schlechtriem*, in: Kreuzer, Die Haftung der Leitungsorgane von Kapitalgesellschaften, S. 73 f.

7. Kapitel
Haftung gegenüber Gläubigern des Unternehmens

Übersicht

I. Übersicht

Gläubiger des Unternehmens sind darauf angewiesen, dass dessen Haftungsfond zur Befriedigung ihrer Forderungen ausreicht. Ist dies nicht der Fall, rückt eine mögliche Einstandspflicht des Unternehmensleiters für die Ausfälle nicht oder nicht vollständig befriedigter Gläubiger ins Blickfeld. Eine Haftung des Managers gegenüber Gläubigern der Gesellschaft kann sich aus unterschiedlichen Rechtsgründen ergeben. Auf der einen Seite steht die Schadenersatzpflicht des Unternehmensleiters wegen Eingriffen in absolut geschützte Rechtsgüter von Gläubigern (z. B. Eigentum) oder wegen der Verletzung von Schutzgesetzen (z. B. Insolvenzantragspflicht). Auf der anderen Seite betroffen ist die Haftung des Unternehmensleiters für Verbindlichkeiten, die originär Unternehmensverbindlichkeiten sind. Letzterer Bereich wird häufig als überraschend empfunden. Die anwendbaren Haftungstatbestände sind sehr unterschiedlich strukturiert und knüpfen teilweise an bestimmte Gefährdungslagen, teilweise an Fehlverhalten des Unternehmensleiters an. Im Ergebnis sind sie sämtlich darauf gerichtet, einen Ersatz für die beschränkte Haftung der Gesellschaft zu finden.[1] 369

1 Vgl. *Thümmel/Sparberg*, DB 1995, 1013, 1015.

II. Mithaftungstatbestände

1. Handelnden-Haftung in der Gründungsphase

370 Die Errichtung einer Kapitalgesellschaft vollzieht sich in mehreren zeitlich gestreckten Schritten. Mit der ordnungsgemäßen Feststellung der Satzung und Übernahme der Anteile (§§ 23, 29 AktG, 2 GmbHG) ist die Gesellschaft zwar gegründet, zu ihrer Entstehung als juristischer Person bedarf es aber noch der Eintragung in das Handelsregister (§§ 41 Abs. 1 AktG, 11 Abs. 1 GmbHG). Bei rechtsgeschäftlichem Handeln in der Zwischenphase gilt im Aktienrecht (§ 41 Abs. 1 Satz 2 AktG) wie auch im GmbH-Recht (§ 11 Abs. 2 GmbHG), dass diejenigen, die im Namen der (Vor-)Gesellschaft tätig werden, insbesondere also deren Vorstände und Geschäftsführer, für die eingegangenen Verbindlichkeiten persönlich haften. Es handelt sich um eine Organhaftung, die zum Ausgleich fehlender Registerpublizität angeordnet ist.[2] Die Haftung setzt daher erst ein, wenn die Gesellschaft errichtet ist; vor Feststellung der Satzung haften Handelnde allenfalls nach § 179 BGB.[3] Die Haftung erlischt, sobald die Gesellschaft im Register eingetragen ist und damit als Schuldner zur Verfügung steht.[4]

371 Die Haftung der vor Eintragung handelnden Organmitglieder tritt somit nicht neben diejenige der Kapitalgesellschaft, sondern neben diejenige der Vorgesellschaft. Ihre Bedeutung ist daher gering. Praktisch kommen Ansprüche nur bei einem Scheitern der Eintragung in Betracht.[5] In diesem Falle haftet den Gläubigern aber auch das Vermögen der Vorgesellschaft,[6] auf das die Organmitglieder, wenn es nicht von vornherein völlig ausgezehrt ist, im Wege des Regresses ebenfalls zurückgreifen können. Ein Rückgriffsanspruch der Organmitglieder gegen die Gründer der Gesellschaft kommt dagegen nur unter besonderen Umständen in Betracht.[7] Eine Ausdehnung der Handelnden-Haftung über den Gesetzeswortlaut hinaus auf den Fall der Verwendung eines GmbH-Mantels anstelle einer Neugründung ist nicht angezeigt, weil der Schutzzweck (Ersatz für fehlende Registerpublizität) nicht betroffen ist.[8] Auch Aufsichtsratsmitglieder können „Handelnde" i. S. des § 41 Abs. 1 Satz 2 AktG sein, wenn sie wie ein Vorstand nach außen auftre-

---

2 Siehe *Bergmann*, GmbHR 2003, 563, 570.

3 BAG, NZG 2006, 751.

4 Vgl. für die GmbH etwa BGHZ 69, 95, 103; BGHZ 70, 132, 139 ff.; BGHZ 80, 182, 183 f.; *Altmeppen*, § 11 Rn. 126; für die AG *Koch*, § 41 Rn. 25.

5 Vgl. OLG Düsseldorf, NJW-RR 1995, 1124, wo § 11 Abs. 1 GmbHG analog auf den Fall einer nach deutschem Recht nicht wirksam gegründeten Kapitalgesellschaft angewendet wurde („pseudo-foreign Corporation"); siehe auch *Jula*, BB 1995, 1597 ff.

6 Vgl. *Servatius*, in: Noack/Servatius/Haas, § 11 Rn. 22; *Koch*, § 41 Rn. 10 ff.; vgl. auch BGH, NJW 1997, 1507 zur unbeschränkten Innenhaftung der Gesellschafter.

7 Vgl. BGHZ 86, 122, 126 sowie *Koch*, § 41 Rn. 26.

8 So zutreffend *Göz/Gehlich*, ZIP 1999, 1653, 1661.

ten (faktisches Organ). Obwohl der Aufsichtsrat Vertretungsorgan ist, soweit es um den Vorstand geht (§ 112 AktG), haftet er allerdings nicht nach § 41 Abs. 1 Satz 2 AktG für dem Vorstand gegebene Vergütungszusagen, weil dieser wegen seiner Kenntnis der internen Verhältnisse der Vor-AG nicht schutzbedürftig ist.[9]

2. Durchgriffshaftung

372 Das Kapitalgesellschaftsrecht wird von dem Prinzip der Trennung zwischen juristischer Person einerseits und dahinter stehenden Anteilseignern andererseits beherrscht (vgl. §§ 13 Abs. 2 GmbHG, 1 Abs. 1 AktG). In besonderen Ausnahmefällen werden die Anteilseigner mit der Rechtsfigur der Durchgriffshaftung[10] dennoch in die Haftung der Gesellschaft einbezogen; sie werden damit für Schulden der Gesellschaft einstandspflichtig. Die Durchgriffshaftung betrifft von ihrem Ansatz her allein Gesellschafter. Für Unternehmensleiter hat sie daher nur Bedeutung, wenn diese gleichzeitig Aktionäre oder Gesellschafter sind.

373 Die Fälle, in denen ein Durchgriff zugelassen wird, sind selten. Er kommt dann in Betracht, wenn die rechtliche Selbständigkeit der Gesellschaft von dem betroffenen Gesellschafter rechtswidrig ausgenutzt wird.[11] Von einer gewissen praktischen Bedeutung ist der Fall der „Sphärenvermischung", d. h. die durch eine undurchsichtige Buchführung oder anderweit bewirkte Vermischung von Gesellschafts- und Privatvermögen.[12] Voraussetzung für einen hierauf beruhenden Anspruch ist aber, dass der betreffende Gesellschafter-Geschäftsführer maßgeblichen Einfluss auf das Geschehen in der Gesellschaft hatte und so für den Vermischungstatbestand verantwortlich ist. Ein anderer, der Sphärenvermischung nahe gelegener Fall ist das Verschweigen der beschränkten Haftung der Gesellschaft (Weglassen des „mbH"-Zusatzes), wodurch die Annahme bei Gläubigern veranlasst wird, es handele sich um ein einzelkaufmännisches Unternehmen.[13] Schließlich kommt auch die Kapitalherabsetzung ohne Zustimmung oder Sicherstellung

---

9 BGH, NJW 2004, 2519; siehe auch *Pentz*, BB 2004, 1397 f.

10 Vgl. Beispielsfälle der Durchgriffshaftung in der Rechtsprechung (mit unterschiedlicher Begründung): BGHZ 20, 4; BGHZ 22, 226; BGHZ 68, 312; BGHZ 122, 123 „*TBB*"; BGHZ 149, 10 „*Bremer Vulkan*"; siehe auch *Altmeppen*, ZIP 2002, 1553 ff.

11 Vgl. OLG Düsseldorf, NJW-RR 1989, 743, 744: Berufung des alleinigen Gesellschafter-Geschäftsführers darauf, nicht er, sondern die GmbH habe gegen einen von ihm mit Gläubigern zustande gebrachten Vergleich verstoßen, ist rechtsmissbräuchlich und eröffnet den Durchgriff.

12 Vgl. BGHZ 95, 330 „*Autokran*"; BGH, ZIP 1994, 867, 868; siehe auch *Hübner*, S. 43 f.

13 BGHZ 64, 11, 17 ff.; siehe auch LG Heidelberg, NJW-RR 1997, 355 (Rechtsschein einer Gesellschaft bürgerlichen Rechts).

der Gläubiger entgegen § 58 GmbHG als Anwendungsfall in Betracht.[14] Insgesamt beschränkt sich die Relevanz der Durchgriffshaftung im Wesentlichen auf Einmanngesellschaften. Die im US-Recht im Zusammenhang mit dem Durchgriff (piercing the corporate veil)[15] bedeutsame Unterkapitalisierung spielt aus Sicht des deutschen Rechts keine Rolle.[16]

3. Existenzvernichtungshaftung

374 Das vom BGH entwickelte Rechtsinstitut des existenzvernichtenden Eingriffs führte seit der Entscheidung „*Bremer Vulkan*“[17] ebenfalls zu einem Haftungsdurchgriff auf den Gesellschafter, der missbräuchliche, zur Insolvenz der Gesellschaft führende oder diese vertiefende kompensationslose Eingriffe in deren vornehmlich der Gläubigerbefriedigung dienendes Vermögen unternahm. Dem Gesellschafter war damit die Berechtigung genommen, sich auf das Haftungsprivileg des § 13 Abs. 2 GmbHG zu berufen. Er haftete für sämtliche Verbindlichkeiten der Gesellschaft. Der BGH hat dieses Haftungskonzept mit der „*Trihotel*“-Entscheidung[18] fallen gelassen und ordnet die Existenzvernichtungshaftung – ohne Änderungen auf der Tatbestandsseite – nun als Fall der Schadenersatzhaftung nach § 826 BGB ein. Die wesentliche Konsequenz liegt darin, dass dieser Anspruch von der Gesellschaft bzw. ihrem Insolvenzverwalter geltend zu machen ist. Gläubiger sind nicht aktivlegitimiert; sie können allenfalls außerhalb einer Insolvenz in den Anspruch der Gesellschaft vollstrecken. Damit ist die Existenzvernichtungshaftung kein Fall der Außenhaftung mehr, sondern gehört zur Innenhaftung (Rn. 336).

4. Sachwalterhaftung

a) Grundsatz

375 Die Sachwalterhaftung findet ihre Wurzel in dem gesetzlichen Schuldverhältnis, das durch die Aufnahme von Vertragsverhandlungen zwischen den prospektiven Vertragspartnern begründet wird (§ 311 Abs. 2 BGB). Aus diesem ergeben sich wechselseitige Schutz- oder Fürsorgepflichten, deren Verletzung zu Schadenersatzansprüchen nach den Grundsätzen der culpa in contrahendo (§§ 311 Abs. 2, 241 Abs. 2, 280 BGB) führt. Werden die Ver-

14 Siehe OLG Hamburg, GmbHR 2001, 392.
15 Hierzu *Henn/Alexander*, §§ 146 ff.
16 Vgl. BGHZ 68, 312; BAG, BB 1999, 1383, 1384; aus deutscher Sicht lag die Lösung der entsprechenden Fälle häufig in der Anwendung der Regeln über kapitalersetzende Gesellschafterdarlehen, vgl. *Hübner*, S. 43 ff., siehe aber Rn. 162.
17 BGHZ 149, 10; zuvor Haftung im qualifiziert faktischen Konzern, vgl. BGHZ 122, 123 „*TBB*“.
18 BGHZ 173, 246.

handlungen wie im Falle juristischer Personen durch gesetzliche Vertreter geführt, so treffen die Schadenersatzpflichten grundsätzlich die jeweils vertretene Gesellschaft.[19] Unter besonderen Umständen können aber auch Personen, die nicht selbst Vertragspartei werden (Sachwalter), aus dem Vertragsanbahnungsverhältnis verpflichtet werden (§ 311 Abs. 3 BGB). So haftet der Vertreter neben dem Vertretenen persönlich für die Verletzung von Schutz- und Fürsorgepflichten aus dem Vertragsanbahnungsverhältnis, wenn er entweder in besonderem Maße persönliches Vertrauen in Anspruch genommen hatte (§ 311 Abs. 3 Satz 2 BGB) oder sich durch eine besondere Nähe zum Verhandlungsgegenstand auszeichnet, etwa weil er selbst wirtschaftlich stark an dem Vertragsabschluss interessiert ist und aus dem Geschäft eigenen Nutzen erstrebt.[20]

Für Unternehmensleiter hat dieser Haftungstatbestand im Rahmen der Ver- **376**
letzung von vorvertraglichen Aufklärungspflichten eine gewisse Bedeutung erlangt. So ist der Verhandlungspartner vielfach darauf angewiesen, dass ihm zutreffende Informationen zu dem ins Auge gefassten Vertragsgegenstand gegeben werden. Dies gilt vor allem im Zusammenhang mit Unternehmenstransaktionen.[21] Hier kann der Unternehmensleiter für Schäden des Unternehmenserwerbers persönlich einstandspflichtig werden, wenn er wesentliche Risiken verschweigt oder klein redet und sich dabei auf seine besondere Sachnähe beruft. In der Vergangenheit wurde auch versucht, bei insolventen Gesellschaften eine Warnpflicht des Unternehmensleiters gegenüber zukünftigen Geschäftspartnern zu statuieren, deren Verletzung zu Schadenersatzansprüchen auch gegen ihn persönlich nach Sachwaltergrundsätzen führen sollte.[22] Diese Überlegungen sind weitgehend obsolet, seitdem der BGH[23] die Insolvenzverschleppungshaftung neu geregelt und dem Neugläubiger (d. h. demjenigen, der erst nach Eintritt der Insolvenzreife Ansprüche erworben hat) den Ersatz seines Kontrahierungsschadens gegen den Unternehmensleiter persönlich aus §§ 823 Abs. 2 BGB, 15a Abs. 1 InsO zuerkannt hat. Deshalb ist in diesem Zusammenhang zu Recht Zurückhaltung beim Umgang mit der Sachwalterhaftung angemahnt worden.[24]

---

19 Vgl. statt aller etwa *Stürner*, in: Prütting/Wegen/Weinreich, BGB-Kommentar, § 311 Rn. 68.

20 Vgl. aus der Rechtsprechung etwa BGH, NJW 1986, 586, 588; BGH, NJW 1987, 2511, 2512; BGH, NJW 1988, 2234; BGH, NJW-RR 1988, 615; BGH, NJW-RR 1991, 289; BGH, DStR 2002, 1275; siehe auch *Hübner*, S. 23 f., 39f.; *Kort*, DB 1990, 921 ff.; *Geißler*, ZIP 1997, 2184 ff.

21 Vgl. *Rodewald/Unger*, DB 2007, 1627, 1629.

22 Vgl. BGHZ 87, 27; BGH, NJW 1988, 2234; BGH, NJW 1989, 292; kritisch hierzu *K. Schmidt*, Gesellschaftsrecht, § 36 II.5c).

23 BGHZ 126, 181; BGH, NJW 1995, 398.

24 BGHZ 126, 181 ff.; siehe auch *Wellkamp*, DB 1994, 869, 870; *Geißler*, ZIP 1997, 2184 ff., sowie OLG Köln, BB 1997, 112, 113.

b) Inanspruchnahme besonderen persönlichen Vertrauens

377 Die Inanspruchnahme besonderen persönlichen Vertrauens setzt voraus, dass der Vorstand oder Geschäftsführer dem Verhandlungspartner gegenüber mit besonderen Fähigkeiten, Kenntnissen oder mit besonderer Integrität wirbt und dieser sich hierauf erkennbar verlässt. Unabdingbar ist daher, dass der Unternehmensleiter persönlich an den Vertragsverhandlungen teilnimmt.[25] Erfüllt ist der Tatbestand regelmäßig, wenn er im Vorfeld garantieähnliche Versprechen abgibt.[26] Nicht ausreichend ist es, wenn der Vertragspartner dem Unternehmensleiter lediglich ein „normales“ Verhandlungsvertrauen entgegenbringt.[27]

Fallbeispiel:[28]

Der Geschäftsführer einer GmbH & Co. KG hatte ein neuartiges Verfahren zur Herstellung von Katzenstreu entwickelt und war Inhaber einer Reihe von Patenten im Bereich mineralischer und chemischer Baustoffe. Er verhandelte für die GmbH & Co. KG mit einem anderen Unternehmen der Tierfutterbranche (der Klägerin) über dessen mittelbare Beteiligung an der GmbH & Co. KG und die Einräumung eines Alleinvertriebsrechts bezüglich des Katzenstreus. In die Verträge sollte der Geschäftsführer dadurch persönlich eingebunden werden, dass er der GmbH & Co. KG seine Rechte aus dem genannten Herstellungsverfahren überließ. Die Klägerin erbrachte verschiedene Vorleistungen im Hinblick auf die zu erwartende Zusammenarbeit. Diese kam jedoch nicht zustande. Die GmbH & Co. KG wurde insolvent. Die Klägerin machte Schadenersatzansprüche wegen ihrer Aufwendungen gegen den Geschäftsführer persönlich geltend. Der BGH nahm hier einen Fall der Inanspruchnahme besonderen persönlichen Vertrauens an, weil der Geschäftsführer seine besondere Sachkunde und sein persönliches Engagement in den Vordergrund gerückt und die Klägerin hierauf vertraut habe.

c) Starkes wirtschaftliches Eigeninteresse

378 Soweit sich die Haftung auf starkes wirtschaftliches Eigeninteresse stützt, verfolgt die Rechtsprechung eine eher restriktive Linie. Weder eine Mehrheits- (oder alleinige) Beteiligung des Unternehmensleiters an der Gesellschaft[29] noch die Gewährung von Sicherheiten oder Darlehen an diese[30]

---

25 So zu Recht OLG Stuttgart, GmbHR 1990, 397.

26 BGH, NJW 1994, 2220, 2222; *Rodewald/Unger*, DB 2007, 1627, 1629.

27 OLG Koblenz, GmbHR 2003, 419, 420.

28 BGH, DB 1990, 1811.

29 Siehe etwa BGH, NJW 1986, 586, 587; BGH, NJW 1986, 3193; BGH, NJW 1988, 2234, 2235; OLG Köln, BB 1997, 112.

30 BGHZ 126, 181, 186f.

reichen aus, um den Tatbestand des besonderen wirtschaftlichen Eigeninteresses zu verwirklichen. Erforderlich ist vielmehr eine ungewöhnliche wirtschaftliche Nähe des Unternehmensleiters zum Verhandlungsgegenstand („wirtschaftlicher Herr des Geschäfts")[31], die sich etwa daraus ergeben kann, dass der Unternehmensleiter Anspruch auf wesentliche Teile des Geschäftserlöses (außerhalb des etwaigen Gewinnes aus seiner Beteiligung) hat.[32] Die Fälle sind insgesamt selten[33], die Bedeutung der Haftung wegen besonderen wirtschaftlichen Eigeninteresses daher gering.

III. Insolvenzverschleppungshaftung

1. Begriff

Der wichtigste Tatbestand, der zu einer Haftung von Unternehmensleitern **379**
gegenüber Gläubigern der Gesellschaft führen kann, ist die Insolvenzverschleppung.[34] Hiermit gemeint ist die Verzögerung der Insolvenzantragstellung durch die Verwaltungsorgane der Gesellschaft über den Zeitpunkt der Insolvenzreife hinaus. Welches der maßgebliche Zeitpunkt ist, ab wann also Insolvenzreife vorliegt, ergibt sich für alle Gesellschaftsformen einheitlich aus § 15a Abs. 1 InsO.[35] Entscheidend ist damit der Zeitpunkt, zu dem Zahlungsunfähigkeit (§ 17 InsO) oder Überschuldung (§ 19 InsO) der Gesellschaft eintritt. Beide Insolvenztatbestände sowie die Methoden ihrer Feststellung wurden im Rahmen der Innenhaftung im Einzelnen dargestellt (Rn. 125 ff.). Unverzüglich nach Eintritt der Insolvenzreife, spätestens aber innerhalb von drei (bzw. im Falle der Überschuldung sechs) Wochen danach ist die Eröffnung des Insolvenzverfahrens zu beantragen.

2. Haftungsgrundlage

Die Verletzung der Insolvenzantragspflicht, d. h. die Verschleppung des An- **380**
trages über den Zeitpunkt des Eintritts der Insolvenzreife und der gesetzlichen Höchstfrist hinaus, ist ein Sorgfaltsverstoß des Unternehmensleiters im Innenverhältnis. Darüber hinaus sind die Regelungen über die Insolvenzantragspflicht seit langem als Schutzgesetze i. S. des § 823 Abs. 2 BGB zu-

31 BGH, NJW-RR 1991, 1241, 1242; *Rodewald/Unger*, DB 2007, 1627, 1630.

32 Vgl. *Thümmel/Sparberg*, DB 1995, 1013, 1015.

33 Vgl. *Rodewald/Unger*, DB 2007, 1627, 1630 zu Konstellationen aus dem Transaktionsbereich (Prämienvereinbarungen).

34 Vgl. hierzu etwa *Leibner*, GmbHR 2002, 424 ff.; *Schluck-Amend/Walker*, GmbHR 2001, 375 ff.; *Altmeppen*, ZIP 1997, 1173 ff.; *ders.*, ZIP 2001, 2201 ff.; *Altmeppen/Wilhelm*, NJW 1999, 673 ff.; *Reiff/Arnold*, ZIP 1998, 1893 ff.; *Uhlenbruck*, GmbHR 1997, R 225; *Wimmer*, NJW 1996, 2546, 2547 ff.; *Thümmel*, BB 2002, 1105 ff.

35 Das MoMiG hatte zu der Verlagerung aller Insolvenzantragspflichten in die InsO (ohne inhaltliche Änderung) geführt.

gunsten solcher Gläubiger anerkannt,[36] die ihre Forderung in dem Zeitraum zwischen Eintritt der Insolvenzreife und Insolvenzeröffnung erwerben. Dies ist auch einleuchtend, denn eine wesentliche Zielrichtung der Insolvenzantragspflicht dahin geht, insolvente Gesellschaften vom Geschäftsverkehr fernzuhalten und damit potenzielle Gläubiger vor dem Risiko zu bewahren, mit einer solchen Gesellschaft in geschäftlichen Kontakt zu treten.[37] Sie zeigt sich auch daran, dass die Eröffnung des Insolvenzverfahrens Auflösungsgrund für die Gesellschaft ist (§§ 60 Abs. 1 Nr. 4 GmbHG, 262 Abs. 1 Nr. 3 AktG). Aus der Schutzgesetzqualität folgt, dass die schuldhafte Insolvenzverschleppung Gläubiger zum Schadenersatz nach § 823 Abs. 2 BGB gegenüber den zum Antrag verpflichteten Gesellschaftsorganen, also der Geschäftsführung und dem Vorstand, in Ausnahmefällen dem Aufsichtsrat[38] berechtigt. Die Darlegungs- und Beweislast für das Vorliegen der Insolvenzlage, also z. B. die Überschuldung der Gesellschaft, trägt der Gläubiger. Dem Unternehmensleiter obliegt der Nachweis einer positiven Fortbestehensprognose[39] oder etwa fehlender Erkennbarkeit der Insolvenzlage (mangelndes Verschulden).

380a Eine Haftung aus Insolvenzverschleppung kann sich im Übrigen auch aus § 826 BGB ergeben, wenn der Unternehmensleiter die Insolvenzreife erkannt hat und das Unternehmen dennoch weiterführt, um das unabwendbare Ende des Unternehmens solange wie möglich hinauszuzögern.[40] Der Vorteil für Gläubiger liegt darin, dass der Schutzbereich des § 826 weiter reicht als derjenige des § 823 Abs. 2 BGB und auch solche Personen erfassen kann, die vor Eintritt der Insolvenzreife in Vertragsbeziehungen mit dem Unternehmen getreten sind.

3. Schaden

381 Schwierig ist die Berechnung des Schadens, den der Gläubiger infolge der verspäteten Insolvenzanmeldung erlitten hat. Ursprünglich hatte die Rechtsprechung dem Gläubiger lediglich einen Anspruch auf den „Quotenschaden“ zugestanden. Dies ist der Betrag, um den sich die Insolvenzquote, die der Gläubiger bei rechtzeitigem Insolvenzantrag erhalten hätte, infolge der Verzögerung der Antragstellung verringert.[41] Zur Berechnung erforderlich war also, dass zunächst hypothetisch die Quote berechnet wurde, die sich bei rechtzeitiger Antragstellung ergeben hätte. Dies hat sich als in der Praxis

36 Schon BGHZ 29, 100, 103; BGHZ 126, 181, 190.
37 BGH, DB 2021, 2074, 2076 m. w. N.
38 § 15a Abs. 3 InsO, Aufsichtsräte können ggf. auch als Anstifter oder Gehilfen haften, siehe Rn. 354.
39 OLG Koblenz, GmbHR 2003, 419.
40 BGH, DB 2021, 2074 ff.
41 Vgl. BGHZ 29, 100, 102 ff.; BGH, DB 1998, 978, 979.

kaum möglich erwiesen, weshalb der Quotenschaden weitgehend theoretisch geblieben ist.[42]

Durch seine Leitentscheidung aus dem Jahr 1994 hat der BGH[43] die Scha- **382**
densberechnung bei der Insolvenzverschleppung neu geordnet. Die Beschränkung auf den Quotenschaden gilt nun nur noch für „Altgläubiger". Dies sind solche Gläubiger, deren Forderungen gegen die Gesellschaft bei Eintritt der Insolvenzreife bereits entstanden waren. Die Geltendmachung des Anspruchs auf Ersatz des (die Altgläubiger gemeinschaftlich treffenden) Quotenschadens liegt während des Laufs des Insolvenzverfahrens ausschließlich beim Insolvenzverwalter (§ 92 InsO).[44] Nach Abschluss des Verfahrens oder nach Ablehnung des Antrages mangels Masse kann der Anspruch von jedem Gläubiger selbstständig verfolgt werden.[45] Soweit § 826 BGB eingreift, können Altgläubiger ggf. auch weitergehend Schadensersatz fordern (Rn. 380a).

Bei „Neugläubigern", also solchen, die ihre Forderung erst nach Entstehen **383**
der Insolvenzantragspflicht[46] erworben haben, richtet sich der Anspruch dagegen auf Ersatz ihres vollen Kontrahierungsschadens.[47] Eine Anrechnung der auf sie entfallenden Insolvenzquote findet nicht statt, der Unternehmensleiter hat vielmehr einen Anspruch auf Abtretung der Insolvenzforderung des von ihm entschädigten Neugläubigers.[48] Begründet wird die Gewährung des Kontrahierungsschadens damit, dass Neugläubiger im Zeitpunkt des Vertragsabschlusses auf die Solvenz der Gesellschaft vertraut hatten und deshalb bei rechtzeitiger Insolvenzantragstellung gar nicht mehr Gläubiger der Gesellschaft geworden wären. Zu den Neugläubigern zählen auch diejenigen, die schon vor Eintritt der Insolvenzreife mit der Gesellschaft in geschäftlichem Kontakt standen, das Geschäftsvolumen aber nach diesem Zeitpunkt ausgeweitet haben.[49] Gläubiger im Rahmen von Dauerschuldverhältnissen, die vor Insolvenzreife begründet worden waren, bleiben

---

42 Vgl. *Altmeppen*, ZIP 1997, 1173, 1177 f., der zu Recht darauf hinweist, dass sich bei rechtzeitiger Antragstellung theoretisch eine Quote von nahe an 100 % ergeben müsste; vgl. zur Berechnung des Quotenschadens auch BGH, DB 1998, 978, 979.

43 BGHZ 126, 181.

44 Dies entspricht auch der früher h. M., vgl. etwa *Altmeppen*, ZIP 1997, 1173, 1181 m. w. N.; anders offenbar BGHZ 29, 100.

45 Vgl. OLG Brandenburg, ZIP 2000, 1541: Der Gläubiger hat jedoch keinen Anspruch auf Einsicht in die Insolvenzakten.

46 Also spätestens nach Ablauf der Fristen des § 15a Abs. 1 InsO; vgl. *Wimmer*, NJW 1996, 2546, 2548.

47 BGHZ 126, 181, 191 ff.; OLG Naumburg, GmbHR 1998, 183, 184; OLG Naumburg, BB 1999, 1570, 1571; OLG Köln, GmbHR 2001, 574, 575; OLG Celle, NJW-RR 2000, 39.

48 BGHZ 171, 46, 54/55.

49 BGHZ 171, 46, 51, 52.

Altgläubiger, weil ihr Vertrauen auf die Solvenz der Gesellschaft, die zum Zeitpunkt des Vertragsabschlusses noch bestand, nicht enttäuscht wurde.[50] Neugläubiger können ihre Ersatzansprüche auch während des Laufs eines Insolvenzverfahrens gesondert geltend machen.[51] Sie verjähren nach den allgemeinen Regeln (§§ 195, 199 BGB), nicht nach §§ 93 Abs. 6 AktG, 43 Abs. 4 GmbHG.[52]

384 Der Kontrahierungsschaden entspricht dem Schaden, den der Gläubiger infolge seines Vertrauens auf die Solvenz der Gesellschaft erlitten hat (negatives Interesse).[53] Umfasst sind daher in aller Regel die Aufwendungen des Gläubigers im Hinblick auf die Erbringung seiner vertraglichen Leistung (Einkauf, Herstellungskosten), nicht aber der entgangene Gewinn. Ein solcher (und damit der Forderungsausfall insgesamt) ist nur dann ersatzfähig, wenn der Gläubiger darlegen kann, dass er bei rechtzeitiger Insolvenzantragstellung seine Leistung statt an die Gesellschaft an einen zahlungsfähigen Dritten erbracht hätte.[54] Zu Hilfe kann ihm hierbei die Vermutung der Rentabilität seines Geschäfts kommen (Rentabilitätsvermutung).[55] Im Zeitraum der Insolvenzverschleppung von der Gesellschaft und späteren Gemeinschuldnerin auf Altforderungen des (Alt- und) Neugläubigers geleistete Zahlungen muss sich dieser nicht anrechnen lassen.[56]

Fallbeispiel:[57]

Eine GmbH, die ein Betonwerk betrieb, war seit 5.2.1993 überschuldet. Die beiden Geschäftsführer legten ihre Ämter am 2.7.1993 nieder. Der nachfolgende Geschäftsführer stellte am 12.7.1993 Antrag auf Eröffnung des Gesamtvollstreckungsverfahrens. Die Klägerin hatte in der Zeit von März bis Juni 1993 auftragsgemäß Zement an die GmbH geliefert. Ihre hieraus erwachsenen Forderungen konnte sie nicht mehr realisieren und nahm deswegen einen der beiden früheren Geschäftsführer wegen Insolvenzverschleppung auf Schadenersatz in Anspruch. Das OLG ent-

50 BGH, NJW 2014, 698, 699 (Miete); OLG Hamburg, ZIP 2007, 2318, 2319 (Arbeitsverhältnis).

51 BGHZ 126, 181, 201; BGH, DB 1998, 978; gilt auch nach Inkrafttreten der InsO, da es sich nicht um Ansprüche wegen Verkürzung der Insolvenzmasse handelt (§ 92 InsO).

52 BGH, WM 2011, 979, 981.

53 BGH, DB 1998, 978; BGHZ 126, 181, 191 ff.; BGH, NJW 1995, 398; OLG Naumburg, GmbHR 1998, 183, 184; vgl. ferner *Karollus*, ZIP 1995, 269 ff.; *Hirte*, NJW 1995, 1202 f.; *Grunewald*, GmbHR 1994, 665 ff.; *Müsgen*, DZWir 1994, 455 ff.; *Flume*, ZIP 1994, 337 ff.; *Uhlenbruck*, ZIP 1994, 1153 ff.; *G. Müller*, GmbHR 1994, 209 ff.; *ders.*, ZIP 1993, 1531 ff.; *Wilhelm*, ZIP 1993, 1833 ff.; *K. Schmidt*, ZIP 1988, 1497 ff.

54 Vgl. BGH, NJW 1988, 2234; *Altmeppen*, ZIP 1997, 1173, 1180.

55 Vgl. LAG Köln, NZG 2007, 199, das keine solche Vermutung zur Anwendung bringen will, wenn es um die Verwertung der Arbeitskraft geht.

56 BGH, NJW 2007, 3130.

57 OLG Naumburg, GmbHR 1998, 183.

schied, dass das der Klägerin zustehende negative Interesse nicht in den Verkaufspreisen des Zements, sondern lediglich in seinen Herstellungs- und Vertriebskosten bestünde. Hätte die Klägerin – infolge rechtzeitiger Antragstellung durch die Geschäftsführer – die Verträge über die Zementlieferung nicht geschlossen, so hätte sie einen um die Selbstkosten der Herstellung einschließlich der Fertigungsgemeinkosten und der anteiligen Kosten des Wertverzehrs des Anlagevermögens sowie auch der anteiligen Vertriebskosten höheren Vermögensstand.

Die Rechtsprechung des BGH zur Insolvenzverschleppung gilt nicht für **385** solche Neugläubiger, deren Ansprüche gegen die Gesellschaft sich auf Vertragsverletzung (§§241 Abs. 2, 282, 280 Abs. 1 BGB) oder Delikt stützen. Zwar wäre es bei rechtzeitiger Insolvenzanmeldung möglicherweise nicht zu der Vertragsverletzung oder dem Delikt gekommen. Jedoch ist der entsprechende Schaden keine Folge des Vertrauens des Gläubigers auf die Solvenz der Gesellschaft. Ein Ersatz ginge daher über den Schutzzweck des § 15a Abs. 1 InsO hinaus.[58] In diesem Sinne hat der BGH[59] zu Recht festgestellt, dass etwa die Bundesanstalt für Arbeit wegen etwaiger Ansprüche auf Ersatz von ausgezahltem Konkursausfallgeld nicht dem Schutzbereich der Insolvenzantragspflicht unterfällt. Allerdings kann sich ein Schadenersatzanspruch in diesem Fall aus § 826 BGB ergeben.[60] Auch der durch Baumängel begünstigte Einbruchdiebstahl führt nicht zur persönlichen Haftung des Geschäftsführers der insolventen Baufirma für die daraus entstandenen Schäden.[61] Etwas anderes könnte für Aufwendungsersatzansprüche wegen berechtigter Geschäftsführung ohne Auftrag oder Bereicherungsansprüche gelten, da hier das Vertrauen des Gläubigers auf die Solvenz der Gesellschaft wieder eine Rolle spielt.[62]

4. Konsequenzen für Unternehmensleiter

Jedenfalls bei Neugläubigern entsteht bei schuldhafter Verzögerung der In- **386** solvenzantragstellung ein beachtliches Haftungsrisiko für Vorstände, Geschäftsführer und gelegentlich auch Aufsichtsräte. Hier liegen erhebliche Gefahren für Manager von Unternehmen in der Krise.[63] Der Zeitpunkt einer Überschuldung oder Zahlungsunfähigkeit lässt sich oft nicht mit letzter Sicherheit feststellen. Die bestehenden Beurteilungsspielräume werden von Unternehmensleitern gern und mit besten Absichten zur Hinauszöge-

58 *Altmeppen,* ZIP 1977, 1173, 1179; vgl. hierzu auch *Cahn,* ZGR 1998, 367, 380f.
59 BGHZ 108, 134, 136; siehe auch BGH, BB 1999, 1290; ArbG Offenbach, ZIP 2002, 997.
60 OLG Saarbrücken, NZG 2007, 105.
61 BGH, DB 2015, 298 mit zust. Anm. *Kunz,* DB 2015, 426.
62 Siehe *Kunz,* DB 2015, 426, 427.
63 Siehe hierzu auch *Thümmel,* BB 2002, 1105ff.

rung der Antragstellung genutzt. Genau dies erhöht das Risiko persönlicher Inanspruchnahme. Das Dilemma des verantwortlich handelnden Unternehmensleiters liegt darin, dass er einerseits zur Einleitung geeigneter Sanierungsbemühungen kraft seines Amtes verpflichtet ist,[64] andererseits wegen des Risikos der Insolvenzverschleppungshaftung diese sogleich abbrechen muss, wenn ihre Aussichtslosigkeit deutlich wird. Unternehmensleiter werden daher Sanierungsversuche nur mit Vorsicht unternehmen.

Praxistipp:

Steuert das Unternehmen in die Krise, sind also insbesondere Liquiditätsengpässe oder Überschuldungsszenarien absehbar, bedarf es der Einschaltung von Sanierungsberatern und Insolvenzspezialisten. Je früher dies geschieht, umso besser für den Unternehmensleiter. Analysen und Vorschläge der Berater sollten schriftlich abgefasst sein, damit sie später zum Nachweis einer noch nicht eingetreten Insolvenzlage (z. B. wegen positiver Fortbestehensprognose) oder ernsthafter Sanierungschancen genutzt werden können. Im Übrigen gilt der altbekannte Satz: Lieber ein (schnelles) Ende mit Schrecken, als ein Schrecken ohne Ende.

386a Vorsicht ist auch im Falle der *Eigenverwaltung* angezeigt. Der Sanierungsgeschäftsführer befindet sich im Hinblick auf seine Einflussmöglichkeiten auf das Unternehmensgeschehen und damit auf die Risikolage von Gläubigern in ähnlicher Lage wie der Insolvenzverwalter. Deshalb unterwirft der BGH[65] ihn den Regelungen der §§ 60, 61 InsO in analoger Anwendung. Ihn trifft also eine Ausfallhaftung für von ihm begründete Masseverbindlichkeiten, wenn diese nicht befriedigt werden können (§ 61 Abs. 1 InsO).

IV. Eigentumsverletzung und Organisationsverschulden

387 Bei der Haftung gegenüber Gläubigern der Gesellschaft kann das Eigentum als Schutzgut des § 823 Abs. 1 BGB bei der Begründung von Ansprüchen eine Rolle spielen.[66] Dies gilt in besonderem Maße seit der „*Baustoff*"-Entscheidung des BGH[67] mit ihrer weitgehenden Anwendung der Rechtsfigur des Organisationsverschuldens.

388 In dem Baustoff-Fall ging es um die Lieferung von Baumaterialien unter erweitertem Eigentumsvorbehalt mit der üblichen Weiterverarbeitungsklausel.

---

64 Ggf. auch zur Erarbeitung eines Insolvenzplans (§§ 217 ff. InsO), vgl. *Schluck-Amend/Walker*, GmbHR 2001, 375 ff.

65 BGH, NJW 2018, 2125; siehe hierzu etwa *Bachmann/Becker*, NJW 2018, 2235 ff.

66 Vgl. BGH, DB 1996, 1128 „*Lamborghini*": unberechtigter Verkauf eines anvertrauten Fahrzeugs.

67 BGHZ 109, 297 mit Anm. *Brüggemeier*, EWiR 1990, 357; *Mertens/Mertens*, JZ 1990, 486; *Kort*, DB 1990, 921; *Krebs/Dylla-Krebs*, DB 1990, 1271.

Das betroffene Unternehmen setzte die Baumaterialien bei einem bestimmten Bauvorhaben ein. Der entsprechende Bauvertrag sah jedoch ein Abtretungsverbot (vgl. heute § 354a HGB) vor, sodass die Verarbeitung nicht mehr von der Weiterverarbeitungsklausel gedeckt war. Der Lieferant erhielt keine Zahlung und nahm, nachdem das betroffene Unternehmen in die Insolvenz gegangen war, dessen Geschäftsführer persönlich auf Schadenersatz in Anspruch. Der BGH sah in der Verwendung des gelieferten Materials zutreffend eine Eigentumsverletzung. Für diese sei der Geschäftsführer persönlich einstandspflichtig, weil er es unterlassen habe, für eine ausreichende Organisation des Betriebes Sorge zu tragen. Eine solche setze voraus, dass organisatorische Maßnahmen getroffen werden, die einen abredewidrigen Einsatz von unter Eigentumsvorbehalt geliefertem Material ausschließen. Der Geschäftsführer habe insoweit eine Garantenstellung inne, die ihn zum Schutz von Rechtsgütern Dritter verpflichte.

Die Wirkung dieser Entscheidung ist erheblich und geht über den Eigen- 389
tumsschutz hinaus. Auch bei sonstigen absolut geschützten Rechtsgütern Dritter wird sich der Unternehmensleiter die Frage nach den notwendigen organisatorischen Maßnahmen zur Verhinderung von Eingriffen gefallen lassen müssen.[68] Das fremde Eigentum ist aber besonders gefährdet, weil es vielfach verdeckt ist. Die unter Eigentumsvorbehalt in seinen verschiedenen Formen gelieferten Gegenstände bieten hierfür ebenso ein Beispiel wie die sicherungsübereigneten oder geleasten. Immer muss der Unternehmensleiter sicherstellen, dass versehentliche oder auch absichtliche Eingriffe in das Eigentum ausgeschlossen sind. Eine Haftung unter dem Gesichtspunkt des Organisationsverschuldens kommt aber auch bei Eingriffen in Leib oder Leben (Arbeitsschutz, Produkthaftung), Patentverletzungen oder im Zusammenhang mit Schutzgesetzverletzungen (Compliance-Verstöße) in Betracht.

V. Verfolgungsrecht der Gläubiger (§ 93 Abs. 5 AktG u. a.)

1. Gegenstand des Verfolgungsrechts

Eine Haftung des Unternehmensleiters gegenüber Gläubigern der Gesell- 390
schaft kann sich im Falle der AG unter den Voraussetzungen des § 93 Abs. 5 AktG ergeben. Danach können Gläubiger bestimmte Innenhaftungsansprüche gegen Vorstand oder Aufsichtsrat bis zur Höhe ihrer eigenen Forderungen direkt verfolgen, wenn sie von der Gesellschaft keine Befriedigung erlangen können. Dasselbe Verfolgungsrecht gewähren § 117 Abs. 5 AktG (Haftung wegen unzulässiger Einflussnahme, vgl. Rn. 151) sowie §§ 309

68 Siehe zur Verletzung von Verkehrssicherungspflichten durch Organwalter etwa *Altmeppen,* ZIP 1995, 881 ff.

Abs. 4, 317 Abs. 4 AktG (konzernrechtliche Haftung, vgl. Rn. 154).[69] Die dogmatische Einordnung des Verfolgungsrechts ist umstritten. Zumeist wird es als Fall gesetzlicher Prozessstandschaft angesehen,[70] wogegen aber spricht, dass der Gläubiger Leistung an sich selbst fordern kann. Vorzugswürdig ist daher die Auffassung, dass es sich um eine gesetzlich angeordnete Anspruchsvermehrung handelt.[71] Der Zweck der Vorschrift ist jedenfalls, dem Gläubiger den umständlicheren Weg einer Klage gegenüber der Gesellschaft mit sich anschließender Vollstreckung in den Innenhaftungsanspruch (Pfändung und Überweisung nach §§ 829, 835 ZPO) zu ersparen.

2. Voraussetzungen des Verfolgungsrechts

391 Voraussetzung des Anspruches nach § 93 Abs. 5 AktG (und der erwähnten parallelen Bestimmungen) ist zunächst, dass die Gesellschaft zur Befriedigung einer fälligen Forderung des Gläubigers nicht in der Lage ist. Eines vergeblichen Zwangsvollstreckungsversuches bedarf es nicht. Der Beweis der mangelnden Zahlungsfähigkeit kann auch anderweitig erbracht werden, wobei die diesbezügliche Beweislast beim Gläubiger liegt.[72] Im Fall der Insolvenz geht das Verfolgungsrecht allerdings auf den Insolvenzverwalter über (§ 93 Abs. 5 Satz 4 AktG); der Innenhaftungsanspruch soll der Masse nicht verloren gehen. Die Haftung des Organs für die Verbindlichkeit der Gesellschaft ist für die Dauer des Insolvenzverfahrens suspendiert[73] und lebt danach nur wieder auf, wenn der Innenhaftungsanspruch nicht vom Insolvenzverwalter realisiert oder der Insolvenzantrag mangels Masse abgewiesen wurde. Die praktische Bedeutung des Verfolgungsrechts ist schon aus diesem Grunde begrenzt.

392 Im Übrigen setzt das Verfolgungsrecht voraus, dass eine Haftung des Vorstands nach § 93 Abs. 3 AktG (Verstoß gegen Kapitalerhaltungsvorschriften i. w. S.) – dann ohne Rücksicht auf den Verschuldensgrad – oder nach § 93 Abs. 2 Satz 1 AktG (Verstoß gegen die allgemeine Sorgfaltspflicht) – dann aber auf mindestens grober Fahrlässigkeit beruhend – in Rede steht. Dem Unternehmensleiter obliegt der Entlastungsbeweis bezüglich des groben

---

69 Vgl. in diesem Zusammenhang auch die Ansprüche von Gläubigern nach § 25 Abs. 1 UmwG, hierzu näher unter Rn. 398 f.

70 So *Habscheid,* S. 197 ff.; *Hübner,* S. 15; vgl. auch BGH, WM 1979, 878, 879; OLG Frankfurt, AG 1977, 78.

71 So *Cahn,* in: Kölner Kommentar, § 93 Rn. 201; *Koch,* § 93 Rn. 170 f.; *Hopt/Roth,* in: Großkomm. AktG, § 93 Rn. 549 ff.; *Spindler,* in: MünchKommAktG, § 93 Rn. 331.

72 Vgl. *Hopt/Roth,* in: Großkomm. AktG, § 93 Rn. 559.

73 Dies bedeutet, dass laufende Prozesse analog § 240 ZPO unterbrochen werden, vgl. *Koch,* § 93 Rn. 174, und wohl auch, dass aus bereits vorliegenden Titeln nicht mehr vollstreckt werden kann; für den Gläubiger kommt es daher darauf an, sein Recht vor Insolvenzeröffnung durchzusetzen.

Verschuldens (§ 93 Abs. 5 Satz 2 AktG). Taugliche Ansprüche sind auch diejenigen nach §§ 117 Abs. 1 Satz 1, 309 Abs. 2 Satz 1, 317 Abs. 3 AktG. Dem Gläubiger gegenüber haben Freistellungstatbestände wie Billigung des Organverhaltens durch die Hauptversammlung, Verzicht der Gesellschaft oder Vergleich keine Wirkung (§§ 93 Abs. 5 Satz 3, 117 Abs. 5 Satz 2, 309 Abs. 4 Satz 4, 317 Abs. 4 AktG).

3. Befreiende Leistung

Der in Anspruch genommene Vorstand oder Aufsichtsrat kann im Übrigen **393**
jederzeit befreiend an die Gesellschaft leisten. Dies gilt auch noch in der Zwangsvollstreckung aus einem seitens des Gläubigers gegen ihn erwirkten Titel. Umgekehrt kann er an den Gläubiger erst dann befreiend leisten, wenn dieser unter Hinweis auf sein Verfolgungsrecht Zahlung verlangt hat und die Voraussetzungen des Rechts gegeben sind. In diesem Fall erlischt dann auch die Forderung des Gläubigers gegen die Gesellschaft. Wegen des fehlenden Schutzes vor der befreienden Leistung an die Gesellschaft und der häufig bestehenden Unsicherheit, ob die Voraussetzungen des § 93 Abs. 5 AktG erfüllt sind, wird der Gläubiger mit dem nach wie vor zulässigen Weg der Klage gegen die Gesellschaft mit anschließender Pfändung des Innenhaftungsanspruches in der Regel besser beraten sein.[74]

74 Vgl. *Koch,* § 93 Rn. 173.

8. Kapitel
Haftung gegenüber Anteilseignern und Anlegern

Übersicht

I. Haftung gegenüber Anteilseignern

1. Gesetzliche Sonderregelungen

a) Verstöße gegen die Kapitalerhaltungspflicht bei der GmbH

Eine direkte Haftung von Unternehmensleitern gegenüber ihren Aktionären **394** bzw. Gesellschaftern sehen die gesetzlichen Bestimmungen nur vereinzelt vor. Bei der GmbH zu nennen ist § 31 Abs. 6 GmbHG, der die Geschäftsführer bei schuldhaften Verstößen gegen die Kapitalerhaltungspflicht (§ 30 Abs. 1 GmbHG) solchen Gesellschaftern gegenüber schadenersatzpflichtig macht, die verbotswidrig geleistete Zahlungen anstelle der rückzahlungsverpflichteten Empfänger (§ 31 Abs. 1, 2 GmbHG) der Gesellschaft erstatten mussten (Ausfallhaftung, § 31 Abs. 3 GmbHG). Auf den Anspruch kommen die Regelungen des § 43 Abs. 1 und 3 GmbHG zur Anwendung;

ein Gesellschafterbeschluss, der die Auszahlung anordnet, entlastet daher nicht.[1] Der Anspruch verjährt kraft gesetzlicher Verweisung innerhalb der Frist des § 43 Abs. 4 GmbHG, d. h. nach Ablauf von fünf Jahren ab seiner Entstehung.[2]

b) Unzulässige Einflussnahme (§ 117 AktG)

395 Bei der AG ergibt sich aus § 117 Abs. 1 Satz 2, Abs. 2 AktG ein direkter Schadenersatzanspruch von Aktionären gegen Vorstände und Aufsichtsräte, die sich im Zusammenhang mit der schädigenden Beeinflussung von Mitgliedern der Unternehmensverwaltung pflichtwidrig verhalten haben. Der Anspruch ist allerdings nur gegeben, wenn die Aktionäre einen über den Wertverlust ihrer Aktien hinausgehenden Schaden erleiden (§ 117 Abs. 1 Satz 2 AktG). Der Tatbestand kann dadurch erfüllt werden, dass die Organe selbst unter Verwendung ihres Einflusses andere leitende Mitarbeiter des Unternehmens (etwa Prokuristen, Handlungsbevollmächtigte) zu schädigenden Handlungen veranlassen (vgl. das Fallbeispiel, Rn. 281) oder dass sie Beeinflussungsversuchen von dritter Seite, die ihnen oder anderen leitenden Mitarbeitern gelten, pflichtwidrig keinen Widerstand entgegensetzen (§ 117 Abs. 2 Satz 1 AktG). Maßstab der Pflichtwidrigkeit ist § 93 Abs. 1 AktG; dem Organ obliegt der Entlastungsbeweis (§ 117 Abs. 2 Satz 2 AktG). Liegt ein gesetzmäßiger Hauptversammlungsbeschluss vor, entfällt die Haftung der Organe wie im Falle des § 93 Abs. 4 Satz 1 AktG (§ 117 Abs. 2 Satz 3 AktG). Ein Beschluss des Aufsichtsrats vermag den Vorstand dagegen nicht zu entlasten (§ 117 Abs. 2 Satz 4 AktG). Die Verjährungsfrist beträgt fünf Jahre (§ 117 Abs. 6 AktG).

396 Die Haftung nach § 117 AktG entfällt, wenn die betroffenen Verwaltungsmitglieder durch Ausübung der Leitungsmacht aufgrund eines Beherrschungsvertrags oder aufgrund Eingliederung zu der schädigenden Handlung veranlasst worden sind (§ 117 Abs. 7 AktG). Die Aktionäre sind in diesen Fällen durch das Recht zur Anfechtungsklage im Hinblick auf die zugrunde liegenden Beschlüsse der Hauptversammlung (§ 243 AktG) und über die konzernrechtlichen Sondervorschriften (§§ 308 ff. AktG) geschützt.

c) Konzernrechtliche Ansprüche

397 Auch aus konzernrechtlichen Bestimmungen können sich Direktansprüche von Anteilseignern der abhängigen Gesellschaft gegen deren Management ergeben, allerdings nur gerichtet auf Leistung an die Gesellschaft.[3]

---

1 Vgl. BGHZ 31, 258, 277 f.
2 Siehe *Servatius*, in: Noack/Servatius/Haas, § 31 Rn. 30.
3 Vgl. im Einzelnen *Altmeppen*, Die Haftung des Managers im Konzern, S. 47 ff.

Denn werden im Rahmen eines Beherrschungsvertrags von den Organen der Obergesellschaft pflichtwidrig[4] Weisungen an die Untergesellschaft erteilt, die dort zu einer Schädigung führen, so löst dies einen Schadenersatzanspruch der Untergesellschaft gegen die Organe der Obergesellschaft aus (§ 309 Abs. 2 AktG). § 310 Abs. 1 AktG ordnet eine gesamtschuldnerische Mithaftung von Vorstand und Aufsichtsrat der Untergesellschaft für den Fall an, dass sie bei der Entgegennahme der Weisungen pflichtwidrig handeln, insbesondere rechtswidrige Weisungen nicht zurückweisen. Aus §§ 310 Abs. 4 i. V. m. 309 Abs. 4 AktG wiederum folgt, dass der Schadenersatzanspruch der Untergesellschaft gegen ihre eigenen Organe auch von ihren Aktionären geltend gemacht werden kann. Sie können allerdings – da ein Schadensausgleich bei der Untergesellschaft, nicht bei ihnen persönlich intendiert ist – nur Leistung an die Untergesellschaft verlangen. Eine vergleichbare Regelung besteht bei Abhängigkeitsverhältnissen ohne Beherrschungsvertrag, wenn die Organe der Obergesellschaft die Untergesellschaft zur Vornahme nachteiliger Maßnahmen ohne entsprechenden Ausgleich veranlassen (§§ 317 Abs. 1, 3, 318 Abs. 1, 2 und 4 AktG).

d) Ansprüche bei Verschmelzung und sonstigen Umwandlungstatbeständen

Zu erwähnen sind schließlich die Sondertatbestände der §§ 25 ff. UmwG. 398
Danach können im Falle einer durchgeführten Verschmelzung dem übertragenden Rechtsträger Schadenersatzansprüche gegen seine Vorstände, Geschäftsführer oder Aufsichtsorgane zustehen, wenn diese beim Abschluss des Verschmelzungsvertrags ihre Sorgfaltspflichten nicht beachtet haben. Die Regelungen gelten kraft Verweisung ebenso für die anderen Umwandlungstatbestände, wie die Spaltung (§ 125 UmwG), die Vermögensübertragung und den Formwechsel (§§ 205 f. UmwG). Ein mögliches Fehlverhalten der Organe läge etwa in einer nicht ausreichenden Prüfung der Ordnungsmäßigkeit des Verschmelzungsvorgangs, in einer unzutreffenden Ermittlung des Umtauschverhältnisses oder in unvertretbar optimistischen Einschätzungen der wirtschaftlichen Entwicklung des übernehmenden Rechtsträgers.[5] Die möglichen Ansprüche des (infolge der Umwandlung untergegangenen) übertragenden Rechtsträgers sind der Sache nach Innenhaftungsansprüche. Insoweit liegt die Bedeutung der §§ 25, 26 UmwG vor allem darin, dass der übertragende Rechtsträger als fortbestehend fingiert wird (§ 25 Abs. 2 UmwG). Die Geltendmachung solcher Ansprüche liegt in der Hand eines besonderen Vertreters, der auf Antrag von Anteilseignern oder Gläubigern

4 Dies wird wegen § 308 Abs. 2 AktG praktisch nur sehr selten der Fall sein, vgl. *Altmeppen,* aaO., S. 48.

5 Vgl. zu den diesbezüglichen Pflichten der Organe *Leonard,* in: Semler/Stengel/Leonard, § 25 Rn. 8 ff.

vom Gericht bestellt wird (§ 26 Abs. 1 UmwG). Im Übrigen werden Schäden beim übertragenden Rechtsträger selbst kaum je entstehen, sodass die Bestimmungen insoweit wenig relevant sind.[6]

399 § 25 Abs. 1 UmwG begründet mittelbar aber auch Außenhaftungsansprüche zugunsten von Anteilseignern oder Gläubigern des übertragenden Rechtsträgers, die größere praktische Bedeutung haben. Ein Schaden von Anteilseignern kann sich etwa bei einem unangemessen niedrigen Umtauschverhältnis ergeben, das ihnen weniger Anteile an dem übernehmenden Rechtsträger verschafft als ihnen bei korrekter Bewertung zustünden. Gläubiger können einen Schaden erleiden, wenn ihre Ansprüche durch die Verschmelzung gefährdet werden, etwa weil das Schuldendeckungspotenzial des übernehmenden Rechtsträgers nicht ausreicht.[7]

400 Die Außenhaftungsansprüche können allerdings nicht von den Berechtigten selbst geltend gemacht werden. Vielmehr bestimmt § 26 Abs. 1 UmwG, dass die Anspruchsverfolgung ausschließlich in der Hand eines besonderen Vertreters liegt, der auf den Antrag von Anteilseignern oder Gläubigern durch das Amtsgericht am Sitz des übertragenden Rechtsträgers bestellt wird. Die Antragsteller müssen dabei ihre Ansprüche glaubhaft machen.[8] Der besondere Vertreter ist Partei kraft Amtes und macht die Ansprüche im eigenen Namen geltend. Den durch die Rechtsverfolgung erlangten Erlös verwendet er zunächst zur Befriedigung von Gläubigern, die nicht durch den übernehmenden Rechtsträger befriedigt oder sichergestellt (§ 22 UmwG) worden sind. Der verbleibende Rest wird an die Anteilseigner verteilt. Am Erlös berechtigt sind nur solche Gläubiger und Anteilseigner, die sich fristgemäß nach der in § 26 Abs. 2 UmwG vorgeschriebenen (öffentlichen) Aufforderung gemeldet haben. Diejenigen, die die Frist zur Anmeldung versäumt haben, gehen leer aus. Da das Verfahren nach § 26 UmwG nicht wiederholt werden kann,[9] gibt es für diesen Personenkreis dann keine Möglichkeit mehr, ihre – materiellrechtlich bestehen bleibenden – Ansprüche noch durchzusetzen.

2. Deliktische Haftung gegenüber Anteilseignern

a) Ausgangspunkt

401 Abgesehen von den vorstehend genannten Sonderbestimmungen können Aktionäre und Gesellschafter Schadenersatzansprüche gegen das Management nur nach den allgemeinen Regeln, insbesondere also nach Deliktsrecht

6 Vgl. *Bermel,* in: Goutier/Knopf/Tulloch, § 25 Rn. 15.
7 Vgl. *Bermel,* aaO., Rn. 14.
8 OLG Hamm, DB 1991, 2535, 2536.
9 Vgl. *Bermel,* aaO., § 26 Rn. 16.

geltend machen.[10] Kein Anspruch der Anteilseigner ergibt sich nach ihrem klaren Wortlaut aus den Bestimmungen, die die Innenhaftung anordnen (§§ 93 Abs. 2 AktG, 43 Abs. 2 GmbHG, 34 Abs. 1 GenG). Auch handelt es sich hierbei um keine Schutzgesetze zugunsten von Anteilseignern. Allein anspruchsberechtigt ist die Gesellschaft.[11] Einer erweiternden Auslegung der konzernrechtlichen Sonderbestimmungen[12] stehen die positivrechtlichen Regelungen entgegen.[13] Teilweise wird für die GmbH die Meinung vertreten,[14] dass die Geschäftsführer den Gesellschaftern unmittelbar bestimmte organschaftliche Pflichten schuldeten, deren Verletzung einen Direktanspruch begründen kann. Dies soll etwa für die Pflicht gelten, den Gesellschaftern ein Bankkonto für deren Einzahlungen zu nennen, oder die Pflicht, Rechnung zu legen oder Auskünfte zu erteilen, z. B. zu den wirtschaftlichen Verhältnissen des Unternehmens oder zu seinem Wert. Für eine derartige Haftungserweiterung extra legem ist jedoch weder eine Grundlage noch ein zwingendes Bedürfnis ersichtlich; sie ist daher abzulehnen.[15]

b) Eingriff in das Mitgliedschaftsrecht

Deliktsrechtlich kommen für die Anteilseigner Ansprüche aus § 823 Abs. 1 **402**
BGB in Betracht, denn das Mitgliedschaftsrecht ist als weiteres absolut geschütztes Rechtsgut anerkannt.[16] Eingriffe in die Mitgliedschaft können etwa in der Nichtbeachtung gesetzlicher oder satzungsmäßiger Befugnisse der Aktionäre oder Gesellschafter liegen. Bei der GmbH wäre als Beispiel der Fall anzuführen, dass die Geschäftsführung Zustimmungsvorbehalte der Gesellschafterversammlung übergeht. Für die AG ist die bereits erwähnte „*Holzmüller*"-Entscheidung[17] von Bedeutung, die durch die „*Gelatine*"-Entscheidungen[18] weiter konkretisiert wurde. Danach gilt, dass wesentliche Strukturentscheidungen der Unternehmensleitung, die in ihrer Wirkung einer Satzungsänderung gleichkommen, der mit satzungsändernder Mehrheit zu beschließenden Zustimmung der Hauptversammlung bedürfen. Betroffen

---

10 Vgl. auch *Brondics,* S. 79 ff.

11 Allg. Meinung, vgl. OLG München, NJW-RR 1996, 746, 747; LG Düsseldorf, AG 1991, 70, 71; *Spindler*, in: MünchKommAktG, § 93 Rn. 373; *Cahn*, in: Kölner Kommentar, § 93 Rn. 231; *Beurskens*, in: Noack/Servatius/Haas, § 43 Rn. 118.

12 Favorisiert etwa von *Wiedemann,* Organverantwortung und Gesellschafterklagen in der Aktiengesellschaft, S. 50 ff.

13 Zutreffend *Brondics,* S. 108.

14 So *Hübner,* S. 38.

15 Ähnlich *Beurskens*, in: Noack/Servatius/Haas, § 43 Rn. 116; *Verse*, in: Scholz, § 43 Rn. 483.

16 BGHZ 83, 122, 133 ff. „*Holzmüller*"; vgl. auch *Cahn*, in: Kölner Kommentar, § 93 Rn. 234 ff.

17 Vgl. vorige Fn.

18 BGHZ 159, 30; BGH, ZIP 2004, 1001.

sind vor allem die Ausgliederung und die Veräußerung von Unternehmensteilen, soweit es hierbei um – nach Bilanzsumme, Eigenkapital, Umsatz und/oder Ergebnis – wesentliche Teile (Schwelle bei ca. 80%) des Gesellschaftsvermögens geht. Hintergrund hierfür ist, dass derartige Maßnahmen zu einer „Mediatisierung" des Aktionärseinflusses führen können, etwa weil die Gesellschaft weitgehend zur Holding wird. Wird die Hauptversammlung in solchen Fällen nicht einbezogen, liegt hierin ein Eingriff in das Mitgliedschaftsrecht der Aktionäre.

403 Denkbar wäre eine Haftung unter dem Gesichtspunkt des unerlaubten Eingriffs in das Mitgliedschaftsrecht auch bei bestimmten, mit dem Neutralitätsgebot (§ 33 WpÜG) nicht vereinbaren Abwehrmaßnahmen des Managements gegen den Versuch einer feindlichen Übernahme (hostile take-over).[19] Die Kapitalerhöhung unter Ausschluss des Bezugsrechts durch den Vorstand aufgrund bestehender Satzungsermächtigung (§§ 202, 203 Abs. 2 AktG) könnte eine solche Maßnahme sein, wenn die Voraussetzungen für den Bezugsrechtsausschluss nicht vorliegen.[20] Verkaufswillige Aktionäre hätten in diesem Fall möglicherweise Schadenersatzansprüche gegen die Organe wegen eines unzulässigen Eingriffs in ihr Mitgliedschaftsrecht.

c) Schutzgesetze zugunsten von Anteilseignern

404 Ferner spielt die Haftung aus § 823 Abs. 2 BGB i. V. m. einem Schutzgesetz zugunsten der Anteilseigner eine gewisse Rolle. Als Schutzgesetze nicht in Betracht kommen allerdings die gesellschaftsrechtlichen Vorschriften, die Geschäftsführer-, Vorstands- oder Aufsichtsratspflichten normieren. Ihr primäres Ziel ist der Schutz der Gesellschaft. Deshalb sind insbesondere die Kapitalerhaltungsbestimmungen, die Regelungen über die Buchführung, die Geheimhaltung und das Verhalten in der Krise sowie die allgemeinen Sorgfaltsanforderungen (§§ 93 Abs. 1 AktG, 43 Abs. 1 GmbHG, 34 Abs. 1 GenG)[21] keine Normen, die unmittelbar den Schutz der Anteilseigner bezwecken. Auch für die Verpflichtung zur Auskunftserteilung nach §§ 131 AktG, 51a GmbH gilt nichts anderes,[22] ebenso wenig für die übernahmerechtlichen Pflichten des Vorstands (§ 27 WpÜG).[23] Fehlerhafte Stellungnahmen können daher unter diesem Gesichtspunkt keine Schadenersatzansprüche von Anlegern auslösen.

---

19 Vgl. zu den Pflichten des Managements in einer *Takeover*-Situation die bei Rn. 218 angegebene Literatur.

20 Vgl. zu den Voraussetzungen etwa *Koch,* § 203 Rn. 21 ff.; siehe im Übrigen *Hübner,* S. 79 f.

21 Hierzu BGHZ 110, 342, 359 f.; LG Bonn, AG 2001, 484.

22 So *Noack*, in: Noack/Servatius/Haas, § 51a Rn. 51; *Verse*, in: Scholz, § 43 Rn. 491; *Decher*, in: Großkomm. AktG, § 131 Rn. 536 m. w. N.

23 Vgl. *Friedl*, NZG 2004, 448, 450 m. w. N.

Es verbleibt danach der Bereich kriminellen und sittenwidrigen Handelns, aus dem sich Ansprüche nach § 823 Abs. 2 BGB ergeben können. Von praktischer Bedeutung sind die aktienrechtlichen Strafvorschriften zum Schutz vor falschen Angaben (§§ 399 ff. AktG)[24] sowie die Betrugstatbestände (§§ 263 ff. StGB). Ferner in Betracht kommt der Geheimnisverrat (§ 404 AktG), der im Rahmen der Weitergabe von Insider-Informationen[25] relevant werden kann. So sind Vorstände, die Insider-Wissen weitergeben, u. U. ihren Aktionären gegenüber schadenersatzpflichtig. 405

3. Schadensberechnung

Ein Problem bei den Ersatzansprüchen von Anteilseignern stellt die Schadensberechnung dar. Der typische Nachteil, den der Anteilseigner durch rechtswidrige Maßnahmen des Managements erleidet, besteht in der Entwertung seiner Aktien oder Geschäftsanteile. Dies ist aber lediglich ein Reflex des bei der Gesellschaft eingetretenen Schadens. Hielte man den Wertminderungsschaden für ersatzfähig, wäre der haftpflichtige Unternehmensleiter doppelt belastet. Er müsste der Gesellschaft deren effektiven Vermögensschaden und dem Anteilseigner dessen Kursverlust ersetzen. Dass dies nicht richtig sein kann, ist allgemein anerkannt. Die gesetzlichen Sonderbestimmungen der §§ 117, 309, 310, 317, 318 AktG lösen das Problem in unterschiedlicher Weise. § 117 Abs. 1 Satz 2 AktG beschränkt den Anspruch des Aktionärs von vornherein auf den Schaden, der über den bloßen Reflex hinausgeht. Die konzernrechtlichen Vorschriften erlauben dem Aktionär die Geltendmachung des Schadens lediglich zugunsten der Gesellschaft (§ 309 Abs. 4 Satz 2 AktG). Bei den deliktischen Ansprüchen eröffnet die Rechtsprechung[26] dem Anteilseigner zutreffend ebenfalls nur die Klage auf Leistung an die Gesellschaft, soweit es sich um einen Reflexschaden handelt. Allein bei darüber hinausgehenden Schäden kommt eine Geltendmachung zu den eigenen Gunsten in Betracht. Anzunehmen ist dies etwa, wenn infolge des pflichtwidrigen Handelns der Geschäftsleitung ein Gesellschafterdarlehen uneinbringlich wird.[27] Praktische Fälle sind insgesamt aber eher selten. 406

---

24 BGHZ 105, 121, 124 f. zu § 399 AktG; RGZ 157, 213, 216 zu § 400 AktG; vgl. auch OLG Hamm, GmbHR 1991, 426; LG Bonn, AG 2001, 484.

25 Vgl. auch Art. 14 MAR und Rn. 418 ff.

26 Vgl. BGHZ 65, 15 „*ITT*"; BGH, AG 1987, 126, 128; BGH, NJW 1988, 413, 415; so auch *Cahn*, in: Kölner Kommentar, § 93 Rn. 232; *Spindler*, in: MünchKommAktG, § 93 Rn. 383.

27 BGHZ 94, 55; siehe auch Rn. 281.

II. Haftung gegenüber Anlegern

1. Überblick über das Kapitalmarktinformationshaftungsrecht

407 Die Entwicklungen an den Aktienmärkten nach dem Jahr 2000, insbesondere im Segment des Neuen Marktes, aber auch nach der Finanzkrise 2008 haben bei vielen Anlegern zu erheblichen Verlusten geführt. Die betroffenen Unternehmen sind nicht selten in die Insolvenz gefallen. Deshalb haben Anleger in der Folge versucht, die Vorstände der krisengeschüttelten oder insolventen Unternehmen für ihre Kurseinbußen mit dem Argument persönlich haftbar zu machen, es seien falsche Informationen über die finanzielle Lage und die Geschäftsaussichten des Unternehmens verbreitet worden. Aus diesen Fällen hat sich das Kapitalmarktinformationshaftungsrecht entwickelt. In der Regel geht es um fehlerhafte Prospektangaben, Ad-hoc-Meldungen oder Hauptversammlungs-Statements.

408 Als spezialgesetzliche (oder richterrechtliche) Anspruchsgrundlagen sind die verschiedenen Formen der Prospekthaftung (siehe Rn. 412 ff.) relevant. Daneben bestehen bisher keine gesonderten Anspruchsnormen, sodass auf das allgemeine Deliktsrecht zurückgegriffen werden muss. In Betracht kommt die Verletzung bestimmter Schutzgesetze, die einen Anspruch nach § 823 Abs. 2 BGB begründen können. Hierbei handelt es sich jedoch ausnahmslos um Strafnormen aus dem Umkreis des Betruges, die mangels Tatbestandsmäßigkeit des Vorstandshandelns oder jedenfalls wegen fehlenden Vorsatzes nur selten zum Zuge kommen. Dasselbe gilt für die vorsätzliche und sittenwidrige Schädigung des § 826 BGB.

409 Hieran haben auch neuere gesetzliche Regelungen nichts Wesentliches geändert. Zwar stehen Anlegern inzwischen wegen der unterlassenen Veröffentlichung von Insiderinformationen oder der Veröffentlichung unwahrer Insiderinformationen bei vorsätzlichem oder grob fahrlässigem Verhalten der handelnden Personen Ersatzansprüche gegenüber dem emittierenden Unternehmen zu (§§ 97, 98 WpHG). Dem Emittenten obliegt insoweit der Entlastungsbeweis (§§ 97 Abs. 2, 98 Abs. 2 WpHG). Die Ansprüche richten sich aber nicht gegen die Vorstände oder Aufsichtsräte persönlich. Ein erhöhtes Haftungsrisiko für die Organe ergibt sich hieraus allerdings auf indirektem Wege. Bedient das Unternehmen Ansprüche nach §§ 97, 98 WpHG, so liegt der Regress auf die handelnden Personen nach Innenhaftungsgrundsätzen nahe (vgl. Rn. 362), weil jedenfalls die grob fahrlässige oder gar vorsätzliche Fehlinformation (vgl. §§ 97 Abs. 2, 98 Abs. 2 WpHG) auch einen Pflichtverstoß im Innenverhältnis begründet. Diesbezüglich enthält das Gesetz die ausdrückliche Anordnung, dass solche Innenhaftungsansprüche nicht durch Vereinbarung beschränkt werden dürfen (§§ 97 Abs. 5, 98 Abs. 5 WpHG).

Die Corporate Governance Kommission hatte weitere Reformüberlegungen angestellt,[28] die allerdings nicht umgesetzt worden sind. Dies gilt etwa für den Entwurf eines Kapitalmarktinformationshaftungsgesetzes (KapInHaG),[29] der nicht Gesetz wurde. Das Konzept des Entwurfes ging dahin, eine persönliche Haftung zulasten der Organe des Emittenten zu begründen. Diese wären Anlegern für Verluste einstandspflichtig geworden, die auf vorsätzlichen oder grob fahrlässigen Falschinformationen über geschäftliche Verhältnisse des Unternehmens beruhen. Die Haftung des Emittenten selbst (§§ 97, 98 WpHG) wäre hierdurch ergänzt worden, wobei zugunsten der betroffenen Organe eine Haftungshöchstgrenze und zu ihren Lasten die Unzulässigkeit einer D&O-Versicherungsdeckung in bestimmter Höhe festgeschrieben werden sollte. **410**

Gesetz geworden sind dagegen Regelungen zur kollektiven Durchsetzung kapitalmarktrechtlicher Ansprüche.[30] Das zum 1.11.2005 in Kraft getretene Kapitalanleger-Musterverfahrensgesetz (KapMuG) ermöglicht es, dass bei gleichartigen Verfahren gemeinsame Rechts- und Tatsachenfragen in einem Musterentscheid für alle Parallelverfahren einheitlich festgestellt werden. Das Musterverfahren kann auch im Zusammenhang mit Anlegerklagen gegen Unternehmensorgane zum Einsatz kommen.[31] Begehrt werden könnte etwa die (einheitliche) Feststellung, dass bestimmte an die Kapitalmärkte gerichtete Informationen unzutreffend waren. **411**

2. Prospekthaftung

a) Regelungsbereiche

Bei der Prospekthaftung ist zwischen den spezialgesetzlich geregelten Bereichen und der allgemeinen bürgerlich-rechtlichen Prospekthaftung[32] zu unterscheiden. Die spezialgesetzlichen Regelungen betreffen das (prospektpflichtige) öffentliche Angebot von Wertpapieren, die zum Handel an einer inländischen Börse zugelassen sind (§§ 9 ff. WpPG) wie auch von Wertpapieren, die keine Zulassung an einer inländischen Börse besitzen (§§ 20 ff. VermAnlG). Auch Anlageformen, die nicht in Wertpapieren verbrieft sind („Grauer Kapitalmarkt"), unterliegen grundsätzlich der Prospektpflicht und **412**

---

28 Siehe *Baums*, Bericht der Regierungskommission Corporate Governance, Rn. 186; siehe auch das 10-Punkte-Papier des Bundesjustizministeriums (Stand Februar 2003).

29 Siehe zu dem Entwurf etwa *Veil*, BKR 2005, 91 ff.; *Möllers*, JZ 2005, 75 ff.; auch *Zimmer*, WM 2004, 9 ff.; *Schäfer*, NZG 2005, 985 ff.; *Casper*, BKR 2005, 83 ff.

30 Vgl. hierzu *Heß*, AG 2003, 113, 123 ff.

31 Siehe *Hess*, in: Krieger/Uwe H. Schneider (Hrsg.), Handbuch Managerhaftung, § 21 Rn. 21.7 ff.

32 Siehe BGHZ 71, 284; BGHZ 79, 337; *Assmann/Kumpan*, in: Assmann/Schütze/Buck-Heeb (Hrsg.), Handbuch des Kapitalanlagerechts, § 5 Rn. 29 ff.; *Grumann*, BKR 2002, 310 ff.

den entsprechenden Haftungsregeln (vgl. die Definition der Vermögensanlage in § 1 Abs. 2 VermAnlG), ebenso Anlagen in Investment-Fonds (§ 306 KAGB), die sich weitgehend am börsenrechtlichen Modell orientieren. Für die allgemeine bürgerlich-rechtliche Prospekthaftung bleibt danach nur noch ein schmaler Anwendungsbereich.[33] Dies gilt insbesondere vor dem Hintergrund, dass die spezialgesetzlichen Regelungen die Prospekthaftung nach bürgerlich-rechtlichen Regeln im engeren Sinne (Rn. 413) in ihrem Anwendungsbereich verdrängen.[34]

b) Allgemeine bürgerlich-rechtliche Prospekthaftung

aa) Inanspruchnahme typisierten Vertrauens

413 Im Rahmen der allgemeinen bürgerlich-rechtlichen Prospekthaftung wurde bisher zwischen zwei Formen unterschieden. In einem engeren Sinne ging es um die Haftung für die Richtigkeit und Vollständigkeit eines zu Werbezwecken eingesetzten (freiwilligen) Prospekts für Kapitalanlagen, die mit der Inanspruchnahme eines typisierten Vertrauens beim Anleger begründet wurde.[35] Nachdem die Prospektpflicht auch auf den „Grauen Kapitalmarkt" erweitert wurde, bleibt für diesen Haftungstatbestand allerdings kein Raum mehr. Er ist durch §§ 20 ff. VermAnlG ersetzt worden.[36]

bb) Inanspruchnahme besonderen persönlichen Vertrauens

414 In einem weiteren Sinne erfasst die allgemeine bürgerlich-rechtliche Prospekthaftung auch die Haftung für die Inanspruchnahme besonderen persönlichen Vertrauens, die in § 311 Abs. 2 und 3 BGB eine gesetzliche Grundlage gefunden hat (vgl. Rn. 377). Diese Alternative ist durch die Neuregelung des VermAnlG und der börsenrechtlichen Prospekthaftung nicht berührt worden.[37] Einige Bedeutung hat sie bei Anlageberatungs- und Anlagevermittlungsgesellschaften erlangt.[38] Hier kommt eine persönliche Haftung der Leitungsorgane der Gesellschaften für die Richtigkeit und Vollständigkeit der mit ihrem Wissen und Wollen in den Verkehr gebrachten Werbeprospekte über das angebotene Anlagemodell in Betracht, wenn sie ihre persönliche Sachkunde gegenüber dem potenziellen Anleger in den Vordergrund gerückt

33 Vgl. *Ziegler*, DStR 2005, 30, 34.
34 BGH, AG 2022, 621, 622.
35 BGHZ 83, 222, 224; OLG Hamburg, AG 2001, 141, 142; *Ebenroth/Kräutter*, BB 1990, 569, 572.
36 BGH, AG 2022, 621, 622; siehe auch *Ziegler*, DStR 2005, 30, 34 m. w. N.
37 Vgl. *Ziegler*, DStR 2005, 30, 34.
38 Vgl. hierzu *Ebenroth/Kräutter*, BB 1990, 969 ff.; *Gehrlein*, BB 1995, 1965 ff.; vgl. zur Auskunftshaftung des Kapitalanlagevermittlers generell auch BGH, NJW 2002, 2641.

haben.[39] Dies liegt umso näher, je sensibler und erklärungsbedürftiger die angebotenen Kapitalanlagen sind und je höher sich das Verlustrisiko des Anlegers darstellt. Die von den handelnden Personen geschuldete Aufklärung innerhalb und außerhalb des Prospekts hat sich an dem Kenntnisstand eines durchschnittlichen Anlegers sowie dessen erkennbaren Erwartungen zu orientieren.

c) Spezialgesetzliche Prospekthaftung

Für die Anlage in Aktien von besonderer Bedeutung ist die Prospekthaftung **415** nach §§ 9 ff. WpPG. Sie betrifft allein Wertpapiere, die öffentlich angeboten oder zum Handel an einem organisierten Markt zugelassen werden sollen (§ 1 WpPG). Sie begründen eine gesetzliche Haftung derjenigen, die für den Inhalt des jeweiligen Prospekts verantwortlich sind. Dies sind Personen, die für den Prospekt die Verantwortung übernommen haben oder von denen der Erlass des Prospekts ausgeht. Hierzu können auch die Geschäftsleiter solcher Unternehmen gehören, die den Prospekt unterzeichnet haben, ferner auch Mitglieder von Aufsichtsräten oder Beiräten.[40] Ähnliche Regelungen bestehen für andere Anlageformen (siehe Rn. 412).

Ist der Prospekt in für die Beurteilung des Wertpapiers wesentlichen Punkten **416** unrichtig oder unvollständig – auch im Hinblick auf die Beschreibung von gegenwärtiger Situation und künftiger Entwicklung des Unternehmens[41] – kann der Erwerber von den Prospektverantwortlichen die Übernahme der Wertpapiere gegen Erstattung des Erwerbspreises sowie der Erwerbskosten verlangen, allerdings nur wenn der Erwerb nach Prospektveröffentlichung und innerhalb von sechs Monaten seit Börseneinführung bzw. seit erstem öffentlichen Angebot stattgefunden hat (§§ 9 Abs. 1 WpPG). Hat der Erwerber die Wertpapiere bereits weiterverkauft, kann er einen etwaigen Verkaufsverlust geltend machen (§ 9 Abs. 2 WpPG). Der Anspruch entfällt, wenn die Unrichtigkeit des Prospekts ohne Folgen geblieben ist (mangelnde Kausalität), weil die Wertpapiere nicht aufgrund des Prospekts gekauft wurden, die Unrichtigkeit keine negativen Auswirkungen auf den Börsenkurs hatte, der Erwerber die Unrichtigkeit kannte oder vor Erwerb eine Berichtigung (etwa durch Ad-hoc-Meldung) erfolgte (§ 12 WpPG). Die Verantwortlichen können sich im Übrigen exkulpieren, wenn sie die Unrichtigkeit nicht kannten. Die Haftung kann nicht durch Vereinbarung im Voraus beschränkt werden (§ 16 Abs. 1 WpPG). Weitergehende Ansprüche nach bürgerlichem Recht bleiben unberührt (§ 16 Abs. 2 WpPG).

---

39 Vgl. etwa BGHZ 71, 284; *Assmann/Kumpan*, in: Assmann/Schütze/Buck-Heeb (Hrsg.), Handbuch des Kapitalanlagerechts, § 5 Rn. 70 f.

40 Hierzu *Gehrlein*, BB 1995, 1965 ff.

41 BGH, WM 1962, 862, 865.

d) Haftung wegen Sittenverstoßes (§ 826 BGB)

417 Neben der Prospekthaftung kommt bei mangelhafter Aufklärung auch eine Haftung gegenüber Anlegern nach § 826 BGB wegen vorsätzlicher und sittenwidriger Schädigung in Betracht. Die Anspruchsgrundlage wird als Lückenfüller vor allem dann bemüht, wenn andere Haftungsgrundlagen nicht einschlägig sind (z. B. kein Prospekt, keine Inanspruchnahme besonderen Vertrauens). Der qualifizierte subjektive Tatbestand erfordert eine besonders eklatante Außerachtlassung der Vermögensinteressen des Anlegers und zumindest bedingten Vorsatz im Hinblick auf die Schädigung. Trotz der verhältnismäßig hohen Hürde hat die Rechtsprechung[42] die Voraussetzungen bei unzureichender Aufklärung als erfüllt betrachtet, wenn diese sich auf wesentliche Umstände des Geschäfts oder die finanziellen Verhältnisse des Anlageobjekts bezog und der Anleger zu erheblichen Vermögensdispositionen veranlasst wurde (vgl. Fallbeispiel, Rn. 360).[43] Auch die mangelnde Verständlichkeit der Erläuterungen oder die Verschleierung von Umständen können eine Haftung nach § 826 BGB begründen,[44] ebenso die abredewidrige Verwendung von Zahlungen.[45] Allein auf Zeitgewinn zielende, beschwichtigende Erklärungen sollen aber nicht ausreichen.[46]

3. Insiderrecht

a) Überblick

418 Bei Wertpapiergeschäften unterliegen Insider den Regelungen der Marktmissbrauchsverordnung (MAR),[47] die verschiedenen Beschränkungen vorsieht. So ist es Insidern verboten, unter Ausnutzung ihrer Kenntnisse über Insiderinformationen mit Insiderpapieren zu handeln, Dritten den Erwerb oder die Veräußerung zu empfehlen oder Insiderinformationen weiterzugeben (Insidergeschäfte, Art. 8, 14 MAR). Zu den Insidern zählen sämtliche Personen, die bestimmungsgemäß Zugang zu Insiderinformationen haben, damit auch die Organe des Emittenten. Insiderinformationen sind solche konkreten Informationen über den Emittenten oder das Insiderpapier selbst, die nicht öffentlich bekannt sind und im Falle ihres Bekanntwerdens geeig-

42 BGH, WM 2001, 2313; BGHZ 105, 108, 109; BGH, NJW 1994, 997; OLG Düsseldorf, NJW 1995, 404, 405; OLG Celle, NJW-RR 1994, 615; OLG Köln, BB 1997, 112, 114.
43 Vgl. BGH, ZIP 2001, 2276.
44 BGH, WM 2001, 2313, 2314.
45 BGH, NJW-RR 1988, 671.
46 OLG Düsseldorf, WiB 1994, 232.
47 Verordnung (EU) Nr. 596/2014 des Europäischen Parlaments und des Rates vom 16. April 2014 über Marktmissbrauch (Marktmissbrauchsverordnung – Market Abuse Regulation) und zur Aufhebung der Richtlinie 2003/6/EG des Europäischen Parlaments und des Rates und der Richtlinien 2003/124/EG, 2003/125/EG und 2004/72/EG der Kommission, in Kraft seit 2.7.2016.

net wären, den Kurs des Papiers erheblich zu beeinflussen (Art. 7 MAR). Betroffene Insiderpapiere sind insbesondere die innerhalb der EU oder des EWR zum Handel auf einem geregelten Markt zugelassenen oder hiervon abgeleitete Finanzinstrumente (Art. 2 MAR). Emittenten von Insiderpapieren müssen Insiderinformationen, die sie unmittelbar betreffen, nach Art. 17 MAR unverzüglich veröffentlichen (Ad-hoc-Meldung). Verstöße gegen das Insiderrecht sind nach nationalem Recht straf- und bußgeldbewehrt (§§ 119, 120 WpHG).

Wesentliche Außenhaftungsrisiken, etwa gegenüber Anlegern, ergeben 419 sich für die Leitungsorgane aus dem Insiderrecht allerdings nicht. Die Schutzgesetzqualität des Verbots von Insidergeschäften (Art. 8, 14 MAR) ist zwar umstritten, wird aber überwiegend verneint (Marktschutz, nicht Individualschutz).[48] Schon aus diesem Grund scheiden auf Verstößen gegen das Verbot von Insidergeschäften beruhende Ansprüche Dritter nach § 823 Abs. 2 BGB aus. Auch wenn die Regelungen Schutzgesetzcharakter hätten, würde dies in der Praxis wenig ändern, weil ein Schadensnachweis kaum vorstellbar ist.[49] Soweit es um die verbotene Weitergabe von Insiderinformationen geht, kann sich ein Schadenersatzanspruch von Anlegern allerdings aus § 823 Abs. 2 BGB i. V. m. § 404 AktG ergeben, der die Verletzung der Geheimhaltungspflichten der Organe unter Strafe stellt und als Schutzgesetz auch zugunsten der Aktionäre gilt.[50]

In Betracht kommen aber Innenhaftungsansprüche des Emittenten gegen die 420 eigenen Organe, die gegen Insidervorschriften verstoßen haben, wenn dem Unternehmen hieraus ein Schaden entstanden ist. Ein Beispiel hierfür wären unzutreffende oder unterlassene Ad-hoc-Meldungen, wenn sich hieraus eine Einstandspflicht des Emittenten gegenüber Anlegern nach §§ 97, 98 WpHG ergibt (siehe Rn. 423).

b) Falsche oder unterlassene Veröffentlichung von Insiderinformationen

aa) Ad-hoc-Publizität

Inländische Emittenten von Insiderpapieren unterliegen nach Art. 17 MAR 421 der Pflicht zur unverzüglichen Publikation von Insiderinformationen (Rn. 418), die sie unmittelbar betreffen. Die Verpflichtung liegt bei der Gesellschaft, ihre Erfüllung muss aber durch den Vorstand im Rahmen seiner Organisationspflicht[51] sichergestellt werden. Das Instrument der Ad-hoc-Pu-

48 Vgl. AG München, WM 2002, 594; *Assmann*, in: Assmann/Schneider/Mülbert, Art. 14 MAR Rn. 12 ff. m. w. N.; a. A. *Ekkenga*, ZIP 2004, 781 ff.

49 *Hopt*, ZHR 159 (1995), 135, 162.

50 Vgl. *Otto*, in: Großkomm. AktG, § 404 Rn. 3.

51 Vgl. hierzu § 130 OWiG; *Assmann*, in: Assmann/Schneider/Mülbert, Art. 17 Rn. 25.

blizität ist in der Vergangenheit teilweise missbraucht worden, etwa indem Meldungen über anstehende Geschäfte geschönt[52] oder solche über negative Entwicklungen unterlassen wurden. Dies hat bei Anlegern gelegentlich zu Aktientransaktionen auf einer falschen Informationsbasis geführt. In Zeiten sinkender Kurse und damit einhergehender Verluste wurde deshalb vielfach versucht, die unzutreffende oder fehlende Ad-hoc-Meldung zur Grundlage von Schadenersatzansprüchen gegen das Management zu machen.[53]

bb) Ansprüche nach WpHG

422 Auf §§ 97, 98 WpHG lassen sich derartige Ansprüche allerdings nicht stützen. Zwar sehen die Regelungen unter bestimmten Voraussetzungen eine Haftung gegenüber Anlegern für vorsätzlich oder grob fahrlässig fehlerhafte oder unterlassene Veröffentlichung von Insiderinformationen vor, allerdings nur zulasten des Emittenten, also der Gesellschaft.[54] Eine Einstandspflicht von Vorständen oder Aufsichtsräten im Außenverhältnis ergibt sich hieraus nicht.[55]

423 Anders liegen die Dinge im Innenverhältnis zur Gesellschaft: Der Unternehmensleiter, der gegen die Regelungen der Ad-hoc-Publizität verstößt und sein Unternehmen mit einer Schadenersatzpflicht belastet, begeht in aller Regel auch einen Pflichtverstoß im Innenverhältnis. Dies gilt jedenfalls dann, wenn der von §§ 97 Abs. 2, 98 Abs. 2 WpHG geforderte Verschuldensgrad (mindestens grobe Fahrlässigkeit) in der Person des Organs vorliegt.[56] Die Gesellschaft kann in diesen Fällen die betroffenen Vorstände nach § 93 Abs. 2 AktG in Regress nehmen. Eine Hilfe für den Anleger ergibt sich hieraus allerdings meist nicht. Solange der Emittent leistungsfähig ist, benötigt er keinen weiteren Schuldner. Fällt der Emittent in die Insolvenz, so werden etwa bestehende Ansprüche gegen die Organe von dem Insolvenzverwalter geltend gemacht. Im Übrigen ist zweifelhaft, ob die Belastung des insolventen Unternehmens mit einer Verbindlichkeit gegenüber dem Anleger, die nur mit der Quote bedient wird, als Schaden gelten kann.

---

52 Ein Problem ist der erforderliche Detaillierungsgrad von Ad-hoc-Meldungen. Das LG München, WM 2001, 1948, 1951, hat zu Recht betont, dass nicht jedes Detail, sondern nur die wesentlichen Gesichtspunkte eines Geschäfts anzusprechen sind.

53 Hierzu *Möllers/Leisch*, WM 2001, 1648 ff.; *Rodewald/Siems*, BB 2001, 2437 ff.; *Thümmel*, DB 2001, 2331 ff.; *ders.*, FAZ vom 4.10.2000, S. 29.

54 Siehe im Einzelnen *Meier-Reimer/Webering*, WM 2002, 1857 ff.

55 Vgl. *Buck-Heeb/Dieckmann*, AG 2008, 681, 690; *Meier-Reimer/Webering*, WM 2002, 1857, 1864.

56 So auch *Meier-Reimer/Webering*, WM 2002, 1857, 1864.

cc) Deliktische Ansprüche

α) § 826 BGB

Große Bedeutung im Rahmen der Außenhaftung von Organmitgliedern gegenüber Anlegern wegen fehlerhafter Kapitalmarktinformation hat die vorsätzliche sittenwidrige Schädigung nach § 826 BGB erlangt.[57] Die Rechtsprechung hat die Norm verschiedentlich zur Anwendung gebracht, um Anlegerschutzlücken zu schließen.[58] Die Fälle waren jeweils durch ein extrem unseriöses Informationsverhalten der Emittenten und ihrer Organe (und Initiatoren) gekennzeichnet. Dementsprechend lag die Annahme der Sittenwidrigkeit und eines (bedingten) Schädigungsvorsatzes nahe. Dennoch bleibt § 826 BGB eine Hilfslösung, weil seine Anwendbarkeit sehr von der konkreten Fallkonstellation abhängig ist. In jedem Fall sorgfältiger Betrachtung bedarf die Kausalität falscher Angaben für den Willensentschluss des Anlegers und damit für den behaupteten Schaden. Das enttäuschte allgemeine Anlegervertrauen in die Integrität der Marktpreisbildung ist jedenfalls nicht ausreichend.[59] **424**

Fallbeispiel:[60]

Die beklagten Vorstandsmitglieder einer börsennotierten Gesellschaft hatten dem Anlegerpublikum während einer kurzen Zeitspanne im Wege von Ad-hoc-Meldungen vielfache Erfolge des Unternehmens berichtet. Dazu gehörten u. a. zwei (unzutreffende) Mitteilungen über die Akquisition anderer Unternehmen, die als „wichtigster Meilenstein in der Entwicklung des Unternehmens“ und „wichtigster Abschluss“ in seiner Geschichte bezeichnet wurden. Außerdem wurden Steigerungen des Konzernumsatzes von 195 % in einem Halbjahr vermeldet und astronomische Gewinne prognostiziert. Der Aktienkurs stieg erheblich. Wenige Wochen später gab es Korrekturmeldungen, die geringere Umsätze und Verluste auswiesen, was zu einem Kurssturz führte. Ein halbes Jahr später zeigte sich ein Milliardenverlust. Anleger, die während der Periode, in der die Ad-hoc-Meldungen erfolgten, Aktien gekauft hatten, nahmen

---

57 Vgl. *Buck-Heeb/Dieckmann*, AG 2008, 681, 683 ff.

58 So in BGHZ 160, 134 „*Infomatec*“; BGH, NJW 2005, 2450 „*EM.TV*“; BGH, NZG 2007, 711 „*ComRoad V*“; BGH, NZG 2007, 708 „*ComRoad IV*“; BGH, NZG 2007, 346; BGH, NZG 2007, 345; BGH, NZG 2007, 269; LG München, NZG 2005, 523; siehe auch *Edelmann*, BB 2004, 2031 ff.; *Kort*, NZG 2005, 496 ff.; *Möllers*, WM 2003, 2393 ff.; *Rutzel*, AG 2003, 69 ff.; *Möllers/Leisch*, WM 2001, 1648 ff.; bei der Anwendung von § 826 BGB zur Zurückhaltung mahnend: LG München, WM 2001, 1948, 1953 f.

59 BGH, ZIP 2008, 407, 409 f. „*Comroad VI*“; BGH, ZIP 2008, 410, 411 f. „*Comroad VII*“.

60 BGH, NJW 2005, 2450 „*EM.TV*“.

die Vorstandsmitglieder auf Schadenersatz in Anspruch. § 826 BGB kam zur Anwendung.

β) § 823 Abs. 2 BGB mit Schutzgesetz

425 Als mögliches Schutzgesetz im Rahmen des § 823 Abs. 2 BGB könnte § 263 StGB dienen. In aller Regel ist die Norm aber nicht einschlägig, weil es jedenfalls an der „Stoffgleichheit" zwischen Vermögensverfügung (Aktienerwerb) und beabsichtigtem Vorteil beim Vorstand fehlt.[61] Den Gewinn aus dem Geschäft macht allein der Aktienverkäufer. Auch die Täuschungsabsicht wird oft zweifelhaft sein. Die Bestimmungen der MAR kommen als Schutzgesetze ebenfalls nicht in Betracht. Dies ergibt sich einerseits aus deren Schutzrichtung, die die Zuverlässigkeit und Wahrheit der Preisbildung an Börsen im Fokus hat.[62] Der Schutz des Kapitalanlegers erfolgt dagegen nur in Form eines Reflexes.[63] Andererseits wird durch §§ 97, 98 (jeweils Abs. 4) WpHG klargestellt, dass über diese Regelungen hinausgehende Ansprüche nur insoweit unberührt bleiben, als sie auf Verträgen oder *vorsätzlichen* unerlaubten Handlungen beruhen. Bleibt § 400 Abs. 1 Nr. 1 AktG, der als Schutzgesetz auch zugunsten der Aktionäre gilt,[64] aber bei Ad-hoc-Meldungen oft vom Tatbestand her nicht einschlägig ist.[65] Abgesehen von falschen Auskünften auf Hauptversammlungen geht es bei der Norm allein um Fehlinformationen „in Darstellungen und Übersichten über den Vermögensstand" der Gesellschaft. Im Rahmen von Ad-hoc-Meldungen kann diese Alternative allenfalls dann zutreffen, wenn etwa unvollständige Quartalszahlen veröffentlicht werden.[66] Auch § 264a StGB passt tatbestandsmäßig meist nicht, da die Ad-hoc-Meldung kein Prospekt ist.[67] Insgesamt lässt sich

---

61 Vgl. hierzu LG München, WM 2001, 1948, 1952; LG Augsburg, WM 2002, 592, 593; LG Kassel, DB 2002, 2151 *„Biodata"*; *Rodewald/Siems*, BB 2001, 2437, 2440.

62 So schon die h. M. zu den Vorgängernormen, BVerfG, NJW 2003, 501, 503; OLG München, NJW 2003, 144, 145 *„Infomatec"*; LG München, NJW-RR 2001, 1701; LG Augsburg, ZIP 2002, 530, 531 *„Infomatec IV"*; LG Kassel, DB 2002, 2151 *„Biodata"*; *Schwark*, BörsG, 2. Aufl., § 88 Rn. 1; *Rieckers*, BB 2002, 1213, 1215; *Barnert*, WM 2002, 1473, 1477 ff.; *Thümmel*, DB 2001, 2331, 2332 f.; a. A. LG Augsburg, DB 2001, 2334, 2335 *„Infomatec"*.

63 So schon die Gesetzesbegründung zur Vorgängernorm des § 88 BörsG, BGBl. I 1986, S. 721.

64 Siehe *Otto*, in: Großkomm. AktG, § 400 Rn. 4.

65 Vgl. BGHZ 160, 134 *„Infomatec"*; OLG München, NJW 2003, 144, 146 *„Infomatec"*; *Thümmel*, DB 2001, 2331, 2332; a. A. *Baums*, Bericht der Regierungskommission Corporate Governance, Rn. 184.

66 So BGH, NJW 2005, 2450, 2451 *„EM.TV"*; siehe hierzu auch *Kowalewski/Hellgardt*, DB 2005, 1839 ff.; *Hutter/Stürwald*, NJW 2005, 2428 ff.

67 Siehe LG München, WM 2001, 1948, 1953.

eine Haftung der Organe des Emittenten gegenüber Anlegern daher nur selten auf Schutzgesetzverletzungen stützen.

dd) Schaden

Abgesehen von der Schwierigkeit, eine geeignete Anspruchsgrundlage zu finden, stellt in der Praxis die Darlegung eines kausalen Schadens für den Anleger ein erhebliches Problem dar. Will er den erlittenen Kursverlust geltend machen, muss er eine kausale Verknüpfung zwischen der Ad-hoc-Meldung, der Kursentwicklung der Aktie und seiner Entscheidung zu deren Erwerb darstellen können.[68] Dies gilt auch im Rahmen von § 826 BGB bei extrem unseriösem Informationsverhalten.[69] Möglich ist ein solcher Kausalitätsnachweis überhaupt nur bei Aktienkäufen, die sehr zeitnah zur Ad-hoc-Meldung erfolgt sind.[70] Auch die Bestimmung des hypothetischen Kausalverlaufs bei zutreffender Ad-hoc-Meldung ist schwierig: Hätte der Anleger von dem Erwerb Abstand genommen[71] oder zu einem geringeren Kurs erworben?[72] Auf eine „Anlagestimmung" zur Begründung des Anscheinsbeweises zur Kausalität kann sich der Anleger jedenfalls bei unzutreffenden Ad-hoc-Meldungen in der Regel nicht berufen.[73] Schließlich wird der Einwand des Mitverschuldens (§ 254 Abs. 1 BGB) zu erwägen sein, wenn der Anleger seine Aktien nicht wieder verkauft und damit versäumt, seine Verluste zu mindern, sobald er von der Fehlerhaftigkeit der Ad-hoc-Meldung erfährt.[74] Ist der Kausalitätsnachweis erbracht, hat der Anleger Anspruch auf Ersatz seiner Anschaffungskosten gegen Rückgabe der Aktien oder Anrechnung des an ihre Stelle getretenen Veräußerungserlöses. Das Verbot der Einlagenrückgewähr steht dem nicht entgegen.[75] **426**

68 BGHZ 160, 134 „*Infomatec*"; siehe zur „*Infomatec*"-Entscheidung auch *Gerber*, DStR 2004, 1793 ff.; *Fleischer*, DB 2004, 2031 ff.; *Körner*, NJW 2004, 3386 ff.; *Edelmann*, BB 2004, 2031 ff.

69 BGH, NZG 2007, 711 „*ComRoad V*"; BGH, NZG 2007, 708 „*ComRoad IV*"; BGH, NZG 2007, 346; BGH, NZG 2007, 345; BGH, NZG 2007, 269; dazu auch *Findeisen*, NZG 2007, 692 ff.

70 Vgl. LG Kassel, DB 2002, 2151, 2152: höchstens sechs Monate Zeitabstand.

71 So LG Augsburg, DB 2001, 2334, 2335; hierzu *Thümmel*, DB 2001, 2331, 2333.

72 Vgl. *Rodewald/Siems*, BB 2001, 2437, 2440.

73 OLG Frankfurt, NZG 2005, 516, 517; *Buck-Heeb/Dieckmann*, AG 2008, 681, 683 ff.; a.A. LG Frankfurt, ZIP 2003, 1092, 1093 f. „*ComRoad II*".

74 Vgl. *Thümmel*, DB 2001, 2331, 2333.

75 BGH, NJW 2005, 2450 ff.; OLG München, DB 2005, 1447, 1448; *Möllers*, BB 2005, 1637 ff.

9. Kapitel
Haftung gegenüber sonstigen Dritten

Übersicht

I. Haftung gegenüber Verbrauchern

1. Produkthaftung

Produkthaftung beschreibt die Haftung des Herstellers oder Händlers von fehlerhaften industriellen Produkten für Schäden, die Verwender des Produkts infolge seiner Fehlerhaftigkeit erleiden. Betroffen sind allein Personen- und Sachschäden. Der Ersatzanspruch des Geschädigten kann sich aus § 1 Abs. 1 ProdHaftG oder spezialgesetzlichen Regelungen, für den Bereich der Arzneimittel etwa aus § 84 AMG ergeben. Danach bedarf es zur Anspruchsbegründung lediglich eines Produktfehlers und eines hierauf beruhenden Schadens; ein Verschulden auf Seiten des Herstellers ist nicht erforderlich (Gefährdungshaftung). Diese Haftung kann den Unternehmensleiter nicht persönlich treffen, weil nach §§ 1 Abs. 1, 4 ProdHaftG allein der Hersteller des schadensstiftenden Produkts, bei Arzneimitteln der pharmazeutische Unternehmer, Haftungsadressat ist.[1] Daneben kommt aber das allgemeine Deliktsrecht zur Anwendung, das bei schuldhaftem Inverkehrbringen fehlerhafter Produkte einen Schadenersatzanspruch nach § 823 Abs. 1 BGB wegen Körper- oder Gesundheitsverletzung gewährt. Hier steht auch der Unternehmensleiter persönlich im Risiko, wenn er **427**

1 Vgl. *Hoffmann/Liebs*, Rn. 7070.

durch aktives Tun oder durch Unterlassen zum Schadenseintritt beigetragen hat.[2]

428 Von besonderer Bedeutung für den Unternehmensleiter ist die Variante des Unterlassens. Dieses ist nur dann zurechenbar, wenn es eine Rechtspflicht zum Handeln gab, die verletzt wurde. Solche Rechtspflichten können in Gestalt von Verkehrssicherungspflichten bestehen.[3] Im Produkthaftungsbereich gehören hierzu die Produktbeobachtungspflicht, die Folgenwarnpflicht und die Rückrufpflicht.[4] Hat der Unternehmensleiter von einem Produktfehler – sei es einem Herstell-, einem Konstruktions- oder einem Instruktionsfehler – Kenntnis erhalten, muss er daher unverzüglich reagieren. Versäumt er den rechtzeitigen Rückruf und tritt deswegen ein Schaden ein, wird er persönlich haftbar. Dies kann in Fällen von erheblichem Gewicht wegen der wechselseitigen Überwachungspflicht für alle Geschäftsleitungsmitglieder gelten, nicht nur für diejenigen, in deren Ressort die Produktion oder der Vertrieb des Produkts fällt.[5]

429 Jedoch kann der Unternehmensleiter auch für Schäden aus solchen Produktfehlern einstandspflichtig werden, von denen er selbst bis zum Eintritt des Schadens gar keine Kenntnis hatte. Dies ist die Folge seiner von der Rechtsprechung sehr weit ausgedehnten Organisationspflicht, die ihm auch zum Schutz von Rechtsgütern Dritter obliegt.[6] Bei Produktfehlern kann die Pflichtverletzung darin liegen, dass der Unternehmensleiter keine ausreichenden organisatorischen Vorkehrungen zur rechtzeitigen Feststellung von Herstellfehlern und zur Vermeidung von Konstruktionsfehlern sowie Instruktionsfehlern (unzulängliche Bedienungshinweise) getroffen hatte. Praktisch wird es meist um die Einrichtung von speziellen Abteilungen oder Planstellen und die Auswahl geeigneter Mitarbeiter gehen. Insgesamt ist das Compliance-Management betroffen, dessen sachgerechte und systematische Aufbereitung dem Unternehmensleiter obliegt. Versäumnisse in diesen Bereichen sind regelmäßig als Pflichtverletzungen zu werten (siehe Rn. 201 f.).

2. Umwelthaftung

430 Die Umwelthaftung betrifft den weiten Bereich der Schadenersatzpflicht wegen unerlaubter Umweltbeeinträchtigungen. Zur Anwendung kommen spezialgesetzliche Bestimmungen wie das Umwelthaftungsgesetz, das Was-

2 Vgl. zur Produkthaftung von Managern *Wagner*, VersR 2001, 1057 ff.

3 Vgl. *Altmeppen*, ZIP 1995, 881 ff.

4 BGHSt 37, 106 „*Lederspray*"; BGHZ 116, 60 „*Milupa Kindertee*"; BGH, DB 1994, 526 f. „*Alete-Kindertee*"; BGH, NJW 1995, 1286 „*Kindertee III*"; siehe auch *Schmidt-Salzer*, Rn. 4, 187 ff.

5 Vgl. *Hoffmann/Liebs*, Rn. 7073; *Schmidt-Salzer*, NJW 1996, 1, 4 f.

6 Siehe insbesondere BGHZ 109, 297 „*Baustoff*"; kritisch hierzu *Lutter*, DB 1994, 129, 131 ff.; siehe auch BGHSt 37, 106 „*Lederspray*".

serhaushaltsgesetz oder das Umweltschadensgesetz.[7] Nach den Regelungen des Umwelthaftungsgesetzes ist der Betreiber bestimmter umweltbeeinträchtigender Anlagen dem hierdurch Verletzten gegenüber ohne Rücksicht auf Verschulden für dessen Personen- und Sachschäden ersatzpflichtig (Gefährdungshaftung). Wie im Falle des Produkthaftungsgesetzes ist Haftungsadressat nach § 1 UmweltHaftG allein der Inhaber der umweltgefährdenden Anlage. Betroffen ist daher in aller Regel das Unternehmen, nicht der Unternehmensleiter. Dieser trägt allerdings das Risiko eines Innenregresses (§§ 93 Abs. 2 Satz 1 AktG, 43 Abs. 2 GmbHG), wenn die Haftung des Unternehmens durch sein pflichtwidriges Tun oder Unterlassen begründet wurde und er auch im Innenverhältnis eine Pflichtverletzung begangen hat (siehe Rn. 362).[8]

Eine Außenhaftung kann sich aus den Regelungen des Wasserhaushaltsgesetzes (§ 89 WHG) und des Umweltschadensgesetzes (§ 9 USchG) ergeben. **431**
Auch hierbei handelt es sich um Gefährdungshaftungstatbestände, die allerdings von dem Unternehmensleiter persönlich verwirklicht werden können. Nach § 89 Abs. 1 WHG haftpflichtig ist derjenige, der durch die Einleitung von Stoffen in Gewässer oder die sonstige Einwirkung auf Gewässer Schäden verursacht. Ersatzfähig sind insbesondere auch reine Vermögensschäden, zu denen sämtliche Aufwendungen gehören, die zur Abwendung oder Beseitigung der Einwirkungen auf das Gewässer erforderlich sind.[9] Adressat der weitergehenden Haftungsbestimmung des § 89 Abs. 2 WHG, die eine Kontamination von Gewässern aus Anlagen heraus betrifft, ist allerdings wiederum allein der Inhaber einer der dort genannten Anlagen, aus denen Stoffe in ein Gewässer gelangen, nicht der Unternehmensleiter persönlich.

Daneben ist auch im Umwelthaftungsbereich das allgemeine Deliktsrecht **432**
anwendbar, das zu einer Haftung des Schädigers nach § 823 Abs. 1 und 2 BGB (Körperverletzung oder Schutzgesetzverstoß) und damit zur Außenhaftung des Unternehmensleiters führen kann. Als Schutzgesetze kommen verschiedene Regelungen des Wasserhaushaltsgesetzes[10] in Betracht, nicht aber die Umweltstraftatbestände der §§ 324 ff. StGB (vgl. Rn. 83). Diese bezwecken in erster Linie den Schutz der Allgemeinheit. Wie im Falle der Produkthaftung können auch bei der Umwelthaftung deliktische Rechtsgutsverletzungen zu einer persönlichen Inanspruchnahme des Unternehmensleiters führen, wenn dieser in Kenntnis von Gefährdungen nicht sofort die erforderlichen Maßnahmen einleitet oder ihm ein Organisationsverschulden zur

---

7 Das Umweltschadensgesetz ist am 14.11.2007 in Kraft getreten und beruht auf der europäischen Umwelthaftungsrichtlinie, vgl. *Diederichsen*, NJW 2007, 3377 ff.

8 Vgl. zur Umwelthaftung von Managern insgesamt *Menzer*, GmbHR 2001, 506 ff.; *Schulz*, DB 1996, 1663 ff.

9 Vgl. BGHZ 80, 1, 6 f.; *Ihlas*, S. 156 ff.

10 Siehe hierzu z. B. OLG München, NJW 1967, 570.

Last fällt, das die von dem Betrieb ausgehende Beeinträchtigung ermöglicht hat.[11]

II. Haftung gegenüber staatlichen Einrichtungen

1. Haftung für Steuerschulden

a) Grundsatz

433 Nach §§ 34, 69 AO haften die gesetzlichen Vertreter von Kapitalgesellschaften und die Geschäftsführer von Personengesellschaften dem Steuergläubiger persönlich für Steuerverbindlichkeiten der Gesellschaft, sofern Ansprüche aus dem Steuerschuldverhältnis infolge Vorsatzes oder grober Fahrlässigkeit der Unternehmensleiter nicht oder nicht rechtzeitig festgesetzt oder erfüllt oder Steuervergünstigungen oder Erstattungen ohne Rechtsgrund gewährt wurden.[12] Die Vorschriften bezwecken eine Privilegierung des Staates als Steuergläubiger, der auf diesem Wege einen weiteren Schuldner erhält. Voraussetzung ist die vorsätzliche oder zumindest grob fahrlässige Verletzung von Steuererklärungs- oder -abführungspflichten durch das Organ, erfordert also Kenntnis oder grob fahrlässige Unkenntnis der konkreten Abführungspflichten. Die Regelung hat in sich anbahnenden Insolvenzsituationen erhebliche praktische Bedeutung. Auch in dem Zeitraum zwischen Antragstellung und Eröffnung des Insolvenzverfahrens steht der Unternehmensleiter im Risiko, wenn nur ein sog. schwacher vorläufiger Insolvenzverwalter bestellt und kein allgemeines Verfügungsverbot (vgl. § 21 Abs. 2 Nr. 2 InsO) ausgesprochen wurde. Denn in diesem Fall geht die Verwaltungs- und Verfügungsbefugnis (noch) nicht auf den Insolvenzverwalter über. Der Unternehmensleiter kann sich aber dadurch absichern, dass er die (ausdrückliche) Entscheidung des vorläufigen Insolvenzverwalters dazu einholt, dass die Abführung der Steuern unterbleiben soll.[13] Betroffen sind meist Umsatzsteuer und Lohnsteuer.

b) Umsatzsteuer

434 Für die Umsatzsteuer gilt, dass der Unternehmensleiter keine Pflichtverletzung begeht, wenn er die Anmeldungen fristgemäß vornimmt und bei der Befriedigung den Grundsatz anteiliger Tilgung beachtet.[14] Dieser besagt, dass die Steuerschulden nicht schlechter behandelt werden dürfen als die sonstigen Verbindlichkeiten. Fehlen ausreichende Mittel zur Befriedigung

11 Vgl. BGHSt 37, 333 „*Pyrolyseöl II*"; vgl. auch *Schulz*, DB 1996, 1663.
12 Vgl. hierzu eingehend *Neusel*, GmbHR 1997, 1129 ff.
13 Vgl. BFH, GmbHR 2018, 221; *Binnewies/Schüller*, AG 2019, 515.
14 Vgl. etwa BFH, GmbHR 1991, 478, 479; BFH, ZIP 1987, 1545; BFH, GmbHR 2000, 1211, 1213 f.

sämtlicher Gläubiger, sind die vorhandenen Mittel bezogen auf den steuerlichen Haftungszeitraum in etwa gleichmäßiger Weise zur Befriedigung des Finanzamtes und der übrigen Gläubiger einzusetzen. Werden die Umsatzsteuerforderungen nicht angemessen berücksichtigt, ist in der Regel vom Vorliegen groben Verschuldens auszugehen, sodass die persönliche Haftung eintritt. Bei der Verletzung von Steuererklärungspflichten ist jeweils zu prüfen, ob der Pflichtverstoß zu einem Steuerausfall geführt hat, der bei fristgemäßer Erklärung nicht entstanden wäre. Es kommt also auf die Vermögenslage der Gesellschaft zu diesem Zeitpunkt an.[15]

c) Lohnsteuer

Bei der Lohnsteuer gilt der Grundsatz anteiliger Tilgung nicht.[16] Einbehaltene Lohnsteuer ist spätestens am 10. Tag nach Ablauf des Lohnsteueranmeldezeitraumes zur Zahlung fällig. Liquiditätsschwierigkeiten vermögen den Unternehmensleiter von seiner Pflicht weder ganz noch teilweise zu befreien.[17] Falls die zur Verfügung stehenden Mittel zur Zahlung der vollen Löhne einschließlich des Steueranteils nicht ausreichen, dürfen die Löhne nur gekürzt als Teilbetrag ausgezahlt werden; aus den dann übrig bleibenden Mitteln ist die entsprechende Lohnsteuer abzuführen.[18] Im Übrigen stellt die Nichtabführung im Regelfalle eine zumindest grob fahrlässige Pflichtverletzung dar.[19] Unkenntnis des Unternehmensleiters von den ihm obliegenden Steuerpflichten entlasten nicht, da von ihm erwartet werden kann, dass er die notwendigen Kenntnisse hat oder sich diese besorgt.[20] Dies gilt auch für Unternehmensleiter, in deren Ressort die Steuerabwicklung nicht fällt. Die Lohnsteuerhaftung ist daher streng. **435**

2. Haftung für nicht abgeführte Sozialversicherungsbeiträge

Das Nichtabführen von Arbeitnehmer-Sozialbeiträgen ist in § 266a StGB unter Strafe gestellt. Strafbar macht sich bei juristischen Personen deren gesetzlicher Vertreter, also der Unternehmensleiter (§ 14 Abs. 1 Nr. 1 StGB). Im Unterschied zu den sonstigen Fällen der Organhaftung (Rn. 51, 54) kommt es hier auf die effektiv wirksame Bestellung des Geschäftsführers **436**

15 BFH, GmbHR 1991, 478, 480.

16 Vgl. BFH, GmbHR 2000, 1215, 1216: Grundsatz gilt jedoch für Verspätungszuschläge wegen nicht abgegebener Lohnsteueranmeldungen.

17 Verrechnet das Finanzamt eine Zahlung ohne Tilgungsbestimmung auf ältere Steuerrückstände, hätte sie aber ausgereicht, die ausstehende Verpflichtung zu erfüllen, so entfällt die Haftung, FG Brandenburg, GmbHR 2000, 1215.

18 Vgl. etwa BFH, ZIP 1989, 519; vgl. auch *Hoffmann*, DB 1986, 467, 468 ff. mit verschiedenen Fallvarianten.

19 FG Niedersachsen, GmbHR 1992, 552.

20 BFH, ZIP 1986, 1247; BFH, GmbHR 2000, 1211, 1212 f.

oder Vorstands an.[21] Daher ist der faktische Unternehmensleiter von dem Straftatbestand nicht betroffen. Ein neu bestelltes Organ haftet grundsätzlich nicht für das pflichtwidrige Verhalten seiner Vorgänger.[22] Mangelnde Kenntnis vom Tätigkeitsumfang des Betriebes (etwa: Zahl der Mitarbeiter) entlastet in der Regel nicht.[23]

437 § 266a StGB ist Schutzgesetz zugunsten des Sozialversicherungsträgers und begründet über § 823 Abs. 2 BGB einen Schadenersatzanspruch gegen den Unternehmensleiter.[24] Dieser ist auf Ersatz des Beitragsausfalls gerichtet, den der Sozialversicherungsträger infolge einer bei der Gesellschaft eingetretenen Insolvenz erleidet. Der Anspruch begründet daher eine Mithaftung des Unternehmensleiters für die seitens der Gesellschaft geschuldeten Beiträge. Voraussetzung ist allerdings die vorsätzliche Vorenthaltung der Beiträge, wofür der Sozialversicherungsträger die Beweislast trägt.[25] Diese liegt immer dann vor, wenn zum Fälligkeitszeitpunkt[26] trotz Zahlungsfähigkeit nicht gezahlt wird.[27] Die Beitragspflicht entsteht auch dann, wenn keine Löhne ausgezahlt werden.[28]

438 Die Zahlungsfähigkeit fehlt, wenn die Entrichtung der Beiträge aus tatsächlichen (keine Liquidität) oder rechtlichen (z. B. Sequestration, Insolvenzeröffnung) Gründen nicht mehr möglich ist. Sie ist aber gegeben, wenn die vorhandene Liquidität zwar nicht zur Begleichung sämtlicher zum Fälligkeitszeitpunkt bestehender Verbindlichkeiten ausreicht, die ganz konkret fälligen Arbeitnehmeranteile zur Sozialversicherung aber noch hätten bezahlt werden können.[29] Andere Verbindlichkeiten entlasten daher nicht, ebenso wenig die Weisung von Gesellschaftern, die Beiträge nicht mehr abzuführen.[30] Beweispflichtig für die fortbestehende Zahlungsfähigkeit ist die Sozialkasse als Anspruchstellerin.[31] Der Vorstand oder Geschäftsführer kann sich nach Eintritt der Insolvenzreife allerdings auf das Zahlungsverbot

---

21 Vgl. KG, NJW-RR 1997, 1126.

22 BGH, NJW 2002, 1122 = GmbHR 2002, 208, 209 mit Anm. *Haase*; anderes gilt, wenn frühere Beiträge weiter vorenthalten werden, OLG Naumburg, NJW-RR 2000, 1280.

23 BGH, GmbHR 2001, 236, 237 f.; OLG Rostock, BB 1998, 54.

24 Vgl. hierzu insgesamt *Ulrich*, DZWiR 2000, 178 ff.; *Groß*, ZIP 2001, 945 ff.; *Thümmel*, BB 2002, 1105, 1108.

25 BGH, NJW 2013, 1304, 1305.

26 Enthält die *Satzung* des Sozialversicherungsträgers einen von der Fälligkeit abweichenden (späteren) „Zahlungstag", so kommt es allein auf diesen an, vgl. BGH, NJW 1998, 1306.

27 BGH, NJW 2002, 1122; BGHZ 133, 370, 379 f.

28 BGH, DB 2000, 1703, 1704; OLG Dresden, NJW-RR 2000, 1199.

29 BGH, ZIP 1996, 1989; OLG Düsseldorf, NJW-RR 1997, 413; OLG Hamm, BB 2000, 113.

30 OLG Naumburg, NJW-RR 1999, 1343.

31 BGH, NZG 2005, 600, 601; BGH, NJW 2002, 1123, 1124; OLG Hamm, BB 2000, 113; a. A. OLG Naumburg, NJW-RR 1999, 1343; OLG Düsseldorf, VersR 1999, 372.

nach § 15b Abs. 1 InsO berufen, wenn er die Insolvenzeröffnung rechtzeitig beantragt (§ 15b Abs. 8 InsO in analoger Anwendung, siehe Rn. 122).

Zumindest bedingter Vorsatz wird bei dem Unternehmensleiter dann vorliegen, wenn er in Kenntnis einer Krisensituation bei der Gesellschaft nicht Vorsorge dafür trifft, dass die von ihm einbehaltenen Arbeitnehmeranteile zum Fälligkeitszeitpunkt abgeführt werden können.[32] Notfalls muss er Rücklagen bilden oder bei der Auszahlung der Nettolöhne Kürzungen vornehmen.[33] Zuständig sind sämtliche Geschäftsführer oder Vorstände, nicht nur die für den kaufmännischen Bereich Verantwortlichen.[34] Von (bedingtem) Vorsatz kann auch ausgegangen werden, wenn der Unternehmensleiter vor Eintritt der Fälligkeit der Arbeitnehmer-Sozialbeiträge andere Gläubiger befriedigt und so die Zahlungsunfähigkeit pflichtwidrig herbeiführt.[35] Das (berechtigte) Vertrauen auf einen anderweitigen Liquiditätszufluss oder auf weitere Kreditgewährung durch die Hausbank lässt den Vorsatz in der Regel entfallen.[36] Keine Haftung tritt ein, wenn die Beitragszahlung im Insolvenzverfahren erfolgreich hätte angefochten werden können, weil dann bei der Sozialkasse kein Schaden entstanden ist.[37] Eine Haftung für die Abführung von Arbeitgeberanteilen zur Sozialversicherung besteht – soweit nicht § 826 BGB eingreift – nicht. **439**

Fallbeispiel:[38]

Der beklagte Geschäftsführer einer GmbH zahlte die am 15.1. fälligen Sozialversicherungsbeiträge der Arbeitnehmer für den vorangegangenen Monat Dezember bereits mit Verspätung (Ende Januar) an die klagende AOK. Die Beiträge für Januar wären am 15.2. fällig geworden. In den ersten Februartagen stellte der Geschäftsführer fest, dass die GmbH zahlungsunfähig war; am 9.2. stellte er Insolvenzantrag. Für den Monat Januar wurden weder Löhne noch Sozialversicherungsbeiträge bezahlt. Die AOK nahm den Geschäftsführer persönlich für die Januar-Beiträge in Anspruch. Das OLG entschied, dass der Geschäftsführer nicht persönlich haftbar sei. Er habe das Tatbestandsmerkmal des „Vorenthaltens" der Januar-Beiträge (§ 266a Abs. 1 StGB) nicht erfüllt, da er zum Fälligkeitszeitpunkt gar nicht mehr zahlungsfähig gewesen sei. Eine Ver-

---

32 OLG Düsseldorf, NJW-RR 1993, 1128; OLG Frankfurt, GmbHR 2009, 939 f.

33 BGH, DB 2006, 2681; BGHZ 134, 304, 309.

34 OLG Frankfurt, NZG 2004, 388.

35 BGHZ 134, 304, 308; BGH, NJW 2002, 1122; vgl. auch OLG Hamburg, NJW-RR 2000, 1281; kritisch zu dem hierdurch postulierten Vorrang der Sozialversicherungsansprüche *Cahn*, ZGR 1998, 367, 373 ff.

36 BGH, DB 1991, 2585, 2586 mit Anm. *Dreher*.

37 BGH, ZIP 2001, 80 mit Anm. *Schmidt*, EWiR § 266a StGB 1/01, 185.

38 OLG Celle, GmbHR 1996, 51.

pflichtung zur Rücklagenbildung im Hinblick auf den nächsten Fälligkeitszeitpunkt bestehe nicht.

3. Subventionsrecht

440 Haftungsansprüche des Staates gegen Unternehmensleiter können sich auch in anderem Zusammenhang ergeben. So kommt etwa im Bereich des Subventionsrechts ein Schadenersatzanspruch nach § 823 Abs. 2 BGB i. V. m. § 264 StGB in Betracht. Die Strafnorm ist Schutzgesetz zugunsten des Staates.[39] Macht daher der Unternehmensleiter bei Beantragung der Subvention vorsätzlich oder grob fahrlässig falsche oder unvollständige Angaben über Tatsachen, von denen die Subventionsbewilligung abhängig ist, so haftet er dem Staat persönlich auf Schadenersatz, d. h. auf Rückgewähr der zur Verfügung gestellten Mittel.

III. Haftung gegenüber abhängigen Gesellschaften

1. Haftung bei Vorliegen eines Beherrschungsvertrags

441 Die konzernrechtlichen Bestimmungen des Aktiengesetzes enthalten haftungsrechtliche Sondertatbestände zugunsten von abhängigen Gesellschaften. So bestimmt § 309 Abs. 2 AktG, dass die Organe der herrschenden Gesellschaft bei Vorliegen eines Beherrschungsvertrags der abhängigen Gesellschaft schadenersatzpflichtig werden, wenn sie schuldhaft ihre Pflichten verletzen.[40] Welches diese Pflichten sind, ergibt sich aus § 309 Abs. 1 AktG. Danach hat der Vorstand[41] bei der Erteilung von Weisungen an die Untergesellschaft und Willensäußerungen ähnlicher Wirkung[42] die Sorgfalt eines ordentlichen und gewissenhaften Geschäftsleiters anzuwenden. Die dem eigenen Unternehmen geschuldete Sorgfaltspflicht wird damit auf die Untergesellschaft erstreckt, soweit die Ausübung der Leitungsmacht betroffen ist. Ein Verstoß liegt vor, wenn sich Weisungen und gleichgestellte Maßnahmen nicht innerhalb der von Gesetz und Beherrschungsvertrag gezogenen Grenzen bewegen oder den Vorgaben der BJR nicht entsprechen.

442 Auf den Anspruch nach § 309 Abs. 2 AktG kommen im Hinblick auf Beweislast, Verjährung und Verzichtsmöglichkeiten Regelungen zur Anwendung, die § 93 AktG entsprechen (§ 309 Abs. 2, 3 und 5 AktG). Problematisch ist der Schaden, weil sich Vermögensminderungen bei der Untergesellschaft über eine Verringerung der Gewinnabführung oder eine Erhöhung der Ver-

39 BGHZ 106, 204.
40 Vgl. hierzu im Einzelnen *Altmeppen*, Die Haftung des Managers im Konzern, S. 30 ff.
41 Von der Haftung betroffen ist nur der Vorstand, nicht der Aufsichtsrat, vgl. *Altmeppen*, in: MünchKommAktG, § 309 Rn. 18.
42 Vgl. *Koch*, § 308 Rn. 10 und § 309 Rn. 9.

lustübernahme nach § 302 Abs. 1 AktG am Ende ausgleichen. Nach überwiegender Meinung[43] soll dieser Gesichtspunkt bei der Schadensberechnung außer Betracht bleiben. Andernfalls liefe die Haftung in der Tat leer.

2. Haftung bei Abhängigkeit ohne Beherrschungsvertrag

Bei Abhängigkeitsverhältnissen ohne Beherrschungsvertrag haftet die herr- **443**
schende Gesellschaft der Untergesellschaft wegen der Veranlassung zu nachteiligen Rechtsgeschäften oder Maßnahmen nach § 317 Abs. 1 AktG auf Schadenersatz, wenn kein entsprechender Nachteilsausgleich gewährt wird. Dieser ist spätestens am Ende des Geschäftsjahres fällig, in dem die Nachteilszufügung erfolgte (§ 311 AktG). Bis zu diesem Zeitpunkt kommt daher auch eine Haftung nach § 317 Abs. 1 AktG nicht in Betracht.[44] Die Haftung der Obergesellschaft wird über § 317 Abs. 3 AktG auf ihre gesetzlichen Vertreter gesamtschuldnerisch erstreckt.[45] Diese sind der Untergesellschaft daher auch persönlich zum Ersatz verpflichtet. Für den Verzicht und die Verjährung gelten dieselben Regeln wie im Falle des § 309 AktG.

IV. Haftung gegenüber Arbeitnehmern

1. Verletzung arbeitsvertraglicher Pflichten

Arbeitnehmer sind aus dem Arbeitsverhältnis heraus Gläubiger der Ge- **444**
sellschaft. Werden ihre Ansprüche auf Arbeitslohn durch den Unternehmensleiter gefährdet, kommt seine persönliche Mithaftung nach den unter Rn. 369 ff. dargestellten Regeln (insb. Insolvenzverschleppung, Rn. 379 ff.) in Betracht. Die übrigen sich aus Arbeitsvertrag oder arbeitsrechtlichen Bestimmungen ergebenden Pflichten (z. B. §§ 612a, 613a BGB, 7 ff. AGG u. a.) treffen grundsätzlich das Unternehmen, nicht den Unternehmensleiter.[46] Persönliche Ansprüche sind aber auch hier auf deliktsrechtlicher Basis möglich, soweit nicht abschließende Sonderregelungen vorliegen. So galt im Hinblick auf § 611a BGB a. F., der den Schutz vor Diskriminierung betraf, dass weitergehende Ansprüche nach § 823 Abs. 2 BGB wegen des abschließenden Charakters der Regelung nicht geltend gemacht werden konnten.[47] Dies dürfte auch für die Nachfolgeregelungen des AGG gelten. Ein Verstoß gegen das Benachteiligungsverbot kann den Unternehmensleiter daher nicht

---

43 *Koch*, § 309 Rn. 18; i. E. auch *Altmeppen*, in: MünchKommAktG, § 309 Rn. 84 ff.; a. A. *Koppensteiner*, in: Kölner Kommentar, § 309 Rn. 14 ff.

44 Ebenso wenig eine Haftung nach § 117 AktG, der häufig konkurrierend zu § 317 Abs. 1 AktG anwendbar ist.

45 Siehe hierzu im Einzelnen *Altmeppen*, Die Haftung des Managers im Konzern, S. 63 ff.

46 Vgl. auch *Hübner*, S. 81 ff.

47 Vgl. *Wendeling-Schröder*, DB 1999, 1012, 1014.

nach § 823 Abs. 2 BGB, u. U. aber nach §§ 823 Abs. 1, 826 BGB persönlich haftbar machen.

445 Zu bedenken ist im Übrigen immer der Innenregress auf den Unternehmensleiter (siehe Rn. 362), wenn das Unternehmen an Mitarbeiter Zahlungen wegen Verstößen gegen arbeitsrechtliche Bestimmungen, die der Unternehmensleiter zu verantworten hat, erbringen muss. Anwendungsfälle sind neben Verstößen gegen das AGG etwa verpasste Kündigungsfristen oder Fehler, die im Rahmen von Kündigungen oder Verhandlungen mit dem Betriebsrat im Hinblick auf die Erstellung von Sozialplänen gemacht werden. Hier können die fortlaufenden Lohn- und Gehaltszahlungen einen ersatzfähigen Schaden des Unternehmens darstellen.

2. Arbeitsplatzsicherheit

446 Ob die Unfallverhütungsvorschriften der Berufsgenossenschaften Schutzgesetzcharakter haben, ist umstritten.[48] Die Rechtsprechung verneint dies überwiegend.[49] In jedem Fall begründen sie aber Handlungspflichten, deren Verletzung zu einer Haftung des Unternehmensleiters nach § 823 Abs. 1 BGB (Verletzung der körperlichen Unversehrtheit) führen kann, wenn Personenschäden bei Arbeitnehmern eintreten. Dasselbe gilt für Regelungen des Gesetz- und Verordnungsgebers zur Arbeitsplatzsicherheit (z. B. ArbSchG, BetrSichV etc.). Auch mangelhafte Organisation des Betriebes im Hinblick auf Sicherheitsanforderungen oder das Unterlassen von Maßnahmen zur Beseitigung erkannter Gefahren (z. B. Asbestverseuchung) kann Ansprüche nach § 823 Abs. 1 BGB auslösen.

447 Zu beachten sind in allen Fällen die Beschränkungen der §§ 104, 105 SGB VII, nach denen bei fahrlässig verursachten Arbeitsunfällen der Arbeitgeber und damit auch der Unternehmensleiter[50] haftungsfrei ist. Das Risiko der Haftung gegenüber Arbeitnehmern beschränkt sich damit auf (auch bedingt) vorsätzlich herbeigeführte Arbeitsunfälle und fahrlässig herbeigeführte Schädigungen, die nicht als Arbeitsunfälle zu qualifizieren sind.

48 Dagegen: BGH, NJW 1968, 641, 642; OLG Köln, VersR, 1997, 1355, 1356; dafür z. B.: *Wagner*, in: MünchKommBGB, § 823 Rn. 552 m. w. N.; wohl auch BGH, NJW 1984, 360, 362.
49 Siehe vorige Fn.
50 Vgl. *Ricke*, in: Kasseler Kommentar, § 104 SGB VII Rn. 19; siehe auch OLG Düsseldorf, VersR 1973, 662.

V. Haftung gegenüber Wettbewerbern und Schutzrechtsinhabern

1. Schutzrechts- und Wettbewerbsverstöße

448 Eingriffe in absolut geschützte Rechtspositionen wie das Urheberrecht, das Patent, das Geschmacksmuster (Design), die Marke oder das Unternehmenskennzeichen begründen für den Schutzrechtsinhaber nach den einschlägigen Spezialgesetzen (§§ 97 UrhG, 139 PatG, 42 DesignG, 14, 15 MarkenG) Unterlassungs-, Beseitigungs- und – bei Verschulden – Schadenersatzansprüche. Ebensolche Ansprüche stehen dem verletzten Wettbewerber bei wettbewerbswidrigen Maßnahmen nach §§ 3, 8, 9 UWG zu. Adressat dieser Ansprüche ist grundsätzlich das Unternehmen, von dem die Schutzrechtsverletzung oder wettbewerbswidrige Handlung ausgeht. Daneben kommt eine persönliche Haftung des Unternehmensleiters nach der Rechtsprechung dann in Betracht, wenn dieser selbst Störer[51] ist. Er muss daher an der Rechtsverletzung beteiligt gewesen sein oder sie trotz Kenntnis nicht verhindert haben, obwohl er die Möglichkeit hierzu hatte. Erfährt der Unternehmensleiter nachträglich von einer aus dem Betrieb heraus begangenen Wettbewerbsverletzung und unterbindet er diese, soweit sie noch anhält, nicht sofort, so ist er dem betroffenen Wettbewerber ebenfalls persönlich zur Unterlassung, zur Beseitigung und zum Schadenersatz verpflichtet, wenn er die rechtliche Verfügungsmacht zur Beseitigung des Störzustandes hatte.

Fallbeispiel:[52]

Die Antragsgegner, einzelne Vorstandsmitglieder der VW AG, waren nach dem Vortrag der Antragstellerin (Adam Opel AG) für die gezielte Abwerbung einer Reihe von ehemaligen Opel-Mitarbeitern verantwortlich. Die Antragstellerin begehrte als Maßnahme zur Beseitigung des rechtswidrig geschaffenen Zustandes ein Beschäftigungsverbot für die betreffenden Mitarbeiter. Das OLG hielt die Antragsgegner für nicht passivlegitimiert, weil sie allein nicht die Rechtsmacht hätten, den Störzustand zu beseitigen. Hierzu sei nur der Gesamtvorstand in der Lage.

449 Eine Haftung ohne Teilnahme oder Kenntnis hat die Rechtsprechung bisher abgelehnt.[53] Sie wäre aber nach den in der „*Baustoff*"-Entscheidung formulierten Grundsätzen[54] und den gestiegenen Compliance-Anforderungen[55]

51 BGH, DB 1986, 373 „*Sporthosen*"; BGH, GRUR 1986, 252 „*Sportschuhe*"; OLG Frankfurt, AG 1994, 234, 235; OLG Karlsruhe, ZIP 1997, 125 „*CD-ROM*"; vgl. auch *Haß*, GmbHR 1994, 666 ff.; *Ottofülling*, GmbHR 1991, 304 ff.; *Hoffmann/Liebs*, Rn. 7075; *Hübner*, S. 106 ff.

52 OLG Frankfurt, AG 1994, 234 „*VW/Opel*".

53 So ausdrücklich BGH, DB 1986, 373, 374 „*Sporthosen*".

54 BGHZ 109, 297; vgl. auch oben Rn. 388.

55 Siehe insb. LG München I, DB 2014, 766 „*Siemens/Neubürger*".

durchaus denkbar, wenn der Unternehmensleiter seine betrieblichen Organisationspflichten verletzt und auf diese Weise Eingriffe in absolut geschützte Rechtsgüter Dritter aus dem Betrieb heraus ermöglicht. Die weitere Entwicklung bleibt abzuwarten, wobei eine Begrenzung der über das Organisationsverschulden ausufernden Außenhaftung wünschenswert wäre.

2. Kartellverstöße

450 Bei Kartellverstößen gelten dieselben Grundsätze wie bei Wettbewerbsverletzungen. Praktisch im Vordergrund stehen Preisabsprachen und die Aufteilung von Märkten nach Produkten oder in geografischer Hinsicht. Beides ist nach § 1 GWB verboten und mit § 134 BGB materiellrechtlich unwirksam. Die Durchführung entsprechender Abreden stellt eine Ordnungswidrigkeit dar (§ 81 Abs. 2 Nr. 1 GWB) und begründet nach §§ 33, 33a GWB Unterlassungs- und Schadenersatzansprüche von Mitbewerbern, Lieferanten und Abnehmern, die von der Kartellabsprache betroffen sind.[56] Auch hier können sich die Ansprüche gegen den Unternehmensleiter persönlich richten, wenn er an der Absprache beteiligt war oder diese trotz Kenntnis nicht verhinderte.[57] Außerdem ist anerkannt, dass dem Unternehmensleiter gegenüber Untergebenen und Kollegen Aufsichtspflichten im Hinblick auf die Verhinderung von Kartellverstößen obliegen,[58] deren Verletzung ebenfalls zu persönlicher Haftung führen kann. Im Rahmen der Compliance wird der Unternehmensleiter daher gut daran tun, klare Anweisungen dazu zu erlassen, wie bei entsprechenden Vorstößen von Konkurrenten zu reagieren ist.[59] Zu beachten ist der auch in diesem Bereich bedeutsame Regressanspruch des Unternehmens gegen den Unternehmensleiter nach den Grundsätzen der Innenhaftung, wenn das Unternehmen Zahlungen leisten muss (siehe Rn. 362).[60]

---

56 Vgl. im Einzelnen *Zimmer*, in: Immenga/Mestmäcker, GWB, § 1 Rn. 65 ff., 81, 83 ff.; *Franck*, in: Immenga/Mestmäcker, GWB, § 33a Rn. 1 ff.

57 *Franck*, in: Immenga/Mestmäcker, GWB, § 33 Rn. 27.

58 Vgl. BGH, WuW/E 2394, 2396 „*Zweigniederlassung*"; OLG Stuttgart, WuW/E 2153, 2154 „*Teppich- und Polsterreinigung*".

59 Vgl. *Hoffmann/Liebs*, Rn. 7077.

60 Siehe hierzu im Einzelnen *Glöckner/Müller-Tautphaeus*, AG 2001, 344 ff.

D. Versicherung

10. Kapitel
Versicherungsdeckung der Managerhaftpflicht

Übersicht

I. Entwicklung der D&O-Versicherung

1. D&O-Deckung in den USA

451 Der Ursprung der Directors'-and-Officers' (D&O)-Versicherung ist bei Lloyd's of London zu suchen.[1] Dennoch werden die Vereinigten Staaten von Amerika weitgehend als die Wiege dieser Versicherungsform angesehen, weil sie sich hier erstmals und mit großem Erfolg durchgesetzt hat. Der Grund hierfür liegt in einer Reihe von Besonderheiten des US-Rechtssystems (Rn. 7), die Schadenersatzklagen wegen tatsächlicher oder vermeintlicher Pflichtverstöße gegen Manager von Unternehmen begünstigen. Geltend gemacht werden solche Ansprüche in vielen Fällen von Aktionären des Unternehmens, die mit der Handlungsweise der Geschäftsleitung nicht einverstanden sind (shareholder derivative suit).[2] Die Initiative liegt damit – wie ansatzweise nach § 148 AktG auch im deutschen Aktienrecht – bei den Aktionären, die die Ansprüche des Unternehmens im eigenen Namen geltend machen. Die Leistung erfolgt in der Regel an das Unternehmen. Die Klageerhebung ist einfach und wegen der üblichen erfolgsabhängigen Vergütung der beteiligten Anwälte (contingency fee) auch kostengünstig. Grundsätzlich genügt ein einzelner Aktionär. Der shareholder derivative suit ersetzt weitgehend die im deutschen Recht übliche Geltendmachung der Innenhaftung durch Gesellschaftsorgane oder besondere Vertreter. Daneben spielen Anlegerklagen in den USA eine große Rolle, mit denen Unternehmensorgane wegen Fehlinformationen des Kapitalmarkts in Anspruch genommen werden (securities actions). Sie werden meist als class actions erhoben und bündeln damit die Interessen einer Vielzahl von Anlegern. Wegen der Häufigkeit solcher Klagen und des Risikos hoher Verurteilungen (verdicts) war die Notwendigkeit einer Versicherungsdeckung unabweisbar.

452 Demgemäß wird die Absicherung des Top-Managements im Wege einer D&O-Police in den USA seit langer Zeit als selbstverständlich angesehen

1 Vgl. *Schlechtriem*, in: Kreuzer, Die Haftung der Leitungsorgane von Kapitalgesellschaften, S. 76; *Ihlas*, S. 35.
2 Vgl. Rule 23.1 Fed. R.Civ. P.

und gehört zur Fürsorge des Unternehmens für seine Leitungsorgane.[3] Dasselbe gilt für sämtliche durch das anglo-amerikanische Rechtssystem geprägte Rechtsordnungen. Das Kernstück des Deckungskonzeptes liegt in der Erfassung von shareholder derivative suits und securities class actions. Der in den USA vom Ausgangspunkt her weit weniger bedeutsamen (aber rechtlich durchaus möglichen) Geltendmachung von Innenhaftungsansprüchen durch die Gesellschaft wurde zunächst gar keine Beachtung geschenkt. Seit im Jahre 1985 ein aufsehenerregender Innenhaftungsfall bei der Bank of America aufgetreten war, schließen die Versicherungsbedingungen die Haftung dem eigenen Unternehmen gegenüber üblicherweise aus.[4] Meist nicht umfasst ist ferner die Deckung des versicherten Unternehmens selbst, wenn dieses für Fehlleistungen seines Managements in Anspruch genommen wird (entity coverage). Eine solche kann aber vereinbart werden. Üblich ist eine Abdeckung von Freistellungsleistungen, welche das Unternehmen bei Inanspruchnahme seiner Manager an diese erbringt, indem es Ansprüche Dritter befriedigt (company reimbursement).

2. D&O-Versicherung in Deutschland

a) Herkunft

Ein Bedürfnis für die Versicherungsdeckung der Haftpflichtrisiken von Managern wurde in Deutschland lange Zeit nicht gesehen.[5] Hierfür gibt es rechtliche und tatsächliche Gründe. Rechtlich spielt die schwache Ausgestaltung der Aktionärsrechte eine wichtige Rolle. Diese haben als Folge des UMAG erst seit 2005 in beschränktem Umfang eigene Klagebefugnisse (§ 148 AktG). Zuvor konnten sie die Durchsetzung von Innenhaftungsansprüchen nur erzwingen, wenn sie – bei der AG – 10%, in qualifizierten Fällen 5% des Grundkapitals auf sich vereinigten (§ 147 Abs. 1 bis 3 AktG a. F.) oder – bei der GmbH – die Mehrheit stellten. Wo aber kein Kläger ist, werden Ansprüche nicht geltend gemacht. Der Aufsichtsrat fiel als denkbarer Verfolger von Innenhaftungsansprüchen wegen Interessenkollisionen häufig aus. Hinzu kommt in tatsächlicher Hinsicht, dass es lange Zeit nicht zum „gesellschaftlichen Leitbild“ gehörte, seine eigenen Manager in Haftung zu nehmen. Bei Fehlern trennte man sich von ihnen, ließ es dabei aber auch bewenden. 453

3 Vgl. *Thümmel/Sparberg*, DB 1995, 1013, 1016, wo auch Zahlen zum D&O-Markt genannt sind; ferner *Uwe H. Schneider/Ihlas*, DB 1994, 1123, 1125; *Ihlas*, S. 35.

4 Bis auf solche Innenhaftungsansprüche, die auf Beteiligung, Weisung oder Veranlassung von Anteilseignern geltend gemacht werden, vgl. *Thümmel/Sparberg*, DB 1995, 1013, 1017 f.

5 Siehe zur Entwicklung der D&O-Versicherung in Deutschland *Ihlas*, S. 46 ff.; vgl. ferner auch die instruktive Übersicht veröffentlichter Gerichtsentscheidungen seit 1895 bei *Ihlas*, S. 398 ff.

454 Vor allem im Hinblick auf den tatsächlichen Hintergrund haben sich die Verhältnisse gewandelt. Zunehmende wirtschaftliche Verflechtungen und die Globalisierung der Märkte haben zu einer Annäherung der Anschauungen und der Anspruchsmentalitäten geführt. Auch in Deutschland ist die Schadenersatzpflicht des Unternehmensleiters bei Fehlleistungen heute allgemein akzeptiert, wenn nicht sogar ihre Ausweitung, jedenfalls strikte Umsetzung gefordert wird. Dies gilt vor allem aus der Perspektive von Insolvenzverwaltern und Minderheitsaktionären. Hinzu kommen die Veränderungen des rechtlichen Umfelds durch den Gesetzgeber und die Rechtsprechung (oben Rn. 9 ff.). Außerdem sehen sich Manager global tätiger Unternehmen auch im Ausland zunehmend Ansprüchen ausgesetzt. Ein Beispiel sind securities actions, die gegen die Vorstände deutscher, aber auch in den USA börsennotierter Gesellschaften erhoben werden. Dem deutlich angewachsenen Risiko der Unternehmensleiter[6] entsprechend gehören D&O-Policen selbst bei kleinen Unternehmen mittlerweile auch hierzulande zum Standard.

b) Angebotene Deckungskonzepte

aa) Rechtsschutzpolicen

455 Seit langem erhältlich sind Rechtsschutzpolicen, die dem Manager im Haftpflichtprozess das Risiko der Prozesskosten abnehmen, nicht aber den tatsächlich zu leistenden Schadenersatz betreffen.[7] Rechtsschutzpolicen sind eine deutsche Besonderheit. Ihre Kalkulierbarkeit beruht auf dem Rechtsanwaltsvergütungsgesetz (RVG) und den Kostengesetzen. Abgedeckt sind die gerichtlichen und außergerichtlichen Kosten der Abwehr von Ansprüchen. Die Rechtsschutzdeckung kann auch auf die Kosten eines Strafverfahrens ausgedehnt werden.

bb) D&O-Policen

456 Haftpflichtpolicen im eigentlichen Sinne, die auch den von dem Manager verursachten Schaden umfassen, werden seit Anfang der 1990er Jahre angeboten. Vorreiter waren die europäischen Niederlassungen US-amerikanischer Versicherer, die das Produkt bereits erfolgreich in den USA vermarktet hatten.[8] Das Bundesaufsichtsamt für das Versicherungswesen (jetzt: Bundesanstalt für Finanzdienstleistungsaufsicht – BaFin) hatte eine auf typische

6 Siehe *Hendricks*, VersW 1994, 1548 ff.; *Mohr*, ZfV 1995, 691 ff.; *Uwe H. Schneider/Ihlas*, DB 1994, 1123 ff.; *Ihlas*, S. 34, 310 ff.; *Thümmel/Sparberg*, DB 1995, 1013, 1019; vgl. auch den Bericht in der Börsen-Zeitung vom 6.10.1995 zu den sich wandelnden Aufgaben der Versicherungsmakler.

7 Vgl. *Ihlas*, S. 49 ff.

8 Erste Deckungsangebote gibt es seit 1986, zunächst durch die CHUBB Insurance Company und die AIG Europe, vgl. *Ihlas*, S. 54 ff.

D&O-Risiken zugeschnittene Deckung zunächst nicht zulassen wollen. Das Genehmigungserfordernis war aber im Zuge der Rechtsangleichung innerhalb der EU seit 1.7.1994 entfallen. Seitdem bieten eine größere Zahl von Versicherungsgesellschaften – trotz anfänglicher Zurückhaltung[9] – in Deutschland D&O-Deckungen an. Der Markt ist allerdings durch eine gewisse Unübersichtlichkeit gekennzeichnet. Der Wegfall des Genehmigungserfordernisses hätte dazu geführt, dass zunächst Policen unterschiedlicher Gestaltung – vor allem im Hinblick auf Ausschlüsse – angeboten wurden.[10] Inzwischen haben sich Marktstandards herausgebildet, die jedoch nicht zu vollständiger Vereinheitlichung geführt haben. Ein Grund hierfür liegt in der – auch von Maklerunternehmen vorangetriebenen – Tendenz zur individuellen Zusammenstellung von Bedingungen (statt der Verwendung von Standardpolicen). Für den einzelnen Versicherungsnehmer ist der Vergleich damit erschwert.

Maßgebliche Rechtsgrundlage der D&O-Versicherung ist das seit 1.1.2008 **457**
neu gefasste VVG. Die Gesetzesreform hat auf die D&O-Versicherung vor allem insoweit Auswirkungen, als das Anerkenntnis- und Befriedigungsverbot (§ 105 VVG) und das Abtretungsverbot (§ 108 Abs. 2 VVG) nicht mehr vereinbart werden können[11] und die Konsequenzen von Obliegenheitsverstößen abgemildert sind (§§ 19 ff. VVG).

II. Grundelemente der D&O-Versicherung

1. Versicherungsnehmer

Versicherungsnehmer der D&O-Versicherung ist das Unternehmen, wel- **458**
ches die Versicherung zugunsten seiner Organe als versicherten Personen abschließt (Abb. 11). Es handelt sich damit um eine Versicherung für fremde Rechnung (§§ 43 ff. VVG). Gedeckt ist die Haftpflicht der Organe, nicht diejenige des Unternehmens selbst, es sei denn, eine solche wäre – was etwa im Hinblick auf die Risiken US-amerikanischer securities actions durchaus möglich und sinnvoll ist – besonders vereinbart worden (Side C bzw. entity coverage).

Das Unternehmen als Versicherungsnehmer hat grundsätzlich die volle Ver- **459**
fügungsmacht über den Versicherungsvertrag (§ 45 Abs. 1 VVG), kann diesen also im Einvernehmen mit dem Versicherer ändern oder beenden. Dabei spielt – soweit es nicht um die Entgegennahme von Leistungen geht (§ 45

9 Vgl. zu den Gründen *Ihlas*, S. 61 ff.
10 Vgl. im Einzelnen schon *Ihlas*, S. 56 ff.
11 Vgl. zu den Konsequenzen *Lange*, r+s 2007, 401 ff.; entfallen ist insbesondere die Bindung des Versicherers an einen von den Versicherten abgeschlossenen Vergleich; für die Deckungsverpflichtung ist allein die materielle Rechtslage maßgeblich.

Abs. 2 VVG) – keine Rolle, wer im Besitz eines etwaigen Versicherungsscheins ist.[12] Versicherer und Unternehmen können daher auch die Erschöpfung der Leistungen aus dem Versicherungsvertrag, etwa im Rahmen eines Vergleiches oder einer Teilregulierung, die Veränderung von Konditionen (etwa der Deckungssumme) oder die Aufhebung des Vertrags insgesamt vereinbaren.[13] Nach Eintritt der Insolvenz ist der Insolvenzverwalter hierfür zuständig.[14] Grenzen ergeben sich nur aus § 242 oder § 138 Abs. 1 BGB.[15] Erkennt der Versicherer, dass das Unternehmen zum Nachteil der versicherten Person handelt, so kann die Vertragsänderung oder -aufhebung im Einzelfall treuwidrig und damit unwirksam sein. Sobald der Versicherungsfall eingetreten, also ein Schadenersatzanspruch gegen einen versicherten Unternehmensleiter geltend gemacht worden ist (claims made, siehe Rn. 464), ist ein solcher Nachteil recht naheliegend, sodass ein Entzug des Schutzschirms in diesem Stadium nur bei überzeugender Begründung wirksam sein wird.[16] Je nach Fallkonstellation kommen auch Schadenersatzansprüche des versicherten Unternehmensleiters gegen Versicherer und Unternehmen nach § 826 BGB in Betracht.

459a Eine andere Frage ist, wie sich eine (wirksame) Verfügung über den Versicherungsvertrag auf das Rechtsverhältnis zwischen Versicherungsnehmerin und Unternehmensleiter auswirkt. Denkbar ist etwa, dass das Unternehmen hierdurch gegen Verpflichtungen aus dem Dienstvertrag (wenn eine D&O-Deckung zugesagt war) oder gegen seine allgemeine Fürsorgepflicht verstößt.[17] Auch hieraus können sich Schadenersatzansprüche ergeben, die entweder eine Freistellungsverpflichtung begründen oder der Geltendmachung von Innenhaftungsansprüchen unter dem Gesichtspunkt des § 242 BGB (unzulässige Rechtsausübung) entgegenstehen.

459b Von der Verfügungsbefugnis zu unterscheiden ist die Frage, wem der Deckungsanspruch zusteht. Diesen hat der versicherte Unternehmensleiter (§ 44 Abs. 1 Satz 1 VVG), der seine Rechte ohne Zustimmung der Versicherungsnehmerin geltend machen kann, wenn er im Besitz des Versicherungsscheins ist (§ 44 Abs. 2 VVG). Von letzterem Erfordernis wird in den gängigen Policen meist abgesehen. Lehnt der Versicherer die Deckung ab und machen versicherte Personen keine Deckungsansprüche geltend, so kann im

---

12 *Brand*, in: Bruck/Möller, VVG, § 45 Rn. 6 ff.

13 *Klimke*, in: Prölss/Martin, VVG, § 45 Rn. 17; *Sieg*, in: Krieger/Uwe H. Schneider (Hrsg.), Handbuch Managerhaftung, § 23 Rn. 23.24.

14 BGH, AG 2017, 544, 545.

15 Siehe BGH, VersR 2013, 853, 855.

16 Vgl. BGH, VersR 2013, 853, 855; *Klimke*, in: Prölss/Martin, VVG, § 46 Rn. 13, 14.

17 Vgl. hierzu *Lange*, VersR 2010, 162 ff.; *Werner*, Compliance-Berater 2014, 441 ff.

Einzelfall die Versicherungsnehmerin zur Verfolgung solcher Ansprüche berechtigt sein.[18]

2. Versicherte Personen

Versicherte Personen sind zunächst sämtliche früheren, gegenwärtigen oder zukünftigen Organmitglieder der Versicherungsnehmerin, also deren Vorstände, Geschäftsführer, Aufsichtsrats- und Beiratsmitglieder. Kommt es zu personellen Wechseln, sind die neuen Organmitglieder automatisch mitversichert. Üblicherweise wird die Deckung auch auf die Organmitglieder sämtlicher Tochterunternehmen erstreckt. Ebenso findet sich häufig eine Mitversicherung der leitenden Angestellten, obwohl deren Haftungsrisiko beschränkt ist (oben Rn. 69 ff.). Die Gefahr, dass der Einschluss von leitenden Angestellten in die Deckung die arbeitsrechtliche Haftungsmilderung entfallen lässt, weil hierfür kein Bedürfnis mehr bestehe,[19] ist angesichts der von der Rechtsprechung immer betonten Trennung zwischen Haftungs- und Deckungsverhältnis[20] gering (siehe Rn. 73a). Auch geschäftsführende Gesellschafter von Personengesellschaften werden üblicherweise einbezogen. Allerdings finden sich hier (wie auch bei der GmbH) gelegentlich insoweit Einschränkungen, als der Eigenschaden des Betreffenden (d. h. sein Beteiligungsprozentsatz aus dem Schaden) nicht gedeckt wird, weil dies sein eigenes unternehmerisches Risiko ist.[21] Bei der GmbH & Co. KG sind die Geschäftsführer der Komplementär-GmbH erfasst. **460**

Diskutiert wird, ob jedenfalls in der AG für Aufsichtsräte eine gesonderte D&O-Deckung erforderlich ist. Hierfür könnte sprechen, dass zuweilen Interessenkonflikte zwischen Vorständen und Aufsichtsräten auftreten, wenn diese gemeinsam in Anspruch genommen werden oder wenn Vorstände Aufsichtsräten den Streit verkünden. Auch reicht möglicherweise die Deckungssumme nicht für alle Beteiligten aus.[22] Dennoch ist der Erwerb getrennter Policen zweischneidig: Unterschiedliche Versicherer könnten geneigt sein, den Streit über die jeweiligen Verantwortungsanteile der Organe auf deren Rücken auszutragen. Außerdem sind Interessenkonflikte auch innerhalb von Vorstand oder Aufsichtsrat denkbar. Besser dürfte es daher sein, eine angemessen hohe Versicherungssumme zu vereinbaren. **460a**

18 BGH, AG 2017, 544, 545.
19 Überlegungen in dieser Richtung bei *Otto*, in: Festschrift 50 Jahre BAG, 2004, S. 97, 112 ff.
20 BGHZ 119, 276; BGHZ 117, 345; BGH, VersR 1980, 522; BGH, VersR 1959, 256.
21 Siehe hierzu *Lange*, ZIP 2003, 466 ff.
22 Siehe *Armbrüster*, NJW 2016, 897 ff.

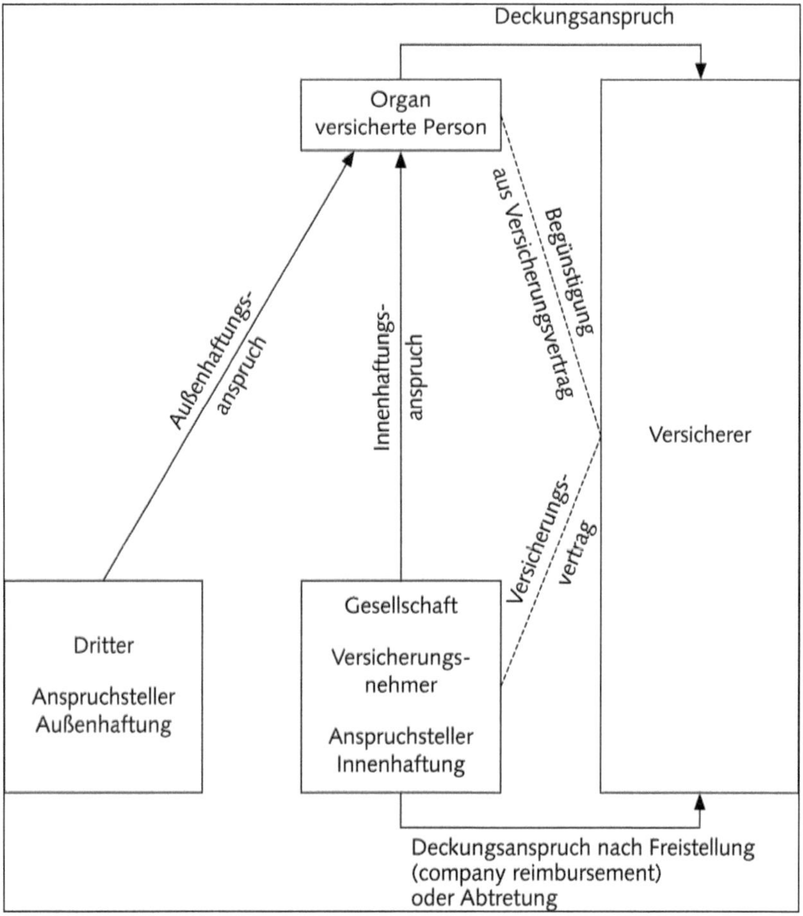

Abb. 11: Struktur der D&O-Versicherung

3. Versicherer

460b Auf Seiten des Versicherers kann zunächst ein einzelnes Versicherungsunternehmen stehen. Dies ist üblicherweise dann der Fall, wenn es um Deckungssummen im Bereich von bis zu 25 Mio. Euro geht. Werden höhere Deckungssummen benötigt, so wird die Kapazität meist nicht mehr von einem einzelnen Versicherungsunternehmen zur Verfügung gestellt, sondern von mehreren. Dies kann in Form eines Konsortiums geschehen; dies ist dann ein Fall der Mitversicherung. Hier decken die beteiligten Versicherer gemeinsam und gleichrangig das D&O-Haftpflichtrisiko der versicherten Personen.[23] Daneben – und bei hohen Versicherungssummen häufig – kommt es zur Bildung eines gelayerten Versicherungsprogramms.[24] Die Deckung wird hier durch einen „Versicherungsturm" bereitgestellt. Die beteiligten Versicherer übernehmen das Risiko nicht gleichrangig, sondern hintereinander und jeweils im Anschluss an den vorangehenden Versicherer.[25] Jeder Versicherer, der dem Grundversicherer folgt, ist ein Exzedent. Sämtliche Exzedenten gewähren den Versicherungsschutz grundsätzlich zu den Bedingungen des Grundversicherers (und gelegentlich auch der nachfolgenden Exzedenten) („follow form"), allerdings werden teilweise auch Abweichungen vereinbart.

In der Konsortialversicherung entstehen Rechtsbeziehungen zwischen jedem einzelnen Konsorten und der Versicherungsnehmerin einerseits sowie zwischen den Konsortialversicherern untereinander andererseits. Streitigkeiten aus dem Deckungsverhältnis muss die Versicherungsnehmerin bzw. die versicherte Person daher mit allen Konsorten austragen, es sei denn, einer der Konsortialversicherer ist die Führung des Konsortiums anvertraut. Eine solche vertraglich vereinbarte Führungsklausel führt dazu, dass der Führende sämtliche Erklärungen mit Wirkung für alle Konsortialversicherer abgeben und entgegennehmen darf und seine Entscheidungen (wie auch gegen ihn ergangene gerichtliche Urteile) für alle gelten. Untereinander besteht zwischen den Mitversicherern entweder eine BGB-Gesellschaft oder ein Vertragsverhältnis sui generis, das jedenfalls wechselseitige Schutz- und Loyalitätspflichten begründet.[26] **460c**

Bei der Exzedentenversicherung werden zwischen der Versicherungsnehmerin und den jeweiligen Exzedenten Einzelverträge abgeschlossen, die auch jeweils gesondert abgewickelt werden müssen. Führungsklauseln, etwa zugunsten des Grundversicherers, gibt es nicht, wenn auch der Grundversicherer faktisch oft Koordinationsaufgaben wahrnimmt. Unklar ist, ob und welche Rechtsbeziehung zwischen den beteiligten Versicherern bestehen. Die h. M.[27] ist zurückhaltend. Dennoch spricht viel dafür, dass auch im Falle der Exzedentenversicherung durch die gemeinsame Zurverfügungstellung des Versicherungsprogramms wechselseitig Schutz- und Treuepflichten entstehen.[28] Diese wird man rechtlich auf §§ 241 Abs. 2, 311 Abs. 2 Nr. 3 BGB **460d**

23 Siehe näher *Schnepp*, in: Bruck/Möller, VVG, Anh. § 216 Rn. 1 ff., 9 ff.; *Thümmel*, in: Festschrift Schütze, 2014, S. 633, 638.
24 Siehe hierzu *Schnepp*, in: Bruck/Möller, VVG, Anh. § 216 Rn. 16.
25 *Thümmel*, in: Festschrift Schütze, 2014, S. 633, 639.
26 Vgl. *Schnepp*, in: Bruck/Möller/Schnepp, VVG, Anh. § 216 Rn. 60 ff.
27 *Schnepp*, in: Bruck/Möller, VVG, Anh. § 216 Rn. 16; *Koch*, in: Festschrift Thümmel, 2020, S. 421 ff.
28 *Thümmel*, in: Festschrift Schütze, 2014, S. 633, 639.

stützen können.[29] Denn tatsächlich kommt es sowohl aus Sicht der Versicherungsnehmerin wie auch aus Sicht der Versicherer auf die gemeinschaftliche Zurverfügungstellung der Deckung an. Einzelne Verträge würden nicht ohne die jeweils anderen abgeschlossen. Die Versicherer sind auch aufeinander angewiesen, weil die Deckung des einzelnen Exzedenten immer voraussetzt, dass die Deckungssumme des vorangegangenen Grundversicherers und/oder Exzedenten ausgeschöpft wurde. Auch erwartet die Versicherungsnehmerin eine koordinierte Schadensbearbeitung, die nur möglich ist, wenn die beteiligten Versicherer sich wechselseitig informieren und unterstützen.

4. Gegenstand der Versicherung und Deckungsumfang

461 Gegenstand der D&O-Versicherung ist die Gewährung von Versicherungsschutz für den Fall, dass eine versicherte Person wegen einer bei Ausübung ihrer Tätigkeit begangenen Pflichtverletzung aufgrund gesetzlicher Haftpflichtbestimmungen wegen eines Vermögensschadens in Anspruch genommen wird.[30] Soweit keine besonderen Vereinbarungen getroffen sind, ist unerheblich, wer der Geschädigte ist, der Ansprüche geltend macht. In Betracht kommen daher das Unternehmen selbst (Innenhaftung), wie auch Dritte (Außenhaftung), z. B. Anteilseigner, Tochtergesellschaften, Arbeitnehmer, Kunden oder Gläubiger. Bei der Aktionärsklage des § 148 AktG handelt es sich um einen Fall der Innenhaftung, da es um Ansprüche der Gesellschaft geht. Ebenso unerheblich ist, wo und vor welchen Gerichten Ansprüche geltend gemacht werden. Auch die Anlegerklage vor US-amerikanischen Gerichten (securities action) fällt unter den Versicherungsschutz, sofern nicht ein Ausschluss für Ansprüche nach US-Recht oder für Ansprüche, die vor US-Gerichten geltend gemacht werden, vereinbart wurde. Nicht versichert sind Sachschäden oder Vermögensschäden, die sich aus Sachschäden herleiten (unechte Vermögensschäden).

461a Vielfach diskutiert wurde die Frage, ob der Anspruch auf Erstattung verbotener Zahlungen nach § 15b Abs. 4 InsO (früher §§ 92 Abs. 2, 93 Abs. 3 Nr. 6 AktG, 64 Abs. 2 GmbHG) unter die Deckung der D&O-Versicherung fällt. Dagegen wurde vorgebracht, dass es sich dabei nicht um einen Schadenersatzanspruch, sondern um einen Anspruch eigener Art handele. Insbesondere sei er nicht auf den Ausgleich eines Vermögensschadens der Gesellschaft gerichtet.[31] Viele Bedingungswerke sind deshalb dazu übergegangen, einen gesonderten Einschluss für diese Anspruchskategorie vorzusehen. Inzwi-

29 Hierzu *Koch*, in: Festschrift Thümmel, 2020, S. 421, 431 ff.

30 Abweichungen im Detail können sich aus dem anwendbaren Bedingungswerk ergeben, vgl. auch *Sieg*, in: Krieger/Uwe H. Schneider (Hrsg.), Handbuch Managerhaftung, § 23 Rn. 23.2 ff.

31 Siehe OLG Düsseldorf, DB 2018, 1913, 1917 mit Anm. *Seitz*, DB 2018, 2105.

schen hat der BGH[32] die Streitfrage dahin entschieden, dass die Regelungen zur Erstattung verbotener Zahlungen aus Sicht eines verständigen Versicherungsnehmers zum Kreis der gesetzlichen Haftpflichtbestimmungen gehörten und die Erstattungsansprüche deshalb gedeckt seien.

Die D&O-Versicherung setzt sich im Übrigen aus zwei Komponenten zusammen: Auf der einen Seite steht die Abwehrfunktion (Abwehrdeckung), auf der anderen die Befriedigungsfunktion (Haftpflichtdeckung).[33] Abwehr bedeutet, dass die Versicherung die versicherte Person in ihrer Verteidigung gegen den Anspruchsteller unterstützt, insbesondere die hiermit verbundenen Kosten trägt. Hierzu gehören insbesondere Anwaltskosten, die entweder pauschal nach RVG oder (häufiger) nach gesonderter Vereinbarung auf der Basis von Stundensätzen erstattet werden, sowie Sachverständigenkosten. Auch Verteidigerkosten im Rahmen strafrechtlicher Ermittlungen oder eines Strafverfahrens sind gedeckt, wenn die Police ein entsprechendes Modul enthält. Gelegentlich wird vereinbart, dass die Abwehrdeckung bereits vor Eintritt des Versicherungsfalls einsetzen soll, wenn eine Inanspruchnahme zu erwarten ist (vorsorgliche Rechtskosten). Dies bezieht sich etwa auf die Kosten eines im Vorfeld beratenden Anwalts. Die Verpflichtung des Versicherers zur Gewährung von Abwehrdeckung kann auch im Wege einer einstweiligen Verfügung durchgesetzt werden, wenn das betroffene Organ dringend auf die Übernahme der (oft hohen) Abwehrkosten angewiesen ist und diese selbst nicht leisten kann.[34] – Befriedigung heißt, dass die Versicherung den ausgeurteilten oder durch Vergleich vereinbarten Schadensbetrag samt aufgelaufener Zinsen zu übernehmen und die versicherte Person hiervon freizustellen hat. **462**

Die Deckung des Unternehmensleiters wird auch als Side A cover bezeichnet. Fast immer findet sich eine Ergänzung durch die Side B cover, die das Unternehmen insoweit deckt, als dieses dem Unternehmensleiter eine Freistellung wegen Außenhaftungsansprüchen gewährt (company reimbursement). Die Bedeutung dieser Deckungserweiterung, die ihren Ursprung in der US-amerikanischen D&O-Versicherung hat, ist für deutsche Gesellschaften wegen der sehr beschränkten Freistellungsmöglichkeiten (Rn. 364 ff.) gering.[35] Möglich ist schließlich die Vereinbarung einer Side C cover, mit der auch dem Unternehmen selbst eine Haftpflichtdeckung für den Fall gewährt wird, dass es gemeinsam mit dem Unternehmensleiter von Dritten in Anspruch genommen wird. Diese Erweiterung wird üblicherweise auf US-amerikanische Anlegerklagen (securities actions) beschränkt. **463**

---

32 BGH, NJW 2021, 231.

33 Vgl. *Held*, in: Halm/Engelbrecht/Krahe, Handbuch des Fachanwalts Versicherungsrecht, 33. Kap. Rn. 27.

34 OLG Frankfurt, AG 2021, 877 „*Wirecard*“.

35 Vgl. hierzu ausführlich *Thümmel*, in: Festschrift Wegen, 2015, S. 549 ff.

Eine Begrenzung des Deckungsumfangs der Side A cover ergibt sich aus gelegentlich verwendeten Eigenschadenklauseln.[36] Diese bewirken, dass der Unternehmensleiter insoweit keine Deckung genießt, als er selbst an dem Unternehmen beteiligt ist (siehe Rn. 492).

5. Versicherungsfall

464 Der Versicherungsfall ist nach dem Wortlaut der gängigen Policen die erstmalige schriftliche Geltendmachung eines Haftpflichtanspruchs gegen eine versicherte Person. Hierin kommt das claims-made-Prinzip (Anspruchserhebungsprinzip) zum Ausdruck, das in der D&O-Versicherung durchgängig verwendet wird. Entscheidend für den Eintritt des Versicherungsfalls ist danach grundsätzlich nicht der Zeitpunkt, zu dem die Pflichtverletzung begangen wurde,[37] sondern der Zeitpunkt, zu dem der hieraus resultierende Schadenersatzanspruch erhoben wird. Dieser muss innerhalb des versicherten Zeitraums (Versicherungsperiode) liegen, damit ein Deckungsanspruch entstehen kann. Das claims-made-Prinzip ist gelegentlich kritisiert worden.[38] Seine rechtliche Zulässigkeit dürfte dennoch unstreitig sein; sie wird in der Literatur weitgehend unterstellt.[39] Auch die Rechtsprechung hat das claims-made-Prinzip entweder als zulässig unterstellt[40] oder ausdrücklich gebilligt, soweit seine Nachteile für den Versicherungsnehmer angemessen kompensiert werden.[41] Dies sei jedenfalls mit der unbeschränkten Rückwärtsversicherung, einer angemessenen Nachmeldefrist und der Möglichkeit der Umstandsmeldung der Fall.

465 Die verwendeten Bedingungswerke enthalten meist noch ergänzende Regelungen zum claims-made-Prinzip. Gelegentlich wird die Form der Anspruchserhebung näher konkretisiert, etwa dahin, dass die Einreichung einer Klage (z. B. im Ausland) ausreicht, auch wenn die versicherte Person zu diesem Zeitpunkt noch gar keine Kenntnis von dem Anspruch hat oder (seltener) dass nur eine Klage als Anspruchserhebung gilt. Manchmal findet

---

36 Siehe hierzu *Lange*, ZIP 2003, 466 ff.

37 Dies wäre das *occurrence*-Prinzip, das in der allgemeinen Haftpflichtversicherung gilt, vgl. § 100 VVG.

38 Vgl. *Pataki*, VersR 2004, 835.

39 Siehe etwa *Lange*, r+s 2006, 177 ff.; *ders.*, AG 2005, 459, 462 f.; *ders.* DStR 2002, 1674 ff.; *ders.*, D&O-Versicherung und Managerhaftung, § 9 Rn. 9, 48; *Notthoff*, NJW 2003, 1350, 1352; *Dreher*, ZHR 165 (2001), 293, 297; *Olbrich*, Die D&O-Versicherung in Deutschland, S. 141; *Sieg*, in: Krieger/Uwe H. Schneider (Hrsg.), Handbuch Managerhaftung, § 24 Rn. 24.36; *Held*, in: Halm/Engelbrecht/Krahe, Handbuch des Fachanwalts Versicherungsrecht, 33. Kap. Rn. 23; *Ries/Peiniger*, Haftung und Versicherung von Managern, S. 152 f.

40 OLG München, VersR 2005, 540; LG Wiesbaden, VersR 2005, 545; LG Marburg, DB 2005, 437; LG München, VersR 2005, 543.

41 OLG München, NZG 2009, 714, 716.

man die Regelung, dass sich auch die Pflichtverletzung innerhalb eines versicherten Zeitraums (nicht notwendig desselben, innerhalb dessen der Anspruch geltend gemacht wurde) abgespielt haben muss. Dies führt dann zu einer beschränkten Rückwärtsdeckung (siehe Rn. 466).

Wegen der sich aus dem claims-made-Prinzip ergebenden Deckungslücken bei vorvertraglichen Pflichtverletzungen und nachvertraglichen Anspruchserhebungen[42] sehen die Bedingungswerke üblicherweise Regelungen zur Rückwärtsversicherung (neuerdings auch im Gesetz angesprochen, § 2 Abs. 1 VVG) und zur Nachhaftung vor.[43] Die Klauseln zur Rückwärtsdeckung bestimmen, ob und in welchem zeitlichen Rahmen Schäden aus Pflichtverstößen, die vor Beginn der laufenden oder der ersten Versicherungsperiode begangen wurden, gedeckt sind. Verbreitet ist eine unbegrenzte Rückwärtsdeckung für unbekannte Pflichtverletzungen. Aus den Regelungen zur Nachhaftung ergibt sich, ob und in welchem zeitlichen Rahmen Inanspruchnahmen nach Beendigung des Versicherungsvertrags noch nachgemeldet werden und (nach den Bedingungen des letzten Policenjahrs) zu einer Deckung führen können. Hier haben sich in Anlehnung an die anwendbaren Verjährungsfristen Nachmeldeperioden von fünf bzw. zehn Jahren eingebürgert (für die teilweise gesondert bezahlt werden muss), wenn es nicht zu einer Anschlussdeckung kommt. Neuerdings werden zunehmend sog. „unverfallbare“ Nachhaftungen angeboten, die auch im Falle einer Anschlussdeckung durch einen anderen Versicherer bestehen bleiben. Hier dürften die damit verbundenen Schwierigkeiten oft den Nutzen für die versicherten Personen überwiegen. Wenn eine Anschlussdeckung vorliegt, entsteht eine Doppelversicherung mit nicht einfach zu lösenden Prioritäts- und Ausgleichsfragen. Ein Vorteil ist mit dem Konzept dann verbunden, wenn die Anschlussversicherung nicht zu lückenloser Deckung oder zu ungünstigeren Konditionen führt und den versicherten Personen durch die Nachhaftung die ursprüngliche Deckung erhalten bleibt. **466**

6. Versicherungsprämie

Da das Unternehmen Versicherungsnehmer ist, trägt es auch die Prämien, ein Umstand, der keine nach Gesellschaftsrecht unzulässige Freistellung der Organe beinhaltet.[44] Umstritten ist (nicht nur unter steuerlichen Gesichtspunkten, vgl. hierzu Rn. 468), ob in der Prämienübernahme ein Vergütungs- **467**

42 Siehe hierzu OLG München, NZG 2009, 714 ff.

43 Siehe zu beidem *Held*, in: Halm/Engelbrecht/Krahe, Handbuch des Fachanwalts Versicherungsrecht, 33. Kap. Rn. 24 f.; *Lange*, AG 2005, 459, 463.

44 Vgl. *Wollny,* S. 398 f., 412, 427; *Uwe H. Schneider/Ihlas,* DB 1994, 1123, 1124; *Ihlas,* S. 60; *Cahn*, in: Kölner Kommentar, § 93 Rn. 270; siehe auch Rn. 367.

bestandteil für das Organ liegt.[45] Auswirkungen hätte dies vor allem für den Aufsichtsrat. Läge ein Vergütungsbestandteil vor, bedürfte es nach § 113 AktG einer Satzungsregelung oder eines Hauptversammlungsbeschlusses. Die besseren Gründe sprechen gegen die Annahme eines Vergütungsbestandteiles: Bei der D&O-Versicherung geht es auch um den (mittelbaren) Schutz des Gesellschaftsvermögens. Gegenüber dem Organ stellt der Abschluss der Versicherung eher Fürsorge als Gegenleistung für dessen Tätigkeit dar. Außerdem wird die Versicherung nicht für einzelne Organmitglieder, sondern einheitlich für sämtliche Mitglieder der operativ tätigen Organe und Aufsichtsgremien abgeschlossen. Der Vorstand ist daher nach h. M.[46] auch ohne Hauptversammlungsentscheidung zum Abschluss der Versicherung befugt. Eine Zustimmung des Aufsichtsrats sollte aber eingeholt werden. Oft finden sich in den Dienstverträgen des Vorstands, über die der Aufsichtsrat beschließt, Regelungen zur D&O-Versicherung.

Praxistipp:

Da die D&O-Deckung für die Organmitglieder wichtig ist, sollte sie im Dienstvertrag von Vorstand oder Geschäftsführer ausdrücklich angesprochen sein. Aufgenommen werden sollte die Verpflichtung zum Abschluss einer D&O-Versicherung mit einer angemessenen Mindestdeckungssumme, die je nach Entwicklung der Gesellschaft anzupassen ist. Außerdem muss die Gesellschaft verpflichtet sein, die Deckung während der Tätigkeit des Organs und für einen Zeitraum von mindestens fünf Jahren (zehn Jahren bei börsennotierten Gesellschaften) nach seinem Ausscheiden aufrecht zu erhalten (zur Abdeckung der Verjährungsfrist). Verfügungen über den Versicherungsvertrag sollten der Zustimmung des Organs bedürfen.

468 Steuerlich ist inzwischen im Grundsatz anerkannt, dass die Prämie eine beim Unternehmen voll abzugsfähige[47] Betriebsausgabe darstellt und keinen geldwerten Vorteil für die Organe beinhaltet.[48] Dies gilt jedenfalls, wenn sämtliche Organe insgesamt und unabhängig von ihrem jeweiligen Bestand versichert werden, für die Prämienkalkulation nicht individuelle Merkmale der Organmitglieder, sondern Betriebsdaten des Unternehmens maßgeb-

---

45 Für Vergütung: *Kästner,* AG 2000, 113, 115 ff.; *dies.,* DStR 2001, 422, 423; *dies.,* DStR 2001, 195 ff.; gegen Annahme einer Vergütung: *Mertens,* AG 2000, 447, 448 ff.; *Lange,* ZIP 2001, 1524, 1526 ff.; *Vetter,* AG 2000, 453, 456 ff.

46 Siehe etwa *Koch,* § 93 Rn. 123 m. w. N.; *Lüneborg/Resch,* AG 2017, 691, 694; a. A. *Armbrüster,* NJW 2016; 897, 900.

47 § 10 Abs. 4 KStG, der lediglich einen hälftigen Abzug bei Aufsichtsratsvergütungen vorsieht, ist nicht anwendbar, weil kein Vergütungsbestandteil vorliegt, a. A. *Kästner,* DStR 2001, 422, 424.

48 Vgl. Schreiben des BMF vom 8.8.2001 an den GDV – Az. IV C 5 – S 2332 – 83/01; siehe auch *Ihlas,* S. 306.

lich sind und sichergestellt ist, dass die Versicherungsleistung im Ergebnis dem Unternehmen zugutekommt, es also um die Absicherung des Unternehmenswerts geht. Die Finanzbehörden gehen davon aus, dass die D&O-Versicherung, wenn die genannten Kriterien erfüllt sind, jedenfalls überwiegend eigenbetrieblichen Interessen des Unternehmens dient. Dies ist bei den marktüblichen D&O-Policen der Fall.

7. Inanspruchnahme der Deckung

Wie sich aus § 44 Abs. 1 Satz 1 VVG ergibt, stehen die Rechte aus der D&O- **469**
Versicherung den versicherten Personen zu. Diese können daher auch die Deckung in Anspruch nehmen. Zu einer gerichtlichen Geltendmachung benötigen sie allerdings den Versicherungsschein (§ 44 Abs. 2), wenn nicht (wie häufig) anderes vereinbart ist. Das aus § 45 Abs. 1 VVG folgende Recht des Unternehmens zur Verfügung über den Versicherungsvertrag könnte zwar auch eine Inanspruchnahme der Deckung rechtfertigen. Eine sich hieraus ergebende Prozessführungsbefugnis wird aber üblicherweise abbedungen (siehe auch Rn. 459b).[49] Ein Direktanspruch des Geschädigten gegen die Versicherung, wie ihn etwa § 3 PflVG für die Kfz-Versicherung vorsieht, besteht nicht, wie sich bereits aus dem versicherungsrechtlichen Trennungsprinzip ergibt.[50]

Auch das Unternehmen kann daher Innenhaftungsansprüche und die De- **469a**
ckung hierfür grundsätzlich nicht direkt bei dem Versicherer geltend machen.[51] Allerdings kann das in Anspruch genommene Organ seinen versicherungsrechtlichen Freistellungsanspruch an das Unternehmen und damit den Anspruchsteller abtreten. Das in Versicherungsbedingungen früher übliche Abtretungsverbot kann nach neuem Recht (§ 108 Abs. 2 VVG) nicht mehr vereinbart werden. Die Gesellschaft ist als „Dritter" im Sinne dieser Regelung zu verstehen, obwohl sie gleichzeitig die Versicherungsnehmerin ist.[52] Wird abgetreten, macht die Gesellschaft den Freistellungsanspruch, nicht den Innenhaftungsanspruch geltend.[53] Letzterer ist als Vorfrage inner-

---

49 Vgl. zur Prozessführungsbefugnis von Versichertem und Versicherungsnehmer und zu den Regelungen, die hierzu in den Bedingungswerken üblicherweise getroffen werden, *Lange*, VersR 2007, 893 ff.

50 Trennung zwischen Haftungs- und Deckungsverhältnis, siehe BGH, NJW 1993, 68; BGH, VersR 1992, 1504; BGH, VersR 1992, 568; BGH, VersR 1980, 522; BGH, VersR 1959, 256.

51 So auch OLG München, VersR 2005, 540, 542; LG Wiesbaden, VersR 2005, 545; LG Marburg, DB 2005, 437, 538; LG München, VersR 2005, 543; vgl. *Lange*, VersR 2007, 893, 894 ff.

52 Vgl. BGH, NJW 2016, 2184, 2185; OLG Düsseldorf, DB 2013, 2442, 2443; *Armbrüster*, NJW 2016, 2155, 2156.

53 *Lange*, r+s 2007, 401, 403.

halb des Deckungsprozesses zu prüfen. In diesem Rahmen dürfte auch die Beweislastumkehr des § 93 Abs. 2 Satz 2 AktG nicht anwendbar sein, denn das hiervon betroffene Organ ist nicht Partei, sondern allenfalls Zeuge.[54] Wird der Freistellungsanspruch abgewiesen, kann die Gesellschaft den Innenhaftungsanspruch gegenüber dem Organ weiter verfolgen, solange die Abtretung erfüllungshalber erfolgte. Hiervon ist im Zweifel auszugehen. Selbst wenn die Abweisung darauf beruhte, dass der Innenhaftungsanspruch nicht bestand, ergibt sich hieraus kein Rechtskrafteinwand. Feststellungen zum Innenhaftungsanspruch im Rahmen des Deckungsprozesses erwachsen nicht in Rechtskraft, weil es sich dabei nur um eine Vorfrage handelt.[55] Anderes würde gelten, wenn der Innenhaftungsanspruch zum Gegenstand einer Zwischenfeststellungsklage (§ 256 Abs. 2 ZPO) gemacht worden wäre. Nach abgewiesenem Freistellungsanspruch entfällt der Anspruch des Organs auf Gewährung von Abwehrdeckung. Der Unternehmensleiter muss also die Kosten eines nachfolgenden Haftpflichtprozesses selbst tragen.[56]

469b Die Beschränkungen des § 93 Abs. 4 Satz 3 AktG (Hauptversammlungszustimmung, kein Widerspruch einer 10 %-Minderheit, Sperrfrist) kommen auf die Abtretung des Deckungsanspruchs jedenfalls solange nicht zur Anwendung, als die Abtretung erfüllungshalber erfolgt. Denn in diesem Fall liegt kein Vergleich über oder Verzicht auf Ansprüche gegen das Organ vor. Anders kann dies sein, wenn Nebenabreden getroffen werden, die zu einer Beschränkung der Rückgriffsmöglichkeiten des Unternehmens führen.[57]

Praxistipp:

Die Abtretung des Freistellungsanspruchs klingt aus Sicht des betroffenen Unternehmensleiters auf den ersten Blick vorteilhaft, weil er sich so aus der Schusslinie nehmen kann. Sie will aber gut überlegt sein, denn scheitert die Gesellschaft, wird sie auf den Unternehmensleiter zurückkommen wollen. Also bedarf es in der Abtretungsvereinbarung Regeln dazu, ob diese Möglichkeit bestehen bleiben soll (wäre nicht der Fall bei Abtretung an Erfüllung statt), welche Wirkungen die Feststellungen im Deckungsprozess haben sollen und wie mit den Verfahrenskosten umzugehen ist. Eine Einbeziehung des Versicherers in die Vereinbarung ist sinnvoll. Die Zustimmung der Hauptversammlung muss ggf. eingeholt werden.

470 Die Inanspruchnahme der Deckung birgt Missbrauchsgefahren, soweit Innenhaftungsansprüche in Rede stehen. Praktisch bedeutsam ist das Zu-

54 *Armbrüster,* NJW 2016, 2155, 2157; *Grooterhorst/Looman*, NZG 2015, 215, 217; a.A. *Lehmann,* r+s 2018, 6, 14.
55 *Lange,* r+s 2007, 401, 404.
56 *Grooterhorst/Looman*, NZG 2015, 215, 220.
57 Vgl. *Unmuth*, AG 2020, 890, 891 ff.

sammenwirken von Unternehmen und Organ in der Weise, dass ein tatsächlich nicht eingetretener Versicherungsfall vorgetäuscht oder der äußere Eindruck eines Versicherungsfalls nicht korrigiert wird („freundliche Inanspruchnahme").[58] Die Versuchung hierzu ist verhältnismäßig groß, weil der Unternehmensleiter infolge der Beweislastregel des § 93 Abs. 2 Satz 2 AktG grundsätzlich für alle durch seine Tätigkeit eingetretenen Vermögensminderungen einzustehen hat, es sei denn, er entlastet sich bezüglich Pflichtwidrigkeit und Verschulden.[59] Unternimmt er diesbezüglich nur geringe Anstrengungen – was er zugunsten seines Unternehmens freiwillig oder gar auf Druck von Anteilseignern erwägen könnte – bleibt es bei der Haftung und damit bei der möglichen Einstandspflicht des Versicherers. Allerdings löst ein nur zum Schein erhobener Anspruch den Versicherungsfall nicht aus. Zu fordern ist eine ernstliche Inanspruchnahme.[60] Ob diese ernst gemeint ist, muss sich aus den Umständen des Einzelfalls ergeben, wobei dem Versicherer die Beweislast für eine fehlende Ernsthaftigkeit obliegt. Die Absicht des Versicherungsnehmers, das haftpflichtige Organ nicht persönlich zu verfolgen, sondern allein die Versicherungsleistung in Anspruch zu nehmen, hindert die Ernsthaftigkeit nach der Rechtsprechung des BGH[61] nicht. Erforderlich sei nur eine „bedingungsgemäße" Inanspruchnahme, die auch gegeben sei, wenn sie allein wegen der Versicherungsdeckung erfolgt.

Zur weiteren Verringerung dieses Risikos werden unterschiedliche Wege **471**
beschritten. Gelegentlich wird das Innenhaftungsrisiko vollständig aus der Deckung herausgenommen oder dahin beschränkt, dass nur solche Innenhaftungsansprüche gedeckt sind, die auf Weisung oder Veranlassung oder mit Beteiligung von Anteilseignern erhoben werden. Letzterer Weg führt bei der GmbH zu keiner Einschränkung, weil hier Ansprüche ohnehin nur nach entsprechendem Gesellschafterbeschluss erhoben werden können (Rn. 324). Bei der AG wären die über §§ 147, 148 AktG geltend gemachten Ansprüche gedeckt; soweit Vorstand oder Aufsichtsrat auf eigene Initiative tätig werden, entfiele der Versicherungsschutz. Dies ist insoweit misslich, als Aufsichtsrat bzw. Vorstand zur Geltendmachung von Ansprüchen verpflichtet sein können (vgl. Rn. 298) und damit eine Pflichtverletzung begehen würden, wenn sie abwarteten. Andere Ansätze[62] zu einer Beschränkung des Missbrauchsrisikos gehen dahin, durch sog. Gerichtsklauseln den Deckungsanspruch von einer gerichtlichen Geltendmachung der Haftpflicht abhängig zu machen,

58 Vgl. hierzu auch LG Wiesbaden, VersR 2005, 545, 546.

59 Vgl. *Uwe H. Schneider/Ihlas*, DB 1994, 1123, 1126/1127; *Hübner*, S. 45; *Thümmel/Sparberg*, DB 1995, 1013, 1018.

60 So zu Recht OLG Düsseldorf, DB 2013, 2442, 2443 ff.

61 BGH, NJW 2016, 2184, 2186.

62 Vgl. auch den Vorschlag in der 3. Aufl., Rn. 411, die Innenhaftungsdeckung auf die Rechtsform der AG zu beschränken.

das Ausscheiden des Organs zur Voraussetzung der Deckung zu machen (Trennungsklauseln) oder für die Innenhaftung Selbstbehalte[63] vorzusehen. Insgesamt hat sich keines dieser Konzepte am Markt durchgesetzt.

472 Daher ist es letztlich aus Sicht des Versicherers für eine effektive Risikobegrenzung im Vorfeld unerlässlich, dass die um Deckung nachsuchenden Unternehmen mit Sorgfalt ausgewählt werden. Wichtig ist über längere Zeit hinweg anhaltende Solidität im Zahlenwerk und Kontinuität bei den handelnden Personen. Kleine Unternehmen und Branchen mit hohen Risiken (z. B. Finanzdienstleister, Baubranche) werden von Versicherern eher kritisch betrachtet. Bei Unternehmen, die von Gesellschafter-Geschäftsführern geleitet werden, bedarf es einer angepassten Gestaltung der Police. Im Rahmen der Schadensbearbeitung werden Versicherer bei Zweifeln extensiv von ihren Auskunftsrechten Gebrauch machen (§ 31 VVG).

8. Vorsatzausschluss

473 Der praktisch bei weitem wichtigste Ausschlusstatbestand für die Deckung betrifft die vorsätzliche oder wissentliche Pflichtverletzung.[64] Der Ausschluss der wissentlichen Pflichtverletzung greift ein, wenn dem Organ bewusst war, dass sein schadensstiftendes Verhalten eine Pflichtverletzung beinhaltete.[65] Wird auf einfachen Vorsatz abgestellt, genügt auch, dass er das Vorliegen einer Pflichtverletzung billigend in Kauf nahm, ohne sich hierüber endgültig klar zu sein (bedingter Vorsatz). Allerdings sehen einschlägige Policen zumeist direkten Vorsatz (*dolus directus* 1. Grades) als Voraussetzung für den Ausschluss vor. Der Eintritt des Schadens muss nach den gängigen Bedingungswerken dagegen nicht vom Vorsatz umfasst sein. Vorsatz liegt nahe, wenn der Haftpflichtanspruch auf ein unzutreffendes Zahlenwerk (z. B. Verstöße gegen das Bilanzrecht) oder formale Verstöße (z. B. fehlende Entscheidung des Gesamtvorstands, des Aufsichtsrats oder der Haupt-/Gesellschafterversammlung) oder auf die Verletzung sog. Kardinalpflichten[66] gestützt wird. Allerdings wird dem einzelnen Organ nicht der Vorsatz anderer Organmitglieder zugerechnet.[67] Im Übrigen trägt der Versicherer die

---

63 Vgl. zu Selbstbehalten in der D&O-Versicherung allgemein: *Dreher/Görner*, ZIP 2003, 2321 ff.

64 Vgl. hierzu *Held*, in: Halm/Engelbrecht/Krahe, Handbuch des Fachanwalts Versicherungsrecht, 33. Kap. Rn. 30.

65 BGH, NJW 2006, 289.

66 Zu Recht kritisch *Schmidt-Husson*, in: Festschrift Thümmel, 2020, S. 811, 820 ff. m. w. N. hierzu.

67 Anders ist dies, wenn ein Vorstand den Versicherer über Bilanzzahlen täuscht und dieser daraufhin anficht. Die Anfechtung führt in diesem Falle auch zur Leistungsfreiheit gegenüber redlichen Organmitgliedern, soweit nicht abbedungen, OLG Düsseldorf, ZIP 2006, 1677 m. Anm. *Lange*, S. 1680; vgl. auch *Langheid/Grote*, VersR 2005, 1165 ff.

Darlegungs- und Beweislast für den Vorsatz des jeweils betroffenen Organmitglieds. Er muss entweder einen äußeren Geschehensablauf darlegen, der wegen des sich daraus ergebenden Ausmaßes objektiver Pflichtverletzung Rückschlüsse auf die innere Haltung des betreffenden Unternehmensleiters zulässt. Oder er muss Anknüpfungstatsachen vortragen, die als schlüssige Indizien für eine wissentliche Pflichtverletzung oder (direkten) Vorsatz gewertet werden können. Erst dann ist der Unternehmensleiter im Rahmen seiner sekundären Darlegungslast gehalten, Umstände darzulegen, weshalb der Schluss auf eine wissentliche Pflichtverletzung oder auf Vorsatz im konkreten Fall nicht zulässig ist.[68]

Steht vorsätzliches Verhalten als Möglichkeit im Raum, muss der Versi- **473a**
cherer nach den gängigen Policen meist dennoch zunächst Abwehrdeckung gewähren und kann den Versicherungsschutz erst ablehnen, wenn der Vorsatz gerichtlich festgestellt wurde. Die Frage ist, in welchem Verfahren eine solche Feststellung getroffen werden kann. Ausreichend wäre eine entsprechende Feststellung im Haftpflichtverfahren.[69] Dies geschieht allerdings selten, weil es für den Haftpflichtanspruch auf Vorsatz nicht ankommt, vielmehr eine fahrlässige Pflichtverletzung genügt. Ausführungen zu einem weitergehenden Verschulden sind daher in der Regel entbehrlich. Geeigneter für die Feststellung von Vorsatz ist daher ein begleitendes Strafverfahren.[70] Lehnt der Versicherer die Abwehrdeckung wegen des Vorsatzausschlusses ab, so käme eine Klärung theoretisch auch in einem dann möglicherweise folgenden (vorgezogenen) Deckungsprozess in Betracht. Diesen Weg lehnt die Rechtsprechung[71] allerdings mit dem Argument ab, dass in diesem Verfahren keine (nach Policenwortlaut meist geforderte) rechtskräftige Entscheidung über die Haftung und damit das Verschulden des Organs ergeht. Diesem Problem ließe abhelfen, indem der beklagte Versicherer eine entsprechende Zwischenfeststellungsklage (§ 256 Abs. 2 ZPO) erhebt.

9. Auskunftsrecht (§ 31 VVG)

Um eine Entscheidung über das Deckungsbegehren versicherter Personen **473b**
treffen zu können, ist der Versicherer in hohem Maße auf Informationen über den Versicherungsfall angewiesen. Die D&O-Haftungsfällen zugrunde liegenden Sachverhalte sind in der Regel komplex und müssen ermittelt werden. Erst dann kann der Versicherer über eine Regulierung oder Deckungsablehnung entscheiden. Lediglich die Voraussetzungen der Gewäh-

68 BGH, NJW 2015, 947, 948.
69 Vgl. zur Bindungswirkung der diesbezüglichen Feststellungen im Haftpflichtprozess *Lange*, in: Festschrift Thümmel, 2020, S. 463, 469 ff.
70 OLG Frankfurt, AG 2021, 886, 889.
71 OLG Frankfurt, AG 2021, 886, 889.

rung von Abwehrdeckung lassen sich meist zügig feststellen. Hierüber muss der Versicherer auch schnell entscheiden, will er seine Verpflichtungen aus dem Versicherungsvertrag nicht verletzen.

473c Auskünfte zu den Umständen des Versicherungsfalls können vor allem das Unternehmen (mit seinen Mitarbeitern), also die Versicherungsnehmerin, und die in Anspruch genommenen versicherten Personen erteilen. Deswegen gewährt § 31 VVG dem Versicherer einen Auskunftsanspruch gegen beide. Sowohl das Unternehmen (§ 31 Abs. 1 VVG) wie auch der betroffene Unternehmensleiter (§ 31 Abs. 2 VVG) sind dem Versicherer zur Auskunft verpflichtet. Der Auskunftsanspruch ist sehr weitgehend. Insbesondere entscheidet grundsätzlich der Versicherer, welche Auskünfte er zur Ermittlung des Sachverhalts für erforderlich hält.[72] Üblicherweise werden Auskünfte einschließlich relevanter Unterlagen mit formalen Auskunftsersuchen angefordert. Wie die Verpflichteten Auskünfte erteilen, liegt in ihrem Ermessen. Neben der Übermittlung schriftlicher Auskünfte und Unterlagen (oder deren Einstellung in einen Datenraum) kommen auch Gespräche in Betracht. Gerade mit versicherten Personen liegen solche auch nahe. Ein Anspruch des Versicherers darauf, dass die versicherten Personen (oder Mitarbeiter der Versicherungsnehmerin) persönlich zur Verfügung stehen, besteht allerdings nicht. Jedoch hat der Versicherer Anspruch auf schriftliche Stellungnahmen der von den Vorwürfen Betroffenen,[73] wohl auch auf Vorlage von seitens der Beteiligten eingeholten Gutachten. Verstöße gegen die Auskunftspflicht können unter den Voraussetzungen des § 28 Abs. 2 VVG zur Leistungsfreiheit führen,

10. Selbstbehalt

473d § 93 Abs. 2 Satz 3 AktG verpflichtet die Gesellschaft in der Rechtsform der AG, bei Abschluss einer D&O-Versicherung mit dem Versicherer für die Mitglieder des Vorstands Selbstbehalte zu vereinbaren.[74] Die Mitglieder des Aufsichtsrats sind hiervon nicht betroffen.[75] Die Selbstbehaltsverpflichtung gilt auch für die SE, nicht aber für andere Rechtsformen.[76] Jedoch sind jederzeit freiwillige Selbstbehaltsvereinbarungen möglich. Selbstbehalt bedeutet, dass das in Anspruch genommene Organ den Schaden, nicht aller-

---

72 BGH, NJW 2015, 949, 950.

73 BGH, NJW 2015, 949, 950.

74 Eingeführt durch das VorstAG mit Wirkung zum 5.8.2009, vgl. hierzu *Gädtke/Wax*, AG 2010, 851 ff.; *Deilmann/Otte*, AG 2010, 323 ff.; *Kerst*, WM 2010, 594 ff.; *Dauner-Lieb/Tettinger*, ZIP 2009, 1555 ff.; *Olbrich/Kassing*, BB 2009, 1659 ff.

75 Anders noch die frühere Empfehlung des DCGK (Ziff. 3.8 Abs. 3 a. F.), die zu Recht fallen gelassen wurde.

76 Im Einzelnen str., vgl. *Kerst*, WM 2010,594, 597 f.

dings die Kosten der Abwehr,[77] bis zur Höhe des Selbstbehalts selbst tragen muss. Dies soll einen verhaltenssteuernden Effekt dahin haben, dass Risiken von Unternehmensleitern kritischer hinterfragt werden.[78] Bei mehreren Schadensfällen kommt es darauf an, ob diese unter dieselbe Police fallen (weil es Versicherungsfälle desselben Policenjahres sind oder diese durch die Serienschadenklausel zusammengezogen werden). Dann kommt auch der Selbstbehalt nur einmal zur Anwendung.

Der zu vereinbarende Selbstbehalt betrifft nur die Innenhaftung, nicht die **473e** Außenhaftung des Organs. Dies ergibt sich schon aus der systematischen Stellung der Regelung in § 93 Abs. 2 Satz 3 AktG.[79] Erleichterungen ergeben sich hieraus allerdings nur, wenn die Gesellschaft nicht selbst in Anspruch genommen wird. Denn andernfalls kommt der Außenhaftungsanspruch in aller Regel im Wege der Innenhaftung (Regress) wieder auf das handelnde Organ zu. Ein Verstoß gegen das Selbstbehaltsgebot stellt eine Pflichtverletzung der Organe dar, die den Versicherungsvertrag abgeschlossen und ihm zugestimmt haben. Außerdem führt er insoweit zur Teilnichtigkeit des D&O-Versicherungsvertrags nach § 134 BGB, als der Selbstbehalt zum Teil der Deckung gemacht wurde.[80] Damit wird das Ziel der gesetzlichen Regelung wiederhergestellt. Bei einem Verzicht auf die Nichtigkeitsfolge bliebe der Verstoß weitgehend sanktionslos, weil eine Haftung der beteiligten Organe meist an der Schwierigkeit des Nachweises eines kausalen Schadens scheiterte.[81]

Die Höhe des zu vereinbarenden Selbstbehalts wird von § 93 Abs. 2 Satz 3 **473f** AktG auf „mindestens 10 % des Schadens bis mindestens zur Höhe des Eineinhalbfachen der festen jährlichen Vergütung des Vorstandsmitglieds" festgelegt. Die zweimalige Verwendung des Wortes „mindestens" hat zu einiger Unsicherheit bei der Auslegung beigetragen. Gemeint ist jedenfalls, dass die Obergrenze der Eigenhaftung des Vorstands bei dem 1,5fachen seiner jährlichen Fixvergütung liegt.[82] Die Vereinbarung einer höheren Schwelle ist zulässig. Die Organe können den Selbstbehalt ihrerseits versichern (Selbstbehaltsversicherung).[83] Die Prämien dürfen allerdings nicht von der Gesellschaft übernommen werden.

77 Siehe *Olbrich/Kassing*, BB 2009, 1659, 1660.

78 *Dauner-Lieb/Tettinger*, ZIP 2009, 1555; kritisch hierzu *Dreher*, AG 2008, 429 ff.

79 *Kerst*, WM 2010, 594, 599; *Olbrich/Kassing*, BB 2009, 1659.

80 Vgl. *Olbrich/Kassing*, BB 2009, 1659, 1661; zurückhaltend im Hinblick auf Teilnichtigkeit *Dauner-Lieb/Tettinger*, ZIP 2009, 1555, 1556; ablehnend *Kerst*, WM 2010, 594, 600 f.

81 *Dauner-Lieb/Tettinger*, ZIP 2010, 1555, 1556.

82 So auch *Dauner-Lieb/Tettinger*, ZIP 2010, 1555, 1556; *Olbrich/Kassing*, BB 2009, 1659, 1660.

83 *Kerst*, WM 2010, 594, 601 ff.; *Gädtke/Wax*, AG 2010, 851 ff.; *Dauner-Lieb/Tettinger*, ZIP 2010, 1555, 1557.

11. AGB-Kontrolle von Versicherungsbedingungen

473g Die Nachprüfung von Versicherungsbedingungen auf ihre Angemessenheit und Ausgewogenheit lag früher in der Hand des (damaligen) Bundesaufsichtsamts für das Versicherungswesen. Seitdem das Genehmigungserfordernis weggefallen ist (1.7.1994), hat die gerichtliche Kontrolle der von den Versicherern verwendeten AVB anhand der §§ 305 ff. BGB Bedeutung gewonnen. Voraussetzung hierfür ist allerdings jeweils, dass der Versicherer auch als Verwender des Bedingungswerks (§ 305 Abs. 1 Satz 1 BGB) zu gelten hat. Dies ist nicht der Fall, wenn die Bedingungen nicht von dem Versicherer, sondern von einem seitens des Versicherungsnehmers beauftragten Versicherungsmakler entworfen und auf dessen Veranlassung in den Vertrag einbezogen worden sind.[84] Dasselbe dürfte zugunsten von Exzedentenversicherern gelten, wenn diese sich auf die Police des Primärversicherers beziehen (follow form).

473f Gerichte hatten inzwischen verschiedentlich Gelegenheit, Bedingungen von D&O-Policen zu überprüfen. Für zulässig erachtet wurde das claims-made-Prinzip, jedenfalls wenn es durch eine unbegrenzte Rückwärtsdeckung, eine Nachhaftungsperiode (im konkreten Fall: ein Jahr) und die Möglichkeit einer Umstandsmeldung flankiert wird.[85] Zweifelhaft ist dagegen die AGB-rechtliche Zulässigkeit der üblichen Serienschadenklausel, weil ihre Reichweite unübersichtlich und sie damit möglicherweise intransparent ist.[86] Auch die Anrechnungsklausel, nach der entgegen der Regelung des § 101 Abs. 2 VVG Abwehrkosten auf die Deckungssumme angerechnet werden (und diese aufzehren können), ist Zweifeln unter AGB-rechtlichen Gesichtspunkten ausgesetzt, weil sie potenziell eine Aushöhlung des Versicherungsschutzes bewirkt.[87]

III. Musterbedingungen der D&O-Police

Text der Musterbedingungen des Gesamtverbandes der Deutschen Versicherungswirtschaft e. V. (GDV) mit Anmerkungen

474 Der Haftpflicht-Fachausschuss des Gesamtverbandes der Deutschen Versicherungswirtschaft e. V. (GDV) hatte bereits Anfang 1996 eine Arbeitsgruppe mit dem Auftrag eingerichtet, ein Bedingungswerk für die D&O-Police zu entwerfen. In der Arbeitsgruppe waren maßgebliche Erst- und Rückver-

84 BGH, NJW-RR 2010, 39.
85 OLG München, NZG 2009, 714, 716.
86 BGH, NJW 2003, 3705.
87 OLG Frankfurt, r+s 2011, 509, 512; hierzu auch *Grooterhorst/Looman*, r+s 2014, 157 ff.

sicherer vertreten.[88] Die Musterbedingungen wurden als „Allgemeine Versicherungsbedingungen für die Vermögensschaden-Haftpflichtversicherung von Aufsichtsräten, Vorständen und Geschäftsführern (AVB-D&O)" im Jahre 1997 vorgestellt und seitdem mehrfach überarbeitet. Die letzte Fassung stammt vom Mai 2020.

Im Folgenden werden die vom GDV empfohlenen D&O-Musterbedingungen wiedergegeben[89] und mit kurzen Anmerkungen versehen. Dabei werden die wesentlichen Merkmale des Bedingungswerks hervorgehoben. Dieses entspricht in seiner gegenwärtigen Fassung – anders als Vorläuferfassungen[90] – in zentralen Punkten dem Marktstandard. Allerdings haben die Musterbedingungen die Tendenz, den Schutz des Versicherers vor zu weitgehender Inanspruchnahme zu akzentuieren, was vor allem in einem langen Ausschlusskatalog offenbar wird. Bei den einzelnen Bestimmungen wird in den Anmerkungen jeweils darauf hingewiesen, welche Teile in der Praxis abweichend gehandhabt werden.[91] **475**

Allgemeine Versicherungsbedingungen für die Vermögensschaden-Haftpflichtversicherung von Aufsichtsräten, Vorständen und Geschäftsführern (AVB-D&O) (Stand Mai 2020)

Teil A – D&O-Versicherung

A-1 Versicherungsschutz, versicherte Personen, Vermögensschäden

Der Versicherer gewährt Versicherungsschutz für den Fall, dass ein gegenwärtiges oder ehemaliges Mitglied des Aufsichtsrates, des Vorstandes oder der Geschäftsführung des Versicherungsnehmers oder einer Tochtergesellschaft (versicherte Personen) wegen einer bei Ausübung dieser Tätigkeit begangenen Pflichtverletzung aufgrund gesetzlicher Haftpflichtbestimmungen für einen Vermögensschaden auf Schadenersatz in Anspruch genommen wird.

Vermögensschäden sind solche Schäden, die weder Personenschäden (Tötung, Verletzung des Körpers oder Schädigung der Gesundheit von Menschen) noch Sachschäden (Beschädigung, Verderben, Vernichtung oder Abhandenkommen von Sachen) sind noch sich aus solchen Schäden herleiten. Als Sachen gelten auch Geld und geldwerte Zeichen.

---

88 Nämlich folgende Versicherer: R+V (Vorsitz), Allianz, Victoria, A+M, CHUBB, HRV, Gerling-Konzern, Kölnische Rück, Bayerische Rück, Münchener Rück, Versicherungskammer Bayern, Colonia, Gothaer, Zürich, AIG, Albingia.

89 Mit freundlicher Genehmigung des GDV, für die an dieser Stelle Dank gesagt wird.

90 Vgl. die in der 4. Aufl. abgedruckte Fassung, Stand Mai 2007.

91 Siehe auch *Lange,* DStR 2002, 1626 ff. und 1674 ff.

1. Anmerkungen zu A-1 (Gegenstand der Versicherung)

a) Versicherte Personen

476 Die Bestimmung definiert im ersten Absatz zunächst den Kreis der versicherten Personen. Es sind dies sämtliche gegenwärtigen oder ehemaligen Mitglieder des Aufsichtsrats, Vorstands oder der Geschäftsführung der Versicherungsnehmerin und ihrer Tochtergesellschaften. Zum Ausdruck kommt dabei auch das schon beschriebene Prinzip, dass es das jeweilige Unternehmen ist, das als Versicherungsnehmer die D&O-Deckung für ihre Organe beschafft. Die mögliche Rechtsform des Versicherungsnehmers bleibt offen. Aus der Bezeichnung der versicherten Personen ergibt sich jedoch, dass sämtliche Gesellschaftsformen angesprochen sind, die als juristische Person organisiert sind, d. h. die AG, die SE, die KGaA, der VVaG, die GmbH, die Genossenschaft und der Verein oder die Stiftung. Ebenfalls erfasst (über die GmbH) ist die GmbH & Co. KG. Für persönlich haftende Gesellschafter von Personengesellschaften bedarf es gesonderter Vereinbarungen; sie fallen nicht von vornherein unter die GDV-Bedingungen. Dasselbe gilt für Beiratsmitglieder. Ebenfalls nicht mit in die Deckung einbezogen sind leitende Angestellte. Beides entspricht nicht dem Marktstandard.

b) Versicherte Unternehmen

476a Versichert sind solche Personen, die Organfunktion bei der Versicherungsnehmerin oder deren Tochtergesellschaften wahrnehmen. Versichert ist damit der gesamte Konzern der Versicherungsnehmerin. Was eine Tochtergesellschaft ist, ergibt sich aus A-4.

c) Gegenstand des Versicherungsschutzes

477 A-1 Abs. 1 regelt auch den Gegenstand des Versicherungsschutzes. Dies ist die Haftpflicht der versicherten Personen wegen einer Pflichtverletzung bei Ausübung ihrer unternehmensleitenden Tätigkeit, die sich aus gesetzlichen Haftpflichtbestimmungen ergibt. Da die Grundlage für solche Ansprüche eine Pflichtverletzung sein muss, ist z. B. die Handelnden-Haftung nach §§ 41 Abs. 1 AktG, 11 Abs. 2 GmbHG nicht gedeckt.

478 Die Deckung ist auf Vermögensschäden beschränkt. Eine Definition des Begriffes ist in A-1 Abs. 2 enthalten. Ausgeschlossen sind damit Personen- und Sachschäden sowie Vermögensschäden, die sich aus von dem Organ verursachten Personen- oder Sachschäden herleiten. Damit fallen Außenhaftungsansprüche, die sich aus Produkthaftung, Umwelthaftung oder einer Haftung gegenüber Mitarbeitern des Unternehmens ergeben, aus der Deckung, soweit es – wie meist – um Körper- oder Sachschäden geht. Soweit das Un-

ternehmen derartige Außenhaftungsansprüche befriedigt, besteht allerdings oft ein Regressanspruch im Innenverhältnis, der auf Ersatz des bei dem Unternehmen durch die Zahlung entstandenen Vermögensschadens gerichtet ist. Der entsprechende Innenhaftungsanspruch beruht zwar kausal auf einem Personen- oder Sachschaden.[92] Er dürfte dennoch gedeckt sein, weil nur ein mittelbarer Zusammenhang besteht und der Innenhaftungsanspruch andere Voraussetzungen und Rechtsfolgen als der zugrunde liegende, gegen das Unternehmen gerichtete Anspruch hat.

d) Innenhaftung und Außenhaftung

Gedeckt sind Innenhaftung wie auch Außenhaftung. Die in früheren Fas- **479**
sungen der GDV-Bedingungen[93] enthaltenen Beschränkungen der Innenhaftungs-Deckung wurden zu Recht fallen gelassen, da sie nicht dem Marktstandard entsprachen.

A-2 Versicherungsfall (Claims-made-Prinzip)

Versicherungsfall ist die erstmalige Geltendmachung eines Haftpflichtanspruchs gegen eine versicherte Person während der Dauer des Versicherungsvertrages oder einer sich ggf. hieran anschließenden Nachmeldefrist. Im Sinne dieses Vertrages ist ein Haftpflichtanspruch geltend gemacht, wenn gegen eine versicherte Person ein Anspruch schriftlich erhoben wird oder ein Dritter dem Versicherungsnehmer, einer Tochtergesellschaft oder der versicherten Person schriftlich mitteilt, einen Anspruch gegen eine versicherte Person zu haben.

2. Anmerkungen zu A-2 (Claims-made-Prinzip)

Die Regelung A-2 beschreibt das claims-made-Prinzip. Als Versicherungs- **480**
fall gilt die erstmalige schriftliche Geltendmachung des Haftpflichtanspruches. Erforderlich ist allerdings eine ernstliche Inanspruchnahme, nicht nur eine solche der Form halber. Dies ist auch der Fall, wenn es dem Anspruchsteller allein um die Versicherungsdeckung geht und er die Inanspruchnahme hierauf beschränkt.[94] Ausreichend ist in der Regel ein Schreiben des Anspruchstellers, mit dem er (auch unbeziffert) Schadenersatz fordert. Soweit nicht das Unternehmen, sondern Dritte Ansprüche geltend machen, genügt

92 Vgl. *Ihlas*, in: MünchKommVVG, 320. D&O Rn. 204.
93 Vgl. die 4. Aufl., dort Ziff. 1.3 der GDV-Bedingungen.
94 BGH, NJW 2016, 2184, 2186; siehe auch die engere Auffassung des OLG Düsseldorf, DB 2013, 2442, 2443.

auch die schriftliche Mitteilung an das Unternehmen oder eine Tochtergesellschaft. Die Inanspruchnahme muss während des Laufs des Versicherungsvertrags oder einer vereinbarten Nachmeldefrist erfolgen.

A-3	**Company reimbursement** Besteht eine Verpflichtung des Versicherungsnehmers oder einer Tochtergesellschaft, versicherte Personen für den Fall, dass diese von Dritten, also nicht von dem Versicherungsnehmer oder einer Tochtergesellschaft oder einer anderen versicherten Person in dem in A-1 beschriebenen Umfang haftpflichtig gemacht werden, freizustellen (company reimbursement), so geht der Anspruch auf Versicherungsschutz aus diesem Vertrag in dem Umfang von den versicherten Personen auf den Versicherungsnehmer oder seine Tochtergesellschaft über, in welchem dieser seine Freistellungsverpflichtung erfüllt. Voraussetzung für den Übergang des Versicherungsschutzes ist, dass die Freistellungsverpflichtung nach Art und Umfang rechtlich zulässig ist.

3. Anmerkungen zu A-3 (Company reimbursement)

481 A-3 regelt den Fall der Freistellung bei Außenhaftungsansprüchen (Side B cover). Wird der Unternehmensleiter freigestellt, entfällt bei ihm ein Schaden; dieser verlagert sich auf die Versicherungsnehmerin. Die Bestimmung stellt klar, dass die Versicherung auch in diesem Fall – soweit nicht (Außenhaftungs-)Ansprüche von Tochter- oder Konzerngesellschaften betroffen sind – eintritt, vorausgesetzt die Versicherungsnehmerin war zur Freistellung berechtigt. Dieser Fall ist selten, weil die meisten Außenhaftungsansprüche auf einem Verhalten beruhen, das auch im Verhältnis zur Gesellschaft als Pflichtverletzung zu werten ist (Rn. 368). Die Bedeutung der company reimbursement-Regelung ist daher sehr gering.[95]

A-4	**Tochtergesellschaften** Tochtergesellschaften im Sinne dieser Bedingungen sind Unternehmen im Sinne von §§ 290 Abs. 1, Abs. 2 Ziff. 1 bis 3, 271 Abs. 1 HGB, bei denen der Versicherungsnehmer unmittel- oder mittelbar einen beherrschenden Einfluss ausüben kann, entweder durch – die Mehrheit der Stimmrechte der Gesellschafter,

95 Vgl. eingehend *Thümmel*, in: Festschrift Wegen, 2015, S. 549 ff.

- das Recht, die Mehrheit der Mitglieder des Aufsichts-, des Verwaltungsrats oder eines sonstigen Leitungsorgans zu bestellen oder abzuberufen und er gleichzeitig Gesellschafter ist oder
- das Recht, die Finanz- und Geschäftspolitik auf Grund eines mit diesem Unternehmen geschlossenen Beherrschungsvertrages oder auf Grund einer Bestimmung in der Satzung dieses Unternehmens zu bestimmen

und die ihren Sitz in einem Mitgliedstaat der EU haben.

Dies gilt nicht für Personengesellschaften im Sinne des deutschen Rechts und vergleichbare Gesellschaftsformen nach ausländischem Recht.

Neu erworbene und neu gegründete Tochtergesellschaften sind ab dem Zeitpunkt, zu dem der Erwerb oder die Gründung dem Versicherer in Textform angezeigt wird, vom Versicherungsschutz erfasst, soweit der Versicherer der Mitversicherung in Textform zugestimmt hat. Maßgeblicher Zeitpunkt der Anzeige ist der Zugang beim Versicherer.

4. Anmerkungen zu A-4 (Tochtergesellschaften)

Nach der Regelung A-1 sind auch die Organe von Tochtergesellschaften in **482** den Versicherungsschutz einbezogen. A-4 definiert den Begriff der Tochtergesellschaft. Maßgeblich ist danach, ob der Versicherungsnehmerin die Leitung und Kontrolle, vermittelt über die Mehrheit der Stimmrechte, über das Recht, die Mehrheit der Aufsichtsratsmitglieder zu bestellen und abzuberufen, über die Satzung der Gesellschaft oder über einen Beherrschungsvertrag zusteht. Außerdem muss es sich um ein Unternehmen mit Sitz in einem Mitgliedstaat der EU handeln. Eine Beteiligung von 50% (joint venture) genügt nicht. In vielen Policen wird auf §§ 17, 18 AktG verwiesen. Nach Beginn der Versicherung neu hinzutretende Tochtergesellschaften sind nur erfasst, wenn der Versicherer dem nach entsprechender Anzeige durch die Versicherungsnehmerin zustimmt (A-4 Abs. 3). Diese Regelung wird häufig dahin modifiziert, dass es unter bestimmten Voraussetzungen (z. B. Unterschreiten bestimmter Größenkriterien) zu einer automatischen Mitversicherung kommt.

A-5 Zeitlicher Umfang des Versicherungsschutzes

A-5.1 Pflichtverletzung und Anspruchserhebung während der Vertragsdauer

Versicherungsschutz besteht für alle während der Vertragsdauer eintretenden Versicherungsfälle wegen Pflichtverletzungen, die während der Dauer des Versicherungsvertrages begangen wurden.

A-5.2 Rückwärtsdeckung für vorvertragliche Pflichtverletzungen

Der Versicherungsschutz erstreckt sich auch auf Versicherungsfälle aufgrund von vor Vertragsbeginn begangenen Pflichtverletzungen. Dies gilt jedoch nicht für solche Pflichtverletzungen, die die in Anspruch genommene(n) versicherte(n) Person(en) oder der Versicherungsnehmer bei Abschluss dieses Versicherungsvertrages kannte(n). Als bekannt gilt eine Pflichtverletzung, wenn sie von dem Versicherungsnehmer oder der (den) versicherten Person(en) als – wenn auch nur möglicherweise – objektiv fehlsam erkannt oder ihnen gegenüber, wenn auch nur bedingt, als fehlsam bezeichnet worden ist, auch wenn Schadenersatzansprüche weder erhoben noch angedroht noch befürchtet worden sind.

A-5.3 Anspruchserhebungen nach Vertragsende (Nachmeldefrist)

Der Versicherungsschutz umfasst auch solche Ansprüche, die auf Pflichtverletzungen beruhen, die bis zum Ende des Versicherungsvertrages begangen und innerhalb eines Zeitraums von ... Jahren nach Ende des Versicherungsvertrages erhoben und dem Versicherer gemeldet worden sind.

Darüber hinaus hat der Versicherungsnehmer das Recht, gegen Zahlung eines zusätzlichen Beitrages in Höhe von ... % des letzten Jahresbeitrages die Vereinbarung einer weiteren Nachmeldefrist von ... Jahr(en) zu verlangen. Das Recht des Versicherungsnehmers, die Vereinbarung dieser weiteren Nachmeldefrist zu verlangen, erlischt, wenn die Nachmeldefrist nicht innerhalb eines Monats nach Ende des Versicherungsvertrages in Textform beim Versicherer beantragt wird oder wenn die Zahlung des zusätzlichen Beitrages für die Nachmeldefrist nicht unverzüglich geleistet wird. Maßgeblicher Zeitpunkt der Beantragung ist der Zugang beim Versicherer.

Das Recht zum Erwerb einer weiteren Nachmeldefrist gilt nicht im Falle der Vertragsbeendigung nach einem Antrag auf Eröffnung des Insolvenzverfahrens über das Vermögen des Versicherungsnehmers sowie im Falle der Vertragsbeendigung wegen einer durch Neubeherrschung eingetretenen Gefahrerhöhung gem. B-3.2.

In den Fällen, in denen der Versicherungsvertrag wegen Zahlungsverzug beendet worden ist, gilt weder die automatische Nachmeldefrist noch das Recht zum Erwerb einer weiteren Nachmeldefrist.

Versicherungsschutz besteht für die gesamte Nachmeldefrist im Rahmen und nach Maßgabe der bei Ablauf der letzten Versicherungsperiode geltenden Vertragsbestimmungen, und zwar in Höhe des unverbrauchten Teils der Versicherungssumme der letzten Versicherungsperiode.

A-5.4 Meldung von Umständen (Notice of Circumstance)

Der Versicherungsnehmer und die versicherten Personen haben die Möglichkeit, dem Versicherer während der Laufzeit des Vertrages konkrete Umstände in Textform zu melden, die eine Inanspruchnahme der versicherten Personen hinreichend wahrscheinlich erscheinen lassen.

Kündigt der Versicherer das Versicherungsverhältnis, kann zudem eine Meldung solcher Umstände innerhalb einer Frist von ... Tagen nach Ende des Vertrages erfolgen. Die Meldung von Umständen innerhalb dieser Frist von ... Tagen nach Ende des Vertrages ist jedoch nicht möglich, wenn der Versicherungsvertrag aufgrund Zahlungsverzugs beendet worden ist.

Im Fall einer tatsächlichen späteren Inanspruchnahme, die aufgrund eines gemeldeten Umstandes spätestens innerhalb einer Frist von ... Jahren erfolgen muss, gilt die Inanspruchnahme als zu dem Zeitpunkt der Meldung der Umstände erfolgt.

Maßgeblicher Zeitpunkt für die Meldung ist der Zugang beim Versicherer.

A-5.5 Insolvenz

Im Fall der Stellung eines Insolvenzantrags über das Vermögen des Versicherungsnehmers oder einer Tochtergesellschaft erstreckt sich der Versicherungsschutz für die versicherten Personen des betroffenen Unternehmens nur auf Haftpflichtansprüche infolge von Pflichtverletzungen, die bis zum Zeitpunkt der Insolvenzantragstellung begangen worden sind.

A-5.6 Liquidation und Neubeherrschung

Wird der Versicherungsnehmer selbst freiwillig liquidiert, endet der Versicherungsvertrag mit Abschluss der Liquidation automatisch.

Wird der Versicherungsnehmer in entsprechender Anwendung von A-4 neu beherrscht, endet der Versicherungsvertrag nicht automatisch mit Ablauf der Versicherungsperiode. B3-2 bleibt unberührt.

5. Anmerkungen zu A-5 (Zeitlicher Umfang des Versicherungsschutzes)

a) Grundsatz

483 Die Regelung A-5.1 beschreibt den zeitlichen Rahmen der Versicherungsdeckung im Grundmodell. Danach müssen sowohl der Versicherungsfall (Anspruchserhebung) wie auch die dem Haftpflichtfall zugrunde liegende Pflichtverletzung in den Lauf des Versicherungsvertrags fallen. Maßgeblich ist die Zeitspanne zwischen ursprünglichem Beginn des Vertrags (mit der jeweiligen Versicherungsgesellschaft) und dessen Beendigung. Welche einzelnen Perioden (Jahres- oder Mehrjahresscheiben) desselben Vertrags betroffen sind, spielt keine Rolle. Erweiterungen des Grundmodells ergeben sich aus A-5.2 bis A-5.4.

b) Rückwärtsdeckung

484 Aus A-5.2 ergibt sich eine Deckungserweiterung in die Vergangenheit. Danach ist unerheblich, wann die Pflichtverletzung begangen wurde. Die Deckung besteht auch dann, wenn dies vor Vertragsbeginn der Fall gewesen ist (unbegrenzte Rückwärtsdeckung), vorausgesetzt weder den versicherten Personen noch der Versicherungsnehmerin noch einer Tochtergesellschaft war die Pflichtverletzung zum Zeitpunkt des Vertragsabschlusses bekannt. Hierfür genügt, dass die betreffende versicherte Person ihr Handeln als möglicherweise pflichtwidrig erkannt hat oder sie mit einem solchen Vorwurf konfrontiert worden ist. Damit ist die grob fahrlässige Unkenntnis ebenfalls erfasst.

c) Nachhaftung

485 Das claims-made-Prinzip hat zur Folge, dass eine lückenlose Deckung nur durch eine Kette von immer wieder neu abgeschlossenen (oder verlängerten) Verträgen hergestellt werden kann. Ein Anspruch, der nach Vertragsbeendigung gegen den Unternehmensleiter geltend gemacht wird, wäre daher grundsätzlich nicht gedeckt, auch wenn die Pflichtverletzung vor Vertragsbeendigung begangen wurde und der Schaden ebenfalls zuvor eingetreten war. Bliebe es dabei, wäre das claims-made-Prinzip unter AGB-rechtlichen Gesichtspunkten gefährdet.[96] Deshalb räumt A-5.3 der Versicherungsnehmerin im Fall der Vertragsbeendigung eine Nachmeldefrist für einen festzulegenden Zeitraum ein, ohne dass dies mit gesonderten Kosten verbunden wäre (automatische Nachmeldefrist). Dies gilt allerdings nur, wenn der Versicherer das Versicherungsverhältnis beendet, ohne dass der Grund hier-

96 OLG München, NZG 2009, 714.

für in einem Zahlungsverzug der Versicherungsnehmerin bestand oder dessen Fortsetzung zu unveränderten Konditionen ablehnt. Die Nachmeldefrist bewirkt, dass der Manager auch bei solchen Ansprüchen gedeckt ist, die innerhalb der Frist geltend gemacht und gemeldet werden und sich auf eine vor Vertragsbeendigung begangene Pflichtverletzung beziehen. Maßgeblich sind die Bedingungen, insbesondere die verbleibende Deckungssumme des letzten Policenjahres. Übliche Zeiträume für die automatische Nachmeldefrist liegen je nach Risiko bei ein bis fünf, teilweise zehn Jahren.[97]

Ferner hat das Unternehmen Anspruch auf die Einräumung einer weiteren **486**
Nachmeldefrist gegen Zahlung einer Zusatzprämie. Diese weitere Nachmeldefrist muss innerhalb eines Monats gerechnet ab Ende des Versicherungsvertrags beantragt werden; ansonsten erlischt das Recht. Es entfällt im Übrigen, wenn der Versicherer den Vertrag nach einem Antrag auf Eröffnung des Insolvenzverfahrens über das Vermögen der Versicherungsnehmerin oder wegen einer durch Neubeherrschung eingetretenen Gefahrerhöhung oder wegen Zahlungsverzugs beendet. Am Markt erhältliche Policen erstrecken das Recht zum Erwerb einer Nachmeldefrist häufig auch auf den Insolvenzfall. In jedem Fall bietet sich deren Erwerb im Hinblick auf die zehnjährige Verjährungsfrist bei börsennotierten Gesellschaften (§ 93 Abs. 6 AktG) an.

d) Umstandsmeldung

Auch die in A-5.4 vorgesehene Möglichkeit, durch die rechtzeitige Mel- **487**
dung von Umständen (in Textform) noch Deckung unter einer aufgrund Kündigung des Versicherers beendeten oder demnächst endenden Police zu erreichen, hat das Ziel, durch das claims-made-Prinzip verursachte Deckungslücken zu schließen. Denn später – auch außerhalb einer Nachmeldefrist – erhobene Ansprüche, deren Grundlage die gemeldeten Umstände sind, fallen in das Policenjahr, während dessen die Meldung stattfand (oder dem die Meldung noch zugerechnet wird). Dies gilt nur, wenn die Kündigung des Versicherers nicht auf Zahlungsverzug beruhte. Außerdem darf die festzulegende Höchstfrist für die Geltendmachung der Ansprüche nicht überschritten sein (A-5.4 Abs. 3). Die Umstandsmeldung kann auch bei ungekündigten Versicherungsverträgen Bedeutung haben, etwa wenn sich die Konditionen (insb. die Deckungssumme) in späteren Policenjahren verändern. Die gemeldeten Umstände müssen hinreichend konkret sein und eine Haftung des Unternehmensleiters wahrscheinlich erscheinen lassen. Allzu hohe Anforderungen werden in der Praxis hieran nicht gestellt.

97 Siehe auch *Ihlas*, in: MünchKommVVG, 320. D&O Rn. 318 ff.

e) Insolvenz

488 Für den Fall der Insolvenz bestimmt die Regelung A-5.5, dass sich die Deckung nur auf solche Haftpflichtansprüche bezieht, die auf vor der Insolvenzantragstellung begangenen Pflichtverletzungen beruhen. Die Regelung hat sich dem Marktstandard angepasst; in der Vorläuferfassung waren nur Pflichtverletzungen erfasst, die bis zum Eintritt der Insolvenzreife (Zahlungsunfähigkeit oder Überschuldung) begangen wurden.[98] Der praktische Unterschied liegt darin, dass nun auch die bedeutsame Haftung wegen Insolvenzverschleppung gedeckt ist. Diese beruht auf Verstößen gegen das Zahlungsverbot, die zwischen Eintritt der Insolvenzreife und Antragstellung begangen wurden.

A-6 Sachlicher Umfang des Versicherungsschutzes

A-6.1 Leistungen der Versicherung

Der Versicherungsschutz umfasst

a) die Prüfung der Haftpflichtfrage,

b) die Abwehr unberechtigter Schadenersatzansprüche und

c) die Freistellung der versicherten Personen von berechtigten Schadenersatzverpflichtungen.

Berechtigt sind Schadenersatzverpflichtungen dann, wenn die versicherten Personen aufgrund Gesetzes, rechtskräftigen Urteils, Anerkenntnisses oder Vergleiches zur Entschädigung verpflichtet sind und der Versicherer hierdurch gebunden ist. Anerkenntnisse und Vergleiche, die von den versicherten Personen ohne Zustimmung des Versicherers abgegeben oder geschlossen worden sind, binden den Versicherer nur, soweit der Anspruch auch ohne Anerkenntnis oder Vergleich bestanden hätte.

Ist die Schadenersatzverpflichtung der versicherten Personen mit bindender Wirkung für den Versicherer festgestellt, hat der Versicherer die versicherten Personen binnen zwei Wochen vom Anspruch freizustellen.

Wird in einem Strafverfahren wegen einer Pflichtverletzung, die einen unter den Versicherungsschutz fallenden Haftpflichtanspruch zur Folge haben kann, die Bestellung eines Verteidigers für die versicherten Personen von dem Versicherer gewünscht oder genehmigt, so trägt der Versicherer die Kosten gemäß Rechtsanwaltsvergütungsgesetz, ggf. die mit ihm besonders vereinbarten höheren Kosten des Verteidigers.

---

98 Vgl. die Voraufl., Rn. 483.

Übersteigt der Streitwert die Versicherungssumme, so trägt der Versicherer nur die Kosten nach dem Streitwert in Höhe der Versicherungssumme.

A-6.2 Vollmacht des Versicherers

Der Versicherer ist bevollmächtigt, alle ihm zur Abwicklung des Schadens oder Abwehr der Schadenersatzansprüche zweckmäßig erscheinenden Erklärungen im Namen der versicherten Personen abzugeben.

Kommt es in einem Versicherungsfall zu einem Rechtsstreit über Schadenersatzansprüche gegen versicherte Personen, ist der Versicherer zur Prozessführung bevollmächtigt. Er führt den Rechtsstreit im Namen der versicherten Personen.

A-6.3 Kapitalbeteiligung der versicherten Personen bzw. deren Angehöriger

Besteht eine mittelbare oder unmittelbare Kapitalbeteiligung der versicherten Personen, die eine Pflichtverletzung begangen haben bzw. von Angehörigen dieser versicherten Personen an dem Versicherungsnehmer bzw. einer vom Versicherungsschutz erfassten Tochtergesellschaft, so umfasst der Versicherungsschutz bei Ansprüchen des Versicherungsnehmers bzw. einer vom Versicherungsschutz erfassten Tochtergesellschaft nicht den Teil des Schadenersatzanspruchs, welcher der Quote dieser Kapitalbeteiligung entspricht. Berücksichtigt wird die Quote der Kapitalbeteiligung im Zeitpunkt des Versicherungsfalles im Sinne von A-2 an der Gesellschaft, die Ansprüche geltend macht. Sofern zum Zeitpunkt der Pflichtverletzung eine höhere Kapitalbeteiligung bestand, so wird ausschließlich diese berücksichtigt.

Als Angehörige gelten Ehegatten, Lebenspartner im Sinne des Lebenspartnerschaftsgesetzes oder vergleichbare Partnerschaften nach dem Recht anderer Staaten, Eltern und Kinder, Adoptiveltern und -kinder, Schwiegereltern und -kinder; Stiefeltern und -kinder, Großeltern und Enkel, Geschwister sowie Pflegeeltern und -kinder (Personen, die durch ein familienähnliches, auf längere Dauer angelegtes Verhältnis wie Eltern und Kinder miteinander verbunden sind).

A-6.4 Versicherungssumme, Höchstersatzleistung

Für den Umfang der Leistung des Versicherers ist die vereinbarte Versicherungssumme der Höchstbetrag für jeden Versicherungsfall und für alle während einer Versicherungsperiode eingetretenen Versicherungsfälle zusammen. Aufwendungen des Versicherers für Kosten der gerichtlichen und außergerichtlichen Abwehr der gegenüber einer versicherten Person von einem Dritten und/oder dem Versicherungsnehmer bzw. einer Tochtergesellschaft geltend gemachten Ansprüche (insbesondere Anwalts-, Sachverständigen-, Zeugen- und Gerichtskosten) werden auf die Versicherungssumme angerechnet.

A-6.5 Selbstbehalt

In jedem Versicherungsfall tragen die in Anspruch genommenen versicherten Personen den im Versicherungsschein aufgeführten Betrag selbst (Selbstbehalt). Im Falle von A-3 gilt statt des Selbstbehalts der versicherten Person der im Versicherungsschein aufgeführte Betrag für den Versicherungsnehmer.

Soweit die versicherten Personen als Vorstandsmitglieder von Gesellschaften in Anspruch genommen werden, auf die das deutsche Aktiengesetz (AktG) Anwendung findet, gilt Folgendes:

- Sofern kein höherer Selbstbehalt vereinbart ist, tragen die versicherten Personen im Versicherungsfall einen Selbstbehalt von ... % des Schadens bis zur Höhe des ...-fachen der festen jährlichen Vergütung des Vorstandsmitglieds.
- Diese Selbstbehaltsregelung findet keine Anwendung auf Ansprüche wegen Pflichtverletzungen, die vor dem 5.8.2009 begangen worden sind oder solange und soweit die versicherte Gesellschaft gegenüber den Vorstandsmitgliedern aus einer vor dem 5.8.2009 geschlossenen Vereinbarung zur Gewährung einer D&O- Versicherung ohne Selbstbehalt verpflichtet ist.
- Auf Abwehrkosten findet dieser Selbstbehalt keine Anwendung.

A-6.6 Serienschaden

Unabhängig von den einzelnen Versicherungsperioden gelten mehrere während der Wirksamkeit des Versicherungsvertrages geltend gemachte Ansprüche eines oder mehrerer Anspruchsteller

a) aufgrund einer Pflichtverletzung, welche durch eine oder mehrere versicherte Personen begangen wurde oder

b) aufgrund mehrerer Pflichtverletzungen, welche durch eine oder mehrere versicherte Personen begangen wurden, sofern diese Pflichtverletzungen demselben Sachverhalt zuzuordnen sind und miteinander in rechtlichem, wirtschaftlichem oder zeitlichem Zusammenhang stehen,

als ein Versicherungsfall.

Dieser gilt unabhängig von dem tatsächlichen Zeitpunkt der Geltendmachung der einzelnen Haftpflichtansprüche als in dem Zeitpunkt eingetreten, in dem der erste Haftpflichtanspruch geltend gemacht wurde.

A-6.7 Anerkenntnis, Befriedigung, Vergleich

Falls die vom Versicherer verlangte Erledigung eines Haftpflichtanspruches durch Anerkenntnis, Befriedigung oder Vergleich an dem Verhalten des Versicherungsnehmers oder einer versicherten Person scheitert oder falls der Versicherer seinen vertragsgemäßen Anteil zur Befriedigung des Geschädigten zur Verfügung stellt, so hat der Versicherer für den von der Weigerung bzw. der Zurverfügungstellung an entstehenden Mehraufwand an Hauptsache, Zinsen und Kosten nicht aufzukommen.

6. Anmerkungen zu A-6 (Zum Umfang des Versicherungsschutzes)

a) Abwehrdeckung, Befriedigung

Die Deckung bezieht sich nicht nur auf die Befriedigung berechtigter Haftungsansprüche (Haftpflichtdeckung), sondern auch auf die praktisch bedeutsamen Kosten der Abwehr unberechtigter Ansprüche (Abwehrdeckung) (A-6.1 lit. b) und c)). Diese können vor allem bei im Ausland zu führenden Haftpflichtprozessen erhebliches Gewicht erlangen. Zu den Abwehrkosten gehören vor allem Anwalts- und Sachverständigenkosten, ggf. auch die Kosten eines Strafverteidigers (A-6.1 Abs. 4). **489**

Die Höchstgrenze für sämtliche Leistungen des Versicherers ist die vereinbarte Deckungssumme. Die Abwehrkosten werden hierauf angerechnet (A-6.4)), was bei aufwändigen Verfahren mit mehreren Beteiligten zu einer baldigen Erosion der Deckungssumme führen kann und deshalb unter AGB-rechtlichen Gesichtspunkten nicht unproblematisch ist (Abweichung von § 101 Abs. 1 VVG). Ist der Schadenersatzanspruch gerichtlich festgestellt, so tritt zulasten des Versicherers *Bindungswirkung* ein (Teil seines Leistungsversprechens).[99] Das Anerkenntnis oder der Vergleich binden den Versicherer, wenn er dem zugestimmt hatte oder wenn der Anspruch auch ohne Anerkenntnis oder Vergleich bestanden hätte (A-6.1 Abs. 2). Diese Regelung dürfte, jedenfalls bei Ansprüchen, die die Deckungssumme überschreiten, AGB-rechtlicher Überprüfung kaum standhalten, weil dem Organ so die Möglichkeit genommen wird, sein persönliches Risiko zu beschränken. Allerdings darf der Vergleich nicht offensichtlich unangemessen sein. Scheitert ein Vergleichsabschluss umgekehrt an der Versicherungsnehmerin oder der versicherten Person oder stellt der Versicherer die Deckungssumme zur Verfügung, so fällt der ab dem entsprechenden Zeitpunkt entstehende Mehraufwand (Kosten, Zinsen) dem Versicherer nicht zur Last (A-6.7). **490**

99 Vgl. zum Umfang der Bindungswirkung z. B. *Lange*, in: Festschrift Thümmel, 2020, S. 463, 466 ff.

b) Serienschaden

491 Die in A-6.6 vorgesehene Serienschadenklausel verschmilzt mehrere zusammenhängende Anspruchserhebungen, auch über die Policenperioden hinweg, zu einem Versicherungsfall. Um diesen Zweck erfüllen zu können, muss die Bestimmung in gleicher Form sowohl in der Police, zu der der erste Anspruch gemeldet worden ist, als auch in den Policen der späteren Anspruchserhebungen enthalten sein. Maßgeblich ist dann die Police der ersten Anspruchserhebung. Die AGB-rechtliche Zulässigkeit der Serienschadenklausel ist umstritten (siehe Rn. 473g), vor allem weil das Tatbestandsmerkmal des „rechtlichen, wirtschaftlichen oder zeitlichen Zusammenhangs“ sehr unbestimmt ist.

c) Eigene Beteiligung der versicherten Personen

492 Soweit der Unternehmensleiter an dem Unternehmen selbst beteiligt ist, bleibt die Quote des Haftungsanspruches, die seiner Beteiligung entspricht, nach A-6.3 ungedeckt. Dasselbe gilt, wenn die Beteiligung bestimmten nahen Angehörigen des in Haftung genommenen Unternehmensleiters zusteht. Die Beschränkung gilt jedoch nur für Innenhaftungsansprüche. Je höher die Beteiligung ausfällt, desto geringer ist damit die Versicherungsmöglichkeit für die Innenhaftung. Mit dieser Regelung soll verhindert werden, dass aus der Versicherung des Organs eine solche des Unternehmens wird. Denn das unternehmerische Risiko ist nicht versicherbar. Betroffen von der Regelung sind vor allem Gesellschafter-Geschäftsführer mittlerer und kleinerer Unternehmen. Für den Geschäftsführer, der selbst alleiniger Gesellschafter seines Unternehmens ist, verbleibt im Innenverhältnis keine Deckungsmöglichkeit. Dasselbe wird in der Regel für Partner gelten, die das Unternehmen gemeinschaftlich betreiben, weil sie für Schäden meist gesamtschuldnerisch haften und die deckungsfreien Quoten deshalb zu addieren sind. Die Eigenbeteiligungsklausel wird im Markt nur teilweise verwendet.

d) Selbstbehalt

493 Der in A-6.5 vorgesehene Selbstbehalt soll Missbräuche des Versicherungsschutzes verhindern und das Verantwortungsgefühl der Unternehmensleiter steigern. Bei geringen Selbstbehalten ist die Wirkung allerdings marginal. Höhere Selbstbehalte, wie sie speziell für den Bereich der Innenhaftung gelegentlich vorgeschlagen werden,[100] sind prohibitiv und entwerten den Versicherungsschutz. Die Praxis ging deshalb bisher dahin, auf Selbstbehalte zu verzichten. Anders ist dies bei Vorständen von Aktiengesellschaften, für die § 93 Abs. 2 Satz 3 AktG einen zwingenden Selbstbehalt von 10 % des

100 Vgl. die 1. Aufl., Rn. 330, 333.

Schadens bis maximal zum 1,5fachen des jährlichen Fixeinkommens vorsieht (siehe Rn. 473d). Hierauf nimmt A-6.5 Abs. 2 Bezug. Abwehrkosten sind nicht vom Selbstbehalt umfasst.

A-7 **Ausschlüsse**

Vom Versicherungsschutz ausgeschlossen sind Haftpflichtansprüche

A-7.1 wegen vorsätzlicher Schadenverursachung oder durch wissentliches Abweichen von Gesetz, Vorschrift, Beschluss, Vollmacht oder Weisung oder durch sonstige wissentliche Pflichtverletzung. Den versicherten Personen werden die Handlungen und Unterlassungen nicht zugerechnet, die von anderen Organmitgliedern begangen wurden;

A-7.2 wegen Rückzahlung oder Rückgabe von Bezügen, Tantiemen oder sonstigen Vorteilen, welche die versicherten Personen aus der versicherten Tätigkeit oder mit Rücksicht auf diese erhalten haben;

A-7.3 wegen Schäden durch von dem Versicherungsnehmer oder einer Tochtergesellschaft in den Verkehr gebrachte Produkte, Arbeiten oder sonstige Leistungen;

A-7.4 wegen Schäden durch Umwelteinwirkungen und alle sich daraus ergebenden weiteren Schäden;

A-7.5
- welche vor Gerichten außerhalb der EU oder nach dem Recht von Staaten, die nicht der EU angehören, geltend gemacht werden – dies gilt auch im Falle der Vollstreckung von Urteilen, die außerhalb der EU gefällt wurden –;
- wegen Schäden aus der Verletzung oder Nichtbeachtung des Rechts von Staaten, die nicht der EU angehören;

A-7.6 aus Pflichtverletzungen im Zusammenhang mit sog. „Insider-Regeln“;

A-7.7 aus Pflichtverletzungen bei einer anderen als der versicherten Tätigkeit (z. B. Tätigkeit bei einem anderen Unternehmen oder freiberufliche Tätigkeit);

A-7.8 die sich daraus ergeben oder damit im Zusammenhang stehen, dass Versicherungsleistungen oder Versicherungen nicht oder unzureichend wahrgenommen, abgeschlossen oder fortgeführt werden;

A-7.9 wegen unlauteren Wettbewerbs oder Wettbewerbsbeschränkungen sowie aus der Verletzung von Berufsgeheimnissen, Urheber-, Patent-, Warenzeichen-, Geschmacksmuster- und vergleichbaren Immaterialgüterrechten;

A-7.10 wegen Schäden aufgrund von Vertragsstrafen, Kautionen, Bußgeldern und Entschädigungen mit Strafcharakter (punitive und exemplary damages), die gegen den Versicherungsnehmer oder eine Tochtergesellschaft verhängt oder von ihnen übernommen wurden;

A-7.11 des Versicherungsnehmers, einer Tochtergesellschaft oder einer verbundenen Gesellschaft, deren Vermögensschaden bei einer anderen Gesellschaft dieses Konzerns zu einem Vermögensvorteil geführt hat, in Höhe des Vermögensvorteils;

A-7.12 im Zusammenhang mit Bestechung, Bestechlichkeit, Vorteilsannahme, Vorteilsgewährung oder vergleichbaren Handlungen;

A-7.13 wegen Schäden aus Spekulationsgeschäften, soweit diese nicht innerhalb eines ordnungsgemäßen Geschäftsgangs erforderlich und üblich sind (z. B. Kurssicherungsgeschäfte);

A-7.14 wegen Schäden des Versicherungsnehmers oder einer Tochtergesellschaft durch Einbußen bei Darlehen und Krediten. Dies gilt nicht, soweit die Einbußen verursacht sind durch Pflichtverletzungen bei der Rechtsverfolgung;

A-7.15 wegen Schäden aus Anfeindung, Schikane, Belästigung, Ungleichbehandlung oder sonstigen Diskriminierungen;

A-7.16 wegen Schäden, die direkt oder indirekt auf Asbest, asbesthaltige Substanzen oder Erzeugnisse zurückzuführen sind oder mit diesen im Zusammenhang stehen;

A-7.17 die im Zusammenhang mit Forderungen, Klagen, Verwaltungsakten, Ermittlungsverfahren, Untersuchungen, Urteilen, sonstigen Vollstreckungstiteln oder den diesen zugrunde liegenden Sachverhalten stehen, die bereits vor oder zu Beginn des Vertrages gegen eine versicherte Person oder den Versicherungsnehmer oder eine Tochtergesellschaft gerichtet waren.

7. Anmerkungen zu A-7 (Ausschlüsse)

a) Vorsatz

494 Vom Versicherungsschutz durch A-7.1 ausdrücklich ausgenommen sind alle vorsätzlichen Schädigungen und sonstige wissentliche Pflichtverletzungen. Dies ist der praktisch wichtigste Ausschlussgrund in der D&O-Versicherung (siehe Rn. 473). Bei vielen offensichtlichen Pflichtverletzungen liegt die Annahme zumindest bedingten Vorsatzes nahe. Dies gilt z. B. für Verstöße gegen die Kapitalerhaltungspflicht, für die Insolvenzverschleppung oder für Verstöße gegen Weisungen von Gesellschaftern oder gegen Satzungsregelungen. Eventualvorsatz liegt bereits dann vor, wenn das Organ sich der Pflichtverletzung bewusst ist oder Anhaltspunkte hierfür böswillig ignoriert und den möglicherweise eintretenden Schaden in Kauf nimmt. In gängigen

Policen wird der Vorsatzausschluss allerdings insoweit eingeschränkt, als bedingter Vorsatz gedeckt bleibt, solange keine Straftat vorliegt. Auch (aus Sicht des Unternehmensleiters) zum Wohle des Unternehmens vorgenommene organisationsrechtliche Verstöße werden oft vom Vorsatzausschluss ausgenommen. Der Vorsatz anderer versicherter Personen wird nicht zugerechnet. Verschiedene Haftungstatbestände erfordern von vornherein Vorsatz und/oder stellen gleichzeitig eine Straftat dar. Sie fallen schon deshalb aus dem Versicherungsschutz. Betroffen ist z.B. die in Insolvenzfällen häufig eingeforderte Haftung für nicht abgeführte Arbeitnehmer-Sozialbeiträge. Die Übernahme der Abwehrdeckung bleibt allerdings nach im Markt verwendeten Policen bis zur rechtskräftigen Feststellung des Vorsatzes unberührt. Grobe Fahrlässigkeit ist im Übrigen in jedem Fall gedeckt (im Unterschied zu anderen Versicherungsgattungen).

b) Produkthaftung

495 A-7.3 enthält einen ausdrücklichen Produkthaftungsausschluss, dessen Bedeutung angesichts des Ausschlusses von Personen- und Sachschäden (A-1 Abs. 2) gering ist. In der Praxis wird hierauf häufig verzichtet.

c) Umwelthaftung

496 Schäden durch Umwelteinwirkungen liegen ebenfalls bereits durch den Ausschluss von Personen- und Sachschäden (A-1 Abs. 2) zu wesentlichen Teilen außerhalb der Versicherungsdeckung. Wegen der dennoch verbleibenden Restbereiche (z.B. Ansprüche nach § 89 Abs. 1 WHG) hat der in der Praxis häufig zu findende Verzicht auf den Ausschluss durchaus Bedeutung.

d) Ausländische Gerichte, ausländisches Recht

497 Der Ausschluss von Ansprüchen, die vor Gerichten außerhalb der EU verfolgt oder nach Rechtsordnungen von Staaten, die nicht der EU angehören, geltend gemacht werden (A-7.5), ist vor allem im Hinblick auf die Rechtslage in den USA bedeutsam. Die Bestimmung wird gelegentlich durch spezielle US-Ausschlüsse ersetzt. Problematisch ist der zweite Spiegelstrich insoweit, als er den Manager deckungslos lässt, wenn er bei seinen internationalen Aktivitäten gegen lokal geltende Regeln verstößt. Im Zusammenhang mit einer ausländischen Betriebsstätte kann dies verhältnismäßig schnell geschehen. Solche Verstöße können dann zu Innenhaftungsansprüchen führen, für die ein Deckungsbedürfnis unabweisbar ist. Der Ausschluss wird daher in dieser Form üblicherweise nicht vereinbart. Der in der Vorläuferfassung

enthaltene Ausschluss für im Nicht-EU-Ausland vorgenommene Tätigkeiten[101] ist zu Recht fallen gelassen worden.

e) Insider-Verstöße

498 Der Ausschluss von Ansprüchen wegen Pflichtverletzungen im Zusammenhang mit Insider-Regeln (A-7.6) hat wenig praktische Relevanz. Das Risiko des Unternehmensleiters, wegen Insider-Verstößen haftpflichtig zu werden, ist gering (vgl. Rn. 418 ff.). Allenfalls im Innenverhältnis sind Ansprüche denkbar.

f) Anderweitige Tätigkeit

499 Der Ausschluss wegen Pflichtverletzungen bei anderweitiger Tätigkeit nach A-7.7 führt zu Abgrenzungsschwierigkeiten, wenn etwa Anwälte oder Steuerberater als Aufsichtsräte tätig sind. Die Beratung z. B. in steuerrechtlichen Fragen kann Teil der Aufsichtsratstätigkeit sein, aber auch als freiberufliche Tätigkeit verstanden werden. Die Tätigkeit bei einem anderen Unternehmen, z. B. als Aufsichtsrat, wird oft gesondert gedeckt (Fremdmandat).

g) Wettbewerbsverstöße

500 Das Risiko, wegen Wettbewerbsverstößen oder Eingriffen in gewerbliche Schutzrechte haftbar zu werden, ist für Unternehmensleiter durchaus relevant. Der Ausschluss A-7.9 wird daher üblicherweise nicht vereinbart.

h) Vertragsstrafen etc.

501 Der Ausschluss wegen Vertragsstrafen und Bußgeldern nach A-7.10 ist in seiner Anwendung unklar. Innenhaftungsansprüche ergeben sich nicht selten daraus, dass ein Fehlverhalten des Unternehmensleiters zu einer Belastung des Unternehmens mit Vertragsstrafen (z. B. wegen Terminverzögerungen) oder Bußgeldern führt. Wenn ein diesbezüglicher Deckungsausschluss gewollt ist, sollte dies deutlicher zum Ausdruck gebracht werden. Angesichts des Umstands, dass gerade bei Kartellverstößen häufig gegenüber dem Unternehmen sehr hohe Bußgelder verhängt werden, hat der Ausschluss durchaus praktische Bedeutung, jedenfalls solange die Zulässigkeit des Bußgeldregresses nicht höchstrichterlich geklärt ist (siehe Rn. 225b). Fälle, in denen der Unternehmensleiter selbst Vertragsstrafen oder Bußgelder schuldet, dürften mangels gesetzlicher Haftpflicht von vornherein nicht unter die

101 Siehe hierzu die Voraufl., Rn. 490.

Deckung fallen. Die erwähnten punitive damages betreffen US-Verfahren, die schon unter den Ausschluss A-7.5 fallen.

i) Verlust von Darlehen

Der Ausschluss von Schäden der Versicherungsnehmerin aus Einbußen bei Darlehen (A-7.14) ist vor allem für Kreditinstitute relevant. Fraglich ist, ob sich die Bestimmung auch auf Warenkredite bezieht, die der Unternehmensleiter an Kunden gewährt. Innenhaftungsansprüche wegen mangelhafter Absicherung von Forderungen gehören zu den häufiger auftretenden Fällen der Managerhaftung und könnten – bei entsprechender Interpretation – dem Ausschluss A-7.14 unterfallen. In der Praxis wird dieser Ausschluss deshalb meist nicht vereinbart. **502**

j) Sonstige Ausschlüsse

Die übrigen Ausschlüsse der Regelung A-7 betreffen weniger bedeutsame Einzelrisiken, die teilweise schon aus anderen Gründen nicht der Deckung unterfallen (z. B. wegen Vorsatzes oder fehlendem Vermögensschaden). Im Markt werden sie üblicherweise nicht vereinbart. **503**

A-8	**Versicherung für fremde Rechnung**
A-8.1	Die Ausübung der Rechte aus dem Versicherungsvertrag steht ausschließlich den versicherten Personen zu; dies gilt nicht in den Fällen gem. A-3.
A-8.2	Rückgriffsansprüche der versicherten Personen und deren Ansprüche auf Kostenersatz, auf Rückgabe hinterlegter und auf Rückerstattung bezahlter Beträge sowie auf Abtretung gem. § 255 BGB gehen in Höhe der vom Versicherer geleisteten Zahlung ohne weiteres auf diesen über. Der Versicherer kann die Ausstellung einer den Forderungsübergang nachweisenden Urkunde verlangen.
A-8.3	Hat eine versicherte Person auf einen Anspruch gem. A-8.2 oder ein zu dessen Sicherung dienendes Recht verzichtet, bleibt der Versicherer dieser gegenüber nur insoweit verpflichtet, als die versicherte Person nachweist, dass die Verfolgung des Anspruchs ergebnislos geblieben wäre.

8. Anmerkungen zu A-8 (Versicherung für fremde Rechnung)

Die Regelung A-8 verweist auf die Grundsätze zur Versicherung für fremde Rechnung (§§ 43 ff. VVG) und modifiziert diese. Die Rechte aus dem Versi- **504** cherungsvertrag, insbesondere Deckungsansprüche, kann – abgesehen vom Fall des company reimbursement – nur die versicherte Person, also der in Anspruch genommene Unternehmensleiter geltend machen, nicht die Versicherungsnehmerin. Hierdurch sollen Missbräuche vermieden werden. Zu beachten ist § 44 Abs. 2 VVG, der vorsieht, dass Rechte aus der Versicherung seitens der Organe gerichtlich nur geltend gemacht werden können, wenn sie auch im Besitz des Versicherungsscheines sind. Die Regelung wird häufig abbedungen.

A-9 Abtretung des Versicherungsanspruches

Der Freistellungsanspruch darf vor seiner endgültigen Feststellung ohne Zustimmung des Versicherers weder abgetreten noch verpfändet werden. Eine Abtretung an den geschädigten Dritten ist zulässig.

9. Anmerkungen zu A-9 (Abtretung des Versicherungsanspruchs)

505 Die Regelung A-9 bezieht sich auf § 108 Abs. 2 VVG, der vorsieht, dass die Abtretung des Versicherungsanspruchs an den Geschädigten nicht in allgemeinen Versicherungsbedingungen ausgeschlossen werden kann. Demgemäß macht A-9 die Abtretung nur für den Fall von der Zustimmung des Versicherers abhängig, dass sie an einen sonstigen Dritten erfolgt und der Freistellungsanspruch noch nicht endgültig festgestellt worden ist. Insbesondere die Abtretung von Innenhaftungsansprüchen an das geschädigte Unternehmen ist damit zustimmungsfrei (siehe hierzu Rn. 469a).

Teil B – Allgemeiner Teil

Abschnitt B1 Beginn des Versicherungsschutzes, Beitragszahlung

B1-1 Beginn des Versicherungsschutzes

Der Versicherungsschutz beginnt zu dem im Versicherungsschein angegebenen Zeitpunkt. Dies gilt vorbehaltlich der Regelungen über die Folgen verspäteter Zahlung oder Nichtzahlung des Erst- oder Einmalbeitrags.

B1-2 Beitragszahlung, Versicherungsperiode

B1-2.1 Beitragszahlung

Je nach Vereinbarung werden die Beiträge im Voraus gezahlt, entweder durch laufende Zahlungen monatlich, vierteljährlich, halbjährlich, jährlich oder als Einmalbeitrag.

B1-2.2 Versicherungsperiode

Die Versicherungsperiode beträgt ein Jahr. Das gilt auch, wenn die vereinbarte Vertragsdauer länger als ein Jahr ist. Ist die vereinbarte Vertragsdauer kürzer als ein Jahr, so entspricht die Versicherungsperiode der Vertragsdauer.

B1-2.3 Versicherungsjahr

Das Versicherungsjahr beträgt ein Jahr. Besteht die vereinbarte Vertragsdauer nicht aus ganzen Jahren, wird das erste Versicherungsjahr entsprechend verkürzt. Die folgenden Versicherungsjahre bis zum vereinbarten Vertragsablauf sind jeweils ganze Jahre.

B1-3 Fälligkeit des Erst- oder Einmalbeitrags, Folgen verspäteter Zahlung oder Nichtzahlung

B1-3.1 Fälligkeit des Erst- oder Einmalbeitrags

Der erste oder einmalige Beitrag ist unverzüglich nach dem Zeitpunkt des vereinbarten und im Versicherungsschein angegebenen Versicherungsbeginns zu zahlen. Dies gilt unabhängig von dem Bestehen eines Widerrufrechts.

Liegt der vereinbarte Zeitpunkt des Versicherungsbeginns vor Vertragsschluss, ist der erste oder einmalige Beitrag unverzüglich nach Vertragsschluss zu zahlen.

Zahlt der Versicherungsnehmer nicht unverzüglich nach dem in Absatz 1 oder 2 bestimmten Zeitpunkt, beginnt der Versicherungsschutz erst, nachdem die Zahlung veranlasst ist.

Weicht der Versicherungsschein vom Antrag des Versicherungsnehmers oder getroffenen Vereinbarungen ab, ist der erste oder einmalige Beitrag frühestens einen Monat nach Zugang des Versicherungsscheins zu zahlen.

B1-3.2 Rücktrittsrecht des Versicherers bei Zahlungsverzug

Wird der erste oder einmalige Beitrag nicht rechtzeitig nach B1-3.1 gezahlt, so kann der Versicherer vom Vertrag zurücktreten, solange der Versicherungsnehmer die Zahlung nicht veranlasst hat.

Der Rücktritt ist ausgeschlossen, wenn der Versicherungsnehmer die Nichtzahlung nicht zu vertreten hat.

B1-3.3 Leistungsfreiheit des Versicherers

Wenn der Versicherungsnehmer den ersten oder einmaligen Beitrag nicht rechtzeitig nach B1-3.1 zahlt, so ist der Versicherer für einen vor Zahlung des Beitrags eingetretenen Versicherungsfall nicht zur Leistung verpflichtet. Voraussetzung ist, dass er den Versicherungsnehmer durch gesonderte Mitteilung in Textform (z. B. E-Mail, Telefax oder Brief) oder durch einen auffälligen Hinweis im Versicherungsschein auf diese Rechtsfolge der Nichtzahlung des Beitrags aufmerksam gemacht hat.

Die Leistungsfreiheit tritt nur ein, wenn der Versicherungsnehmer die Nichtzahlung zu vertreten hat.

B1-4 Folgebeitrag

B1-4.1 Fälligkeit

Ein Folgebeitrag wird entsprechend der vereinbarten Zahlungsweise jeweils zu Monats-, Vierteljahres-, Halbjahres- oder Jahresbeginn oder zu einem anderen vereinbarten Zeitpunkt fällig.

Die Zahlung gilt als rechtzeitig, wenn sie zur Fälligkeit veranlasst wird.

B1-4.2 Verzug und Schadensersatz

Wird ein Folgebeitrag nicht rechtzeitig gezahlt, gerät der Versicherungsnehmer ohne Mahnung in Verzug. Dies gilt nur, wenn er die verspätete Zahlung zu vertreten hat.

Ist der Versicherungsnehmer mit der Zahlung eines Folgebeitrags in Verzug, ist der Versicherer berechtigt, Ersatz des ihm durch den Verzug entstandenen Schadens zu verlangen.

B1-4.3 Mahnung

Wird ein Folgebeitrag nicht rechtzeitig gezahlt, kann der Versicherer den Versicherungsnehmer auf dessen Kosten in Textform (z.B. E-Mail, Telefax oder Brief) zur Zahlung auffordern und eine Zahlungsfrist bestimmen (Mahnung). Die Zahlungsfrist muss mindestens zwei Wochen ab Zugang der Zahlungsaufforderung betragen.

Die Mahnung ist nur wirksam, wenn der Versicherer je Vertrag die rückständigen Beträge des Beitrags sowie der Zinsen und Kosten im Einzelnen beziffert und auf die Rechtsfolgen (Leistungsfreiheit und Kündigungsrecht) hinweist.

B1-4.4 Leistungsfreiheit nach Mahnung

Tritt nach Ablauf der in der Mahnung gesetzten Zahlungsfrist ein Versicherungsfall ein und ist der Versicherungsnehmer bei Eintritt des Versicherungsfalles mit der Zahlung des Beitrags oder der Zinsen oder Kosten in Verzug, so ist der Versicherer von der Verpflichtung zur Leistung frei.

B1-4.5 Kündigung nach Mahnung

Ist der Versicherungsnehmer mit der Zahlung der geschuldeten Beträge in Verzug, kann der Versicherer nach Ablauf der in der Mahnung gesetzten Zahlungsfrist den Vertrag ohne Einhaltung einer Kündigungsfrist mit sofortiger Wirkung kündigen.

Die Kündigung kann mit der Bestimmung der Zahlungsfrist verbunden werden. Mit Fristablauf wird die Kündigung wirksam, wenn der Versicherungsnehmer zu diesem Zeitpunkt mit der Zahlung in Verzug ist. Hierauf ist der Versicherungsnehmer bei der Kündigung ausdrücklich hinzuweisen.

B1-4.6 Zahlung des Beitrags nach Kündigung

Die Kündigung wird unwirksam, wenn die Zahlung innerhalb eines Monats nach der Kündigung veranlasst wird. Wenn die Kündigung mit der Zahlungsfrist verbunden worden ist, wird sie unwirksam, wenn die Zahlung innerhalb eines Monats nach Fristablauf veranlasst wird.

Die Leistungsfreiheit des Versicherers nach B1-4.4 bleibt bis zur Zahlung bestehen.

B1-5 Lastschriftverfahren

B1-5.1 Pflichten des Versicherungsnehmers

Ist zur Einziehung des Beitrags das Lastschriftverfahren vereinbart worden, hat der Versicherungsnehmer zum Zeitpunkt der Fälligkeit des Beitrags für eine ausreichende Deckung des Kontos zu sorgen.

Konnte der fällige Beitrag ohne Verschulden des Versicherungsnehmers vom Versicherer nicht eingezogen werden, ist die Zahlung auch dann noch rechtzeitig, wenn sie unverzüglich nach einer in Textform (z.B. E-Mail, Telefax oder Brief) abgegebenen Zahlungsaufforderung des Versicherers erfolgt.

B1-5.2 Fehlgeschlagener Lastschrifteinzug

Hat es der Versicherungsnehmer zu vertreten, dass ein oder mehrere Beiträge, trotz wiederholtem Einziehungsversuch, nicht eingezogen werden können, ist der Versicherer berechtigt, das SEPA-Lastschriftmandat in Textform (z.B. E-Mail, Telefax oder Brief) zu kündigen.

Der Versicherer hat in der Kündigung darauf hinzuweisen, dass der Versicherungsnehmer verpflichtet ist, den ausstehenden Beitrag und zukünftige Beiträge selbst zu übermitteln.

Von Kreditinstituten erhobene Bearbeitungsgebühren für fehlgeschlagenen Lastschrifteinzug können dem Versicherungsnehmer in Rechnung gestellt werden.

B1-6 Beitrag bei vorzeitiger Vertragsbeendigung

B1-6.1 Allgemeiner Grundsatz

Bei vorzeitiger Beendigung des Vertrags steht dem Versicherer nur derjenige Teil des Beitrags zu, der dem Zeitraum entspricht, in dem der Versicherungsschutz bestanden hat.

B1-6.2 Beitrag oder Geschäftsgebühr bei Widerruf, Rücktritt, Anfechtung und fehlendem versicherten Interesse

B1-6.2.1 Widerruft der Versicherungsnehmer seine Vertragserklärung innerhalb von 14 Tagen, hat der Versicherer nur den auf die Zeit nach Zugang der Widerrufserklärung entfallenden Teil der Beiträge zu erstatten. Voraussetzung ist, dass der Versicherer in der Widerrufsbelehrung auf das Widerrufsrecht, die Rechtsfolgen des Widerrufs und den zu zahlenden Betrag hingewiesen und der Versicherungsnehmer zugestimmt hat, dass der Versicherungsschutz vor Ende der Widerrufsfrist beginnt.

Ist die Widerrufsbelehrung nach Satz 2 unterblieben, hat der Versicherer zusätzlich den für das erste Jahr des Versicherungsschutzes gezahlten Beitrag zu erstatten. Dies gilt nicht, wenn der Versicherungsnehmer Leistungen aus dem Versicherungsvertrag in Anspruch genommen hat.

B1-6.2.2 Tritt der Versicherer wegen Verletzung einer vorvertraglichen Anzeigepflicht vom Versicherungsvertrag zurück, so steht ihm der Beitrag bis zum Zugang der Rücktrittserklärung zu.

Wird der Versicherungsvertrag durch Rücktritt des Versicherers beendet, weil der einmalige oder der erste Beitrag nicht rechtzeitig gezahlt worden ist, so steht dem Versicherer eine angemessene Geschäftsgebühr zu.

B1-6.2.3 Wird der Versicherungsvertrag durch Anfechtung des Versicherers wegen arglistiger Täuschung beendet, so steht dem Versicherer der Beitrag bis zum Zugang der Anfechtungserklärung zu.

B1-6.2.4 Fällt das versicherte Interesse nach dem Beginn der Versicherung vollständig und dauerhaft weg, steht dem Versicherer der Beitrag zu, den er hätte beanspruchen können, wenn die Versicherung nur bis zu dem Zeitpunkt beantragt worden wäre, zu dem der Versicherer vom Wegfall des Interesses Kenntnis erlangt hat.

B1-6.2.5 Der Versicherungsnehmer ist nicht zur Zahlung des Beitrags verpflichtet, wenn das versicherte Interesse bei Beginn der Versicherung nicht besteht, oder wenn das Interesse bei einer Versicherung, die für ein künftiges Unternehmen oder für ein anderes künftiges Interesse genommen ist, nicht entsteht. Der Versicherer kann jedoch eine angemessene Geschäftsgebühr verlangen.

Hat der Versicherungsnehmer ein nicht bestehendes Interesse in der Absicht versichert, sich dadurch einen rechtswidrigen Vermögensvorteil zu verschaffen, ist der Vertrag nichtig. Dem Versicherer steht in diesem Fall der Beitrag bis zu dem Zeitpunkt zu, zu dem er von den die Nichtigkeit begründenden Umständen Kenntnis erlangt.

Abschnitt B2 Dauer und Ende des Vertrags, Kündigung

B2-1 Dauer und Ende des Vertrags

B2-1.1 Vertragsdauer

Der Vertrag ist für den im Versicherungsschein angegebenen Zeitraum abgeschlossen.

B2-1.2 Stillschweigende Verlängerung

Bei einer Vertragsdauer von mindestens einem Jahr verlängert sich der Vertrag um jeweils ein Jahr. Er verlängert sich nicht, wenn einer der Vertragsparteien spätestens drei Monate vor dem Ablauf der jeweiligen Vertragslaufzeit eine Kündigung zugegangen ist.

B2-1.3 Vertragsdauer von weniger als einem Jahr

Bei einer Vertragsdauer von weniger als einem Jahr endet der Vertrag zum vereinbarten Zeitpunkt, ohne dass es einer Kündigung bedarf.

B2-1.4 Kündigung bei mehrjährigen Verträgen

Bei einer Vertragsdauer von mehr als drei Jahren kann der Versicherungsnehmer den Vertrag zum Ablauf des dritten Jahres oder jedes darauf folgenden Jahres kündigen; die Kündigung muss dem Versicherer spätestens drei Monate vor dem Ablauf des jeweiligen Jahres zugegangen sein.

B2-2 Kündigung nach Versicherungsfall

B2-2.1 Kündigungsrecht

Der Versicherungsvertrag kann gekündigt werden, wenn

- der Versicherer einen Anspruch auf Freistellung anerkannt oder zu Unrecht abgelehnt hat oder
- der Versicherer den versicherten Personen die Weisung erteilt, es zum Rechtsstreit über den Anspruch kommen zu lassen.

Die Kündigung muss dem Vertragspartner in Textform (z. B. E-Mail, Telefax oder Brief) spätestens einen Monat nach der Anerkennung oder Ablehnung des Freistellungsanspruchs oder nach der Rechtskraft des im Rechtsstreit mit dem Dritten ergangenen Urteils zugegangen sein.

B2-2.2 Kündigung durch Versicherungsnehmer

Kündigt der Versicherungsnehmer, wird seine Kündigung mit ihrem Zugang beim Versicherer wirksam. Der Versicherungsnehmer kann jedoch bestimmen, dass die Kündigung zu einem späteren Zeitpunkt, spätestens jedoch zum Ende der laufenden Versicherungsperiode, wirksam wird.

B2-2.3 Kündigung durch Versicherer

Eine Kündigung des Versicherers wird einen Monat nach ihrem Zugang beim Versicherungsnehmer wirksam.

Abschnitt B3 Anzeigepflicht, Gefahrerhöhung, andere Obliegenheiten

B3-1 Anzeigepflichten des Versicherungsnehmers oder seines Vertreters bis zum Vertragsschluss

B3-1.1 Vollständigkeit und Richtigkeit von Angaben über gefahrerhebliche Umstände

Der Versicherungsnehmer hat bis zur Abgabe seiner Vertragserklärung dem Versicherer alle ihm bekannten Gefahrumstände anzuzeigen, nach denen der Versicherer in Textform (z. B. E-Mail, Telefax oder Brief) gefragt hat und die für den Entschluss des Versicherers erheblich sind, den Vertrag mit dem vereinbarten Inhalt zu schließen. Diese Anzeigepflicht gilt auch dann, wenn der Versicherer dem Versicherungsnehmer nach seiner Vertragserklärung, aber vor der Vertragsannahme Fragen im Sinn von Satz 1 in Textform stellt.

Wird der Vertrag von einem Vertreter des Versicherungsnehmers geschlossen, so sind bei der Anwendung von Absatz 1 und B3-1.2 sowohl die Kenntnis und die Arglist des Vertreters als auch die Kenntnis und die Arglist des Versicherungsnehmers zu berücksichtigen.

Der Versicherungsnehmer kann sich darauf, dass die Anzeigepflicht nicht vorsätzlich oder grob fahrlässig verletzt worden ist, nur berufen, wenn weder dem Vertreter noch dem Versicherungsnehmer Vorsatz oder grobe Fahrlässigkeit zur Last fällt.

B3-1.2 Rechtsfolgen der Verletzung der Anzeigepflicht

B3-1.2.1 Rücktritt und Wegfall des Versicherungsschutzes

Verletzt der Versicherungsnehmer seine Anzeigepflicht nach B3-1.1 Absatz 1, kann der Versicherer vom Vertrag zurücktreten. Im Fall des Rücktritts besteht auch für die Vergangenheit kein Versicherungsschutz.

Der Versicherer hat jedoch kein Rücktrittsrecht, wenn der Versicherungsnehmer nachweist, dass er die unrichtigen oder unvollständigen Angaben weder vorsätzlich noch grob fahrlässig gemacht hat.

Das Rücktrittsrecht des Versicherers wegen grob fahrlässiger Verletzung der Anzeigepflicht besteht nicht, wenn der Versicherungsnehmer nachweist, dass der Versicherer den Vertrag auch bei Kenntnis der nicht angezeigten Umstände zu gleichen oder anderen Bedingungen geschlossen hätte.

Tritt der Versicherer nach Eintritt des Versicherungsfalls zurück, darf er den Versicherungsschutz nicht versagen, wenn der Versicherungsnehmer nachweist, dass der unvollständig oder unrichtig angezeigte Umstand weder für den Eintritt oder die Feststellung des Versicherungsfalls noch für die Feststellung oder den Umfang der Leistungspflicht ursächlich war. Auch in diesem Fall besteht aber kein Versicherungsschutz, wenn der Versicherungsnehmer die Anzeigepflicht arglistig verletzt hat.

B3-1.2.2 Kündigung

Verletzt der Versicherungsnehmer seine Anzeigepflicht nach B3-1.1 Absatz 1 einfach fahrlässig oder schuldlos, kann der Versicherer den Vertrag unter Einhaltung einer Frist von einem Monat kündigen. Das Kündigungsrecht ist ausgeschlossen, wenn der Versicherungsnehmer nachweist, dass der Versicherer den Vertrag auch bei Kenntnis der nicht angezeigten Umstände zu gleichen oder anderen Bedingungen geschlossen hätte.

B3-1.2.3 Vertragsänderung

Hat der Versicherungsnehmer seine Anzeigepflicht nach B3-1.1 Absatz 1 nicht vorsätzlich verletzt und hätte der Versicherer bei Kenntnis der nicht angezeigten Gefahrumstände den Vertrag auch zu anderen Bedingungen geschlossen, so werden die anderen Bedingungen auf Verlangen des Versicherers rückwirkend Vertragsbestandteil. Bei einer vom Versicherungsnehmer unverschuldeten Pflichtverletzung werden die anderen Bedingungen ab der laufenden Versicherungsperiode Vertragsbestandteil.

Erhöht sich durch eine Vertragsänderung der Beitrag um mehr als 10 Prozent oder schließt der Versicherer die Gefahrabsicherung für den nicht angezeigten Umstand aus, so kann der Versicherungsnehmer den Vertrag innerhalb eines Monats nach Zugang der Mitteilung des Versicherers ohne Einhaltung einer Frist kündigen. In dieser Mitteilung hat der Versicherer den Versicherungsnehmer auf dessen Kündigungsrecht hinzuweisen.

B3-1.3 Frist und Form für die Ausübung der Rechte des Versicherers

Die Rechte zum Rücktritt, zur Kündigung oder zur Vertragsänderung muss der Versicherer innerhalb eines Monats schriftlich geltend machen. Dabei hat er die Umstände anzugeben, auf die er seine Erklärung stützt. Zur Begründung kann er nachträglich weitere Umstände innerhalb eines Monats nach deren Kenntniserlangung angeben. Die Monatsfrist beginnt mit dem Zeitpunkt, zu dem der Versicherer von der Verletzung der Anzeigepflicht und der Umstände Kenntnis erlangt, die das von ihm jeweils geltend gemachte Recht begründen.

B3-1.4 Hinweispflicht des Versicherers

Die Rechte zum Rücktritt, zur Kündigung oder zur Vertragsänderung stehen dem Versicherer nur zu, wenn er den Versicherungsnehmer durch gesonderte Mitteilung in Textform (z.B. E-Mail, Telefax oder Brief) auf die Folgen der Verletzung der Anzeigepflicht hingewiesen hat.

B3-1.5 Ausschluss von Rechten des Versicherers

Der Versicherer kann sich auf seine Rechte zum Rücktritt, zur Kündigung oder zur Vertragsänderung nicht berufen, wenn er den nicht angezeigten Gefahrumstand oder die Unrichtigkeit der Anzeige kannte.

B3-1.6 Anfechtung

Das Recht des Versicherers, den Vertrag wegen arglistiger Täuschung anzufechten, bleibt bestehen.

B3-1.7 Erlöschen der Rechte des Versicherers

Die Rechte des Versicherers zum Rücktritt, zur Kündigung und zur Vertragsänderung erlöschen mit Ablauf von fünf Jahren nach Vertragsschluss. Diese Rechte erlöschen nicht für Versicherungsfälle, die vor Ablauf dieser Frist eingetreten sind. Die Frist beträgt zehn Jahre, wenn der Versicherungsnehmer oder sein Vertreter die Anzeigepflicht vorsätzlich oder arglistig verletzt hat.

B3-2 Gefahrerhöhung

B3-2.1 Begriff der Gefahrerhöhung

B3-2.1.1 Eine Gefahrerhöhung liegt vor, wenn nach Abgabe der Vertragserklärung des Versicherungsnehmers die tatsächlich vorhandenen Umstände so verändert werden, dass der Eintritt des Versicherungsfalles oder eine Vergrößerung des Schadens oder die ungerechtfertigte Inanspruchnahme des Versicherers wahrscheinlicher wird.

B3-2.1.2 Eine Gefahrerhöhung kann insbesondere – aber nicht nur – vorliegen, wenn sich ein gefahrerheblicher Umstand ändert, nach dem der Versicherer vor Vertragsschluss gefragt hat.

B3-2.1.3 Eine Gefahrerhöhung nach B3-2.1.1 liegt nicht vor, wenn sich die Gefahr nur unerheblich erhöht hat oder nach den Umständen als mitversichert gelten soll.

B3-2.2 Pflichten des Versicherungsnehmers

B3-2.2.1 Nach Abgabe seiner Vertragserklärung darf der Versicherungsnehmer ohne vorherige Zustimmung des Versicherers keine Gefahrerhöhung vornehmen oder deren Vornahme durch einen Dritten gestatten.

B3-2.2.2 Erkennt der Versicherungsnehmer nachträglich, dass er ohne vorherige Zustimmung des Versicherers eine Gefahrerhöhung vorgenommen oder gestattet hat, so muss er diese dem Versicherer unverzüglich anzeigen.

B3-2.2.3 Eine Gefahrerhöhung, die nach Abgabe seiner Vertragserklärung unabhängig von seinem Willen eintritt, muss der Versicherungsnehmer dem Versicherer unverzüglich anzeigen, nachdem er von ihr Kenntnis erlangt hat.

B3-2.3 Kündigung oder Vertragsänderung durch den Versicherer

B3-2.3.1 Kündigungsrecht

Verletzt der Versicherungsnehmer seine Verpflichtung nach B3-2.2.1, kann der Versicherer den Vertrag fristlos kündigen, wenn der Versicherungsnehmer seine Verpflichtung vorsätzlich oder grob fahrlässig verletzt hat. Das Nichtvorliegen von Vorsatz oder grober Fahrlässigkeit hat der Versicherungsnehmer zu beweisen.

Beruht die Verletzung auf einfacher Fahrlässigkeit, kann der Versicherer unter Einhaltung einer Frist von einem Monat kündigen.

Wird dem Versicherer eine Gefahrerhöhung in den Fällen nach B3-2.2.2 und B3-2.2.3 bekannt, kann er den Vertrag unter Einhaltung einer Frist von einem Monat kündigen.

B3-2.3.2 Vertragsänderung

Statt der Kündigung kann der Versicherer ab dem Zeitpunkt der Gefahrerhöhung einen seinen Geschäftsgrundsätzen entsprechenden erhöhten Beitrag verlangen oder die Absicherung der erhöhten Gefahr ausschließen.

Erhöht sich der Beitrag als Folge der Gefahrerhöhung um mehr als 10 Prozent oder schließt der Versicherer die Absicherung der erhöhten Gefahr aus, so kann der Versicherungsnehmer den Vertrag innerhalb eines Monats nach Zugang der Mitteilung des Versicherers ohne Einhaltung einer Frist kündigen. In der Mitteilung hat der Versicherer den Versicherungsnehmer auf dieses Kündigungsrecht hinzuweisen.

B3-2.4 Erlöschen der Rechte des Versicherers

Die Rechte des Versicherers zur Kündigung oder Vertragsanpassung nach B3-2.3 erlöschen, wenn diese nicht innerhalb eines Monats ab Kenntnis des Versicherers von der Gefahrerhöhung ausgeübt werden oder wenn der Zustand wiederhergestellt ist, der vor der Gefahrerhöhung bestanden hat.

B3-2.5 Leistungsfreiheit wegen Gefahrerhöhung

B3-2.5.1 Tritt nach einer Gefahrerhöhung der Versicherungsfall ein, so ist der Versicherer nicht zur Leistung verpflichtet, wenn der Versicherungsnehmer seine Pflichten nach B3-2.2.1 vorsätzlich verletzt hat. Verletzt der Versicherungsnehmer diese Pflichten grob fahrlässig, so ist der Versicherer berechtigt, seine Leistung in dem Verhältnis zu kürzen, das der Schwere des Verschuldens des Versicherungsnehmers entspricht. Das Nichtvorliegen einer groben Fahrlässigkeit hat der Versicherungsnehmer zu beweisen.

B3-2.5.2 Nach einer Gefahrerhöhung nach B3-2.2.2 und B3-2.2.3 ist der Versicherer für einen Versicherungsfall, der später als einen Monat nach dem Zeitpunkt eintritt, zu dem die Anzeige dem Versicherer hätte zugegangen sein müssen, leistungsfrei, wenn der Versicherungsnehmer seine Anzeigepflicht vorsätzlich verletzt hat. Hat der Versicherungsnehmer seine Pflicht grob fahrlässig verletzt, so gilt B3-2.5.1 Satz 2 und 3 entsprechend. Die Leistungspflicht des Versicherers bleibt bestehen, wenn ihm die Gefahrerhöhung zu dem Zeitpunkt, zu dem ihm die Anzeige hätte zugegangen sein müssen, bekannt war.

B3-2.5.3 Die Leistungspflicht des Versicherers bleibt bestehen,

a) soweit der Versicherungsnehmer nachweist, dass die Gefahrerhöhung nicht ursächlich für den Eintritt des Versicherungsfalles oder den Umfang der Leistungspflicht war oder

b) wenn zur Zeit des Eintrittes des Versicherungsfalles die Frist für die Kündigung des Versicherers abgelaufen und eine Kündigung nicht erfolgt war oder

c) wenn der Versicherer statt der Kündigung ab dem Zeitpunkt der Gefahrerhöhung einen seinen Geschäftsgrundsätzen entsprechend erhöhten Beitrag verlangt.

B3-3 Obliegenheiten des Versicherungsnehmers

B3-3.1 Obliegenheiten vor Eintritt des Versicherungsfalls

B3-3.1.1 Besonders gefahrdrohende Umstände hat der Versicherungsnehmer auf Verlangen des Versicherers innerhalb angemessener Frist zu beseitigen. Dies gilt nicht, soweit die Beseitigung unter Abwägung der beiderseitigen Interessen unzumutbar ist. Ein Umstand, der zu einem Schaden geführt hat, gilt ohne weiteres als besonders gefahrdrohend.

B3-3.1.2 Rechtsfolgen

Verletzt der Versicherungsnehmer vorsätzlich oder grob fahrlässig eine Obliegenheit, die er vor Eintritt des Versicherungsfalles gegenüber dem Versicherer zu erfüllen hat, so kann der Versicherer innerhalb eines Monats, nachdem er von der Verletzung Kenntnis erlangt hat, den Vertrag fristlos kündigen.

Der Versicherer hat kein Kündigungsrecht, wenn der Versicherungsnehmer nachweist, dass er die Obliegenheit weder vorsätzlich noch grob fahrlässig verletzt hat.

B3-3.2 Obliegenheiten bei und nach Eintritt des Versicherungsfalls

Der Versicherungsnehmer hat bei und nach Eintritt des Versicherungsfalls nachfolgende Obliegenheiten zu erfüllen. Diese und die Rechtsfolgen bei Verletzung gelten sinngemäß auch für die versicherten Personen.

a) Er hat nach Möglichkeit für die Abwendung und Minderung des Schadens zu sorgen. Dabei hat der Versicherungsnehmer Weisungen des Versicherers, soweit für ihn zumutbar, zu befolgen sowie Weisungen – ggf. auch mündlich oder telefonisch – einzuholen, wenn die Umstände dies gestatten. Erteilen mehrere an dem Versicherungsvertrag beteiligte Versicherer unterschiedliche Weisungen, hat der Versicherungsnehmer nach pflichtgemäßem Ermessen zu handeln.

b) Jeder Versicherungsfall ist dem Versicherer unverzüglich anzuzeigen.

c) Er hat dem Versicherer ausführliche und wahrheitsgemäße Schadenberichte zu erstatten und ihn bei der Schadensermittlung und -regulierung zu unterstützen. Alle Umstände, die nach Ansicht des Versicherers für die Bearbeitung des Schadens wichtig sind, müssen mitgeteilt sowie alle dafür angeforderten Schriftstücke übersandt werden.

d) Wird ein Ermittlungsverfahren eingeleitet, ein selbständiges Beweisverfahren angeordnet oder ergeht ein Strafbefehl oder Bescheid, der den Ersatz eines Vermögensschadens zum Gegenstand hat oder zur Folge haben könnte, so hat der Versicherungsnehmer oder die versicherte Person dem Versicherer unverzüglich Anzeige zu erstatten, auch wenn der Versicherungsfall selbst bereits angezeigt wurde.

e) Wird gegen eine versicherte Person ein Anspruch gerichtlich geltend gemacht, Prozesskostenhilfe beantragt oder gegen diese gerichtlich der Streit verkündet, so ist dies ebenfalls unverzüglich anzuzeigen. Das gleiche gilt im Falle eines Arrestes oder einer einstweiligen Verfügung. Gegen einen Mahnbescheid muss die versicherte Person fristgemäß Widerspruch einlegen, ohne dass es einer Weisung des Versicherers bedarf.

f) Wird gegen eine versicherte Person ein Anspruch gerichtlich geltend gemacht, hat sie die Führung des Verfahrens dem Versicherer zu überlassen. Der Versicherer beauftragt im Namen der versicherten Person einen Rechtsanwalt. Die versicherte Person muss dem Rechtsanwalt Vollmacht sowie alle erforderlichen Auskünfte erteilen und die angeforderten Unterlagen zur Verfügung stellen.

B3-3.3 Leistungsfreiheit bei Obliegenheitsverletzung

B3-3.3.1 Verletzt der Versicherungsnehmer eine Obliegenheit nach B3-3.1 oder B3-3.2 vorsätzlich, so ist der Versicherer von der Verpflichtung zur Leistung frei. Bei grob fahrlässiger Verletzung der Obliegenheit ist der Versicherer berechtigt, seine Leistung in dem Verhältnis zu kürzen, das der Schwere des Verschuldens des Versicherungsnehmers entspricht.

B3-3.3.2 Verletzt der Versicherungsnehmer eine nach Eintritt des Versicherungsfalls bestehende Auskunfts- oder Aufklärungsobliegenheit, ist der Versicherer nur dann vollständig oder teilweise leistungsfrei, wenn er den Versicherungsnehmer durch gesonderte Mitteilung in Textform (z.B. E-Mail, Telefax oder Brief) auf diese Rechtsfolge hingewiesen hat.

B3-3.3.3 Der Versicherer bleibt zur Leistung verpflichtet, wenn der Versicherungsnehmer nachweist, dass er die Obliegenheit nicht grob fahrlässig verletzt hat. Dies gilt auch, wenn der Versicherungsnehmer nachweist, dass die Verletzung der Obliegenheit weder für den Eintritt oder die Feststellung des Versicherungsfalls noch für die Feststellung oder den Umfang der dem Versicherer obliegenden Leistung ursächlich war. Das gilt nicht, wenn der Versicherungsnehmer die Obliegenheit arglistig verletzt hat.

Abschnitt B4 Weitere Regelungen

B4-1 Mehrere Versicherer, Mehrfachversicherung

B4-1.1 Besteht für einen unter diesem Versicherungsvertrag geltend gemachten Schaden auch unter einem anderen Versicherungsvertrag Versicherungsschutz, so sind Versicherungsnehmer und versicherte Personen verpflichtet, den Schaden zunächst unter dem anderweitigen Versicherungsvertrag geltend zu machen. Die Leistungspflicht des Versicherers unter diesem Vertrag besteht nur, wenn und insoweit der anderweitige Versicherer für den Schaden nicht leistet. Kommt es zu einer Leistung aus diesem Versicherungsvertrag, weil der Versicherer des anderweitigen Versicherungsvertrages seine Leistungspflicht gegenüber dem Versicherungsnehmer oder einer versicherten Person bestreitet, so sind diese verpflichtet, etwaige Ansprüche aus dem anderweitigen Versicherungsvertrag an den Versicherer dieses Vertrages abzutreten.

B4-1.2 Sofern der Versicherungsnehmer oder eine versicherte Person das durch diesen Vertrag versicherte Risiko auch anderweitig versichert (Mehrfachversicherung, Anschlussversicherung), ist dies dem Versicherer unverzüglich anzuzeigen.

B4-2 Erklärungen und Anzeigen, Anschriftenänderung

B4-2.1 Form, zuständige Stelle

Die für den Versicherer bestimmten Erklärungen und Anzeigen, die den Versicherungsvertrag betreffen und die unmittelbar gegenüber dem Versicherer erfolgen, sind in Textform (z.B. E-Mail, Telefax oder Brief) abzugeben. Dies gilt nicht, soweit gesetzlich Schriftform oder in diesem Vertrag etwas anderes bestimmt ist.

Erklärungen und Anzeigen sollen an die Hauptverwaltung des Versicherers oder an die im Versicherungsschein oder in dessen Nachträgen als zuständig bezeichnete Stelle[1] gerichtet werden. Die gesetzlichen Regelungen über den Zugang von Erklärungen und Anzeigen bleiben bestehen.

[1]oder entsprechende unternehmensindividuelle Bezeichnung.

B4-2.2 Nichtanzeige einer Anschriften- oder Namensänderung

Hat der Versicherungsnehmer eine Änderung seiner Anschrift dem Versicherer nicht mitgeteilt, genügt für eine Willenserklärung, die dem Versicherungsnehmer gegenüber abzugeben ist, die Absendung eines eingeschriebenen Briefes an die letzte dem Versicherer bekannte Anschrift. Die Erklärung gilt drei Tage nach der Absendung des Briefes als zugegangen. Dies gilt entsprechend für den Fall einer dem Versicherer nicht angezeigten Namensänderung des Versicherungsnehmers.

B4-2.3 Nichtanzeige der Verlegung der gewerblichen Niederlassung

Hat der Versicherungsnehmer die Versicherung unter der Anschrift seines Gewerbebetriebs abgeschlossen, finden bei einer Verlegung der gewerblichen Niederlassung die Bestimmungen nach B4-2.2 entsprechend Anwendung.

B4-3 Vollmacht des Versicherungsvertreters

B4-3.1 Erklärungen des Versicherungsnehmers

Der Versicherungsvertreter gilt als bevollmächtigt, vom Versicherungsnehmer abgegebene Erklärungen entgegenzunehmen betreffend

a) den Abschluss bzw. den Widerruf eines Versicherungsvertrages;

b) ein bestehendes Versicherungsverhältnis einschließlich dessen Beendigung;

c) Anzeige- und Informationspflichten vor Abschluss des Vertrages und während des Versicherungsverhältnisses.

B4-3.2 Erklärungen des Versicherers

Der Versicherungsvertreter gilt als bevollmächtigt, vom Versicherer ausgefertigte Versicherungsscheine oder deren Nachträge dem Versicherungsnehmer zu übermitteln.

B4-3.3 Zahlungen an den Versicherungsvertreter

Der Versicherungsvertreter gilt als bevollmächtigt, Zahlungen anzunehmen, die der Versicherungsnehmer im Zusammenhang mit der Vermittlung oder dem Abschluss eines Versicherungsvertrags an ihn leistet. Eine Beschränkung dieser Vollmacht muss der Versicherungsnehmer nur gegen sich gelten lassen, wenn er die Beschränkung bei der Vornahme der Zahlung kannte oder in Folge grober Fahrlässigkeit nicht kannte.

B4-4 Verjährung

Die Ansprüche aus dem Versicherungsvertrag verjähren in drei Jahren. Die Verjährung beginnt mit dem Schluss des Jahres, in dem der Anspruch entstanden ist und der Gläubiger von den Anspruch begründenden Umständen und der Person des Schuldners Kenntnis erlangt. Die grob fahrlässige Unkenntnis steht der Kenntnis gleich.

Ist ein Anspruch aus dem Versicherungsvertrag bei dem Versicherer angemeldet worden, zählt bei der Fristberechnung der Zeitraum zwischen Anmeldung und Zugang der in Textform (z.B. E-Mail, Telefax oder Brief) mitgeteilten Entscheidung des Versicherers beim Anspruchsteller nicht mit.

Im Übrigen richtet sich die Verjährung nach den allgemeinen Vorschriften des Bürgerlichen Gesetzbuchs.

B4-5 Örtlich zuständiges Gericht

B4-5.1 Klagen gegen den Versicherer

Für Klagen aus dem Versicherungsvertrag gegen den Versicherer bestimmt sich die gerichtliche Zuständigkeit nach dem Sitz des Versicherers oder seiner für den Versicherungsvertrag zuständigen Niederlassung.

Ferner ist auch das Gericht zuständig, in dessen Bezirk der Versicherungsnehmer zur Zeit der Klageerhebung seinen Sitz, den Sitz seiner Niederlassung oder seinen Wohnsitz oder, in Ermangelung eines solchen, seinen gewöhnlichen Aufenthalt hat.

Verlegt jedoch der Versicherungsnehmer nach Vertragsschluss seinen Sitz, den Sitz seiner Niederlassung, seinen Wohnsitz oder, in Ermangelung eines solchen, seinen gewöhnlichen Aufenthalt ins Ausland, sind die Gerichte des Staates zuständig, in dem der Versicherer seinen Sitz hat.

B4-5.2 Klagen gegen Versicherungsnehmer

Für Klagen aus dem Versicherungsvertrag gegen den Versicherungsnehmer bestimmt sich die gerichtliche Zuständigkeit nach dem Sitz, dem Sitz der Niederlassung oder dem Wohnsitz des Versicherungsnehmers; fehlt ein solcher, nach seinem gewöhnlichen Aufenthalt.

Sind der Wohnsitz oder gewöhnliche Aufenthalt im Zeitpunkt der Klageerhebung nicht bekannt, bestimmt sich die gerichtliche Zuständigkeit für Klagen aus dem Versicherungsvertrag gegen den Versicherungsnehmer nach dem Sitz des Versicherers oder seiner für den Versicherungsvertrag zuständigen Niederlassung.

B4-6 Anzuwendendes Recht

Für diesen Vertrag gilt deutsches Recht.

B4-7 Embargobestimmung

Es besteht – unbeschadet der übrigen Vertragsbestimmungen – Versicherungsschutz nur, soweit und solange dem keine auf die Vertragsparteien direkt anwendbaren Wirtschafts-, Handels- oder Finanzsanktionen bzw. Embargos der Europäischen Union oder der Bundesrepublik Deutschland entgegenstehen.

Dies gilt auch für Wirtschafts-, Handels- oder Finanzsanktionen bzw. Embargos der Vereinigten Staaten von Amerika, soweit dem nicht Rechtsvorschriften der Europäischen Union oder der Bundesrepublik Deutschland entgegenstehen.

10. Anmerkungen zu Teil B (Sonstige Bestimmungen)

Die allgemeinen Bestimmungen zur D&O-Versicherung sind in Teil B des GDV-Musters ausgegliedert worden. Sie folgen weitgehend den Regelungen des Gesetzes und der AHB. Sie sind sehr ausführlich und werden im Markt meist in kompakterer Form umgesetzt. **506**

Neben Fragen der Beitragszahlung und der Vertragsbeendigung werden insbesondere Anzeige- und Mitteilungspflichten und sonstige Obliegenheiten der Versicherungsnehmerin und der versicherten Personen sowie die Rechtsfolgen bei Verstößen angesprochen (B-3). Aus B-4.1 folgt die Subsidiarität der D&O-Deckung gegenüber anderen Versicherungen (etwa Betriebshaftpflicht etc.). Die Regelungen zur Vertragsdauer (B-2.1) stellen klar, in welchen Fällen es zu einer automatischen Verlängerung des Versicherungsvertrags kommt und wann Kündigungserklärungen nötig sind. **507**

Die vorvertraglichen Anzeigepflichten (B-3.1) spielen praktisch eine große Rolle. Der Versicherer ist zur Einschätzung des Risikos in erheblichem Umfang auf zutreffende Angaben der Versicherungsnehmerin und der dortigen Auskunftspersonen angewiesen. Dem sollen die Rechte des Versicherers zum Rücktritt und zur Beitragsänderung Rechnung tragen. Im Falle der Täuschung des Versicherers, etwa durch Vorlage falscher Bilanzen oder sonsti- **508** ger unzutreffender und relevanter Zahlen und Dokumente, kann dieser den Vertrag auch wegen arglistiger Täuschung anfechten (§§ 123 Abs. 1 BGB, 22 VVG). Dann entfällt der Versicherungsschutz auch für diejenigen Organmitglieder, die an der Täuschung nicht beteiligt waren.[102] Die Anfechtung hat also Gesamtwirkung. Bestimmungen, nach denen Organmitgliedern das Verhalten von Kollegen nicht zugerechnet wird, vermögen hieran nichts zu ändern. Allerdings finden sich in neueren Bedingungswerken vielfach Einschränkungen des Anfechtungsrechts.

102 OLG Düsseldorf, ZIP 2006, 1677, 1679 „*Comroad*" mit Anm. *Lange*, ZIP 2006, 1680.

E. Anhang

Auszüge aus Gesetzestexten und sonstigen Regelwerken

Übersicht

1. Abgabenordnung (AO)

§ 34 Pflichten der gesetzlichen Vertreter und der Vermögensverwalter

(1) [1]Die gesetzlichen Vertreter natürlicher und juristischer Personen sowie rechtsfähiger Personenvereinigungen und die Geschäftsführer von Vermögensmassen haben deren steuerliche Pflichten zu erfüllen. [2]Sie haben insbesondere dafür zu sorgen, dass die Steuern aus den Mitteln entrichtet werden, die sie verwalten.

(2) [1]Bei nicht rechtsfähigen Personenvereinigungen haben die Mitglieder, Gesellschafter oder Gemeinschafter die Pflichten im Sinne des Absatzes 1 zu erfüllen. [2]Die Finanzbehörde kann sich an jedes Mitglied oder jeden Gesellschafter halten. [3]Für nicht rechtsfähige Vermögensmassen gelten die Sät-

ze 1 und 2 mit der Maßgabe, dass diejenigen, denen das Vermögen zusteht, die steuerlichen Pflichten zu erfüllen haben.

(3) Steht eine Vermögensverwaltung anderen Personen als den Eigentümern des Vermögens oder deren gesetzlichen Vertretern zu, so haben die Vermögensverwalter die in Absatz 1 bezeichneten Pflichten, soweit ihre Verwaltung reicht.

§ 69 Haftung der Vertreter

[1]Die in den §§ 34 und 35 bezeichneten Personen haften, soweit Ansprüche aus dem Steuerschuldverhältnis (§ 37) infolge vorsätzlicher oder grob fahrlässiger Verletzung der ihnen auferlegten Pflichten nicht oder nicht rechtzeitig festgesetzt oder erfüllt oder soweit infolgedessen Steuervergütungen oder Steuererstattungen ohne rechtlichen Grund gezahlt werden. [2]Die Haftung umfasst auch die infolge der Pflichtverletzung zu zahlenden Säumniszuschläge.

2. Aktiengesetz (AktG)

§ 41 Handeln im Namen der Gesellschaft vor der Eintragung. Verbotene Aktienausgabe

(1) [1]Vor der Eintragung in das Handelsregister besteht die Aktiengesellschaft als solche nicht. [2]Wer vor der Eintragung der Gesellschaft in ihrem Namen handelt, haftet persönlich; handeln mehrere, so haften sie als Gesamtschuldner.

(2) Übernimmt die Gesellschaft eine vor ihrer Eintragung in ihrem Namen eingegangene Verpflichtung durch Vertrag mit dem Schuldner in der Weise, dass sie an die Stelle des bisherigen Schuldners tritt, so bedarf es zur Wirksamkeit der Schuldübernahme der Zustimmung des Gläubigers nicht, wenn die Schuldübernahme binnen drei Monaten nach der Eintragung der Gesellschaft vereinbart und dem Gläubiger von der Gesellschaft oder dem Schuldner mitgeteilt wird.

(3) Verpflichtungen aus nicht in der Satzung festgesetzten Verträgen über Sondervorteile, Gründungsaufwand, Sacheinlagen oder Sachübernahmen kann die Gesellschaft nicht übernehmen.

(4) [1]Vor der Eintragung der Gesellschaft können Anteilsrechte nicht übertragen, Aktien oder Zwischenscheine nicht ausgegeben werden. [2]Die vorher ausgegebenen Aktien oder Zwischenscheine sind nichtig. [3]Für den Schaden aus der Ausgabe sind die Ausgeber den Inhabern als Gesamtschuldner verantwortlich.

§ 88 Wettbewerbsverbot

(1) [1]Die Vorstandsmitglieder dürfen ohne Einwilligung des Aufsichtsrats weder ein Handelsgewerbe betreiben noch im Geschäftszweig der Gesellschaft für eigene oder fremde Rechnung Geschäfte machen. [2]Sie dürfen ohne Einwilligung auch nicht Mitglied des Vorstands oder Geschäftsführer oder persönlich haftender Gesellschafter einer anderen Handelsgesellschaft sein. [3]Die Einwilligung des Aufsichtsrats kann nur für bestimmte Handelsgewerbe oder Handelsgesellschaften oder für bestimmte Arten von Geschäften erteilt werden.

(2) [1]Verstößt ein Vorstandsmitglied gegen dieses Verbot, so kann die Gesellschaft Schadenersatz fordern. [2]Sie kann stattdessen von dem Mitglied verlangen, dass es die für eigene Rechnung gemachten Geschäfte als für Rechnung der Gesellschaft eingegangen gelten lässt und die aus Geschäften für fremde Rechnung bezogene Vergütung herausgibt oder seinen Anspruch auf die Vergütung abtritt.

(3) [1]Die Ansprüche der Gesellschaft verjähren in drei Monaten seit dem Zeitpunkt, in dem die übrigen Vorstandsmitglieder und die Aufsichtsratsmitglieder von der zum Schadenersatz verpflichtenden Handlung Kenntnis erlangen oder ohne grobe Fahrlässigkeit erlangen müssten. [2]Sie verjähren ohne Rücksicht auf diese Kenntnis oder grob fahrlässige Unkenntnis in fünf Jahren von ihrer Entstehung an.

§ 91 Organisation; Buchführung

(1) Der Vorstand hat dafür zu sorgen, dass die erforderlichen Handelsbücher geführt werden.

(2) Der Vorstand hat geeignete Maßnahmen zu treffen, insbesondere ein Überwachungssystem einzurichten, damit den Fortbestand der Gesellschaft gefährdende Entwicklungen früh erkannt werden.

(3) Der Vorstand einer börsennotierten Gesellschaft hat darüber hinaus ein im Hinblick auf den Umfang der Geschäftstätigkeit und die Risikolage des Unternehmens angemessenes und wirksames internes Kontrollsystem und Risikomanagementsystem einzurichten.

§ 92 Vorstandspflichten bei Verlust, Überschuldung oder Zahlungsunfähigkeit

Ergibt sich bei Aufstellung der Jahresbilanz oder einer Zwischenbilanz oder ist bei pflichtmäßigem Ermessen anzunehmen, dass ein Verlust in Höhe der Hälfte des Grundkapitals besteht, so hat der Vorstand unverzüglich die Hauptversammlung einzuberufen und ihr dies anzuzeigen.

§ 93 Sorgfaltspflicht und Verantwortlichkeit der Vorstandsmitglieder

(1) [1]Die Vorstandsmitglieder haben bei ihrer Geschäftsführung die Sorgfalt eines ordentlichen und gewissenhaften Geschäftsleiters anzuwenden. [2]Eine Pflichtverletzung liegt nicht vor, wenn das Vorstandsmitglied bei einer unternehmerischen Entscheidung vernünftigerweise annehmen durfte, auf der Grundlage angemessener Information zum Wohle der Gesellschaft zu handeln. [3]Über vertrauliche Angaben und Geheimnisse der Gesellschaft, namentlich Betriebs- oder Geschäftsgeheimnisse, die den Vorstandsmitgliedern durch ihre Tätigkeit im Vorstand bekanntgeworden sind, haben sie Stillschweigen zu bewahren.

(2) [1]Vorstandsmitglieder, die ihre Pflichten verletzen, sind der Gesellschaft zum Ersatz des daraus entstehenden Schadens als Gesamtschuldner verpflichtet. [2]Ist streitig, ob sie die Sorgfalt eines ordentlichen und gewissenhaften Geschäftsleiters angewandt haben, so trifft sie die Beweislast. [3]Schließt die Gesellschaft eine Versicherung zur Absicherung eines Vorstandsmitglieds gegen Risiken aus dessen beruflicher Tätigkeit für die Gesellschaft ab, ist ein Selbstbehalt von mindestens 10 Prozent des Schadens bis mindestens zur Höhe des Eineinhalbfachen der festen jährlichen Vergütung des Vorstandsmitglieds vorzusehen.

(3) Die Vorstandsmitglieder sind namentlich zum Ersatz verpflichtet, wenn entgegen diesem Gesetz

1. Einlagen an die Aktionäre zurückgewährt werden,
2. den Aktionären Zinsen oder Gewinnanteile gezahlt werden,
3. eigene Aktien der Gesellschaft oder einer anderen Gesellschaft gezeichnet, erworben, als Pfand genommen oder eingezogen werden,
4. Aktien vor der vollen Leistung des Ausgabebetrags ausgegeben werden,
5. Gesellschaftsvermögen verteilt wird,
6. *[aufgehoben]*
7. Vergütungen an Aufsichtsratsmitglieder gewährt werden,
8. Kredit gewährt wird,
9. bei der bedingten Kapitalerhöhung außerhalb des festgesetzten Zwecks oder vor der vollen Leistung des Gegenwerts Bezugsaktien ausgegeben werden.

(4) [1]Der Gesellschaft gegenüber tritt die Ersatzpflicht nicht ein, wenn die Handlung auf einem gesetzmäßigen Beschluss der Hauptversammlung beruht. [2]Dadurch, dass der Aufsichtsrat die Handlung gebilligt hat, wird die Ersatzpflicht nicht ausgeschlossen. [3]Die Gesellschaft kann erst drei Jahre nach der Entstehung des Anspruchs und nur dann auf Ersatzansprüche verzich-

ten oder sich über sie vergleichen, wenn die Hauptversammlung zustimmt und nicht eine Minderheit, deren Anteile zusammen den zehnten Teil des Grundkapitals erreichen, zur Niederschrift Widerspruch erhebt. [4]Die zeitliche Beschränkung gilt nicht, wenn der Ersatzpflichtige zahlungsunfähig ist und sich zur Abwendung des Insolvenzverfahrens mit seinen Gläubigern vergleicht oder wenn die Ersatzpflicht in einem Insolvenzplan geregelt wird.

(5) [1]Der Ersatzanspruch der Gesellschaft kann auch von den Gläubigern der Gesellschaft geltend gemacht werden, soweit sie von dieser keine Befriedigung erlangen können. [2]Dies gilt jedoch in anderen Fällen als denen des Absatzes 3 nur dann, wenn die Vorstandsmitglieder die Sorgfalt eines ordentlichen und gewissenhaften Geschäftsleiters gröblich verletzt haben; Absatz 2 Satz 2 gilt sinngemäß. [3]Den Gläubigern gegenüber wird die Ersatzpflicht weder durch einen Verzicht oder Vergleich der Gesellschaft noch dadurch aufgehoben, dass die Handlung auf einem Beschluss der Hauptversammlung beruht. [4]Ist über das Vermögen der Gesellschaft das Insolvenzverfahren eröffnet, so übt während dessen Dauer der Insolvenzverwalter oder der Sachwalter das Recht der Gläubiger gegen die Vorstandsmitglieder aus.

(6) Die Ansprüche aus diesen Vorschriften verjähren bei Gesellschaften, die zum Zeitpunkt der Pflichtverletzung börsennotiert sind, in zehn Jahren, bei anderen Gesellschaften in fünf Jahren.

§ 94 Stellvertreter von Vorstandsmitgliedern

Die Vorschriften für die Vorstandsmitglieder gelten auch für ihre Stellvertreter.

§ 111 Aufgaben und Rechte des Aufsichtsrats

(1) Der Aufsichtsrat hat die Geschäftsführung zu überwachen.

(2) [1]Der Aufsichtsrat kann die Bücher und Schriften der Gesellschaft sowie die Vermögensgegenstände, namentlich die Gesellschaftskasse und die Bestände an Wertpapieren und Waren, einsehen und prüfen. [2]Er kann damit auch einzelne Mitglieder oder für bestimmte Aufgaben besondere Sachverständige beauftragen. [3]Er erteilt dem Abschlussprüfer den Prüfungsauftrag für den Jahres- und den Konzernabschluss gemäß § 290 des Handelsgesetzbuchs. [4]Er kann darüber hinaus eine externe inhaltliche Überprüfung der nichtfinanziellen Erklärung oder des gesonderten nichtfinanziellen Berichts (§ 289b des Handelsgesetzbuchs), der nichtfinanziellen Konzernerklärung oder des gesonderten nichtfinanziellen Konzernberichts (§ 315b des Handelsgesetzbuchs) beauftragen.

(3) [1]Der Aufsichtsrat hat eine Hauptversammlung einzuberufen, wenn das Wohl der Gesellschaft es fordert. [2]Für den Beschluss genügt die einfache Mehrheit.

(4) [1]Maßnahmen der Geschäftsführung können dem Aufsichtsrat nicht übertragen werden. [2]Die Satzung oder der Aufsichtsrat hat jedoch zu bestimmen, dass bestimmte Arten von Geschäften nur mit seiner Zustimmung vorgenommen werden dürfen. [3]Verweigert der Aufsichtsrat seine Zustimmung, so kann der Vorstand verlangen, dass die Hauptversammlung über die Zustimmung beschließt. [4]Der Beschluss, durch den die Hauptversammlung zustimmt, bedarf einer Mehrheit, die mindestens drei Viertel der abgegebenen Stimmen umfasst. [5]Die Satzung kann weder eine andere Mehrheit noch weitere Erfordernisse bestimmen.

(5) [1]Der Aufsichtsrat von Gesellschaften, die börsennotiert sind oder der Mitbestimmung unterliegen, legt für den Frauenanteil im Aufsichtsrat und im Vorstand Zielgrößen fest. [2]Die Zielgrößen müssen den angestrebten Frauenanteil am jeweiligen Gesamtgremium beschreiben und bei Angaben in Prozent vollen Personenzahlen entsprechen. [3]Legt der Aufsichtsrat für den Aufsichtsrat oder den Vorstand die Zielgröße Null fest, so hat er diesen Beschluss klar und verständlich zu begründen. [4]Die Begründung muss ausführlich die Erwägungen darlegen, die der Entscheidung zugrunde liegen. [5]Liegt der Frauenanteil bei Festlegung der Zielgrößen unter 30 Prozent, so dürfen die Zielgrößen den jeweils erreichten Anteil nicht mehr unterschreiten. [6]Gleichzeitig sind Fristen zur Erreichung der Zielgrößen festzulegen. [7]Die Fristen dürfen jeweils nicht länger als fünf Jahre sein. [8]Wenn für den Aufsichtsrat bereits das Mindestanteilsgebot nach § 96 Absatz 2 oder 3 gilt, sind die Festlegungen nur für den Vorstand vorzunehmen. [9]Gilt für den Vorstand das Beteiligungsgebot nach § 76 Absatz 3a, entfällt auch die Pflicht zur Zielgrößensetzung für den Vorstand.

(6) Die Aufsichtsratsmitglieder können ihre Aufgaben nicht durch andere wahrnehmen lassen.

§ 112 Vertretung der Gesellschaft gegenüber Vorstandsmitgliedern

[1]Vorstandsmitgliedern gegenüber vertritt der Aufsichtsrat die Gesellschaft gerichtlich und außergerichtlich. [2]§ 78 Abs. 2 Satz 2 gilt entsprechend.

§ 116 Sorgfaltspflicht und Verantwortlichkeit der Aufsichtsratsmitglieder

[1]Für die Sorgfaltspflicht und Verantwortlichkeit der Aufsichtsratsmitglieder gelten § 93 mit Ausnahme des Absatzes 2 Satz 3 über die Sorgfaltspflicht und Verantwortlichkeit der Vorstandsmitglieder und § 15b der Insolvenzord-

nung sinngemäß. [2]Die Aufsichtsratsmitglieder sind insbesondere zur Verschwiegenheit über erhaltene vertrauliche Berichte und vertrauliche Beratungen verpflichtet. [3]Sie sind namentlich zum Ersatz verpflichtet, wenn sie eine unangemessene Vergütung festsetzen (§ 87 Absatz 1).

§ 117 Schadenersatzpflicht

(1) [1]Wer vorsätzlich unter Benutzung seines Einflusses auf die Gesellschaft ein Mitglied des Vorstands oder des Aufsichtsrats, einen Prokuristen oder einen Handlungsbevollmächtigten dazu bestimmt, zum Schaden der Gesellschaft oder ihrer Aktionäre zu handeln, ist der Gesellschaft zum Ersatz des ihr daraus entstehenden Schadens verpflichtet. [2]Er ist auch den Aktionären zum Ersatz des ihnen daraus entstehenden Schadens verpflichtet, soweit sie, abgesehen von einem Schaden, der ihnen durch Schädigung der Gesellschaft zugefügt worden ist, geschädigt worden sind.

(2) [1]Neben ihm haften als Gesamtschuldner die Mitglieder des Vorstands und des Aufsichtsrats, wenn sie unter Verletzung ihrer Pflichten gehandelt haben. [2]Ist streitig, ob sie die Sorgfalt eines ordentlichen und gewissenhaften Geschäftsleiters angewandt haben, so trifft sie die Beweislast. [3]Der Gesellschaft und auch den Aktionären gegenüber tritt die Ersatzpflicht der Mitglieder des Vorstands und des Aufsichtsrats nicht ein, wenn die Handlung auf einem gesetzmäßigen Beschluss der Hauptversammlung beruht. [4]Dadurch, dass der Aufsichtsrat die Handlung gebilligt hat, wird die Ersatzpflicht nicht ausgeschlossen.

(3) Neben ihm haftet ferner als Gesamtschuldner, wer durch die schädigende Handlung einen Vorteil erlangt hat, sofern er die Beeinflussung vorsätzlich veranlasst hat.

(4) Für die Aufhebung der Ersatzpflicht gegenüber der Gesellschaft gilt sinngemäß § 93 Abs. 4 Satz 3 und 4.

(5) [1]Der Ersatzanspruch der Gesellschaft kann auch von den Gläubigern der Gesellschaft geltend gemacht werden, soweit sie von dieser keine Befriedigung erlangen können. [2]Den Gläubigern gegenüber wird die Ersatzpflicht weder durch einen Verzicht oder Vergleich der Gesellschaft noch dadurch aufgehoben, dass die Handlung auf einem Beschluss der Hauptversammlung beruht. [3]Ist über das Vermögen der Gesellschaft das Insolvenzverfahren eröffnet, so übt während dessen Dauer der Insolvenzverwalter oder der Sachwalter das Recht der Gläubiger aus.

(6) Die Ansprüche aus diesen Vorschriften verjähren in fünf Jahren.

(7) Diese Vorschriften gelten nicht, wenn das Mitglied des Vorstands oder des Aufsichtsrats, der Prokurist oder der Handlungsbevollmächtigte durch Ausübung

1. der Leitungsmacht aufgrund eines Beherrschungsvertrags oder
2. der Leitungsmacht einer Hauptgesellschaft (§ 319), in die die Gesellschaft eingegliedert ist,

zu der schädigenden Handlung bestimmt worden ist.

§ 147 Geltendmachung von Ersatzansprüchen

(1) [1]Die Ersatzansprüche der Gesellschaft aus der Gründung gegen die nach den §§ 46 bis 48, 53 verpflichteten Personen oder aus der Geschäftsführung gegen die Mitglieder des Vorstands und des Aufsichtsrats oder aus § 117 müssen geltend gemacht werden, wenn es die Hauptversammlung mit einfacher Stimmenmehrheit beschließt. [2]Der Ersatzanspruch soll binnen sechs Monaten seit dem Tage der Hauptversammlung geltend gemacht werden.

(2) [1]Zur Geltendmachung des Ersatzanspruchs kann die Hauptversammlung besondere Vertreter bestellen. [2]Das Gericht (§ 14) hat auf Antrag von Aktionären, deren Anteile zusammen den zehnten Teil des Grundkapitals oder den anteiligen Betrag von einer Million Euro erreichen, als Vertreter der Gesellschaft zur Geltendmachung des Ersatzanspruchs andere als die nach den §§ 78, 112 oder nach Satz 1 zur Vertretung der Gesellschaft berufenen Personen zu bestellen, wenn ihm dies für eine gehörige Geltendmachung zweckmäßig erscheint. [3]Gibt das Gericht dem Antrag statt, so trägt die Gesellschaft die Gerichtskosten. [4]Gegen die Entscheidung ist die Beschwerde zulässig. [5]Die gerichtlich bestellten Vertreter können von der Gesellschaft den Ersatz angemessener barer Auslagen und eine Vergütung für ihre Tätigkeit verlangen. [6]Die Auslagen und die Vergütung setzt das Gericht fest. [7]Gegen die Entscheidung ist die Beschwerde zulässig. [8]Die Rechtsbeschwerde ist ausgeschlossen. [9]Aus der rechtskräftigen Entscheidung findet die Zwangsvollstreckung nach der Zivilprozessordnung statt.

§ 148 Klagezulassungsverfahren

(1) [1]Aktionäre, deren Anteile im Zeitpunkt der Antragstellung zusammen den einhundertsten Teil des Grundkapitals oder einen anteiligen Betrag von 100.000 Euro erreichen, können die Zulassung beantragen, im eigenen Namen die in § 147 Abs. 1 Satz 1 bezeichneten Ersatzansprüche der Gesellschaft geltend zu machen. [2]Das Gericht lässt die Klage zu, wenn

1. die Aktionäre nachweisen, dass sie die Aktien vor dem Zeitpunkt erworben haben, in dem sie oder im Falle der Gesamtrechtsnachfolge ihre Rechtsvorgänger von den behaupteten Pflichtverstößen oder dem behaupteten Schaden auf Grund einer Veröffentlichung Kenntnis erlangen mussten,

2. die Aktionäre nachweisen, dass sie die Gesellschaft unter Setzung einer angemessenen Frist vergeblich aufgefordert haben, selbst Klage zu erheben,
3. Tatsachen vorliegen, die den Verdacht rechtfertigen, dass der Gesellschaft durch Unredlichkeit oder grobe Verletzung des Gesetzes oder der Satzung ein Schaden entstanden ist, und
4. der Geltendmachung des Ersatzanspruchs keine überwiegenden Gründe des Gesellschaftswohls entgegenstehen.

(2) [1]Über den Antrag auf Klagezulassung entscheidet das Landgericht, in dessen Bezirk die Gesellschaft ihren Sitz hat, durch Beschluss. [2]Ist bei dem Landgericht eine Kammer für Handelssachen gebildet, so entscheidet diese an Stelle der Zivilkammer. [3]Die Landesregierung kann die Entscheidung durch Rechtsverordnung für die Bezirke mehrerer Landgerichte einem der Landgerichte übertragen, wenn dies der Sicherung einer einheitlichen Rechtsprechung dient. [4]Die Landesregierung kann die Ermächtigung auf die Landesjustizverwaltung übertragen. [5]Die Antragstellung hemmt die Verjährung des streitgegenständlichen Anspruchs bis zur rechtskräftigen Antragsabweisung oder bis zum Ablauf der Frist für die Klageerhebung. [6]Vor der Entscheidung hat das Gericht dem Antragsgegner Gelegenheit zur Stellungnahme zu geben. [7]Gegen die Entscheidung findet die sofortige Beschwerde statt. [8]Die Rechtsbeschwerde ist ausgeschlossen. [9]Die Gesellschaft ist im Zulassungsverfahren und im Klageverfahren beizuladen.

(3) [1]Die Gesellschaft ist jederzeit berechtigt, ihren Ersatzanspruch selbst gerichtlich geltend zu machen; mit Klageerhebung durch die Gesellschaft wird ein anhängiges Zulassungs- oder Klageverfahren von Aktionären über diesen Ersatzanspruch unzulässig. [2]Die Gesellschaft ist nach ihrer Wahl berechtigt, ein anhängiges Klageverfahren über ihren Ersatzanspruch in der Lage zu übernehmen, in der sich das Verfahren zur Zeit der Übernahme befindet. [3]Die bisherigen Antragsteller oder Kläger sind in den Fällen der Sätze 1 und 2 beizuladen.

(4) [1]Hat das Gericht dem Antrag stattgegeben, kann die Klage nur binnen drei Monaten nach Eintritt der Rechtskraft der Entscheidung und sofern die Aktionäre die Gesellschaft nochmals unter Setzung einer angemessenen Frist vergeblich aufgefordert haben, selbst Klage zu erheben, vor dem nach Absatz 2 zuständigen Gericht erhoben werden. [2]Sie ist gegen die in § 147 Abs. 1 Satz 1 genannten Personen und auf Leistung an die Gesellschaft zu richten. [3]Eine Nebenintervention durch Aktionäre ist nach Zulassung der Klage nicht mehr möglich. [4]Mehrere Klagen sind zur gleichzeitigen Verhandlung und Entscheidung zu verbinden.

(5) [1]Das Urteil wirkt, auch wenn es auf Klageabweisung lautet, für und gegen die Gesellschaft und die übrigen Aktionäre. [2]Entsprechendes gilt für ei-

nen nach § 149 bekannt zu machenden Vergleich; für und gegen die Gesellschaft wirkt dieser aber nur nach Klagezulassung.

(6) [1]Die Kosten des Zulassungsverfahrens hat der Antragsteller zu tragen, soweit sein Antrag abgewiesen wird. [2]Beruht die Abweisung auf entgegenstehenden Gründen des Gesellschaftswohls, die die Gesellschaft vor Antragstellung hätte mitteilen können, aber nicht mitgeteilt hat, so hat sie dem Antragsteller die Kosten zu erstatten. [3]Im Übrigen ist über die Kostentragung im Endurteil zu entscheiden. [4]Erhebt die Gesellschaft selbst Klage oder übernimmt sie ein anhängiges Klageverfahren von Aktionären, so trägt sie etwaige bis zum Zeitpunkt ihrer Klageerhebung oder Übernahme des Verfahrens entstandene Kosten des Antragstellers und kann die Klage nur unter den Voraussetzungen des § 93 Abs. 4 Satz 3 und 4 mit Ausnahme der Sperrfrist zurücknehmen. [5]Wird die Klage ganz oder teilweise abgewiesen, hat die Gesellschaft den Klägern die von diesen zu tragenden Kosten zu erstatten, sofern nicht die Kläger die Zulassung durch vorsätzlich oder grob fahrlässig unrichtigen Vortrag erwirkt haben. [6]Gemeinsam als Antragsteller oder als Streitgenossen handelnde Aktionäre erhalten insgesamt nur die Kosten eines Bevollmächtigten erstattet, soweit nicht ein weiterer Bevollmächtigter zur Rechtsverfolgung unerlässlich war.

§ 149 Bekanntmachungen zur Haftungsklage

(1) Nach rechtskräftiger Zulassung der Klage gemäß § 148 sind der Antrag auf Zulassung und die Verfahrensbeendigung von der börsennotierten Gesellschaft unverzüglich in den Gesellschaftsblättern bekannt zu machen.

(2) [1]Die Bekanntmachung der Verfahrensbeendigung hat deren Art, alle mit ihr im Zusammenhang stehenden Vereinbarungen einschließlich Nebenabreden im vollständigen Wortlaut sowie die Namen der Beteiligten zu enthalten. [2]Etwaige Leistungen der Gesellschaft und ihr zurechenbare Leistungen Dritter sind gesondert zu beschreiben und hervorzuheben. [3]Die vollständige Bekanntmachung ist Wirksamkeitsvoraussetzung für alle Leistungspflichten. [4]Die Wirksamkeit von verfahrensbeendigenden Prozesshandlungen bleibt hiervon unberührt. [5]Trotz Unwirksamkeit bewirkte Leistungen können zurückgefordert werden.

(3) Die vorstehenden Bestimmungen gelten entsprechend für Vereinbarungen, die zur Vermeidung eines Prozesses geschlossen werden.

§ 161 Erklärung zum Corporate Governance Kodex

(1) [1]Vorstand und Aufsichtsrat der börsennotierten Gesellschaft erklären jährlich, dass den vom Bundesministerium der Justiz im amtlichen Teil des elektronischen Bundesanzeigers bekannt gemachten Empfehlungen der

„Regierungskommission Deutscher Corporate Governance Kodex“ entsprochen wurde und wird oder welche Empfehlungen nicht angewendet wurden oder werden und warum nicht. [2]Gleiches gilt für Vorstand und Aufsichtsrat einer Gesellschaft, die ausschließlich andere Wertpapiere als Aktien zum Handel an einem organisierten Markt im Sinn des § 2 Absatz 11 des Wertpapierhandelsgesetzes ausgegeben hat und deren ausgegebene Aktien auf eigene Veranlassung über ein multilaterales Handelssystem im Sinn des § 2 Absatz 8 Satz 1 Nummer 8 des Wertpapierhandelsgesetzes gehandelt werden.

(2) Die Erklärung ist auf der Internetseite der Gesellschaft dauerhaft öffentlich zugänglich zu machen.

§ 309 Verantwortlichkeit der gesetzlichen Vertreter des herrschenden Unternehmens

(1) Besteht ein Beherrschungsvertrag, so haben die gesetzlichen Vertreter (beim Einzelkaufmann der Inhaber) des herrschenden Unternehmens gegenüber der Gesellschaft bei der Erteilung von Weisungen an diese die Sorgfalt eines ordentlichen und gewissenhaften Geschäftsleiters anzuwenden.

(2) [1]Verletzen sie ihre Pflichten, so sind sie der Gesellschaft zum Ersatz des daraus entstehenden Schadens als Gesamtschuldner verpflichtet. [2]Ist streitig, ob sie die Sorgfalt eines ordentlichen und gewissenhaften Geschäftsleiters angewandt haben, so trifft sie die Beweislast.

(3) [1]Die Gesellschaft kann erst drei Jahre nach der Entstehung des Anspruchs und nur dann auf Ersatzansprüche verzichten oder sich über sie vergleichen, wenn die außenstehenden Aktionäre durch Sonderbeschluss zustimmen und nicht eine Minderheit, deren Anteile zusammen den zehnten Teil des bei der Beschlussfassung vertretenen Grundkapitals erreichen, zur Niederschrift Widerspruch erhebt. [3]Die zeitliche Beschränkung gilt nicht, wenn der Ersatzpflichtige zahlungsunfähig ist und sich zur Abwendung des Insolvenzverfahrens mit seinen Gläubigern vergleicht oder wenn die Ersatzpflicht in einem Insolvenzplan geregelt wird.

(4) [1]Der Ersatzanspruch der Gesellschaft kann auch von jedem Aktionär geltend gemacht werden. [2]Der Aktionär kann jedoch nur Leistung an die Gesellschaft fordern. [3]Der Ersatzanspruch kann ferner von den Gläubigern der Gesellschaft geltend gemacht werden, soweit sie von dieser keine Befriedigung erlangen können. [3]Den Gläubigern gegenüber wird die Ersatzpflicht durch einen Verzicht oder Vergleich der Gesellschaft nicht ausgeschlossen. [4]Ist über das Vermögen der Gesellschaft das Insolvenzverfahren eröffnet, so übt während dessen Dauer der Insolvenzverwalter oder der Sachwalter

das Recht der Aktionäre und Gläubiger, den Ersatzanspruch der Gesellschaft geltend zu machen, aus.

(5) Die Ansprüche aus diesen Vorschriften verjähren in fünf Jahren.

§ 310 Verantwortlichkeit der Verwaltungsmitglieder der Gesellschaft

(1) [1]Die Mitglieder des Vorstands und des Aufsichtsrats der Gesellschaft haften neben dem Ersatzpflichtigen nach § 309 als Gesamtschuldner, wenn sie unter Verletzung ihrer Pflichten gehandelt haben. [2]Ist streitig, ob sie die Sorgfalt eines ordentlichen und gewissenhaften Geschäftsleiters angewandt haben, so trifft sie die Beweislast.

(2) Dadurch, dass der Aufsichtsrat die Handlung gebilligt hat, wird die Ersatzpflicht nicht ausgeschlossen.

(3) Eine Ersatzpflicht der Verwaltungsmitglieder der Gesellschaft besteht nicht, wenn die schädigende Handlung auf einer Weisung beruht, die nach § 308 Abs. 2 zu befolgen war.

(4) § 309 Abs. 3 bis 5 ist anzuwenden.

§ 317 Verantwortlichkeit des herrschenden Unternehmens und seiner gesetzlichen Vertreter

(1) [1]Veranlasst ein herrschendes Unternehmen eine abhängige Gesellschaft, mit der kein Beherrschungsvertrag besteht, ein für sie nachteiliges Rechtsgeschäft vorzunehmen oder zu ihrem Nachteil eine Maßnahme zu treffen oder zu unterlassen, ohne dass es den Nachteil bis zum Ende des Geschäftsjahrs tatsächlich ausgleicht oder der abhängigen Gesellschaft einen Rechtsanspruch auf einen zum Ausgleich bestimmten Vorteil gewährt, so ist es der Gesellschaft zum Ersatz des ihr daraus entstehenden Schadens verpflichtet. [2]Es ist auch den Aktionären zum Ersatz des ihnen daraus entstehenden Schadens verpflichtet, soweit sie, abgesehen von einem Schaden, der ihnen durch Schädigung der Gesellschaft zugefügt worden ist, geschädigt worden sind.

(2) Die Ersatzpflicht tritt nicht ein, wenn auch ein ordentlicher und gewissenhafter Geschäftsleiter einer unabhängigen Gesellschaft das Rechtsgeschäft vorgenommen oder die Maßnahme getroffen oder unterlassen hätte.

(3) Neben dem herrschenden Unternehmen haften als Gesamtschuldner die gesetzlichen Vertreter des Unternehmens, die die Gesellschaft zu dem Rechtsgeschäft oder der Maßnahme veranlasst haben.

(4) § 309 Abs. 3 bis 5 gilt sinngemäß.

§ 318 Verantwortlichkeit der Verwaltungsmitglieder der Gesellschaft

(1) [1]Die Mitglieder des Vorstands der Gesellschaft haften neben den nach § 317 Ersatzpflichtigen als Gesamtschuldner, wenn sie es unter Verletzung ihrer Pflichten unterlassen haben, das nachteilige Rechtsgeschäft oder die nachteilige Maßnahme in dem Bericht über die Beziehungen der Gesellschaft zu verbundenen Unternehmen aufzuführen oder anzugeben, dass die Gesellschaft durch das Rechtsgeschäft oder die Maßnahme benachteiligt wurde und der Nachteil nicht ausgeglichen worden war. [2]Ist streitig, ob sie die Sorgfalt eines ordentlichen und gewissenhaften Geschäftsleiters angewandt haben, so trifft sie die Beweislast.

(2) Die Mitglieder des Aufsichtsrats der Gesellschaft haften neben den nach § 317 Ersatzpflichtigen als Gesamtschuldner, wenn sie hinsichtlich des nachteiligen Rechtsgeschäfts oder der nachteiligen Maßnahme ihre Pflicht, den Bericht über die Beziehungen zu verbundenen Unternehmen zu prüfen und über das Ergebnis der Prüfung an die Hauptversammlung zu berichten (§ 314), verletzt haben; Absatz 1 Satz 2 gilt sinngemäß.

(3) Der Gesellschaft und auch den Aktionären gegenüber tritt die Ersatzpflicht nicht ein, wenn die Handlung auf einem gesetzmäßigen Beschluss der Hauptversammlung beruht.

(4) § 309 Abs. 3 bis 5 gilt sinngemäß.

§ 399 Falsche Angaben

(1) Mit Freiheitsstrafe bis zu drei Jahren oder mit Geldstrafe wird bestraft, wer

1. als Gründer oder als Mitglied des Vorstands oder des Aufsichtsrats zum Zweck der Eintragung der Gesellschaft oder eines Vertrags nach § 52 Absatz 1 Satz 1 über die Übernahme der Aktien, die Einzahlung auf Aktien, die Verwendung eingezahlter Beträge, den Ausgabebetrag der Aktien, über Sondervorteile, Gründungsaufwand, Sacheinlagen und Sachübernahmen oder in der nach § 37a Absatz 2, auch in Verbindung mit § 52 Absatz 6 Satz 3, abzugebenden Versicherung,
2. als Gründer oder als Mitglied des Vorstands oder des Aufsichtsrats im Gründungsbericht, im Nachgründungsbericht oder im Prüfungsbericht,
3. in der öffentlichen Ankündigung nach § 47 Nr. 3,
4. als Mitglied des Vorstands oder des Aufsichtsrats zum Zweck der Eintragung einer Erhöhung des Grundkapitals (§§ 182 bis 206) über die Einbringung des bisherigen, die Zeichnung oder Einbringung des neuen Kapitals, den Ausgabebetrag der Aktien, die Ausgabe der Bezugsaktien, über Sacheinlagen, in der Bekanntmachung nach § 183a Abs. 2 Satz 1 in Verbindung

mit § 37a Abs. 2 oder in der nach § 184 Abs. 1 Satz 3 abzugebenden Versicherung,

5. als Abwickler zum Zweck der Eintragung der Fortsetzung der Gesellschaft in dem nach § 274 Abs. 3 zu führenden Nachweis oder

6. als Mitglied des Vorstands einer Aktiengesellschaft oder des Leitungsorgans einer inländischen oder ausländischen juristischen Person in der nach § 37 Abs. 2 Satz 1 oder § 81 Abs. 3 Satz 1 abzugebenden Versicherung oder als Abwickler in der nach § 266 Abs. 3 Satz 1 abzugebenden Versicherung

falsche Angaben macht oder erhebliche Umstände verschweigt.

(2) Ebenso wird bestraft, wer als Mitglied des Vorstands oder des Aufsichtsrats zum Zweck der Eintragung einer Erhöhung des Grundkapitals die in § 210 Abs. 1 Satz 2 vorgeschriebene Erklärung der Wahrheit zuwider abgibt.

§ 400 Unrichtige Darstellung

(1) Mit Freiheitsstrafe bis zu drei Jahren oder mit Geldstrafe wird bestraft, wer als Mitglied des Vorstands oder des Aufsichtsrats oder als Abwickler

1. die Verhältnisse der Gesellschaft einschließlich ihrer Beziehungen zu verbundenen Unternehmen im Vergütungsbericht nach § 162 Absatz 1 oder 2, in Darstellungen oder Übersichten über den Vermögensstand oder in Vorträgen oder Auskünften in der Hauptversammlung unrichtig wiedergibt oder verschleiert, wenn die Tat nicht in § 331 Nr. 1 oder 1a des Handelsgesetzbuchs mit Strafe bedroht ist, oder

2. in Aufklärungen oder Nachweisen, die nach den Vorschriften dieses Gesetzes einem Prüfer der Gesellschaft oder eines verbundenen Unternehmens zu geben sind, falsche Angaben macht oder die Verhältnisse der Gesellschaft unrichtig wiedergibt oder verschleiert, wenn die Tat nicht in § 331 Nr. 4 des Handelsgesetzbuchs mit Strafe bedroht ist.

(2) Ebenso wird bestraft, wer als Gründer oder Aktionär in Aufklärungen oder Nachweisen, die nach den Vorschriften dieses Gesetzes einem Gründungsprüfer oder sonstigen Prüfer zu geben sind, falsche Angaben macht oder erhebliche Umstände verschweigt.

§ 401 Pflichtverletzung bei Verlust, Überschuldung oder Zahlungsunfähigkeit

(1) Mit Freiheitsstrafe bis zu drei Jahren oder mit Geldstrafe wird bestraft, wer es als Mitglied des Vorstands entgegen § 92 Abs. 1 unterlässt, bei einem Verlust in Höhe der Hälfte des Grundkapitals die Hauptversammlung einzuberufen und ihr dies anzuzeigen.

(2) Handelt der Täter fahrlässig, so ist die Strafe Freiheitsstrafe bis zu einem Jahr oder Geldstrafe.

§ 404 Verletzung der Geheimhaltungspflicht

(1) Mit Freiheitsstrafe bis zu einem Jahr, bei börsennotierten Gesellschaften bis zu zwei Jahren, oder mit Geldstrafe wird bestraft, wer ein Geheimnis der Gesellschaft, namentlich ein Betriebs- oder Geschäftsgeheimnis, das ihm in seiner Eigenschaft als

1. Mitglied des Vorstands oder des Aufsichtsrats oder Abwickler,
2. Prüfer oder Gehilfe eines Prüfers

bekannt geworden ist, unbefugt offenbart; im Falle der Nummer 2 jedoch nur, wenn die Tat nicht in § 333 des Handelsgesetzbuchs mit Strafe bedroht ist.

(2) [1]Handelt der Täter gegen Entgelt oder in der Absicht, sich oder einen anderen zu bereichern oder einen anderen zu schädigen, so ist die Strafe Freiheitsstrafe bis zu zwei Jahren, bei börsennotierten Gesellschaften bis zu drei Jahren, oder Geldstrafe. [2]Ebenso wird bestraft, wer ein Geheimnis der in Absatz 1 bezeichneten Art, namentlich ein Betriebs- oder Geschäftsgeheimnis, das ihm unter den Voraussetzungen des Absatzes 1 bekannt geworden ist, unbefugt verwertet.

(3) [1]Die Tat wird nur auf Antrag der Gesellschaft verfolgt. [2]Hat ein Mitglied des Vorstands oder ein Abwickler die Tat begangen, so ist der Aufsichtsrat, hat ein Mitglied des Aufsichtsrats die Tat begangen, so sind der Vorstand oder die Abwickler antragsberechtigt.

3. Genossenschaftsgesetz (GenG)

§ 34 Sorgfaltspflicht und Verantwortlichkeit der Vorstandsmitglieder

(1) [1]Die Vorstandsmitglieder haben bei ihrer Geschäftsführung die Sorgfalt eines ordentlichen und gewissenhaften Geschäftsleiters einer Genossenschaft anzuwenden. [2]Eine Pflichtverletzung liegt nicht vor, wenn das Vorstandsmitglied bei einer unternehmerischen Entscheidung vernünftigerweise annehmen durfte, auf Grundlage angemessener Informationen zum Wohle der Genossenschaft zu handeln. [3]Über vertrauliche Angaben und Geheimnisse der Genossenschaft, namentlich Betriebs- oder Geschäftsgeheimnisse, die ihnen durch die Tätigkeit im Vorstand bekannt geworden sind, haben sie Stillschweigen zu bewahren.

(2) [1]Vorstandsmitglieder, die ihre Pflichten verletzten, sind der Genossenschaft zum Ersatz des daraus entstehenden Schadens als Gesamtschuldner

verpflichtet. [2]Ist streitig, ob sie die Sorgfalt eines ordentlichen und gewissenhaften Geschäftsleiters einer Genossenschaft angewandt haben, tragen sie die Beweislast. [3]Wenn ein Vorstandsmitglied im Wesentlichen unentgeltlich tätig ist, muss dies bei der Beurteilung seiner Sorgfalt zu seinen Gunsten berücksichtigt werden.

(3) Die Mitglieder des Vorstands sind namentlich zum Ersatz verpflichtet, wenn entgegen diesem Gesetz oder der Satzung

1. Geschäftsguthaben ausgezahlt werden,
2. den Mitgliedern Zinsen oder Gewinnanteile gewährt werden,
3. Genossenschaftsvermögen verteilt wird,
4. Zahlungen geleistet werden, nachdem die Zahlungsunfähigkeit der Genossenschaft eingetreten ist oder sich eine Überschuldung ergeben hat, die für die Genossenschaft nach § 98 Grund für die Eröffnung des Insolvenzverfahrens ist,
5. Kredit gewährt wird.

(4) [1]Der Genossenschaft gegenüber tritt die Ersatzpflicht nicht ein, wenn die Handlung auf einem gesetzmäßigen Beschluss der Generalversammlung beruht. [2]Dadurch, dass der Aufsichtsrat die Handlung gebilligt hat, wird die Ersatzpflicht nicht ausgeschlossen.

(5) [1]In den Fällen des Absatzes 3 kann der Ersatzanspruch auch von den Gläubigern der Genossenschaft geltend gemacht werden, soweit sie von dieser keine Befriedigung erlangen können. [2]Den Gläubigern gegenüber wird die Ersatzpflicht weder durch einen Verzicht oder Vergleich der Genossenschaft noch dadurch aufgehoben, dass die Handlung auf einem Beschluss der Generalversammlung beruht. [3]Ist über das Vermögen der Genossenschaft das Insolvenzverfahren eröffnet, so übt während dessen Dauer der Insolvenzverwalter oder Sachwalter das Recht der Gläubiger gegen die Vorstandsmitglieder aus.

(6) Die Ansprüche aus diesen Vorschriften verjähren in fünf Jahren.

§ 35 Stellvertreter von Vorstandsmitgliedern

Die für Mitglieder des Vorstands gegebenen Vorschriften gelten auch für Stellvertreter von Mitgliedern.

§ 39 Vertretungsbefugnis des Aufsichtsrats

(1) [1]Der Aufsichtsrat vertritt die Genossenschaft gegenüber den Vorstandsmitgliedern gerichtlich und außergerichtlich. [2]Ist nach der Satzung kein Aufsichtsrat zu bilden, wird die Genossenschaft durch einen von der Gene-

ralversammlung gewählten Bevollmächtigten vertreten. [3]Die Satzung kann bestimmen, dass über die Führung von Prozessen gegen Vorstandsmitglieder die Generalversammlung entscheidet.

(2) [1]Der Genehmigung des Aufsichtsrats bedarf jede Gewährung von Kredit an ein Mitglied des Vorstands, soweit die Gewährung des Kredits nicht durch die Satzung an noch andere Erfordernisse geknüpft oder ausgeschlossen ist. [2]Das gleiche gilt von der Annahme eines Vorstandsmitglieds als Bürgen für eine Kreditgewährung.

(3) In Prozessen gegen die Mitglieder des Aufsichtsrats wird die Genossenschaft durch Bevollmächtigte vertreten, welche in der Generalversammlung gewählt werden.

§ 41 Sorgfaltspflicht und Verantwortlichkeit der Aufsichtsratsmitglieder

Für die Sorgfaltspflicht und Verantwortlichkeit der Aufsichtsratsmitglieder gilt § 34 über die Verantwortlichkeit der Vorstandsmitglieder sinngemäß.

4. GmbH-Gesetz (GmbHG)

§ 9a Ersatzansprüche der Gesellschaft

(1) Werden zum Zweck der Errichtung der Gesellschaft falsche Angaben gemacht, so haben die Gesellschafter und Geschäftsführer der Gesellschaft als Gesamtschuldner fehlende Einzahlungen zu leisten, eine Vergütung, die nicht unter den Gründungsaufwand aufgenommen ist, zu ersetzen und für den sonst entstehenden Schaden Ersatz zu leisten.

(2) Wird die Gesellschaft von Gesellschaftern durch Einlagen oder Gründungsaufwand vorsätzlich oder aus grober Fahrlässigkeit geschädigt, so sind ihr alle Gesellschafter als Gesamtschuldner zum Ersatz verpflichtet.

(3) Von diesen Verpflichtungen ist ein Gesellschafter oder ein Geschäftsführer befreit, wenn er die die Ersatzpflicht begründenden Tatsachen weder kannte noch bei Anwendung der Sorgfalt eines ordentlichen Geschäftsmannes kennen musste.

(4) [1]Neben den Gesellschaftern sind in gleicher Weise Personen verantwortlich, für deren Rechnung die Gesellschafter Geschäftsanteile übernommen haben. [2]Sie können sich auf ihre eigene Unkenntnis nicht wegen solcher Umstände berufen, die ein für ihre Rechnung handelnder Gesellschafter kannte oder bei Anwendung der Sorgfalt eines ordentlichen Geschäftsmannes kennen musste.

§ 9b Verzicht auf Ersatzansprüche

(1) [1]Ein Verzicht der Gesellschaft auf Ersatzansprüche nach § 9a oder ein Vergleich der Gesellschaft über diese Ansprüche ist unwirksam, soweit der Ersatz zur Befriedigung der Gläubiger der Gesellschaft erforderlich ist. [2]Dies gilt nicht, wenn der Ersatzpflichtige zahlungsunfähig ist und sich zur Abwendung des Insolvenzverfahrens mit seinen Gläubigern vergleicht oder wenn die Ersatzpflicht in einem Insolvenzplan geregelt wird.

(2) [1]Ersatzansprüche der Gesellschaft nach § 9a verjähren in fünf Jahren. [2]Die Verjährung beginnt mit der Eintragung der Gesellschaft in das Handelsregister oder, wenn die zum Ersatz verpflichtende Handlung später begangen worden ist, mit der Vornahme der Handlung.

§ 11 Rechtszustand vor der Eintragung

(1) Vor der Eintragung in das Handelsregister des Sitzes der Gesellschaft besteht die Gesellschaft mit beschränkter Haftung als solche nicht.

(2) Ist vor der Eintragung im Namen der Gesellschaft gehandelt worden, so haften die Handelnden persönlich und solidarisch.

§ 41 Buchführung

Die Geschäftsführer sind verpflichtet, für die ordnungsmäßige Buchführung der Gesellschaft zu sorgen.

§ 43 Haftung der Geschäftsführer

(1) Die Geschäftsführer haben in den Angelegenheiten der Gesellschaft die Sorgfalt eines ordentlichen Geschäftsmannes anzuwenden.

(2) Geschäftsführer, welche ihre Obliegenheiten verletzen, haften der Gesellschaft solidarisch für den entstandenen Schaden.

(3) [1]Insbesondere sind sie zum Ersatze verpflichtet, wenn den Bestimmungen des § 30 zuwider Zahlungen aus dem zur Erhaltung des Stammkapitals erforderlichen Vermögen der Gesellschaft gemacht oder den Bestimmungen des § 33 zuwider eigene Geschäftsanteile der Gesellschaft erworben worden sind. [2]Auf den Ersatzanspruch finden die Bestimmungen in § 9b Abs. 1 entsprechende Anwendung. [3]Soweit der Ersatz zur Befriedigung der Gläubiger der Gesellschaft erforderlich ist, wird die Verpflichtung der Geschäftsführer dadurch nicht aufgehoben, dass dieselben in Befolgung eines Beschlusses der Gesellschafter gehandelt haben.

(4) Die Ansprüche aufgrund der vorstehenden Bestimmungen verjähren in fünf Jahren.

§ 44 Stellvertreter von Geschäftsführern

Die für die Geschäftsführer gegebenen Vorschriften gelten auch für Stellvertreter von Geschäftsführern.

§ 46 Aufgabenkreis der Gesellschafter

Der Bestimmung der Gesellschafter unterliegen:

1. die Feststellung des Jahresabschlusses und die Verwendung des Ergebnisses;

1a. die Entscheidung über die Offenlegung eines Einzelabschlusses nach internationalen Rechnungslegungsstandards (§ 325 Abs. 2a des Handelsgesetzbuchs) und über die Billigung des von den Geschäftsführern aufgestellten Abschlusses;

1b. die Billigung eines von den Geschäftsführern aufgestellten Konzernabschlusses;

2. die Einforderung von Einlagen;
3. die Rückzahlung von Nachschüssen;
4. die Teilung, die Zusammenlegung sowie die Einziehung von Geschäftsanteilen;
5. die Bestellung und die Abberufung von Geschäftsführern sowie die Entlastung derselben;
6. die Maßregeln zur Prüfung und Überwachung der Geschäftsführung;
7. die Bestellung von Prokuristen und von Handlungsbevollmächtigten zum gesamten Geschäftsbetrieb;
8. die Geltendmachung von Ersatzansprüchen, welche der Gesellschaft aus der Gründung oder Geschäftsführung gegen Geschäftsführer oder Gesellschafter zustehen, sowie die Vertretung der Gesellschaft in Prozessen, welche sie gegen die Geschäftsführer zu führen hat.

§ 52 Aufsichtsrat

(1) Ist nach dem Gesellschaftsvertrag ein Aufsichtsrat zu bestellen, so sind § 90 Abs. 3, 4, 5 Satz 1 und 2, § 95 Satz 1, § 100 Abs. 1 und 2 Nr. 2 und Abs. 5, § 101 Abs. 1 Satz 1, § 103 Abs. 1 Satz 1 und 2, §§ 105, 107 Absatz 3 Satz 2 und 3 und Absatz 4, §§ 110 bis 114, 116 des Aktiengesetzes in Verbindung mit § 93 Abs. 1 und 2 Satz 1 und 2 des Aktiengesetzes, § 124 Abs. 3 Satz 2, §§ 170, 171, 394 und 395 des Aktiengesetzes entsprechend anzuwenden, soweit nicht im Gesellschaftsvertrag ein anderes bestimmt ist.

(2) [1]Ist nach dem Drittelbeteiligungsgesetz ein Aufsichtsrat zu bestellen, so legt die Gesellschafterversammlung für den Frauenanteil im Aufsichtsrat und unter den Geschäftsführern Zielgrößen fest, es sei denn, sie hat dem Aufsichtsrat diese Aufgabe übertragen. [2]Ist nach dem Mitbestimmungsgesetz, dem Montan-Mitbestimmungsgesetz oder dem Mitbestimmungsergänzungsgesetz ein Aufsichtsrat zu bestellen, so legt der Aufsichtsrat für den Frauenanteil im Aufsichtsrat und unter den Geschäftsführern Zielgrößen fest. [3]Die Zielgrößen müssen den angestrebten Frauenanteil am jeweiligen Gesamtgremium beschreiben und bei Angaben in Prozent vollen Personenzahlen entsprechen. [4]Wird für den Aufsichtsrat oder unter den Geschäftsführern die Zielgröße Null festgelegt, so ist dieser Beschluss klar und verständlich zu begründen. [5]Die Begründung muss ausführlich die Erwägungen darlegen, die der Entscheidung zugrunde liegen. [6]Liegt der Frauenanteil bei Festlegung der Zielgrößen unter 30 Prozent, so dürfen die Zielgrößen den jeweils erreichten Anteil nicht mehr unterschreiten. [7]Gleichzeitig sind Fristen zur Erreichung der Zielgrößen festzulegen. [8]Die Fristen dürfen jeweils nicht länger als fünf Jahre sein.

(3) [1]Werden die Mitglieder des Aufsichtsrats vor der Eintragung der Gesellschaft in das Handelsregister bestellt, gilt § 37 Abs. 4 Nr. 3 und 3a des Aktiengesetzes entsprechend. [2]Die Geschäftsführer haben bei jeder Änderung in den Personen der Aufsichtsratsmitglieder unverzüglich eine Liste der Mitglieder des Aufsichtsrats, aus welcher Name, Vorname, ausgeübter Beruf und Wohnort der Mitglieder ersichtlich ist, zum Handelsregister einzureichen; das Gericht hat nach § 10 des Handelsgesetzbuchs einen Hinweis darauf bekannt zu machen, dass die Liste zum Handelsregister eingereicht worden ist.

(4) Schadensersatzansprüche gegen die Mitglieder des Aufsichtsrats wegen Verletzung ihrer Obliegenheiten verjähren in fünf Jahren.

5. Insolvenzordnung (InsO)

§ 15a Antragspflicht bei juristischen Personen und rechtsfähigen Personengesellschaften

(1) [1]Wird eine juristische Person zahlungsunfähig oder überschuldet, haben die Mitglieder des Vertretungsorgans oder die Abwickler ohne schuldhaftes Zögern einen Eröffnungsantrag zu stellen. [2]Der Antrag ist spätestens drei Wochen nach Eintritt der Zahlungsunfähigkeit und sechs Wochen nach Eintritt der Überschuldung zu stellen. [3]Das Gleiche gilt für die organschaftlichen Vertreter der zur Vertretung der Gesellschaft ermächtigten Gesellschafter oder die Abwickler bei einer rechtsfähigen Personengesellschaft, bei der kein persönlich haftender Gesellschafter eine natürliche Person ist; dies gilt

nicht, wenn zu den persönlich haftenden Gesellschaftern eine andere Gesellschaft gehört, bei der ein persönlich haftender Gesellschafter eine natürliche Person ist.

(2) Bei einer Gesellschaft im Sinne des Absatzes 1 Satz 3 gilt Absatz 1 sinngemäß, wenn die organschaftlichen Vertreter der zur Vertretung der Gesellschaft ermächtigten Gesellschafter ihrerseits Gesellschaften sind, bei denen kein persönlich haftender Gesellschafter eine natürliche Person ist, oder sich die Verbindung von Gesellschaften in dieser Art fortsetzt.

(3) Im Fall der Führungslosigkeit einer Gesellschaft mit beschränkter Haftung ist auch jeder Gesellschafter, im Fall der Führungslosigkeit einer Aktiengesellschaft oder einer Genossenschaft ist auch jedes Mitglied des Aufsichtsrats zur Stellung des Antrags verpflichtet, es sei denn, dieser oder dieses hat von der Zahlungsunfähigkeit und der Überschuldung oder der Führungslosigkeit keine Kenntnis.

(4) Mit Freiheitsstrafe bis zu drei Jahren oder mit Geldstrafe wird bestraft, wer entgegen Absatz 1 Satz 1 und 2, auch in Verbindung mit Satz 3 oder Absatz 2 oder Absatz 3, einen Eröffnungsantrag

1. nicht oder nicht rechtzeitig stellt oder

2. nicht richtig stellt.

(5) Handelt der Täter in den Fällen des Absatzes 4 fahrlässig, ist die Strafe Freiheitsstrafe bis zu einem Jahr oder Geldstrafe.

(6) Im Falle des Absatzes 4 Nummer 2, auch in Verbindung mit Absatz 5, ist die Tat nur strafbar, wenn der Eröffnungsantrag rechtskräftig als unzulässig zurückgewiesen wurde.

(7) Auf Vereine und Stiftungen, für die § 42 Absatz 2 des Bürgerlichen Gesetzbuchs gilt, sind die Absätze 1 bis 6 nicht anzuwenden.

§ 15b Zahlungen bei Zahlungsunfähigkeit und Überschuldung; Verjährung

(1) [1]Die nach § 15a Absatz 1 Satz 1 antragspflichtigen Mitglieder des Vertretungsorgans und Abwickler einer juristischen Person dürfen nach dem Eintritt der Zahlungsunfähigkeit oder der Überschuldung der juristischen Person keine Zahlungen mehr für diese vornehmen. [2]Dies gilt nicht für Zahlungen, die mit der Sorgfalt eines ordentlichen und gewissenhaften Geschäftsleiters vereinbar sind.

(2) [1]Zahlungen, die im ordnungsgemäßen Geschäftsgang erfolgen, insbesondere solche Zahlungen, die der Aufrechterhaltung des Geschäftsbetriebs dienen, gelten vorbehaltlich des Absatzes 3 als mit der Sorgfalt eines ordentlichen und gewissenhaften Geschäftsleiters vereinbar. [2]Im Rahmen des

für eine rechtzeitige Antragstellung maßgeblichen Zeitraums nach § 15a Absatz 1 Satz 1 und 2 gilt dies nur, solange die Antragspflichtigen Maßnahmen zur nachhaltigen Beseitigung der Insolvenzreife oder zur Vorbereitung eines Insolvenzantrags mit der Sorgfalt eines ordentlichen und gewissenhaften Geschäftsleiters betreiben. [3]Zahlungen, die im Zeitraum zwischen der Stellung des Antrags und der Eröffnung des Verfahrens geleistet werden, gelten auch dann als mit der Sorgfalt eines ordentlichen und gewissenhaften Geschäftsleiters vereinbar, wenn diese mit Zustimmung eines vorläufigen Insolvenzverwalters vorgenommen wurden.

(3) Ist der nach § 15a Absatz 1 Satz 1 und 2 für eine rechtzeitige Antragstellung maßgebliche Zeitpunkt verstrichen und hat der Antragspflichtige keinen Antrag gestellt, sind Zahlungen in der Regel nicht mit der Sorgfalt eines ordentlichen und gewissenhaften Geschäftsleiters vereinbar.

(4) [1]Werden entgegen Absatz 1 Zahlungen geleistet, sind die Antragspflichtigen der juristischen Person zur Erstattung verpflichtet. [2]Ist der Gläubigerschaft der juristischen Person ein geringerer Schaden entstanden, beschränkt sich die Ersatzpflicht auf den Ausgleich dieses Schadens. [3]Soweit die Erstattung oder der Ersatz zur Befriedigung der Gläubiger der juristischen Person erforderlich ist, wird die Pflicht nicht dadurch ausgeschlossen, dass dieselben in Befolgung eines Beschlusses eines Organs der juristischen Person gehandelt haben. [4]Ein Verzicht der juristischen Person auf Erstattungs- oder Ersatzansprüche oder ein Vergleich der juristischen Person über diese Ansprüche ist unwirksam. [5]Dies gilt nicht, wenn der Erstattungs- oder Ersatzpflichtige zahlungsunfähig ist und sich zur Abwendung des Insolvenzverfahrens mit seinen Gläubigern vergleicht, wenn die Erstattungs- oder Ersatzpflicht in einem Insolvenzplan geregelt wird oder wenn ein Insolvenzverwalter für die juristische Person handelt.

(5) [1]Absatz 1 Satz 1 und Absatz 4 gelten auch für Zahlungen an Personen, die an der juristischen Person beteiligt sind, soweit diese zur Zahlungsunfähigkeit der juristischen Person führen mussten, es sei denn, dies war auch bei Beachtung der in Absatz 1 Satz 2 bezeichneten Sorgfalt nicht erkennbar. [2]Satz 1 ist auf Genossenschaften nicht anwendbar.

(6) Die Absätze 1 bis 5 gelten auch für die nach § 15a Absatz 1 Satz 3 und Absatz 2 zur Stellung des Antrags verpflichteten organschaftlichen Vertreter der zur Vertretung der Gesellschaft ermächtigten Gesellschafter.

(7) [1]Die Ansprüche aufgrund der vorstehenden Bestimmungen verjähren in fünf Jahren. [2]Besteht zum Zeitpunkt der Pflichtverletzung eine Börsennotierung, verjähren die Ansprüche in zehn Jahren.

(8) [1]Eine Verletzung steuerrechtlicher Zahlungspflichten liegt nicht vor, wenn zwischen dem Eintritt der Zahlungsunfähigkeit nach § 17 oder der Überschuldung nach § 19 und der Entscheidung des Insolvenzgerichts über

den Insolvenzantrag Ansprüche aus dem Steuerschuldverhältnis nicht oder nicht rechtzeitig erfüllt werden, sofern die Antragspflichtigen ihren Verpflichtungen nach § 15a nachkommen. [2]Wird entgegen der Verpflichtung nach § 15a ein Insolvenzantrag verspätet gestellt, gilt dies nur für die nach Bestellung eines vorläufigen Insolvenzverwalters oder Anordnung der vorläufigen Eigenverwaltung fällig werdenden Ansprüche aus dem Steuerschuldverhältnis. [3]Wird das Insolvenzverfahren nicht eröffnet und ist dies auf eine Pflichtverletzung der Antragspflichtigen zurückzuführen, gelten die Sätze 1 und 2 nicht.

§ 17 Zahlungsunfähigkeit

(1) Allgemeiner Eröffnungsgrund ist die Zahlungsunfähigkeit.

(2) [1]Der Schuldner ist zahlungsunfähig, wenn er nicht in der Lage ist, die fälligen Zahlungspflichten zu erfüllen. [2]Zahlungsunfähigkeit ist in der Regel anzunehmen, wenn der Schuldner seine Zahlungen eingestellt hat.

§ 18 Drohende Zahlungsunfähigkeit

(1) Beantragt der Schuldner die Eröffnung des Insolvenzverfahrens, so ist auch die drohende Zahlungsunfähigkeit Eröffnungsgrund.

(2) [1]Der Schuldner droht zahlungsunfähig zu werden, wenn er voraussichtlich nicht in der Lage sein wird, die bestehenden Zahlungspflichten im Zeitpunkt der Fälligkeit zu erfüllen. [2]In aller Regel ist ein Prognosezeitraum von 24 Monaten zugrunde zu legen.

(3) Wird bei einer juristischen Person oder einer rechtsfähigen Personengesellschaft der Antrag nicht von allen Mitgliedern des Vertretungsorgans, allen persönlich haftenden Gesellschaftern oder allen Abwicklern gestellt, so ist Absatz 1 nur anzuwenden, wenn der oder die Antragsteller zur Vertretung der juristischen Person oder der Gesellschaft berechtigt sind.

§ 19 Überschuldung

(1) Bei einer juristischen Person ist auch die Überschuldung Eröffnungsgrund.

(2) [1]Überschuldung liegt vor, wenn das Vermögen des Schuldners die bestehenden Verbindlichkeiten nicht mehr deckt, es sei denn, die Fortführung des Unternehmens in den nächsten zwölf Monaten ist nach den Umständen überwiegend wahrscheinlich. [2]Forderungen auf Rückgewähr von Gesellschafterdarlehen oder aus Rechtshandlungen, die einem solchen Darlehen wirtschaftlich entsprechen, für die gemäß § 39 Abs. 2 zwischen Gläubiger und Schuldner der Nachrang im Insolvenzverfahren hinter den in § 39 Abs. 1

Nr. 1 bis 5 bezeichneten Forderungen vereinbart worden ist, sind nicht bei den Verbindlichkeiten nach Satz 1 zu berücksichtigen.

(3) [1]Ist bei einer rechtsfähigen Personengesellschaft kein persönlich haftender Gesellschafter eine natürliche Person, so gelten die Absätze 1 und 2 entsprechend. [2]Dies gilt nicht, wenn zu den persönlich haftenden Gesellschaftern eine andere Gesellschaft gehört, bei der ein persönlich haftender Gesellschafter eine natürliche Person ist.

6. Ordnungswidrigkeitengesetz (OWiG)

§ 130

(1) [1]Wer als Inhaber eines Betriebes oder Unternehmens vorsätzlich oder fahrlässig die Aufsichtsmaßnahmen unterläßt, die erforderlich sind, um in dem Betrieb oder Unternehmen Zuwiderhandlungen gegen Pflichten zu verhindern, die den Inhaber treffen und deren Verletzung mit Strafe oder Geldbuße bedroht ist, handelt ordnungswidrig, wenn eine solche Zuwiderhandlung begangen wird, die durch gehörige Aufsicht verhindert oder wesentlich erschwert worden wäre. [2]Zu den erforderlichen Aufsichtsmaßnahmen gehören auch die Bestellung, sorgfältige Auswahl und Überwachung von Aufsichtspersonen.

(2) Betrieb oder Unternehmen im Sinne des Absatzes 1 ist auch das öffentliche Unternehmen.

(3) [1]Die Ordnungswidrigkeit kann, wenn die Pflichtverletzung mit Strafe bedroht ist, mit einer Geldbuße bis zu einer Million Euro geahndet werden. [2]§ 30 Absatz 2 Satz 3 ist anzuwenden. [3]Ist die Pflichtverletzung mit Geldbuße bedroht, so bestimmt sich das Höchstmaß der Geldbuße wegen der Aufsichtspflichtverletzung nach dem für die Pflichtverletzung angedrohten Höchstmaß der Geldbuße. [4]Satz 3 gilt auch im Falle einer Pflichtverletzung, die gleichzeitig mit Strafe und Geldbuße bedroht ist, wenn das für die Pflichtverletzung angedrohte Höchstmaß der Geldbuße das Höchstmaß nach Satz 1 übersteigt.

7. SE-Verordnung (SE-VO)

Artikel 51

Die Mitglieder des Leitungs-, Aufsichts- oder Verwaltungsorgans haften gemäß den im Sitzstaat der SE für Aktiengesellschaften maßgeblichen Rechtsvorschriften für den Schaden, welcher der SE durch eine Verletzung der ihnen bei der Ausübung ihres Amtes obliegenden gesetzlichen, satzungsmäßigen oder sonstigen Pflichten entsteht.

8. SE-Ausführungsgesetz (SEAG)

§ 22 Aufgaben und Rechte des Verwaltungsrats

(1) Der Verwaltungsrat leitet die Gesellschaft, bestimmt die Grundlinien ihrer Tätigkeit und überwacht deren Umsetzung.

(2) [1]Der Verwaltungsrat hat eine Hauptversammlung einzuberufen, wenn das Wohl der Gesellschaft es fordert. [2]Für den Beschluss genügt die einfache Mehrheit. [3]Für die Vorbereitung und Ausführung von Hauptversammlungsbeschlüssen gilt § 83 des Aktiengesetzes entsprechend; der Verwaltungsrat kann einzelne damit verbundene Aufgaben auf die geschäftsführenden Direktoren übertragen.

(3) [1]Der Verwaltungsrat hat dafür zu sorgen, dass die erforderlichen Handelsbücher geführt werden. [2]Der Verwaltungsrat hat geeignete Maßnahmen zu treffen, insbesondere ein Überwachungssystem einzurichten, damit den Fortbestand der Gesellschaft gefährdende Entwicklungen früh erkannt werden. [3]Der Verwaltungsrat einer börsennotierten Gesellschaft hat darüber hinaus ein im Hinblick auf den Umfang der Geschäftstätigkeit und die Risikolage des Unternehmens angemessenes und wirksames internes Kontrollsystem und Risikomanagementsystem einzurichten.

(4) [1]Der Verwaltungsrat kann die Bücher und Schriften der Gesellschaft sowie die Vermögensgegenstände, namentlich die Gesellschaftskasse und die Bestände an Wertpapieren und Waren, einsehen und prüfen. [2]Er kann damit auch einzelne Mitglieder oder für bestimmte Aufgaben besondere Sachverständige beauftragen. [3]Er erteilt dem Abschlussprüfer den Prüfungsauftrag für den Jahres- und Konzernabschluss gemäß § 290 des Handelsgesetzbuchs.

(5) [1]Ergibt sich bei Aufstellung der Jahresbilanz oder einer Zwischenbilanz oder ist bei pflichtmäßigem Ermessen anzunehmen, dass ein Verlust in der Hälfte des Grundkapitals besteht, so hat der Verwaltungsrat unverzüglich die Hauptversammlung einzuberufen und ihr dies anzuzeigen. [2]Bei Zahlungsunfähigkeit oder Überschuldung der Gesellschaft hat der Verwaltungsrat den Insolvenzantrag nach § 15a Abs. 1 der Insolvenzordnung zu stellen; § 15b der Insolvenzordnung gilt entsprechend.

(6) Rechtsvorschriften, die außerhalb dieses Gesetzes dem Vorstand oder dem Aufsichtsrat einer Aktiengesellschaft Rechte oder Pflichten zuweisen, gelten sinngemäß für den Verwaltungsrat, soweit nicht in diesem Gesetz für den Verwaltungsrat und für geschäftsführende Direktoren besondere Regelungen enthalten sind.

§ 39 Sorgfaltspflicht und Verantwortlichkeit der Verwaltungsratsmitglieder

Für die Sorgfaltspflicht und Verantwortlichkeit der Verwaltungsratsmitglieder gilt § 93 des Aktiengesetzes entsprechend.

§ 40 Geschäftsführende Direktoren

(1) [1]Der Verwaltungsrat bestellt einen oder mehrere geschäftsführende Direktoren. [2]Mitglieder des Verwaltungsrats können zu geschäftsführenden Direktoren bestellt werden, sofern die Mehrheit des Verwaltungsrats weiterhin aus nicht geschäftsführenden Mitgliedern besteht. [3]Die Bestellung ist zur Eintragung in das Handelsregister anzumelden. [4]Werden Dritte zu geschäftsführenden Direktoren bestellt, gilt für sie § 76 Abs. 3 des Aktiengesetzes entsprechend. [5]Die Satzung kann Regelungen über die Bestellung eines oder mehrerer geschäftsführender Direktoren treffen. [6]§ 38 Abs. 2 des SE-Beteiligungsgesetzes bleibt unberührt.

(1a) [1]Sind in einer börsennotierten Gesellschaft, deren Verwaltungsrat aus derselben Zahl von Anteilseigner- und Arbeitnehmervertretern besteht, mehr als drei geschäftsführende Direktoren bestellt, so muss mindestens eine Frau und mindestens ein Mann geschäftsführender Direktor sein. [2]Eine Bestellung eines geschäftsführenden Direktors unter Verstoß gegen dieses Beteiligungsgebot ist nichtig. [3]Die Sätze 1 und 2 sind bei der Bestellung einzelner oder mehrerer geschäftsführender Direktoren ab dem 1. August 2022 zu beachten. [4]Bestehende Mandate können bis zu ihrem vorgesehenen Ende wahrgenommen werden.

(2) [1]Die geschäftsführenden Direktoren führen die Geschäfte der Gesellschaft. [2]Sind mehrere geschäftsführende Direktoren bestellt, so sind sie nur gemeinschaftlich zur Geschäftsführung befugt; die Satzung oder eine vom Verwaltungsrat erlassene Geschäftsordnung kann Abweichendes bestimmen. [3]Gesetzlich dem Verwaltungsrat zugewiesene Aufgaben können nicht auf die geschäftsführenden Direktoren übertragen werden. [4]Soweit nach den für Aktiengesellschaften geltenden Rechtsvorschriften der Vorstand Anmeldungen und die Einreichung von Unterlagen zum Handelsregister vorzunehmen hat, treten an die Stelle des Vorstands die geschäftsführenden Direktoren.

(3) [1]Ergibt sich bei der Aufstellung der Jahresbilanz oder einer Zwischenbilanz oder ist bei pflichtgemäßem Ermessen anzunehmen, dass ein Verlust in Höhe der Hälfte des Grundkapitals besteht, so haben die geschäftsführenden Direktoren dem Vorsitzenden des Verwaltungsrats unverzüglich darüber zu berichten. [2]Dasselbe gilt, wenn die Gesellschaft zahlungsunfähig wird oder sich eine Überschuldung der Gesellschaft ergibt.

(4) [1]Sind mehrere geschäftsführende Direktoren bestellt, können sie sich eine Geschäftsordnung geben, wenn nicht die Satzung den Erlass einer Geschäftsordnung dem Verwaltungsrat übertragen hat oder der Verwaltungsrat eine Geschäftsordnung erlässt. [2]Die Satzung kann Einzelfragen der Geschäftsordnung bindend regeln. [3]Beschlüsse der geschäftsführenden Direktoren über die Geschäftsordnung müssen einstimmig gefasst werden.

(5) [1]Geschäftsführende Direktoren können jederzeit durch Beschluss des Verwaltungsrats abberufen werden, sofern die Satzung nichts anderes regelt. [2]Für die Ansprüche aus dem Anstellungsvertrag gelten die allgemeinen Vorschriften.

(6) [1]Ein geschäftsführender Direktor hat das Recht, den Verwaltungsrat um seine Abberufung zu ersuchen, wenn er wegen Mutterschutz, Elternzeit, der Pflege eines Familienangehörigen oder Krankheit seinen mit der Bestellung verbundenen Pflichten vorübergehend nicht nachkommen kann und neben ihm mindestens ein weiterer geschäftsführender Direktor bestellt ist. Macht ein geschäftsführender Direktor von diesem Recht Gebrauch, muss der Verwaltungsrat diesen geschäftsführenden Direktor

1. im Fall des Mutterschutzes abberufen und dabei die Wiederbestellung nach Ablauf des Zeitraums der in § 3 Absatz 1 und 2 des Mutterschutzgesetzes genannten Schutzfristen zusichern,
2. in den Fällen der Elternzeit, der Pflege eines Familienangehörigen oder der Krankheit abberufen und dabei die Wiederbestellung nach einem Zeitraum von bis zu drei Monaten entsprechend dem Verlangen des geschäftsführenden Direktors zusichern; der Verwaltungsrat kann von der Abberufung absehen, wenn ein wichtiger Grund vorliegt.

[3]In den in Satz 2 Nummer 2 genannten Fällen kann der Verwaltungsrat den geschäftsführenden Direktor auf dessen Verlangen für einen Zeitraum von bis zu zwölf Monaten abberufen. [4]Das vorgesehene Ende der vorherigen Amtszeit bleibt auch als Ende der Amtszeit nach der Wiederbestellung bestehen. [5]Im Übrigen bleiben die Regelungen des Absatzes 1 unberührt. [6]Ein Unterschreiten der in der Satzung festgelegten Mindestzahl an geschäftsführenden Direktoren ist während des Zeitraums nach den Sätzen 2 oder 3 unbeachtlich. [7]Absatz 1a und § 52a Absatz 2 Nummer 4 finden auf Bestellungen während des Zeitraums nach den Sätzen 2 oder 3 keine Anwendung, wenn das Beteiligungsgebot ohne die Abberufung eingehalten wäre. [8]Von den Bestimmungen dieses Absatzes kann nicht gemäß Absatz 5 Satz 1 abgewichen werden. [9]Absatz 8 in Verbindung mit § 88 des Aktiengesetzes ist während des Zeitraums nach den Sätzen 2 oder 3 entsprechend anzuwenden.

(7) Geschäftsführende Direktoren berichten dem Verwaltungsrat entsprechend § 90 des Aktiengesetzes, sofern die Satzung oder die Geschäftsordnung nichts anderes vorsieht.

(8) Die §§ 87 bis 89 des Aktiengesetzes gelten entsprechend.

(9) Für die Sorgfaltspflicht und Verantwortlichkeit der geschäftsführenden Direktoren gilt § 93 des Aktiengesetzes entsprechend.

(10) Die Vorschriften über die geschäftsführenden Direktoren gelten auch für ihre Stellvertreter.

9. Deutscher Corporate Governance Kodex (DCGK) (in der Fassung vom 28. April 2022)

Präambel

Unter Corporate Governance wird der rechtliche und faktische Ordnungsrahmen für die Leitung und Überwachung eines Unternehmens verstanden. Der Deutsche Corporate Governance Kodex (der „Kodex") enthält Grundsätze, Empfehlungen und Anregungen für den Vorstand und den Aufsichtsrat, die dazu beitragen sollen, dass die Gesellschaft im Unternehmensinteresse geführt wird. Der Kodex verdeutlicht die Verpflichtung von Vorstand und Aufsichtsrat, im Einklang mit den Prinzipien der sozialen Marktwirtschaft unter Berücksichtigung der Belange der Aktionäre, der Belegschaft und der sonstigen mit dem Unternehmen verbundenen Gruppen (Stakeholder) für den Bestand des Unternehmens und seine nachhaltige Wertschöpfung zu sorgen (Unternehmensinteresse). Diese Prinzipien verlangen nicht nur Legalität, sondern auch ethisch fundiertes, eigenverantwortliches Verhalten (Leitbild des Ehrbaren Kaufmanns).

Die Gesellschaft und ihre Organe haben sich in ihrem Handeln der Rolle des Unternehmens in der Gesellschaft und ihrer gesellschaftlichen Verantwortung bewusst zu sein. Sozial- und Umweltfaktoren beeinflussen den Unternehmenserfolg und die Tätigkeiten des Unternehmens haben Auswirkungen auf Mensch und Umwelt. Vorstand und Aufsichtsrat berücksichtigen dies bei der Führung und Überwachung im Rahmen des Unternehmensinteresses.

Der **Kodex** hat zum Ziel, das duale deutsche Corporate Governance System transparent und nachvollziehbar zu machen. Der Kodex enthält Grundsätze, Empfehlungen und Anregungen zur Leitung und Überwachung deutscher börsennotierter Gesellschaften, die national und international als Standards guter und verantwortungsvoller Unternehmensführung anerkannt sind. Er will das Vertrauen der Anleger, der Kunden, der Belegschaft und der Öffentlichkeit in die Leitung und Überwachung deutscher börsennotierter Gesellschaften fördern.

Die **Grundsätze** geben wesentliche rechtliche Vorgaben verantwortungsvoller Unternehmensführung wieder und dienen hier der Information der Anleger und weiterer Stakeholder. **Empfehlungen** des Kodex sind im Text durch die Verwendung des Wortes **„soll"** gekennzeichnet. Die Gesellschaften können hiervon abweichen, sind dann aber verpflichtet, dies jährlich offenzulegen und die Abweichungen zu begründen („comply or explain"). Dies ermöglicht den Gesellschaften, branchen- oder unternehmensspezifische Besonderheiten zu berücksichtigen. Eine gut begründete Abweichung von einer Kodexempfehlung kann im Interesse einer guten Unternehmensführung liegen. Schließlich enthält der Kodex **Anregungen**, von denen ohne Offenlegung abgewichen werden kann; hierfür verwendet der Kodex den Begriff **„sollte"**.

In Regelungen des Kodex, die nicht nur die Gesellschaft selbst, sondern auch ihre Konzernunternehmen betreffen, wird der Begriff „Unternehmen" statt „Gesellschaft" verwendet.

Die Aktionäre üben ihre Mitgliedschaftsrechte regelmäßig vor oder während der Hauptversammlung aus. **Institutionelle Anleger** sind für die Unternehmen von besonderer Bedeutung. Von ihnen wird erwartet, dass sie ihre Eigentumsrechte aktiv und verantwortungsvoll auf der Grundlage von transparenten und die Nachhaltigkeit berücksichtigenden Grundsätzen ausüben.

Der Kodex richtet sich an börsennotierte Gesellschaften und Gesellschaften mit Kapitalmarktzugang im Sinne des § 161 Absatz 1 Satz 2 des Aktiengesetzes. **Nicht kapitalmarktorientierten Gesellschaften** mögen die Empfehlungen und Anregungen des Kodex zur Orientierung dienen.

Für die Corporate Governance börsennotierter **Kreditinstitute und Versicherungsunternehmen** ergeben sich aus dem jeweiligen Aufsichtsrecht Besonderheiten, die im Kodex nicht berücksichtigt sind. Empfehlungen des Kodex gelten nur insoweit, als keine gesetzlichen Bestimmungen entgegenstehen.

A. Leitung und Überwachung

I. Geschäftsführungsaufgaben des Vorstands

Grundsatz 1 Der Vorstand leitet das Unternehmen in eigener Verantwortung im Unternehmensinteresse. Die Mitglieder des Vorstands tragen gemeinsam die Verantwortung für die Unternehmensleitung. Der Vorstandsvorsitzende bzw. Sprecher des Vorstands koordiniert die Arbeit der Vorstandsmitglieder.

Grundsatz 2 Der Vorstand entwickelt die strategische Ausrichtung des Unternehmens, stimmt sie mit dem Aufsichtsrat ab und sorgt für ihre Umsetzung.

Empfehlung:

A.1 Der Vorstand soll die mit den Sozial- und Umweltfaktoren verbundenen Risiken und Chancen für das Unternehmen sowie die ökologischen und sozialen Auswirkungen der Unternehmenstätigkeit systematisch identifizieren und bewerten. In der Unternehmensstrategie sollen neben den langfristigen wirtschaftlichen Zielen auch ökologische und soziale Ziele angemessen berücksichtigt werden. Die Unternehmensplanung soll entsprechende finanzielle und nachhaltigkeitsbezogene Ziele umfassen.

Grundsatz 3 Der Vorstand legt für den Frauenanteil in den beiden Führungsebenen unterhalb des Vorstands Zielgrößen fest.

Empfehlung:

A.2 Der Vorstand soll bei der Besetzung von Führungsfunktionen im Unternehmen auf Diversität achten.

Grundsatz 4 Für einen verantwortungsvollen Umgang mit den Risiken der Geschäftstätigkeit bedarf es eines angemessenen und wirksamen internen Kontrollsystems und Risikomanagementsystems. Die Angemessenheit und Wirksamkeit des internen Kontrollsystems und des Risikomanagementsystems setzt deren interne Überwachung voraus.

Empfehlung:

A.3 Das interne Kontrollsystem und das Risikomanagementsystem sollen, soweit nicht bereits gesetzlich geboten, auch nachhaltigkeitsbezogene Ziele abdecken. Dies soll die Prozesse und Systeme zur Erfassung und Verarbeitung nachhaltigkeitsbezogener Daten mit einschließen.

Grundsatz 5 Der Vorstand hat für die Einhaltung der gesetzlichen Bestimmungen und der internen Richtlinien zu sorgen und wirkt auf deren Beachtung im Unternehmen hin (Compliance). Das interne Kontrollsystem und das Risikomanagementsystem umfassen auch ein an der Risikolage des Unternehmens ausgerichtetes Compliance Management System.

Empfehlungen und Anregung:

A.4 Beschäftigten soll auf geeignete Weise die Möglichkeit eingeräumt werden, geschützt Hinweise auf Rechtsverstöße im Unternehmen zu geben; auch Dritten sollte diese Möglichkeit eingeräumt werden.

A.5 Im Lagebericht sollen die wesentlichen Merkmale des gesamten internen Kontrollsystems und des Risikomanagementsystems beschrieben werden und soll zur Angemessenheit und Wirksamkeit dieser Systeme Stellung genommen werden.

II. Überwachungsaufgaben des Aufsichtsrats

Grundsatz 6 Der Aufsichtsrat bestellt und entlässt die Mitglieder des Vorstands, überwacht und berät den Vorstand bei der Leitung des Unternehmens und ist in Entscheidungen von grundlegender Bedeutung für das Unternehmen einzubinden. Überwachung und Beratung umfassen insbesondere auch Nachhaltigkeitsfragen.

Für Geschäfte von grundlegender Bedeutung legen die Satzung und/oder der Aufsichtsrat Zustimmungsvorbehalte fest.

Geschäfte mit nahestehenden Personen* bedürfen darüber hinaus unter Umständen von Gesetzes wegen der vorherigen Zustimmung des Aufsichtsrats.

* Nahestehende Personen im Sinne von § 111a Absatz 1 Satz 2 des Aktiengesetzes.

Grundsatz 7 Der Aufsichtsratsvorsitzende wird vom Aufsichtsrat aus seiner Mitte gewählt. Er koordiniert die Arbeit im Aufsichtsrat und nimmt die Belange des Aufsichtsrats nach außen wahr.

Anregung:

A.6 Der Aufsichtsratsvorsitzende sollte in angemessenem Rahmen bereit sein, mit Investoren über aufsichtsratsspezifische Themen Gespräche zu führen.

III. Funktion der Hauptversammlung

Grundsatz 8 Die Aktionäre üben ihre Mitgliedschaftsrechte regelmäßig in der Hauptversammlung aus. Die Hauptversammlung entscheidet insbesondere über die Gewinnverwendung sowie die Entlastung von Vorstand und Aufsichtsrat und wählt die Anteilseignervertreter in den Aufsichtsrat sowie den Abschlussprüfer. Daneben entscheidet die Hauptversammlung über rechtliche Grundlagen der Gesellschaft, wie insbesondere Änderungen der Satzung, Kapitalmaßnahmen, Unternehmensverträge und Umwandlungen. Die Hauptversammlung beschließt grundsätzlich mit beratendem Charakter über die Billigung des vom Aufsichtsrat vorgelegten Vergütungssystems für die Vorstandsmitglieder, über die konkrete Vergütung des Aufsichtsrats und mit empfehlendem Charakter über die Billigung des Vergütungsberichts für das vorausgegangene Geschäftsjahr.

Anregungen:

A.7 Der Hauptversammlungsleiter sollte sich davon leiten lassen, dass eine ordentliche Hauptversammlung spätestens nach vier bis sechs Stunden beendet ist.

A.8 Der Vorstand sollte im Fall eines Übernahmeangebots eine außerordentliche Hauptversammlung einberufen, in der die Aktionäre über das Übernahmeangebot beraten und gegebenenfalls über gesellschaftsrechtliche Maßnahmen beschließen.

B. Besetzung des Vorstands

Grundsatz 9 Der Aufsichtsrat entscheidet im Rahmen gesetzlicher und satzungsmäßiger Vorgaben über die Anzahl der Vorstandsmitglieder, die erforderlichen Qualifikationen sowie über die Besetzung der einzelnen Positionen durch geeignete Persönlichkeiten. Der Aufsichtsrat gewährleistet die gesetzlich geregelte Mindestbeteiligung der Geschlechter oder legt im Rahmen gesetzlicher Vorgaben Zielgrößen für den Anteil von Frauen im Vorstand fest.

Empfehlungen:

B.1 Bei der Zusammensetzung des Vorstands soll der Aufsichtsrat auf die Diversität achten.

B.2 Der Aufsichtsrat soll gemeinsam mit dem Vorstand für eine langfristige Nachfolgeplanung sorgen; die Vorgehensweise soll in der Erklärung zur Unternehmensführung beschrieben werden.

B.3 Die Erstbestellung von Vorstandsmitgliedern soll für längstens drei Jahre erfolgen.

B.4 Eine Wiederbestellung vor Ablauf eines Jahres vor dem Ende der Bestelldauer bei gleichzeitiger Aufhebung der laufenden Bestellung soll nur bei Vorliegen besonderer Umstände erfolgen.

B.5 Für Vorstandsmitglieder soll eine Altersgrenze festgelegt und in der Erklärung zur Unternehmensführung angegeben werden.

C. Zusammensetzung des Aufsichtsrats

I. Allgemeine Anforderungen

Grundsatz 10 Der Aufsichtsrat setzt sich aus Vertretern der Aktionäre und gegebenenfalls Vertretern der Arbeitnehmer zusammen. Die Vertreter der Aktionäre werden in der Regel von der Hauptversammlung gewählt. Die Mitbestimmungsgesetze legen abhängig von der Zahl der Arbeitnehmer und der Branche fest, ob und gegebenenfalls wie viele Mitglieder des Aufsichtsrats von den Arbeitnehmern zu wählen sind. Die Anteilseignervertreter und die Arbeitnehmervertreter sind gleichermaßen dem Unternehmensinteresse verpflichtet.

Grundsatz 11 Der Aufsichtsrat ist so zusammenzusetzen, dass seine Mitglieder insgesamt über die zur ordnungsgemäßen Wahrnehmung der Aufgaben erforderlichen Kenntnisse, Fähigkeiten und fachlichen Erfahrungen verfügen und die gesetzliche Geschlechterquote eingehalten wird.

Empfehlungen:

C.1 Der Aufsichtsrat soll für seine Zusammensetzung konkrete Ziele benennen und ein Kompetenzprofil für das Gesamtgremium erarbeiten. Dabei soll der Aufsichtsrat auf Diversität achten. Das Kompetenzprofil des Aufsichtsrats soll auch Expertise zu den für das Unternehmen bedeutsamen Nachhaltigkeitsfragen umfassen. Vorschläge des Aufsichtsrats an die Hauptversammlung sollen diese Ziele berücksichtigen und gleichzeitig die Ausfüllung des Kompetenzprofils für das Gesamtgremium anstreben. Der Stand der Umsetzung soll in Form einer Qualifikationsmatrix in der Erklärung zur Unternehmensführung offengelegt werden. Diese soll auch über die nach Einschätzung der Anteilseignervertreter im Aufsichtsrat angemessene Anzahl unabhängiger Anteilseignervertreter und die Namen dieser Mitglieder informieren.

C.2 Für Aufsichtsratsmitglieder soll eine Altersgrenze festgelegt und in der Erklärung zur Unternehmensführung angegeben werden.

C.3 Die Dauer der Zugehörigkeit zum Aufsichtsrat soll offengelegt werden.

Grundsatz 12 Jedes Aufsichtsratsmitglied achtet darauf, dass ihm für die Wahrnehmung seiner Aufgaben genügend Zeit zur Verfügung steht.

Empfehlungen:

C.4 Ein Aufsichtsratsmitglied, das keinem Vorstand einer börsennotierten Gesellschaft angehört, soll insgesamt nicht mehr als fünf Aufsichtsratsmandate bei konzernexternen börsennotierten Gesellschaften oder vergleichbare Funktionen wahrnehmen, wobei ein Aufsichtsratsvorsitz doppelt zählt.

C.5 Wer dem Vorstand einer börsennotierten Gesellschaft angehört, soll insgesamt nicht mehr als zwei Aufsichtsratsmandate in konzernexternen börsennotierten Gesellschaften oder vergleichbare Funktionen und keinen Aufsichtsratsvorsitz in einer konzernexternen börsennotierten Gesellschaft wahrnehmen.

II. Unabhängigkeit der Aufsichtsratsmitglieder

Empfehlungen:

C.6 Dem Aufsichtsrat soll auf Anteilseignerseite eine nach deren Einschätzung angemessene Anzahl unabhängiger Mitglieder angehören; dabei soll die Eigentümerstruktur berücksichtigt werden.

Ein Aufsichtsratsmitglied ist im Sinne dieser Empfehlung als unabhängig anzusehen, wenn es unabhängig von der Gesellschaft und deren Vorstand und unabhängig von einem kontrollierenden Aktionär ist.

C.7 Mehr als die Hälfte der Anteilseignervertreter soll unabhängig von der Gesellschaft und vom Vorstand sein. Ein Aufsichtsratsmitglied ist unabhängig von der Gesellschaft und deren Vorstand, wenn es in keiner persönlichen oder geschäftlichen Beziehung zu der Gesellschaft oder deren Vorstand steht, die einen wesentlichen und nicht nur vorübergehenden Interessenkonflikt begründen kann.

Die Anteilseignerseite soll, wenn sie die Unabhängigkeit ihrer Mitglieder von der Gesellschaft und vom Vorstand einschätzt, insbesondere berücksichtigen, ob das Aufsichtsratsmitglied selbst oder ein naher Familienangehöriger des Aufsichtsratsmitglieds

- in den zwei Jahren vor der Ernennung Mitglied des Vorstands der Gesellschaft war,
- aktuell oder in dem Jahr bis zu seiner Ernennung direkt oder als Gesellschafter oder in verantwortlicher Funktion eines konzernfremden Unternehmens eine wesentliche geschäftliche Beziehung mit der Gesellschaft oder einem von dieser abhängigen Unternehmen unterhält oder unterhalten hat (z. B. als Kunde, Lieferant, Kreditgeber oder Berater),
- ein naher Familienangehöriger eines Vorstandsmitglieds ist oder
- dem Aufsichtsrat seit mehr als 12 Jahren angehört.

C.8 Sofern ein oder mehrere der in Empfehlung C.7 genannten Indikatoren erfüllt sind und das betreffende Aufsichtsratsmitglied dennoch als unabhängig angesehen wird, soll dies in der Erklärung zur Unternehmensführung begründet werden.

C.9 Sofern die Gesellschaft einen kontrollierenden Aktionär hat, sollen im Fall eines Aufsichtsrats mit mehr als sechs Mitgliedern mindestens zwei Anteilseignervertreter unabhängig vom kontrollierenden Aktionär sein. Im Fall eines Aufsichtsrats mit sechs oder weniger Mitgliedern soll mindestens ein Anteilseignervertreter unabhängig vom kontrollierenden Aktionär sein.

Ein Aufsichtsratsmitglied ist unabhängig vom kontrollierenden Aktionär, wenn es selbst oder ein naher Familienangehöriger weder kontrollierender Aktionär ist noch dem geschäftsführenden Organ des kontrollierenden Aktionärs angehört oder in einer persönlichen oder geschäftlichen Beziehung zum kontrollierenden Aktionär steht, die einen wesentlichen und nicht nur vorübergehenden Interessenkonflikt begründen kann.

C.10 Der Aufsichtsratsvorsitzende, der Vorsitzende des Prüfungsausschusses sowie der Vorsitzende des mit der Vorstandsvergütung befassten Ausschusses sollen unabhängig von der Gesellschaft und vom Vorstand sein. Der Vorsitzende des Prüfungsausschusses soll zudem auch unabhängig vom kontrollierenden Aktionär sein.

C.11 Dem Aufsichtsrat sollen nicht mehr als zwei ehemalige Mitglieder des Vorstands angehören.

C.12 Aufsichtsratsmitglieder sollen keine Organfunktion oder Beratungsaufgaben bei wesentlichen Wettbewerbern des Unternehmens ausüben und nicht in einer persönlichen Beziehung zu einem wesentlichen Wettbewerber stehen.

III. Wahlen zum Aufsichtsrat

Empfehlungen:

C.13 Der Aufsichtsrat soll bei seinen Wahlvorschlägen an die Hauptversammlung die persönlichen und die geschäftlichen Beziehungen eines jeden Kandidaten zum Unternehmen, den Organen der Gesellschaft und einem wesentlich an der Gesellschaft beteiligten Aktionär offenlegen. Die Empfehlung zur Offenlegung beschränkt sich auf solche Umstände, die nach der Einschätzung des Aufsichtsrats ein objektiv urteilender Aktionär für seine Wahlentscheidung als maßgebend ansehen würde. Wesentlich beteiligt im Sinn dieser Empfehlung sind Aktionäre, die direkt oder indirekt mehr als 10 % der stimmberechtigten Aktien der Gesellschaft halten.

C.14 Dem Kandidatenvorschlag soll ein Lebenslauf beigefügt werden, der über relevante Kenntnisse, Fähigkeiten und fachliche Erfahrungen Auskunft gibt; dieser soll durch eine Übersicht über die wesentlichen Tätigkeiten neben dem Aufsichtsratsmandat ergänzt und für alle Aufsichtsratsmitglieder jährlich aktualisiert auf der Internetseite des Unternehmens veröffentlicht werden.

C.15 Die Wahl der Anteilseignervertreter im Aufsichtsrat soll als Einzelwahl durchgeführt werden. Ein Antrag auf gerichtliche Bestellung eines Aufsichtsratsmitglieds der Anteilseignerseite soll bis zur nächsten Hauptversammlung befristet sein.

D. Arbeitsweise des Aufsichtsrats

I. Geschäftsordnung

Empfehlung:

D.1 Der Aufsichtsrat soll sich eine Geschäftsordnung geben und diese auf der Internetseite der Gesellschaft zugänglich machen.

II. Zusammenarbeit im Aufsichtsrat und mit dem Vorstand

1. Allgemeine Anforderungen

Grundsatz 13 Vorstand und Aufsichtsrat arbeiten zum Wohle des Unternehmens vertrauensvoll zusammen. Gute Unternehmensführung setzt eine offene Diskussion zwischen Vorstand und Aufsichtsrat sowie in Vorstand und Aufsichtsrat voraus. Die umfassende Wahrung der Vertraulichkeit ist dafür von entscheidender Bedeutung.

2. Ausschüsse des Aufsichtsrats

Grundsatz 14 Die Bildung von Ausschüssen fördert bei größeren Gesellschaften regelmäßig die Wirksamkeit der Arbeit des Aufsichtsrats. Ein Prüfungsausschuss ist einzurichten.

Empfehlungen:

D.2 Der Aufsichtsrat soll abhängig von den spezifischen Gegebenheiten des Unternehmens und der Anzahl seiner Mitglieder fachlich qualifizierte Ausschüsse bilden. Die jeweiligen Ausschussmitglieder und der Ausschussvorsitzende sollen namentlich in der Erklärung zur Unternehmensführung genannt werden.

Grundsatz 15 Mindestens ein Mitglied des Prüfungsausschusses muss über Sachverstand auf dem Gebiet Rechnungslegung und mindestens ein weiteres Mitglied des Prüfungsausschusses über Sachverstand auf dem Gebiet Abschlussprüfung verfügen.

Empfehlungen:

D.3 Der Sachverstand auf dem Gebiet Rechnungslegung soll in besonderen Kenntnissen und Erfahrungen in der Anwendung von Rechnungslegungsgrundsätzen und interner Kontroll- und Risikomanagementsysteme bestehen und der Sachverstand auf dem Gebiet Abschlussprüfung in besonderen Kenntnissen und Erfahrungen in der Abschlussprüfung. Zur Rechnungslegung und Abschlussprüfung gehören auch die Nachhaltigkeitsberichterstattung und deren Prüfung. Der Vorsitzende des Prüfungsausschusses soll zumindest auf einem der beiden Gebiete entsprechend sachverständig sein. Die Erklärung zur Unternehmensführung soll die betreffenden Mitglieder des Prüfungsausschusses nennen und nähere Angaben zu ihrem Sachverstand auf den genannten

Gebieten enthalten. Der Aufsichtsratsvorsitzende soll nicht den Vorsitz im Prüfungsausschuss innehaben.

D.4 Der Aufsichtsrat soll einen Nominierungsausschuss bilden, der ausschließlich mit Vertretern der Anteilseigner besetzt ist und dem Aufsichtsrat geeignete Kandidaten für dessen Vorschläge an die Hauptversammlung zur Wahl von Aufsichtsratsmitgliedern benennt.

3. Informationsversorgung

Grundsatz 16 Die Information des Aufsichtsrats ist Aufgabe des Vorstands. Der Aufsichtsrat hat jedoch seinerseits sicherzustellen, dass er angemessen informiert wird. Der Vorstand informiert den Aufsichtsrat regelmäßig, zeitnah und umfassend über alle für das Unternehmen relevanten Fragen insbesondere der Strategie, der Planung, der Geschäftsentwicklung, der Risikolage, des Risikomanagements und der Compliance. Er geht auf Abweichungen des Geschäftsverlaufs von den aufgestellten Plänen und vereinbarten Zielen unter Angabe von Gründen ein. Der Aufsichtsrat kann jederzeit zusätzliche Informationen vom Vorstand verlangen.

Grundsatz 17 Der Aufsichtsratsvorsitzende wird über wichtige Ereignisse, die für die Beurteilung der Lage und Entwicklung sowie für die Leitung des Unternehmens von wesentlicher Bedeutung sind, unverzüglich durch den Vorsitzenden bzw. Sprecher des Vorstands informiert. Der Aufsichtsratsvorsitzende hat sodann den Aufsichtsrat zu unterrichten und, falls erforderlich, eine außerordentliche Aufsichtsratssitzung einzuberufen.

Empfehlung:

D.5 Der Aufsichtsratsvorsitzende soll zwischen den Sitzungen mit dem Vorstand, insbesondere mit dem Vorsitzenden bzw. Sprecher des Vorstands, regelmäßig Kontakt halten und mit ihm Fragen der Strategie, der Geschäftsentwicklung, der Risikolage, des Risikomanagements und der Compliance des Unternehmens beraten.

4. Sitzungen und Beschlussfassung

Empfehlungen:

D.6 Der Aufsichtsrat soll regelmäßig auch ohne den Vorstand tagen.

D.7 Im Bericht des Aufsichtsrats soll angegeben werden, wie viele Sitzungen des Aufsichtsrats und der Ausschüsse in Präsenz oder als Video- oder Telefonkonferenzen durchgeführt wurden und an wie vielen Sitzungen des Aufsichtsrats und der Ausschüsse die einzelnen Mitglieder jeweils teilgenommen haben.

III. Zusammenarbeit mit dem Abschlussprüfer

Grundsatz 18 Der Abschlussprüfer unterstützt den Aufsichtsrat bzw. den Prüfungsausschuss bei der Überwachung der Geschäftsführung, insbesondere bei der Prüfung der Rechnungslegung und der Überwachung der rechnungslegungsbezogenen Kontroll- und Risikomanagementsysteme. Der Bestätigungsvermerk des Abschlussprüfers informiert den Kapitalmarkt über die Ordnungsmäßigkeit der Rechnungslegung.

Empfehlungen:

D.8 Der Aufsichtsrat oder der Prüfungsausschuss soll mit dem Abschlussprüfer vereinbaren, dass dieser ihn unverzüglich über alle für seine Aufgaben wesentlichen Feststellungen und Vorkommnisse unterrichtet, die bei der Durchführung der Abschlussprüfung zu seiner Kenntnis gelangen.

D.9 Der Aufsichtsrat oder der Prüfungsausschuss soll mit dem Abschlussprüfer vereinbaren, dass dieser ihn informiert und im Prüfungsbericht vermerkt, wenn er bei Durchführung der Abschlussprüfung Tatsachen feststellt, die eine Unrichtigkeit der von Vorstand und Aufsichtsrat abgegebenen Erklärung zum Kodex ergeben.

D.10 Der Prüfungsausschuss soll mit dem Abschlussprüfer die Einschätzung des Prüfungsrisikos, die Prüfungsstrategie und Prüfungsplanung sowie die Prüfungsergebnisse diskutieren. Der Vorsitzende des Prüfungsausschusses soll sich regelmäßig mit dem Abschlussprüfer über den Fortgang der Prüfung austauschen und dem Ausschuss hierüber berichten. Der Prüfungsausschuss soll regelmäßig mit dem Abschlussprüfer auch ohne den Vorstand beraten.

IV. Aus- und Fortbildung

Grundsatz 19 Die Mitglieder des Aufsichtsrats nehmen die für ihre Aufgaben erforderlichen Aus- und Fortbildungsmaßnahmen eigenverantwortlich wahr.

Empfehlung:

D.11 Die Gesellschaft soll die Mitglieder des Aufsichtsrats bei ihrer Amtseinführung sowie den Aus- und Fortbildungsmaßnahmen angemessen unterstützen und über durchgeführte Maßnahmen im Bericht des Aufsichtsrats berichten.

V. Selbstbeurteilung

Empfehlung:

D.12 Der Aufsichtsrat soll regelmäßig beurteilen, wie wirksam der Aufsichtsrat insgesamt und seine Ausschüsse ihre Aufgaben erfüllen. In der Erklärung zur Unternehmensführung soll der Aufsichtsrat berichten, ob und wie eine Selbstbeurteilung durchgeführt wurde.

E. Interessenkonflikte

Grundsatz 20 Die Mitglieder von Vorstand und Aufsichtsrat sind dem Unternehmensinteresse verpflichtet. Sie dürfen bei ihren Entscheidungen weder persönliche Interessen verfolgen noch Geschäftschancen für sich nutzen, die dem Unternehmen zustehen. Vorstandsmitglieder unterliegen während ihrer Tätigkeit einem umfassenden Wettbewerbsverbot.

Empfehlungen:

E.1 Jedes Aufsichtsratsmitglied soll Interessenkonflikte unverzüglich dem Vorsitzenden des Aufsichtsrats offenlegen. Der Aufsichtsrat soll in seinem Bericht an die Hauptversammlung über aufgetretene Interessenkonflikte und deren Behandlung informieren. Wesentliche und nicht nur vorübergehende Interessenkonflikte in der Person eines Aufsichtsratsmitglieds sollen zur Beendigung des Mandats führen.

E.2 Jedes Vorstandsmitglied soll Interessenkonflikte unverzüglich dem Vorsitzenden des Aufsichtsrats und dem Vorsitzenden bzw. Sprecher des Vorstands offenlegen und die anderen Vorstandsmitglieder hierüber informieren.

E.3 Vorstandsmitglieder sollen Nebentätigkeiten, insbesondere konzernfremde Aufsichtsratsmandate, nur mit Zustimmung des Aufsichtsrats übernehmen.

F. Transparenz und externe Berichterstattung

Grundsatz 21 Die Gesellschaft behandelt die Aktionäre bei Informationen unter gleichen Voraussetzungen gleich.

Grundsatz 22 Anteilseigner und Dritte werden insbesondere durch den Konzernabschluss und den Konzernlagebericht (einschließlich CSR-Berichterstattung) sowie durch unterjährige Finanzinformationen unterrichtet.

Empfehlungen:

F.1 Die Gesellschaft soll den Aktionären unverzüglich sämtliche wesentlichen neuen Tatsachen, die Finanzanalysten und vergleichbaren Adressaten mitgeteilt worden sind, zur Verfügung stellen.

F.2 Der Konzernabschluss und der Konzernlagebericht sollen binnen 90 Tagen nach Geschäftsjahresende, die verpflichtenden unterjährigen Finanzinformationen sollen binnen 45 Tagen nach Ende des Berichtszeitraums öffentlich zugänglich sein.

F.3 Ist die Gesellschaft nicht zu Quartalsmitteilungen verpflichtet, soll sie unterjährig neben dem Halbjahresfinanzbericht in geeigneter Form über die Geschäftsentwicklung, insbesondere über wesentliche Veränderungen der Geschäftsaussichten sowie der Risikosituation, informieren.

Grundsatz 23 Aufsichtsrat und Vorstand berichten jährlich in der Erklärung zur Unternehmensführung über die Corporate Governance der Gesellschaft.

Empfehlungen:

F.4 Aufsichtsrat und Vorstand von börsennotierten, spezialgesetzlich regulierten Gesellschaften sollen in der Erklärung zur Unternehmensführung angeben, welche Empfehlungen des Kodex auf Grund vorrangiger gesetzlicher Bestimmungen nicht anwendbar waren.

F.5 Die Gesellschaft soll nicht mehr aktuelle Erklärungen zur Unternehmensführung und Entsprechenserklärungen zu den Empfehlungen des Kodex mindestens fünf Jahre lang auf ihrer Internetseite zugänglich halten.

G. Vergütung von Vorstand und Aufsichtsrat

I. Vergütung des Vorstands

Grundsatz 24 Der Aufsichtsrat beschließt ein klares und verständliches System zur Vergütung der Vorstandsmitglieder und bestimmt auf dessen Basis die konkrete Vergütung der einzelnen Vorstandsmitglieder.

Die Hauptversammlung beschließt grundsätzlich mit beratendem Charakter über die Billigung des vom Aufsichtsrat vorgelegten Vergütungssystems sowie mit empfehlendem Charakter über die Billigung des Vergütungsberichts für das vorausgegangene Geschäftsjahr.

Die Vergütungsstruktur ist bei börsennotierten Gesellschaften auf eine nachhaltige und langfristige Entwicklung der Gesellschaft auszurichten. Die Vergütung der Vorstandsmitglieder hat zur Förderung der Geschäftsstrategie und zur langfristigen Entwicklung der Gesellschaft beizutragen.

1. Festlegung des Vergütungssystems

Empfehlung:

G.1 Im Vergütungssystem soll insbesondere festgelegt werden,

- wie für die einzelnen Vorstandsmitglieder die Ziel-Gesamtvergütung bestimmt wird und welche Höhe die Gesamtvergütung nicht übersteigen darf (Maximalvergütung),
- welchen relativen Anteil die Festvergütung einerseits sowie kurzfristig variable und langfristig variable Vergütungsbestandteile andererseits an der Ziel-Gesamtvergütung haben,
- welche finanziellen und nichtfinanziellen Leistungskriterien für die Gewährung variabler Vergütungsbestandteile maßgeblich sind,
- welcher Zusammenhang zwischen der Erreichung der vorher vereinbarten Leistungskriterien und der variablen Vergütung besteht,
- in welcher Form und wann das Vorstandsmitglied über die gewährten variablen Vergütungsbeträge verfügen kann.

2. Festlegung der konkreten Gesamtvergütung

Empfehlungen:

G.2 Auf Basis des Vergütungssystems soll der Aufsichtsrat für jedes Vorstandsmitglied zunächst dessen konkrete Ziel-Gesamtvergütung festlegen, die in einem angemessenen Verhältnis zu den Aufgaben und Leistungen des Vorstandsmitglieds sowie zur Lage des Unternehmens steht und die übliche Vergütung nicht ohne besondere Gründe übersteigt.

G.3 Zur Beurteilung der Üblichkeit der konkreten Gesamtvergütung der Vorstandsmitglieder im Vergleich zu anderen Unternehmen soll der Aufsichtsrat eine geeignete Vergleichsgruppe anderer Unternehmen heranziehen, deren Zusammensetzung er offenlegt. Der Peer Group-Vergleich ist mit Bedacht zu nutzen, damit es nicht zu einer automatischen Aufwärtsentwicklung kommt.

G.4 Zur Beurteilung der Üblichkeit innerhalb des Unternehmens soll der Aufsichtsrat das Verhältnis der Vorstandsvergütung zur Vergütung des oberen Führungskreises und der Belegschaft insgesamt und dieses auch in der zeitlichen Entwicklung berücksichtigen.

G.5 Zieht der Aufsichtsrat zur Entwicklung des Vergütungssystems und zur Beurteilung der Angemessenheit der Vergütung einen externen Vergütungsexperten hinzu, soll er auf dessen Unabhängigkeit vom Vorstand und vom Unternehmen achten.

3. Festsetzung der Höhe der variablen Vergütungsbestandteile

Empfehlungen:

G.6 Die variable Vergütung, die sich aus dem Erreichen langfristig orientierter Ziele ergibt, soll den Anteil aus kurzfristig orientierten Zielen übersteigen.

G.7 Der Aufsichtsrat soll für das bevorstehende Geschäftsjahr für jedes Vorstandsmitglied für alle variablen Vergütungsbestandteile die Leistungskriterien festlegen, die sich – neben operativen – vor allem an strategischen Zielsetzungen orientieren sollen. Der Aufsichtsrat soll festlegen, in welchem Umfang individuelle Ziele der einzelnen Vorstandsmitglieder oder Ziele für alle Vorstandsmitglieder zusammen maßgebend sind.

G.8 Eine nachträgliche Änderung der Zielwerte oder der Vergleichsparameter soll ausgeschlossen sein.

G.9 Nach Ablauf des Geschäftsjahres soll der Aufsichtsrat in Abhängigkeit von der Zielerreichung die Höhe der individuell für dieses Jahr zu gewährenden Vergütungsbestandteile festlegen. Die Zielerreichung soll dem Grunde und der Höhe nach nachvollziehbar sein.

G.10 Die dem Vorstandsmitglied gewährten variablen Vergütungsbeträge sollen von ihm unter Berücksichtigung der jeweiligen Steuerbelastung überwiegend in Aktien der Gesellschaft angelegt oder entsprechend aktienbasiert gewährt werden. Über die langfristig variablen Gewährungsbeträge soll das Vorstandsmitglied erst nach vier Jahren verfügen können.

G.11 Der Aufsichtsrat soll die Möglichkeit haben, außergewöhnlichen Entwicklungen in angemessenem Rahmen Rechnung zu tragen. In begründeten Fällen soll eine variable Vergütung einbehalten oder zurückgefordert werden können.

4. Leistungen bei Vertragsbeendigung

Empfehlungen und Anregung:

G.12 Im Fall der Beendigung eines Vorstandsvertrags soll die Auszahlung noch offener variabler Vergütungsbestandteile, die auf die Zeit bis zur Vertragsbeendigung entfallen, nach den ursprünglich vereinbarten Zielen und Vergleichsparametern und nach den im Vertrag festgelegten Fälligkeitszeitpunkten oder Haltedauern erfolgen.

G.13 Zahlungen an ein Vorstandsmitglied bei vorzeitiger Beendigung der Vorstandstätigkeit sollen den Wert von zwei Jahresvergütungen nicht überschreiten (Abfindungs-Cap) und nicht mehr als die Restlaufzeit des Anstellungsvertrags vergüten. Im Fall eines nachvertraglichen Wettbewerbsverbots soll die Abfindungszahlung auf die Karenzentschädigung angerechnet werden.

G.14 Zusagen für Leistungen aus Anlass der vorzeitigen Beendigung des Anstellungsvertrags durch das Vorstandsmitglied infolge eines Kontrollwechsels (Change of Control) sollten nicht vereinbart werden.

5. Sonstige Regelungen

Empfehlungen:

G.15 Sofern Vorstandsmitglieder konzerninterne Aufsichtsratsmandate wahrnehmen, soll die Vergütung angerechnet werden.

G.16 Bei der Übernahme konzernfremder Aufsichtsratsmandate soll der Aufsichtsrat entscheiden, ob und inwieweit die Vergütung anzurechnen ist.

II. Vergütung des Aufsichtsrats

Grundsatz 25 Die Mitglieder des Aufsichtsrats erhalten eine Vergütung, die in einem angemessenen Verhältnis zu ihren Aufgaben und der Lage der Gesellschaft steht. Sie wird durch Beschluss der Hauptversammlung, gegebenenfalls in der Satzung festgesetzt.

Empfehlungen und Anregung:

G.17 Bei der Vergütung der Aufsichtsratsmitglieder soll der höhere zeitliche Aufwand des Vorsitzenden und des stellvertretenden Vorsitzenden des Aufsichtsrats sowie des Vorsitzenden und der Mitglieder von Ausschüssen angemessen berücksichtigt werden.

G.18 Die Vergütung des Aufsichtsrats sollte in einer Festvergütung bestehen. Wird den Aufsichtsratsmitgliedern dennoch eine erfolgsorientierte Vergütung zugesagt, soll sie auf eine langfristige Entwicklung der Gesellschaft ausgerichtet sein.

III. Berichterstattung

Grundsatz 26 Vorstand und Aufsichtsrat erstellen jährlich nach den gesetzlichen Bestimmungen einen Vergütungsbericht.

Literaturverzeichnis

Adams, Michael	Die Ursurpation von Aktionärsbefugnissen mittels Ringverflechtung in der „Deutschland AG" – Vorschläge für Reformen im Wettbewerbs-, Steuer- und Unternehmensrecht, AG 1994, 148
Altmeppen, Holger	GmbHG, Kommentar, 11. Aufl., München 2023
ders.	Haftung der Geschäftsleiter einer Kapitalgesellschaft für Verletzung von Verkehrssicherungspflichten, ZIP 1995, 881
ders.	Probleme der Konkursverschleppungshaftung, ZIP 1997, 1173
ders.	Die Haftung des Managers im Konzern, 1998
ders.	Ungültige Vereinbarungen zur Haftung von GmbH-Geschäftsführern, DB 2000, 261
ders.	Insolvenzverschleppungshaftung Stand 2001, ZIP 2001, 2201
ders.	Deliktshaftung in der Personengesellschaft, NJW 2003, 1553
ders.	Die Einflussrechte der Gemeindeorgane in einer kommunalen GmbH, NJW 2003, 2561
Altmeppen, Holger/ Wilhelm, Jan	Quotenschaden, Individualschaden und Klagebefugnis bei der Verschleppung des Insolvenzverfahrens über das Vermögen der GmbH, NJW 1999, 673
Angerer, Lutz/Brandi, Tim Oliver/Süßmann, Rainer	WpÜG, Kommentar, 4. Aufl., München 2023
Armbrüster, Christian	Interessenkonflikte in der D&O-Versicherung, NJW 2016, 897
ders.	Neues vom BGH zur D&O-Versicherung, NJW 2016, 2155
Assmann, Heinz-Dieter	Das künftige deutsche Insiderrecht, AG 1994, 237
Assmann, Heinz-Dieter/Schütze, Rolf A./ Buck-Heeb, Petra	Handbuch des Kapitalanlagerechts, 6. Aufl., München 2024
Assmann, Heinz-Dieter/Schneider, Uwe H./Mülbert, Peter O.	Wertpapierhandelsrecht, Kommentar, 8. Aufl., Köln 2023

Autenrieth, Karlheinz	Geschäftsführerhaftung bei fehlerhaftem Gewinnabführungsvertrag, GmbHR 1990, 113
Bachmann, Gregor	Der „Deutsche Corporate Governance Kodex“: Rechtswirkungen und Haftungsrisiken, WM 2004, 2137
ders.	Gutachten zum 70. Deutschen Juristentag
ders.	Siemens v. Neubürger revisited – Reflektionen zur Compliance-Verantwortung und Organhaftung, in: Praxis und Lehre im Wirtschaftsrecht – 10 Jahre Österberg Seminare, S. 71
ders.	Die Beweisbelastung ausgeschiedener Organmitglieder und ihrer Rechtsnachfolger im Haftungsprozess, in: Festschrift für Roderich C. Thümmel, 2020, S. 27
Balthasar, Stephan/ Hamelmann, Uwe	Finanzkrise und Vorstandshaftung nach § 93 Abs. 2 AktG: Grenzen der Justiziabilität unternehmerischer Entscheidungen, WM 2010, 589
v. Bar, Christian	Internationales Privatrecht, Bd. 2, München 1991
Barnert, Thomas	Deliktischer Schadensersatz bei Kursmanipulation de lege lata und de lege ferenda, WM 2002, 1473
Bartl, Harald/Bartl, Angela/Beine, Klaus/ Koch, Detlef/Schlarb, Eberhard/Schmitt, Michaela	Heidelberger Kommentar zum GmbH-Recht, 8. Aufl., Heidelberg 2019
Baums, Theodor (Hrsg.)	Bericht der Regierungskommision Corporate Governance, Köln 2001
Baur, Alexander/Holle, Philipp Maximilian	Zur privilegierenden Wirkung der Business Judgment Rule bei Schaffung einer angemessenen Informationsgrundlage, AG 2017, 597
Bea, Franz Xaver/Haas, Jürgen	Strategisches Management, 7. Aufl., Stuttgart 2015
Bea, Franz Xaver/ Scheurer, Steffen	Die Kontrollfunktion des Aufsichtsrats, DB 1994, 2145
dies.	Die Kontrolle bei der GmbH, BB 1995, 1289
Becker, Patricia	Die zivilrechtliche Haftung der französischen Geschäftsführung einer S.A.R.L. gegenüber der Gesellschaft, GmbHR 2003, 162
Berg, Stefan/Stöcker, Mathias	Anwendungs- und Haftungsfragen zum Deutschen Corporate Governance Kodex, WM 2002, 1569

Bergmann, Andreas	Die Handelnden-Haftung als Ausgleich fehlender Registerpublizität, GmbHR 2003, 563
Berrar, Carsten	Außenhaftung des GmbH-Geschäftsführers, BB 2000, 521
ders.	Die zustimmungspflichtigen Geschäfte nach § 111 Abs. 4 AktG im Lichte der Corporate Governance-Diskussion, DB 2001, 2181
Binder, Jens-Hinrich	Geschäftsleiterhaftung und fachkundiger Rat, AG 2008, 274
Böttcher, Lars	Verpflichtung des Vorstands einer AG zur Durchführung einer Due Diligence, NZG 2005, 49
ders.	Organpflichten beim Unternehmenskauf, NZG 2007, 481
Brömmelmeyer, Christoph	Neue Regeln für die Binnenhaftung des Vorstands – Ein Beitrag zur Konkretisierung der Business Judgment Rule, WM 2005, 2065
Brommer, Andreas	Folgen einer reformierten Aktionärsklage für die Vorstandsinnenhaftung, AG 2013, 121
Brondics, Klaus	Die Aktionärsklage, Berlin 1988
Bruck, Ernst/Möller, Hans	Großkommentar zum VVG, Band 2, 10. Aufl., Berlin 2022; Band 11, 9. Aufl., Berlin 2013
Brüggemeier, Gert	Anmerkung zu BGHZ 109, 297 „Baustoff", EWiR 1990, § 823 BGB 1/90, 357
Buck-Heeb, Petra/ Dieckmann, Andreas	Informationsdeliktshaftung von Vorstandsmitgliedern und Emittenten, AG 2008, 681
Cahn, Andreas	Die Haftung des GmbH-Geschäftsführers für die Zahlung von Arbeitnehmerbeiträgen zur Sozialversicherung, ZGR 1998, 367
Casper, Matthias/Reiß, Jürgen	Die Haftung eines Vorstands einer italienischen Aktiengesellschaft nach neuem Recht, RIW 2004, 428
Casper, Matthias	Persönliche Außenhaftung der Organe bei fehlerhafter Information des Kapitalmarktes, BKR 2005, 83
Dauner-Lieb, Barbara/ Tettinger, Peter W.	Vorstandshaftung, D&O-Versicherung, Selbstbehalt – Offene Fragen zum neuen § 93 Abs. 2 Satz 3 AktG, ZIP 2009, 1555
Deilmann, Barbara/ Otte, Sabine	D&O-Versicherung – Wer entscheidet über die Höhe des Selbstbehalts, AG 2010, 323

Diederichsen, Lars	Grundfragen zum neuen Umweltschadensgesetz, NJW 2007, 3377
Dreher, Meinrad	Das Ermessen des Aufsichtsrats, ZHR 158 (1994), 614
ders.	Nochmals: Das unternehmerische Ermessen des Aufsichtsrats, ZIP 1995, 628
ders.	Der Abschluß von D&O-Versicherungen und die aktienrechtliche Zuständigkeitsordnung, ZHR 165 (2001), 293
ders.	Die selbstbeteiligungslose D&O-Versicherung in der Aktiengesellschaft, AG 2008, 429
ders.	Innenhaftung von Geschäftsleitern für kartellrechtliche Geldbußen und andere Schadenspositionen, AG 2023, 845
Dreher, Meinrad/ Görner, Andre	Der angemessene Selbstbehalt in der D&O-Versicherung, ZIP 2003, 2321
Drygala, Tim/Drygala, Anja	Wer braucht ein Frühwarnsystem?, ZIP 2000, 297
Drygala, Tim	Die neue deutsche Übernahmeskepsis und ihre Auswirkungen auf die Vorstandspflichten nach § 33 WpÜG, ZIP 2001, 1861
Ebenroth, Carsten/ Kräutter, Thomas	Die Eigenhaftung des GmbH-Geschäftsführers bei der Anlagevermittlung, BB 1990, 569
Ebenroth, Carsten/ Lange, Knut	Sorgfaltspflichten und Haftung des Geschäftsführers einer GmbH nach § 43 GmbHG, GmbHR 1992, 69
Ebert, Sabine	Folgepflicht und Haftung des GmbH-Geschäftsführers beim Erhalt und bei der Ausführung von Weisungen, GmbHR 2003, 444
Edelmann, Hervé	Haftung von Vorstandsmitgliedern für fehlerhafte Adhoc-Mitteilungen – Besprechung der Informatec-Urteile des BGH, BB 2004, 2031
Edenfeld, Stefan/ Neufang, Sebastian	Die Haftung der Arbeitnehmervertreter im Aufsichtsrat, AG 1999, 49
Ehlers, Harald	Die persönliche Haftung von ehrenamtlichen Vereinsvorständen, NJW 2011, 2689
Ekkenga, Jens	Fragen der deliktischen Haftungsbegründung bei Kursmanipulation und Insidergeschäften, ZIP 2004, 781
Elsing, Siegfried H.	Individuelle Informationsrechte von Aufsichtsratsmitgliedern einer Aktiengesellschaft, BB 2002, 1705

ders. — Alles entschieden bei der Gesellschaft bürgerlichen Rechts? – Die Rechtsprechung zwischen Mosaik- und Meilensteinen, BB 2003, 909

Emmerich, Volker/ Habersack, Mathias/ Lüdeking, Matthias — Konzernrecht, 12. Aufl., München 2023

Erfurter Kommentar zum Arbeitsrecht — 24. Aufl., München 2024

Escher-Weingart, Christina — Corporate Governance Strukturen – ein deutsch-US-amerikanischer Rechtsvergleich, ZVglRWiss 99 (2000), 387

Ettinger, Jochen/ Grützediek, Elke — Haftungsrisiken im Zusammenhang mit der Abgabe der Corporate Governance Entsprechenserklärung gemäß § 161 AktG, AG 2003, 353

Feddersen, Dieter — Neue gesetzliche Anforderungen an den Aufsichtsrat, AG 2000, 385

Fest, Timo — Nachhaltige Unternehmensführung – Die Perspektive des Vorstands unter besonderer Berücksichtigung von Art. 25 CSDDD-E, AG 2023, 713

Findeisen, Maximilian — Die Bedeutung der haftungsbegründenden Kausalität einer fehlerhaften Ad-hoc-Mitteilung für die Anlageentscheidung des Schadensersatzklägers, NZG 2007, 692

Fischer, Michael — Der Entscheidungsspielraum des Aufsichtsrats bei der Geltendmachung von Regressansprüchen gegen Vorstandsmitglieder, BB 1996, 225

Fleck, Hans-Joachim — Zur Haftung des GmbH-Geschäftsführers, GmbHR 1974, 224

ders. — Vertrag, unerlaubte Eigengeschäftsführung und Anspruchsverjährung, ZIP 1991, 1269

ders. — Eigengeschäfte eines Aufsichtsratsmitglieds, in: Festschrift für Theodor Heinsius, München 1991, S. 89

Fleischer, Holger — Außenhaftung des Geschäftsleiters im französischen Gesellschaftsrecht, RIW 1999, 576

ders. — Unternehmensspenden und Leitungsermessen des Vorstands im Aktienrecht, AG 2001, 171

ders. — Zur Leitungsaufgabe des Vorstands im Aktienrecht, ZIP 2003, 1

ders. — Die „Business Judgment Rule“: Vom Richterrecht zur Kodifizierung, ZIP 2004, 685

ders. Zur deliktsrechtlichen Haftung der Vorstandsmitglieder für falsche Ad-hoc-Mitteilungen, DB 2004, 2031

ders. Aktuelle Entwicklungen der Managerhaftung, NJW 2009, 2337

ders. Verantwortlichkeit von Bankgeschäftsleitern und Finanzmarktkrise, NJW 2010, 1504

ders. Vorstandshaftung wegen pflichtwidrig unterlassener Einholung eines Zustimmungsbeschlusses des Aufsichtsrats, DB 2018, 2619

ders. Ressortverteilung zwischen GmbH-Geschäftsführern: Das Weltruf-Urteil des BGH, DB 2019, 472

ders. Darlegungs- und Beweislast bei Organhaftung und Gesamtrechtsmachfolge, AG 2020, 193

ders. Die Beweislastumkehr nach § 93 Abs. 2 Satz 2 AktG: Rechtsgeschichte – Rechtsvergleichung – Rechtspolitik, in: Festschrift für Roderich C. Thümmel, 2020, S. 157

ders. Zivilrechtliche Haftung im Halbschatten des Lieferantensorgfaltspflichtengesetzes, DB 2022, 920

ders. Klimaklagen gegen Vorstandsmitglieder, AG 2023, 833

Flume, Werner Die Haftung des GmbH-Geschäftsführers bei Geschäften nach Konkursreife der GmbH, ZIP 1994, 337

Förster, Christian Europäische Corporate Governance – Tatsächliche Konvergenz der neuen Kodizes?, ZIP 2006, 162

Friedl, Markus J. Die Haftung des Vorstands und Aufsichtsrats für eine fehlerhafte Stellungnahme gemäß § 27 WpÜG, NZG 2004, 448

Froesch, Daniel Managerhaftung – Risikominimierung durch Delegation?, DB 2009, 722

Gädtke, Thomas/Wax, Thomas Konzepte zur Versicherung des D&O-Selbstbehalts – Eine kritische Bestandsaufnahme, AG 2010, 851

Gehrlein, Markus Die Prospektverantwortlichkeit von Beirats- oder Aufsichtsratsmitgliedern als maßgeblichen Hintermännern, BB 1995, 1965

ders. Neuregelung und Konzentration der Zahlungsverbote in § 15b InsO-E, DB 2020, 2393

Geißler, Markus Strittige Restanten bei der Haftung des GmbH-Geschäftsführers aus culpa in contrahendo, ZIP 1997, 2184

ders.	Grenzlinien der Ersatzpflicht des Vorstands wegen verbotener Zahlungen in der Krise der AG, NZG 2007, 645
Gerber, Olaf	Die Haftung für unrichtige Kapitalmarktinformationen, DStR 2004, 1793
Gernoth, Jan P.	Die Überwachungspflichten des Aufsichtsrates im Hinblick auf das Risikomanagement und die daraus resultierenden Haftungsfolgen für den Aufsichtsrat, DStR 2001, 299
Glöckner, Jochen/ Tautphaeus, Ken	Rückgriffshaftung von Organmitgliedern bei Kartellrechtsverstößen, AG 2001, 344
Goette, Wulf	Zur Verteilung der Darlegungs- und Beweislast der objektiven Pflichtwidrigkeit bei der Organhaftung, ZGR 1995, 648
ders.	Die Haftung des GmbH-Geschäftsführers in der Rechtsprechung des BGH, DStR 1998, 1308
Götz, Heinrich	Organhaftpflichtprozesse in der Aktiengesellschaft, AG 1997, 219
Goutier, Klaus/Knopf, Rüdiger/Tulloch, Anthony	Kommentar zum Umwandlungsrecht, Heidelberg 1996
Göz, Philipp/Gehlich, Jens	Die Haftung von Gesellschafter und Geschäftsführer bei Verwendung eines GmbH-Mantels, ZIP 1999, 1653
Graef, Joachim	Haftung der Geschäftsführer für fehlerhafte Kreditvergabe, GmbHR 2004, 327
Grobecker, Wolfgang/ Wagner, Jasmin	Die hypothetische Zustimmung des Aufsichtsrats, in: Festschrift für Roderich C. Thümmel, 2020, S. 243
Groß, Werner	Die Rechtsprechung des Bundesgerichtshofs zur Haftung des GmbH-Geschäftsführers wegen Nichtabführung von Arbeitnehmerbeiträgen zur Sozialversicherung, ZIP 2001, 945
Großfeld, Bernhard/ Brondics, Klaus	Die Stellung des fakultativen Aufsichtsrates (Beirat) in der Gesellschaft mit beschränkter Haftung und in der GmbH & Co. KG, AG 1987, 293
Großfeld, Bernhard/ Noelle, Thomas	Die Haftung des Vorstandes einer Genossenschaftsbank als Strukturproblem, AG 1986, 275
Großkommentar zum Aktiengesetz	Großkommentar zum AktG, Band 4, Teilband 2, 5. Aufl., Berlin u. a. 2015; Band 7, Teilband 2, 5. Aufl., Berlin u. a. 2019; Band 9, 4. Aufl., Berlin u. a. 2022

Grooterhorst, Johannes — Das Einsichtnahmerecht des ausgeschiedenen Vorstandsmitglieds in Geschäftsunterlagen im Haftungsfall, AG 2011, 389

Grooterhorst, Johannes/Looman, Jörg — Kostentragung des Versicherers bei (teilweiser) Erschöpfung der VersSumme in der D&O-Versicherung, r+s 2014, 157

dies. — Rechtsfolgen der Abtretung des Freistellungsanspruchs gegen den Versicherer im Rahmen der D&O-Versicherung, NZG 2015, 215

Grotheer, Marc — Außenhaftung von Aufsichtsratsmitgliedern: Ein Anreiz zur Verbesserung der Überwachungstätigkeit?, WM 2005, 2070

Grumann, Max-Olaf — Prospektbegriff, -pflicht und -verantwortung im Rahmen der allgemeinen bürgerlich-rechtlichen Prospekthaftung im engeren Sinne, BKR 2002, 310

Grundei, Jens/v. Werder, Axel — Die Angemessenheit der Informationsgrundlage als Anwendungsvoraussetzung der Business Judgement Rule, AG 2005, 825

Grunewald, Barbara — Die Gesellschafterklage in der Personengesellschaft und der GmbH, Tübingen 1990

dies. — Geschäftsführerhaftung wegen Konkursverschleppung und Neugläubigerschäden, GmbHR 1994, 665

dies. — Interne Aufklärungspflichten von Vorstand und Aufsichtsrat, NZG 2013, 841

Haarmann, Wilhelm — Die Anwendung von Schiedsklauseln in Vertrag oder Satzung im Verhältnis zwischen Unternehmen und den Mitgliedern ihrer Organe, in: Festschrift für Georg Crezelius, 2018, S. 137

Haas, Ulrich/Müller, Henning — Haftung der GmbH-Geschäftsführer wegen pflichtwidrig bestellter Sicherheiten, DStR 2001, 2223

Haas, Ulrich — Der Erstattungsanspruch nach § 64 II GmbHG, NZG 2004, 737

Haase, Karsten — § 40 GmbHG – ein Schutzgesetz i. S. d. § 823 Abs. 2 BGB?, BB 1996, 2309

Habersack, Mathias — Gesteigerte Überwachungspflichten des Leiters eines „sachnahen“ Vorstandsressorts, WM 2005, 2360

Habersack, Mathias/Casper, Matthias/Löbbe, Marc — Großkommentar zum GmbH-Gesetz, Band II, 3. Aufl., Tübingen 2020

Habscheid, Walther J. Prozessuale Probleme hinsichtlich der Geltendmachung von „Gläubigerrechten“ durch den Konkursverwalter beim Konkurs der Aktiengesellschaft, in: Festschrift für Friedrich Weber, 1975, S. 197

Haertlein, Lutz Vorstandshaftung wegen (Nicht-)Ausführung eines Gewinnverwendungsbeschlusses mit Dividendenausschüttung, ZHR 168 (2004), 437

Halm, Wolfgang/Engelbrecht, Andreas/Krahe, Frank Handbuch des Fachanwalts für Versicherungsrecht, 5. Aufl., Köln 2015

Harder, Nils/Ruter, Rudolf X. Die Mitglieder des Aufsichtsrats einer GmbH mit öffentlich-rechtlichem Anteilseigner – ihre Rechte und Pflichten, GmbHR 1995, 813

Haß, Peter Die persönliche Haftung des GmbH-Geschäftsführers bei Wettbewerbsverstößen und Verletzung gewerblicher Schutzrechte, GmbHR 1994, 666

Hasselbach, Kai Der Verzicht auf Schadensersatzansprüche gegen Organmitglieder, DB 2010, 2037

Haubold, Jens Internationale Zuständigkeit für gesellschaftsrechtliche und konzerngesellschaftliche Haftungsansprüche nach EuGVÜ und LugÜ, IPRax 2000, 375

ders. Haftungsverteilung und Regress in der Organhaftung, in: Festschrift für Roderich C. Thümmel, 2020, S. 331

Hauschka, Christoph/Moosmayer, Klaus/Lösler, Thomas Corporate Compliance – Handbuch der Haftungsvermeidung im Unternehmen, 3. Aufl., München 2016

Heermann, Peter W. Interessenkonflikte von Bankvertretern in Aufsichtsräten bei (geplanten) Unternehmensübernahmen, WM 1997, 1689

ders. Wie weit reicht die Pflicht des Aufsichtsrats zur Geltendmachung von Schadenersatzansprüchen gegen Mitglieder des Vorstands?, AG 1998, 201

ders. Haftung des Vereinsvorstands bei Ressortaufteilung sowie für unternehmerische Entscheidungen, NJW 2016, 1687

Heidel, Thomas Aktien- und Kapitalmarktrecht, 5. Aufl., Baden-Baden 2020

Heimbach, Heinz-J./ Boll, Lothar Führungsaufgabe und persönliche Haftung der Vorstandsmitglieder und des Vorstandsvorsitzenden im ressortaufgeteilten Vorstand einer AG, VersR 2001, 801

Hendricks, Michael Vermögensschaden-Rechtsschutz gegen D&O – Ein Wettbewerb in nicht vorhandenem Markt?, VersW 1994, 1548

Henn, Harry G./ Alexander, John R. Laws of Corporations and other Business Enterprises, 3rd ed., St. Paul/USA 1983

Henze, Hartwig Prüfungs- und Kontrollaufgaben des Aufsichtsrates in der Aktiengesellschaft, NJW 1998, 3309

Henzler, Jörg Schadenszurechnung bei Verstößen gegen Zustimmungsvorbehalte, in: Festschrift für Roderich C. Thümmel, 2020, S. 351

Herkenroth, Klaus E. Bankenvertreter als Aufsichtsratsmitglieder von Zielgesellschaften – Zur beschränkten Leistungsfähigkeit des Rechts bei der Lösung von Interessenkonflikten anlässlich der Finanzierung von Übernahmen, AG 2001, 33

Heß, Burkhard Sammelklagen im Kapitalmarktrecht, AG 2003, 113

Hirte, Heribert Abschied vom Quotenschaden: Erweiterte Haftung des GmbH-Geschäftsführers gegenüber Neugläubigern wegen Konkursverschleppung, NJW 1995, 1202

Hirte, Heribert/Stoll, Andreas Die Enthaftung insolventer Geschäftsleiter und Aufsichtsratsmitglieder durch Abwendungsvergleich, ZIP 2010, 253

Hoffmann, Dietrich/ Liebs, Rüdiger Der GmbH-Geschäftsführer, 3. Aufl., München 2009

Hoffmann, Jürgen Haftung des GmbH-Geschäftsführers für einbehaltene Sozialversicherungsbeiträge und Lohnsteuer, DB 1986, 467

Hölters, Wolfgang Der Beirat in der GmbH – Verantwortlichkeit, Haftung und Rechtsschutz, insbesondere unter dem Gesichtspunkt des Minderheitenschutzes, BB 1977, 105

Hopt, Klaus J. Grundsatz- und Praxisprobleme nach dem Wertpapierhandelsgesetz, ZHR 159 (1995), 135

ders. Übernahmen, Geheimhaltung und Interessenkonflikte: Probleme für Vorstände, Aufsichtsräte und Banken, ZGR 2002, 333

ders. Handelsgesetzbuch, Kommentar, 42. Aufl., München 2023

Horn, Norbert	Die Haftung des Vorstands der AG nach § 93 AktG und die Pflichten des Aufsichtsrats, ZIP 1997, 1129
Hübner, Ulrich	Managerhaftung, München 1992
Hüffer, Uwe	Die leitungsbezogene Verantwortung des Aufsichtsrats, NZG 2007, 47
Hutter, Stephan/ Stürwald, Florian	EM.TV und die Haftung für fehlerhafte Ad-hoc-Mitteilungen, NJW 2005, 2428
Ihlas, Horst	Organhaftung und Haftpflichtversicherung, Berlin 1997
Immenga, Ulrich/ Mestmäcker, Hans-Joachim	Wettbewerbsrecht, Band 2, GWB, Kommentar zum Deutschen Kartellrecht, 7. Aufl., München 2024
Jaeger, Carsten/ Trölitzsch, Thomas	Unternehmerisches Ermessen des Aufsichtsrats bei der Geltendmachung von Schadenersatzansprüchen gegenüber Vorstandsmitgliedern, ZIP 1995, 1157
Jula, Rocco	Gestaltungsmöglichkeiten des Geschäftsführers einer GmbH i. G. zum Ausschluß oder zur Abschwächung der Handelndenhaftung, BB 1995, 1597
Kästner, Karin	Abzugsfähigkeit von D&O-Prämien für Aufsichtsratsmitglieder als Betriebsausgaben, DStR 2001, 422
dies.	Aktienrechtliche Probleme der D&O-Versicherung, AG 2000, 113
dies.	Steuerrechtliche Probleme der D&O-Versicherung, DStR 2001, 195
Kallmeyer, Harald	Neutralitätspflichten des Vorstands und Entscheidungsbefugnis der Hauptversammlung im Übernahmerecht, AG 2000, 553
van Kann, Jürgen/ Keiluweit, Anjela	Verschwiegenheitspflichten kommunaler Aufsichtsratsmitglieder in privatrechtlich organisierten Gesellschaften, DB 2009, 2251
Karollus, Martin	Weitere Präzisierungen zur Konkursverschleppungshaftung, ZIP 1995, 269
Kasseler Kommentar zum Sozialversicherungsrecht	SGB VII, München, Stand 15.11.2023
Kerst, Andreas	Haftungsmanagement durch die D&O-Versicherung nach Einführung des aktienrechtlichen Selbstbehaltes in § 93 Abs. 2 Satz 3 AktG, WM 2010, 594

Keßler, Jürgen Die deliktische Eigenhaftung des GmbH-Geschäftsführers, GmbHR 1994, 429

Kiefner, Alexander/ Langen, Markus Massesicherungspflicht und Versagen des Überwachungsorgans – Zum Haftungsgefälle zwischen obligatorischem und fakultativem Aufsichtsrat, NJW 2011, 192

Kiethe, Kurt Die zivil- und strafrechtliche Haftung von Vorstandsmitgliedern eines Kreditinstituts für riskante Kreditgeschäfte, WM 2003, 861

ders. Grenzüberschreitende Tätigkeit von Kapitalgesellschaften – Erhöhtes Risiko der persönlichen Haftung von Organmitgliedern, RIW 2004, 21

ders. Die zivil- und strafrechtliche Haftung von Aufsichtsräten und Geschäftsführern, WM 2005, 2122

Kindler, Peter Unternehmerisches Ermessen und Pflichtenbindung – Voraussetzungen und Geltendmachung der Vorstandshaftung in der Aktiengesellschaft, ZHR 162 (1998), 101

Kinzl, Ulrich-Peter Wie angemessen muss „angemessene Information" als Grundlage für Vorstandsentscheidungen sein?, DB 2004, 1653

Kirchner, Christian Szenarien einer „feindlichen" Unternehmensübernahme: Alternative rechtliche Regelungen im Anwendungstest, BB 2000, 105

ders. Managementpflichten bei „feindlichen" Übernahmeangeboten, WM 2000, 1821

ders. Neutralitäts- und Stillhaltepflicht des Vorstandes der Zielgesellschaft im Übernahmeverfahren, AG 1999, 481

Klöhn, Lars Geschäftsleiterhaftung und unternehmensinterner Rechtsrat – Wie unabhängig sind Unternehmensjuristen?, DB 2013, 1535

Knepper, William E./ Bailey, Dan A. Liability of Corporate Officers and Directors, 7th ed., Newark/USA 2002

Knobbe-Keuk, Brigitte Das Klagerecht des Gesellschafters einer Kapitalgesellschaft wegen gesetzes- und satzungswidriger Maßnahmen der Geschäftsführung, in: Festschrift für Kurt Ballerstedt, Berlin 1975, S. 239

Koch, Jens Keine Ermessensspielräume bei der Entscheidung über die Inanspruchnahme von Vorstandsmitgliedern, AG 2009, 93

ders.	Aktiengesetz, 17. Aufl., München 2023
Koch, Robert	Wechselseitige Rücksichtnahmepflichten der Versicherer in der Exzedentenversicherung, in: Festschrift für Roderich C. Thümmel, 2020, S. 421
Kock, Martin/Dinkel, Renate	Die zivilrechtliche Haftung von Vorständen für unternehmerische Entscheidungen, NZG 2004, 441
Körner, Marita	Infomatec und die Haftung von Vorstandsmitgliedern für falsche ad-hoc-Mitteilungen, NJW 2004, 3386
Köhl, Dietmar	Die Einschränkung der Haftung des GmbH-Geschäftsführers nach den Grundsätzen des innerbetrieblichen Schadensausgleichs, DB 1996, 2597
Kölner Kommentar zum Aktiengesetz	Band 6, 3. Aufl., Köln u. a. 2004; Band 7, 4. Aufl., Köln u. a. 2023
Kort, Michael	Zur Eigenhaftung des GmbH-Geschäftsführers gegenüber privatrechtlichen Dritten, DB 1990, 921
ders.	Die Haftung der AG nach §§ 826, 31 BGB bei fehlerhaften Ad-hoc-Mitteilungen, NZG 2005, 496
Kossen, Klaus C.	Haftung des Vorstandes und des Aufsichtsrates einer Aktiengesellschaft für Pflichtverletzungen, DB 1988, 1785
Kowolewski, Jörn/ Hellgardt, Alexander	Der Stand der Rechtsprechung zur deliktsrechtlichen Haftung für vorsätzlich falsche Ad-hoc-Mitteilungen, DB 2005, 1839
Krebs, Peter/Dylla-Krebs, Corinna	Deliktische Eigenhaftung von Organen für Organisationsverschulden, DB 1990, 1271
Kreuzer, Karl	Zur Anknüpfung der Sachwalterhaftung, IPRax 1988, 16
ders. (Hrsg.)	Die Haftung der Leitungsorgane von Kapitalgesellschaften, Baden-Baden 1991
Krieger, Gerd	Personalentscheidungen des Aufsichtsrats, 1981
Krieger, Gerd/ Schneider, Uwe H. (Hrsg.)	Handbuch Managerhaftung, 4. Aufl., Köln 2023
Küpper, Georg	Die neue Manager-Versicherung, Die Versicherungspraxis 1986, 196
Kunz, Daniel	Begrenzung der Haftung des Geschäftsführers wegen Insolvenzverschleppung, DB 2015, 426

Land, Volker/ Hallermayer, Jessica Weitergabe von vertraulichen Informationen durch auf Veranlassung von Gebietskörperschaften gewählte Mitglieder des Aufsichtsrats gem. §§ 394, 395 AktG, AG 2011, 114

Lange, Dieter G./Black, Stephen Der Zivilprozeß in den Vereinigten Staaten: Ein praktischer Leitfaden für deutsche Unternehmen, Heidelberg 1987

Lange, Hermann/ Schiemann, Gottfried Schadensersatz, 3. Aufl., Tübingen 2003

Lange, Oliver Zulässigkeitsvoraussetzungen einer gesellschaftsfinanzierten Aufsichtsrats-D&O-Versicherung, ZIP 2001, 1524

ders. Praxisfragen der D&O-Versicherung, DStR 2002, 1626 und 1674

ders. Auswirkungen eines Kontrollwechsels (change of control) auf die D&O-Versicherung, AG 2005, 459

ders. Zu den Auswirkungen einer arglistigen Täuschung des Versicherungsunternehmens durch den Vorstand der Versicherungsnehmerin auf die Ansprüche des gutgläubig Versicherten, ZIP 2006, 1680

ders. Das Zusammenspiel von Anerkennung und Abtretung in der Haftpflichtversicherung nach der VVG-Reform, r+s 2007, 401

ders. Die Prozessführungsbefugnis der Versicherungsnehmerin einer D&O-Versicherung, VersR 2007, 893

ders. Die Haftung des (versicherungsnehmenden) Unternehmens anstelle des D&O-Versicherers, VersR 2010, 162

ders. Selbstschutzmaßnahmen des Geschäftsführers einer kriselnden GmbH, GmbHR 2015, 1009, 1133, 1254

ders. Wissentlichkeitsausschluss, Bindungs- und Infektionswirkung im D&O-Deckungsprozess, in: Festschrift für Roderich C. Thümmel, 2020, S. 463

ders. Die prozessuale Sachverhaltsaufklärungsobliegenheit der Gesellschaft im Managerhaftungsprozess, in: Festschrift für Alexander Reuter, 2021, S. 209

ders. D&O-Versicherung und Managerhaftung, 2. Aufl., München 2022

Langheid, Theo/Grote, Joachim Deckungsfragen der D&O-Versicherung, VersR 2005, 1165

Laub, Detlef Grenzen der Spendenkompetenz des Vorstands, AG 2002, 308

Lehmann, Martin Aktuelle Rechtsprechung des Bundesgerichtshofs zur D&O-Versicherung und Folgerungen für die Praxis, r+s 2018, 6

Leibner, Wolfgang Haftungsrisiken des GmbH-Geschäftsführers bei drohender Insolvenz, GmbHR 2002, 424

Liebs, Rüdiger Zum Verständnis der Norm als Rechtfertigungsklausel, in: Festschrift für Fritz Rittner, 1991, S. 369

Lieder, Jan Die Haftung der Geschäftsführer und Gesellschafter von EU-Auslandsgesellschaften mit tatsächlichem Verwaltungssitz in Deutschland, DZWiR 2005, 399

Lieder, Jan/Döhrn, Lennard Auswirkungen der ESG-Richtlinien auf die Tätigkeit des Aufsichtsrats, AG 2023, 722

Lüneborg, Cäcilie/Resch, André-Pierre Ausgewählte Probleme des D&O-Versicherungsschutzes aus Aufsichtsratsperspektive: Versicherungsabschluss, Rückwärtsdeckung, Nachmeldefristen und Umstandsmeldung, AG 2017, 691

Lutter, Marcus/Grunewald, Barbara Öffentliches Haushaltsrecht und privates Gesellschaftsrecht, WM 1984, 385

Lutter, Marcus/Krieger, Gerd/Verse, Dirk A. Rechte und Pflichten des Aufsichtsrats, 7. Aufl., Köln 2020

Lutter, Marcus/Hommelhoff, Peter GmbH-Gesetz, Kommentar, 21. Aufl., Köln 2023

Lutter, Marcus Gesetzliche Gebührenordnung für Aufsichtsräte?, AG 1979, 85

ders. Information und Vertraulichkeit im Aufsichtsrat, 3. Aufl., Köln u. a. 2006

ders. Gefahren persönlicher Haftung für Gesellschafter und Geschäftsführer einer GmbH, DB 1994, 129

ders. Der Aufsichtsrat: Konstruktionsfehler, Inkompetenz seiner Mitglieder oder normales Risiko?, AG 1994, 176

ders. Zum unternehmerischen Ermessen des Aufsichtsrats, ZIP 1995, 441 *ders.* Zahlungseinstellung und Überschuldung unter der neuen Insolvenzordnung, ZIP 1999, 641

ders. Die Erklärung zum Corporate Governance Kodex gemäß § 161 AktG, ZHR 166 (2002), 523

ders. Zur Rechtmäßigkeit von internationalen Risikogeschäften durch Banken der öffentlichen Hand, BB 2009, 786

Maier-Reimer, Georg Verhaltenspflichten des Vorstands der Zielgesellschaft bei feindlichen Übernahmen, ZHR 165 (2001), 258

Maier-Reimer, Georg/Webering, Anabel Ad hoc-Publizität und Schadensersatzhaftung – Die neuen Haftungsvorschriften des Wertpapierhandelsgesetzes –, WM 2002, 1857

Malik, Fredmund Wirksame Unternehmensaufsicht, Frankfurt 1997

Martinez-Pujalte, Carmen/Rentsch, Klaus Die Treuepflichten der Vorstände und Geschäftsführer im spanischen Kapitalgesellschaftsrecht, RIW 2008, 29

Maser, Peter/Sommer, Alexander Persönliche Haftung des GmbH-Geschäftsführers in der Insolvenz der Gesellschaft, BB 1996, 65

Maul, Silja Geschäftsführer einer französischen SARL – Bestellung, Kompetenzen, Vergütung und Haftung, RIW 2000, 364

Medicus, Dieter Die Außenhaftung des GmbH-Geschäftsführers, GmbHR 1993, 533

Meier-Greve, Daniel Vorstandshaftung wegen mangelhafter Corporate Compliance, BB 2009, 2555

Menke, Thomas Befugnis des Vorstands einer börsennotierten Aktiengesellschaft zur bevorzugten Information eines Aktionärspools, NZG 2004, 697

Menzer, Jörg K. Umweltrisiken und Managementhaftung in der GmbH – Beispielhafte Betrachtung nach dem BImSchG, GmbHR 2001, 506

Merkt, Hanno US-amerikanisches Gesellschaftsrecht, 3. Aufl., Frankfurt am Main 2013

ders. Verhaltenspflichten des Vorstandes der Zielgesellschaft bei feindlichen Übernahmen, ZHR 165 (2001), 224

Mertens, Hans-Joachim Die gesetzlichen Einschränkungen der Disposition über Ersatzansprüche der Gesellschaft durch Verzicht und Vergleich in der aktien- und konzernrechtlichen Organhaftung, in: Festschrift für Hans-Joachim Fleck, Berlin 1988, S. 209

ders.	Bedarf der Abschluss einer D&O-Versicherung durch die AG der Zustimmung der Hauptversammlung?, AG 2000, 447
ders.	Schadensersatzhaftung des Aufsichtsrats bei Nichtbeachtung der Regeln des ARAG-Urteils über die Inanspruchnahme von Vorstandsmitgliedern?, in: Festschrift für Karsten Schmidt, 2009, S. 1183.
Mertens, Hans-Joachim/ Mertens, Georg	Anmerkung zu BGHZ 109, 297 „Baustoff", JZ 1990, 488
Michalski, Lutz/ Heidinger, Andreas/ Leible, Stefan/Schmidt, Jessica	Kommentar zum GmbH-Gesetz, Band II, 4. Aufl., München 2023
Mock, Sebastian	Die Entdeckung des besonderen Vertreters, DB 2008, 393
ders.	Das Klagezulassungsverfahren nach § 148 AktG – Totgesagte leben länger …, AG 2019, 385
Möllers, Thomas M. J./ Leisch, Franz C.	Haftung von Vorständen gegenüber Anlegern wegen fehlerhafter Ad-hoc-Meldungen nach § 826 BGB, WM 2001, 1648
Möllers, Thomas/ Beutel, David	Haftung für Äußerungen zur Bonität des Bankkunden: Der BGH zum Rechtsstreit Leo Kirch gegen Deutsche Bank und Breuer, NZG 2006, 338
Möllers, Thomas	Die unterlassene Ad-hoc-Mitteilung als sittenwidrige Schädigung gem. § 826 BGB, WM 2003, 2393
ders.	Der Weg zu einer Haftung für Kapitalmarktinformationen, JZ 2005, 75
ders.	Das Verhältnis der Haftung wegen sittenwidriger Schädigung zum gesellschaftsrechtlichen Kapitalerhaltungsgrundsatz – EM.TV und Comroad, BB 2005, 1637
Mohr, Johann Hendrik	Das Fehlverhalten von Managern und Mitarbeitern – ein wachsendes Risiko für Unternehmen? – Absicherungsmöglichkeiten –, ZfV 1995, 691
Müller, Gerd	Zur Haftung des Gesellschafter-Geschäftsführers aus culpa in contrahendo und aus § 64 Abs. 1 GmbHG, ZIP 1993, 1531
ders.	Zum Schutz der Neugläubiger nach § 46 GmbHG, GmbHR 1994, 209

Müller, Hans-Jürgen/ Jegutidse, Sarina Der GmbH-Geschäftsführer – Rechte, Pflichten, Vermeidung von Haftungsrisiken, 2. Aufl., Berlin 1995

Müller, Hans-Friedrich Geschäftsleiterhaftung und Vertrauen auf fachkundigen Rat, DB 2014, 1301

Müller, Klaus Die Limited in Deutschland: Ein Überblick über das anzuwendende englische Gesellschaftsrecht, DB 2004, 824

Münchener Handbuch des Gesellschaftsrechts Münchener Handbuch des Gesellschaftsrechts, Band 4, Aktiengesellschaft, 5. Aufl., München 2020

Münchener Kommentar zum Aktiengesetz Band 2, 6. Aufl., München 2023; Band 3, 5. Aufl., München 2022; Band 5, 6. Aufl., München 2023

Münchener Kommentar zum Bürgerlichen Gesetzbuch Band 5, 9. Aufl., München 2023; Band 7, 8. Aufl., München 2020; Band 13, 8. Aufl., München 2021

Münchener Kommentar zum Versicherungsvertragsgesetz Band 3, 2. Aufl., München 2017

Müsgen, Thomas K. Die Konkursverschleppungshaftung des GmbH-Geschäftsführers, DZWiR 1994, 455

Mutschler, Ulrich/ Mersmann, Ruth Verfahrensmäßige Anforderungen an ordnungsgemäße Vorstandsentscheidungen im M&A-Bereich, DB 2003, 79

Mutter, Stefan Unternehmerische Entscheidungen und Haftung des Aufsichtsrats der Aktiengesellschaft, 1994

Nägele, Stefan/Nestel, Fred Entlastung des GmbH-Geschäftsführers und des AG-Vorstands – Chancen und Risiken in der Praxis, BB 2000, 1253

Neusel, Tibet Die persönliche Haftung des Geschäftsführers für Steuern der GmbH, GmbHR 1997, 1129

Nietsch, Michael Geschäftsleiterermessen und Unternehmensorganisation bei der AG – Zur haftungsbegrenzenden Wirkung des § 93 Abs. 1 Satz 2 AktG im Bereich gesetzlicher Pflichtaufgaben unter besonderer Berücksichtigung von Compliance, ZGR 44 (2015), 631

Noack, Ulrich/ Servatius, Wolfgang/ Haas, Ulrich GmbH-Gesetz, Kommentar, 23. Aufl., München 2022

Nothoff, Martin — Rechtliche Fragestellungen im Zusammenhang mit dem Abschluss einer Director's & Officer's Versicherung, NJW 2003, 1350

Olbrich, Carola — Die D&O-Versicherung in Deutschland, 2. Aufl., 2007

Olbrich, Carola/ Kassing, Daniel — Der Selbstbehalt in der D&O-Versicherung: Gesetzliche Neuregelung lässt viele Fragen offen, BB 2009, 1659

Otto, Hans-Jochen — Übernahmeversuch bei Aktiengesellschaften und Strategien der Abwehr, DB 1988, Beilage Nr. 12

Otto, Hansjörg — Neujustierung der Risikoverteilung bei der Arbeitnehmerhaftung – Insbesondere Arbeitnehmerverschulden und Versicherung, in: Festschrift 50 Jahre BAG, 2004, S. 97

Ottofülling, Andreas — Steht der Geschäftsführer der GmbH in der Gefahr, persönlich auf Unterlassung zu haften? – Eine Darstellung anhand von Beispielen aus dem gewerblichen Rechtsschutz, GmbHR 1991, 304

Paefgen, Walter G. — Dogmatische Grundlagen, Anwendungsbereich und Formulierung einer Business Judgment Rule im künftigen UMAG, AG 2004, 245

ders. — Existenzvernichtungshaftung nach Gesellschaftsdeliktsrecht, DB 2007, 1907

ders. — Die Inanspruchnahme pflichtvergessener Vorstandsmitglieder als unternehmerische Ermessensentscheidung des Aufsichtsrats, AG 2008, 761

Pataki, Tibor — Der Versicherungsfall in der Haftpflichtversicherung, VersR 2004, 835

Paschos, Nikolaos/ Neumann, Kay-Uwe — Die Neureglungen des UMAG im Bereich der Durchsetzung von Haftungsansprüchen der Aktiengesellschaft gegen Organmitglieder, DB 2005, 1779

Peltzer, Martin — Die Haftung des Aufsichtsrates bei Verletzung der Überwachungspflicht, WM 1981, 346

Peltzer, Martin/ v. Werder, Axel — Der „German Code of Corporate Governance (GCCG)“ des Berliner Initiativkreises, AG 2001, 1

Pentz, Andreas — Übersicht zur höchstrichterlichen Rechtsprechung zum Aktienrecht 2004, BB 2005, 1397

Peters, Oliver — Ressortverteilung zwischen GmbH-Geschäftsführern und ihre Folgen, GmbHR 2008, 682

Pfannschmidt, Arno — Personelle Verflechtungen über die Aufsichtsräte, Wiesbaden 1993

Pielorz, Michael/Sieg, Oliver Deutschland: Die Haftung des Aufsichtsratsmitglieds – Keine bloße Theorie mehr, PHi 2000, 77

Podewils, Felix Haftungsbegrenzung nach arbeitsrechtlichen Grundsätzen auch für Vorstände und Geschäftsführer?, DB 2018, 2304

Poertzgen, Christoph Die künftige Insolvenzverschleppungshaftung nach dem MoMiG, GmbHR 2007, 1258

Priester, Hans-Joachim Verlustanzeige und Eigenkapitalersatz, ZGR 1999, 1893

Prölss, Erich R./Prölss, Jürgen/Martin, Anton Versicherungsvertragsgesetz, 31. Aufl., München 2021

Prütting, Hans/Wegen, Gerhard/Weinreich, Gerd BGB Kommentar, 13. Aufl., Köln 2018

Pullen, Heinz-Jürgen Anwendbarkeit der Grundsätze der gefahrgeneigten Arbeit auf den GmbH-Geschäftsführer, BB 1984, 989

Raiser, Thomas Pflicht und Ermessen von Aufsichtsratsmitgliedern, NJW 1996, 552

ders. Unternehmensziele und Unternehmensbegriff, ZHR 144 (1980), 206

Raiser, Thomas/Veil, Rüdiger Recht der Kapitalgesellschaften, 6. Aufl., München 2015

Ramm, Joachim Ersatz von Anwaltskosten zur Aufklärung von Compliance-Verstößen, GWR 2021, 271

Redeke, Julian Zu den Organpflichten bei bestandsgefährdenden Risiken, ZIP 2010, 159

ders. Zur Verlängerung der Verjährungsfristen für Organhaftungsansprüche, BB 2010, 910

ders. Zur gerichtlichen Kontrolle der Angemessenheit der Informationsgrundlage im Rahmen der Business Judgment Rule nach § 93 Abs. 1 Satz 2 AktG, ZIP 2011, 59

Reichert, Ulrich Die besondere Stellung der Vertreter der öffentlichen Hand im Aufsichtsrat einer GmbH, Diss. München 1983

Reichert, Jochem/Weller, Marc-Philippe Haftung von Kontrollorganen, ZRP 2002, 49

Reichert, Jochem „ARAG/Garmenbeck" im Praxistest, ZIP 2016, 1189

ders. Die Haftung von Aufsichtsratsmitgliedern und die Anwendung der Business Judgement Rule bei Interessenkonflikten, in: Festschrift für Eberhard Vetter, 2019, S. 597

ders. Entlastung der Geschäftsführung und Geltendmachung von Organhaftungsansprüchen in der mitbestimmten GmbH, in: Festschrift für Martin Henssler, 2023, S. 1173

Reiff, Peter/Arnold, Arnd Unbeschränkte Konkursverschleppungshaftung des Geschäftsführers einer GmbH auch gegenüber gesetzlichen Neugläubigern, ZIP 1998, 1893

Reithmann, Christoph/ Martiny, Dieter Internationales Vertragsrecht, 8. Aufl., Köln 2015

Reuter, Alexander Unternehmensgeldbußen, Organregress, Grenzen der Versicherbarkeit und Gesellschaftsrecht – eine systematische Verletzung der Grundrechte der Anteilseigner, BB 2016, 1283

ders. Rückbau oder Ausbau der Managerhaftung – eine Befundung im Lichte der neueren Rechtsprechung und der Unternehmenspraxis, ZIP 2016, 597

ders. Unternehmensbußen – Ein verfassungsrechtlicher Holzweg, ZIP 2018, 2298

Rieckers, Oliver Haftung des Vorstandes für fehlerhafte Ad-hoc-Meldungen de lege lata und de lege ferenda, BB 2002, 1213

Rieder, Markus S./ Holzmann, Daniel Die Auswirkungen der Finanzkrise auf die Organhaftung, AG 2011, 265

Riegger, Bodo/Mutter, Stefan Wann muß der Vorstand einer beherrschten AG den Beherrschungsvertrag kündigen?, DB 1997, 1603

Ries, Gerhard/ Peiniger, Gunhild Haftung und Versicherung von Managern, 3. Aufl., Regensburg 2015

Rodewald, Jörg/Siems, Mathias Haftung für die „frohe Botschaft" – Rechtsfolgen falscher Ad-hoc-Mitteilungen, BB 2001, 2437

Rodewald, Jörg/Unger, Ulrike Die Haftung des Geschäftsführers oder Vorstands für die Informationserteilung im Rahmen von Unternehmensveräußerungen, DB 2007, 1627

Roth, Markus Unternehmerisches Ermessen und Haftung des Vorstands, München 2001

ders. Das unternehmerische Ermessen des Vorstands, BB 2004, 1066

Rowedder, Heinz/Pentz, Andreas	Kommentar zum GmbH-Gesetz, 7. Aufl., München 2022
Rützel, Stefan	Der aktuelle Stand der Rechtsprechung zur Haftung bei Ad-hoc-Mitteilungen, AG 2003, 69
Ruter, Rudolf/ Thümmel, Roderich C.	Beiräte in mittelständischen Familienunternehmen, 2. Aufl., Stuttgart u. a. 2009
Sanchez, Christina	Zivilrechtliche Haftungsrisiken der Mitglieder der Geschäftsführung spanischer GmbH, GmbHR 2003, 760
Schack, Haimo	Internationales Zivilverfahrensrecht, 8. Aufl., München 2021
Schäfer, Carsten	Zur strafrechtlichen Verantwortlichkeit des GmbH-Geschäftsführers, GmbHR 1993, 717, 780
ders.	Effektivere Vorstandshaftung für Fehlinformation des Kapitalmarkts, NZG 2005, 985
ders.	Die Binnenhaftung von Vorstand und Aufsichtsrat nach der Renovierung durch das UMAG, ZIP 2005, 1253
Schander, Albert A./ Posten, Olaf H.	Zu den Organpflichten bei Unternehmensübernahmen, ZIP 1997, 1534
Schaub, Günter	Arbeitsrechts-Handbuch, 20. Aufl., München 2023
Scheifele, Bernhard H.	Die Vermögensschaden-Haftpflichtversicherung für Manager in den Vereinigten Staaten von Amerika, Karlsruhe 1993
Schilling, Wolf Ulrich	Takeover, Treuepflicht & Shareholder Value, BB 1997, 1909
Schirrmacher, Carsten/ Hildebrandt, Nicolas	Die Business Judgment Rule bei der Übernahmeverteidigung, AG 2021, 220
Schluck-Amend, Alexandra/Walker, Thilo	Neue Haftungsrisiken für GmbH-Geschäftsführer durch Pflichten zur Erstellung eines Insolvenzplans, GmbHR 2001, 375
Schmidt, Karsten	Konkursverschleppungshaftung und Konkursverursachungshaftung – Überlegungen zum Haftungsrecht der GmbH und der GmbH & Co., ZIP 1988, 1497
ders.	Geschäftsführerhaftung gem. § 64 II GmbHG bei masseloser Insolvenz, GmbHR 2000, 1225
ders.	Gesellschaftsrecht, 4. Aufl., Köln 2001
Schmidt, Karsten/ Lutter, Marcus	Kommentar zum Aktiengesetz, Band 1, 5. Aufl., Köln 2024

Schmidt-Husson, Franck — Was, um Himmels Willen, ist eine „Kardinalpflicht"? – Zum Wissentlichkeitsausschluss in der D&O-Versicherung, in: Festschrift für Roderich C. Thümmel, 2020, S. 811

Schmidt-Salzer, Joachim — Produkthaftung, Bd. III/I, 2. Aufl., Heidelberg 1990

ders. — Konkretisierungen der strafrechtlichen Produkt- und Umweltverantwortung, NJW 1996, 1

Schmitt-Rolfes, Günter/Bergwitz, Christoph — Beginn der Verjährung nach § 93 IV AktG, § 43 IV GmbHG und § 34 VI GenG, NZG 2006, 535

Schneider, Helmut — Wettbewerbsverbot und verdeckte Gewinnausschüttung – Ein Lösungsversuch, DB 1993, 1992

Schneider, Sven H. — „Unternehmerische Entscheidungen" als Anwendungsvoraussetzung für die Business Judgement Rule, DB 2005, 707

Schneider, Sven H./Schneider, Uwe H. — Vorstandshaftung im Konzern, AG 2005, 57

Schneider, Uwe H. — Haftungsmilderung für Vorstandsmitglieder und Geschäftsführer bei fehlerhafter Unternehmensleitung, in: Festschrift für Winfried Werner, 1984, S. 795

ders. — Der Anstellungsvertrag des Geschäftsführers einer GmbH im Konzern, GmbHR 1993, 10

ders. — Gesellschaftsrechtliche und öffentlich rechtliche Anforderungen an eine ordnungsgemäße Unternehmensorganisation – Zur Überlagerung des Gesellschaftsrechts durch öffentlich-rechtliche Verhaltenspflichten und öffentlich-rechtliche Strukturnormen, DB 1993, 1909

ders. — Das Informationsrecht des Aufsichtsratsmitglieds einer Holding AG, in: Festschrift für Bruno Kropff, 1997, S. 271

ders. — Anwaltlicher Rat zu unternehmerischen Entscheidungen bei Rechtsunsicherheit – Ein Beitrag zum Management der Organhaftung, DB 2011, 99

Schneider, Uwe H./Ihlas, Horst — Die Vermögensschaden-Haftpflichtversicherung des Geschäftsführers einer GmbH, DB 1994, 1123

Schneider, Uwe H./Strenger, Christian — Die „Corporate Governance-Grundsätze" der Grundsatzkommission Corporate Governance, AG 2000, 106

Schnorr, Randolf Geschäftsleiteraußenhaftung für fehlerhafte Buchführung, ZHR 170 (2006), 9

Scholl, Bernd Vorstandshaftung und Vorstandsermessen, Köln 2015

Scholz, Franz GmbH-Gesetz, Kommentar, Band I, 13. Aufl., Köln 2022; Band II, 12. Aufl., Köln 2022; Band III, 12. Aufl., Köln 2020

Scholz, Philipp Rechtmäßiges Alternativverhalten bei der Verletzung von Zustimmungsvorbehalten und Berichtspflichten, AG 2020, 453

v. Schreitter, Florian/ Lauer Anne-Kathrin Organhaftung für Kartellrechtsverstöße – Regressmöglichkeiten der Gesellschaft für Geldbußen im Spiegel aktueller Rechtsprechung, DB 2023, 2035

Schütze, Rolf A. Deutsches Internationales Zivilprozeßrecht unter Einschluss des Europäischen Zivilprozessrechts, 2. Aufl., Berlin 2005

Schulz, Paul-Martin Umweltrechtliche Haftung von Vorständen und Geschäftsführern, DB 1996, 1663

Schwark, Eberhard Börsengesetz, 2. Aufl., München 1994

Schwintowski, Hans-Peter Verschwiegenheitspflicht für politisch legitimierte Mitglieder des Aufsichtsrats, NJW 1990, 1009

Seibt, Christoph/ Wollenschläger, Bernward Haftungsrisiken für Manager wegen fehlgeschlagener Post Merger Integration, DB 2009, 1579

Seibt, Christoph/ Schwarz, Simon Aktienrechtsuntreue – Analyse und aktienrechtsspezifische Konturierung der Untreuestrafbarkeit von Geschäftsleitern bei Pflichtverletzungen, AG 2010, 301

Selzner, Harald/ Daghles, Natalie Vorbefassung im Vorstand als Haftungsrisiko, AG 2022, 466

Semler, Johannes Die Überwachungsaufgabe des Aufsichtsrats, Köln 1980

ders. Aufgaben und Funktionen des aktienrechtlichen Aufsichtsrats in der Unternehmenskrise, AG 1983, 141

Semler, Johannes/ v. Schenck, Kersten/ Wilsing, Hans-Ulrich Arbeitshandbuch für Aufsichtsratsmitglieder, 5. Aufl., München 2021

Semler, Johannes/ Stengel, Arndt/ Leonard, Nina Umwandlungsgesetz, 5. Aufl., München 2021

Sieg, Oliver — Tendenzen und Entwicklungen der Managerhaftung in Deutschland, DB 2002, 1759

Sina, Peter — Zur Berichtspflicht des Vorstandes gegenüber dem Aufsichtsrat bei drohender Verletzung der Verschwiegenheitspflicht durch einzelne Aufsichtsratsmitglieder, NJW 1990, 1016

Sobotta, Jan/von Cube, Nicolai — Die Haftung des Vorstands für das Stiftungsvermögen, DB 2009, 2082

Söffing, Andreas/Thümmel, Roderich C. (Hrsg.) — Praxishandbuch der Unternehmensgestaltung, Heidelberg 2003

Soergel, Hans-Theodor — BGB, Kommentar, Band 1, 13. Aufl., Stuttgart u. a. 2000

Sontheimer, Jürgen — Beschränkung der Haftung des Geschäftsführers nach § 69 AO durch § 64 Abs. 2 GmbHG, DStR 2004, 1005

Spindler, Gerald/Stilz, Eberhard — Kommentar zum AktG, Band 1, 4. Aufl., München 2019

Spindler, Gerald — Haftung und Aktionärsklage nach dem neuen UMAG, NZG 2005, 865

ders. — Organhaftung in der AG – Reformbedarf aus wissenschaftlicher Perspektive, AG 2013, 889

ders. — Sonderprüfung und Pflichten eines Bankvorstands in der Finanzmarktkrise, NZG 2010, 281

Spliedt, Jürgen D. — Überschuldung trotz Schuldendeckung?, DB 1999, 1941

Stapelfeld, Ait — Außenhaftung des Geschäftsführers bei Verletzung der Buchführungspflicht, GmbHR 1991, 94

Steffen, Jean/Vezina, Stacy — How to Limit Director's and Officer's Liability in Luxembourg, IntBusL 1998, 23

Thamm, Manfred — Die persönliche Haftung bzw. Verantwortlichkeit von Führungskräften und Mitarbeitern in Unternehmen, DB 1994, 1021

Theisen, Manuel René — Die Überwachungsberichterstattung des Aufsichtsrats, BB 1988, 705

ders. — Grundsätze einer ordnungsmäßigen Information des Aufsichtsrats, 3. Aufl., Stuttgart 2002

Theusinger, Ingo/Liese, Jens — Rechtliche Risiken der Corporate Governance-Erklärung, DB 2008, 1419

Thole, Christoph Managerhaftung für Gesetzesverstöße, ZHR 173 (2009), 504

Thümmel, Roderich C. Thema Managerhaftung, Auslandskurier, Heft 12/95, S. 36

ders. Möglichkeiten und Grenzen der Kompetenzverlagerung auf Beiräte in der Personengesellschaft und in der GmbH, DB 1995, 2461

ders. Manager- und Aufsichtsratshaftung nach dem Referentenentwurf zur Änderung des AktG und des HGB, DB 1997, 261

ders. Zu den Pflichten des Aufsichtsrats bei der Verfolgung von Haftungsansprüchen gegenüber dem Vorstand der AG, DB 1997, 1117

ders. Managerhaftung in Deutschland – ein noch überschaubares Risiko?, PHi 1998, 29

ders. Anm. zu LG Bielefeld („Balsam“), BB 1999, 2630, 2633

ders. Aufsichtsräte in der Pflicht? – Die Aufsichtsratshaftung gewinnt Konturen, DB 1999, 885

ders. Aufsichtsräte in Unternehmen der öffentlichen Hand – professionell genug?, DB 1999, 1891

ders. Manager haften für geschönte Ad-hoc-Meldungen, FAZ v. 4.10.2000, S. 29

ders. Haftungsrisiken von Vorständen und Aufsichtsräten bei der Abwehr von Übernahmeversuchen, DB 2000, 461

ders. Gestiegene Haftungsrisiken bei Vorständen und Aufsichtsräten, StuB Rechtsrundschau 2001, 48

ders. Haftung für geschönte Ad-hoc-Meldungen: Neues Risikofeld für Vorstände oder ergebnisorientierte Einzelfallrechtsprechung?, DB 2001, 2331

ders. Aufgaben und Haftungsrisiken des Managements in der Krise des Unternehmens, BB 2002, 1105

ders. Managerhaftung vor Schiedsgerichten, in: Festschrift für Reinhold Geimer, 2002, S. 1331

ders. Mehr Unabhängigkeit für Aufsichtsräte, FAZ v. 26.6.2002, S. 22

ders.	Organhaftung nach dem Referentenentwurf des Gesetzes zur Unternehmensintegrität und Modernisierung des Anfechtungsrechts (UMAG) – Neue Risiken für Manager? DB 2004, 471
ders.	Aufsichtsratshaftung – steigende Anforderungen, höhere Risiken, Der Aufsichtsrat 2004, Heft 07–08, S. 3
ders.	Die Europäische Aktiengesellschaft, Frankfurt/Main 2005
ders.	Professionelle Aufsichtsräte braucht das Land, Der Aufsichtsrat 2007, 65
ders.	Shareholder derivative suits im deutschen Aktienrecht? – Rechtsvergleichende Anmerkungen zu §§ 148, 149 AktG, in: Gottwald (Hrsg.), Europäisches Insolvenzrecht – Kollektiver Rechtsschutz, 2008, S. 235
ders.	Die Abweichung von der Entsprechenserklärung nach § 161 AktG, CCZ 2008, 141
ders.	Organhaftung und D&O-Versicherung in der schiedsgerichtlichen Praxis, in: Festschrift für Rolf A. Schütze, 2014, S. 633
ders.	Die Company-Reimbursement-Klausel in der deutschen D&O-Versicherung, in: Festschrift für Gerhard Wegen, 2015, S. 549
ders.	Die Business Judgment Rule im Aufsichtsrat, in: Festschrift für Alexander Reuter, 2021, S. 461
ders.	Risk Map im Aufsichtsrat, Der Aufsichtsrat 2022, 49
Thümmel, Roderich C./ Sparberg, Michael	Haftungsrisiken der Vorstände, Geschäftsführer, Aufsichtsräte und Beiräte sowie deren Versicherbarkeit – Anmerkungen zu Director's und Officer's Policen in Deutschland, DB 1995, 1013
Thüsing, Gregor	Nachorganschaftliche Wettbewerbsverbote bei Vorständen und Geschäftsführern, NZG 2004, 9
Timm, Wolfram	Wettbewerbsverbot und Geschäftschancenlehre im Recht der GmbH, GmbHR 1981, 177
Trescher, Karl	Aufsichtsratshaftung zwischen Norm und Wirklichkeit, DB 1995, 661
Uhlenbruck, Wilhelm	Die Legitimation zur Geltendmachung von Neugläubigerschäden wegen Konkursverschleppung, ZIP 1994, 1153

ders. Die Bedeutung des neuen Insolvenzrechts für GmbH-Geschäftsführer, GmbHR 1999, 313

Ulmer, Peter Aufsichtsratsmandat und Interessenkollision, NJW 1980, 1603

Ullrich, Norbert Außenhaftungsrisiken des Geschäftsführers in der Krise der GmbH nach aktueller zivilgerichtlicher Rechtsprechung, DZWir 2000, 177

Unger, Ulrike Neue Haftungsbegrenzungen für ehrenamtlich tätige Vereins- und Stiftungsvorstände, NJW 2009, 3269

Unmuth, Nikolai Hauptversammlungszustimmung bei Abtretung des Deckungsanspruchs und sich anschließendem Vergleich mit dem D&O-Versicherer, AG 2020, 890

ders. Compliance- und Unternehmensorganisationspflichten des Geschäftsleiters einer Kapitalgesellschaft, AG 2022, 893

Veil, Rüdiger Die Haftung des Emittenten für fehlerhafte Information des Kapitalmarkts nach dem geplanten KapInHaG, BKR 2005, 91

Verhoeven, Thomas Nochmals: Minderheitenschutz und Beirat in der GmbH, BB 1978, 335

ders. Der besondere Vertreter nach § 147 AktG: Erwacht ein schlafender Riese?, ZIP 2008, 245

Vetter, Eberhard Aktienrechtliche Probleme der D&O-Versicherung, AG 2000, 453

ders. Die Verantwortung und Haftung des überstimmten Aufsichtsratsmitglieds, DB 2004, 2623

ders. Zur Haftung im fakultativen Aufsichtsrat der GmbH, GmbHR 2012, 181

Vogler, Matthias/ Engelhard, Sven/ Gundert, Martin Risikomanagementsysteme – Stand der Umsetzung, DB 2000, 1425

Wachter, Thomas Persönliche Haftungsrisiken bei englischen private limited companies mit inländischem Verwaltungssitz, DStR 2004, 1817

Wagner, Gerhard Persönliche Haftung der Unternehmensleitung: die zweite Spur der Produkthaftung?, VersR 2001, 1057

Wandt, Andre P. H./ James-Schulz, Alan Geltendmachung von Unterlassungsansprüchen im Rahmen des § 147 Abs. 1 AktG, AG 2023, 389

Wellkamp, Ludger	Ausweitung und Einschränkung der Eigenhaftung des GmbH-Geschäftsführers – Eine Bestandsaufnahme der BGH-Rechtsprechung und deren Kritik, DB 1994, 869
v. Werder, Axel	Organisation der Unternehmensleitung und Haftung des Top-Managements, DB 1987, 2265
v. Werder, Axel/Feld, Christa	Sorgfaltsanforderungen der US-amerikanischen Rechtsprechung an das Top Management, RIW 1996, 481
v. Werder, Axel/ Talaulicar, Till	Kodex Report 2005: Die Akzeptanz der Empfehlungen und Anregungen des Deutschen Corporate Governance Kodex, DB 2004, 841
Werner, Rüdiger	Haftungsrisiken bei Unternehmensakquisitionen: die Pflicht des Vorstands zur Due Diligence, ZIP 2000, 989
ders.	Der Anspruch des Organmitglieds auf Versicherungsschutz, CB 2014, 441
Westermann, Harm Peter	Anmerkung zu BGHZ 109, 297 „Baustoff", DNotZ 1991, 813
Westermann, Harm Peter/Mutter, Stefan	Die Verantwortlichkeit von Geschäftsführern einer GmbH gegenüber Dritten – Eine Bestandsaufnahme nach der Neuordnung durch die Rechtsprechung, DZWir 1995, 184
v. Westphalen, Stefanie	Derivatgeschäft, Risikomanagement und Aufsichtsratshaftung, Baden-Baden 2000
Wieczorek, Bernhard/ Schütze, Rolf A.	Zivilprozessordnung und Nebengesetze, Großkommentar, Band 11, 5. Aufl., Berlin 2020
Wiedemann, Herbert	Grundfragen der Unternehmensverfassung, ZGR 1975, 385
ders.	Gesellschaftsrecht, Bd. I Grundlagen, München 1980
ders.	Organverantwortung und Gesellschafterklagen in der Aktiengesellschaft, Opladen 1989
Wiese, Götz Tobias	Verantwortlichkeit des Aufsichtsrates – Aktuelle Entwicklungen im Bereich der Corporate Governance, DB 2000, 1901
Wilhelm, Jan	Konkursantragspflicht des GmbH-Geschäftsführers und Quotenschaden, ZIP 1993, 1833
ders.	Öffentlichkeit und Haftung bei Aufsichtsräten in einer kommunalen GmbH, DB 2009, 944

Wimmer, Richard — Die Haftung des GmbH-Geschäftsführers – insbesondere im Fall der Zahlungsunfähigkeit und Überschuldung, NJW 1996, 2546

Wirth, Andreas/ Pospiech, Lutz — Der besondere Vertreter gem. § 147 Abs. 2 Satz 1 AktG als Organ der Aktiengesellschaft?, DB 2008, 2471

Wisskirchen, Gerlind/ Dannhorn, Wolfgang/ Bissels, Alexander — Haftung von Geschäftsführern in Matrixstrukturen von Konzernen, DB 2008, 1139

Witte, Jürgen — Diskussionsentwurf zur Regelung von Unternehmensübernahmen: Abwehrmöglichkeiten des Vorstands der Zielgesellschaft, BB 2000, 2161

Wittkowski, Lutz — Haftung und Haftungsvermeidung beim Management Buy-Out einer GmbH – Eine Bewährungsprobe der Kapitalsicherung im GmbH-Recht, GmbHR 1990, 544

Wollny, Paul — Die director's and officer's liability insurance in den Vereinigten Staaten von Amerika: Vorbild für eine Aufsichtsratshaftpflichtversicherung in Deutschland?, Frankfurt a. M. 1993

Ziegler, Ole — Due Diligence im Spannungsfeld zur Geheimhaltungspflicht von Geschäftsführern und Gesellschaftern, DStR 2000, 249

ders. — Die Prospekthaftung am nicht-organisierten Kapitalmarkt im Spannungsverhältnis zu personengesellschaftsrechtlichen Grundsätzen, DStR 2005, 30

Ziemons, Hildegard — Die Weitergabe von Unternehmensinterna an Dritte durch den Vorstand einer AG, AG 1999, 492

Ziemons, Hildegard/ Binnewies, Burkhard — Handbuch Aktiengesellschaft, Loseblattsammlung, Stand: 93. Lieferung, Oktober 2023

Zimmer, Daniel — Verschärfung der Haftung für fehlerhafte Kapitalmarktinformation, WM 2004, 9

Zöllner, Wolfgang — Die sogenannten Gesellschafterklagen im Kapitalgesellschaftsrecht, ZGR 1988, 392

Sachregister

(Die Zahlen beziehen sich auf die Randnummern.)